国际工程管理系列丛书

FIDIC 分包合同原理与实务

第 2 版

Principle and Practice of
FIDIC Subcontract
(Second Edition)

崔军 著

机械工业出版社
China Machine Press

在国际建筑和土木工程承包领域，分包已成为国际工程项目实施中不可缺少的重要组成部分。本书以普通法和 2011 版 FIDIC 分包合同格式为基础，内容包括 FIDIC 分包合同的概念，分包的一般原则和特殊规则，国际工程分包市场和分包商的选择，分包合同的起草和编制，主包商和分包商的权利和义务，分包合同的风险及其识别和管理，分包工程的设计、变更、索赔以及争议的解决等。本书还大量选取了英美等普通法系国家的建筑和土木工程的典型判例，通过判例论证和支持相关的论点和结论，以期把握国际工程承包业界公认的规则和惯例，维护自身的权利和利益。

本书适合从事国际承包工程及国内承包工程的人员使用，也适合高等院校建筑工程及相关管理专业的师生使用。

图书在版编目(CIP)数据

FIDIC 分包合同原理与实务 / 崔军著 . —2 版.
—北京：机械工业出版社，2018.8
（国际工程管理系列丛书）
ISBN 978-7-111-60589-8

Ⅰ.①F… Ⅱ.①崔… Ⅲ.①合同承包 – 研究
Ⅳ.①F243.5

中国版本图书馆 CIP 数据核字(2018)第 171151 号

机械工业出版社（北京市百万庄大街22号　邮政编码100037）
策划编辑：闫云霞　　责任编辑：闫云霞　　王　良
责任校对：孙丽萍　　封面设计：鞠　杨
责任印制：常天培
北京圣夫亚美印刷有限公司印刷
2018 年 10 月第 2 版第 1 次印刷
169mm×239mm・41.5 印张・2 插页・802 千字
标准书号：ISBN 978-7-111-60589-8
定价：138.00 元

凡购本书，如有缺页、倒页、脱页，由本社发行部调换

电话服务	网络服务
服务咨询热线：010-88361066	机 工 官 网：www.cmpbook.com
读者购书热线：010-68326294	机 工 官 博：weibo.com/cmp1952
010-88379203	金 书 网：www.golden-book.com
封面无防伪标均为盗版	教育服务网：www.cmpedu.com

第 2 版序

自 1979 年中国对外承包工程企业进入国际承包工程市场，中国对外工程承包事业经历了从无到有、从弱到强、从低端市场到高端市场的迅猛发展。特别是自 2000 年以来，中国企业在国际工程承包市场的业务规模不断扩大，并保持高速增长的态势。据商务部统计，2017 年中国企业对外承包工程新签合同额达 2652.8 亿美元，完成营业额 1685.9 亿美元。从 1979 年新签合同额 3400 万美元到 2017 年新签合同额 2652.8 亿美元，中国对外承包工程事业经历了从无到有、从弱到强、从低端市场到高端市场，从简单的劳务分包、工程分包、工程施工到设计采购施工（EPC）项目总承包模式，从国际工程建营一体化到 BOT/PPP 投资模式的转变。与此同时，从靠自身实力在国际工程承包市场占据一席之地的市场营销方式到大规模国际并购的实施，中国企业正从对外工程承包业务走向国际化，迈向全球化的进程之中。

当今世界正发生着复杂深刻的变化，国际投资贸易格局和多边投资贸易规则在酝酿深刻调整。"一带一路"倡议作为新时期开放型经济的顶层设计，旨在促进经济要素有序自由流动、资源高效配置和市场深度融合，推动沿线各国实现经济政策协调，开展更大范围、更高水平、更深层次的区域合作，共同打造开放、包容、均衡、普惠的区域经济合作架构。"一带一路"倡议为我国对外承包工程业务的发展提供了新动力，"一带一路"建设成为发展热点，业务遍及电力工程、交通运输建设、房屋建筑、石油化工、工业建设和制造加工多个领域。

作为土木工程合同的"圣经"，FIDIC 合同已经广泛应用在中国企业实施的国际工程项目中。自国际咨询工程师联合会（FIDIC）编制发行 1999 年版合同[包括《施工合同条件》（红皮书）、《生产设备和设计-施工合同条件》（黄皮书）、《设计采购施工（EPC）/交钥匙工程合同条件》（银皮书）和《简明合同格式》（绿皮书）]以来，1999 年版 FIDIC 新彩虹族合同正逐渐取代以 1987 年第 4 版旧红皮书为代表的彩虹族合同，成为国际承包工程界的主流合同范本。与此相适应，FIDIC 在 2009 年版《施工分包合同条件（测试版）》的基础上，正式出版发行了 2011 年版《施工合同条件》，与 1999 年版新红皮书和 2005、2006 和 2010 年版国际金融组织协调版《施工合同条件》配套使用，成为国际公认的分包合同范本。

在 1999 年版合同系列基础上，2017 年 12 月 5—6 日，FIDIC 在英国伦敦发布了 2017 年第 2 版《施工合同条件》（新红皮书）、《生产设备和设计－施工合同条件》（新黄皮书）和《设计采购施工（EPC）/交钥匙工程合同条件》（新银皮书）。相信 FIDIC 将会推出与 2017 年第 2 版合同系列相配套的分包合同格式，也必将对国际工程带来重要的影响。

作为国际工程项目管理的一个重要组成部分，工程分包是国际工程项目管理中最复杂、最为棘手的问题之一，但分包又是国际工程最常用、最为广泛采用的形式。分包也有其自身的规则、技巧和问题。本书作为《FIDIC 合同原理与实务》的姊妹篇，对于深刻理解和掌握 FIDIC 合同条款的真谛，提高我国企业管理国际工程项目的水平，维护企业的合法权益大有裨益。

本书作者正是秉承这种理念，从作者从事国际工程合同和索赔咨询业务的数十个案例中，以普通法为理论基础，深入、系统、全面地论述了 FIDIC 分包合同的理论与实务，并通过对第 1 版的修订，以期为读者全面领会 FIDIC 分包合同提供有利的帮助，相信本书第 2 版一定会起到这样的作用。

中国对外承包工程商会会长

第1版序

我很高兴受邀为本书题序。与本书作者的第一次见面是在交通部关于印度尼西亚泗水—马都拉海峡大桥项目协调会上。自那时起，历经5年的风雨，在各方的共同努力下，马都拉海峡大桥项目得以于2009年6月建成通车，成为21世纪中国和印度尼西亚两国友谊的见证和象征。

FIDIC合同是国际咨询工程师联合会编制的、为国际金融组织和各国政府所广泛使用的国际性的标准合同格式。自1957年8月编制发行第1版《土木工程施工（国际）合同条件》至今，FIDIC已成功推出了各类协议和标准合同范本，获得了国际建筑和土木工程施工业界的认可和好评，成为国际工程承包领域中一项广为人知的工程项目采购、施工、项目管理和索赔的标准和准则。

1994年，FIDIC编制出版了与1987年第4版《土木工程施工合同条件》（红皮书）配套使用的第1版分包合同格式《土木工程施工分包合同条件》。目前，为适应1999年版新红皮书、新黄皮书和银皮书的需要，FIDIC正在起草和编制与之配套的分包合同格式，以期为FIDIC用户提供分包合同的配套解决方案。

正如作者在本书中所引述的"今天的建筑领域，分包是一种生活方式"。作为国际工程项目管理的一个重要组成部分，工程分包是国际工程项目管理中最复杂、最为棘手的问题之一，但分包又是国际工程最常用、最为广泛采用的形式。分包也有其自身的规则、技巧和问题。全面而深刻地揭示分包的规则和技巧，将零散的分包内容总结和概括，使之系统化和理论化，无疑会提高对工程分包这个问题的理解和认识，有助于规范、改善对分包合同的控制和管理。

我国的对外工程承包事业和国际工程咨询业务尚处于起步阶段，对外工程承包企业的项目和合同管理水平有待进一步提高。加强对国际性标准合同格式——FIDIC合同的研究，特别是由身处海外工程承包第一线的人员进行总结和提炼，将会提高理论研究的实用价值。

滴水穿石，磨杵成针。在过去的5年中，本书作者利用业余时间对FIDIC分包合同进行了深入研究。凭借作者自身深厚的法学理论功底，利用其在海外近二十年的工作经验，在引用了大量的英美判例的基础上，本书对FIDIC分包合同的一般原则和特殊规则进行了详尽的论述，并对合同的成立、分包市场、主包商和分包商的主要义务、分包设计、分包工程变更、分包工程索赔以及争议的解决等问题进行了深入的探讨，是一本值得一读的好书。这也是我向从事国际工程承包和国际工程咨询业务的各位同仁推荐本书的一个重要原因。

胡希捷

全国政协委员、中国国际工程咨询公司总经理、
中国土木工程协会副理事长

第 2 版前言

自拙著《FIDIC 分包合同原理与实务》由机械工业出版社出版发行以来，深受读者的喜爱。鉴于本书自 2009 年 10 月出版至今已过 8 年，中国企业参与国际承包工程的规模和模式发生了巨大变化，且 2011 年版 FIDIC《施工分包合同条件》业已正式出版发行，因此，有必要对本书予以重新修订，以满足中国对外承包工程企业和广大读者的需要。

商务部 2017 年对外承包工程统计结果显示，中国企业在 2017 年取得了历史性的突破，国际承包工程新签合同额首次超过 2652.8 亿美元。国际承包工程界普遍认为，进入 21 世纪以来，中国对外工程承包业务正经历着从起步走向成熟、从低端市场走向高端市场、从成本优势型转向资本技术和管理优势型的重要发展阶段，中国对外承包工程事业正经历着从低端市场到高端市场，从简单的劳务分包、工程分包、工程施工到设计采购施工（EPC）项目总承包模式，从工程承包到 BOT/PPP 投资模式的转变。与此同时，中国政府"一带一路"倡议将进一步推动、加快和深化中国企业融入国际经济和工程承包市场的步伐、深度和广度。

2009 年 12 月 3 日，国际咨询工程师联合会（FIDIC）在伦敦正式对外公布了用于由业主设计的建筑和工程的新版《施工分包合同条件（测试版）》（Conditions of Subcontract for Construction, Test Edition）。2011 年，在 2009 年《施工分包合同条件（测试版）》的基础上发布了正式版的《施工分包合同条件》，也称"2011 年版 FIDIC 分包合同格式"。该版分包合同将与 1999 年第 1 版《施工合同条件》（新红皮书）和 2005 年多边发展银行协调版《施工合同条件》配套使用，并取代与 1987 年第 4 版红皮书配套使用的 1994 年第 1 版 FIDIC《土木工程施工分包合同条件》。

FIDIC 指出，起草和编制与 1999 版新红皮书和 2005 年协调版《施工合同条件》配套使用的《施工分包合同条件》缘于多方面原因，一方面，随着 1999 年版 FIDIC 合同的逐渐普及，广大用户迫切需要使用与之配套的分包合同格式；另一方面，多边发展银行坚持在其融资的项目中使用国际公认的分包合同格式。对于国际工程承包商而言，2011 年版 FIDIC《施工分包合同条件》无疑为他们提供了可供选择的国际公认的分包合同格式。

正如本书第 1 版中所述，国际承包项目在实施过程中，最复杂和棘手的问题之一就是工程分包，而分包有其特有的一套规则、技巧和问题。尽管国际承包工程市场跌宕起伏、风云变幻，中国企业从事国际承包工程的规模和模式正在经历前所未有的深刻变革，但是，国际工程分包却因其特有的性质、特定的问题困扰着从事国际承包工程业务的承包商和分包商，因分包合同产生的合同争议和纠纷却不会因此减少。

促使作者对本书进行第2版修订的另一个重要原因是，自2012年作者专门从事国际工程合同索赔和争议解决咨询业务，并相继被聘为中国国际经济贸易仲裁委员会和北京仲裁委员会仲裁员以来，为中国企业数十个国际工程项目进行了合同谈判、工程索赔、合同争议解决、暂停和终止合同、争议裁决、国际仲裁和诉讼等案件，其中部分案件涉及了国际工程分包合同争议和纠纷。将作者近些年积累的国际工程合同索赔和争议解决的丰富经验加以总结提高，有益于丰富本书第2版的内容，为读者提供第一手的国际工程合同及分包合同争议解决的素材和资料。

本书第2版将继续秉承第1版的体例和风格，并对有关章节和内容予以更新、删减、增加和修改，以提高本书的质量。对于1994年版和2011年版FIDIC分包合同格式，将采用对比的方法，总结两者之间的异同。毕竟，1994年版FIDIC分包合同格式是1987年版FIDIC红皮书的配套合同格式，而2011年版FIDIC分包合同格式是1999年版红皮书和2005年版协调版《施工合同条件》的配套分包合同格式，虽然两个分包合同格式均为单价合同模式，但由于两者配套的合同条件不同，需要予以甄别和加以研究。更为重要的是，中国企业从事国际承包工程业务的模式正在发生深刻的变革，以国际工程总承包模式，如设计－施工总承包模式、EPC和交钥匙总承包模式从事国际承包工程逐渐占据主导地位，这种模式给工程分包模式带来了不可估量的影响。在承包商以总承包方式承揽国际承包工程时，由于总承包合同为总价合同，分包合同出现了总价模式的分包合同和单价模式的分包合同两种模式，但由于承包商管理经验和水平的差异，导致分包合同履约过程中在计价和计量方面出现争议和纠纷，一些在总承包合同中业主与承包商之间的争议和纠纷延伸到了分包合同之中，发生了与总承包合同性质和内容相同的争议。本书将这些承包商与分包商之间的争议和分歧加以研究，并在法律的层面加以论述，以期为读者提供理论和实务的实证分析。

2017年12月5~6日，FIDIC在伦敦召开1999年版FIDIC合同新彩虹版第2版合同条件发布会，正式发布2017年第2版FIDIC合同系列文件。在1999年版《施工合同条件》（红皮书）、《生产设备和设计—施工合同条件》（黄皮书）、《设计采购施工（EPC）/交钥匙合同条件》（银皮书）的基础上，历经18年的运用，FIDIC对1999版新彩虹版合同条件进行了大幅度的修订，合同文本的字数也从1999版的30400增加到50000多字，使得FIDIC合同条件中相应的规定更加刚性化、程序化，对索赔、争议裁决、仲裁作出了更加明确的规定。

2017年第2版FIDIC合同的应用，无疑会给承包商带来巨大的挑战，对承包商的项目管理和合同管理提出了更高的要求，也会对国际工程分包产生重要的影响。

诚如本书第1版所言，本书不是一本纯粹的法律书籍，但本书却是一本以英美普通法为基础论述国际工程分包合同的专著。这主要是因为FIDIC合同源于英国普通法，FIDIC合同是在英国普通法基础上总结了西方国家建筑法发展历史、经验和判例基础上形成的国际公认的国际工程合同范本。中国企业在其他法律体系的国家从事国际承包工程时，应根据不同司法管辖地法律或工程所在国法律予以适当调整。

在本书的写作和出版过程中，得到了机械工业出版社闫云霞编辑和其他编辑人员的大力支持，在此一并表示真诚的感谢。

崔军

2018年7月25日于马尼拉

自　　序

一个偶然的机会，中国对外承包工程商会几经周折找到我，告诉我商会准备组织各路专家、学者编写一本《国际工程承包实用手册》，问我是否有兴趣编写国际工程的融资和法律基础等内容，在推辞挣扎一番后，我这个虽不是什么专家，但还愿意做些事情且久病成医的实务者便爽快地答应了。

在通过往返电子邮件讨论章节内容时，FIDIC 合同方面的专家田威先生提出了需要增加分包内容的建议，毕竟，在国际工程承包项目中，主包商都要不同程度上雇用分包商从事一些专业工程项目，分包是国际工程承包项目中普遍存在的现象，也有其自身特殊的规则和规律，于是，我便支持了这个建议。孰料，在未获知情的情况下，商会钱武云老总直接就将这一章节的编写工作按在了我头上。

当我慢慢走进这蔓草堙路，潜心探究看似简单的命题时，虽时常提醒自己不要迷失在这茫茫草原、林海荒壑，须潇洒豁达、高屋建瓴，但仍被她的一草、一木、一山、一水深深吸引，迷恋她的精致与柔美，在轻歌曼舞般地走马观花后，不经意间，一个自不量力的念头闪过，为何不编写一本有关分包的专著呢？

促使我编写 FIDIC 分包著作的还有另外一个明显的原因，自 1979 年始，中国外经企业开始承包国际工程以来，对外工程承包和劳务合作获得长足的发展，其间有关国际工程承包的著作也有许多，但有关分包合同和分包管理的内容均分散于各个专著中，或被轻描淡写一带而过，缺少分包合同和管理方面的专著，将这个命题归纳整理、总结提升。

还有一个割舍不断的情愫是，自己是一个学法律出身的人，虽这些年来与它已渐行渐远，但情结依旧，无法忘怀。再者，法律是上层建筑中的高级形式，从法律的视角审视、以法律的方式对话，能够在更高的层面研究命题，虽不能终结，但也可登高望远，避免迷失于丛林广漠，进而寻找到其法律意义上的根基，把握解决问题的本质和依据。

这不是一本纯粹的探究法律的著作，而是以有关法律原理和知识为平台研究国际工程项目分包合同原理和管理实务的书籍，这也是写作此书的本意。

阅读法律书籍和西方合同文本中的叠屋架檩、同义词堆砌、反复修饰式的合同条款是一件枯燥而令人气馁的事情，但身处其中，又不可避免。为了减轻中英文对译的艰苦劳动，书中直接引用了一些英文的合同条款，以便实务工作者能够直接引用、使用。但对一些重要的内容，采用了中英文对照的方式，并相应作出

自　序

解释，使本书的使用者能够充分理解和认知。

分包是主包商合同管理的一个重要组成部分，因此，阐述分包合同和分包工程管理就不能不涉及主包合同，主合同的一些原理和规则也同样适用于分包合同管理之中。在中国企业国际承包工程中使用最为广泛的是 FIDIC 合同或其他类似的各种合同文本，为了更好地规范分包合同，平衡主包商与分包商的权利和义务，FIDIC 也编制了与之相应的分包合同文本，本书将重点讨论和阐述有关内容。同时，书中还引用了其他分包合同格式，如 AGC、AIA 和 ICE 等，进行横向对比，揭示制订这些合同条款的意图和法律意义。

在实务方面，尽量以实例、案例，特别是英国和美国的案例对有关问题加以阐述、解释，以期能够把握业界公认的规则、规律和行规行矩，给从事分包合同管理的人提供最直接的帮助。作者本人身在其中，也经历了分包合同谈判、分包文件起草和签署、分包合同管理等环节，将自己的亲身经历讲出来，虽不免有井底之蛙、以偏概全的嫌疑，但也可供读者仔细把玩，体会其中的困苦艰难，甜酸苦辣。

中国对外承包工程企业的水平参差不齐，有的在做主包商，有的在做分包商，有时在同一市场上的同一企业，既做主包商，又做分包商的现象也是存在的。仅从主包商的角度看待分包问题，或仅从分包商的立场出发探讨如何对付主包商，都是有失偏狭的，是不公平的。因此，本书试图从主包商和分包商的两个立场出发，相互探讨这两个矛盾主体之间的利益考量和冲突，以寻找到利益的结合点和权利义务的平衡。

光阴似箭，这一路走来，竟花费了近 5 年的时光。

逝者如斯夫……

能够编写完毕这部专著，首先应感谢我的妻子和孩子，没有她们的理解和体谅，是无法心无旁骛，醉心在这崇山峻岭之中，观小桥、流水、人家，听竹露滴清响，赏山月照弹琴。同时，也感谢我的同学，现在美国得克萨斯州 Yang & Associates 律师事务所的王大可律师，利用他在美国建筑业做了多年律师的经验，为我提供了美国法律和美国建筑合同方面的丰富经验。在英国法和 FIDIC 合同方面，感谢英国咨询工程师 Brian Totterdill 先生给予的 FIDIC 方面的解释和帮助。在此也一并感谢那些在本书编写过程中给予了我各种帮助的同事和朋友们。

缩略语目录

AIA	American Institute of Architects/美国建筑师学会
BOT	Built-Operation-Transfer/建造－运营－移交
CIETAC	China International Economic and Trade Arbitration Commission/中国国际经济贸易仲裁委员会
CIOB	The Chartered Institute of Building/英国特许建造学会
CPM	Critical Path Method/关键线路法
DB	Dispute Board/争议委员会
DAB	Dispute Adjudication Board/争议裁决委员会
DAAB	Dispute Avoidance/Adjudication Board/争议避免与裁决委员会
DNP	Defects Notification Period/缺陷通知期
FIDIC	Fédération Internationale Des Ingénieurs Conseils，法文缩写 FIDIC/国际咨询工程师联合会
FPC	Final Payment Certificate/最终付款证书
LCIA	London Court of International Arbitration/伦敦国际仲裁院
EOT	extension of time/工期延长
EPC	Engineering-Procurement-Construction/设计－采购－建造
ICE	Institute of Civil Engineers/英国土木工程师学会
ICC	International Chamber of Commerce/国际商会
IPC	Interim Payment Certificate/期中付款证书
JV	Joint Venture/联营体
NOD	Notice of Dissatisfaction/不满通知
PFI	Private Finance Initiative/私营主导融资
PPP	Public Private Partnership/公共私营合伙
SIAC	Singapore International Arbitration Centre/新加坡国际仲裁中心
NEC	New Engineering Contract/新工程合同条件（英国土木工程学会编制）
TOC	Taking-Over Certificate/接收证书
SCL	Society of Construction Law/英国建筑法学会
TCC	Technology and Construction Court/英国科技和建筑法庭
UNCITRAL	United Nations Commission on International Trade Law/联合国国际贸易法委员会

目 录

第2版序
第1版序
第2版前言
自序
缩略语目录

第1章 合同的成立 ……………………………………………………………… 1
  1.1 施工合同的定义 ………………………………………………………… 1
  1.2 合同的成立 ……………………………………………………………… 3
  1.3 明示条款和默示条款 …………………………………………………… 14
  1.4 合同的订立 ……………………………………………………………… 17
  1.5 意向书 …………………………………………………………………… 19
  1.6 施工合同文件 …………………………………………………………… 27
  1.7 分包合同效力 …………………………………………………………… 29
  1.8 合同关系不涉及第三人原则 …………………………………………… 31
  1.9 合同法律的选择和适用 ………………………………………………… 32
  1.10 建筑法与国际惯例 …………………………………………………… 37

第2章 分包性质和特征 ………………………………………………………… 39
  2.1 国际承包工程项目的当事人 …………………………………………… 39
  2.2 分包的性质和特征 ……………………………………………………… 44
  2.3 分包合同关系 …………………………………………………………… 56
  2.4 分包方式和分包商的类型 ……………………………………………… 62
  2.5 国际工程项目中的联合体 ……………………………………………… 65
  2.6 工程建筑业中的从担保 ………………………………………………… 70

第3章 国际工程项目分包的一般原则和特殊规则 …………………………… 81
  3.1 分包一般原则 …………………………………………………………… 81
  3.2 分包的特殊规则 ………………………………………………………… 84

第4章 分包工程投标 …………………………………………………………… 90
  4.1 分包工程投标的性质 …………………………………………………… 90
  4.2 投标阶段主包商和分包商的关系 ……………………………………… 91

4.3　分包工程投标的例外情形 ·· 94
　4.4　投标时两阶段合同理论 ·· 99
　4.5　从 M.J.B 案看招标文件特别条款法律效力 ······················ 105

第5章　国际工程分包市场和分包商的选择 ································· 107
　5.1　国际工程分包市场 ·· 107
　5.2　分包商的选择 ·· 116
　5.3　国家、地区差异与分包方式选择 ······································ 122

第6章　FIDIC 分包合同格式 ·· 124
　6.1　概述 ·· 124
　6.2　FIDIC 合同体系 ·· 125
　6.3　1994 年版 FIDIC 分包合同 ··· 141
　6.4　2011 年版 FIDIC 分包合同 ··· 145
　6.5　FIDIC 合同评述 ·· 165

第7章　分包合同的起草和编制 ··· 176
　7.1　分包合同文本的来源 ·· 176
　7.2　编制分包合同的原则 ·· 177
　7.3　分包合同界面和解决方案 ·· 178
　7.4　分包合同谈判 ·· 192
　7.5　分包合同的订立 ··· 193
　7.6　分包合同中的几个关键问题 ·· 197
　7.7　分包合同条款检查清单 ··· 204

第8章　指定分包商及其管理 ·· 209
　8.1　指定分包商定义 ··· 209
　8.2　指定分包商的任命和反对指定 ··· 210
　8.3　指定分包商的责任承担 ··· 214
　8.4　业主的保障义务 ··· 216
　8.5　指定分包商的支付 ·· 217

第9章　主包商和分包商的权利和义务 ·· 219
　9.1　合同权利和义务的产生 ··· 219
　9.2　主包商和分包商义务相同性原则 ······································ 221
　9.3　主包商和分包商的主要义务 ·· 223
　9.4　"合理的技能和谨慎"的含义 ··· 251
　9.5　"以适当的和技艺精湛的方式"的含义 ····························· 256
　9.6　"正常地和勤勉地"和"迅捷和毫不耽搁地"的含义 ·········· 262
　9.7　"使工程师满意"的含义 ·· 266

第10章 分包工程设计 269
10.1 Baxall Securities 设计责任案 269
10.2 设计责任 270
10.3 合同形式和设计责任 290
10.4 分包设计 299
10.5 JCT 合同中的分包设计 305
10.6 分包商递交设计的程序 307
10.7 批准分包商设计的时间要求 308

第11章 分包合同开工、竣工和施工延误 310
11.1 分包商开工日期 310
11.2 分包工程工期 314
11.3 分包商进度计划 315
11.4 分包工程竣工 321
11.5 施工延误和干扰 332
11.6 施工延误分析技术——计划影响分析法 336
11.7 施工延误分析技术——时间影响分析法 340
11.8 施工延误分析技术——实际与计划工期对比法 344
11.9 施工延误分析技术——影响事件剔除法 346
11.10 CPM 网络进度计划中时差的归属 349
11.11 SCL 准则 357

第12章 分包工程的变更 361
12.1 变更的概念、性质和验证标准 361
12.2 变更的权利和效果 366
12.3 变更的指示 369
12.4 变更的限制和拒绝 370
12.5 价值工程 374
12.6 变更的程序 376
12.7 工程量表与变更 377
12.8 变更的估价 379
12.9 变更与索赔 384
12.10 分包工程变更 388
12.11 价格浮动 391
12.12 因法律变更的调整 397
12.13 暂定金额 399
12.14 计日工 401

第 13 章　分包合同的支付 ·· 403
13.1　合同类型与付款方式 ·· 403
13.2　附条件支付条款 ·· 405
13.3　Pay-when-certified 条款 ·· 410
13.4　Pay-when-paid 条款 ·· 411
13.5　FIDIC 分包合同 2011 版付款规定 ·· 412
13.6　承包商的抵消权 ·· 413

第 14 章　分包合同保险和担保 ·· 416
14.1　分包合同保险 ·· 416
14.2　担保概述 ·· 424
14.3　国际承包工程行业中使用的担保 ·· 426
14.4　FIDIC 合同 1999 版中使用的担保 ·· 427
14.5　凭要求即付担保 ·· 428
14.6　凭单据付款担保 ·· 429
14.7　国际商会《见索即付保函统一规则》 ······································ 430
14.8　银行保函索赔和止付 ·· 435

第 15 章　分包合同的索赔 ·· 457
15.1　索赔的定义、验证标准和分类 ·· 457
15.2　FIDIC 合同项下索赔的依据 ·· 460
15.3　递交通知：索赔的前提条件 ·· 468
15.4　工期延长索赔 ·· 473
15.5　费用索赔 ·· 495
15.6　分包工程的索赔 ·· 501
15.7　索赔权利的确权、量化和证明 ·· 508
15.8　一揽子索赔的记录标准 ·· 512
15.9　索赔案例 ·· 513
15.10　索赔陈述和索赔报告编制 ··· 519

第 16 章　分包合同违约、终止和损害赔偿 ·· 522
16.1　概述 ·· 522
16.2　误期损害赔偿费 ·· 526
16.3　分包合同的终止 ·· 531
16.4　主合同的终止和付款 ·· 539
16.5　分包合同损害赔偿 ·· 540

第 17 章　分包合同风险的识别、分担和管理 ·· 546
17.1　国际工程合同类型和风险分配 ·· 546

17.2 分包合同风险和分配 558
   17.3 分包合同风险的识别 566
   17.4 分包合同风险分析 570
   17.5 分包合同风险管理 573
   17.6 蒙特卡洛模拟在工程项目风险管理中的应用 576
第18章 争议的解决 583
   18.1 争议定义 583
   18.2 争议解决方式的选择 587
   18.3 FIDIC合同项下解决争议的机制 589
   18.4 替代争议解决方式——争议裁决机制 592
   18.5 仲裁 605
   18.6 FIDIC合同条件仲裁条款争议 629
   18.7 国际工程争议的避免和有效管理 630
参考文献 643

第1章 合同的成立

应当知道你在与谁订立合同。

——彼得·彼默罗,《商法》

1.1 施工合同的定义

世界各国对合同的概念有着不同的定义,《美国合同法重述》认为"合同是一个许诺(promise)或一系列的许诺,对于违反这种许诺,法律给予救济,或者法律以某种方式承认履行这种许诺乃是一项义务。"在大陆法系国家中,《法国民法典》规定:"合同是一人或数人对另一人给付某物、做或不做某事的义务的一种合意"。其中"合意"是指当事人之间的意思表示一致。

在国际工程项目中,施工合同(construction contract)已被广泛使用于各类建筑和土木工程项目的活动中。施工合同是建筑法中的核心和最活跃的要素,它是建筑经济活动或交易的中心。换言之,建筑业的一切经济活动都离不开一个基本载体——施工合同。

关于施工合同的定义,有关标准格式合同、建筑师学会、学者、法官和有关国家的建筑法律给出了不同的答案。

FIDIC 合同 1987 年第 4 版第 1.1.(b).(i) 对合同定义如下:

"合同指本条件(第一、二部分)、规范、图纸、工程量表、投标书、中标函、合同协议书(如已完成),以及其他明确列入中标函或合同协议书(如已完成)中的此类进一步的文件。"

FIDIC 合同 1999 年版对合同的定义如下:

"合同指合同协议书、中标函、投标函、本条件、规范要求、图纸、资料单以及合同协议书或中标函中列明的后续文件(如有)"。

FIDIC 合同 1987 年版和 1999 年版对合同定义内容有所不同,1999 版将资料单列入,根据 1999 版第 1.1.1.7 条规定:

"资料单指合同中名为各种表的文件,由承包商填写并随投标函一起提交。此类文件包括工程数量清单、数据、表册、费率和/或价格表"。

美国建筑师学会将工程合同概括为:

"协议书(Agreement)+条款(Conditions)=合同(Contract)"。

英国土木工程师学会对合同的定义与 FIDIC 合同中的定义相似。

上述定义从不同的侧面反映了施工合同的性质,但从抽象意义而言,英国维兰斯·杜肯在《哈得逊论建筑和工程合同》(Hudson's Building and Engineering Contract, 11th ed.) 中对施工合同的定义颇具代表性:

"一个房屋建筑或工程合同可以被定义为一项协议,某个人,泛指建筑商或承包商,为了酬金为另一个人,泛称工程业主或雇主,履行建筑或土木工程性质的工作。"

在 Modern Engineering (Bristol) Ltd 诉 Gilbert-Asb Northern [1974] AC 689 案中,迪洛克大法官将建筑合同描述为:

"一项货物销售、实施工程和提供劳务的完整协议,当交付货物或完成工程时,以总价为基础,按分期付款方式支付合同价款。在对合同项下的工程作出变更指示、支出暂定金额和合同成本项目以及延长工期时,当事人应随时作出有关决定。"

在各国建筑法律中,关于施工合同的定义,以英国 1996 年《住宅许可、建造和重建法》最具代表性,该法第 104 条、105 条规定了施工合同的定义和建设施工的范围,如下:

"104 (1) 本节中'施工合同'是指与某人就下述任何一项内容达成的协议:

(a) 建设施工。

(b) 安排由他人实施工程,无论是在分包合同项下或其他方式。

(c) 为建设施工提供自有劳务,或他人的劳务。

(2) 本节施工合同的范围包括下述协议。

(a) 进行建筑设计或勘查工作。

(b) 向建设施工相关的建筑、工程、内外装修或美化设计提供咨询。

(3) 本节施工合同的范围不包括雇佣合同(在 1996 年雇佣权利法之内)。

105 (1) 本节中述及的'建设施工'指下述规定中的任何一种施工:

(a) 建筑、结构形成或将形成土地的一部分(无论是否为永久性)的施工、变更、修复、维护、扩建、毁坏或拆除。

(b) 形成或将形成土地一部分的,包括(不违背上述规定情形下)墙体、道路、电线、通信设施、机场跑道、码头、港口、铁路、内陆河运、管道、水库、给水干管、井、排水管、排水设施的工业设备和安装、护坡保护或防护的施工、变更、修复、维护、扩建、毁坏或拆除。

(c) 建筑或结构物内配置的形成土地一部分的,包括(在不违背上述规定情形下)供暖、照明、空调、通风、供电、排水、卫生设施、供水、防火系统或安全或通信系统的安装。

(d) 施工、变更、修复、扩展或恢复过程中的建筑和结构物的内外清洁。

(e) 构成一个完整部分,或准备,或为完成进行的施工,如本款上述规定,包括清场、推土、挖掘、隧道开挖和钻孔、基础布置、安装、维护或模板拆除、场地恢复、美化或道路和其他通道工程。

(f) 建筑或结构物内外表面的油漆或装修。

(2) 下述施工不属于本节规定的建设施工：

(a) 石油或天然气的钻孔或提炼。

(b) 材料的提炼（无论是地下或地上）；为此而进行的地下工程的钻洞，或钻孔或施工。

(c) 在现场为提供支撑或通道而进行的机械或设备的装配、安装或拆除，或钢结构工程的安装和拆除，主要活动是：

(i) 核处理、发电、给水排水处理；或

(ii) 化学物、药物、石油、气体、钢铁、食品、饮料的生产、转化、处理或散装储存（而非仓储）。

(d) 制造或向现场交付：

(i) 建筑、工程构件或设备。

(ii) 材料、机械或设备；或

(iii) 供暖、照明、空调、通风、供电、排水、卫生、供水、防火、安全或通信系统的零件；除合同要求安装外。

(e) 艺术品、雕塑、壁画和其他艺术性质的艺术品的生产、安装和修复"。

英国法上对施工合同的定义包括了大多数的建筑和土木工程，但并不是全部的建设工程。但不可否认，英国法中对施工合同和建筑施工的定义最为完整和全面，且具有成文法上的效力。

在西方施工合同用语中，有建筑合同（building contract）、工程合同（engineering contract）和施工合同（construction contract）三种称谓，关于这三种称谓，约翰·尤夫教授在《建筑法》一书中说道：

"从法律意义来说，建筑合同、工程合同的含义没有任何区别，而施工合同包括上述两种合同⊖。"

1.2 合同的成立

1.2.1 合同的法律特征

尽管各国对合同的定义的侧重点有所不同，但一般而言，合同应具备如下法律特征：

(1) 合同是双方的法律行为，不是单方的法律行为。合同的成立必须由双

⊖ John Uff. Construction Law, London [M]. 9th ed. Sweet & Maxwell Limited, 2005: 259.

方当事人经过协商取得一致意见,即意思表示一致,如双方当事人的意思表示不一致,就不能达成协议,合同就不能成立。而单方的法律行为只要单方的意思表示即可成立,如债权人免除债务人履行债务的行为,只要债权人有免除债务的意思表示,债的关系即可消灭。

(2) 当事人在合同关系中的法律地位是平等主体关系。

(3) 合同的目的是为了产生某种民事法律上的效果。如将所有权转移给他人,或者产生某种债务等。

(4) 合同是合法行为,不是违法行为,凡违反法律的合同均是无效合同。

1.2.2 要约和承诺

大陆法系和英美法系认为,合同成立的最基本的要件是当事人的意思表示一致,意思表示可以是明示的,也可以是默示的,实现意思表示一致需要要约与承诺两个阶段实现。如一方当事人向另一方提出要约,另一方当事人对此要约表示承诺,在双方当事人之间就产生了有法律约束力的合同。

1. 要约

要约(offer)是一方当事人以缔结合同为目的,向一个或一个以上特定的人发出的内容十分明确的意思表示。在外贸实践中被称为发价或发盘。提出要约的当事人称为要约人(Offeror),对方称为受要约人(Offeree)。要约可以书面提出,也可口头提出。一项有效的要约须具备如下条件:

(1) 要约人必须清楚表明愿意按照要约的内容订立合同的意思。要约的目的是以订立合同为其目的,如不以订立合同为目的,就不能称为要约。

(2) 要约必须是由要约人向特定的受要约人发出的。在这个问题上,英美法院的一些法院判例认为,要约既可以向某一特定的人(a particular person),也可以向某一群人(a group of persons),甚至可以向全世界(the whole world)发出。典型的案例是1893年英国Carlill诉Carbolic Smoke Ball Company案。对于普通商业广告,英美法认为只要广告的文字明确、肯定,则构成一项要约,如上述判例。而大陆法系和北欧等国的法律认为要约须向一个或一个以上特定的人发出,而普通商业广告不是向特定人发出的,普通商业广告不是要约,是要约邀请。而对于悬赏(reward)广告,各国均认为悬赏构成一项要约,一旦有人看到广告并且完成了该广告要做的事情,发布广告人就应支付广告中规定的报酬。

(3) 要约的内容必须十分明确。即要约须包括准备签订的合同的主要条件,一旦受要约人表示承诺,就足以成立一份对双方有法律约束力的合同。要约人和受要约人应十分清楚的是,如果协议内容过于模糊,法院将判决合同无效。在英国1941年Scammell & Nephew诉Ouston一案中,法院判决合同无效,因为"分期付款协议"中既没有规定利率,也没有规定还款时间和还款次数。但合同条件的不确定性可以通过以下方式弥补,如商业惯例中某些词语有特殊的含义,双方当事人以往交易中形成的具有特殊含义的词语,合同本身提供了解决词语不确定性的方法。

【案例1-1】一承包商向一房主发出要约,内容如下:"如果其他工程允许,我将在九月的第三周给您刷房子,价格为3000美元。"

另一承包商也向该房主发出要约,内容如下:"我可以为您刷房子,价格为3000美元。我的价格中包括铲掉所有的现存的墙壁表面,清除旧漆,用Sherwin-Williams外用底漆涂刷所有裸露木头,再用该品牌的油漆刷两层面漆,颜色由您决定。水管和排水设施的修复不包括在内。如气候允许,工程将于九月的第三周开始并在该周全部完成。"

比较这两项要约,很明显第二个要约要比第一个要约清楚、明确得多,并且第一个要约还附加了条件。应当认为,第二项要约构成了有效的要约,而第一项要约,由于内容过于含混,不能构成一项有效的要约。

(4) 要约必须送达(communicated)受要约人才能生效。

要约的约束力是指要约对要约人和受要约人的拘束力。一般而言,要约对受要约人没有约束力,受要约人接到要约,可以承诺也可以不承诺,受要约人并不因此而承担必须承诺的义务,也没有通知要约人的义务。而要约对于要约人是否具有约束力以及具有约束力的条件,应视各国法律的具体规定。

一般认为,要约人可以在要约尚未生效前将要约取消,阻止其生效。而在要约生效后,要约人将要约撤销,英美法系和大陆法系各有不同的规定,应参阅各国法律的规定。

要约因下述情形而终止:

(1) 要约因过期而失效。一种情况是规定了承诺的期限,如受要约人未能在规定时间内接受,则要约失效。另一种是没有规定承诺的期限,就应在合理的时间内作出承诺,否则要约失效。后者的典型案例是英国1886年Ramsgate Victoria Hotel诉Montefiore案,在该案中原告在被告发出出售股份的要约5个月后才作出接受的承诺,因明显超过了"合理时间"(reasonable time),要约失效。什么是"合理时间",法律一般规定在缺少明示条款的情况下应根据具体情况决定合理时间的范围。对于工程承包项目而言,30天也许是一个合理的时间,但可多可少,应依据工程项目的性质、业主和当时的经济条件确定。

【案例1-2】在国际工程招标投标项目中,招标文件中均规定业主接受的时间,如承包商递交标书后的1个月或2个月,如果业主未能在规定的时间内作出承诺,则承包商递交的要约失效。在国际工程项目投标实务中,常常发生的是业主要求延期,并要求承包商延长投标保函。在这种情况下,承包商有两种选择,一是同意延期，延长保函；二是不同意延期，撤回保函。在第一种情形下，承包商的要约依然有效。在第二种情形下，要约因过期而失效，如业主在承诺有效期外作出接受承包商报价，除非再次征得承包商的同意，否则承诺无效。如果承包商认为自己的报价低，可能会亏损（因为在投标截止日期之日业主已经开标，投标的承包商均已知道各自的价格），理智的做法是利用第二种情形放弃要约，避免实施中可能出现的亏损。

（2）要约因受要约人的撤回或依法撤销而失效。依法撤销的情形包括如果要约是私人性质的，要约人死亡；二是受要约人死亡。另一种情形是条件的落空（failure of a condition），包括一项明示条件和一项默示条件的落空。在英国1962年Financings Ltd诉Stimpson案中，法院判决因车辆严重损坏，购买车辆的要约失效，因为要约中包含一项默示条件，即车辆应维持要约发出时的状态。

（3）要约因受要约人拒绝或实质性更改而失效。如果受要约人对要约进行了扩充、限制或变更，也视为对要约的拒绝，构成了反要约（counter-offer），也使要约失效。反要约须经原要约人承诺后，合同才能成立。以英国1840年Hyde诉Wrench一案为例，被告发出以1000英镑出售农场的要约，原告说愿以950英镑购买。法院认为原告的行为构成了反要约，并使原要约失效。附条件的承诺（conditional or qualified acceptance），如"如果你把你的汽车漆成红色，我就花500英镑买下"，也构成反要约。根据英国法律，要求要约人提供进一步信息的请求不是反要约。

【案例1-3】一承包商向业主发出"根据图纸和规范的要求以100000美元承揽某项建筑工程"的要约。图纸规定工程位于现场的南端。业主发出了承诺，但提出了更改，即工程应在现场的北端修建，而不是南端。这种要约和承诺方式不能形成有效的合同，因为业主对要约提出了更改，从而构成了反要约。如果业主和承包商要使上述要约和承诺有效，承包商需要根据业主的要求提出另一个在现场北端修建工程的要约，如业主接受，则构成有效的要约和承诺，形成合同。

英美法中还有"交叉的要约"（cross-offers）的概念。例如甲某向乙某发出一个要约，表示愿以2000美元将二手汽车卖给对方，而乙某在收到该要约之前，主动表示愿以2000美元购买其汽车，尽管乙某的信与甲某的来信的内容相同，但不能认为这是一项承诺，只能视为是交叉的要约，法律不承认交叉的要约构成一项具有约束力的合同。

要约邀请（Invitation for offer, invitation to treat）是指发出此项邀请的人邀请他人向他提出要约，要约邀请不是要约。如国际工程招标，业主向承包商发出邀请，邀请承包商投标即是要约邀请，而承包商的投标行为是要约，如业主接受，才能构成有法律约束力的协议。有些公司寄出的报价单、价目表和商品目录、商店的橱窗展品等不是要约，而是要约邀请，其目的是吸引对方向自己提出具有要约性质的订单。其他典型的要约邀请还包括拍卖、招标、土地售卖、公交车时间表、以合同为准（subject to contract）等。在"以合同为准"式的要约邀请中，根据英国法，应将 subject to contract 明显标注在信头。在外贸实务中，标有保留性或限制性条件的，如"价格随时调整，恕不通知"，或"仅供参考""须经我方最后确认""以我方货物售出为准"等也构成要约邀请。

针对建筑行业或工程承包行业而言，有两个特殊的涉及要约的问题：

（1）要约中能否提出某些机构制订的标准格式条款。如果要约中明确写明要约包括这些标准格式条款，则可以提出和适用。而且，即使要约人没有明确写明，但根据双方当事人以往商业交往中适用标准格式条款的习惯，可以推定适用要约中包括这些标准格式条款。

（2）分包商或供货商根据标准格式条款所做的要约与主包商的投标文件冲突。

【案例1-4】根据业主的招标文件规定，授标（承诺）应在投标截止日期起的60天内作出。主包商在规定日期递交了投标文件，分包商给主包商的报价（要约）中也规定其报价是根据主合同招标文件的规定作出的。然而，在分包商递交的报价标准格式单的背面，规定了报价有效期为主合同投标截止日期后的10天，如果未能在10天内接受，其要约将失效。在业主开标后，主包商的报价是最低价，业主在投标日期之日后的45天将工程标授予主包商，当主包商要求与分包商签订合同时，分包商却以要约已经过期为由拒绝签订分包合同。

在该实例中，显然，主包商在业主授予主合同之前不可能与分包商签订分包合同。而且，在分包商报价中也明确写明了"根据主合同投标文件"，因此，可以推断分包商知道，或应当知道主合同的投标文件的规定，而且主合同的投标文件规定将优先于任何分包商的标准格式条款。

避免这种尴尬局面的关键是主包商在要求分包商报价时应明确分包报价的有效期与主包商向业主报价的有效期相一致或要求更长的时间，如两者不一致，应以主包商向业主报价的有效期为准。

2. 承诺

承诺（acceptance）是指要约人在要约的有效期内作出声明或以其他行为对一项要约表示同意的行为。一项有效的承诺须具备如下条件：

（1）承诺必须由特定的受要约人本人或其授权的代理人作出。

（2）承诺须与要约的内容一致。如受要约人在表示承诺时对要约进行修改、限制或扩充，则构成一项反要约，不能发生承诺的效力。

（3）承诺须在有效期内作出。

(4) 承诺的传递方式须符合要约所提出的要求。

根据英国法律规定，一项有效的承诺须具备如下条件：

(1) 承诺必须在要约的有效期内作出。

(2) 承诺必须由受要约人作出。

(3) 承诺必须与要约的内容一致，即承诺应当像镜像（mirror-image）一样，反照出要约的内容，否则就不是承诺而是反要约。

(4) 承诺可以是书面的、口头的，或是某种行为默示的。有时承诺可以是默示的或可以通过具体行为作出，而不是具体的文字。例如，如果一承包商提出在你的土地上盖房子，而在你提出接受之前承包商已经进行了基础开挖，如果你接受了这种现实而没有表示反对，在承包商和你之间合同已经默示成立，因为你已经允许承包商开始施工。

(5) 如果要约是可选择的，承诺必须清楚指明是哪一个。

(6) 一个人不能就他所不知道的要约作出承诺。

(7) "交叉的要约"不能构成一项合同。

承诺生效的时间，是合同法中的一个关键问题。根据西方法律，承诺一旦生效，合同即告成立，双方当事人就承受了因合同产生的权利和义务。在此问题上，英美法系主张"投邮主义"（the Postal Rule），即凡以信件、电报作出承诺时，承诺的函电一经投邮、拍发，承诺即生效，而不是要约人收到时生效。但上述规则也有一些限制。根据英国法律，对上述规则的限制如下：

(1) 仅适用于信件和电报方式。

(2) 不适用于即时送达方式。

(3) 必须合理地使用邮寄送达方式。

(4) 承诺信函必须适用的写明地址并贴上邮票。

(5) 可以取代该规则，即要约人可以明示地或默示地将该规则排除在外。

而大多数大陆法系国家主张"到达主义"（Received the Letter of Acceptance），即凡承诺的函电只要送达要约人的支配范围就生效，而不管要约人是否已知晓其承诺的内容。

沉默不能构成一项承诺，即要约人不可以在要约中规定受要约人的沉默构成一项承诺。典型的案例见英国1862年Felthouse诉Bindley案。

随着科学技术的发展，现代化的即时和电子通信工具，如电话、电传、传真、E-mail、MSN等得以普及和应用，通信的即时化也给法律带来一些新的问题。根据英国法律，对于用即时和电子工具送达的承诺，在要约人收到信息时承诺生效。根据英国的判例，如Entores诉Miles案和1982年Brinkibon Ltd诉Stalag Stahl案，法院判决在工作时间，在承诺的信息打印出来时承诺即告生效，而不是要约人看到承诺时。如果是在夜间或假日等非办公时间受要约人发出了承诺，根据英国的判例,应认为在要约人可能看到承诺的下一个工作日为送达时间。这项规则也适用于传真和电传。对于电话应答机,则存在一些争议,一些人认为电话应答机不是一种即时通信工具,在打电话人和接电话的人听到该信息之间存在时间差和延误。如果要约人打开了电话应答机,他就应承担所有的风险,就应适用"投邮主义"原则。而另一方面,有些人认为"投邮主义"自身就相互矛盾,不能将其适用范围扩大。因此,大多数人均主张应适用最基本的原则,即承诺应当送达才能生效。因此,对于电话应答机而言,在要约人听到应答机录制的信息时承诺才生效。

承诺的撤回是承诺人阻止承诺发生法律效力的一种意思表示。承诺须在生效前撤回,一旦生效,合同即告成立,承诺人就不得撤回其承诺。

【案例1-5】 某公司投标南非一燃煤电站项目,业主为私人业主,该项目未要求提供投标保证金和投标保函。在经过投标人资格预审,递交标书,业主评标,最终向该公司签发了中标通知函。在收到中标函后,该公司认为该项目风险太大,拒绝签订合同协议书。此时,签订合同是否是国际工程合同生效的必要条件?拒签合同的承包商应当承担什么责任?

有的专家认为中标后,投标者拒绝签署合同协议书应承担缔约过失责任,因为承包商仅需支付投标保证金或没收投标保函。但是对于未要求提交投标保证金或投标保函的,承包商应承担什么责任呢?除了没收投标保函或投标保证金,招标者是否可以依法主张预期可得利益及其他损失?

要约是一方当事人向他方作出的订立合同的意思表示。该意思表示的内容必须确定并含有表意人在该意思表示被接受时就受其约束的意旨。要约生效,对于要约人产生形式上的约束力,即要约人有接受承诺的义务,不得任意撤回、撤销或变更要约,换言之,受要约人取得承诺的权利。如果要约人任意撤回、撤销或变更要约,构成违反前合同义务的,要承担缔约过失的损害赔偿责任。

承诺是受要约人在要约法律效力存续期间,向要约人作出的对要约完全同意并成立合同的意思表示。承诺的内容必须与要约的内容一致。

因此,除法律有特别规定或当事人有特别约定外,承诺生效,合同即告成立。

招标投标程序是招标人向数个相对人或公众发出招标通知或招标公告,引入竞争程序,从众多投标中选择中标者并与之签订合同的过程。招标者向数个特定的相对人或不特定的人公开的缔约愿望的意思表示,记载该意思表示的文件为标书。由于标书不具备合同的全部必备条款,因此将其视为要约邀请。

投标人按照招标文件的要求,向招标人提出报价并接受标书条件向招标人发出订立合同的意思表示。记载该意思表示的文件为投标文件。由于投标是向招标人发出,且又具备合同的全部必要条款,在法律性质上属于要约。

招标人通过开标、评标程序，对所有投标进行评审，选出认为最优的投标者，决定其中标并向其签发中标通知书，表示接受中标者的投标文件并允诺与其订立合同的意思表示。记载该意思表示的中标通知书，由于是向特定的投标人发出并且对投标完全接受，在法律性质上属于承诺。承诺采取到达生效主义，即承诺到达投标者，合同即告成立。

例外情形包括：

1. 违反国家强制性法律规定及行政规定

当国际工程项目涉及一国重大建设工程，如基础建设中的大型建设项目，对于此类项目，有的国家实行严格的国家计划约束，要求按国家计划和相关批准文件建设，否则违反法律强制性规定而合同无效。

2. 附生效条件，如将融资关闭作为合同生效要件或其他条件作为生效条件。

FIDIC 合同第 1.5 款文件优先次序规定：构成合同的文件要认为是互作说明的。为了解释的目的，文件的优先次序如下：合同协议书、专用条件、本通用条件、雇主要求、投标书和构成合同组成部分的其他文件。

FIDIC 合同协议书格式中第 2 条：下列文件应被视为本协议书的组成部分，并应作为其一部分阅读和解释：对此所附备忘录（包括合同价格的细目表）、补充文件、合同条件、雇主要求、承包商的投标书。

由以上可知，合同协议书仅是国际工程合同文件的组成之一，其签订的行为并不影响在招标投标过程中，招标方和投标方之间形成的有约束力的合同关系，除非中标通知书中明示约定以签署合同协议书为准或其他生效条件。签发中标通知书后，签订合同协议书应是双方的合同义务之一，但并不能影响中标函的法律效力。国际工程承包合同具有合同金额大、履行期限长、法律关系复杂的特征。尽管一般国际工程招标投标过程结束都要求签订合同协议书，但签署合同协议书不过是对已经成立的合同的确认，这并不影响合同的成立。

因此，中标通知书送达，合同即告成立，若合同内容无违法内容并且双方当事人未附合同成立的条件，则合同成立的同时即生效。但当事人一方或双方声明，除非签订正式文本，否则将不受拘束，则合同协议书签署之时方为合同生效的时间。

世界银行 1995 版招标指引 35.2 款规定中标通知函将作为正式合同的一部分。该招标指引 37.4 款规定中标人如果没有遵照 36 条或 37 条的规定与招标人签订书面合同则构成违约，导致废标，招标人有权没收投标保函，并且招标人可主张合同项下其他的救济措施，招标人也可将合同授予第二顺位的投标人。世界银行 2012 版招标指引第 40.2 款规定直到正式合同签署，中标通知书构成有约束力的合同。亚行采购规则 2015 年 12 月版 39.3 款有同样的规定。

中标通知书对承包商形成的法律约束力在于承包商应按其投标的价格履行合

同义务。对业主而言，按照招标文件及相关澄清文件中的条件将该工程授予成功中标的投标人，使中标人成为招标项目的承包商，中标通知书使得承包商与业主之间的权利义务关系成立。此时，合同的实质要件已经具备，即使中标后双方仍有进一步谈判的空缺条款，是可以通过签订补充协议、交易习惯和法律规定解决。如果中标人不继续签订合同协议书，或者招标人变更中标结果，都是以自己的过错行为表示不愿继续履行可执行的承诺。因此，除非招标人和投标人明确约定合同生效的前提条件，否则，中标通知书的送达即告成立并生效。

经过以上分析，中标通知函签发后，合同即告成立并生效，因此，任何一方不履行签订合同协议书的义务，应当承担违约责任。

1. 实际履行

一般而言，英国合同法中的一方的违约可以使对方提出损害赔偿请求，要求对方补偿违约造成损失，但一方违约一般并不能使对方解除其未履行的合同义务。因此，如果继续履行，仍然会产生经济利益并且合同目的有实现的可能性，应当要求继续履行合同，以保护权利人的合理的期待。

2. 违约金

国际工程合同中合同双方经常规定违约金条款，即在发生违约时违约方应支付事先同意的金额作为赔偿。但这通常发生在合同双方实际履行合同，违反具体合同条件时，而对于中标函生效后放弃工程项目的违约惩罚条款一般并无明确约定。

3. 损害赔偿

如果将国际工程合同的违约金条款作为违约的全部救济，实际上是限制了违约方的责任。因此，对于违约的救济除了合同双方明确约定的违约金条款，各国法律也有损害赔偿请求的权利与原则，保护守约方权益。英国合同法关于损害赔偿最权威的判例是 Hadley 诉 Baxendale，该判例确定了损害赔偿的普通法规则，在双方订立合同而一方违约的情况下，对方就违约所应得的损害赔偿应当是①可以公平、合理地认为自然发生的赔偿，即根据违约自身的正常过程所产生的赔偿或者②是双方订立合同时所合理预见的违约所产生的可能后果。这两个标准既互相补充也互相牵制[⊖]。

3. 对价和约因

对价（Consideration）是英美法系的概念，约因（Cause）是大陆法系的概念。大陆法系和英美法系许多国家的法律均要求，一项法律上有效的合同，除了当事人之间意思表示一致外，还需要对价和约因，也就是说，要约、承诺和对价构成合同成立的最根本条件。

所谓对价，是指合同当事人之间必须存在相对给付的关系，即一方当事人在

⊖ 王婧. 国际工程合同的成立与生效 [J]：国际工程与劳务，2016（10）.

享有合同规定的权利的同时必须承担某种作为或不作为的义务。如买卖合同中卖方交货是为了取得买方的货款,而买方付款则是为了取得卖方的货物。一项有效的对价须具备如下条件：

(1) 对价必须是合法的。

(2) 对价必须是待履行的对价(Executory Consideration)或已履行的对价(Executed Consideration),而不是过去的对价(Past Consideration),过去的对价没有效力。

(3) 对价必须具有某种价值,但不要求对称。

(4) 已经存在的义务或法律上的义务不是对价。

(5) 凡属履行法律上的义务,不能作为对价。

约因,根据法国法律,是指订约当事人产生该项债务所追求的最接近和直接的目的,即订立合同的原因或目的,它是合同有效成立的要素之一。而德国法律与法国法律规定不同,没有将约因作为合同成立的必要条件。

在英美法中,对价也有例外,如不得自食其言,或称为禁反言(promissory estoppel)。该原则认为,许诺一经作出,对方会产生信赖,如自食其言,势必使对方遭受不公平的结果或经济上的损失,因此,不得自食其言。另外,慈善捐赠、许诺偿还已过诉讼时效的债务或因破产而解除的债务、签字蜡封合同、爱、感情和道德义务不需要存在对价。

对价和约因是一个复杂的、晦涩难懂的法律问题,从工程承包或建筑行业而言,我们只要知道其基本原则和在工程承包合同中的所指,即承包商同意建设工程项目,而业主同意支付承包商,这就是工程承包合同中的对价或约因。

1.2.3 合同成立的要件

大陆法系和英美法系国家对合同的定义表述各不相同,法律规定不同,但西方各国法律都规定合同应具备一定的成立条件,即合同要件(ingredient of contract)：

(1) 当事人之间应有协议,无论是口头或书面的,协议应通过要约和承诺实现。

(2) 当事人的意思表示必须真实(genuine intention)。如果在受欺诈或者胁迫情况下订立了合同,合同是无效的。

(3) 当事人必须具有签订合同的行为能力。

行为能力是指当事人能用自己的意思表示为自己产生权利和承担义务的能力。对于自然人,各国法律均将自然人的行为能力分为完全行为能力、限制行为能力和无行为能力三种。如中国民法规定,十八周岁的成年人具有完全的行为能力,可以独立进行民事活动。对于法人的行为能力,须以法人的机关委托代理人行使。以最常见的公司为例,公司必须通过它授权的代理人才能订立合同,而且其经营范围不得超出公司章程的规定,否则属于越权行为。对于越权签订的合同,对法人来说是无效的,行为人本人也应承担责任。

(4) 合同须有对价和约因。

(5) 合同的标的 (object of a contract) 必须合法。

英美法认为,一项有效的合同必须具有合法的目标或目的,凡是没有合法标的的合同就是非法的,是无效的。违法的合同有两种情况,一是成文法所禁止的合同,二是违反普通法的合同。如违反公共政策 (public policy) 的合同、不道德的合同 (immoral contract)、违法的合同 (illegal contract) 等均是非法合同。公共政策是英美法的概念,它是一个非常广泛、灵活的概念,其内容随社会经济与政治环境的改变而变化。违反公共政策,是指损害公众利益,违背某些成文法规定的政策或目标,或旨在妨碍公共健康、安全、道德以及一般社会福利的合同,如限制贸易合同、限制竞争合同和限制价格合同等。

(6) 合同必须符合法律规定的形式。

只要具备了上述条件,合同即告成立。英美法国家和许多大陆法系国家均认为合同有要约和承诺,合同即告成立。但某些国家,如中国合同法规定,还需要合同当事人签订合同,合同才能成立。各国对于上述原则有着不同的具体规定,实际应用中应参考各国不同的法律规定。

在英国法中上述几个合同必备要件中,其必要要件和影响因素的关系如图1-1所示。

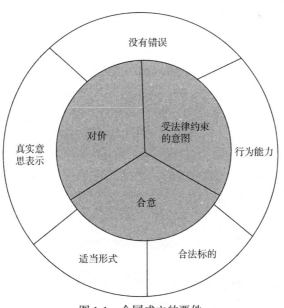

图 1-1　合同成立的要件

如图 1-1 所示，受法律约束的意图、合意（协商一致）和对价是合同成立的必要条件，而没有错误、真实意思表示、适当形式、合同标的合法、行为能力是影响合同成立的次要因素。

1.3 明示条款和默示条款

一旦合同成立，就需要界定各方当事人的权利义务范围。为分清主次权利和义务，英国法对合同条款进行了不同的分类。

1.3.1 条款和抽象陈述

根据英国法，条款（terms）是构成合同明示条款（the express terms of contract）的声明（statement）。如果条款是不真实的，不真实的声明将构成违约。

抽象陈述（mere representation）不构成合同的一部分，但可以帮助引导合同的声明。如果抽象的陈述是不真实的，不真实的声明将成为"不实陈述"（misrepresentations）。

一项声明能否成为合同的条款，主要依据当事人的意图。而如何确定当事人的意图，法院主要考虑如下因素：

1）声明对当事人的重要性。
2）当事人的相关知识。
3）声明的方式。
4）合同是否为强制性书面形式。

1.3.2 明示条款和默示条款

根据英国法，明示条款（express term）是合同当事人以文字、书面或口头同意的合同规定。默示条款（implied term）是指当事人没有以文字方式同意的，但被法院认为是实现当事人假定意图所必需的，或被成文法引进合同中的合同规定。

鉴别明示条款相对容易，即合同中明确、明示同意的内容或条款即为明示条款。默示条款主要来自：

（1）习惯。
（2）成文法。

英国 1979 年货物销售法在货物买卖合同中默示了如下条款：

适用于所有买卖：

1）卖方有权销售货物。
2）凭说明销售的货物需与说明相符。

对于以商业方式进行的货物买卖，默示如下：
1）货物质量令人满意。
2）货物适用于卖方所知的任何特殊用途。
3）凭样品销售的货物需与样品相符。

对于提供服务性质的合同，默示事项是应以合理的精心和技巧，在合理的时间内，以合理的价格提供服务。

（3）法院

法院认定的默示条款主要有两种：
1）事实上的默示条款。
2）法律上的默示条款。

1.3.3 条件条款和担保条款

在英国法中，条件条款（condition）是指事实的声明或构成合同必要条款（terms）的许诺。简而言之，必要条款（terms）是指合同的主要条款（major terms of contract）。如果涉及条件条款的声明是不真实的，或者一方没有履行其许诺，受损害的一方当事人可以终止（或解除）合同或要求赔偿。

担保条款（warranty）是指合同中次要的或者从属性的事实声明或许诺。简单而言，是指合同中的次要条款。如果一方当事人违反了担保条款，另一方当事人无权终止（或解除）合同，而他只能要求赔偿。

无名条款（innominate terms）和中间条款（intermediate terms），是近年来英国法院通过判例形成的新的概念，英国法院将那些既不属于条件条款，也不属于担保条款的合同内容归类为无名条款和中间条款。如果违反中间条款或无名条款，确定损害赔偿须视违约的性质及其后果是否严重而定。

关于 warranty 一词，通常我们将其翻译成中文的"担保"，而将 guarantee 也翻译为"担保"，实际上这两个词在英国法中有着不同的含义：

《牛津法律字典》第 4 版对 warranty 解释如下：

"1.（合同法中）合同的条款（terms）或许诺（promise）。违反上述条款和许诺，无辜的一方有权要求损害赔偿，但不能因此解除合同。比较 condition。2.（保险法中）被保险人的许诺。如违反许诺，保险人有权因此解除合同。因此，该词与'合同法的条件条款'具有相同的含义。3. 广义的，制造商对其有缺陷产品负责修复、更换或另外赔偿的书面许诺。见 guarantee。"

《牛津法律字典》对 guarantee 的解释如下：

"1. 一人（担保人）对应就其债务承担主要责任的另一人（主债务人）的债务或违约承担责任的从属性协议。担保需要独立的对价而且必须是书面形式。为其担保义务付出的担保人有权从主债务人处得到赔偿。比较'保障'。2. 见

warranty。"

从上面的解释可以看出，英文中的 guarantee 与中文的"担保"的含义是相一致和吻合的。但 warranty 则没有中文中的"担保"的含义，但业界翻译为"担保"，也可暂且用之。

从字典中的解释，而不是从中文"担保"的字面含义来理解 condition 和 warranty 条款，对读者而言，就相对容易得多。

在英美法系中，担保（warranty）又可区分为明示担保（express warranty）和默示担保（implied warranty）。在建筑施工领域，承包商的担保是指承包商保证或担保其工程的特征、质量和适宜性以及其工程可以在一特定的时间内使用。承包商的担保义务来源于承包商明示的允诺或法律规定的默示允诺。

（1）明示担保。

明示担保是指实施工程的当事人在合同中书面写明的保证其工程具有一定质量的明确的允诺或担保。大多数工程的修复责任源于明示的合同担保。在工程建设项目中，应严格区分材料质量或施工质量的明示担保和施工规范的明示担保，前者是工程施工中典型的明示担保，而对后者，某些法院认为不构成明示担保。

典型的明示担保仅仅要求承包商保证其工程符合有关计划和规范，这就意味着如果业主提供的计划和规范存在缺陷，业主通常就无权根据明示担保条款向承包商提出索赔，承包商也不能据此承担业主提供的有缺陷的计划和规范的责任和风险。

在设计和建造合同中，业主往往要求承包商不仅担保其工程符合有关计划和规范要求，而且还会要求承包商担保其工程达到某种标准和结果。以水泥厂等工厂建造合同为例，业主会要求在试运营后一定期限内（如3个月内），达到某种设计的生产产量。如承包商在合同中明示担保了这项义务，则承包商就承担了对不符合规范要求的工程进行修复的义务，也承担了产量不能达标时的修复义务。

（2）默示担保。

默示担保是指合同当事人在合同中明示担保之外的法律或法院对合同所赋予的担保义务。在建筑施工领域，法院赋予的默示担保义务是为了保证建筑工程能达到最低的技能和精心水平，无论合同双方当事人是否在合同中对该项义务进行了明文规定，这些法律所赋予的默示担保义务都是存在的。

一般而言，在建筑施工领域，默示担保以下述方式出现：

1）技艺精湛施工的默示担保。

2）对于住宅施工而言，可居住性的默示担保。

对于上述两种默示担保，承包商均应以合理的努力和精心避免可预见的经济上和物质上的损害。

为了对默示担保责任有所限制，承包商有时在合同中插入某些条款，明示的或默示的放弃某些担保责任，上述弃权条款对于商业用户来说是具有法律效力的，但对于一般用户（如住户）来说是无效的，因为法律认定商业用户或实体比一般用户具有更强的能力，而且更容易得到保护。

1.4 合同的订立

1.4.1 要式合同和不要式合同

按照大陆法系国家法律的规定，合同的形式可分为要式合同和不要式合同两种。所谓要式合同，是指合同必须按照法定的形式或手续订立，否则无法律上的约束力或不能被强制执行。不要式合同是指法律上不要求按照特定的形式或手续订立，只要双方当事人意思达成一致并且合法，即具有法律效力的合同。在现代社会中，各国普遍采用不要式原则（principle of informality）作为合同订立的基本原则。

法律规定的要式原则（principle of formality）的目的和作用是：

（1）要素原则。要素原则是把订立合同的形式作为合同生效的要件。如果法律规定必须按照特定形式订立的合同，则法定形式应为合同成立的必备条件，例如赠予合同、土地转让合同等。

（2）证据原则。证据原则是指那些不按法定形式订立就不能证明合同的存在，其法定形式作为证明合同存在的证据，而不是作为合同成立的要件。

因此，合同的订立是否是要式合同还是不要式合同，应以各国的具体法律规定为依据。

1.4.2 书面形式

国际工程合同的采购方式可分为公开招标方式和议标方式。公开招标一般是依据国际融资机构的采购规则进行的国际竞争性招标方式采购，或者是根据一国政府采购法进行。议标方式，又称直接谈判方式，大多在私人投资项目中采用，业主通常邀请一家或几家有实力的承包商，以谈判方式订立合同。

工程项目的采购方式，即采用公开招标、议标或者直接谈判方式的合法性问题，应视不同国家或不同司法管辖地法律规定确定。工程采购方式的合法性关乎工程合同的效力和是否有效的问题。在某些国家，如果工程项目未经合法的方式采购，可能导致工程合同无效，承包商因此丧失追索损害赔偿的权利。

由于国际工程合同的标的额往往较大或金额巨大，而根据一国政府采购法的要求需要采用招标方式进行采购，因此，国际工程合同的订立通常是用书面形式订立。

书面形式订立合同并不是国际工程合同成立和有效的必要条件，但它却是合同双方当事人订立合同的证据，证明合同的存在，除非书面订立的合同中约定口头协议无效。

但在书面形式订立合同中，仍然存在意向书或准合同的现象存在。关于意向书的法律效力，参见本书第1.5节的有关内容。

1.4.3 口头形式和临时合同

在实践中，可能存在分包合同是以没有书面的要约和承诺的方式，即口头协议方式订立。在这种情况下，对双方当事人而言，如果发生争议，则很难说清协议的确切性质。可能正是这个原因，英国1996年建筑法要求施工合同应为书面形式。英国1996年建筑法明确了"书面合同"的定义，在若干判例中，也对合同的书面形式作出了相应的判决，阐明了英国1996建筑法的规定。在Connex South Eastern Ltd 诉 MJ Building Services Group Plc [2004] BLR 333 案中，哈维大法官对以书面方式发出的要约而以口头方式承诺是否使合同成立作出了判决。哈维大法官对此给予肯定，即以口头方式对书面要约作出承诺，将使合同成立。哈维大法官在判决书中写道：

"原告 Connex South Eastern 的律师提示我注意 RJT Consulting Engineers 诉 DM Engineering (Northern Ireland) Limited [2002] 1 WLR 2344，CA 案。原告的律师主张，为了遵守建筑法第107条的规定，一份完整的协议，或者至少其主要条款必须是书面形式。被告的律师认为，并且原告的律师也同意，无论采用何种方式，由于第107条包含了默示条款，因此，很明显，议会没有故意将裁决员有权管辖的一份当事人之间单独达成的协议剔除在外。我接受这种观点。阿什顿先生没有指明不以书面形式存在的协议的明示条款。阿什顿的观点是对于被告的招标，不存在书面的承诺。我认为，这无关紧要。2000年9月15日会议纪要提及此事，被告已经在这个会议纪要中发出指示，要求项目立即开工。鉴于会谈纪要为书面形式，且在双方当事人授权范围之内，根据1996年建筑法第107条第4款的规定，该会谈纪要构成一项书面承诺的证据，因此，我认为合同为书面形式，符合1996年建筑法第107条的规定。"

在实践中，还存在双方当事人尚未达成一份完整的协议的情况下项目就开始施工的情形。在某些案例中，可以清楚地分辨出合同文件谈判的阶段以及合同是否存在，在此种情况下，可以将合同视为临时合同。在 Hall & Tawse South Limited 诉 Ivory Gate Limited (1996) 62 Con LR 117 案中，托顿法官在本案判决中对此阐述到：

"因此，我建议可将合同作为'临时合同'。这说明双方当事人将继续对有关工程的合同的形式进行谈判，一旦达成协议，正式协议将取代临时合同。"

临时合同的情形通常出现在意向书中。在因意向书而发生争议的案件中，双方当事人只是达成一个初步意向，但未就合同的主要内容或全部内容达成一致，但分包商已开始某些分包合同的施工，此时，无论合同是否成立，承包商均应有权获得已施工工程的付款。

1.5 意向书

1.5.1 意向书及其法律效力的判断

关于意向书概念的描述，在 Turriff Construction Ltd 诉 Regalia Knitting Mills Ltd 案中，法官 Fay 解释道：

"意向书只是一方当事人以书面形式提出将在未来某一天签订合同的意向。除特殊情况外，它没有约束力。"

在工程分包过程中，主包商也许会要求分包商在签订分包合同之前开始有关工程或现场准备工作，这种现象时有发生。

意向书在不同的情况下使用会产生不同的效果：

（1）主包商在准备双方签订的正式合同时，由于某种原因，在要求分包商开始工作时分包合同文本没有准备妥当，这时，主包商就会向分包商发出一份意向书，详细规定有关将包括在协议中的所有文件。分包商可能会或许不会被要求签收意向书回执表示同意规定的条款。虽然这份文件是暂时性的，但它仍具有与双方达成的协议的同等效力，除了按照有关规定需要盖章才能成为契据的合同外。

（2）意向书是一项开始工作或开始准备工作，并承诺给付的请求，也许只支付分包商实际的成本，如果工程没有开始或那个分包商没有开始工作。

（3）意向书是那种主包商通知分包商，他还对分包商的报价感兴趣，但是还没有或不想使其成为对双方具有约束力的合同。

在第（1）种情况下，由于没有新的建议或对合同条款进行修改，意向书构成了一种承诺，当主包商将意向书送达给分包商时，双方之间就存在了有约束力的合同。

在第（2）种情况下，主包商的意向书只是一项要约，分包商可以接受也可以提出反要约。一旦分包商签字或以其他方式签收，当事人就要遵守这项协议但仅限于要约规定。例如，如果意向书中要求分包商开始设计工作，分包商没有义务去做除设计工作之外的其他义务；如果意向书要求做到一定的预定金额，一旦完成预定金额，协议就应终止，分包商就不能继续执行意向书。根据英国法院的判例，如 Monk Construction 诉 Norwich Union 案，如果意向书中规定了封顶价格

(capped price)或预定金额(set price),履约当事人就没有权利索偿超出该封顶价格的任何额外价款,即使履约当事人可以证明他已支付了多出封顶价格的费用。

在第(3)种情况下,意向书没有法律约束力,意向书只是一种意向性声明而已。

在实践中,如何判断意向书是否具有法律约束力,是合同当事人不得不面对的法律难题。法官 Anthony Thornton 在 A C Controls Ltd 诉 British Broadcasting Corporation, Quen's Bench Division, (2002) 89 Con LR 52;[2002] EWHC 3132 案中总结了有关判断原则:

"1. 经分析,当事人称为或视为意向书的文件可以构成有约束力的合同,如果在客观解释时当事人的语言确有如此效果。

2. 或者,通过对其条款的客观解释,该份文件可以构成一种"如果"性质的合同,即一方当事人向另一方当事人发出标准的要约,如果他履行已界定的服务,那么他将为此得到报酬。然而,他们之间没有形成履行义务,而且要约中的明示或默示条款也限制了得到给付的相互义务。

3. 如果交易已被完全履行,并且合同成立的所有障碍已在合同谈判时和履行过程中消除,那么,即使没有完成正式合同的签字和履行手续,合同也是可能存在的。

4. 在解释意向书的效力时,考虑产生意向书的实际背景是必要的。"

法官 Humphrey Lloyd 在 Durabella Ltd 诉 J. Jarvis & Sons Ltd [2001] 83 Con LR 145 案中解释道:

"另一方面,除非通过客观判断,非常清楚地,双方当事人事实上同意他们认为必要的以及构成合同所必需的所有事项,否则合同不能成立。"

从英国法院的判例,包括 British Steel 诉 Cleveland Bridge 案、Mitsui Babcock Engergy Ltd 诉 John Brown Engineering Ltd [1996] 51 Con LR 129 案等可以清楚地得出如果一项意向书要具备合同约束力,必须具备如下条件:

(1)当事人必须声明他们签订合同的意愿,无论是来自意向书内容还是其行为。

(2)当事人必须就一些必要条款达成一致,如当事人、工程内容、价格和时间,并应具备充分的确定性以使合同能够在商业上运作。

(3)对要约的承诺必须清楚,无论是文字上还是行为上。

判断意向书是否具备合同效力,还应考虑意向书中规定的条件是否具备充分的确定性以使合同能够成立,以及意向书中还有哪些事项还需要解决的程度。

判断一个意向书的效力,如同安慰信一样,不能简单地从信函的字面去解释其效力,认为只要是表明意向书,就没有约束力,而是应当具体问题具体分析,仔细甄别意向书的背景、内容、是否产生权利和相互义务关系，依据有关判例和其他有关判例解读意向书的含义，判断是否产生合同效力、对当事人具有约束力。

1.5.2 意向书无法律约束力时的补救措施

如果意向书被法官、仲裁庭判断为产生了合同效力，则应根据合同法上规定的救济方法，补偿另一方当事人因履约而对其造成的损害。

如果意向书被法官、仲裁庭判断为没有合同效力，则在大陆法系，当事人可依据不当得利请求恢复原状，得到补偿。在英美法系国家，则可通过按劳取酬原则，以此为诉讼理由，而不能以当事人之间存在合同为由起诉或申请仲裁，得到应得的报酬。

1.5.3 从 British Steel Corporation 案看"意向书"的意义

基本案情

在 British Steel Corporation 诉 Cleveland Bridge & Engineering Co Ltd, Queen's Bench Division, (1981) 24 BLR 94 案中，被告 Clevelang（CBE）参与了在沙特阿拉伯建设一间银行的项目，建筑中需要提供一种铸铁节点，CBE 与原告 British Steel Corporation（BSC）对此项供货进行了谈判。1979 年 2 月 1 日，CBE 向 BSC 发出了如下意向书：

"Samma Bank：Damman

我们高兴地通知贵方，我方有意与贵司签署分包合同，由贵司就项目所需的顶棚铸铁节点供货。我方理解，贵方已就我方所需的一套节点进行了详细设计，因此，我方要求贵方立即开始准备工作，直到向贵方提供正式分包合同格式。"

根据这封信函，BSC 开始工作。1979 年 2 月 27 日，CBE 向 BSC 发出电传，电传中列明了项目所需节点的交货顺序，这也是第一次 CBE 要求按照特定交货顺序制造所需节点。尽管这种要求造成了一些问题，但 BSC 还是继续制造节点产品。

CBE 没有向 BSC 提供分包合同正式格式，当事人双方就价格或交货日期达成一致。最终，CBE 也没有向 BSC 支付已交付的节点产品。

BSC 根据双方已存在合同或按劳付酬（quantum merit）原则要求 CBE 支付 229832.70 英镑铸铁节点制造费用。CBE 承认这些货物已经出售并且已经交付给他们，并且承认承担部分责任。该项承认是以抵消总额为 867735.68 英镑的辩解为依据，CBE 同时以 BSC 违反合同规定、延迟交货和未按次序交货为由反诉 BSC。

BSC 的主要论点是他有权根据按劳付酬的原则得到给付,如果双方当事人不存在有约束力的合同,那么 CBE 的反诉就没有法律依据。CBE 辩称双方的合同关系已经在 2 月 21 日的信函中成立,而且交货顺序也在电传中说明,BSC 也进行了节点的制造。

法院判决

根据意向书和 BSC 的履约行为,当事人之间不存在合同关系,但 BSC 有权依据按劳付酬原则得到给付。

法官判决词

法官 Robert Goff J 在判决中写道:

"关于本案中这个合同是否成立的问题,必须依据双方当事人之间进行的有关交流的真实意思,以及依据这些交流所从事行为的效果决定。对于意向书是否可以构成有约束力的合同的问题,我们可能并不能给出确凿的、快速的答案,因为必须根据具体案件的具体情况判断。在大多数情况下,根据意向书内容要求所从事的工作,无论是否构成合同或合同关系不存在,是无关紧要的,因为按照要求从事工作的人只是简单地要求给付,通常他可以依据按劳付酬原则进行索偿,而是否依照合同或准合同(Quasi-Contract)关系索偿并没有什么区别的。当然,按劳付酬的索偿跨越了合同和恢复原状的界限,所以如果只是基于按劳付酬原则或合理价格索偿,对区分是按合同或准合同索偿并没有任何帮助。但是,在本案中,如果一方当事人以违约为由索偿,那么,合同是否存在的问题就是一个至关重要的问题。

为便于分析,由意向书形成的合同(如有)的成立可能是下述两种方式中的一种,或者可能是一般有效合同,每一方当事人都向另一方承担了相互义务;或可能是一种有时被称为"如果"(if)性质的合同,即 A 要求 B 从事某项工作并答应 B,如果他履约了,那么他将得到相应的回报,通常来说是相应的报酬。第二种情况所述的交易只不过是一项标准的要约,如果一方在其失效或合法撤回之前已经履约,将构成一项有约束力的合同。

第一种情况下的意向书已被法官 Fay 在 Turriff Construction Ltd 诉 Regalia Knitting Mills Ltd(1971)一案中判为合同成立,这也是本案中 CBE 所主张的合同类型。当然,如前所述,应根据具体案件的具体情况判断。根据本案的事实,而且,依我所见,根据大多数案件的事实,让我维持这个观点是十分困难的,因此有必要查看本案中 CBE 意向书中的条款,以便我们了解其中的难点。在那封信中,要求 BSC 立即开始工作的表述为'开始准备工作,直到向贵方提供正式分包合同格式,'这种表述,明白无误地是使分包合同处在谈判状态,而没有涉及价格、交货日期和适用条款。在这种情况下，很难得出 BSC 通过开始工作，从事了具有合同约束力的履约行为。毫不怀疑，必须正视 CBE 那时发出的信函表明谈判已经进入了后期，并且将要签署正式的合同，但是，由于当事人正在处于谈判过程中，不可能说一些重大合同条款的确定程度。我发现，在这种情况下，我不能得出这样的结论，即 BSC 通过开始工作而约束双方完成工作。在辩论过程中，我询问了 BSC 一个问题，即在开始工作后，BSC 是否可以随时停止工作，BSC 回答是他们不能随意停止工作，即使合同条款的谈判完全破裂。我发现这种意见与一般常识和商业习惯不一致，使我无法接受。这也许揭示了在 1979 年 4 月 4 日，BSC 实际上声明直到双方就规范达成一致，他们才开始工作的事实。根据我的判断，它不仅反映了商业的实际情况，也反映了法律上的实际情况。

因此，在本案中，我拒绝了 CBE 提出的他们之间存在有约束力合同的主张。由于 BSC 已经根据 CBE 意向书的要求进行了工作，那么还存在一个问题，依据 BSC 有权索偿合理报酬是否使合同成立，即如我前面所述是否存在一个"如果"合同。在辩论过程中，我也被此吸引，在此基础上，不仅解析上是有可能的，而且可能为 BSC 的履约提供了必要合同义务的载体，例如，交付货物的默示质量义务。但是，越仔细研究这个案子，就越发现这个选择无法吸引我了。我发现真正的难点是交易的实际情况，特别是在一个正式合同还在谈判阶段时已经开始了工作。当然，事实是，供货交易的合同可以依标准或本案的情况成立，也将有一切可能依据标准条件成立，通常是供货商的标准格式。这种标准格式不仅对于卖方的供货质量缺陷，而且对于因卖方质量缺陷和延迟交付所造成的损害（如有）的有关规定都是合法的。卖方销售货物时不承担相应损失，也可能买卖双方就延迟交付需支付违约金达成一致。在本案中，一项未决争议是 CBE 和 BSC 之间是否使用了标准格式合同的问题，前者对卖方的延迟交付责任没有任何限制，而后者将上述责任排除在外。相应地，在本案中由于双方当事人还处在谈判阶段，不可预见卖方将承担什么责任，例如，质量缺陷责任或延迟交货责任，即使以后能够签署正式合同的话。在此类情形下，如果买方要求卖方在签署正式合同'之前'开始工作，从而推断卖方依此行动并承担有关履约义务是困难的，除非承担该项义务是根据双方当事人期望在短期内将签署正式合同的有关条款确定。如果卖方在这种情况下开始工作并承担履行合同的无限责任，而他可能在即将签订的合同中并不承担同样责任，那这将是一个特例。

基于这些理由，我拒绝接受存在'如果'合同的方案。依我判断，对事实的分析是简明的。双方当事人对最终签订正式合同充满信心。在此种情形下，为加快对预期合同的实施，一方要求另一方开始合同工作，而另一方遵守该项要求。如果今后合同如期签订，那么已经履行的工作将被视为是合同项下的工作；

如果与当事人双方的期望相悖没能签订合同,那么就不涉及需确定合同条款内容的合同,而且法律简明地规定了提出要求的一方需要向履约的一方支付合理价格的义务,这种义务被我们称之为准合同或恢复原状。与此一致,提出要求的一方当事人可能发现他将承担他以后签订的合同中可能不应支付的款项的义务,例如,如果合同能够签订,有关准备工作将按照成品价格收费:见william Lacey (Hounslow) Ltd 诉 Davis(1957)案判决。此外,该解决方案与有关判决一致,如 Lacey 诉 Davis 案判决,未报道的 Sanders & Forster Ltd 诉 A. Monk & Co. Ltd (1980)案上诉法院的判决,虽然判决做了部分让步,以及 O. T. M. Ltd 诉 Hydranautics (1981)案中,法官 Parker J 的脆弱的附带意见,即他说一项意向书'只有在其根据意向书中的指示工作并能够使被告得到按劳付酬款项时才能生效。'我只想在判决中增加这部分注脚,即使我的结论是在这个案件中合同是成立的,并且我所说的'如果'合同类型,然后我仍可能得出结论 BSC 没有合同义务继续履约或完成合同工作,因此当事人也就没有合同义务在合理时间内完成工作。但是,在本案中我的结论是当事人之间根本没有签订任何合同。

在辩论过程中,律师主张在这种合同中价格是一项必备的条件,如果双方不能达成一致,那么合同就不能成立。律师根据 Denning MR 大法官在 Courtney & Fairbairn Ltd 诉 Tolaini Brothers (Hotels) Ltd (1975) 案中的附带意见,即在建筑合同中价格是一项最基本的条款。然而我并不理解民事上诉法院院长在附带意见中所说的每一个建筑合同中价格是一项必备条款,特别是在法庭上他明示地提到的大型合同。毫不怀疑地,在绝大多数商业交易中,特别是在大型合同中,价格是一项必备条款,但经过最终分析,它称为一项建筑工程的首要问题。从如下3个案件中可以清楚地明白这个问题,即 May & Butcher Ltd 诉 The King (1929)、W. N. Hillas and Co. Ltd 诉 Arcos Ltd (1932) 以及 Foley 诉 Classique Coaches Ltd (1934),这些案件表明了必须遵守这些明确的和固有的原则,但在这些案件中的问题是,依据有关具体建设项目交易,是否与当事人的意思表示相一致,即使双方当事人并没有就支付的合理价格达成一致。但在本案中,与民事上诉法院院长在 Courtney 诉 Tolaini Brothers 案中所表达的意见相一致,我毫不怀疑价格的确是一项必备条款,没有它(与其他必备条款一起)则不能形成最终协议。

因此 BSC 有权赢得其索偿请求,CBE 的抵消权和反诉不能成立"。

1.5.4　从 A C Controls Ltd 案看判断"意向书"是否有效的标准

基本案情

在 A C Controls Ltd 诉 British Broadcasting Corporation, Quen's Bench Division, [2002] 89 Con LR 52;[2002] EWHC 3132 案中,1998 年,BBC 考虑安装能够控

制、监控和记录其 57 个建筑物的软件系统。为此，BBC 进行了招标，1999 年 1 月原告 ACC 公司递交了投标文件，价格为 3118074.14 英镑。

BBC 花了很长的时间准备基于 The Joint IMechE/IEE Model Form of General Conditions of Contract MF1（1988）的正式合同，但始终没有准备妥当。然而，BBC 要求原告 ACC 公司开始工作，并根据 BBC 的内部规定，说明除非签署正式合同，否则不能支付。相应地，1999 年 6 月双方授权代表签署了一份文件，该份文件被视为意向书性质（虽然文件上没有明确说明是意向书）。该信函要求 ACC 公司进行设计工作并进行有关的前期工作，并由独立的咨询公司评估付款。

1999 年 7 月 7 日，BBC 又再次致函 ACC 公司，确认其有意签署正式合同并要求 ACC 公司工作满 500000 英镑止。然而，在实施过程中，在 ACC 公司还未从事大量工作之前，BBC 终止了该项目。

法院判决

6 月的信函，以及被随后 7 月份信函实质修改的文件使合同得以成立。ACC 公司有权得到因这两封信函而实施工程的合理价格。500000 英镑的限额并不是 ACC 公司有权得到给付的限额。只要 ACC 公司开始工作，ACC 公司就有权得到它从事的合同工程的合理价格，但 BBC 有权告诉 ACC 公司，一旦达到 500000 英镑，ACC 公司应停止工作。

法官判决词

法官 Anthony Thornton 在判决中写道：

"35. 双方当事人提出了所谓的意向书的性质和效力，以及在合同要求从事的工作已经开始时合同成立的有关的界限问题。这些案例有：Turriff Construction Ltd 诉 Regalia Knitting Mills Ltd［1971］9 BLR 20 案；法官 Fay 审理的 British Steel Corp. 诉 Cleveland Bridge and Engineering Co Ltd［1984］1 All ER 504，QBD 案，Robert Goff J（后来是 Chieveley 的 Goff 大法官）审理；Pagnan SpA 诉 Feed Products Ltd［1987］2 Lloyds Rep 601，CA 案；Kleinwort Benson Ltd 诉 Malaysia Mining Corpn Bhd［1989］1 All ER 785，CA 案；G. Percy Trentham Ltd 诉 Archital Luxfer Ltd（1992）63 BLR 44，CA 案。从上述案件中，可以总结出如下有关原则：

1. 经分析，当事人称为或视为意向书的文件可以构成有约束力的合同，如果在客观解释时当事人的语言确有如此效果。合同是一种对规范整个项目的签订正式合同时未决的，当事人推断通过文件中条款已经明确的相互义务的文件。

2. 或者，通过对其条款的客观解释，该份文件可以构成一种"如果"性质的合同，即一方当事人向另一方当事人发出标准的要约，如果他履行已界定的服务，那么他将为此得到报酬。然而，他们之间没有形成履行义务，而且要约中的明示或默示条款也限制了得到给付的相互义务。

3. 如果交易已被完全履行，并且合同成立的所有障碍已在合同谈判时和履行过程中消除，那么，即使没有完成正式合同的签字和履行手续，合同也是可能存在的。

4. 在解释意向书的效力时，考虑产生意向书的实际背景是必要的。"

1.5.5　从 Turriff Construction 案看"意向书"的效力

基本案情

在 Turriff Construction Ltd 诉 Regalia Knitting Mills Ltd 案中，Regalia 公司邀请 Turriff 公司投标，承担在 Colby 一工厂工程的设计和施工。标书于 1969 年 5 月最后确认。在 1969 年 6 月 2 日的会议上，Regalia 公司通知 Turriff 公司，希望他们同意于 1972 年竣工，并着手实施工程。Turriff 公司要求"尽快发出一份意向书，使他们将承担的工程得到保护。"1969 年 6 月 17 日 Regalia 公司向 Turriff 公司发出以下信件：

"正如我们在 1969 年 6 月 2 日的会议上商定的，我们的意向是把合同授予你们，承担建造一个包括生产、储存、办公和餐饮实施的工厂，并分 4 个阶段连续施工。

一期工程按照双方商定的固定价格，二、三、四期工程按照一期工程的标准定价。工程应在 1972 年前竣工，开工日期为 1969 年 8 月 1 日。经过商定，付款方式系我方根据估算师提供的数量为标准按月支付。

以上各项协议有待于征地协议、与 Colby 开发公司的租约、建筑和法律许可以及现场调查报告完成后正式确认。

全部事宜有待于对合同条件达成协议。"

一俟收到规划批准，Turriff 公司便开始细部设计工作。出于各种原因，该工程被取消。1970 年 2 月 12 日，Regalia 公司致函拒绝承担责任，理由是"我们之间不存在任何合同，在 1969 年 6 月 17 日致函给你们时，事实上已经说全部事宜有待于对合同条件达成协议之后方成立。"Turriff 公司提起诉讼，索赔自 1969 年 6 月 2 日会议之后工程的费用。

法院判决

Regalia 公司应对已进行的工程负责。在 1969 年 6 月 2 日的会议上，Turriff 已提出进行准备工作的报价，条件是 Regalia 公司承担责任，并指出他们将把意向书看成接受他们的报价。1969 年 6 月 17 日发出的意向书并未否认这项责任。实际上存在一个包括中期费用的附属合同。

1.6 施工合同文件

1.6.1 施工合同文件的组成

在国际工程项目中,组成施工合同的文件主要包括:
(1) 协议书(agreement)。
(2) 一般合同条件(general conditions)。
(3) 特殊合同条件(conditions of particular application)。
(4) 规范(specifications)。
(5) 图纸(drawings)。
(6) 构成合同文件的其他文件。

如何理解协议书、一般合同条件的法律含义及其作用,需要利用上面介绍的知识逐一分析。

书面合同的内容,按其重要性顺序,是由一系列声明(statement)、条款(terms)和陈述(representation)构成的。协议书的内容十分简单,但却包含了最重要的事实声明,而一般合同条件(general conditions)主要处理属于建筑工程的内容和涉及的当事人。简而言之,协议书是声明,而一般合同条件是条款(terms)和条件条款(conditions)。对于 agreement、statement、terms、conditions 等词语,由于中文的含义与英文以及法律用词之间不完全契合和匹配,因此,需仔细体会上述用词在英国法中的确切含义,才能真正了解国际工程承包合同中的几个主要文件的含义。

在国际工程项目中,协议书涉及了最主要的内容,如缔约双方、工程描述、合同文件清单、合同金额、工期、缔约双方和证人签字。这些内容都是最主要的事实声明。而一般合同条件(general conditions)是明示条款,而没有写明的内容为默示条款。

1.6.2 合同文件的优先次序

在国际工程合同中,由于合同文件众多,因此需要在合同中明确合同文件的优先次序,从而避免合同文件之间的矛盾和模糊,有利于业主和承包商履行合同义务。

合同文件优先次序条款是国际工程合同中的一项重要条款,是进行合同解释的基本依据。FIDIC 合同 1999 版新红皮书第 1.5 款规定的合同文件优先次序如下:

"构成合同的文件被认为是相互说明的,为了解释的目的,文件的优先次序如下：
(a) 合同协议书（如有）。
(b) 中标函。
(c) 投标函。
(d) 专用条件。
(e) 本通用条件。
(f) 规范。
(g) 图纸，以及
(h) 资料表和构成合同组成部分的任何其他文件。
如文件中发现有歧义或不一致，工程师应发出必要的澄清或指示。"
确定合同文件优先次序需要遵循的基本原则是：
(1) 特殊规定优于一般规定的原则。
(2) 合同条款优于技术文件。
在掌握上述两项基本原则的基础上，业主和承包商在合同谈判过程中可按此原则确定各个合同文件的优先次序。

在实践中，合同文件的优先次序往往是承包商或分包商索赔的依据，因此，在编制合同文件和合同谈判过程中，应避免合同文件之间的矛盾或模糊。在某些业主主导的国际工程合同中，业主会要求承包商或分包商在发现合同文件的矛盾或模糊时放弃索赔工期延长和额外费用的权利。

1.6.3 合同文件的矛盾和模糊

由于分包合同是由众多文件组成的，既有合同条款内容，又有技术内容，有些是分包工程特有的内容，有些是一般性质的内容，因此，这些合同文件之间很容易出现矛盾。在分包合同文件出现任何偏差、错误、省略、不充分或矛盾或模糊时，FIDIC 分包合同或其他分包合同格式均规定了处理规则。这些文件包括：
(1) 分包合同文件。
(2) 主合同。
(3) 合同条件规定的承包商发出的指示。

FIDIC 合同和其他分包合同，例如 SBCsub/C 分包合同格式规定了处理原则，即由工程师或主包商发出指示，对矛盾或模糊的合同文件予以解释。

大多数分包合同格式均规定在分包商发现合同文件的偏差、错误、省略、不充分、矛盾或模糊时，分包商应向主包商发出书面通知，告知合同文件的矛盾和模糊。但是，在实践中，通常发生的是主包商发现合同文件的矛盾和模糊，并向分包商发出有关指示。

在某些分包合同格式中，分包合同有关条款详细规定了分包合同文件出现矛盾或模糊时的处理原则，如下：

（1）分包商和主包商应在发现合同文件的矛盾，或者因法律要求发生变化时立即通知对方。

（2）如果在发给分包商的文件中发现矛盾，则分包商应通知主包商其选择使用的备选方案，如果主包商要求不同的选择，则主包商应向分包商发出变更指示。

（3）但是，如果在分包商递交的建议书中发现矛盾之处，则主包商有权选择备选方案并通知分包商，此项指示不构成变更。

（4）如果法律要求出现矛盾之处，主包商应遵守有关法律要求，向分包商发出变更指示。

合同文件的矛盾或模糊是一件很难避免的事情，且很难在合同谈判过程中发现这些矛盾或模糊。在实践中，通常发生的是承包商或分包商在项目施工过程中发现有关文件的矛盾或模糊。为解决合同文件之间的矛盾或模糊，大多数分包合同格式均要求分包商履行通知义务，立即或及时发出通知，由主包商发出相关指示，解释有关的合同文件之间的矛盾和模糊，以便工程继续施工。

1.6.4 条款并入

普通法认为，如果合同条款或者在承诺中未能明示规定合同的主要条款，则可以通过引用其他文件的方式将主要条款并入到合同之中，称之为条款并入（Incorporation of terms），被引用的条款成为并入的条款（incorporated clause）。在建筑分包合同中，最为普遍的是采用默示的方式引入分包标准格式合同，或者是引入主合同的合同条款，或者是引入某种行业标准以及主包商自己编制的合同条款。在要约或签署的协议中通过引入方式确立分包合同的主要条款，各国法律原则上接受这种做法。

在施工合同中，无论是招标须知的要求还是业主与承包商前期谈判过程中，承包商均需遵守规范或者其他要求，受招标须知文件和合同的约束。此类约束可能还包括材料的来源、施工方法以及承包商承担的设计方案等。业主约束承包商的目的就是减少施工过程中签发变更令的风险，避免发生进一步的额外成本、费用和时间。一旦承包商在合同中接受了业主的约束性条件，则承包商会毫无例外地将上述约束条件转移给分包商。承包商可以通过分包合同中的明示条款或者通过引用其他文件的方式达到上述目的。如果承包商在分包合同中引入的其他合同文件成立，则分包商应负有义务在其报价范围内履行这些承诺。

1.7 分包合同效力

分包合同的效力问题关乎主包商和分包商签订的分包合同是否有效的问题。

各国法律中的专项立法，例如合同法，或者民法典债法篇的合同法中，或者普通法系中的成文法或判例法中均对合同的效力做了明确规定，分包合同效力也适用合同效力的所有规定。

在国际工程项目中，分包合同的效力取决于主包商和分包商在分包合同中的合同约定和适用法律国，或称准据法国的法律规定。

在国际工程项目中，首先，分包合同效力取决于主包商和分包商在分包合同中的合同约定，即分包商和分包合同需要取得业主和/或工程师的事先书面同意，然后主包商才能与分包商签订分包合同，分包商的雇用才具有合法性。为此，主包商在雇用分包商之前，应向业主和/或工程师递交分包商资质或业绩等文件，表明分包商有能力实施和完成分包工程。主包商向业主和/或工程师递交的分包商文件包括：

（1）公司注册登记资料。
（2）主要股东名录。
（3）过去3年或5年同类工程业绩。
（4）过去3年或5年的财务报表和财务状况。
（5）主要施工机械设备清单。
（6）主要人员清单。
（7）业主或工程师需要的其他文件。

业主或工程师可能还会要求主包商提供分包合同文件，但要求主包商删除或隐藏分包合同价格信息。

在收到主包商递交的分包商资质和资格文件后，业主和/或工程师应对分包商的资格进行审查。如果确定分包商具有实施和完成分包工程的能力，则业主或工程师向主包商发出书面通知，批准雇用分包商实施和完成分包工程。

如果主包商未履行合同约定的分包商批准程序，则主包商雇用分包商违反合同约定，这将导致分包合同无效以及分包商被业主和/或工程师驱离现场的后果。因此，在国际工程项目中，主包商聘用分包商实施部分工程时，应按照合同规定的程序，递交分包商资质和资格文件，报请业主和/或工程师书面批准。

其次，分包合同的效力取决于准据法国的法律规定或判例法。各国法律均规定了合同成立的条件，即一项合同的成立取决于合同成立的法律要求的要件，如果符合合同成立的要件，则分包合同成立，具有法律效力。如果存在法律明文禁止的情形，则分包合同不成立，分包合同不具有法律约束力。

对签订分包合同的双方当事人而言，分包合同无效的法律后果将导致分包商仅能就已实施的分包工程按照合同约定的单价或价格获得分包工程价款，但分包商可能因此丧失了追索损害赔偿的权利。

1.8 合同关系不涉及第三人原则

合同关系不涉及第三人原则（privity of contract），有人翻译为"合同的相对性"⊖或"合同的相互关系"，是指合同当事人之间的相互关系。依照英国法中合同关系不涉及第三人的原则，只有合同当事人有权就合同事宜起诉或被诉，合同当事人不能将权利转让或赋予其他任何人。例如，甲方与乙方达成协议，由甲方为乙方刷房子，作为回报，乙方将向丙方支付1000英镑，但丙方不能起诉乙方，要求乙方支付上述款项。如果丙方可以起诉，就意味着合同确立了为第三方获得的权利（right acquired for a third party, jus quaesitum tertio），而英国法不承认这种权利。⊜

根据英国法，合同关系不涉及第三人原则包含两项独特的规则：

（1）即使订立的合同具有使第三方受益的目的，但非合同当事人不能要求该项利益。

（2）非合同当事人的第三方不能承担合同责任。

合同关系不涉及第三人原则的例外情形如下：

（1）转让；在履行了有关正式手续后，在未经合同另一方同意的情况下，一方当事人可以转让权利。

（2）代理。

（3）多方当事人协议。

（4）附属合同。

（5）银行保兑信用证。

（6）信托。

（7）租赁。

（8）限制性契约。

（9）LPA 1925 年法案第 56 节。

法定例外情形如下：

（1）限价协议。

（2）保险。

（3）流通票据。

（4）LPA 1925 法案第 56 节。

根据英国法，允许第三人提起诉讼的情形如下：

⊖ Marnah Suff. Essential Contract Law [M]. 2nd ed. 湖北：武汉大学出版社，2004：13, 154.

⊜ Elizabeth A, Martin. A Dictionary of Law [M]. 4th ed. Oxford：Oxford University Press, 1998：356.

(1) 信托。
(2) LPA 1925 年法案第 56 节。
(3) 排他性代理。

允许受约人代表第三方执行合同的情形如下：
(1) 实际履行。
(2) 强制令或者停止进行诉讼程序。
(3) 损害赔偿。

第三人负担义务的情形如下：
(1) 限制性契约。
(2) 因违反合同而造成的侵权责任（tort）。

英国法中调整规范合同关系不涉及第三人的法律主要是《1999 年第三方权利合同法案》[The Contract (Right of Third Parties) Act 1999]，该法案对合同关系不涉及第三人原则的严格限制进行了改革。该法案规定了第三方有权主张合同权利，要求合同利益的情形进行了规定，其立法主旨是给予非合同当事人的第三方主张合同的权利。根据该法案，第三方可以主张合同的权利，如果：
(1) 合同明确规定了第三方可以主张合同的权利；或者，
(2) 合同条款的主旨就是使第三方受益。

合同关系不涉及第三人原则在国际工程项目中的实际意义在于承包商不能因工程师的疏忽或错误而起诉工程师，因为承包商与工程师之间没有合同关系。如果承包商要起诉工程师，只能以侵权责任为由起诉工程师的疏忽和错误，因为根据英国法和美国法律，以侵权为由起诉不需要当事人之间具有合同关系。

合同关系不涉及第三人原则在分包合同关系中也具有重要的实际意义，它是分包合同关系链中各方当事人，如业主、工程师、主包商、分包商、三包商、四包商之间纵向和横向合同关系和合同责任的法律基础。运用该项规则，就可以解释和理解分包合同关系链中各方的责任和利益。业主虽然与分包商之间没有合同关系，但业主可以侵权责任为由起诉分包商，同样主包商也可以侵权责任为由起诉三包商、四包商。

1.9 合同法律的选择和适用

1.9.1 法律选择的基本原则

在涉外民事法律关系中，由于涉及两个或两个以上国家的法律，而不同国家的法律制度和规定各不相同，在处理同一问题时，会产生不同的结果，这就是所谓的法律冲突。

法律适用是指涉外民事法律关系应适用何国法律。

法律冲突产生的原因，主要有如下几个方面：

（1）内国赋予外国人、外国企业民事权利。在现代社会，随着全球化趋势的演进和跨国公司的发展，外国人、外国企业在一国均享有民事权利和参与商业活动的权利，在现实中出现的含有涉外民事法律关系，会导致法律冲突的发生。

（2）各国法律规定的不同，使法律冲突成为可能。由于各国的政治、经济、法律规定存在差异，对同一案件处理时，同一当事人，适用不同国家的法律会导致不同的结果。

（3）内国在一定条件下承认外国法的域外效力。

1.9.2 所有权的法律冲突和物的所在地法原则

所有权，根据我国民法的规定，是指国家、集体和个人对属于各自所有的财产的占有、使用、收益和处分的权利。在国际私法中，所有权是指具有涉外因素的所有权，其涉及的主要问题有因各国法律规定不同产生的所有权的法律冲突问题；当国家作为所有权主体时，国家财产的豁免权问题；在采取国有化手段将私人财产转变为国家所有时，国有化法令的域外效力及补偿问题。

目前，为解决所有权的法律冲突，各国普遍适用的是物的所在地法这个基本冲突原则。

物的所在地法（lex rei situs；lex situs）是指作为法律关系客体的物的所在地国家的法律，主要用于解决如下问题：

（1）动产与不动产的划分由物的所在地法决定。

（2）所有权客体的范围以及所有权的内容与行使，由物的所在地法决定。

（3）所有权的取得、转移、变更和消灭的方式及条件，一般应由物的所在地法决定。

（4）所有权的保护方法由物的所在地法决定。

物的所在地法在国际私法中得到了广泛的承认和运用，但在下述两种情况下不予适用：

（1）运输途中的物品。由于运输途中的物品随时都在发生移动，有时还会处于公海或公海上的空间，不属于任何国家管辖，因此，不能完全适用物的所在地法，而国际上普遍承认的是目的地法作为准据法，但如果运输中的物品长期滞留于某地，或被保管在某地的仓库中，如发生货物的买卖和抵押行为，可适用物的所在地法。如所有权随运输单证的移交而转移，也可依单证所在地法，交易所在地法作为准据法。

（2）船舶、飞机、汽车和其他运输机械。由于这些运输工具处于不断的移动中，因此，如以物的所在地法作为处理纠纷的准据法是不恰当和不现实的。世界上普遍主张以其所属国法律——旗国法或登记地法作为解决运输工具所有权的准据法。

1.9.3 合同的法律适用

合同的法律适用，是指在涉外民事法律关系中合同各方当事人发生合同争议时，法院或仲裁机构以何国的实体法作为处理争议所依据的法律。国际上普遍认为应采用当事人意思自治原则，并辅之以最密切联系的原则。

意思自治原则（autonomy of will）是指合同中允许双方当事人缔结合同时自行约定合同适用的某国的法律，法律也承认当事人有选择法律的自主权，如果当事人之间产生争议，受案法院或仲裁机构应当以当事人选择的法律作为合同准据法（Governing Law，Applicable Law），以确定当事人之间的权利义务。

最密切联系原则是指当事人没有明示约定解决合同争议所适用的法律，受理合同争议的法院和仲裁机构确定处理合同争议所适用的法律时确定的原则。最密切联系原则选择法律可以采取：

（1）缔约地法。即双方当事人签署合同所在地的法律。

（2）履行地法。如有时履行地存在两个或两个以上时，可适用主要履行地法，或以特种履行地为合同履行地。

（3）法院地法或仲裁地法。当事人如未约定应适用的法律，但在合同中规定了一旦发生争议，交由某国法院或仲裁机关管辖时，一般均可据此推定当事人意图适用该国的法律。

（4）物的所在地法。

（5）船旗国法。

（6）当事人或者至少债务人的居所地、住所地或营业地法。

（7）当事人的共同本国法。

（8）在一合同与其他合同有某种从属关系时，只要无相反的规定，可推定适用原始合同的准据法。

（9）根据"与其使之无效，不如使之有效"的解释合同的原则确定准据法。如果当事人未选择法律时，而所涉及的数国法律相互抵触，依某国法律合同有效，而依他国法律合同为无效，则应推定适用使合同有效的那一国家的法律。

1.9.4 国际工程合同的法律选择与适用

在国际工程项目中，合同的法律适用的基本原则是：

（1）在涉及实体工程实施、完成、维护和运行的工程合同中，合同的法律应适用工程所在国的法律。

（2）在不涉及实体工程的实施、完成、维护和运行的合同中，例如，联合体协议(Consortium Agreement)或联营协议(JointVenture Agreement)或合作协议(Cooperation Agreement)等,则可选择非工程所在地国家的法律,例如英格兰和威尔士法或其他国家和地区的法律,而不必要选择工程所在国的法律。

(3)在PPP/BOT投资项目中,股东协议(Shareholders Agreement)、贷款协议(Loan Agreement)、包销协议等不涉及实体工程实施、完成、维护和运行的合同,则可依当事人的合意确定合同适用的法律。而实施协议(Implementation Agreement)、特许经营协议(Concession Agreement)、购电协议(Power Pruchase Agreement)或者购买协议(Pruchase Agreement)等合同,由于涉及实体工程的实施、完成、维护和运行,则应选择工程所在地国的法律为第一选择。

(4)在PPP/BOT投资项目中,项目公司(Project Company)或特殊目的公司SPV(Special Purpose Vehicle)的法律选择和适用,应选择适用注册地国家或地区的法律。

1.9.5 工程所在地法律对施工合同的影响

在中东从事建设项目的承包商经常会忘记或者忽略的风险之一就是工程所在地——当地法律的影响,这种当地法律通常称为合同的适用法律。对于那些习惯了在普通法管辖区工作的承包商而言,他们会想当然地认为合同已经充分地描述了项目风险,但出乎意外的是,一旦项目开始实施,当地法律就会强加更多烦琐的责任条款,或者附加一些具有当地官僚主义色彩的解释。

例如,承包商在履行一份明示规定了违约赔偿金的合同时,承包商会理所当然地认定这些损害赔偿条款明确规定了工期延误的责任范围。然而,许多中东国家的民事法典会给予法官自由裁量权,上下调整损害赔偿金额以反映实际损失金额。在合同约定的损害赔偿金额大幅度超过业主的实际损失时,这也许会有利于承包商。但是,在一些大型商业项目上,如果出现这种不确定性因素,将会改变承包商所承担的项目风险。

在施工合同中规定对间接损失的限定性责任条款是一种惯常的和强制性的做法。相反,对于所有的建设施工项目,大部分地区的民法典会强制要求承包商承担十年期责任。在项目竣工后,承包商对未来十年可能发生的施工建筑全部或者部分倒塌以及出现任何影响建筑稳定性的缺陷负有责任。即使承包商能够证明他们拥有合理程度的技能和谨慎,但这种严格责任不能用契约约定加以限制或排除其应用。在阿拉伯联合酋长国,即使合同适用法律不是国家法律,但十年期民事责任也应予以适用。对于未能考虑这种非契约性责任的承包商来讲,可能存在巨大损失的风险。

在更实用的层面上,当地法律对承包商的日常工作具有重大影响。至少,在中东国家,当地招标投标法规定参与政府合同的承包商在支付变更款项之前,需要同意变更所产生的时间和成本之间的关联。这与标准惯例背道而驰，即一旦工程师确定变更费用，那么不管同意与否，工程师均应按照临时估价计入付款项中予以支付。这就意味着，在承包商使用合同规定的争议解决程序对工程师的变更评估提出异议时，并不是要否决对变更的某些支付要求。如果在付款之前要求承包商同意工程师的变更评估，则可能导致延迟付款，从而对承包商的现金流产生负面影响。此外，通过削弱自由裁量权来为承包商所完成的工程进行付款，这破坏了合同中所表现出来的传统意义上的工程师的权威。面对这样一种局面，承包商陷入了进退两难的尴尬境地：尽管承包商一直声称要享有更多的权利，但为了维持现金流，是要承认工程变更，还是为坚持合同权利而导致现金流的减少呢？

对于变更估价，当地法律强加一些限定性条款是常见的事情。政府部门业主批准变更金额，但政府部门业主却不会从招标投标委员会寻求进一步的批准。作为一个旨在控制政府部门支出的措施，这完全是明智之举，但这通常会导致过度官僚的审批过程，如果业主不能有效管理的话，会直接影响到承包商的进度计划和现金流。

虽然由当地法律强加给承包商的上述义务会被承包商视作异常繁重的义务，但把缔约双方的其中一方的诚信义务纳入民事法典，此举有积极的一面，它也许能使承包商免于承担业主强加的更加苛刻的责任条款。尽管此处的诚信是不明确的法律概念，在普通法管辖区通常是不被承认的，但是当地法院已在过去的合同关系中支持过这一概念。

从上述讨论可以得知，在中东实施大型项目的承包商若不考虑当地法律的影响，那他将会承担巨大的风险，他会遭遇重大的项目进度问题而血本无归。因此，当地法律不容忽视，在中东力图实施项目的承包商应针对这些当地法律的影响不断寻求法律建议。为了识别和应对当地法律强加于承包商的风险，这些法律建议很可能有助于这些具体施工项目的管理。

1.9.6 国际性范本合同与内国法

国际工程建筑领域普遍使用的一些国际性组织编制的合同范本并不能超越内国法，即一国国内法律的管辖，它必须遵守一国国内法，受内国法的制约和管辖。通常地，国际承包工程合同均对合同适用的准据法作出选择，即指明合同所适用哪个国家的法律，一般地，均选择工程所在地国家的法律。

选择法律的规则如下：

（1）选择的法律是实体法。如果争议的解决是在工程所在地之外的第三国，在诉讼或仲裁时应适用第三国的程序法，如大陆法系中的民事诉讼法或英美法系的讼诉程序法，或仲裁院、仲裁庭的仲裁规则。

（2）合同准据法不能完全彻底地排除外国法。在国际工程合同中，外国法律可能会对保险、保函、现场外制造和运输中的物品造成冲击。

合同适用于哪国的法律在实务中具有实质性意义，以附条件支付条款为例，英国《1996年住宅许可、建造和重建法》第113条明文禁止这种条款，主包商和分包商签署这种pay if paid 或 pay when paid 条款是无效的。而在美国，在不同的州，法律规定不同，这种附条件支付条款就可能有效，也可能无效，或者也可能有效，但主包商应在一个合理时间支付这三种情形。可见法律选择的重要性。

1.10 建筑法与国际惯例

1.10.1 建筑法规定

"现在，人们普遍认为，'建筑法'涵盖了直接影响建筑业的所有法律领域及其运用的法律工具，"John Uff 在《建筑法》一书中开宗明义地说道。

无论各国成文法、判例、司法解释和学者们如何界定建筑法的定义，建筑法作为众多法律门类中的一个分支，直接调整和深刻影响着建筑业中的法律关系和所涉各当事人的行为，是建筑业须遵循的行为规范的总称。

为调整和规范建筑业涉及的各方当事人，如政府、业主、咨询工程师、承包商、分包商、供应商、劳动者和一般民众之间的法律关系，各国纷纷制定和完善与建筑业息息相关的法律、法规，特别是在发达国家中逐步形成了一套完整的建筑法律体系，为建筑业健康和有序的发展奠定了法律的基石，从而规范了建筑行为，成为建筑业应遵循的最高法则。

以德国和法国为代表的大陆法系国家，主要以民法典，如德国民法典、法国民法典对属于债的一种的合同之债进行规范。而工程合同，作为合同之债中的一种合同，也属于民法典调整的范围。除法典外，为及时总结和反映不断变化和发展中的建筑工业，有效调整建筑业法律关系，各国还制定和颁布了一系列的有关建筑业的单行法规，以补充民法典时效性的缺憾。

以英美为代表的普通法系国家，主要以如下方式调整建筑业的法律关系和行为：

第一，合同法，如美国的《统一合同法》和各州的合同法等，英国的《不公平合同条款法》等。

第二，有关建筑业的专门法律，如英国的《1996年住宅许可、建造和重建法》，美国的米勒法案，澳大利亚的《建筑施工行业付款保障法案》等。

第三，判例。

除上述与建筑业有最密切关系的法律外，建筑法还涉及了一些基础性的法律，如侵权法、产品责任法、劳动法、程序法等诸多门类的法律，这些与建筑业有最密切关系法律和基础性法律一起构成了建筑法律体系。

除上述一国的内国法外,构成建筑法渊源一部分的还有一国签署和被批准的双边的、多边的国际条约、协定等。

1.10.2 国际惯例的明示和默示

惯例是人们多年在某一行业或领域形成的共同遵守的行为规则。它是道德规范还是法律规范,是指导性原则还是必须遵守,这些问题并不是这里要讨论的。

多年的国际承包工程的实践得出了一些有益的国际惯例,形成了建筑业的行规行矩,以这些惯例为指导,国际承包工程项目的参与者们得以在一定的规则中进行和完成工程项目建设的交易。

在建筑工程领域,无论国际惯例是多么的显而易见,但当你面对法官,当法官要求对你所主张的国际惯例进行举证时,你是否会觉得你的主张和抗辩会显得苍白无力,力不从心,欲言又止,有一种说不清、道不明的感觉。在商业交易中,惯例需要在合同中明示,而不是交易一方的想当然,或是随心所欲,自由心证的工具。

在建筑工程领域,习惯和商业惯例(custom and trade usage)要想成为合同的一部分,必须具备以下四个条件:

(1)必须非常著名,也就是说,人们普遍熟知并在订立合同时受此影响。

(2)必须十分确定,即与其他合同条款相比,具有同样的确定性。

(3)必须合理,当然,什么是合理是一个法律问题。

(4)不能违背法律规定。

如果习惯和商业惯例符合以上四个条件,则惯例将被视为是当事人之间契约中的明示规定。然而,合同双方当事人在订立合同时,应尽可能将商业惯例排除在外。

在建筑工程行业,惯例更需要明示,点滴不漏,这就是为什么工程合同会如此篇幅巨长、内容浩繁、条款叠屋架樑的原因之一,这也使得工程合同成为世界上最复杂的合同之一。

通常,律师会建议合同起草的原则,即起草合同时需要进行正面规定,反面规定,力争涵盖所有内容,不要留下漏洞。因为对方律师会毫不留情地寻找合同的漏洞,提出利己的抗辩和主张。不会钻空子的律师不是好律师,这是至理名言。默示,须依法律规定进行推断,它不是任何一方想当然,击败对方的利器。

第 2 章 分包性质和特征

在仲裁和诉讼中,分包性质和特征成为判断分包合同管辖权和诉权的决定性因素。

——约翰·尤夫,《建筑法概论》

2.1 国际承包工程项目的当事人

在国际承包工程项目中,传统的国际承包工程项目涉及了各方参与人,如业主、设计公司、工程师、主包商、分包商和供货商等,以各当事人之间签订的合同为基础,形成了各方当事人之间的权利和义务关系,如图 2-1 所示。

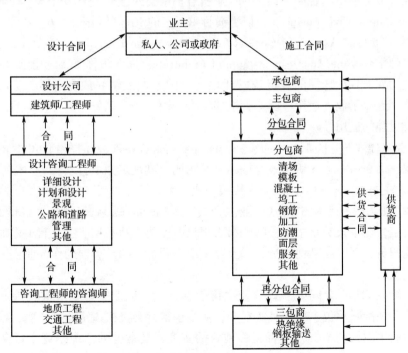

图 2-1 国际承包工程项目的当事人和合同关系⊖

⟷ 表示合同关系;⤎⤏ 表示合同当事人之间的关系(privity of contract)

⊖ Keith Collier. Construction Contracts [M]. 3rd ed. 北京:清华大学出版社,2004:27.

在图 2-1 中，不难看出，国际承包工程和分包工程中涉及的主要合同关系当事人如下：

1. 业主

业主（the Employer 或 the Owner）是指工程项目的所有者和拥有者以及其财产的合法继承人。在美国大多称之为"the Owner"，具有对其工程使用的土地和对地上建筑物拥有所有权的含义，而在其他英语国家的建筑工程领域被称为"the Employer"，具有"雇主"的含义。

具有业主主体资格的可以是私人、公司，也可以是政府部门。私人业主一般是建造住宅的所有者，在工程建设领域，绝大多数业主是公司和政府部门。

FIDIC《土木工程施工合同条件》1987 年第 4 版中第 1.14（a）项的解释为："业主是指本合同条件第二部分指定的当事人以及取得此当事人资格的合法继承人，但除非承包商同意，不指此当事人的任何受让人。"

FIDIC《土木工程施工合同条件》1999 年版第 1.1.2.2 款规定："业主是指招标文件附录中指明的作为业主的人及其财产的合法继承人"。

大多数标准格式合同，如 FIDIC 版所有标准格式合同，英国土木工程师学会（the Institute of Civil Engineers，以下简称 ICE）的 ICE 合同第 5、6、7 版，美国总包商协会（the Associated General Contractors of America，以下简称 AGC），美国建筑师学会（the American Institute of Architects，以下简称 AIA）均以"指向"的方式，如 FIDIC 合同的规定或以"填空"的方式，如 ICE 合同第 5 版注明业主名称，这对于业界使用广泛的标准格式合同而言是合理的，这样做的目的是使其具有更强的适用性。

"业主代表"（the Employer's personal representatives）一词在 FIDIC 合同中没有出现，但在 ICE 第 5 版中业主的定义中指明，其规定如下：

"业主是指……的……和业主代表，或继承人。"

在 FIDIC1999 年版中仅有"业主人员"（Employer's Personnel），根据 FIDIC 合同规定，业主人员是指工程师，第 3.2 款中提及的助手和业主及其工程师的所有其他职员、劳工和其他雇员；以及业主或工程师通知承包商的作为业主人员的任何其他人。

虽然在 FIDIC 合同中没有"业主代表"一词，但业主代表应被视为业主的一部分。在国际承包工程项目实践中，业主也常常会授权指定业主代表，代表业主行使业主的权利义务，监督工程项目的实施。最常见的情况是业主任命"工地经理"（Construction Manager，CM）负责代表业主进行项目管理和监督合同的执行。

在国际承包工程项目合同关系链中，业主是工程合同的第一当事人，其主要的合同义务是按照合同条款的规定向与之签订施工合同的第二方当事人——承包商支付工程款项。

2. 承包商

按照 FIDIC 1987 年第 4 版第 1.1 (a) (ii) 条的规定，承包商 (the Contractor) 的定义如下：

"承包商是指其投标已为业主接受的当事人以及取得此当事人资格的合法继承人，但除非业主同意，不指此当事人的任何受让人。"

FIDIC 1999 年版第 1.1.2.3 条规定承包商的定义是：

"承包商是指已为业主接受的投标信中指明作为承包商的当事人及其财产上的合法继承人。"

简而言之，承包商是指与业主签订工程合同，负责实施、完成和维护工程项目的当事人。该定义有助于区别分包商和工程师，特别是分包商、供货商的含义。

在国际承包工程中，承包商的主要义务就是在合同规定的时间内实施和完成他所签约的工程，如工程有缺陷，有义务在缺陷责任期内修补任何缺陷。

对于大型复杂的工程，几个承包商可以组成联合体实施和完成工程项目。对于业主而言，无论承包商是单一体还是任何形式的联合体，其法律责任和合同责任是一样的，即在联合体情况下，联合体各成员对业主承担连带责任。

承包商是除业主之外的第二方合同关系当事人，业主与承包商签订合同构成了国际承包工程项目中的合同基础和一切关系的基石。

如果承包商雇用了一个或多个分包商，在这种情况下，承包商又可称为总包商 (general contractor) 或主包商 (primary contractor)，他负责与业主签订工程合同，总体负责施工和完工，而专业施工则由若干分包商进行。分包商要在材料、工艺和进度方面向承包商负责，承包商根据分包合同对每一个分包商的工作和行为负责。

随着社会专业化分工的发展和科技的进步，总包商和主包商的含义已经趋同，更确切地说，总包商和主包商的含义已没有区别。[⊖]

中国的建设体制与西方国家和其他国家有所不同，中国建筑企业是沿袭苏联的做法，按照专业划分企业类型，形成了众多的专业公司，如公路桥梁、港湾、水利水电、铁路、房建等企业。而西方和其他多数国家并不按照专业划分和组成各类专业施工企业，而是总包商体制，即 general contractor。在国外进行资质注册和在投标书中标注企业类型时，中国企业也往往注明 general contractor。这是

⊖ Keith Collier. Construction Contract [M]. 3rd ed. 北京：清华大学出版社，2004：26-28. 作者在书中指出，在早期，总包商是负责整个项目的管理和实施，总包商并不真正做项目的主体工程，他雇用分包商进行。而主包商要用自身的资源实际实施部分工程，而其他工程则由与之签订分包合同的分包商负责。对于前种情况，许多国家的法律是明文禁止的，或者为业主所拒绝的。

值得我们注意的。

3. 工程师

工程师（the Engineer），又称监理工程师或咨询工程师，是指由业主聘任的代表业主对承包商实施的工程项目的质量、进度、工艺和成本等进行监管的人。在房建行业，工程师又被称为"建筑师"（Architect），与土木工程中的"工程师"含义相同。

FIDIC 合同 1987 年第 4 版第 1.1（a）（iv）条规定工程师的定义为：

"工程师是指业主为合同目的而指定作为工程师并在本条件第二部分保持这一称谓的人员。"

FIDIC 合同 1999 版第 1.1.2.4 条规定工程师的定义是：

"工程师是指业主为合同目的而指定作为工程师并在招标附录中保持这一称谓的人员；或者业主根据第 3.4 款随时指定的并通知承包商的任何其他人员。"

工程师不属于业主和承包商之间合同关系的一方，按照业界惯例，业主和工程师之间将签订监理服务合同，明确业主和工程师的权利和义务及其权利的限制。业主和工程师之间的服务合同可参考 FIDIC 出版的《业主和咨询工程师之间协议书国际通用规则》的格式。

工程师的职责涉及了工程管理和监督的各个方面，这在 FIDIC 合同条款中"工程师和工程师代表"中有所体现。经过多年的发展，在国际承包工程项目中工程师的作用、主要职责、权利范围等已形成了一套行业惯例。

对于承包商而言，工程师是业主的代表，工程师的任何行为均视为是业主的行为，但承包商不能起诉工程师，因为承包商与工程师之间没有合同关系，这是"合同关系不涉及第三人"的法则所决定的。

在图 2-1 中，业主与设计公司签署设计合同，设计公司与其他专业设计公司签署了一系列的协议，形成了合同链。在国际承包工程实务中，大多数设计公司会被任命为监理工程师，因为如果设计和监理不是同一个公司，会产生许多设计和施工中的矛盾和问题，影响工程项目的实施。

【案例 2-1】 某公司在某国承揽了一座公铁两用大桥的建设任务。该桥上部结构的设计是由某设计院承担设计。根据对外合同的规定，中方公司还需要对该桥进行监理服务工作。由于设计和监理是两个不同公司，在实施过程中出现了诸多的技术、设计和施工等矛盾，两者为此争吵不休，矛盾重重，主要表现在：

（1）监理认为设计公司的设计荷载对施工荷载考虑不周，考虑的荷载值不足，造成了施工的不便，如需要增加托架就会造成施工费用的增加，而设计公司认为他们已经考虑，增加托架施工完全没有必要。结果出现了谁也不服谁的局面，技术争执演变成人际关系的矛盾。

（2）关于设计的安全系数，设计方认为取值符合中国的技术标准，但监理方认为取值不足，钢结构某个部位会出现疲劳状况，需要进行补强，而设计方对此持不同意见。

（3）关于钢结构杆件的设计，监理方认为杆件的手孔设计没有周全考虑施工的要求，造成了施工的不便，而设计方认为符合中国的规范要求。

由于设计和监理不是同一公司，造成了施工前、施工过程中的大量技术争议和扯皮情形，在一定程度上妨碍了施工的顺利进行。但反过来说，设计方和监理方不是同一公司，也能有效防止设计中的纰漏和问题，在施工前和施工中解决和弥补设计的不足。

如果业主指定联合工程师（joint engineers），即指定了两个或两个以上的人同时担任一个工程项目的工程师，在这种情况下，由两个工程师在证书、指令上签字是安全的。在 Lamprell 诉 Billericay Union（1849）3 EXCh 283 一案中，法院判决在存在两个建筑师（工程师）时，如果业主与建筑师之间的合同明确规定所有指令和证书需要两人签署才有效时，由其中一人签署的证书无效。○

4. 分包商

分包商（the Subcontractor）是指与承包商签订合同，在现场负责实施业主和承包商订立的主合同中一部分工程的人。根据 FIDIC 合同 1987 年第 4 版第 1.1 (a)（iii）条，分包商的定义是：

"分包商是指合同中作为分包工程某一部分的分包商的任何当事人，或者由工程师同意已将工程的某一部分分包给他的任何当事人以及取得该当事人资格的合法继承人，但不是指此当事人的任何受让人。"

FIDIC 合同 1999 年版关于分包商的定义如下：

"分包商是指合同列明的或被指定的作为工程某一部分分包商的任何当事人以及取得每一当事人资格的合法继承人。"

分包商的出现是社会进步和专业化分工细化的结果之一，任何一个承包商的能力和专业设置都不能覆盖所有的专业，特别是在科技进步飞速的今天。

有关分包和分包商的内容，请详见本章相关内容。

5. 供应商

供应商（the supplier）是指为工程项目提供材料和所需设备的人。在工程项目中供应商的存在是普遍的，如管材供货商、水泥供应商、砂石料供应商、成品

○ 关于建筑师/工程师及其工程师代表签认证书、指令的案例，请参考英国 Tuta Products Pty. Ltd. 诉 Hutcherson Bros. Pty. Ltd [1972] 46 A. L. J. R. 479 Aus. 案、Marryat 诉 Broderick [1837] 150 E. R. 799 案和 Finchbourne Ltd. 诉 Rodrigues [1976] 3 All E. R. 581，C. A. 案。

混凝土供应商、电梯、电缆、电线、灯具、钢结构、钢绞线供应商等。供应商与承包商和分包商签订供货合同，按照合同文件要求供应货物，并承担相应的质量担保责任。

供应商不属于业主与承包商、业主与工程师、承包商与分包商之间合同关系的任何一方，他与业主、工程师之间没有合同关系。

应严格区分分包商和供应商二者的区别，分包商是指与承包商（主包商）直接签订合同在现场实施工程项目一部分的人，而供应商是指供应材料和项目所需设备的人。严格区分分包商和供应商的实质意义在于两者的合同关系、基于合同的权利和义务是不同的。

在国际承包工程项目的合同当事人中，还涉及计量工程师（quantity surveyor，QS）、管理承包商（management contractor）以及设计咨询公司雇用的专业设计咨询公司（designer's consultants）等，这些当事人在不同类型的国际承包工程合同中扮演着不同的角色，发挥着他们的作用。

2.2 分包的性质和特征

2.2.1 分包的性质

分包（subcontracting）是指（主）承包商将部分工程交由他人实施和完成的行为。分包的法律性质如下：

（1）分包是附条件的民事法律行为。

按照民法理论和相关法律规定，对某些法律行为特别设定了一定的条件，这种附设了条件的称为附条件的民事法律行为。以中国法律规定为例，我国民法通则第62条规定："民事法律行为可附条件，附条件的民事法律行为在符合所附条件时生效"。

附条件的民事法律行为所附的条件应具备以下特征：

1）应该是将来才发生的事实。
2）应是将来发生或不发生或不能肯定的事实。
3）应当是行为人之间协商确定的事实。
4）应当是合法的事实。

分包成立的前提是以业主与（主）承包商达成协议签订主合同为前提条件。没有业主和主包商签订的主合同为前提，分包就不能成立，即使分包商已经向主包商报价或主包商已将其列入分包商短名单中。从这个意义上而言，分包是一种附条件的民事行为。

但是，应当指出，即使主包商与业主签订了合同，而且主包商已将分包商列入短名单,或即使就只有一个分包商,且主包商在投标报价中使用了分包商的报价,主包商与分包商之间也不能形成合同关系。根据合同法中合同成立的基本原理,分包商在投标过程中的报价只是一种要约,还需要主包商的承诺才能形成合同关系,而业主签发任何中标通知书或签订施工合同的行为对分包商没有约束力。

(2) 分包是从属性民事法律行为。

按照民法理论,从属性民事行为是以主债的成立为前提,随主债的转移而转移,并随主债的消灭而消灭。典型的从属性民事法律行为是担保物权,如保证、留置权和抵押权等。

分包是分包商承揽部分工程的行为,其分包合同关系或称分包合同之债,是以主合同之债的成立为前提,并随主合同之债的消灭而消灭。

根据民法债的理论,债的终止(即债的消灭),是指民事主体之间债权债务关系因一定的法律事实而不再存在的情况。

债的终止或消灭原因主要包括以下几种:

1) 债的履行。即债务人按照法律规定或合同约定清偿了债务,债权人接受其履行从而导致债的消灭。

2) 债的解除。即合同有效成立后,因一方当事人的意思表示或双方的协议而导致债的消灭。

3) 抵销。是指当事人双方互负同种类的债务,各自以其债权充当债务的履行,而使其债务与对方的债务在对等额内消灭。抵销又可分为法定抵销和约定抵销两种。

4) 提存。是指债务人在债务履行期届满时,将无法给付的标的物交提存机关,以消灭债务的行为。

5) 债务免除。是指债权人抛弃债权,而使债务人的债务消灭的单方的民事法律行为。

6) 混同。即债权与债务同归于一个民事主体,而使债的关系消灭的法律事实。

分包合同之债的消灭也适用上述民法理论。

(3) 分包是"第三人代为履行"或"受托履约"。

根据各国民事法律中债法原则,债务理应由债务人履行。但在一定情形下,各国法律又承认可由债务人之外的第三人代债务人履行债务和清偿,从而使债权人的权利得以实现。这种法律现象在不同国家的法律中有着不同的称谓,如英国法称为受托履约、替代履行(vicarious performance),美国法称为义务履行、代位履行(delegation of duties),日本称为代位清偿,中国合同法中称为第三人代为履行。

所谓第三人代为履行，是指第三人依照合同当事人约定由其向债权人履行债务。第三人不履行债务或者履行债务不符合约定的，债务人应当向债权人承担违约责任。

各国法律对代为履行均做了有关规定。《美国统一商法典》第2-210条规定："当事人可以委托他人代为履行，除非另有协议，或除非为保证另一方的根本利益，需要原始许诺人亲自履行或控制合同所规定的行为。当事人即便委托他人代为履行，也不能解除自己的履行义务或违约责任。"

我国《合同法》第65条规定："当事人约定由第三人向债权人履行债务的，第三人不履行债务或者履行债务不符合约定，债务人应当向债权人承担违约责任。"

此外，法国民法典第1236条、德国民法典267条、日本民法典267条、我国台湾地区民法典第268条、意大利民法典第1268条对该项法律制度均做了类似的规定。

第三人代为履行的法律特征如下：

1）第三人替债务人代为履行是一种形成权，其意思表示具有单方性，只需第三人单方面表示其愿意代替债务人清偿债务即可产生效力。

2）第三人只是合同的履行主体，而不是合同当事人，无须在该合同上签字或盖章。

3）合同中当事人的约定对债权人具有拘束力，即第三人一旦同意履行，应视为债务人的履行，债权人不得拒绝。

4）债务人不能以第三人履行产生效力对抗债权人，即免除债务人自己的合同主体地位。

5）债权人不能直接要求第三人承担合同责任，即把第三人作为原合同主体。

构成第三人代为履行的法律要件如下：

1）当事人之间有合同关系存在，但并不强调合同当事人之间合法的债权、债务关系，也不强调合同当事人之间与第三人有代为履行的约定。合同当事人之间如果没有第三人代为履行的约定，第三人主动代为履行债务的应征得合同当事人的同意。

2）第三人向债权人表示愿意为债务人代为履行债务的承诺，或者与债务人订有代为履行合同债务的协议。

3）第三人代为履行债务时，不能以合同债务人对债权人的抗辩理由进行抗辩，此时应视为第三人拒绝履行，而由债务人承担履行或违约责任。

分包合同的法律性质是第三人代为履行（或称受托履约），分包合同的特征符合代为履行的所有情形。

1）债权人，即工程合同中的业主和债务人，即工程合同中的承包商之间存在合同关系，该合同关系是第三人（即分包商）代为履行合同关系存续的前提。

2）分包商不是业主和承包商之间合同关系的当事人，只是合同履行的主体，其作用只是债务履行的辅助人。

3）在债务清偿上，分包商只是代替承包商承揽一部分工程，债务人（即承包商）仍需要向债权人（即业主）承担全部的责任和义务。

4）第三人，即分包商不履行债务或履行债务不符合约定，仍应由债务人（即承包商）承担债不履行的民事责任，不得视为债权人已取得直接请求第三人承担违约责任的权利。

基于上述理由，分包的法律性质是代为履行或称受托履约。

约翰·尤夫在《建筑法律》一书中也明确指出："分包商的履约属于分包商代表承包商的受托履约，除非主合同另有约定，承包商仍要对工程承担全部责任。"《牛津法律词典》也将分包定义为受托履约。

(4) 分包不是"并存债务转移"的法律关系。

民法中广义的债务承担，或称债务转移，是指基于债权人、债务人与第三人之间达成的协议将债务转移给第三人承担。由第三人取代债务人的地位成为合同当事人，而向债权人履行债务。

债务转移包括免责的债务承担与并存的债务承担两种方式。免责的债务承担，是合同义务全部移转于第三人，债务人脱离原债务关系，由第三人替代债务人负担其债务。而并存的债务承担，一般认为是指"合同义务的部分转移"，即债务人将部分债务转移给第三人，第三人加入既存的债务关系，与债务人共同承担债务。债务人不脱离债务关系，仍为债务人，只是减少了承担的份额。也有人认为，并存的债务承担是指以他人之债务有效成立为前提，第三人担保之目的，是第三人承担了与原债务人相同内容的债务。无论学者如何定义，但法学学理认为，并存的债务承担，债务人不脱离债的关系，而由第三人（承担人）加入债的关系，与债务人共同向同一债权人承担债务。因此，并存的债务承担又可称作共同的债务承担或契约加入。

根据当事人的不同，并存的债务承担或并存的债务转移可分为两种形式：

1）由承担人与债权人签订债务承担契约。这种契约一旦成立，无须征得债务人同意，即产生并存的债务承担的效力。

2）由承担人与债务人签订债务承担契约。这种契约一旦成立，债权人直接取得请求承担人履行债务的权利，但在债权人表示享受其请求利益之前，承担人可以变更或撤销该契约。

并存的债务承担，承担人与债务人之间可以约定为连带责任关系，也可以约定为非连带责任关系。如果承担契约约定债务人对承担人承担的债务承担非连带责任，则须以债权人的同意为生效要件。

构成并存的债务承担，必须满足以下3个条件：

1) 并存的债务承担属于契约的一种，因此必须具备关于契约成立生效的一般要件。

2) 并存的债务承担，应以原债务的有效并存为前提。

3) 并存的债务承担，承担人所承担的债务不得超过原债务的限度。

并存的债务承担，债务人不脱离原债务关系，而由承担人加入债务关系，履行债务。从这个意义上讲，并存的债务承担与"第三人代为履行"相似，但并存的债务承担与第三人代为履行存在如下明显的区别：

1) 目的不同。

设定并存的债务转移的主要目的在于承担人加入到原债务关系中，与债务人共同承担债务。实质上是为债务人分担债务，或为原债务进行担保。而第三人代为履行主要是辅助债务人清偿债务。第三人并没有当债务不能履行时，由自己来承担违约责任的意思表示。

2) 主体地位不同。

在并存的债务承担的情况下，承担人加入原债务关系而成为债务关系的当事人。而在第三人代为履行的情况下，第三人单方表示代替债务人清偿债务或者与债务人达成代替其清偿债务的协议，但并没有与债权人或债务人达成转让债务的协议，故第三人只能作为债务履行的辅助人，而不能作为合同当事人对待。

3) 效果不同。

并存的债务承担，债务承担契约一经生效，债权人可直接请求承担人在契约约定的范围内履行债务。而第三人代为履行，履行协议仅在第三人与债务人之间产生效力，债务在法律上没有发生移转，债权人不得直接请求第三人履行债务。

4) 承担违约责任的主体不同。

在并存的债务承担的情况下，承担人取得了与债务人同等的法律地位，故债权人可直接请求其履行债务。承担人不履行或履行不适当的，应自行承担违约责任。而在第三人代为履行时，第三人不是合同关系的当事人，根据债的相对性，第三人不履行债务或履行债务不符合约定，仍应由债务人承担债不履行的民事责任，不得视为债权人已取得直接请求第三人承担违约责任的权利。

分包在某些方面与并存的债务转移有些相似，如分包只承担部分债务而不是全部，并存的债务不超过原债务范围等，但按照上述民法理论表述，分包不是并存债务转移的理由如下：

1) 在并存债务承担的情况下，承担人取得了与债务人同等的法律地位，是合同的一方当事人。而在分包合同之债中，分包商并没有取得主包商的法律地位，分包商不是业主和主包商之间主合同之债的一方当事人，分包商与业主没有任何合同关系。

2) 在并存的债务承担的情况下,债务承担协议生效,债权人可以直接请求承担人按契约规定履行债务。而分包法律关系中,业主不能直接要求分包商代替主包商履行义务。

3) 在并存债务承担的情况下,承担人加入到原债务关系中与债务人共同承担债务。而在分包合同之债中,分包商不是业主和主包商主合同之债的一方当事人,主包商独自承担主合同项下的全部义务,而不是分包商与主包商共同承担债务。

综上所述,分包是附条件的、从属性的民事法律行为,分包也是第三方代为履行或称受托履行,但分包不是并存债务转移。

分包的上述法律性质也决定和解释了分包的一般原则和特殊规则,它与相关的合同法原理和各国有关法律规定,一起构成了分包一般原则和特殊原则的理论基础和法律基石。

2.2.2 分包的特征

与图 2-1 中国际承包工程合同关系和所涉及的其他合同当事人相区别,分包具有如下法律特征:

(1) 分包是(主)承包商雇用的,并与之签订分包合同的行为。

在国际承包工程合同关系中的当事人包括业主、工程师、(主)承包商、分包商、供应商、设计咨询公司、专业设计咨询公司等,这些当事人之间的关系以不同的合同相联系,确定不同当事人之间的权利义务关系。在这些合同链中,业主雇用承包商、雇用工程师或建筑师,而(主)承包商雇用分包商,并与分包商签订分包合同,而分包合同与业主与承包商之间签订的主合同,业主与工程师或建筑师之间签订的咨询服务合同,承包商与供应商签订的供货、材料和设备的合同所涉及的当事人不同,合同范围和权利义务不同,这正是分包的特征所在。

(2) 分包是分包商承揽一部分工程,而不是全部工程的行为。

在实务中,无论是土木工程中的机电设备分包,还是机电工程中的土木工程分包,或者是土木工程中的其他分包,均是分包一部分工程项目,而不是全部工程,这也是分包与转包的根本区别。

分包与转包,因各国法律对两者的规定和各国建筑行业习惯不同,严格区分两者的含义具有法律和实际的意义。由于英文 sublet⊖ 具有多重含义,本书中对

⊖ 根据美国传统词典,sublet 一词有两个主要含义,一是 to rent (property one holds by lease) to another, 转租, 即将租来的房屋、土地转租给别人; 二是 to subcontract (work), 将 (工作) 分包给别人。《英汉法律词典》修订本, 北京: 法律出版社. 1998.12: 774 将 sublet 解释为"转租, 分租; 分包 (工程、任务等); 把工作转包出去/转租 (或分租) 的房屋; 转包、分包。"

分包和转包的定义和解释以中文含义为准。

转包是指承包人将其承包的工程倒手转让给第三人，使该第三人实际上成为该工程新的承包人的行为。我国《建设工程质量管理条例》第七十八条第三款规定："转包是指工程承包单位承包建设工程后，不履行合同约定的责任和义务，未获得发包方同意，以赢利为目的，将其承包的全部建设工程转给他人或者将其承包的全部建设工程肢解以及以分包的名义分别转给其他单位承包，并不对所承包工程的技术、管理、质量和经济承担责任的行为。"按照该条例的规定，有下述行为之一的为转包：

1）承包方将其承包的全部工程未获发包方同意转给他人承包的。
2）承包方将其承包的全部工程肢解后以分包名义转给他人承包的。
3）承包方将主体结构工程转给他人承包的。
4）分包单位将其承包的工程再行分包的，除特殊工程外（特殊工程是指压力、容器、打桩、高级装修等工程）。

转包与分包的根本区别在于：转包行为中，原承包人将其工程全部倒手转给他人，自己并不实际履行合同约定的义务；而在分包行为中，承包人只是将其承包工程的某一部分或几部分再分包给其他承包人，承包人仍然要就承包合同约定的全部义务的履行向发包人（业主）负责。

根据我国合同法和其他法律规定，承包人经发包人同意将其部分工程分包给他人的行为是允许的，但不得将其承包的全部建设工程转包给第三人或者将其承包的全部建设工程肢解以后以分包的名义分别转包给第三人。

转包的危害主要有：

1）承包商将其工程压价转包给他人，从中牟取不当利益，形成了"层层转包、层层扒皮"的现象，最后实际用于工程建设的费用大为减少，导致偷工减料。
2）承包商将工程转包给不具备资质的施工队伍，留下了严重的质量隐患。
3）破坏了业主与承包商签订合同的严肃性和合同关系。

中国企业从事的国际承包工程中存在一种现象，即外经企业在国外拿到工程项目后，找一家国内的其他企业签订承建合同，具体在国外实施工程项目，外经企业收取一定比例的管理费。这种行为实质是一种转包行为，而不是分包行为，它为各种国际标准合同范本和各承包合同所普遍禁止，也是有些国家法律明文禁止的。这种现象依然存在的一个原因是国外业主或工程师无法分清中标的中国承包商和具体实施的承包商，而中标的中国承包商也不向业主或工程师告知他与具体实施单位签订的合同。

上述现象的产生有其历史的渊源、政府管理、企业组织形式和企业经营方式等方面原因：

1）从历史的角度来看，中国对外工程承包起源于1979年，经中央批准，中国建筑工程公司、中国路桥工程公司、中国港湾工程公司和中国土木工程公司等公司成为第一批具有对外承包经营权的公司，成为首批中国对外承包工程的"窗口公司"。随着中国改革开放的进展，越来越多的中国企业拥有了对外承包工程经营权，这些企业在国外以中国投标方式拿到承包合同后，再在国内寻找合适的施工单位到国外具体实施工程项目，双方签署承建合同，中标企业收取施工单位所谓"窗口费""牌子费"等名义的管理费，由施工企业自负盈亏。这种经营方式是早期普遍存在的现象，也是目前中国企业对外承包工程的一种模式。

2）随着对外承包经营权的逐步放开，中央企业、地方省、市级国际经济技术合作公司以及其他公司纷纷拥有了对外承包劳务经营权，再加上以前的外贸企业的转制，出现了千军万马到国外承包工程和劳务合作的良莠不齐的局面，众多中国企业在国外竞相低价竞争，政府、商会和使馆经商处无力协调，形成了许多企业、众多项目亏损的现象。从政府管理的角度而言，企业对外承包劳务经营权的取得与企业的实力、企业原来的业务以及企业在中国是否具备施工企业资质没有必然联系，而此过程中获得对外承包劳务经营权的大部分企业在中国并不具备施工企业资质，没有施工队伍，因此，只能在拿到工程后找施工单位具体实施。随着社会的发展，有关政府部门对中国外经企业的管理应从对外经营权的核发、数据统计型管理转变为对拥有对外经营权的实施主体的资格和资质进行管理，从源头减少中国企业投标扎堆，相互压价和恶性竞争的局面。

3）从企业组织形式来看，20世纪80年代和90年代中期以前，拥有对外承包经营权的企业大多数没有所属的施工企业或施工单位，这是上述现象产生的根本原因。这种现象随着20世纪90年代末期企业与政府脱钩，近几年行政指令性企业合并，集团性企业的出现而有所改观。

4）在中国对外承包工程业务发展的二十多年间，受制于资金、人员、设备和经营理念等多种因素，外经企业经营方式仍以"窗口项目"（即中标企业收取管理费，工程由施工单位自负盈亏负责实施）及"自营"两种经营方式所主导。

5）2017年3月21日，国务院将中国企业对外工程承包经营资质证书取消，意味着中国企业可以不受限于资质证书的要求，自主决定是否承揽国际工程项目。自2000年以来，特别是2010年以来，随着中国交通建设集团、中国电建集团的海外业务发展，中国企业对外承包工程业已发生巨大变化，集团化经营理念贯彻始终，使得中国企业在国际工程项目的竞争力迅速提升。另一方面，完全靠商业在外，施工外聘的转包模式将会出现大幅度下降的趋势，从中国企业承担国际工程项目的初期占主导地位和主要模式，演变为只占很小比例的一种非主流对外承包模式。

（3）分包并没有改变（主）承包商对业主负责，分包商向主包商负责的权利义务关系，（主）承包商对业主的权利和义务没有转移给分包商。

分包的这个法律特征体现在如下 5 个方面：

1）分包合同存续于主包商和分包商之间，而业主和分包商之间没有合同关系。

图 2-1 和图 2-2 清晰地说明了业主、（主）承包商和分包商之间的合同链和合同法律关系，即业主与（主）承包商签订施工合同，主包商与分包商签订分包合同，由分包商按照主合同的规定实施和完成部分工程。业主、（主）承包商和分包之间的合同关系是分包法律特征的法律基础。

2）分包并没有使主合同项下（主）承包商的权利和义务转移或分割给分包商，分包行为并没有改变主包商对业主负责，分包商对主包商负责的合同关系。

3）主包商不能以分包为由，向业主主张合同项下的权利和义务转移给分包商。

在图 2-1 和图 2-2 合同关系中，以业主、主包商和分包商之间的合同关系以及合同关系不涉及第三人原则，或称合同相互关系原则为法理基础，由于业主和分包商之间不存在合同关系，主包商不能向业主主张其责任已转移给分包商。

4）主包商不能以分包商延误、所做的工程缺陷等为由推托他对业主的合同责任。

在实践中，分包商承建的部分工程可能出现延误，或所做的工程出现质量问题和缺陷，从而造成主包商以及其他分包商的工程延误等。由于分包合同关系仅存续于主包商和分包商之间，因此，主包商不能向业主提出其工程的延误和质量问题是分包商造成的。

5）分包合同附属于主合同，以主合同的成立为成立前提，随主合同的消灭而消灭。

分包合同的这个特征是由分包合同是从属性法律行为的性质决定的，根据法律一般原则，从属性民事法律行为是以主债的成立为前提，随主债的转移而转移，并随主债的消灭而消灭。

如上所述，分包在法律和合同上的实质在于：分包仅仅是分包商承担实施了部分实体工程，分包并不能构成业主与主包商之间合同责任和债权债务的转移。也就是说，尽管存在一个或多个分包商，主包商仍然需要对业主承担全部合同责任和义务，主包商不能以分包商实施的工程不合格或延误向业主推卸责任或要求免责。

2.2.3 转让和分包

在各种 FIDIC 合同范本以及其他合同范本，如 ICE、NEC、JCT、AIA、AGC 等中，合同均无一例外地规定了转让和分包的内容，这些规定的目的是为了限制业主和主包商等合同当事人转让或转移因合同之债而产生的债权和债务，保证合同的履行。

合同的转让是指合同成立后，尚未履行或者尚未完成履行之前，当事人依法可以将合同中的全部或部分权利或合同中的全部或部分义务转让或转移给第三人的法律行为。合同的转让可分为债权转让、债务转让和债权债务概括转让。

1. 债权转让

债权转让，又称债权让与，是指债权人通过协议将其债权全部或者部分转让给第三人的行为。根据我国合同法规定，有下列情形之一的不得转让：

（1）根据合同性质不得转让。

（2）按照当事人约定不得转让。

（3）依照法律规定不得转让。

债权人转让权利的，应当通知债务人。未经通知，该转让对债务人不发生效力。债权人转让权利的通知不得撤销，但经受让人同意的除外。债权人转让权利的，受让人取得与债权有关的权利，但该权利专属于债权人自身的除外。债务人接到债权转让通知后，债务人对让与人的抗辩，可以向受让人主张。债务人接到债权转让通知时，债务人对让与人享有债权，并且债务人的债权先于转让的债权到期或者同时到期的，债务人可以向受让人主张抵消。

2. 债务转让

债务转让，又称债务转移、债务承担，是指合同债务人与第三人达成协议，并经债权人同意，将其义务全部或部分转移给第三人的行为。

债务人将合同的义务全部或者部分转移给第三人的，应当经债权人同意。债务人转移债务的，新债务人可以主张原债务人对债权人的抗辩。债务人转移义务的，新债务人应当承担与主债务有关的从债务，但该从债务属于原债务人自身的除外。

3. 债权债务概括转让

债权债务概括转让是指合同当事人一方将其债权债务一并转移给第三人，由第三人概括地接受原合同当事人的债权和债务的法律行为。

当事人一方经对方同意，可以将自己在合同中的权利和义务一并转让给第三人。当事人订立合同后合并的，由合并后的法人或者其他组织行使合同权利和义务。当事人订立合同后分立的，除债权人和债务人另有约定外，由分立的法人或者其他组织对合同的权利和义务享有连带债权，承担连带债务。

FIDIC合同1987年第4版第3.1条和第4条，FIDIC合同1999年版第1.7条和第4.4条均规定了转让和分包的内容。为更好地理解转让和分包，FIDIC出版的《土木工程施工合同条件应用指南》，即红皮书中将第3.1条和第4.1条做了很好的注释。

第3.1条注释如下：

"通常是由业主在资格预审、投标和评标之后选中承包商的。因而授予合同意味着业主对承包商的信任。显然业主不会预想到他所选中的承包商会将合同转让给第三方。这也不符合整个挑选程序的目的[⊖]。"

第4.1条注释如下：

"在合同实施中，承包商把所承担工作的一些特定部分分包出去也为常事。乍一看这好像和第3.1条的注释有矛盾，其实不然。虽然有关第3.1款的规定，业主希望合同由他选中的承包商来执行。但人们都认识到，由于其他人或公司更有专长，经验更丰富，更有能力，也许这些人或公司比承包商更能胜任某一具体工程或服务，或提供某些货物。因此，在业主同意的情况下（根据合同条件不得无故不予同意），承包商可以把工程、服务项目或提供货物分包给其他人。承包商依然对整个合同向业主负责并对他分包出去的工程和服务负责。"

根据分包合同的法律性质、合同转让的法律原理和有关注释，转让与分包有着本质的不同，区别如下：

(1) 合同法律关系的主体不同。

当发生合同债权债务转移的法律事实时，第三人替代了原债权人或债务人，成为新的债权人或债务人。在债权转让时，第三人成为新的债权人；在债务转让时，第三人成为新的债务人。

而在分包合同法律关系中，分包商只是与承包商签订分包合同的主体，而不是取代原债务人——主包商与原债权人——业主直接形成合同关系。

(2) 当事人的合同法律地位不同。

在发生合同债权债务转移中，第三人代替或者取代了原债权人或债务人的合同地位，第三人取得了与原债权人或债务人相同的、相等的、平行的合同法律地位。

在分包合同法律关系中，分包商只是主包商雇用的，并与之签订分包合同的人。在分包商加入业主和主包商签订的主包合同法律关系中时，对业主这个债权人而言，分包商处于承包商之下，分包商与承包商不是相同的、平行的合同法律地位。

(3) 承担责任的主体不同。

在合同债权债务转移时，第三人代替或取代原债权人或债务人后，第三人成为受让人，也成为承担原债权或原债务的主体。

而在分包合同法律关系中，分包商并没有代替或取代债务人，成为对业主承

[⊖] 国际咨询工程师联合会（FIDIC）编. 土木工程施工合同条件应用指南 [M] //臧军昌等，译. 北京：航空工业出版社，2001：24.

担原债务的主体，主包商仍然对业主承担全部的合同责任和义务。

（4）当事人之间法律关系是否存续不同。

在合同转让时，让与人即提出转让债权或债务给第三人的人退出了原合同法律关系，而由第三人（即受让人）代替或取代他履行合同。

在分包合同法律关系中，原债务人——主包商没有退出原合同法律关系，主包商还是债务人，承担全部的合同责任和义务。

在国际工程承包中，各类合同均规定承包商不得将合同或合同的任何部分，在没有得到业主同意之前进行转让。即使合同中没有明确规定这类条款，业主或承包商也不能在未征得对方同意的情况下转让合同的权利和义务，各国法律均对此有明确的规定。

如果承包商未经业主同意而将合同或其一部分转让给他人，则构成承包商违约，业主有权终止合同。

如果业主同意承包商将合同转让给第三人，则保函等应进行变更，由第三人出具相应的保函，替换原承包商出具的保函。

对业主和承包商而言，合同债权债务的转让都是有可能发生的，国际工程承包合同中往往限定承包商不得转让合同，但业主转让债权也是有可能发生的。业主转让债权，即业主将其债权转让给第三人的行为须遵守法律的规定，征得债务人——承包商的同意。同时，对承包商而言，更换业主是承包商面临的一项风险，因为更换后的业主是否有能力和决心将工程继续进行、业主的支付能力如何是一个未知数。FIDIC合同1987年版只对承包商转让合同的权利进行了限制，但没有限制业主的权利。而FIDIC合同1999年版对此采取了灵活的态度，规定合同的任何一方，只要另一方事先同意，可以将合同进行转让。

合同的转让不仅仅包括对合同权利和义务的转让，也包括对因合同而产生的利益（interest）和好处（benefit）进行转让。合同的利益和好处是多方面的，根据英国判例和有关ICE合同的解释，如承包商得到业主应付款项以及因此自然产生的权利。例如，承包商可以用工程应收款作担保向银行贷款，这就是合同的一个利益或好处。

对合同利益和好处禁止转让的规定，主要出发点是避免承包商将应付的或还未应付的合同工程款进行转让，作为担保进行借贷。但是，对业主而言，如果承包商不能以未来的工程款作为担保向银行贷款，承包商就有可能无法完成工程项目，业主也会造成损失。

虽然FIDIC合同以及其他各种合同均禁止承包商将合同产生的利益和好处进行转让，但为了承包商在资金和保险方面的需要，FIDIC合同1987年第4版规定了例外情形，即按合同规定应支付或将支付的以承包商的银行为受款人的费用，或者把承包商从任何责任方那里获得免除其责任的权利转让给承包商的保险人(当该保险人已清偿了承包商的亏损或债务时)。

FIDIC 合同 1999 年版对此也进行了例外规定,尤其是 1999 年版合同第 1.7 条规定,合同的任何一方可以银行或金融机构为受益人,将合同项下的任何应付款项或将支付的款项作为担保,体现了更为宽松和灵活的手段。

一项合同包括责任(burden)和好处或者利益两个方面,责任是不能转让的,而利益和好处可以转让。英国大法官 Browne Wilkinson 在 Linden Gardens Trust Ltd 诉 Lenesta Sludge Disposals Ltd 案中说道:"虽然'转让合同'(assign this contract)这个短语并不十分准确,但律师们经常不准确地使用这些词语来形容合同好处的转让,因为每个律师都知道合同的责任是不可能转让的。"

关于转让继续履行合同的权利和转让合同好处的区别,英国大法官 Browne Wikinson 在 Linden Gardens Trust Ltd 诉 Lenesta Sludge Disposals Ltd 案中继续说道:

"关于转让继续履行合同的权利和转让合同好处的区别,Goode 教授在对 Helstan Securities Ltd 诉 Hertfordshire CC [1978] 3 AII ER 262 一案中的题为'不可转让的权利'(1979) 42 MLR 553 评论中广泛涉及。在该案中,合同规定了禁止承包商转让合同'或在合同中或合同名下的好处'的内容。承包商将已清偿的款项权利转让给了原告,然后声称该款是合同项下应付给承包商的款项,法官 Johnson 判决,原告作为受让人,不能起诉业主索偿其损失[⊖]。"

2.3 分包合同关系

为了更清晰地表明本书所述的分包合同法律关系,我们将图 2-1 简化如下:

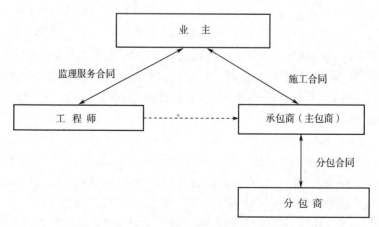

图 2-2 分包合同中当事人及其合同关系
⟷ 表示合同关系; ┄┄► 表示没有合同关系。

⊖ Michael Furmston. Building Contract Casebook [M]. Oxford: Blackwell Publishing, 2006: 465.

图 2-2 清楚地表明了业主、主包商和分包商之间的合同关系和责任链，即主包商对业主负责，分包商对主包商负责的合同责任关系。

在分包关系存在的情况下，业主、工程师、主包商和分包商之间形成了如下几方面的关系：

（1）主包商与分包商相互之间的合同责任和义务。

在主包商与分包商之间签订了分包合同后，两者之间形成了法律意义上的合同责任和义务。分包商应对主包商负担全部合同责任和义务；反之，主包商也应对分包商的违约行为向业主负责。

FIDIC 合同 1987 年第 4 版第 4.1 条规定："任何有关的同意，不应免除承包商根据合同应承担的责任或应尽的义务，并应像对待承包商自己、其代理人、其服务人员及其工作人员的行为、违约及疏忽一样，对任何分包商、分包商代理人、分包商的服务人员及工作人员的行为、违约及疏忽负责。"

FIDIC 合同 1999 年版第 4.4 条也做了类似的规定："承包商应像对待承包商自己的行为和违约一样，对任何分包商、其代理人或工作人员的行为或违约负责。"

这些类似的规定，在英国 ICE 合同、JCT 合同、NEC 合同、美国 AIA 和 AGC 合同以及其他合同范本中均有出现，其目的是明确主包商与业主之间的合同关系的性质，约束主包商对业主的权利和义务关系。

（2）业主与分包商之间的关系。

由于分包合同仅仅是主包商和分包商之间签订的合同，因此，业主与分包商之间没有合同的责任和义务。这就意味着分包商不能对其分包项下的额外的费用或损失直接向业主索赔或起诉业主；反之，业主也不能向违约的分包商直接行使合同的权利，要求分包商赔偿损失。一般而言，业主向主包商支付工程款项，分包商从主包商那里得到分包合同款，这是国际承包工程的一般原则和惯例。

业主与分包商之间的关系也有例外情形，即在指定分包的情况下，如果在分包合同中明示或默示地表明业主与指定分包存在合同关系，或在工程实施过程中，业主或明确代表业主并且经业主授权的工程师直接与分包商谈判或者指令指定分包商，则在业主和分包商之间形成了直接的合同关系，上述规则就不能适用。例如："代表业主的建筑师要求分包商按照比原定施工方案费用高的方案进行施工，并且告之分包商，他可以就此得到额外付款。"在这种情形下，业主和分包商之间的合同关系成立，分包商可以直接从业主那里得到额外付款。

分包商对业主的不满、索赔、起诉或仲裁，应通过主包商进行，因为分包商与业主没有合同法律关系，法院或仲裁庭不会受理分包商的诉讼或仲裁行为。但在实务中经常会出现业主与分包商私下发生合同关系的情况，但这种情况不为法院或仲裁庭所接受。

【案例 2-2】 在 Environmental Energy Partners Inc. 诉 Siemens Building Technologies Inc. et al. Nos. 26521 & 26702, 2005 Mo. App. LEXIS 1568 (Mo. Ct. App., Oct. 25, 2005) 案○中,主包商和分包商就一项医院装修工程的付款问题发生纠纷。主包商以分包商未完成工程为由拒绝支付分包商余款 201178.75 美元,于是分包商向法院申请了对其装修医院财产的留置权。随后分包商以主包商和业主为被告向法院递交了起诉状,要求执行留置权。由于分包商申请了对医院财产的留置权,业主便扣留了应付给承包商的最后一笔工程款项 148475 美元。在主包商毫不知情的情况下,分包商和业主签署了秘密的《和解和解除协议》,在协议中业主同意将从主包商处扣留的 147475 美元直接支付给分包商,作为交换,分包商解除诉讼中要求执行的留置权。

主包商随即对分包商提起诉讼,主张分包商与业主签订的《和解和解除协议》具有侵权性质,干涉了主包商与业主的合同关系。在庭审中,陪审团作出了对主包商有利的判决,判决赔偿 26100 美元的实际损失和 50 万美元惩罚性的损失赔偿。

在密苏里州上诉法院上诉审理过程中,分包商辩称根据法律他要求从业主处得到付款是正当的,主包商不能将其要求提交给陪审团。分包商引述了密苏里州有关侵权性干涉要求法律中的公正原则,主张为保护自己的有效经济利益,具有干涉主包商和业主合同关系的优先权。

密苏里州上诉法院不同意分包商的上述辩解,主张按照密苏里州法律,以有效经济利益介入另一合同关系的正当性,需要"不附带任何条件决定的法律权利"。法庭进一步考证了"合同规定可以决定侵权性干涉要求的正当性存在,或缺乏正当性存在"原则,依据这些原则,法庭发现由于有关当事人之间协议的例外规定,介入合同所必需的不附带任何条件的法律权利是不存在的。例如,根据分包合同的规定,作为支付的前提条件,要求分包商提交书面的支付请求和竣工证书,而且,也要求分包商与主包商合作处理与业主的付款问题。更重要的是,分包合同中写入了"支付才能支付"(pay-when-paid)条款,即"除非主包商得到业主的付款,否则不能支付分包商。"

基于这些合同规定以及分包商未能完全履行这些规定的证据,法庭支持了陪审团作出的侵权性干涉的裁决。法庭的结论是:"按照与主包商签订的合同规定,分包商没有法律权利要求业主将应付给主包商的款项转付给分包商。"法庭支持陪审团的裁定,包括 50 万美元的惩罚性的损失赔偿。

根据合同关系不涉及第三人原则,由于业主和分包商之间没有合同关系,业

○ Pepper Hamilton LLP. Construction Law Review [J/OL]. Philadelphia: 2006 (1). http://www.construclaw.com/construct_ article.cfm? rid = none&volsrch = 200601.

主没有合同上的权利以分包商有过错或违约为由直接起诉分包商,要求分包商赔偿因其过错或延误所造成的任何损失或损害;分包商也不能以业主有过错违约为由起诉业主,但业主和分包商可以侵权责任(tort)为由起诉对方。

然而,在分包商根据业主要求向业主提供了从担保(collateral warranty)的情况下,业主与分包商之间就存在了因从担保合约而产生的直接法律关系。

(3) 工程师和分包商之间的关系。

工程师是业主聘任的,负责向业主提供工程监理服务的人员,他与分包商之间没有合同关系。工程师与分包商之间的业务关系在于,如果合同规定分包应事先得到工程师的同意,则主包商应在签订分包合同之前取得工程师的书面同意。工程师在同意分包之前,应对分包商的经验、能力、财务状况感到满意。在工程实施过程中,除指定分包的特例外,工程师应通过主包商对分包工程下达指令,而不能绕过主包商。

根据合同关系不涉及第三人原则,由于工程师和分包商之间没有合同关系,工程师无权以分包商违约为由起诉分包商,分包商也不能以工程师违约为由起诉工程师,但侵权责任除外。

(4) 主包商与工程师的关系。

工程师是业主聘任的代表业主对承包商实施的工程项目的质量、进度、工艺和成本等进行监管的人,工程师与主包商之间没有合同关系,主包商不能起诉工程师,工程师也不能起诉主包商,但主包商可以侵权责任起诉工程师。

西方建筑工程施工领域中存在工地经理(Construction Manager)制度,工地经理是业主聘用的代表业主对工程进行监督的人。在没有工程师或建筑师的情况下,工地经理与工程师的作用相同,在存在工程师的情况下,工地经理也代表业主成为业主代表对项目进行监督和管理。主包商与工地经理没有合同关系,主包商不能起诉工地经理,工地经理也不能起诉主包商,但侵权责任除外。

【案例2-3】 在 Matrix Construction,LLC 诉 Barton Malow and Schllocraft College 2006 Mich. App. LEXIS 429,No. 265156(February 21,2006)案[一]中,法院判决承包商不能以疏忽为由起诉工地经理,因为疏忽的法律责任源于工地经理和业主的合同。

Matrix Construction,LLC 作为承包商和业主 Schoolcraft College 签订了施工合同,为业主的建筑工程提供安装服务。业主也与工地经理 Barton Malow 签订合同,聘用他管理和监督承包商的工程。承包商提起诉讼,主张工地经理疏忽,未能适当地"监督、协调、计划和安排工程"。

[一] Pepper Hamilton LLP. Construction Law Review [J/OL]. Philadelphia:2006(3). http://www.construclaw.com/construct_article.cfm? rid=none&volsrch=200603.

工地经理提出了简易审理请求,主张承包商未能提出批准的免责要求。工地经理抗辩,根据法律他对承包商没有法律责任,而工地经理与项目相关的责任只在与业主签订的合同中存在。而承包商认为,根据密歇根州法律,无论分包商与工地经理有无合同关系,承担项目监督的工地经理与分包商负有责任。

法庭批准了工地经理的请求,认为承包商主张的责任只产生于业主和工地经理的合同关系,因而承包商不能以疏忽为由起诉工地经理。密歇根州上诉法院维持了原法庭主张的承包商与工地经理没有合同关系,工地经理对承包商没有法律责任的判决。

【案例 2-4】在 Bilt-Rite Contractors, Inc. 诉 The Architectural Studio 2005 Pa. LEXIS 99(Pa. January 19, 2005)案○中,业主 The East Penn School District 与 The Architectural Studio(TAS)签署合同,由 TAS 对新建学校进行计划、制图和编制规范(统称"设计文件")工作。设计文件也递交给了承包商供投标使用。Bilt-Rite 递交了投标文件并以最低价格被选中作为承包商。在 Bilt-Rite 与业主 TheSchool District 合同中特别指明 TAS 的设计文件包括在合同中。

设计文件表明承包商 Bilt-Rite 能够采用一般的和合理的施工方法和措施建设某些系统,然而,当承包商开工后发现这些系统根本无法使用一般的施工方法进行,而需要特殊的施工方法。设计公司的设计错误造成了承包商额外费用。

为此,承包商以疏忽性陈述为由对 TAS 提起诉讼。承包商引用了《侵权重述(第二次)法案》第 522 节的规定,即提供其他人依赖的商务信息,当事人对该信息使用人负有责任。承包商主张其诉求符合上述规定,即 TAS 提供了他知道承包商将依赖该信息的信息,承包商在投标过程中合理地依赖了这些设计文件,而结果对他造成了损失。承包商只要求索偿其经济损失,而对其人身损害或财产损害没有诉求。初审法院和上诉法院均驳回了承包商的请求,认为只索偿经济利益的当事人不能对不是合同关系的当事人提起诉讼。

与上述判决相反,高等法院认为根据宾夕法尼亚州的《侵权重述(第二次)法案》第 522 节,承包商对 TAS 的诉求是可行的。根据法庭和第 522 节规定,被告 TAS 对原告承包商负有关注之责,因为建筑师能够合理预见承包商递交的投标是依靠他所提供的设计文件的。高等法院也承认经济损失原则,即通常在侵权行为中排除一方对纯粹经济损失进行索偿的原则在本案中并不适用。结果,进行计划和编制规范的建筑师或工程师可能会在某种情况下遭到受不法侵害的承包商的侵权诉讼。

在业主、主包商和分包商之间形成的合同责任链中,业主的风险在于业主与

○ Pepper Hamilton LLP. Construction Law Review [J/OL]. Philadelphia:2005(6). http://www.construclaw.com/construct_ article.cfm? rid = none&volsrch = 200506.

分包商之间没有合同关系，业主不能就分包商的延误、不当行为、疏忽、缺陷工程或不良设计直接要求分包商赔偿所受损失，业主只能依靠三者之间形成的合同责任链，即业主向主包商索偿，主包商再向分包商索偿来实现。

主合同和分包合同责任链的衔接问题，看似理所当然，表面上不存在什么问题，但实际上却存在诸多疑问，值得合同关系当事人密切关注。如果分包合同关系和责任链出现断裂、主合同与分包合同衔接不好，因分包合同而产生的合同责任链就会出现问题。

在业主、主包商和分包商之间因分包合同而产生的分包合同关系链中，三者之间的合同关系应清晰明了，才能形成法律关系和权利义务明确的合同责任关系和责任链。三者之间如出现其他性质的合同，就破坏了分包合同法律关系和责任链，会对合同关系当事人造成损害或损失。

【案例2-5】我国香港某发展商在上海进行房地产投资。在房地产建设中，作为业主的我国香港发展商与主包商按照我国香港建筑工程的模式签订了施工合同。为进口和安装某种特殊设备和材料，业主指定某公司作为指定分包商，指示主包商与指定分包商签署了分包合同，将指定分包商归进主包商合同管理的范围。为了解决国内主包商没有设备采购权和规避可能发生的税款问题，业主采用了折中的方法，即业主与指定分包商又在分包合同之外另行签订了一个完整的，且包括仲裁条款的供货合同，将该供货合同作为分包合同的子合同，供进口国外设备报批手续使用。

在项目实施过程中，指定分包商在施工过程中出现问题，造成了工程延误和自身工程质量上的问题。业主随即根据分包合同的规定，通过主包商扣除了该部分的工程款。指定分包商对此十分不满，直接根据供货合同对业主提起仲裁。

本案中，在典型的分包合同法律关系和责任链以外出现了业主与指定分包商之间签订的供货合同。按照分包合同关系和惯例，指定分包商应向主包商提起仲裁，主包商再向业主提起仲裁，但由于业主和指定分包商之间存在一份供货合同，指定分包商以供货合同是一份独立合同，不需要通过主包商向业主申诉为由直接对业主提起仲裁。

在案件仲裁中，尽管业主提出供货合同不是一份独立的合同，是分包合同的子合同和一部分，但仲裁庭认为，供货合同的仲裁条款可以独立存在，指定分包商有权直接对业主提出仲裁。

对于业主和指定分包商之间的合同是否影响主合同的适用问题，英国的一个判例表明，在使用JCT业主/指定分包商标准格式合同的情形下，业主和指定分包商之间存在的合同并不能影响主合同的适用。

【案例2-6】在George E. Taylor & Co Ltd 诉 G. Percy Trentham Ltd, Queen's

Bench Division (1980) 16 BLR 15 案[1]中,原告 Taylor 公司是被告 Trentham 公司的指定分包商,而且原告还与业主签订了合同,担保分包工程的适当实施。在某期付款证书中,业主对一笔金额为 22101 英镑的付款证书,在预扣了因指定分包商延误,被告提出的 14574.13 英镑索赔金额后,只支付了 7526.87 英镑给被告。

法庭判决业主无权预扣上述款项,业主和指定分包商的合同是与本案无关的第三者行为(res inter alios acta)。

法官 William Stabb 在判决中解释道:"建筑师已经签发了金额为 22101 英镑,应由业主向主包商支付的付款证书,而且,按合同第 30 条的规定并根据业主在普通法和衡平法中的抵消权 [见 Gilbert Ash (Northern) Ltd 诉 Modern Engineering (Bristol) Ltd (1973) 案],承包商有权得到上述款项。在此,业主不能对已签发的、应付给主包商的付款的任何部分行使抵消权。业主所主张的主合同第 27 (b) 条应由主包商支付给指定分包商的那部分款项,是根据业主与指定分包商之间另外所谓的'直接'合同中的,如对分包商发生索赔和反索赔时,允许业主从与主包商签订的主合同预扣应付给指定分包商的款额的条款行使抵消权的,以便全部或部分地解决业主、主包商和分包商之间发生的索赔和反索赔。

就分包商和主包商而言,主包商与业主之间的合同是与本案无关的第三者行为。我认为,更公平地说,就业主与主包商而言,业主与指定分包商之间的直接合同也是与本案无关的第三者的行为。"

在诉讼关系中,业主、主包商和分包商应根据工程所在地的法律规定,咨询有关律师确定诉讼主体,即谁可以是原告、谁可以是被告、分包商能否将业主和主包商作为被告、业主能否将主包商和分包商作为共同被告。关于诉讼关系,将在有关章节中阐述。

2.4 分包方式和分包商的类型

从国际工程承包行业的实践看,分包方式主要有如下三种:

(1) 专业分包。

以楼宇建设工程为例,主包商承建土木工程,而对专业性强的工程内容,如给水排水系统、中央空调系统、网络设备和布线系统等分包给专业公司承担。这样不仅能发挥专业公司的特长,保障工程的质量、进度,而且容易得到具有竞争力的价格,获得业主和监理工程师的同意和批准。对于大型复杂的交钥匙工程,如地铁项目,一般需要将相关子系统,如通风、信号、机车等工程以分包方式交给专业公司或厂家进行建设。

---

[1] Michael Furmston. Building Contract Casebook [M]. Oxford: Blackwell Publishing, 2006: 479.

例如，在中国台湾台北 101 世界第一高楼的施工中，工程业主将钢结构、帷幕墙、电梯和电扶梯、二期装修工程、保安系统、照明系统、风阻尼系统分别以指定分包方式交给中钢和新日铁联合体、德国 Gartner 公司、GFC 和东芝联合体、三星公司和西门子公司等，以确保各分项工程的质量。

在机电设备安装、钢结构、网络安装等专业服务工程上，业主也面临两难的境地。一方面，业主希望这些专业服务公司能够通过适当的竞争能够得到合理的价格和确保他们提供优良的服务，希望直接签订合同以确保目标的实现；但另一方面，直接雇用这些专业公司又面临合同的协调问题，当业主面临两个或两个以上合同时，几个合同之间的相互协调也许就成为最令人头痛的问题。最常见的情况是几个在现场的承包商相互影响，出现交叉责任，相互索赔，造成工程的延误和额外费用的增加。

解决这个问题的出路在于指定分包，既满足了业主希望得到优良专业服务，保证工程质量和工期的需要，又可以较好地协调不同施工参与人的工程进度。但同时，指定分包也出现了其自身特定的问题和矛盾。

（2）土建分包。

以电厂建设工程为例，由于获得总包合同的公司一般都不是以土建工程为其主业的公司，因此，在项目实施过程中，需要将基础、厂房等分包给土建承包商进行，这种情况在生产性建设项目中最为常见。

即使在土建工程，如公路项目施工中，也可将土石方、路基、路面等分包给各个有专长的分包商承担。

（3）劳务分包。

这种方式是中国外经公司以前经常采用的一种对外合作方式，在中东国家，如海湾战争前的科威特、阿联酋等国较多。但目前由于施工所在国对外来劳务的管理趋向严格，以及当地政府的就业压力等因素，上述劳务输出在中国对外经济技术合作中所占份额已逐年减少。

劳务分包一般采用包工不包料的方式，由主包商与劳务分包确定管理人员、工程技术人员和工人的数目、工种、劳务费用、材料消耗定额等，按照规定的合同工期和工程规范要求完成施工任务。一般而言，劳务分包只负责施工工艺和施工进度。

与前两种分包相比，劳务分包涉及的工作界面交叉点多，更为复杂。因此，在劳务分包合同的谈判中，应明确各种界面、范围和费用。如应明确管理人员、技术人员和工人的住地和营房标准、家具、卧具、餐具、水电设施、交通工具等；签证、工作证、居住证的办理和费用的承担；加班及其费用；安全和劳动保护措施；材料的运输和装卸责任；施工机具的运输、装卸、安装和维修；材料的保管和分发等有关内容。

根据分包商由谁选择确定为标准，分包商的类型可分为如下两种：

(1) 自雇分包商。

自雇分包商（domestic subcontractor），也称为自主分包商、直属分包商或一般分包商，是指由主包商自己选择确定的、并与之签订分包合同的分包商。

在有些合同体系中，如英国 JCT 合同体系中，分包商可被划分为自雇分包商、指定分包商、提名分包商（named subcontractor）三种。提名分包商是20世纪80年代后期在工程建筑领域中引进的概念，其主要目的是避免主包商抱怨指定分包商没有能力实施工程、工程缓慢等指定分包商经常出现的问题，而分包商对指定分包商又无可奈何的情形而提出的一种解决之道。

提名分包商是业主在招标过程中向主包商选择提名的、并推荐给主包商共同投标并在中标后与之签订分包合同的分包商。一旦分包商与主包商签订了分包合同，业主与分包商之间就不存在任何关系，提名分包商成为完全的名副其实的自雇分包商，主包商按自雇分包商方式对其进行分包管理。在存在提名承包商的情况下，有关招标投标程序如下：

1）业主在招标文件中列明潜在的提名分包商名单，供主包商投标时选择。主包商可以有机会拒绝业主提名的分包商，但必须在投标之前提出。

2）主包商与提名分包商一起投标，包括制订施工计划、评估招标文件、报价、开标前会议、对标书提出问题等。

3）工程师或建筑师有权否决主包商选择的投标人，也可以书面指示主包商接受某一投标人。

4）在分包合同签订后，提名分包商就成为自雇分包商。

5）业主按分包合同价格或最低投标价格支付。

对于一项大型工程项目而言，由于主包商的技术和能力不可能涵盖所有的领域，分包是不可避免的事情。为掌握和了解分包商的能力，业主一般会在招标文件中要求承包商在投标文件中列明分包商名单，要求在投标文件中提供分包商有实施同类型项目的经验，提供分包商的财务能力证明，分包商的人员等资料，以保证主包商所选择的分包商符合业主对施工的要求，使业主满意。

为保证主包商选择有能力的分包商，业主也可以要求主包商在实施工程过程中提供分包商名单、有关工程经验证明、财务能力和人员状况等文件，以备业主和工程师批准。

在自雇分包合同责任链中，毫无例外的，主包商对业主负责，分包商对主包商负责。

(2) 指定分包商。

指定分包商（nominated subcontractor）是由业主（或工程师/建筑师）指定的、负责实施和完成某部分工程或负责提供材料、设备或服务的并与主包商签订分包合同的分包商。

业主有权指定分包商的权利主要源于招标文件的规定和与主包商签订主包合同时的约定,而在招标文件中规定其有权指定分包商的权利最终来源于法律所赋予人的一种私权。工程师或建筑师指定分包商的权利则来源于业主的授权,没有业主的授权,工程师或建筑师无权选择和与指定分包商进行谈判,直接指定某人为分包商。

业主或工程师指定分包商的动机是多种多样的,但主要是考虑到某部分工程具有较强的专业技术要求,而一般的承包商不具备相应的专业技术能力,同时为避免各独立合同之间相互干扰,因此将这些分包商纳入主包商的管理,便于工程的统一协调和监督。

由于指定分包商是与主包商签订分包合同,在合同关系中与自雇分包商处于同等地位。指定分包商在分包合同法律关系和责任链中与自雇分包商是一样的。

根据实际施工的工作内容,分包又可分为:

(1) 劳务分包,或称净工分包(labor-only subcontracting)。

(2) 包工包料分包(labor plus material subcontracting)。

由于专业等原因,主包商可以将某一部分进行分包,采用由分包商包工包料的方式。其主要原因是材料采购较为复杂,分包商对材料的损耗控制得较好,主包商可以获得较低的分包报价和符合质量标准的工程。

(3) 包设计/工料分包(design/supply/installation subcontracting)。

某些特殊工程,如玻璃幕墙,可采用设计/工料分包方式。在这种情况下,分包商负责按照工程师/建筑师的概念设计进行详细工程设计,报由工程师/建筑师批准后施工。

在国际承包工程实务中,还有大分包商简称"大包"和小分包商简称"小包"的称呼。所谓"大包"是指分包工程占了总体工程的一定比例的分包商,但具体比例没有明确的标准。"小包"是指承担分包工程量很小比例的分包商。但无论是"大包"还是"小包",主包商应等同进行管理和协调。

2.5 国际工程项目中的联合体

2.5.1 联合体主要形式

国际工程项目中的联合体,英文称为 consortium 或 joint venture,中文称为联合体或联营体,是两个或两个以上承包商联合,作为一个承包商进行投标和中标后实施某个工程项目。其产生源于:

(1) 一国法律的限制。如工程所在国法律规定须有当地公司的参与,否则承包商无投标资格。

（2）一国法律对与外国承包商与当地公司联合投标和实施工程有优惠政策，联合可以取得竞标优势。

（3）工程规模巨大或技术复杂的项目，单个承包商总包困难大，联合竞标可以降低标价，发挥各家所长，利于工程的实施。

国际工程项目中普遍采用的联合体形式有联合施工联合体（conventional joint venture）和分担施工联合体（item joint venture）。这两种联合体并不依公司法登记注册而新设立一个公司法人，而是根据某个特别项目的需要，在投标前由各方组成联合体，以联合体的名义进行投标和实施工程，在工程完成后解散。

许多著作中经常提及的法人型联合体或合营公司，是指两个或两个以上承包商组成一个新的公司法人，承揽和实施工程项目。它属于新设公司，依公司法登记注册并从事经营活动。这种法人型联合体并不是为某一个特定项目特别设立，而是有一定的经营期限和长远发展目标。其以新设合营公司的名义进行投标和实施工程，与一般承包商并无二致，它并不是国际工程项目中的联合体。

2.5.2　联合体与分包

联合体与分包的主要区别如下：

（1）合同主体资格不同。

对业主而言，联合体作为一个承包商，是签署主合同的另一方，是合同的当事人。而分包商与业主没有合同关系，它不是主合同的一方当事人。

（2）合同地位不同。

在联合体中，各成员间是平等的关系。而分包商是承包商雇用的，与主包商是从属关系。

（3）法律责任不同。

联合体各成员对内按参与比例或实施的工程项目承担风险，分享利润；对外承担连带责任。而分包的合同责任和风险仍全部由主包商对业主承担，对业主来说，分包商与主包商之间对业主无连带责任。

2.5.3　联合施工联合体

联合施工联合体是两个或两个以上承包商按照参与比例承担义务，享有利益，进行投标和实施工程项目。如 A 承包商在联合体中的参与比例为50%，B 承包商参与比例为30%，C 承包商参与比例为20%，各方参与比例构成100%。

联合施工联合体应在投标阶段由各方合作伙伴签署联合体协议，约定参与比例、董事会的组成、各方权利义务和职责、退出机制、清算和解散等内容。根据投标文件规定，联合体协议应作为投标文件的一部分递交给业主。

在实施工程阶段，联合施工联合体通常由联合体中的一个合作伙伴负责施工管理，施工中发生的成本、费用或收益由联合体各方按参与比例分摊。

联合施工联合体应处理如下会计和税务事宜：

(1) 以联合体名义新设银行账户。

(2) 为联合体建立财务账目。

(3) 单独报税。

工程所需的保函和保险也应以联合体名义向业主出具，而各参与人可以内部保障协议方式，或提供反担保方式解决保函项下的法律责任。

2.5.4 分担施工联合体

分担施工联合体是两个或两个以上承包商组成联合体，各自承担整体工程项目的一部分工程的形式。在分担施工联合体方式下，每个承包商各自负责一部分工程，使用各自施工队伍，自负盈亏，自担风险，各自对自己的工程部分负责，各成员之间并不对整个合同的风险和责任承担负责。在这种方式下，联合体各成员可能会出现 A 承包商盈利，B 承包商亏损的情形。

这种方式是国际承包工程项目中最常见的方式，各承包商相互分工，各自负责，省却了联合施工联合体的日常管理和协调的问题。在分担施工联合体中，承包商需要注意如下问题：

(1) 尽量减少联合体各方的工作界面（Interface Works）。实践表明，联合体各方交叉工作面越多，合同责任和延误责任越无法区分和分清。

(2) 明确联合体各方责任，特别是交叉责任的合同条款约定。联合体协议中可以确定在交叉责任中各方免责的条款，也可以规定违约方承担责任的条款，但在业主索赔的情况下，联合体各方应分担责任。

(3) 在 EPC 和交钥匙合同中，设计责任的承担问题突出，因此，需要在联合体协议中明确设计责任。第一种约定是联合体及其各方承担设计责任，这种方式显而易见的好处是设计受联合体监督，设计产生的变更、工程数量增加的风险由联合体各方承担，不会出现负责施工的一方抱怨和索赔设计产生的变更和工程数量增加的风险，避免联合体各方内部产生争议和分歧。第二种约定是联合体一方负责设计，但在联合体协议中，应明确施工图设计和投标时方案设计之间的差异，特别是对工程数量增加的风险，联合体其他参与方应予承担。对于设备的选型和技术参数等，联合体其他参与方应承担风险。否则，很容易出现联合体一方负责设计的一方索赔因设计产生的变更、工程数量增加、设备选型和技术参数改变等问题，造成联合体解体或无法继续合作的情况发生。

(4) 对于中国企业而言，联合体的选用的基本原则是：如果一家企业能够独立承担工程项目，则应尽量不使用联合体形式对外投标和实施工程。如果不得已采用联合体模式，则应采用分担施工联合体方式，在合同上明确各个联合体的工作界面和违约责任。

2.5.5 联合体的法律性质和法律责任

国际工程项目中的联合施工联合体和分担施工联合体的法律性质均属合伙法律关系。依各国合伙法律规定，联合体各成员之间的内部相互责任依联合体协议的约定，在对外责任方面，联合体各成员须对外承担连带责任。所谓连带责任，是指联合体一方不能履行合同和赔偿时，其他联合体成员负有继续履行合同和赔偿的责任。在联合体一方未能履约，而由另一方履行时，成员间的法律责任得依联合体协议的约定界定。联合体内部成员之间在合同中不能约定免除成员间的连带责任，即使约定，也是无效和不能对抗任何他人的。

FIDIC 合同 1999 版第 1.14 条规定：

"如果承包商是由两个或两个以上的当事人（依照适用法律）组成的联营体、联合体或其他未立案的组合：

（a）这些当事人应被认为在履行合同上对雇主负有连带责任。

（b）这些当事人应将有权约束承包商及其每个当事人的负责人通知雇主；以及

（c）未经雇主事先同意，承包商不得改变其组成或法律地位。"

这是国际范本合同中最直接和简明的规定，确定了联合体对业主的责任。在英国 ICE 合同第 7 版中，与 FIDIC 合同 1987 年第 4 版相同，没有明示规定联合体的对外责任。

2.5.6 FIDIC 合同项下联合体对外责任案例分析

在某国际商会仲裁院仲裁的国际工程分包合同仲裁案中，承包商联合体 CB 公司作为被申请人向仲裁庭提出，本案所涉分包合同系联合体一方公司 B 公司与作为本案申请人的分包商签订，而非联合体 CB 公司与分包商签订，因此，申请人分包商在本案提起的仲裁案中，联合体 CB 公司不是适格的被申请人，根据合同相对性原则，本案适格的被申请人为 B 公司，为此，要求国际商会仲裁院撤销申请人提出的仲裁申请。

在收到被申请人提出的被申请人异议通知后，国际商会仲裁院告知被申请人和申请人，有关被申请人是否为适格的被申请人，根据国际商会仲裁规则，应由仲裁庭作出决定。

在仲裁庭组成后，仲裁庭在按照国际商会仲裁规则制作《审理清单》（Term of Reference，TOR）时，将程序问题作为第一次庭审时需要处理的问题。但国际商会在审核 TOR 时，要求仲裁庭在第一次庭审前将被申请人是否为适格的被申请人问题解决，而不能将程序问题带入第一次庭审的实体问题审理过程之中。为此，仲裁庭向申请人和被申请人致函提出：

（1）如果申请人在本案中以联合体 CB 公司为被申请人提出仲裁，如果判定为联合体 CB 公司不是适格的被申请人，则不论本案案情，申请人提出的仲裁请求将被驳回。

（2）如果被申请人认为联合体的 B 公司为适格被申请人，如果仲裁庭判定联合体 CB 公司为适格的被申请人，则不论本案案情，被申请人提出的仲裁反请求将被驳回。

（3）仲裁庭要求申请人和被申请人在庭审前商定此事，仲裁庭并不打算就此事做任何决定或部分（中间）裁决。

本案所涉该程序问题的争议焦点是：在施工合同使用 2005 年版 FIDIC 合同，主包商以联合体 CB 公司与业主签署施工合同，而在使用 2011 年版 FIDIC 分包合同范本时，仅是联合体的 B 公司与分包商签订分包合同，因此，申请人提出联合体 CB 公司，而不是联合体的 B 公司作为被申请人是否适格？在被申请人提出仲裁反请求时，能否仅以联合体的 B 公司名义提起反请求？

在分析第一个焦点问题，联合体 CB 公司是否为适格的被申请人时，需要注意如下问题：

（1）根据主合同（FIDIC 合同 2015 年协调版）第 1.14 款的规定，"如果承包商是由两个或两个以上的当事人（依照适用法律）组成的联营体、联合体或其他未立案的组合：

（a）这些当事人应被认为在履行合同上对雇主负有连带责任。

（b）这些当事人应将有权约束承包商及其每个当事人的负责人通知雇主；以及

（c）未经雇主事先同意，承包商不得改变其组成或法律地位。"

因此，根据主合同第 1.14 款的规定，联合体对外承担连带责任。

（2）在本案中，在联合体 CB 公司作为承包商与业主签订主合同的情形下，联合体的 B 公司与分包商单独签订分包合同，在联合体一方 B 公司与分包商签订分包合同并由分包商实施主合同工程一部分的情况下，联合体的 B 公司与联合体 CB 公司之间存在代理关系（agency relationship），即联合体的 B 公司受联合体的委托实施本案所涉工程，因此，联合体 CB 公司应可作为本案的被申请人。

（3）分包合同的签署方为联合体的 B 公司与分包商，对于分包合同而言，联合体 CB 公司是第三方，虽然仲裁中不存在诉讼制度中的第三人，但仲裁裁决可以约束第三人。

（4）因此，本案中联合体 CB 公司是否为适格的被申请人的关键是：联合体 CB 公司与联合体的 B 公司是否存在代理关系。经查，联合体的 C 公司与 B 公司之间在签订主合同时签署了联合体协议，联合体协议表明双方组成联合施工联合体，按50%进行权责分配，并由联合体的B公司具体实施本案所涉工程，因此，根据联合体协议，联合体的C公司与B公司之间存在代理关系，因此，联合体CB公司应作为适格的被申请人。

（5）在联合体的C公司与B公司存在代理关系的情况下，在仲裁过程中提起仲裁反请求（counter-claim）时，应以联合体CB公司的名义，而不应以联合体的B公司名义提起反请求。

从本案可以看出，在国际工程项目中，如果涉及联合体作为主包商与业主签订主合同，或者联合体其中的一方作为主包商与分包商签订合同时，应在分包合同等文件中明确联合体地位和对外责任。为避免本案出现的问题，建议的解决方法是在分包合同中明确责任承担主体，免除联合体的另一方或其他当事人对分包商承担的分包合同责任和义务。但遗憾的是，2011年版FIDIC分包合同范本没有提及这方面的问题，这就需要主包商或分包商在编制和谈判分包合同时予以明确。

2.6　工程建筑业中的从担保

2.6.1　什么是从担保

从担保（collateral warranty）是指给予订立合同双方当事人之外的第三人从属权利的一种合约。

根据英国法中的"合同相互关系"原则，非订立合同的双方当事人之外的第三人无权主张合同的利益。在建筑工程领域，按照合同的相对性原则，除业主外，其他人不能对承包商的疏忽或未履行谨慎义务（duty of care）起诉承包商。关于第三人主张合同利益的法律，在英国，主要是《1999年（第三方权利）合同法案》。

但是，如果工程项目的参与者，如设计师、工程师/建筑师、承包商、分包商、设备供应商等被要求向建筑物利益权利人，如建筑物的使用人、买受人、承租人或贷款人提供书面保证合同，即从担保合约（collateral contract），则就在工程建设项目的参与者和这些建筑物利益权利人之间建立了直接的合同关系。如果在建筑物使用过程中出现缺陷，则建筑物利益相关权利人就可以直接以从担保合约为基础直接起诉设计师、工程师/建筑师、承包商、分包商以及设备供应商。此外，如果分包商被要求与业主签署从担保合约，则分包商就与业主之间建立了从属性的保证合同关系。

另外，业主或第三人以合同为由起诉，与以侵权为由起诉相比，要容易得多,因为在侵权法项下的举证责任和要求是非常严格的。

目前,英国建筑工程业中,与建筑工程合同,如JCT系列合同相配套,业主要求所有设计师、工程师/建筑师、承包商、分包商、设备供应商等签署从担保合约。

2.6.2 从担保的法律意义和后果

从担保的法律意义是在订立合同的双方当事人与第三人之间主要就义务(duty)建立法律关系。

从业主的角度看,在设计师、工程师/建筑师、承包商、分包商及设备供应商向建筑物使用人、买受人、承租人、贷款人提供从担保的情形下,这些建筑物权利人可以直接起诉工程项目参与者,从而使业主免于被起诉。

更重要的是,在业主破产的情况下,从担保保护了贷款人、买受人、承租人,他们可以直接起诉承包商。

从担保的主要目的是保护业主免受承包商破产的损害。即使承包商消失了,业主也不必依据主合同起诉承包商,而可以依据从担保合约起诉承包商。

从担保的法律后果如下:

(1) 加重了债务人的法律义务和责任。

在建筑工程领域,如设计师、工程师/建筑师、承包商、分包商、设备供应商被要求在签署工程合同的同时签署从担保合约,加重了这些人的法律义务和责任,使这些人承担了原工程合同中原本不存在的法律义务和责任。同时,在法律义务和责任期限上超越了工程合同中的质保期,延长到了建筑物的使用期。

(2) 加大了债权人、第三人诉权范围。

在传统建筑工程承包合同中,按照传统法律理论,合同以外的第三人不能享有主张合同利益的权利。第三人,即建筑物权利人不能因承包商、分包商、设备供应商的疏忽、未履行谨慎义务起诉他们,建筑物权利人只能以侵权法中的疏忽为由起诉业主,承担建筑物缺陷的修复责任。但在存在从担保合约的情形下,建筑物权利人就可以违背从担保合约的担保义务为由直接起诉所有设计师、工程师/建筑师、承包商、分包商以及设备供应商,而不必以侵权法中的疏忽为由行使诉权。

(3) 与第三人建立了直接的法律关系。

在建筑工程承包合同关系中,按照传统理论,分包商与业主之间没有合同关系。但如果业主要求分包商与业主之间订立从担保合约,则分包商与业主之间就建立了法律关系,如图2-3所示。

从担保合约的法律性质是从属性的,第二位的,是保证性质的法律关系。其法律关系和保证人承担的义务和责任依合约内容具体确定。

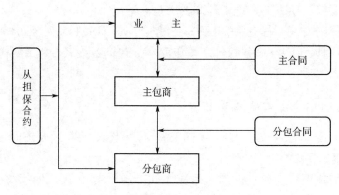

图 2-3　从担保各方当事人关系

在建筑工程承包合同关系之外，从担保合约建立了与建筑工程合同当事人之外的第三人，如建筑物的使用人、买受人、承租人或贷款人等的法律关系，即在建筑物使用过程中，如出现缺陷，第三人可依从担保合约直接起诉设计师、承包商、分包商以及设备供应商。

2.6.3　建筑工程业常见的从担保类型

（1）除与业主签署设计和监理合同外，咨询工程师还可能被要求向一个或一个以上的第三人，如贷款人、承租人或买受人提供担保。

（2）除与承包商就其承担的设计工作和建筑合同签署合同外，作为承包商的分包商的设计公司还可能被要求向业主或其他第三人提供担保。

（3）除与业主签订工程管理合同外，承包商可能被要求向业主或任何第三人提供担保。

（4）除与主包商签订分包合同外，分包商可能被业主要求，需要就其设计部分向业主提供担保。

2.6.4　英国 JCT 合同体系下的从担保

（1）承包商向贷款人提供的从担保。
（2）承包商向承租人或买受人提供的从担保。
（3）分包商向贷款人提供的从担保。
（4）分包商向承租人或买受人提供的从担保。
（5）分包商向业主提供的从担保。

在 JCT 合同体系下，从担保涉及的建筑工程合同文本有：
（1）JCT 标准建筑合同。
（2）JCT 中级建筑合同。

(3) JCT承包商设计的中级建筑合同。
(4) JCT设计和施工合同。
在JCT合同体系下,应注意掌握如下要点:
(1) 业主应根据JCT合同的性质,要求专业设计咨询公司提供从担保。
(2) 承租人应要求工程项目的参与者——承包商和专业设计咨询公司提供从担保。
(3) 应要求专业设计咨询公司提供职业保障保险。业主和承租人应检查咨询公司是否投保了职业保障保险。
(4) 业主或承租人应可以在工程竣工的十年内向建筑物的买受人转让担保利益。
(5) 承租人必须能够对承包商和/或咨询公司因疏忽或违约造成的缺陷行使追索权。

2.6.5 从担保的主要内容和期限

从担保的内容依不同的从担保性质而不同。下例是设备供应商向澳大利亚联邦政府提供从担保合约的内容:

1. 担保人:
(a) 向联邦政府担保设备的质量和标准符合合同规定,设备是可销售品质并满足规定的使用要求。
(b) 提供有关设备附表第5条中更详细规定的担保。
上述担保是额外的,并且不能减损与设备有关的法律规定的任何默示担保。
2. 在附表第6条规定的期限内,担保人必须自费修复和更换设备,如:
(a) 发现质量低劣或者低于第1条中规定的标准。
(b) 设备出现退化,无论是由于效用、性能、外观或其他原因,联邦政府认为必须进行修复或更换,以保证其规定的使用功能。
3. 担保人将负责承担第2条以及随后修复工程任何部分所需的费用。
4. 如果担保人未能在联邦政府通知后的14天内按照第2条规定修复或更换设备,则:
(a) 在不限制联邦政府可能对担保人的任何权利或补偿情形下,联邦政府可以进行修复或更换。和
(b) 因联邦政府根据第2条进行的修复或更换设备而产生的或发生的任何费用、开销、损失或损害将成为担保人对联邦政府的应付债务。
5. 担保人应保障联邦政府免受因担保人下述违约而造成的联邦政府的任何费用、开销、损失或损害:
(a) 本契据项下承诺的担保。或

(b) 本契据项下的其他义务。

6. 本契据的任何规定和联邦政府并不向担保人承担任何因合同而产生事项的法律责任。"

应根据业主的具体要求确定担保事项、内容和担保物的期限。一般而言，从担保的主要内容如下：

(1) 担保设计符合规范和使用功能要求。
(2) 担保施工质量符合规范和使用功能要求。
(3) 担保在从担保合约期限内对建筑物的修复和更换。
(4) 保障受益人免受担保人因疏忽、未履行谨慎义务而造成的损害。
(5) 其他要求担保人担保的内容。

根据英国法，从担保以契据（deed）方式出现，担保期限为12年。

2.6.6 FIDIC 和 ICE 的观点

作为咨询工程师的国际性组织，FIDIC认为，在工程建设项目中，业主在法律上已经得到了足够的保障。要求咨询工程师向第三人提供从担保，违反了咨询工程师和这个行业的利益，增加了咨询工程师的责任，同时对职业保障保险（professional indemnity insurance）也构成了威胁。

为此，FIDIC建议其会员反对在咨询工程师和第三人之间设立从担保的概念和做法。

英国土木工程师协会ICE并没有对从担保提出看法，只是认为，这种加重咨询工程师法律义务和责任的从担保应当是合理的。

2.6.7 从担保协议的构成

一项从担保协议由如下内容构成：

(1) 当事人。

担保人，即分包商；担保人的雇主，即承包商；受益人，即业主、买受人、租赁人或贷款人。

(2) 前言。

主要阐述订立协议的背景，并说明项目情况，当事人的地位和订立从担保协议的原因。

(3) 担保事项。

这是从担保的核心条款，通常担保人需担保已经并将继续履行担保合同项下的义务。其内容视担保人和受益人的不同而有所区别。

(4) 补充担保。

补充担保的内容通常包括：

1）担保人尽合理的技能和谨慎选择所使用的工程材料。
2）担保人设计的工程应满足合同中规范的要求。
3）担保人保证制造和工艺良好，并满足业主的要求。

(5) 限制。

该条款的目的是限制从担保不能超越从担保协议中的责任和义务。

(6) 职业保障保险。

在从担保协议中，通常要求担保人提供职业保障保险，保险期限要求在主合同工程实际竣工之后的6年或12年。

(7) 介入权利。

如果从担保的受益人是贷款人或所有权买受人，在担保人有权终止合同或违背受益人相关合同时，贷款人或所有权买受人会要求允许受益人接管与担保人的合同。

(8) 版权。

在从担保协议中，作为一般规则，协议中包括一项以受益人为受益人的，不可撤销的免除版税的规定。根据这个条款，允许受益人复制和使用担保人的设计信息，但通常仅限于为开发目的而使用相关信息。

(9)《1999年（第三方权利）合同法案》。

在许多标准的从担保协议中，均将该法案排除在从担保协议之外。

2.6.8 分包商向业主提供的从担保协议书

英国JCT编制的分包商向业主提供的从担保协议书（Sub-Contractor Collateral Warranty for Employer，SCWa/E[⊖]）包括如下文件：

（1）担保协议（Warranty Agreement）。
（2）担保细则（Warranty Particulars）。
（3）证明（Attestation）。
（4）证人签署（As Witness）。
（5）分包商、主包商和业主签署盖章使其成为契据（Executed as a Deed by the Subcontractor, the Main Contractor and the Employer）。

分包商向业主提供的从担保协议书条款如下：

"1.（1）分包商担保并向业主保证，他已遵守并将继续遵守分包合同。如违反本担保，根据第1.2，1.3和1.4条规定：

（a）分包商应负责修复、更新和/或恢复分包工程的任何一部分或部分的合理费用，上述合理费用相当于业主发生的和/或业主应负责的或将要负责的直接

⊖ The Joint Contracts Tribuanl Limited. Sub-Contractor Collateral Warranty for Employer [M]. London: Sweet and Maxwell limited，2005.

费用或以出资方式承担的费用。

（b）在担保细则规定第 1.1.2 条适用的情况下，但根据第 1.2 条，除第 1.1.1 条提及的费用外，分包商应在担保细则规定的限额内对业主遭受的其他损失负责。

（2）如果没有在担保细则中为第 1.1.2 条选择单个责任选项，或如果选项中有限额但并没有规定具体金额，除第 1.1.1 条提及的费用外，分包商不应对业主遭受的其他损失负责。

（3）在担保细则规定适用第 1.3 条，并且确定了咨询工程师的情形下，在本协议书项下，根据下述假设，分包商对业主的责任仅限于在分包商应负责任的范围内，公平和平等地要求分包商支付的业主遭受损失的相应比例，即：

（a）根据有关咨询协议规定，担保细则中提及的咨询工程师已经向业主就与主合同相关的服务提供了合同保证，并且业主和咨询工程师达成的咨询协议中对其责任没有限制。

（b）主包商已经向业主提供了合同保证，保证他已遵守并且将继续遵守建筑合同项下的义务，但为第 1.3 条之目的，不包括分包给分包商的那部分工程的责任。

（c）咨询工程师和主包商在其应承担责任的范围内已经公平和平等地按比例向业主支付了业主所受损失。

（4）根据分包合同的规定，业主应赋予分包商采取行动或诉讼的权利，并像在分包合同项下分包商对主包商一样享有平等的责任抗辩权。

（5）在本协议项下或根据第 1 条规定，业主指定的任何人进行查询任何有关事宜并不能解除或减轻分包商的责任。

2. 分包商向业主进一步担保：

（1）他已经履行并将继续履行合理的技能、谨慎和勤奋，如下：

（a）就分包商已经或将要设计工程的设计。

（b）就其已经或将要选择材料和货物分包工程的材料和货物的选择。

（2）他满意分包合同中提及或包含的任何规范或要求。

（3）他不能使用，也将不能使用在使用时不符合英国和欧洲标准或规范的材料或货物；除非分包合同另有规定或除非主包商书面授权，在分包工程中，除了在建筑合同签署之日现行的《建筑材料选择指南》中包括的指引外，他不能使用并将不能使用其他材料。

3. 除非根据第 5 条或第 6.4 条，业主可以发出通知外，业主无权就分包工程向分包商发出任何指示或指令。

4. 除非根据第 5 条或第 6.4 条，业主可以发出通知外，业主就分包工程项下的任何应付款项对分包商不承担责任。

5. 在建筑合同项下终止雇用主包商时，分包商同意他应根据业主的书面通知要求以及第7条的规定，不管主包商如何，就其分包工程根据分包合同条款的规定接受业主或业主指定人员的指令。主包商知晓分包商有权遵守业主根据第5条向分包商发出的通知，上述通知将作为业主终止雇用主包商协议的决定性证据；并且进一步知晓分包商不顾主包商接受业主指令的行为并不构成分包合同项下对主包商的违约。

6.（1）分包商不能行使分包合同项下的任何终止合同的权利，除非首先：

（a）在分包商根据分包合同规定有权发出终止分包合同的通知前，向业主抄送给予主包商的任何书面通知。

（b）向业主发出书面通知，表明分包商有权根据分包合同立即通知主包商终止分包合同。

（2）在没有首先书面通知业主他意欲通知主包商终止分包合同时，分包商不能视为分包合同已被主包商拒绝接受。

（3）分包商不应在业主收到分包商根据第6.1.（a）或6.1.（b）条发出通知的7天前（或担保细则中规定的其他期限）：

（a）就第6.1.2条提及的向主包商发出任何通知；或

（b）通知主包商根据第6.2条他正在视为分包合同已为主包商拒绝接受。

（4）在不迟于第6.3条提及的期限届满之时，业主可以书面通知的方式并根据第7条的规定要求分包商就分包工程按照分包合同条件接受业主或除主包商之外的业主指定人的指令。主包商了解分包商有权根据第6.4条规定执行业主向分包商发出的通知，并且分包商接受业主不顾主包商而发出的指示，不构成分包合同项下对主包商义务的违约。根据第7条的规定，第6.4条不能解除分包商在分包合同项下对主包商的任何义务，即使分包商根据分包合同错误地发出了他有权终止分包合同雇佣的通知，或分包商错误地认为分包合同已被主包商否定。

7. 业主发出通知的条件是业主承担应付分包商款项并支付分包商的责任，并接受包括通知之日任何未付款项在内的主包商的履约义务。在业主根据第5、6.4条发出通知后，分包合同仍将全部和有效履行，就像没有终止分包商分包合同权利，或没有视为主包商取消断绝分包合同关系一样，分包商应替代主包商向业主承担分包合同义务。

8. 在担保细则规定第8条适用时，由分包商或代表分包商准备的，与分包工程有关的所有图纸、报告、模型、规范、计划、资料单、工程数量表、计算和其他类似文件（统称为'文件'）应被分包商授权，在分包商收到业主支付的全部应付款项后，业主拥有不可撤销的、免除版税的、非独家许可进行复印、使用这些文件，并可以复印设计和与主合同相关的竣工、维护、出租、销售、推介、广告、重置、重新装备和修复等内容。为扩展主合同工程，该项许可应允许业主复印和使用其设计，但不允许业主为扩展主合同工程复制其设计。除为其准备文件目的之外，分包商不应对业主使用任何这些文件负责。

9. 在担保细则规定第 9 条适用时，分包商已经并应该保有职业保障保险或产品担保保险保单（视规定种类确定），如果该项保险是以合理的商业费率存在的话，保险应在不低于规定的保障范围和金额之内并自主合同工程实际竣工（或建筑合同规定了主合同工程有关的部分竣工、实际竣工）之日起在规定的时间内承保。如果该项保险在合理的商业费率下停保，分包商应立即通知业主，以便分包商和业主商讨保护与分包工程有关部分的最好方式。在业主或业主的指定人根据第 5 条和第 6.4 条合理要求分包商提供保险时，分包商应出具已经承保的可供检查的文件证据。

10. 在未经分包商同意的情况下，业主可以通过完全的法律转让手续将本担保协议转让给另一人（P1），并且 P1 也可以通过完全的法律转让手续将本担保协议再转让给另一人（P2）。在这种情形下，在给予分包商书面通知时，转让才能生效。不允许本担保协议再行转让，第 P2 人也无权再转让本担保协议。

11. 如分包商给予业主的通知是以亲自递交，或特别邮寄或以挂号邮寄方式交付给其注册地址，则应视为通知已被恰当地递交；如业主给予分包商的通知是以亲自递交，或特别交付或以挂号方式交付给其注册地址，则应视为通知已被恰当地递交；如以特别邮寄或挂号邮寄的方式递交，则应视为通知在邮寄之后（依据相反的证据）的 48h 内已被收到。

12. 在主合同工程实际竣工的有关期限届满之后，不能开始以违反本担保协议为名对分包商采取任何行动或诉讼。如主合同规定可以区段竣工，在该区段实际竣工之日起的有关期限届满之后，不能开始对分包商采取任何行动或诉讼。为本条之目的，有关期限是：

(a) 如本协议为手签，6 年；和

(b) 如本协议签署为契据，12 年。

13. 本协议不能消除或减轻分包商对业主的任何其他责任或义务。

14. 无论本协议如何规定，本协议不能被视为授予或有意授予本协议当事人之外的任何其他人执行本协议的任何权利。

15. 本协议受英格兰法律管辖和解释，英国法院拥有对任何争议或分歧的管辖权。"

2.6.9　承包商向买受人或承租人提供的从担保协议

英国 JCT 编制的承包商向买受人或承租人提供的从担保协议（Contractor

Collateral Warranty for a Purchaser or Tenant，Cwa/P&T[①]）条款如下：

"1.（1）自工程竣工（或，如有区段，自区段部分实际竣工）之日起，承包商担保他根据建筑合同的规定已经实施了工程，或如有，区段部分工程。如违反本担保协议，根据第1.（1），1.（3）和1.（4）条：

（a）承包商应负责修复、更新和/或恢复工程的任何一部分或部分的合理费用，上述合理费用相当于买受人或承租人发生的和/或买受人或承租人应负责的或将要负责的直接费用或以出资方式承担的费用。

（b）在担保细则第1.1.2条适用时，除了第1.（1）.（a）条提及的费用外，承包商应在担保细则规定的最高责任范围内对买受人或承租人发生的其他损失负责。

（2）在不适用第1.（1）.（b）条时，除第1.（1）.（a）条提及的费用外，承包商不对买受人或承租人遭受的其他损失负责。

（3）在担保细则规定适用第1.3条时，在本协议书项下，根据下述假设，承包商对买受人或承租人的责任仅限于在承包商应负责任的范围内，公平和平等地要求承包商支付的买受人或承租人遭受损失的相应比例，即：

（a）根据有关咨询协议规定，担保细则中提及的咨询工程师已经向买受人或承租人就与合同相关的服务提供了合同保证，并且咨询工程师和业主达成的咨询协议对其责任没有限制。

（b）担保细则中提及的分包商已经就分包工程的设计向买受人或承租人提供了合同保证，保证他已经实施，并且根据建筑合同，承包商对业主不承担此项责任。

（c）咨询工程师和分包商在其应承担责任的范围内已经公平和平等地按比例向买受人或承租人支付了买受人或承租人所受损失。

（4）根据建筑合同的规定，买受人或承租人应赋予承包商采取行动或诉讼的权利，并像在建筑合同项下承包商对业主一样享有平等的责任抗辩权。

（5）在本协议项下或根据第1条规定，买受人或承租人指定的任何人实施或独立查询任何有关事宜并不能解除或减轻承包商的责任。

2.承包商进一步担保，根据建筑合同的规定，或除非业主或根据建筑合同提名的或任命的任何建筑师/合同管理人的书面其他授权（或在口头授权后，承包商书面通知业主和/或建筑师/合同管理人），除了在建筑合同签署之日现行的《建筑材料选择指南》中包括的指引外，他不能使用并将不能使用其他材料。如违反本担保，第1条将予适用。

3.买受人或承租人无权就建筑合同向承包商发出任何指示或指令。

4.在担保细则规定第4条适用时，由承包商或代表承包商准备的，与工程有

[①] The Joint Contracts Tribuanl Limited. Contractor Collateral Warranty for a Purchaser or Tenant [M]. London：Sweet and Maxwell limited，2005.

关的所有图纸、报告、模型、规范、计划、资料单、工程数量表、计算和其他类似文件（统称为'文件'）应被承包商授权，在承包商收到建筑合同项下的全部应付款项后，买受人或承租人就其拥有所有权或租赁利益的那部分工程的文件拥有不可撤销的、免除版税的、非独家许可进行复印、使用这些文件，并可以复印设计和复制与工程相关的，包括但并不限于竣工、维护、出租、销售、推介、广告、重置、重新装备和修复等内容。为扩展合同工程，该项许可应允许买受人或承租人复印和使用其设计，但不允许买受人或承租人为扩展工程复制其设计。除为其准备文件目的之外，承包商不应对买受人或承租人使用任何这些文件负责。

5. 在担保细则规定第 5 条适用时，承包商已经并应该保有职业保障保险，如果该项保险是以合理的商业费率存在的话，保险应在不低于规定的保障范围和金额之内并自主合同工程实际竣工（或建筑合同规定了主合同工程有关的部分竣工、实际竣工）之日起在规定的时间内承保。如果该项保险在合理的商业费率下停保，承包商应立即通知买受人或承租人，以便承包商和买受人或承租人商讨保护与工程有关部分的最好方式。在买受人或承租人或其指定人合理要求承包商提供保险时，承包商应出具已经承保的可供检查的文件证据。

6. 无须承包商同意，买受人或承租人可以通过完全的法律转让手续将本担保协议转让给接受买受人或承租人利益转让的另一人（P1），并且 P1 也可以通过完全的法律转让手续将本担保协议再转让给接受本工程项下 P1 利益的另一人（P2）。在这种情形下，在给予承包商书面通知时，转让才能生效。不允许本担保协议再行转让，第 P2 人也无权再转让本担保协议。

7. 如承包商给予买受人或承租人的通知是以亲自递交，或特别邮寄或以挂号邮寄方式交付给其注册地址，则应视为通知已被恰当地递交；如买受人或承租人给予承包商的通知是以亲自递交，或特别交付或以挂号方式交付给其注册地址，则应视为通知已被恰当地递交；如以特别邮寄或挂号邮寄的方式递交，则应视为通知在邮寄之后（依据相反的证据）的 48 小时内已被收到。

8. 在工程实际竣工的有关期限届满之后，不能开始以违反本担保协议为名对承包商采取任何行动或诉讼。如合同规定可以区段竣工，在该区段实际竣工之日起的有关期限届满之后，不能开始对承包商采取任何行动或诉讼。为本条之目的，有关期限是：

（a）如本协议为手签，6 年；和

（b）如本协议签署为契据，12 年。

9. 为避免疑惑，承包商就工程竣工延误不向买受人或承租人承担负责。

10. 无论本协议如何规定，本协议不能被视为授予或有意授予本协议当事人之外的任何其他人执行本协议的任何权利。

11. 本协议受英格兰法律管辖和解释，英国法院拥有对任何争议或分歧的管辖权。"

第3章 国际工程项目分包的一般原则和特殊规则

> 分包有其特有的一套规则、技巧和问题。
> ——尼尔·H·多奈尔，《分包工程的有关法律问题》

在多年的工程建筑施工分包实践中，分包形成了一套独有的分包原则、规则和技巧，在各国有关建筑法律规定、判例以及国际工程的合同范本中均有所体现。关于分包问题，FIDIC 合同 1987 年第 4 版仅第 4 条和第 59 条规定了分包事宜，FIDIC 合同 1999 年版第 4.4 条、第 4.5 条和第 5 条对此进行了规定，这些规定体现了分包的一般原则。而在 FIDIC 合同 1994 年分包合同中，对涉及分包的原则进行了补充，构成了分包的一般原则。这些日积月累形成的行规行约，可以概括为分包一般原则和分包特殊规则两类。

3.1 分包一般原则

1. 分包商与业主没有合同关系

这个问题已在分包合同法律关系中述及。需要补充的是，FIDIC 分包合同 1994 年版第 4.3 条规定："此处规定不应被理解为在分包商与业主之间可以产生任何合同关系。"为分包商与业主之间没有合同关系提供了合同条款的基础。但无论主合同或分包合同中是否有这样的规定，分包商与业主、分包商与工程师没有合同关系都是不可改变的。

2. 承包商不能将整个工程分包出去

在国际承包工程项目中，业主选择承包商经历了资格预审、招标、承包商交标、评标等一系列的程序，目的是保证业主能够选择合格的、胜任的和价格适宜的承包商实施和完成工程项目。如果承包商在中标签约后将整个工程分包出去，由他人负责实施，就根本改变了工程项目的具体实施人，违背了选择承包商程序的初衷。而由他人负责实施，对业主形成了工程实施主体的变更、构成了业主的风险，这对业主而言是不公平的。

承包商将整个工程分包出去，构成了转包行为，这不仅为各类合同条款所明文禁止，也为有些国家法律明文禁止，如中国等。

关于禁止承包商将整个工程分包出去的合同规定，FIDIC 合同 1987 年第 4 版第 4.1 条明确规定："承包商不得将整个合同分包出去。"FIDIC 合同 1999 年版第 4.4 条也明确规定了此项内容。

如果承包商将整个工程分包出去，则构成了承包商的违约，业主有权终止合同，追偿其所受的损失。

3. 未经业主或工程师的同意，承包商不得将工程的任何部分分包出去

此类规定在 FIDIC 合同 1987 年第 4 版第 4.1 条、1999 年版第 4.4 条有明确的规定，这类规定的动机出发点是保证工程的完好实施。

分包是当今建筑工程施工领域不可避免的事情，但为了控制分包商的质量，合同规定分包应事先得到业主或工程师的同意。但提供材料、提供劳务和指定分包无须得到业主或工程师的同意。

为了更好控制承包商对分包商的选择，保护业主的利益，业主在准备招标文件中均明确要求承包商提供他意欲分包工程的分包商名单，并要求承包商在投标文件中出示分包商的类似工程经验、财务能力和人员等资料，供业主评标时使用和选择。

如未经业主或工程师同意，承包商将工程的任何部分进行分包，则构成承包商的违约，业主或工程师有权将分包商逐出现场、要求承包商更正等。

4. 主包商对业主承担合同责任，分包商对主包商承担合同责任

关于这个问题，已在分包合同法律关系中述及，此处不再赘述。

为明确业主、主包商和分包商在合同中的法律责任，FIDIC 合同 1987 年第 4 版第 4.1 条规定："任何这类同意均不能解除合同规定的承包商的任何责任和义务，承包商应将任何分包商、分包商的代理人、雇员或工人的行为、违约或疏忽，完全视为承包商自己及其代理人、雇员或工人的行为、违约或疏忽一样，并为之负完全责任。"也就是说，承包商对业主完全承担分包商的任何行为和责任，不能以分包为由推脱责任和免责。

在 FIDIC 合同 1999 年版第 4.4 条也规定了类似规定，在其他合同中，如 ICE 合同、JCT 合同均规定了类似条款，其目的是约束业主、主包商和分包商之间的法律关系和合同责任。

5. 分包商对主合同应全部知晓

FIDIC 合同分包合同格式第 4.1 条规定："承包商应提供主合同（工程量表或费率价格表中所列的承包商的价格细节除外，视情况而定）供分包商查阅，并且，当分包商要求时，承包商应向分包商提供一份主合同（上述承包商的价格细节除外）的真实副本，其费用由分包商承担。在任何情况下，承包商应向分包商提供一份主合同的投标书附录和主合同条件第二部分的副本，以及适用于主合同但不同于主合同条件第一部分的任何其他合同条件的细节。应认为分包商已经全面了解主合同的各项规定（上述承包商价格细节除外）。"

该项原则对于承包商和分包商具有实质的意义。对于承包商而言，他需要分包商在报价时知道和了解分包商要承揽的工程或服务的内容，范围和规范要求，这样承包商得到的才是符合主合同要求的分包报价，而不会发生在与分包商签订分包合同后，分包商提出其报价与其实际所做的工程或服务不符，发生争议。对于分包商而言，也需要知道和了解分包工程的全部内容，这样才能准确报价，实施和完成分包工程。

这些原则是合同关系延续的结果之一。根据业主和主包商之间的合同规定，如 FIDIC 合同等，均规定承包商已全部了解并知晓了投标文件和合同的全部内容，相关的，在主包商与分包商的分包合同中，承包商也需要分包商全部了解并知晓他与业主签订主合同的内容。

6. 分包商应对其分包工程承担主包商在主合同项下所有的责任和义务

FIDIC 分包合同 1994 年版第 4.2 条规定："除非分包合同条款另有要求，分包商在对分包工程进行设计（在分包合同规定的范围内）、实施和竣工以及修补其中任何缺陷时，应避免其任何行为或疏漏构成、引起或促成承包商违反主合同规定的承包商的任何义务。除上述之外，分包商应承担并履行与分包工程有关的主合同规定的承包商的所有义务和责任。"

这条规定规定了分包商承担与承包商对业主的相同义务原则，即承包商在主合同项下对业主承担了什么责任和义务，分包商就应对承包商承担同样的责任和义务，也就是"背靠背"（back-to-back）的责任和义务。

相同义务原则或"背靠背"责任原则是分包合同法律关系的一个核心问题，但分包商承担与主包商相同义务原则并不是必然的、与生俱来的，不需要主包商和分包商之间的任何合同约定就必然产生的，或可以默示地推定出来的，而是需要主包商通过分包合同的具体规定来实现的。如何实现责任和义务的"背靠背"，主要依赖合同的具体规定，如将主合同明示地规定为分包合同的不可分割的一部分，或通过"传导条款"来实现。

7. 业主不能直接起诉或对分包商直接申请仲裁，同时分包商也不能对业主直接起诉或提起仲裁，但侵权责任除外

该项原则在分包合同法律关系中述及，但根据不同国家的法律，该项原则存在如下例外情形，如法国等强制法国家，无论分包合同如何规定，分包商可以有权直接起诉业主，要求业主直接付款或直接对业主采取法律行动。FIDIC 在《FIDIC 土木工程施工分包合同应用指南》中解释道："例如，法国法，见 1975 年 12 月 31 日第 75-1334 法。根据某些阿拉伯国家法典，分包商也有权直接对业主采取法律行动，例如，阿尔及利亚法典第 565 条、埃及法典第 662 条、伊拉克法典第 882 条、科威特法典第 682 条、利比亚法典第 661 条、叙利亚法典第 628

条。根据这些法典规定，分包商的权利可能是强制性的，并因此可以优于与之相反的合同规定。"

3.2 分包的特殊规则

建筑工程施工领域在投标、施工和讼诉或仲裁方面形成了一套自有的规则，这套规则以业主、主包商、工程师/建筑师和分包商为主要角色，具有自身的特点和技巧。

1. 分包合同的形式可与主合同的形式不同

国际承包工程项目的主合同可以分为总价合同、单价合同和成本补偿合同三类，无论主包商与业主签订是上述哪个种类的合同，分包合同的形式都可以采取与主合同不同的形式。如主合同是单价合同，主包商可以将分包合同做成单价合同，也可以作为总价合同，如固定总价合同等，主包商可以不受主合同类型的限制选择分包合同的类型。关于分包合同类型，没有法律的限制或合同，如FIDIC等合同上的限制，只要主包商和分包商合意一致即可。

对于分包合同采用何种类型，FIDIC合同各种版本、ICE合同和JCT合同中均没有明确规定和限制，主包商可以根据工程的性质、种类、范围和规范要求自行决定。在大型工程项目中，如果招标文件中业主提供了分包合同格式，而且规定承包商必须遵守，则承包商应遵守业主提供的分包合同的类型和分包合同条款，在这种限制性规定情况下，承包商没有选择分包合同类型的自由。

在国际工程项目实务中，对于分包合同类型的选择应注意如下事项：

（1）主合同是单价合同，分包合同可以是总价合同或成本补偿合同。在这种情况下主包商和分包商应注意合同中的工程数量清单中工程量的准确性。

（2）主合同是总价合同，分包合同不宜选择单价合同形式，而应同样选择总价合同或成本补偿合同。

单价合同、总价合同和成本补偿合同方式下，业主、承包商之间承担的风险和风险的分担不同。在总价合同形式中，承包商承担了工程数量、不良地质条件、通货膨胀等多种风险，承包商在进行分包时，也应将这种风险转移或转嫁给分包商，以减少承包商的风险。而单价合同中，业主承担了工程数量、不良地质条件和通货膨胀的风险，如果承包商与业主签订的合同是总价合同，而与分包商签订单价合同，由于两种合同方式不同，则风险分担、计量方式和付款方式不同，因此，不宜采用此种分包合同形式。

（3）如果主合同是成本补偿合同，分包合同可以选择总价合同，而不宜选择单价合同。

2. 如没有明示的约定，主合同的规定不能被解读为已包括在分包合同之中

为了避免在分包商履行其义务时引起额外的风险，主包商应十分注意保证分包合同条件与主合同条件相一致。主包商也需保证主合同的有关条款包括在分包合同中，而且应保证主合同和分包合同管理的相互一致性。

如果没有明示的约定，即将主合同规定在分包合同中，主合同的规定不能被解读为已包括在分包合同之中。而且以参考的方式（refer to）将主合同的某些条款包含在分包合同中，可能会给主包商带来实质的风险。

【案例 3-1】 在 Smith and Montgomery 诉 Johnson Bros Co. Ltd Ontario High Court (1954) 1 DLR 392 案①中，被告是为业主汉密尔顿市修建穿越汉密尔顿山的下水隧道的主包商，原告作为分包商负责"按照汉密尔顿市和被告签订合同规定的规范和尺寸"承建隧道工程。

在施工中，工程师根据主合同规定要求主包商停工。虽然主包商可以就此提出工期索赔要求，但根据主合同的有关特殊条款，主包商无权就此产生的额外费用进行索赔。然而，由于分包合同没有包含要求停工的特别权利并不能产生的额外费用的规定，分包商有权就此要求费用索赔。

法官 SchroederJ 主张"按照汉密尔顿市和被告签订合同规定的规范和尺寸"的文字表述并不能表示主合同的条款已包括在分包合同中。

法官 SchroederJ 解释道："的确，如果计划和规范没有包含在合同中，而只是在合同中或其附件中作为参考或提及，在识别时应将计划和规范一起进行解释。如果合同中提及的计划和规范只是为了某种特殊目的，那么为了这个特殊目的，它将构成合同的一部分，但与为了其他目的计划和规范无关。毫无疑问，原告'按照汉密尔顿市和被告签订合同规定的规范和尺寸'的契约要求，按照10英尺6英寸乘12英尺6英寸的尺寸修建隧道，而且有关影响隧道物理性能的其他规定也将对原告有约束力。但我并不主张在上下文中明示提及的规范能够进入原告和被告之间的合同，并因此使拥有绝对权利的工程师的决定能够对小规模经营的原告——分包商具有约束力。只有一半规范可以被解读为包括在与所提及的特殊目的相关联的有关合同中。市议会没有能够向我提出构成主合同的所有规范的一般规定成为分包合同一部分的依据。

除非以条文方式明确当事人有将主合同的所有条款构成主包商和分包商之间协议一部分的意思表示。工程师可以指示停工和改变施工方法的一般规定，在主合同中的作为投标人指南的规范中做了多处规定。但对我而言，除已提及的严格限定的情况外，这还不能十分清楚地表达当事人的处境与订约时当事人将主合同一部分的规范视为分包合同的一部分的意思表示。"

---

① Michael Furmston. Building Contract Casebook [M]. Oxford：Blackwell Publishing, 2006：474-475.

如果主合同的某些条款放入了分包合同，而工程师有权指令主包商驱除分包商的特别规定没有放入分包合同，而且分包合同规定分包商同意按照主合同的条款实施工程，在这种情况下，主合同中工程师的权利并没有包含在分包合同中，如果主包商按照工程师的指令驱除分包商，主包商就违反了分包合同。

即使分包商同意按照主合同的条款实施工程，这也并没有赋予主包商对分包商享有与业主在主合同项下相同的权利。在 Chandler Bros Ltd 诉 Boswell（1936）案中，主合同规定业主有权指令承包商解除分包商，但该条款并没有包含在分包合同，法院不能默示该条款，使分包合同终止。

如果不能充分地确认主合同包含在分包合同中，如果无法证明将主合同包括在分包合同中的目的，则很难确定或不可能确定主合同的规定是否包含在分包合同中，这样就会引起争议。关于这个问题，请看如下的一个典型案例。

【案例3-2】在美国高等法院受理的 Guerini Stone Co. 诉 P. J. Carlin Construction Co., 240 U. S. 264（1916）案①中，分包合同规定主合同中"按照图纸和规范"（agreeable to the drawings and specifications）进行施工。在施工过程中，业主按照主合同规定的权利对工程进行了变更并暂停了施工。由于业主造成的延误，分包商终止了分包合同并要求主包商赔偿。高等法院判决分包合同提及的"图纸和规范"只是指分包商应做什么工程、以什么方式做，下一级法院作出的分包商应受主合同的约束（不仅仅是图纸和规范），并且有义务要忍受业主造成的延误的判决是错误的。

分包商知晓主合同的规定也不足以默示分包商应受主合同的约束。因此，要明确分包商受主合同的约束，应在分包合同中明示地、清晰地写明。

3. 主包商和指定分包商的合同地位应在分包合同中明确

指定分包商是国际工程项目中的一个普遍现象，由于指定分包商主要是从业主那里得到工程，而不是从主包商手中得到项目，因此主包商的管理积极性就存在一定差异，对于风险，主包商也想全部都推给业主，不想承担责任，律师也会首先从指定分包商的合同地位入手看风险的负担问题。因此，指定分包商的合同地位应在分包合同中明确。

【案例3-3】在 A. Davies & Co（Shopfitters）Ltd 诉 William Old Ltd Queen Bench Division（1969）67 LGR 395 案②中，被告是一商店安装工程的主包商，合同条款为 JCT 1963 年版本，建筑师指定的指定分包商承建部分工程。分包合同版本是标准范本，但主包商将付款条款修改为"业主支付后主包商才付款"（pay when paid），指定分包商也接受了修改后的合同版本，并开始施工。在业主

---

① Michael Furmston. Building Contract Casebook [M]. Oxford: Blackwell Publishing, 2006: 16.

② Michael Furmston. Building Contract Casebook [M]. Oxford: Blackwell Publishing, 2006: 478.

支付所有工程款之前，业主宣布破产。

法院判决原被告之间签订的合同是被告提供的印刷范本合同，而原告也接受。被告只对业主已支付给他的工程部分承担付款义务。

4. 业主或工程师不能直接向分包商发出指令，而应通过主包商

该项规则是由业主、工程师、主包商和分包商的相互合同关系决定的。根据分包合同法律关系，分包商只是主包商雇用的用来实施部分工程的人，分包商与业主和工程师没有合同关系。通俗地说，业主和工程师只认主包商，并把分包商当作是主包商的一部分看待，因此，业主或工程师在工程实施过程中不能越过主包商直接向分包商发指令，而应通过向主包商发出指令进行。

5. 分包商不能与工程师和业主联系，而应通过主包商进行

在国际承包工程实务中，分包商会经常向承包商抱怨他们无法和工程师联系，也无法通过工程师与业主联系。FIDIC合同1987年第4版应用指南中的有关解释提出："在与规范和设计的细节有关的技术问题上，如果承包商同意分包商与工程师直接联系，这一矛盾就会缓解，但应把联系情况详细告知承包商，并且在适当时候安排承包商参加。"

但在FIDIC合同1987年第4版中的合同条款并没有规定在何种情况下分包商可以与工程师和业主直接联系。因此，在FIDIC合同项下，分包商并没有合同上的权利与工程师或业主直接联系。但在实际操作过程中，在征得业主同意后，分包商可以就某些事项与业主直接联系。

【案例3-4】2006年11月13日至14日，业主、主包商和分包商就某大桥工程进度安排召开会议。会议中，分包商提出希望能够与工程师和业主直接联系。

业主方面认为，在项目所使用的FIDIC合同1987年第4版中没有规定分包商可以直接与工程师和业主联系，但在主包商与分包商签订的分包合同中规定在征得主包商同意的情况下，分包商可以与工程师或业主直接联系。但如果分包商直接与工程师和业主直接联系，绕过主包商，合同责任由谁承担。负责技术的工程师——丹麦COWI公司的安纳尔认为，分包商不能直接与工程师和业主联系，否则合同责任无法确认。

主包商认为，分包商提出与业主和工程师直接联系，是不是主包商延误和耽搁了分包商的所有申请、指令、同意等，造成了分包商工程的延误？事实不是这样，主包商专门成立了分包商管理分部，负责处理往来函件、指令和同意等，主包商与分包商之间的文件往来程序没有造成分包工程的延误。相反，分包工程的进度缓慢是由于分包商管理不善、松散、内部协调出现问题造成的，与是否直接联系没有关系。主包商对此分包商提出的直接联系持反对意见。

最后，会议确定分包商不能与业主或工程师直接联系，而应通过主包商进行。

6. 如分包商承担的缺陷责任期超过承包商应向业主负责的期限，承包商必须将该权利转让给业主，并保证分包商同意这种转让

FIDIC 合同 1987 年第 4 版第 4.2 条规定："当分包商在所进行的工作，或其提供的货物、材料、工程设备或服务方面，为承包商承担了合同规定的缺陷责任期限结束后的任何延长期间须继续承担的任何连续义务时，承包商应根据业主的要求和由业主承担费用的情况下，在缺陷责任期届满之后的任何时间，将上述未终止的此类义务的权益转让给业主。"

FIDIC 合同 1999 年版第 4.5 条也进行了类似的规定。

这项原则是基于承包商对业主的责任期和分包工程的责任期不同而规定的，如果两者不一致，承包商应将该权利转让给业主，并应保证分包商同意这种转让。

7. 如果分包商负有设计义务，而其设计出现错误，分包商应对此负责

在某些情况下主包商没有设计责任，而是由指定分包商负责设计。在 Norta Wallpapers (Ireland) 诉 John Sisk and Sons (Dublin) Ltd (1977) 案中，指定分包商被业主指定负责提供和安装生产墙纸工厂厂房的上部结构，但设计出现了错误。法院判决在主合同缺少明示规定的情况下，承包商不能承担设计责任，而且默示推定主包商应为设计错误承担责任也是不合理的。分包商是业主指定的，合同没有要求主包商审查设计，因为业主已为此雇用工程师做这项工作。

8. 主包商和分包商应保障相互免受损害

FIDIC 分包合同格式 1994 年版充分体现了该原则。根据第 13.1 条，分包商的保障义务规定如下：

"13.1 除分包合同另有规定外，分包商应保障承包商免于承受与下述有关的全部损失和索赔：

（1）任何人员的伤亡。

（2）任何财产的损失或损害（分包工程除外）。

上述人身伤亡或财产损害是在分包工程的实施和完成以及修补其任何缺陷过程中发生或其引起的。分包商还应保障承包商为此或与此有关的一切索赔、诉讼、损害赔偿费、诉讼费、指控费和其他开支，但第 13.2 条所限定的情况例外。"

为了平衡主包商和分包商的利益，FIDIC 分包合同 1994 年版第 13.2 条规定了承包商的保障义务：

"13.2 承包商应保障分包商免于承担与下述事宜有关的任何索赔、诉讼、损害赔偿、诉讼费、指控费和其他开支。保障的程度应与雇主按主合同保障承包商的程度相类似（但不超过此程度）：

（a）分包工程或其任何部分永久使用或占有的土地。

（b）业主和/或承包商在任何土地上、越过该土地、在该土地之下、之内或穿过其间实施分包工程或其他任何部分的权利。

（c）按分包合同规定，实施和完成分包工程以及修补其任何缺陷所导致的无法避免的对财产的损害。

（d）由业主、其代理人、雇员或工人或非该承包商正在雇用的其他承包商的行为或疏忽造成的人员伤亡或财产损失或损害，或为此或与此有关的任何索赔、诉讼、损害赔偿费、诉讼费、指控费和其他开支。

承包商应保障分包商免于承担由承包商、其代理人、雇员或工人或不是该分包商雇用的其他分包商的行为或疏忽造成的人员伤亡或财产的损失或损害等方面的全部索赔、诉讼、损害赔偿费、诉讼费、指控费和其他开支。或者，当分包商、其代理人、雇员或工人对上述人员的伤亡、财产损失或损害负有部分责任时，应公平合理地考虑与承包商、承包商的代理人、雇员或工人或其他分包商对该项伤亡、损失或损害负有责任程度相应的那一部分伤亡、损失或损害。"

9. 分包合同争议解决的方式和仲裁地点可以与主合同不同

无论主合同的争议解决方式如何规定，如 FIDIC 合同 1987 年版规定的仲裁，还是主合同规定的其他解决争议的方式，分包合同可以不受这些条款的限制，主包商和分包商可以就解决争议的方式有选择权，只要双方能够达成一致。分包合同可以选择仲裁，也可以选择法院，依主包商和分包商的意思表示一致决定。

在仲裁地点、法院地选择问题上，分包合同也可不受主合同的限制，主包商和分包商可以另行选定仲裁地点或法院地，只要双方达成合意。

【案例3-5】 某公司在某国承建的某跨海大桥项目中，主合同规定合同的仲裁地点为工程所在国。在分包合同起草过程中，作者代表的主包商认为分包商是当地四家最大的建筑施工企业，在当地具有很大的影响力，至少比外国的工程承包企业的影响力大，同时担心司法不公等情况的发生，将分包合同的仲裁地点选为我国香港地区或新加坡，供与分包商进行分包合同谈判使用。

在分包合同谈判过程中，分包商首先提出仲裁地点选择在雅加达。主包商认为，分包合同作为主包商与分包商之间签订的合同，具有独立性，仲裁地点的选择可不受主合同的限制，这是主包商必须坚持的原则，不能予以改变。

分包商认为自 1997 年我国香港回归后，我国香港地区已成为中国的一部分，而主包商又是中国的工程承包公司，因此不同意在我国香港进行争议的仲裁。最终，分包商同意分包合同的仲裁地点选择在新加坡，如发生争议，由新加坡国际仲裁中心（Singapore International Arbitration Center，SIAC）仲裁解决。

第4章 分包工程投标

如果你背离了这个既定程序时，就会带来代价高昂的麻烦事。

——FIDIC，《风险管理手册》

4.1 分包工程投标的性质

分包工程的投标通常是分包商根据承包商（主包商）要求，而不是根据业主的要求，就主包商工程的一部分而作出的报价行为。对分包工程投标性质的判断只能依靠传统合同法原理进行。

如前所述，按照传统合同法理论，要约是一方当事人以缔结合同为目的，向一个或一个以上特定的人发出的内容十分明确的意思表示。要约邀请是指发出此项邀请的人邀请他人向他提出要约，要约邀请不是要约。而承诺是指要约人在要约的有效期内作出声明或以其他行为对一项要约表示同意的行为。合同的成立是具备要约和承诺这两个最基本的意思表示一致的过程。

在分包工程投标中，无论主包商是以电话、电传、传真、电子邮件还是公开招标或议标的方式要求分包商投标报价，主包商的这种行为就构成了合同法上的要约邀请，即主包商邀请分包商向自己提出要约。而无论是通过正式的招标方式还是通常的询价方式，分包商根据主包商提供的信息向其投标报价的行为在合同法上构成要约。除非得到主包商的承诺，否则分包商与主包商之间的合同关系不能成立。

由于分包合同是从属性民事行为，分包合同不能独立于主合同的存在而存在，因此，即使主包商从业主处获得了主合同，如果没有主包商对分包商报价的承诺，分包商与主包商之间的合同关系并不因主合同的成立而自然成立。

分包工程投标的性质和分包合同的性质决定了分包商在法律上的从属性和商业交易上的被动地位。主包商通常会利用有利的商业地位通过公开招标、多方询价的方式进行"投标选购（bid shopping）"，分包商由于受制于其自身财力、物力和人力的限制，为发挥其专业的特长，只能按照主包商的要求，在满足主包商要求的条件下进行投标。

分包工程的投标报价行为也是一种常见的工程建设业的交易方式，其行为也应遵守合同法的有关要约、承诺的交易规则和法律规定。

4.2 投标阶段主包商和分包商的关系

在投标阶段，业主往往会要求承包商将可能分包的工程内容按照招标文件要求的格式列出可能分包的工程内容和可能的分包商名单，但承包商在投标文件中的列入分包商名单或使用分包商的报价行为，并不能在主包商和分包商之间形成合同关系。

如前所述，在投标过程中，分包商的报价只是一种要约行为，在没有得到主包商的承诺之前，双方没有合同关系。在主包商没有承诺时，如果主包商在中标后选择了其他分包商，分包商没有法律的理由要求主包商赔偿；反之，如果由于分包商以价格错误、原报价太低或者要求提高价格为由拒绝接受分包，迫使主包商在中标后不得不另找他人，主包商也没有法律的理由要求分包商赔偿，或承担原提供报价的分包商与其他替代分包商之间价格的价差。

【案例 4-1】 在 McCandlish Electric, Inc. 诉 Will Construction Co. No. 18935-00-Ⅲ, 2001 Wash. App. LEXIS 1364（June 28, 2001）案中，Will 公司在向 Leaveworth 市政府投标污水处理厂项目时，使用了原告 McCandlish 公司的电器设施的报价，并根据标书的规定将原告作为电器分包商列入了投标文件。开标后，Will 公司发现自己的报价远远低于第二标的报价，于是对是否与市政府签署合同犹豫不决，同时要求原告 McCandlish 公司降低报价，原告回应同意对价格给予调整。

Will 公司接受市政府的合同，在授标后 Will 公司要求市政府准许使用另外替代的分包商。在 Will 公司的强烈要求下，市政府同意 Will 公司使用另外替代的分包商实施电器工程。

McCandlish 公司随即将 Will 公司告上法庭，称根据华盛顿州分包商名单法案的规定要求被告赔偿损失。该法案 [Wash. Rev. Code § 39.30.060（1995）]. 规定："每项招标……应要求每一投标人递交作为投标一部分的或者在公布的递交标书时间之后的一小时内递交分包商名单……如中标，投标人可以将工程分包给名单上列明的分包商"，一审法院认定 Will 公司的行为不违背法律规定，于是原告上诉。

尽管上诉法院批评了被告 Will 公司的不道德竞标行为，但上诉法院肯定了原法院的判决。上诉法院承认法令默示主包商可以根据法令的规定将分包合同授予名单上列明的分包商，然而，法律并没有"明确规定主包商在任何情况下不可以使用其他分包商替代名单上的分包商"，而且法令也没有规定分包商可以将此作为诉讼理由。较合理的解释是，分包商名单法令的实施是用来规范和调整投标过程的。因此，法院判定原告败诉。

【案例 4-2】 在 Pavel Enterprises, Inc. 诉 A. S. Johnson Company, Inc. 342 Md. 143；674 A. 2d 521；(1996) 案中，业主 NIH 就一修复工程进行招标。本案原告 Pavel 公司作为主包商就该项目进行投标，在准备投标过程中，Pavel 公司向不同的设备分包商询价。1993 年 8 月 5 日，分包商 Johnson 公司根据 7 月 25 日主包商提供的工程范围向 Pavel 公司报价。同日，业主就其招标工程开标。原被告双方都承认 Pavel 公司使用了 Johnson 公司的报价计算其投标价格。

8 月中旬，业主 NIH 通知 Pavel 公司可能中标的消息，并要求 Pavel 公司提供向其报价的所有设备分包商的资料。8 月 30 日，Pavel 公司通知业主，Johnson 公司将作为该项目的设备分包商，并书面确认接受分包报价。Johnson 公司回复说他们的报价存在错误并且太低，由于没有想到 Pavel 公司会中标，所以没有进行更改。Pavel 公司通知 Johnson 公司不能撤回其报价。9 月 28 日，在业主授标后，Pavel 公司不得不重新寻找其他分包商。

Pavel 公司随后起诉了设备分包商 Johnson 公司，要求赔偿 Johnson 公司与现在的分包商价格之间的差价 32000 美元。

法院根据传统的合同法理论以及受损的依赖原则[一]对该案进行了分析，认为无法支持基于两个当事人之间存在合同关系或者存在受损的依赖原则而产生的索赔请求。马里兰州上诉法院也判定主包商的索偿要求没有法律依据。

上诉法院讨论和分析了有关案例以及涉及的不同的理论主张：

在著名的 James Baird Co. 诉 Gimbel Bros., Inc., 64 F. 2d 344 (2d Cir. 1933) 一案中，法院判决分包商最初的报价只是对主合同的一种要约，除非被接受或被撤销，否则其要约没有效力。

在另一著名的案例 Drennan 诉 Star Paving, 51 Cal. 2d 409, 333 P. 2d 757 (1958) 案中，法院认为分包商的报价包含不撤回其报价的默示从属性承诺，法院根据约定禁止理论认为，分包报价构成在一合理时间内有效的默示承诺。

法院又根据合同法中附条件合同理论、单边合同分析理论和不可撤销的要约理论对本案进行了分析，认为本案中分包报价只是一种要约行为。

法院对主包商是否已经作出有效的承诺做了分析，根据 8 月 26 日的传真内容，发现双方并没有合意，即意思表示一致，而且分包要约在承诺之前已被撤回（最终承诺只能依据 9 月 28 日主包商收到的中标通知）。

上诉法院根据这些判例和理论，认为主包商与分包商之间不存在合同关系，而且也没有构成受损的依赖，判定主包商无权索偿。

主包商和分包商之间是否存在合同关系需依照各国合同法中有关合同成立的法律规定进行判断。在英美法系中，应判断主包商和分包商之间是否存在要约、承诺以及对价；在大陆法系中，应确定主包商和分包商之间是否存在要约、承诺

[一] 受损的依赖 (detrimental reliance) 是指受约人依赖要约人的允诺而受到的损失或伤害。

和约因。如果某国法律规定合同订立需为书面形式方能成立，应检验主包商和分包商之间是否存在书面合同，并根据书面合同中的具体约定判断合同关系和权利义务关系。

【案例4-3】 在美国 Neshaminy Constructors, Inc. 诉 Concrete Building Systems, Inc. 2007 U. S. Dist. LEXIS 69197, Civil Action No. 061-1489（E. D. Pa. 2007）案㊀中，东南宾夕法尼亚州运输局（业主）就某工程项目进行招标，原告作为承包商就该项目进行投标，同时原告向被告（分包商）就某些工程项目进行了询价。被告向原告报价，但在报价中附加了若干前提条件，如报价有效期为30天，报价以分包商的设备可供该项目使用以及需要在6月份之前生产材料等附加条件。原告也知道如果业主不能在6月份之前授标，由于被告不能生产原料，原告只能另找其他分包商。

在向业主递交的投标文件中，原告使用了被告的报价并在投标中将被告的560万美元的报价降到550万美元。原告是唯一的投标人，但业主并没有在原告期望的5月底前将合同授予原告。在此期间，原告要求被告修改分包报价并提供详细设计的单价分析表，但被告拒绝了原告的要求，声称自己不能仅仅承担详细设计。当原告与业主签署合同后，由于被告已经承揽了另外的项目，被告已不可能作为分包商为原告工作。在原告得知此消息后，只得另找其他分包商以高于被告的价格实施分包工程。由于价格上升，原告便以违反合同和禁反言为由将被告诉上法庭，要求被告支付价差。

宾夕法尼亚州东区法院首先拒绝原告提出的本案适用于美国统一商法典的请求，认为法院一再申明施工合同不是销售合同，因此不能适用美国统一商法典。法院在认真研究了建筑业惯例和一般法律原则后认为原告和被告之间不存在合同关系。根据宾夕法尼亚州普通法，一项合同需有①要约，②承诺，③对价方能成立。按照 Bilt-Rite Contractors, Inc. 诉 Patriot Roofing, Inc., 1999 U. S. Dist. LEXIS 2459, 4（E. D. Pa. Mar. 4, 1999）确立的原则，法院主张一项承诺须是针对要约的同一内容作出的，对要约的任何修改是对要约的拒绝，构成要约邀请。依据上述原则，法院认为分包商投标报价构成一项需要进一步承诺的要约，纵然承包商在其给业主的报价中使用了分包报价，承包商和分包商之间也不能自动产生具有法律约束力的合同。法院进一步申明，承包商通知分包商自己是最低标的行为并不足以使合同产生法律效力。

对于分包商在报价有效期过期之前另找工程是否违反了对本案原告的承诺，法院认为原告对分包报价在价格、时间和范围方面提出异议，构成了一项要约邀

㊀ Pepper Hamilton LLP. Construction Law Review [J/OL]. Philadelphia: 2007 (10). http://www.construclaw.com.

请，实际上是对分包商报价的拒绝，因此，报价有效期失效已与本案性质的判断没有任何关联。

法院还认为禁反言原则不能适用于本案，因为判断本案的性质可以依据合同法上的要约和承诺的规定进行，承包商也没有权利根据禁反言理论要求补偿。法院进一步认为，即使可以适用禁反言原则，由于承包商依据附有条件的分包报价进行投标是不合理的，因此承包商不可能胜诉。

法院主张承包商在得到分包商报价，并将分包报价报给业主的行为并不能在承包商和分包商之间自动地产生有法律约束力的合同。而且，承包商在得到分包商报价时，需要原封不动地作出承诺，才能在承包商和分包商之间产生有约束力的合同。如果适用禁反言原则，承包商对分包商报价的依赖需是合理的并与分包商报价中的前提条件相一致。

4.3 分包工程投标的例外情形

4.3.1 普通法上给予的权利

根据英国法，在分包商的投标被接受之前，主包商与分包商之间没有合同关系，分包商通常无权就分包工程投标所发生的费用进行索偿，但普通法上有时也规定了可以适当考虑分包商投标的某些权利。

【案例 4-4】 在 Blackpool and Fylde Aero Club Ltd 诉 Blackpool Borough Council, Court of Appeal [1990] 3 ALL ER 25 案[一]中，被告拥有一个机场，并通过给予经营者一定期限的特许经营权的方式进行融资。1983 年被告邀请包括原告 Blackpool 在内的 6 家公司就未来三年的特许经营权进行投标，招标文件规定在投标文件信封上不能表明投标者的名字，投标截至时间为 1983 年 3 月 17 日中午 12 点，超过截至日期的投标将不予以考虑。原告于 1983 年 3 月 17 日上午 11 时向市政厅的信箱递交其投标文件，但市政厅的信箱在 12 点之前没有清理。结果，原告的投标文件被作为迟交的标书处理并不予以考虑。

法院判决：在这种情况下，被告承诺在投标截至日期之前递交的标书将予以适当考虑，原告递交标书的行为具有成立有效合同的意思。

法官 Bingham LJ 在判决书中说道："这种招标程序在许多方面严重偏向于招标人，招标人可以邀请他选择的许多或少许的投标人进行投标，也无须告诉他邀请了谁、邀请了多少其他人投标。受邀人经常需要花费大量的人力和费用准备投

[一] Michael Furmston. Powell-Smith and Furmston's Building Contract Casebook [M]. 4th ed. Oxford: Blackwell Publishing Ltd, 2006: 16-17.

标资料，如果没有成功，准备投标的花费也无法得到补偿，虽然本案中并没有太大花费。对于一个复杂的项目而言，准备招标邀请书也需要时间和费用，虽然本案不是这样，但无论怎样，招标人不需要承诺能够开始项目。他可以不接受最高标，也可以不接受任何投标，也可以不用给出任何接受或拒绝的理由。投标人的风险并没有以他可能是最高标（或许，根据具体情况是最低标）而结束。但是如果，如本案中那样，邀请人获得的投标都来自于邀请人知道的人，并且如果当地政府的投标邀请规定了一个清晰的、有序的和熟悉的程序（可以查看草拟的、不可谈判的合同条件，提供通用的投标格式，提供专门设计的可以使投标人匿名的、可以识别有关投标的以及明确投标截至日期的信封），那么，根据我的判断，就可以在这种程度上保护受邀人，即如果受邀人在投标截至日期前递交了合格的投标文件，受邀人就有权确保他的投标在投标截至日期之后能够被打开并可以得到与其他所有合格投标文件一样的考虑，或如果其他投标符合的话，他的投标也将被予以考虑。当然，受邀人的这种权利不仅仅是一种期望，而是合同上的权利。在投标之前，原告是否询问了被告按时的和合格的投标将被与其他投标一样得到考虑，我认为答案可能是肯定的。同时我认为，如果上述事实没有效力的话，法律可能是有缺陷的。

投标邀请书没有明确规定被告按时递交合同的投标，这是当然的事实。这就是为什么要关注默示含义，虽然被告并没有说这对他而言有约束力，但从上下文含义来看，一个合理的受邀人应懂得招标邀请应明确说明如果他按时递交了合格的投标文件，那就至少应同其他投标文件一样得到适当的考虑。"

欧洲竞争性招标法律主要适用于公共机构的招标，至于分包合同部分并没有提及。但是由于分包合同投标时也要求分包商知晓和接受主合同条款，因此可以辩解为有关欧洲竞争性招标法律也可以默示的认为适用于分包商的招标程序。另一方面，对于大型工程项目来说，大型分包合同的采购也经常有业主参与其中，这样有关的公共招标采购程序规定可以适用或可以默示地适用分包采购。

4.3.2 投标阶段主包商承诺的约束力

在主包商向业主投标阶段中，在某些情况下，无论是明示的或默示的，分包商和主包商可能就分包商的报价达成协议，使分包商的报价具有约束力。对于一个大的分包商而言，或对于一些其他分包商来说，分包商会与主包商达成协议，如果主包商中标，分包商的报价将具有约束力，主包商将接受分包商的报价。这种情况在英国工程承包业中很少见，但在加拿大工程承包业中是一种常见的现象。

主包商这样做可以获得如下好处：

第一，可以使分包商认为主包商不是到处询价，可以使分包商认真对待分包投标，报出实际的、有竞争力的价格。

第二，如果中标，主包商可以避免重新招标或询价可能带来的价格上涨的风险，主包商给业主的报价包不住的情况发生。

分包商也可以获得如下好处：

第一，可以认真对待分包工程投标，报出能够得到分包合同的有竞争力的价格。

第二，如主包商中标，分包商就可以获得分包合同。

如果在投标阶段主包商作出这样的承诺，那么主包商和分包商之间就为此达成了协议，并且其协议具有约束力，在主包商中标后，主包商和分包商就不须进行重新谈判确定分包合同。如果主包商和分包商之间达成了这种协议，如果主包商在中标后反悔，则可能导致分包商的诉讼和索赔。

关于主包商承诺的约束力，著名案例是加拿大 Naylor Group Inc. 诉 Ellis-Don Construction Ltd. ［2001］案。

【案例4-5】 在 Naylor Group Inc. 诉 Ellis-Don Construction Ltd.，［2001］2 S. C. R. 943，2001 SCR 58 案中，业主 The Okaville-Trafalgar Memorial Hospital 通过多伦多招标信托机构对其医院的维修和改建工程进行招标，安大略地区最大的建筑施工企业 Ellis-Don Construction Ltd. 与原告 Naylor Group Inc. 联系就工程所需的电气分包工程部分进行投标。原告同时告知 Ellis-Don 公司，他不是国际电气工人兄弟会的成员，但 Ellis-Don 公司告诉原告不会因此遭到拒绝。Ellis-Don 公司使用了分包商 Naylor 公司的电气报价，并以最低标获得了业主的授标。1992年2月，安大略劳工关系委员会（OLRB）通知 Ellis-Don 公司只能使用国际电气工人兄弟会的成员的分包商实施该项目，而不能使用非成员的 Naylor 公司。

1992年5月6日，业主将该工程授予被告 Ellis-Don 公司，主合同中包含一项条款，即 Ellis-Don 承诺按照 Naylor 公司的报价雇用 Naylor 公司实施电气工程，如果 Naylor 公司能够成为国际电气工人兄弟会的成员。但 Naylor 公司申请成为国际电气工人兄弟会的请求被驳回。一周后，Ellis-Don 公司通知 Naylor 公司，鉴于安大略劳工关系委员会的规定，不能与 Naylor 公司签订分包合同，而只能与国际电气工人兄弟会的成员签署分包合同。随后，Ellis-Don 公司用同样的价格与一个属于兄弟会的成员签署了分包合同。

为此，Naylor 公司从违反合同和不当得利为由起诉 Ellis-Don 公司要求赔偿。原审法院判决 Ellis-Don 公司赔偿相当于准备投标费用的不当得利 14560 加元。Ellis-Don 公司提起上诉，上诉法院判决 Ellis-Don 公司因违反合同赔偿 Naylor 公司 182500 加元，而 Naylor 公司就赔偿的计算方式提起交叉上诉。

法院判决：Ellis-Don 公司因违约赔偿分包商 Naylor 公司 365143 加元，对其不当得利的诉讼请求不予考虑。

第4章 分包工程投标

从该案中，可以得出两个结论：

第一，如果主包商接受了分包商的报价，主包商就负有义务在获得主合同后将分包工程给予他接受的分包商。

第二，主包商不能使自己承诺的合同无效，如果事先知道的话，主包商更不能使其承诺的合同无效。

在该案的审理过程中，律师和法院引述了下列案例。参考这些案例，就不难得出有关投标时主包商和分包商以及相互约束的关系。

（1）The Queen in right of Ontario 诉 Ron Engineering & Construction (Eastern) Ltd.，[1981] 1 S. C. R. 111。

（2）M. J. B. Enterprises Ltd. 诉 Defence Construction (1951) Ltd.，[1999] 1 S. C. R. 619。

（3）Ellis-Don Ltd. 诉 Ontario (Labour Relations Board)，[2001] 1 S. C. R. 221，2001 SCC 4。

（4）Northern Construction Co. 诉 Gloge Heating & Plumbing Ltd. (1986)，19 C. L. R. 281。

（5）Aluma Systems Canada Inc.，[1994] O. L. R. D. No. 4398 (QL)。

（6）Martel Building Ltd. 诉 Canada，[2000] 2 S. C. R. 860，2000 SCC 60。

（7）M. J. Peddlesden Ltd. 诉 Liddell Construction Ltd. (1981)，128 D. L. R. (3d) 360。

（8）Canadian Pacific Hotels Ltd. 诉 Bank of Montreal，[1987] 1 S. C. R. 711。

（9）Peter Kiewit Sons'Co. 诉 Eakins Construction Ltd.，[1960] S. C. R. 361。

（10）Davis Contractors Ltd. 诉 Fareham Urban District Council，[1956] A. C. 696。

（11）Hydro-Quebec 诉 Churchill Falls (Labrador) Corp.，[1988] 1 S. C. R. 1087。

（12）McDermid 诉 Food-Vale Stores (1972) Ltd. (1980)，12 Alta. L. R. (2d) 300。

（13）O'Connell 诉 Harkema Express Lines Ltd. (1982)，141 D. L. R. (3d) 291。

（14）Petrogas Processing Ltd. 诉 Westcoast Transmission Co. (1988)，59 Alta. L. R. (2d) 118。

（15）Victoria Wood Development Corp. 诉 Onday (1978)，92 D. L. R. (3d) 229。

（16）Marathon-Delco Inc.，[2000] O. L. R. D. No. 542 (QL)。

（17）Twin City Mechanical 诉 Bradsil (1967) Ltd. (1996)，31 C. L. R.

(2d) 210。

(18) Lang 诉 Pollard, [1957] S. C. R. 858。

(19) Woelk 诉 Halvorson, [1980] 2 S. C. R. 430。

(20) Andrews 诉 Grand & Toy Alberta Ltd., [1978] 2 S. C. R. 229。

(21) Laurentide Motels Ltd. 诉 Beauport (City), [1989] 1 S. C. R. 705。

(22) Widrig 诉 Strazer, [1964] S. C. R. 376。

4.3.3 投标阶段分包商承诺的约束力

在投标阶段，如果分包商与主包商达成协议，分包商向主包商报出分包合同价格，主包商使用分包商的报价，如主包商中标，则分包商按照投标阶段的报价实施分包工程。在这种约定的情况下，如果分包商在主包商中标后反悔，放弃分包合同，就违反了分包商与主包商之间达成的协议，会导致主包商的诉讼和索偿。

关于投标阶段分包商承诺的约束力，著名案例是加拿大的 Northern Construction Co 诉 Golge Heating & Plumbing Ltd 91984) 案。

【案例4-6】 在 Northern Construction Co Ltd 诉 Golge Heating & Plumbing Ltd (1984) 6 DLR (4th) 450 案中，被告分包商由于在分包工程报价中价格偏低，因此极力避免签署分包合同，于是原告将被告分包商诉上法庭。法官在本案判决中说道：

"按照行业惯例，任何想要向主包商投标的分包商可与业主联系获得一整套的计划、规范和招标文件，以便分包商可以报价和准备标书文件。从招标文件中也可以得知在开标后的多长时间内业主可以接受投标。

业界也接受这样的做法，即分包商可以在最后一刻撤回其分包报价，但这样会导致主包商投标截至日期之前的一小时或更短的时间内无法完备其报价和投标文件。

分包商可能担心的合理原因是，如果分包商较早地递交了他的报价，他们的竞争者就会得到报价金额从而调整其后递交的报价。这种做法被称为投标选购 (bid shopping)。"

在本案中，被告在投标截至日期之前递交了一个低价格投标，原告在收到被告的投标后要求其确认。法官在判决中记录如下：

"Bernard 先生（原告的估价师）说，在收到被告的报价后他打电话给 Simons（被告分包商的估价师），并通知他标书中有些部分没有注明特定的金额的事实。他也询问 Simons 是否也给了其他主包商同样的价格，如果是这样，Golge 公司是否向原告承诺这个价格。Bernard 清楚地记得 Simons 对上述两个问题都回答了'是'。"

在本案中，法官发现了投标承诺程序，如下：

"按照投标文件的规定，在开标之后的 30 天内交通局将认真阅读投标文件以确认谁是真正的最低标，确认投标文件的其他部分也符合规定。在审标期间以及后来延长的 30 天内，交通局有权使所有的投标处于接受状态，直到交通局确定其中一个承包商中标。在业主授标后，主包商可以确认与分包商的合同。"

法官接着又评估了加拿大的一些有关双方错误以及要约和承诺的法律规定，并提及了 The Queen in right of Ontario et al. 诉 Ron Engineering & Constructon Eastern Ltd［1981］1 SCR 111 案，指出在这些当事人之间的投标协议存在两个阶段的合同协议，如下：

"首先，在收到投标邀请，递交了投标文件后合同 A 就存在了。合同 A 是从属于正式的施工合同 B。在合同 A 中，投标人同意招标文件规定的条款和条件，并承担了使其标书在招标文件规定的时间内有效的义务。合同 B 是与合同 A 规定的条件相一致的正式文件。"

4.4　投标时两阶段合同理论

4.4.1　从著名的 Ron Engineering 案看投标时两阶段合同理论

当事人

上诉人（被告）：Her Majesty The Queen in Right of Ontario and the Water Resources Commission。

应诉人（原告）：Ron Engineering & Construction (Eastern) Ltd.。

基本案情

在 The Queen in Right of Ontario 诉 Ron Engineering & Construction (Eastern) Ltd 案中，根据上诉人（以下简称 WRC）的招标规则规定，应诉人 Ron Engineering 公司（以下简称 Ron Engineering）向 WRC 递交了投标文件以及金额为 15 万元的保兑支票。按招标文件规定，该投标押金将在合同签署、递交履约保函和付款保函后返还给投标人。

在开标后，Ron Engineering 发现投标金额存在错误，总共 750058 元没有加入到合同总金额中。招标文件中规定，如果投标被撤销或在一定时间内没有签署合同，那么 WRC 将没收投标押金。虽然承包商通过电传要求撤回其投标，但其后的往来函件表明，由于承包商已经向业主 WRC 发出了投标金额错误的通知，从而使承包商的要约处于不能承诺的状态。业主 WRC 收到了 Ron Engineering 的通知，回复说投标不能被撤销，并且将准备好的合同递交给承包商 Ron Engineering 签署。承包商拒绝签署合同，业主 WRC 根据有关投标押金的规定没收了承包商 15 万元押金。于是，承包商 Ron Engineering 起诉业主 WRC 以索回其投标押金。

裁决分析

应根据"一般条件"和"投标人须知"以及相关文件决定要约的可撤销性。作为一种单务合同，在承包商递交了其投标文件后，在承包商和业主之间就自动产生了合同 A。投标人在一个特定的时间内不能撤回其投标，如果其投标没有被接受，投标人就可以得到业主退回的投标押金。合同 A 的主要条款是投标的不可撤销性，而必然的条款就是在接受了投标后，双方负有签订施工合同——合同 B 的义务。投标押金的目的是为了保证承包商，或者说投标人履行合同 A 项下的义务。在开标后，当已经合理证明投标出现错误时，招标人既不能接受投标也不能没收投标押金，这种说法是不正确的。在投标人递交了标书时或至少在法律上投标具备承诺条件后，而不是在以后的某个时间，当事人在合同 A 项下的权利就成立了。

在合同 A 成立那一刻之前，当事人任何一方的错误是可以理解的。在错误计算投标价格的情况下，没收投标押金应该根据合同 A 的条款进行。承包商也打算按照招标文件规定的格式和内容递交投标。现行法律中没有一项原则规定如何处理上诉人无法作出承诺的投标。投标文件中的错误并不能阻止合同 A 的成立。在本案中，不需要考虑错误对施工合同的成立、有效性和解释的影响。

本案与合同中错误的法律没有关联，但与招标文件中的有关的没收规定有关联。在一些条件之下，承包商可以索回他的投标押金，但这些条件并没有发生，而根据合同的其他有关没收的条款，本案却符合这些规定。业主在合同中的有关时间空白处没有填写具体日期的行为并不能使当事人具有追索的权利，也不能使业主有权没收其投标押金。

法官陈词

法官 Estey J 在判决中接着说道："在随后的往来信件和整个交涉过程中，承包商始终认为他没有撤销其投标，而只是由于计算错误的原因，在投标被承诺之前通知了业主，这样就造成了在法律上无法作出承诺，承包商有权索回其 15 万元的投标押金。一审法官在审理该案中确定了如下事实：

第一，投标文件按要求递交。

第二，决定投标价格的程序存在错误，投标本身没有过错。这些错误是原告（注：承包商）自己造成的。

第三，投标的外观没有错误。

第四，在递交标书后和投标截止日期后发现了错误。

第五，在雇员 Hedges 通知经理 Vered 开标结果时，经理 Vered 才知道计算错误。

第六，原告（注：承包商）极力联系和通知业主他的计算错误，并要求不用支付罚金撤回其投标。

第七，Ron Engineering 公司准备的 2744700 元的预算是一个基于尽责的承包商实施工程所需的准确数字，其中也包括了利润。我指出没有必要怀疑这个预算数字。

法官接着说道："应诉人递交投标文件的行为已使合同 A 成立。有时这在法律上称为单务合同，也就是说这个合同是因回应一项要约而产生的。举一个简单的例子，'如果你为我整理草坪，我将付你一块钱，'在此，法律并没有规定整理草坪的义务，只有另一方履行了受约的行为（整理草坪），一方才负有支付义务。业主的投标邀请对应诉人、其他任何人或外部世界的人不产生任何义务。如本案应诉人那样，在建筑企业采用递交投标文件的方式或被称之为投标方式回应投标邀请。投标的法律意义在于，一旦递交了符合招标文件规定的标书，投标将立刻是不可撤销的。当事人同意投标的格式和程序，结果，合同 A 成立了。合同 A 项下的当事人的主要义务条款是投标的不可撤销性以及在投标被接受后双方当事人应签署合同（合同 B）。其他条款包括业主接受最低投标的合格义务以及根据招标文件规定的义务程度。

法官接着又说道："然而，承包商递交的是含有错误计算的投标文件，由于已形成了不能作出承诺的状态，它不能构成施工合同的基础，因此，不能根据合同 A 的条款规定没收投标押金。"

法院判决

同意上诉法院法官 J. Holland. J 的判决，上诉人（业主）应归还承包商的投标押金，并承担各有关下级法院和本法院的相关诉讼费用。

小结

本案判决改变了此前加拿大有关投标的法律和对投标的理解，确立了投标时的两阶段合同理论（Two Contract Model）。根据该理论，按照招标文件规定，递交投标文件的行为将使合同 A——投标合同（the bid contract）成立。在业主接受了投标时，第二个合同，合同 B——施工合同（construction contract）生效。

在本案中，法官 Estey J 将投标合同定性为单务合同，将施工合同定性为双务合同。虽然在 M. J. B. Enterprises Ltd. 诉 Defence Construction（1951）Ltd.，

[1999] 1 S. C. R. 619 案中，法庭对投标合同是单务合同持有异议，但不可否认，Ron Engineering 案和 M. J. B. Enterprises 案构成了加拿大投标法律的基础。

判读合同 A 成立的主要依据是投标文件是否符合招标文件的条款，以及这些条款是否存在使合同成立的意思表示。例如，如果招标文件规定投标是可以撤销的，或者规定业主将同投标人就协议进行谈判，那么就不能断定投标合同是成立的。上述规定违背了投标合同中的成立合同的意思表示，而只可能反映了就合同 B 条款进行商谈的要约，如类似的提交建议书（Request of Proposals）或表达兴趣函（Invitation for Expressions of Interest）。相应地，在 M. J. B. Enterprises 案中，加拿大高等法院明确否定了在 Ron Engineering 案中的观点，即在投标人递交了投标文件后合同 A 就应成立的看法。

一个特定的项目招标采购程序是否可以使投标合同成立，取决于有关招标文件的规定。如果招标文件条款表明了在递交符合的投标文件后具有成立合同关系的意思表示，那么，当事人之间的权利和义务就受投标法律原则的制约。否则，投标合同就不能成立。

4.4.2 从 Naylor Group 案看合同 A 的存在及其对竞争性投标的影响

在 Naylor Group Inc. 诉 Ellis-Don Construction Ltd.，[2001] 2 S. C. R. 943，2001 SCR 58 案中，法官在判决中对案件中涉及的几个关键问题进行了分析。

合同 A 是否存在

"1. 本项目中上诉人和答辩人之间是否存在合同 A？如果存在，其主要条款是什么？

2. 合同 A 是否会由于 1992 年 2 月 28 日安大略劳工关系委员会所做的决定而落空？

3. 如果没有落空，上诉人是否违反了合同 A 的条款？

4. 如违反合同 A，损害金额是多少？

5. 作为变通，答辩人是否有权依据不当得利要求赔偿？

答辩人在法庭上主张上诉人在获得主合同后，根据合同 A 的条款，负有义务自动地与答辩人签订电气分包合同，即合同 B。"

法官仔细阅读了招标文件，招标文件中的有关条款如下：

投标须知第 16.1 条规定："投标人应与投标文件一起递交……本合同项下准备实施工程的分包商投标人名单，并应将其包括在与业主签署的协议中。"

固定价格合同一般合同条件第 10.2 条规定："如在签署合同时业主接受，承包商同意雇用他书面推荐的那些分包商。"

针对上述两条规定，法官在判决书中写道："在投标抵押和标价比选制度之外,这种规定可能只能适用于业主和主包商,但对于合同之外的陌生人,如积极的分包商则没有什么帮助。然而,在本案中存在规定的投标抵押制度,这种存在于主包商和业主之间的标准印刷格式合同也构成了适用于分包商投标的投标抵押制度的一部分。实际上,投标抵押制度保证了主包商不能任意'选购',这种对履约分包商在投标时的保证,对于分包商而言,是合同 A 中最重要的条款。"

根据对投标文件中合同条款的规定以及加拿大招标制度的规定,法官判定在上诉人和答辩人之间存在合同 A,其主要条款就是招标文件中第 16.1 条和第 10.2 条的规定。

本案对竞争性投标的影响

Robert C. Worthington 在《施工承包领域的新挑战》[一]一文中写道:

"加拿大最高法院在 Naylor Group Inc. 诉 Ellis-Don Construction Ltd. [2001] 10 C. L. R. (3d) 1 案件中的判决根本上实质性地改变了分包投标人、主包商以及业主(公共或私人)在竞争性投标采购制度中的前景。对于那些热衷于不道德的'投标选购'(bidshopping)的主包商(或许是业主)而言,本案的判决的确是一次突然的打击,同时也将竞争性投标法律向下扩展至主包商和分包商的层级。

本案的事实十分简单。主包商 Ellis-Don 计划按照投标邀请书的要求就医院建造项目进行投标。业主(医院)决定通过通常的建设惯例由分包商对主包商分包工程部分进行投标,并要求按照加拿大投标抵押制度规定递交投标。根据投标抵押制度,分包工程的投标应在投标截止日期之前,作为主包工程的一部分事先并入主包工程报价之中。主包商选择了分包商的报价并且在递交给业主的投标文件中将其列入分包商名单。

分包商 Naylor Group 对电气工程向主包商进行了投标,且其报价是最低的。主包商 Ellis-Don 使用了分包商的报价,并转而向业主报价。然而,在 Ellis-Don 获得合同后,由于工会联盟问题,主包商更换了分包商(将电气工程以 Naylor Group 的价格,给了另外一家没有参加投标的公司)。于是,分包商 Naylor Group 提起诉讼,主张 Ellis-Don 的行为是投标选购,主包商不能将分包工程给予他人。

安大略上诉法院和后来的加拿大高等法院均同意分包商 Naylor Group 公司的请求。

根据加拿大高等法院的判决,Ellis-Don 在其投标文件中列明分包商 Naylor 的报价时,除非业主有'合理的理由拒绝',主包商 Ellis-Don 就负有法律义务使用分包商 Naylor 实施分包工程。换句话说,Ellis-Don 在其投标文件中使用了

[一] Robert C. Worthington. New Challenges in Construction Contracting [R/OL]. http://www.summit-connects.com.

Naylor 的名称和报价时,在主包商 Ellis-Don 和分包商 Naylor 之间投标合同 A 就成立了。因此,在 Ellis-Don 获得合同后,除非作为业主的医院拒绝 Naylor 公司作为分包商承建电气工程,否则主包商就应对分包商 Naylor 负有义务。

本案中,作为业主的医院拥有合理的理由拒绝(如工会联盟)。然而,在主包商 Ellis-Don 将 Naylor 列为电气分包商之间,主包商就知道工会联盟的事情,这就使得主包商无法在法庭上将其作为合理的拒绝理由。当 Ellis-Don 无法适用 Naylor 分包商时,Ellis-Don 就违反了其与分包商 Naylor 的合同,Ellis-Don 就应向 Naylor 支付因其违约造成的利润损失。

根据本案的判决,加拿大高等法院将投标的法律约束力延展到投标的下一个层级,从而保证了整个投标过程的完整性,也重新确定了建筑行业各参与人关系的性质。

主包商在投标时将分包报价列入投标文件中,在获得合同后再向他人'选购'分包合同,从而压低分包交易价格的情况,自本案判决后就不复存在了。除非业主有合理理由拒绝分包商,否则,主包商就违反了他与分包商之间的投标合同 A,这将导致主包商向分包商赔偿分包商的利润损失,同样的情况也发生在 A. Dynasty Roofing(Windsor)Ltd. 诉 Marathon Construction Services(1991)Inc.(March 11,2000)File No. 99/G5-46265(Ontario SCJ)案中。

同样地,对于分包商而言,分包商也不能在主包商使用了其分包报价获得合同之后,逃避履约义务或者向主包商要求变更分包交易价格。

现在法律规定,在主包商和业主之间的关系具有法律约束力的那一刻(即在投标截止时间)起,主包商和其列明的分包交易就自动相互具有约束力。所有的有关竞争性投标法律中的完全披露、平等和诚信等默示法律义务,至少应在按照正式的投标程序进行招标的情况下,也将适用于主包商和分包商之间的关系(例如本案使用了投标抵押制度)。

进而,加拿大高等法院的判决仅适用于主包商和分包交易采用了正式的投标程序。

加拿大高等法院也允许业主拒绝列明的分包商,其拒绝的权利可能产生于业主的投标须知中。在大多数建筑合同中,这些内容是标准条款(但是,应确认你的招标文件中是否有此类条款)。

由于主包商希望避免与分包商之间的法律关系,业主可能收到更多的来自主包商的要求拒绝列明的分包商的请求。业主应十分小心拒绝列明的分包商,必须保证其拒绝在事实上是成立的以及理由是合理的。如果在事实上不成立或理由不合理,业主就有可能被拖入诉讼之中。如果理由不合理,业主可能会因为帮助主包商逃避对列明分包商的法律义务而承担法律责任。

上述这些原则还有待进一步观察,但是如果该案判决的结果与 The Queen 诉

Ron Engineering 案一样，对于建筑行业所有人来说其影响将是巨大的。"

4.5 从 M. J. B 案看招标文件特别条款法律效力

基本案情

在 M. J. B. Enterprises Ltd. 诉 Defence Construction（1951）Ltd.，[1999] 1 S. C. R. 619 案中，答辩人 Defence Construction（业主）为加拿大一军事基地的给水设施进行招标。根据原标书规范的规定，项目中使用了 2 型、3 型、4 型三种水管，施工中具体使用何种类型的水管由现场工程师决定，标书要求投标人按照三种水管的每延米的价格报价。在发出招标文件后，业主更改了水管的报价条件，要求投标人不分水管类型，统一按一种水管类型进行报价。

四家承包商进行了投标，本案上诉人 M. J. B 公司是其中一个投标人，为该项目的第二标，业主将该合同授予了第一标的公司。但本案上诉人发现中标的 Sorochan 公司的报价不符合标书修改内容的要求，在投标文件中加入了一张便条，上写："每延米的单价是基于就地回填基础（3 型水管），如果从水管顶端到次基层底部需要使用 2 型水管，则每延米增加 60 加元。"尽管投标须知第 13 条中规定了业主可不接受最低标或任何投标这种特别条款，上诉人认为中标公司的报价不符合标书要求，中标公司的投标修改了业主的报价条件，因此，业主不应将该合同授予不符合招标条件的最低标的承包商，而应授予符合投标条件的有效的最低标的投标人。

二审上诉法院认为最低标投标人手写的便条构成了投标前提条件，但法院仍判决，根据业主可不接受最低标或任何投标的"特别条款"，答辩人业主没有义务将合同授予第二标的上诉人。上诉法院驳回了 M. J. B 公司的诉求。

特别条款的法律效力

在本案中，业主提出抗辩的理由是投标须知中的特别条款，根据第 13 条规定："（业主）可不接受最低标或任何投标。"如何理解和解释招标文件中最常见的规定成为本案的关键。

法院分析了加拿大高等法院在 R. in Right of Ontario 诉 Ron Engineering & Construction（Estern）Ltd. 案，认为 M. J. B 公司在根据招标邀请递交了投标文件后合同 A（投标合同）就成立了，招标文件中没有明示条款规定 Denfence Construction 公司必须将合同授予最低标。

然而，法院发现招标文件中存在一条默示条款，即业主应接受符合招标文件的投标。法院还认为，如果当事人之间就合同存在相反的意思表示，例如招标文件中相反的明示条款，那么该条默示条款就不能存在，在本案中，特别条款排除了只能接受最低标的默示条款。

尽管特别条款规定可以不是最低标，但是，法院认为，招标文件中没有任何一个条款排除了只有接受符合的投标这项默示条款。法院主张，招标文件中有两项明确的特征，即承包商必须递交符合的投标，以及承包商不能就招标文件的条件进行谈判。

法院最后认为，中标的 Sorochan 公司的投标不符合招标文件的规定，而且 Sorochan 公司没有承担在施工过程中现场工程师要求的材料种类的风险，业主 Defence Construction 公司接受 Sorochan 公司的投标违反了合同 A。

为此，法院判决业主应赔偿 M. J. B 公司可预见的损失。

小结

（1）业主可以不接受最低投标或任何投标这种特别条款普遍存在于招标文件之中，这种明示条款可以使业主不接受最低标或任何投标。

（2）这种明示条款中存在默示条款，即业主只能接受符合招标文件的投标。如果招标文件中没有明示条款排除这种默示条款，则默示条款成立。

（3）如果违反这种默示条款，业主应承担违约责任，赔偿可预见的损失，即承包商在投标文件中注明的利润和准备投标的费用。

第5章 国际工程分包市场和分包商的选择

> 今天的建筑领域，分包是一种生活方式。
>
> ——迈克尔·罗林索

5.1 国际工程分包市场

5.1.1 概述

一国工程分包市场是否发达与其经济的发展程度和工程承包市场的规模密切相关。

工程分包市场与工程承包市场的关系也是一个正比关系。一国的工程建设规模越大，工程承包市场越发达，各种分包商就越多，分包市场就越发达；反之，一国经济越落后，工程建设规模小，工程承包市场小，分包市场规模就会越小。

上述结论的现实意义在于，当我们具体考察一国分包市场时，可以依此作出初步的判断，即经济发达和工程建设市场规模大的国家，分包市场就发达，分包商就越多，主包商的投入就会越少；反之，分包市场就越不发达，分包商就越少，分包商实力就越弱，主包商的前期投入就越大。

一国的分包市场是工程承包市场的一个组成部分，在承包商获得施工合同后，不可避免地将一部分工程分包给他人，从而促进了分包市场的发育和分包商力量的壮大。

分包的存在是比较优势理论在工程建筑领域的延伸。按照大卫·李嘉图在《政治经济学及赋税理论》中提出的，国际贸易的基础是生产技术的相对差别，以及由此产生的相对成本的差别。每个国家都应根据"两利相权取其重，两弊相权取其轻"的原则集中生产并出口其具有比较优势的产品，进口其具有比较劣势的产品。根据比较优势理论，在工程建筑领域中，实施经济行为的两个主体——总包商和分包商具有相对的比较优势，就总包商而言，在资质、资格、资金、管理方面具有一定的优势，可以有资格和能力承揽大型工程项目，而分包商则在专业技术的某一领域具有专业质素，可以具有竞争力的价格提供在其专业范围内的工程服务，保证产品的质量。两个不同的经济行为主体具有相对的比较优势，是工程建筑领域分包现象存在的理论基础。

5.1.2 分包的经济理论

以比较优势理论为基础，工程建筑领域中关于分包经济行为的理论得到了一定的发展，其中著名的理论主要有以 Harrigan 和 Krippaehne 等学者为代表的纵向联合理论，以 Barlow 为代表的合作伙伴理论和以 Grandori 和 Soda 为代表的合作网络理论[⊖]。

1. 纵向联合理论

纵向联合（vertical integration）是指在专业化分工的社会中，公司或其经济体向他人提供产品或服务应采取自己制造还是购买的方式。有的学者将纵向联合定义为产品生产的联合、分配、销售或在同一公司业务范围内的其他特殊产品的生产。在工程建筑领域，纵向联合理论将分包作为一个生产环节看待。

纵向联合的优点有：降低交易成本、保证货物供应、改善内部协调、拓宽技术能力和降低进入市场的难度。

按照纵向联合战略，一家公司应采取如下行动：
（1）避免发展那些其他公司已经掌握技术的能力。
（2）与为其工作的分包商和供货商发展良好关系。
（3）寻求其他合格的公司监督市场价格和技术条件。
（4）无论采取何种战略，必须不断加以改进。

2. 合作伙伴理论

在工程建筑领域，合作伙伴（partnering）理论是指为了取得特殊经济目的，在最大限度利用每个参与者资源情况下的两个或两个以上组织的长期合作的允诺。

合作伙伴是改善施工和将每个参与者利益最大化的一种工具。它需要超越组织的边界，改变传统关系以共享某种文化，而这种合作伙伴关系建立在互信、对共同目标的追求和每个个体的期望和价值实现的理解基础上。

合作伙伴可以分为两种，一是项目合作伙伴（project partnering），是指在某一特殊项目存续期间不同经济主体的合作关系，在项目目的实现后，合作伙伴关系终结，或再寻找另外一个可以合作的项目继续合作伙伴关系。战略合作伙伴（strategic partnering），是指不同的合作者之间的一种高级的合作关系，它是以长

⊖ Julio Y. Shimizu, Francisco F. Cardoso. Subcontracting and Cooperation Network in Building Construction: A Literature Review [C]. Brazil: Proceedings IGLC-10, 2002.

期的合作为基础,实施一个以上的工程项目,或以连续的方式进行合作从事多个工程项目。

合作伙伴关系理论强调工程项目的参与者之间的合作关系,强调将每个工程项目参与者的资源最大化以达到共同的目的。

3. 合作网络理论

合作网络(cooperation network)理论中的网络是指相互联系的节点和关系,是指所有主体间协调和合作的联合机制,包括上游和下游企业。根据合作网络理论,各参与者共同工作,灵活沟通,共享技术和信息。

合作网络的倡导者们认为,在工程建筑领域,依赖分包商和建筑材料供货商已成为一个不争的事实。然而,由于机会主义行为和缺乏纵向合作,主包商和分包商之间的关系却经常处于紧张和对立的状态。

为了缓解和解决合作网络中不同参与者的相互合作,为了合作网络中最大的利益,所有经济主体应在某些方面进行合作,以便将各自的资源进行整合。因为在工程建筑项目中,不同的经济主体在同时从事施工,其行为之间相互依赖,如果其他主体的工程没有完成,任何人均无法开始工作。

上述三种对分包的经济理论分析均包含一个共同的理念,即合作关系,强调在工程建筑领域中,不同参与主体间的合作和协调,而合作与协调是分包现象存在的现实基础。

5.1.3 分包市场调查

承包商进入一个新的市场或投标某项工程项目,需要对当地的分包市场和当地承包商的能力进行全面的考察,根据当地分包市场的发育程度、是否有适当的分包商、分包商的能力和实力制订项目实施方案和投标策略,以期按照合同完成工程项目,获取利润。对分包市场的调查主要内容有:

(1)分包市场:主要分包力量、能力、专业化分工程度、材料和设备供应状况。

(2)分包商的类似工程的业绩、能力、实力、财务状况、机械设备装备水平、人员配备和经验。

(3)当地分包商的价格水平,与承包商自己施工情况下的价格比较。

(4)当地分包商的效率和工效。

(5)如雇用当地分包商,当地社会的风俗习惯、节假日和宗教习惯。

(6)如雇用当地分包商,当地分包商人员的工资水平、需雇主缴纳的各种所得税、费等。

(7)在雇用当地分包商时,承包商与分包商之间的税务事宜。如增值税的缴纳和退税程序等。

承包商应十分慎重地选择分包商承担他打算分包的工程，否则，他将被不合格的分包商拖入进退两难困境，并可能引起连锁反应，影响工程项目的进展。

5.1.4 主要国别和地区的分包市场

1. 我国香港地区工程项目分判制度

（1）我国香港地区分判制度产生的原因。

我国香港分判制度，或称分包制度的产生源于：

1）随着社会和经济的发展，特别自20世纪60年代以来，我国香港地区建筑业蓬勃发展，形成了建筑业的巨大市场，但同时激烈的竞争和压力相伴而生。为维持企业的竞争优势，适应建筑工程专业化分工细密，专业技术程度高的特点，一家公司的专业配置不可能包罗万象，因此，各种专业技术公司、提供服务公司和专业的建材、设备供应商应运而生。

2）与专业化施工和分判林立相适应，我国香港地区一些总承建商拥有施工牌照，资金、技术和管理能力，而没有具体的施工操作人员。对总承建商而言，一是避免了保留大量施工人员带来的成本开支，二是可以使总承建商注重项目管理和资金运作，提高工作效率。这样做也可以有效解决工程市场不稳定带来的企业生计问题和劳动力短缺的问题。

3）我国香港地区对承建商的资格实行分级管理。持有A牌的承建商可以承建一个类别的工程总值不能超过2000万港币的工程。B牌承建商可以承建任何数目的A牌合约或B牌合约，但一个类别的B牌合约总值不得超过5000万港币。C牌承建商可以承建任何类别超过5000万港币的合约，但任何一个类别的工程总值不得超过1.8亿港币。

在对承建商资格分类管理的体制下，一些中小承建商、专业技术公司、服务类公司在不能获得总承建商合约时，只好退而求其次，充当分判商，赢取自己的利润和生存空间。

（2）我国香港地区分判市场和地盘分判管理。

我国香港地区分判市场是社会化分工的一个典型代表，其形态在一定程度上也体现了西方发达国家，如美国、西欧、日本等国家和地区的工程建筑市场的特点，即与建筑业相关的行业，社会化分工充分、专业化分工细密，各种建筑材料、设备供应齐全，服务周全。在获得工程合约后，总承建商可以在市场上找到任何专业和技术的施工分判和人员，如桩基施工、混凝土供应、管桩供应、模板、钢筋绑扎、机电、防火、安全、电信、网络等，同时我国香港地区设备租赁市场发达，施工用设备基本都可以在市场通过租赁解决。可以说，我国香港地区工程建设市场和分判市场发达，具有西方发达国家建筑市场的特点。

在我国香港地区建筑工程市场，总承建商从业主处获得政府工程或私营工程后，总承建商一般不直接从事施工作业，而是把工程进行分拆，由多个分判商（分包商）负责实施，总承建商主要从事地盘的工程进度、质量、成本控制、安全、材料供应和设备订货。业内将分判商称为"判头"，如果分判商再分判，则称为大判、二判和三判。有时，一项工程可能有几个、几十个甚至上百个分判商在施工。这些判头长期跟随一个或几个总承建商进行施工作业，与总承建商形成了长期的良好合作关系。

总承建商在获得建筑或工程合约后，一般采取下列程序选择分判商：
1）将工程分拆，确定分判项目和范围。
2）分判招标文件的准备和咨询。
3）选择分判商。
4）分判商投标报价。
5）总承建商评标，选择中标的分判商。
6）总承建商与分判商签署分判合约。

我国香港地区建筑业的分判合约大都采用我国香港地区香港建筑师学会及我国香港地区香港测量师学会编制的标准分判合约文本，总承建商也可以自己编制分判合约，但内容均相似。

分判合约文件包括：
1）工程分判合约通用条款。
2）工程分判合约特殊条款。
3）分判商已标价的工程数量清单、图纸、规范等。
4）与分判工程相关的总合约资料。

我国香港地区工程地盘对分判商的管理主要遵循 ISO 9000 的要求，在地盘对分判商进行现场管理和协调，对分判商进行评估和工程款审核等。

(3) 我国香港特区政府对分判商的管理。

我国香港特区政府奉行自由经济政策，认为分判是企业的商业行为，是否采用分判方式，选择哪个分判商是承建商自己的事情，政府没有制定过相应的对分判行为监管的规定。这在一定程度上形成层层分判，费用层层截留，使得真正的施工分判利润很薄，分判雇佣散工、临时工和非法劳工，对工程质量造成危害，或造成工程质量不高现象的发生。

为改善分判制度，临时建造业统筹委员会于 2003 年 3 月制定了《工程分判指引》，供业界遵守。同时总承建商在竞标公共工程时，必须随投标文件一起向业主递交分判商管理计划。为限制分判行为，明令禁止将整项工程再行转判，同时临时建造业统筹委员会于 2003 年 11 月设立了非强制性分判商注册制度，要求总承建商只聘用注册分判商，保证分判商的基本素质。另外，也要求总承建商加强对分判的评核和监管，以及加强培训，提供其技术和能力。

2. 东南亚国家的分包市场

（1）新加坡和马来西亚。

新加坡和马来西亚属于东南亚国家中经济和社会发展较为发达的国家，处于东南亚国家中的第一层次。除政府的公共工程外，私营工程市场具有一定规模，私人投资较为活跃，其中以 BOT、BOOT、公共私营合伙（Public Private Partnership，PPP）、私营主导投资（Private Finance Initiative PFI）盛行，而政府主导投资则退居二位。如马来西亚的南北高速公路项目使用了 BOT 方式实施。

在工程建筑领域，分包市场发达，专业化分工详细，机械设备齐全，基本上是主包商拿到合同后再雇用各种分包商进行施工的模式。

（2）菲律宾、泰国、印度尼西亚和越南。

菲律宾、泰国、印度尼西亚和越南属于东南亚国家中经济和社会发展处于第二层次的国家。

菲律宾市场，每年均有一定的工程发包额，但政府将工程切割得很小，以保证大多数承包商的生计。近些年来，中国企业在菲律宾市场主要从事燃煤电站的 EPC 承包建设工作，从事土建施工、安装和调试的主要是中国的电力建设企业，燃煤电站的主机设备和锅炉等也主要为中国生产和制造，由中国的 EPC 承包商出口到菲律宾进行安装和调试。在输变电工程领域，在菲律宾国家电网公司（NGCP）私有化后，所有输变电工程的发包均由 NGCP 进行招标和项目管理，但大多数输变电工程为既有变电站改造项目，而鲜有新变电站建设项目。由于受变电站停电施工无法保证的影响，菲律宾大多数变电站改造项目都存在严重的拖期问题。在输变电工程领域，菲律宾现有当地分包商可以从事变电站改造和输变电工程项目。

泰国当地承包商，例如 Italian Thai 建筑企业等具有相当强的施工能力，特别是在工民建领域，加上泰国市场对外国承包商的各种限制，外国承包商很容易在泰国当地市场找到各种分包企业。

印度尼西亚市场是中国企业多年来的主要工程承包市场之一，中国企业主要从事大型桥梁、公路、燃煤电站、水电站项目的施工建设。近些年来，特别是中国企业在印尼的矿产资源投资，带动了中国企业在印尼的工程承包业务。印度尼西亚的当地建筑企业具有一定的施工能力，在印尼国有的八家大的工程建设公司中，其民用建筑，如住宅楼和写字楼的建设水平，如施工进度、质量等，与中国公司水平处于同一等级，但在技术含量高的工程，如大跨径斜拉桥、水电工程、铁路工程等项目中，当地国有公司缺乏施工经验和能力。在电站工程方面，印尼分包商可以承建基础和厂房等工程，但设备安装和调试等工程，则需要从国外引进有经验的安装调试公司进行。

越南市场具有一定的特殊性，在外国承包商拿到工程后，需要交给当地国有施工企业进行施工。对外国承包商而言，由于越南政府财政紧张，每年公共工程发包额很少，且不对外国承包商开放。随着经济的恢复和发展，私人房建市场具有了一定的规模，但多为当地国有施工企业实施。

上述 4 国的工程建筑领域，具有一定的施工分包力量，如工程难度不大，技术要求不高，则可以找到各种分包商施工。但如果涉及技术程度高的工程，则不能考虑给当地分包商，需要主包商自己承担。

（3）缅甸、老挝和柬埔寨。

缅甸、老挝和柬埔寨 3 国经济和社会发展较为落后，处于东南亚国际的第三层次。

缅甸市场，由于西方国家的长期制裁，缅甸经济长期停滞不前。20 世纪 90 年代中后期，缅甸利用自有资金修建了几座桥梁，利用中国进出口银行等提供给企业的卖方信贷修建了港口、糖厂、水泥厂和水电站，外国投资者修建了仰光港码头。进入 21 世纪以来，特别是缅甸军政府结束执政，缅甸政府利用中国政府的优惠出口买方信贷，进行了公路、桥梁和水电站项目等项目的建设。在缅甸市场，缅甸当地的分包商力量极其薄弱，外国承包商和中国企业需要自己解决全部的问题。

由于近几年在建工程项目较多，柬埔寨工程市场具有了一定的规模，这主要得益于世界银行、亚洲开发银行的投资，一批道路、水电工程等纷纷上马。此外，中国政府的援助项目、优惠出口买方信贷项下的项目以及中国企业在柬埔寨水电站投资项目的落实和实施，使得中国企业在柬埔寨市场占据了得天独厚的市场垄断地位。与处于上升趋势的工程建筑市场相适应，柬埔寨工程建筑业具备了一定的分包能力。以公路施工为例，在其排雷、路基工程等土方施工方面，已有几家颇具实力的施工公司，可以作为分包商承担部分分包工程，工程通用设备也可以在当地市场进行租赁。

老挝工程承包市场的主要资金来源于亚洲开发银行以及泛亚公路中的中国政府和泰国政府的资金，中国企业以及其他国家企业的大规模水电 BOT 项目的投资。中老铁路项目在 2017 年的开工，以及中国电建集团在老挝的大规模水电站项目投资，带动了老挝经济和社会的发展。老挝当地企业实力较弱，工程分包市场极不发达，分包市场主要为中国企业所垄断。如需要当地分包商进行分包工程，承包商只能将一些很小的技术含量低的简单的单项工程分包，而不能将大项工程进行分包。

3. 非洲国家的分包市场

（1）北非市场。

北部非洲包括突尼斯、埃及、阿尔及利亚和摩洛哥等国。受制于南部撒哈拉沙漠的制约，人口主要集中于地中海沿岸。

在北非国家中，阿尔及利亚是工程承包的典型代表，也是中国工程承包企业合同额、营业额来源的最大国家之一，目前有以中国建筑总公司为主的十几家中国工程承包企业从事承包业务。阿尔及利亚的主要工程项目包括马格里布高速公路，该公路长1216km，横贯阿尔及利亚东西方向，与突尼斯和摩洛哥的高速公路相连。其次是房建项目，再次是农田灌溉项目。阿尔及利亚工程分包市场较不发达，承包商需要在中标后购买施工机械设备，组织中国劳务进行施工，市场上没有可靠的、有能力的分包商可供选择。材料方面，施工用水泥、石灰为紧缺物资，如远离城市，需要自备发电机提供电力，自己打井解决水源问题。

由于突尼斯建设工程市场狭小，目前中国企业仅有中国电建在突尼斯进行梅来斯大坝项目以及污水处理厂建设工作。当地承包商具有一定的施工能力，但仅能从事一些较小的分包工程项目，中国企业需要组织当地劳务进行施工。

摩洛哥建筑工程市场均为公开招标的工程项目，中国企业主要从事公路、桥梁、铁路、太阳能发电站等建设工程项目，市场竞争激烈，中标价格较低，执行法国或欧盟标准较严。摩洛哥当地建筑企业实力较弱，中国企业需要自主组织施工力量进行工程项目的实施。

（2）东非、西非和南部非洲市场。

除南非外，广大的非洲国家的经济和社会发展相对落后，其热点国家，如苏丹、安哥拉、赤道几内亚、埃塞俄比亚、刚果布、尼日利亚等国，在中国政府的出口信贷支持下，成为工程承包的一个亮点地区。非洲市场是中国企业的传统重点市场，并随着中非多边机制的发展呈上升趋势。在非洲国际市场中，安哥拉、埃塞俄比亚、尼日利亚以及北非的阿尔及利亚市场份额多年占据中国企业新签合同额的前10名。

非洲市场方面，肯尼亚等较为发达的国家具有一定的工程分包市场，承包商可以将一些技术含量低的小工程进行分包，但承包商仍需自备机械设备和工程技术人员，完全靠承包商自己实施工程项目。

而在上述热点地区，当地社会上的分包力量基本不存在，当地市场只能提供普工，或一些设备的操作手，承包商需在中标后自备施工设备和工程技术人员。

4. 中东地区国家分包市场

进入 21 世纪以来，中国企业在伊拉克、科威特、阿拉伯联合酋长国、沙特阿拉伯、卡塔尔等中东国家异常活跃，其中沙特阿拉伯建筑市场是多年来中国企业获得合同额和营业额最大的国际工程市场之一。特别是在卡塔尔获得 2022 年世界杯举办权后，大量与世界杯有关的项目陆续上马，中国企业在卡塔尔获得了一定的建筑市场份额。

阿拉伯联合酋长国是该地区工程承包最为活跃的市场之一，中国公司有能力拿到一些工程或从事劳务分包工程。但总体而言，由于施工要求严格，施工管理水平高，中国公司在阿联酋缺乏竞争优势，特别是在大型工程建设项目上。而在阿联酋市场，大部分工种的分包商均可以找到，机械设备也可以在当地采购或租赁，市场发育较为良好。

在沙特阿拉伯市场，由于石油价格偏低，导致沙特政府石油外汇收入减少，资金短缺，许多政府工程项目拖欠承包商工程款现象严重。中国企业主要从事的土木工程项目、电站项目寻找当地分包商不是一件容易的事情，需要中国企业自己在当地雇用劳动力价格较低的印度、巴基斯坦和孟加拉劳务从事工程项目的施工。

5.1.5 国别分包市场与公司策略

一公司进行国际承包工程所采取的策略主要取决于如下因素：
（1）公司自身人力资源、资金能力和机械设备装备资源。
（2）公司所掌握的技术和实施技术的能力。
（3）工程所在国或地区当地分包市场情况。
（4）工程所在国或地区对人员的限制性措施。

在上述影响公司国际承包工程策略或政策 4 个关键因素中，公司决策的形成是依据上述关键因素中的先后顺序形成的。首先是一个公司可资利用的人、财、物资源，如资源有限，则公司在获取工程后只能转给国内其他施工企业实施，或寻找当地分包商负责实施。第二是技术因素，即使公司资源充足，但如不掌握技术，则只能采取与掌握技术的公司进行联合或分包的方式实施工程项目，如工业性项目，铝厂、电厂、钢铁厂等项目。

在工程分包市场影响因素中，如果当地工程分包市场发达，各工种的分包商和人员齐备，当地设备租赁市场发达，那么作为承包商的工程承包公司就可以向管理型的方向发展，如我国香港地区、新加坡和阿联酋等发达地区和国家市场。如果工程分包市场欠发达，如东南亚国家中的印尼、泰国、菲律宾等，具备一定的分包力量，但不足以全部雇用和信赖当地分包商，则应采取在一般住宅、写字楼和公路建设等工程中采用当地力量，但在桥梁、水电项目等技术要求高的项目中优先考虑自己实施。而在广大的非洲国家，当地分包力量弱小，则只能考虑自己实施或转由国内其他施工企业负责实施。而如果期望进入美国和西欧等发达国家和地区建筑市场，则只能采取企业并购方式。

第四个因素是人员的限制，即工程所在国对承包商人员的限制。越是发达国家和地区，对中国承包商的人员限制越严格，因此，与发达的分包市场相适应，承包商只能采取管理加资金型的方式发展。

国别分包市场是否发达，与公司在获取工程后的投入和收益密切相关。承包商承揽的工程建设项目，具有投入资金大、期限长、资金周转慢、收益低的特点，如何有效利用国内施工企业的"国内"资源和当地分包市场的"国外"资源，而又对国内施工企业和分包商不失控，保证工程进度和质量，是承包商获取市场规模、利润最大化的一个严峻课题。如国别分包市场发达，则承包商可将部分工程分包，减少人员、设备和资金的投入，以最小的投入赚取最大的利润。如国别分包市场欠发达或不发达，则承包商的设备、人员和资金的投入将是巨大的，加重了承包商的负担和成本，对本已很低的利润形成威胁。

5.2 分包商的选择

5.2.1 承包商雇用分包商的动机

（1）专业化分工的需要。

伴随着现代科学技术日新月异的发展，工程规模和复杂程度已异于以往任何时代，由于社会分工的细化，一家承包公司的专业设置、工程技术人员配备、机械设备和所掌握的知识，不可能涵盖一项工程的全部工程技术专业，因此，专业化分工和协作成为当今世界工程建设的趋势。在一家承包商或联合体不能"大而全"的实施所有工程专业和技术的情况下，将这些涉及专门技术的专业工程，即主包商"干不了"的工作分包给专业公司不可避免。

（2）分担和转嫁风险。

承包商在投标阶段和中标后的施工阶段，均会对业主提供的投标文件和自己的报价作出详细的分析，得出哪部分工程单价或价格是有利可图的，哪部分是薄利或亏损的。将厚利的部分留给自己，将薄利或亏损的部分分包出去，以期有经验和能力的分包商以更低的价格进行分包，争取最大的利润空间，让分包商承担部分风险，这种"趋利避害"的天性是人所共有的。

通常，在投标阶段，承包商会制订自己的公司政策，确定分包工程项目和内容，邀请或通过招标方式选取分包商进行报价，并尽量压低分包商报价，争取在合同总价上具有竞争性，获得最大的中标可能性。

在中标后，承包商也会发现，为了中标的一时之需，某部分工程的单价或价格太低了，如果由自己亲自实施，势必造成亏损。这时，承包商会出于"非善意"的目的将这部分工程拿出来，寻找分包商以更低的价格实施，避免承包商自身亏损的预期和后果。但是，在这种情形下，承包商并不能每次都能找到"下家"逃脱，将风险转嫁出去，因为分包商承揽工程也是要在其成本范围内，在得到预期利润时才会"接单"。一个有经验的、成熟的承包商应尽量避免这种情况发生。

（3）业主、工程师或建筑师指定分包。

在业主、工程师或建筑师指定分包商的情况下，如根据合同条款，承包商没有拒绝指定分包的合理理由，承包商得接受指定分包商，与指定分包商签署分包合同，实施工程。

业主、工程师或建筑师指定分包商的动机源于：

1）业主希望在其物业、工程项目中使用一家公司，这样能减少后续服务、维护和零配件供应等问题，如电梯、扶梯和机电设备等。

2）业主与专业技术公司有长期合作关系，业主希望在工程中继续合作以保持其良好的形象。

3）受市场需求变化影响，业主希望与产品制造商或安装商直接谈判，以期保证所需产品的及时和稳定供应。以独家合同换取产品的供应时间和稳定的价格，这对于业主和专业承包商是有好处的。

4）由于设计过程中设计咨询公司越来越依赖专业技术公司，业主或设计公司希望在选择承包商之前，选定专业技术公司，使专业技术公司能够在早期介入，提供有关产品的说明和资料，以便设计咨询公司有足够的时间在工程项目设计中使用。

5）如果工程所需的设备制造或采购时间较长，为及时在工程项目使用，业主可能在选择主包商之前就进行订货或采购。

6）对于一些有工艺要求或艺术性工程，业主就倾向于由专业公司承担，而且可能设计咨询公司也倾向和信任专业公司和人士。

5.2.2 选择分包商的标准

主包商应从如下 5 个方面选择分包商，如图 5-1 所示。

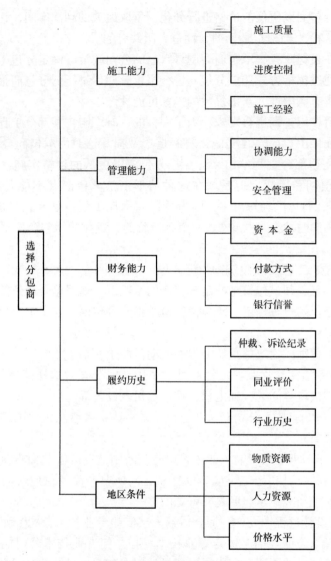

图 5-1 选择分包商的标准

在分包商选择的标准中,承包商往往强调分包商的报价是否合理或低廉,因为这关系到主包商投标价格的竞争力,以及主包商中标后能否以低于合同价格将工程分包出去,是否赢利和赢利多少的关键。

5.2.3 分包商的评估和选择方法

1. AHP 法

AHP 是层次分析法 Analytic Hierarchy Process 的缩写。层次分析方法是 Thomas L. Satty 于 1971 年在《Analytic Hierarchy Process》一书中提出的一种解决诸多不确定因素、多项评估标准并存情况下的一种简单、实用的分析工具。

根据该理论，AHP 法采用如下步骤进行分析：

(1) 建立层次结构。

(2) 确定不同因素的权重数。

(3) 确定评估标准和权重数。

承包商可通过 Excel 文件建立相关历史数据，输入相关数据，得出有关分包商的分数，确定选定的分包商。

感兴趣的读者可查阅有关文献。

2. 评分法

评分法是主包商在选择分包商标准上设定不同的分值，如在类似施工经验上设定分值为 10 分，分包商从事过一项类似工程的为 5 分，从事过两项类似工程的为 7 分，从事过三项或三项以上类似工程的为 10 分，以此类推，计算每一分包商的得分数。

根据选择分包商的标准，分包商评分体系见表 5-1。

表 5-1 分包商评分体系

类别 A	类别 B	类别 C
1. 施工能力（分值：30 分）	施工质量（分值：10 分）	(1) 良好：10 分 (2) 曾经返工和修复：4 分 (3) 不良记录：0 分
	进度控制（分值：10 分）	(1) 良好：10 分 (2) 曾经延误，但经努力符合进度要求：8 分 (3) 延误：4 分 (4) 不良记录：0 分
	施工经验（分值：10 分）	(1) 曾从事一项类似工程：5 分 (2) 曾从事两项类似工程：7 分 (3) 曾从事三项或以上类似工程：10 分
2. 管理能力（分值：10 分）	协调能力（分值：4 分）	(1) 服从协调和管理：3 分 (2) 能够服从协调和管理：2 分 (3) 不能服从协调和管理：0 分
	安全管理（分值：6 分）	(1) 无重大安全事故：6 分 (2) 曾发生小事故：3 分； (3) 曾发生重大安全事故：0 分

(续)

类别 A	类别 B	类别 C
3. 财务能力 (分值：15 分)	资本金 (分值：5 分)	(1) 满足项目需要：5 分 (2) 基本满足需要：3 分 (3) 不能满足需要：0 分
	付款方式 (分值：5 分)	(1) 支付方式优惠：5 分 (2) 符合主包商要求：4 分 (3) 不能满足要求：0 分
	银行信誉 (分值：5 分)	(1) 良好：5 分 (2) 一般：3 分 (3) 较差：0 分
4. 履约历史 (分值：15 分)	仲裁、诉讼纪录 (分值：5 分)	(1) 无：5 分 (2) 有，无过错：3 分 (3) 有，有过错：0 分
	同业评价 (分值：5 分)	(1) 良好：5 分 (2) 一般：3 分 (3) 较差：0 分
	行业历史 (分值：5 分)	(1) 5 年以上：5 分 (2) 3 年以上：3 分 (3) 1 年以上：2 分 (4) 1 年以下：1 分
5. 地区条件 (分值：30 分)	物质资源 (分值：5 分)	(1) 自有机械设备：5 分 (2) 租赁：3 分
	人力资源 (分值：5 分)	(1) 专业技术和管理人员强：5 分 (2) 专业技术和管理人员弱：2 分
	价格水平 (分值：20 分)	(1) 报价合理低廉：20 分 (2) 报价低廉但不合理：10 分 (3) 报价较高：5 分

主包商可根据上述分数分配数额对分包商进行打分评比，以得分高者为选定分包商。

3. 经验法

经过多年的经营，承包商在一国承包市场上会建立和形成自己的分包商或合作伙伴的网络，在投标前或获取一项工程项目后，承包商往往会找寻已经建立长期合作关系和互信的分包商进行合作，而这些长期跟随一家承包商的分包商已了解、熟悉和适应了承包商的管理方式、方法，形成了一定的默契和合作关系。

在这种情况下，承包商往往根据经验，从以前合作过的分包商中选择分包商进行合作，在投标前或中标后要求分包商进行报价，从中选择价格令人满意的分包商。

4. 建立分包商评估体系

一个有经验的承包商应建立自己的分包商名册，应从雇用过的分包商中选择表现良好的分包商组成分包商名册。

在工程项目的实施过程中，承包商应评估分包商的表现，对表现良好的分包商应保留在名册中，对表现恶劣的分包商不应将其保留在名册中。

为了能够准确评估各分包商的表现，对分包商应实施动态监督和管理，对分包商的评估应半年评估一次。

承包商应每一年对分包商名册更新一次，对表现不好的分包商应限制，或者从名册中取消。

评估应由不同的部门，如安全管理部、质量管理部、合同部、工程技术部等作出，避免单个部门的主观臆断。

5.2.4 选择分包商的方式

承包商选择分包商的方式是多种多样的，概括而言，主要有以下三种方式：

（1）标前选择。

这是国际工程承包中较多采用的一种方式。采用这种方式时，主包商与事先考察好的分包商进行谈判，确定分包工程的种类、范围、工程规范和工程数量，由分包商在投标前向承包商进行报价，然后，承包商对其报价进行考核，再行加价（如加收管理费或其他费用）后报给业主。这种方式的优点是可以避免标后分包商抬价的风险，也可验证承包商的报价水平。为避免分包商报价过高的情况发生，承包商一般是邀请几家分包商同时报价，以进行相互对比，找到合理低廉的价格。

在大型工程项目或交钥匙工程项目中，由于工程项目复杂，技术含量高，为保证工程质量、进度并成功实施，业主或咨询工程师在资审文件或标书中多明确要求承包商提交各分包商的有关资料，如分包商名称、业绩、财务能力、设备和人员状况，作为承包商资格审查的一个重要因素和授标的依据。在资审文件或标书中有上述要求时，承包商应向业主或咨询工程师提供分包商短名单，并相应提供标书文件所需的业绩、经验、财务、设备和人员等支持资料。

（2）指定分包。

（3）标后分包。

标后分包是承包商在中标后寻找分包商，分包商报价并签订分包合同，这也是国家工程承包中常见的分包方式，优点是主包商可以将价格低的单项工程进行分包，转嫁潜在的亏损风险。但如果中标时间与开工时间的间隔太短，要想在短时间内找到信誉好、价格低、经验丰富的分包商，会十分困难，也会发生分包商趁机抬高价格，使主包商利益受损的情况。另外一种不利情况是，如果在标后一段时间内进行分包，随着时间的推移，受通货膨胀和物价上涨等因素的影响，分包项目的材料和服务等价格会出现上涨，可能导致原来合同价格包不住的情况。

有经验的国际工程承包商，大多采用标前进行分包的方式，特别是"大包"的工程项目，分包商与承包商共同分析标书和规范，进行报价，将有利于项目的具体执行和实施。

在国际工程承包项目的实务中，大多数主包商在投标阶段已经与有关的分包商建立了业务联系，根据标书的要求或者自己的需要邀请分包商进行报价。如果标书规定主包商需要列出分包商的名单，主包商应按照规定在投标书中列明。在这种情况下，无论是主包商还是分包商，均需要了解和知晓标书中的规定，严格遵守投标文件的要求。

5.3 国家、地区差异与分包方式选择

5.3.1 国家或地区的基本分类

在国际工程承包领域，应按照国家发展程度、建筑业发展水平、建筑业运作模式将国家分为如下几类：

第一类地区：北美、西欧、澳大利亚、日本、中国香港和新加坡。

第二类地区：东南亚国家中的印尼、菲律宾、马来西亚、泰国、越南，南亚、拉丁美洲、中东欧地区、前独联体国家。

第三类地区：非洲、东南亚国家中的缅甸、老挝和柬埔寨。

5.3.2 分包方式的选择

第一类地区，建筑业发展、承包商管理能力、专业化市场发育程度高，承包商大都采用管理型模式，在中标后进行分包，由专业公司负责实施。

第二类地区，建筑业具有一定的发展水平，但与第一类地区有明显差距，只能根据当地分包商的实力，有选择地将某些工程分包，而不能像第一类国家那样，采用单个工序分包或纯粹管理型承包公司模式。

第三类地区，建筑业发展水平低，当地基本不具备有实力的分包力量，需要承包商自备设备、人员、自己实施。如分包，只能将一些单项工程进行分包。

主包商应在不同的地区、不同的国家采取不同的分包方式；同时，主包商的

实力和管理能力也是决定选择何种分包方式的决定性因素。

5.3.3 无奈的选择

对于是否分包，分包工程哪个部分，承包商有时处于一种无奈的境地，这主要体现在：

在业主指定分包时，除非指定分包商明显实力较差，否则，承包商只能接受业主指定的分包商。

第二种情况是，当地政府为扶持当地承包商，强行搭配当地承包商合作，或者贷款框架协议中含有当地成分时，当地政府也会要求承包商与当地公司以分包、联合体方式合作实施工程项目。

第二种情况往往发生在第二类地区的国家，当地承包商具有一定的实力，与当地政府有着千丝万缕的联系，为了加强当地企业的施工能力和经验，另外也让当地企业分一杯羹，当地政府的"拉郎配"做法往往会造成工程质量和进度出现一定的问题，损害了承包商的利益。而且，与承包商自选分包商不同，承包商往往还不能轻易终止分包合同，将分包商赶离现场，还要与当地政府协商解决。

第6章 FIDIC 分包合同格式

从历史上看，为规范合同当事人的权利和义务，使用标准格式合同是一种方便易行的做法。

——约翰·尤夫，《施工法律》

6.1 概述

建筑工程业中的标准格式合同可以追溯到19世纪。早期的标准格式合同是由律师代表业主起草的，在今天看来，这些早期工程合同范本对承包商是苛刻的、极为不利。19世纪末、20世纪初，伴随着工程建筑业的发展，一些工程建筑业的行业性组织陆续出现，其代表为英国土木工程师学会（ICE）、英国皇家建筑师协会（RIBA）、美国建筑师学会（AIA）、国际咨询工程师联合会（FIDIC）等行业性官方和非官方的组织。在这些组织的积极倡导下，这些行业性组织编制了一些工程建筑业的标准工程合同范本，供工程建筑领域的业主、工程师/建筑师、承包商、分包商等使用，较好地平衡了工程建筑业参与者的权利和义务，使建筑工程业的经营活动得以自由、有序地进行。

在各国关于工程建筑业的成文法颁布之前（如英国1996年《住宅许可、建造和重建法案》），根据西方社会的契约自由原则，有关业主、工程师/建筑师、承包商、分包商之间的权利和义务是通过这些工程标准格式合同规范和实现的，特别是在英美法系国家。而在大陆法系国家，由于法律明文规定了建筑工程业参与各方的权利和义务，因此，在大陆法系国家则少有工程建筑标准格式合同。

20世纪80年代以来，工程建筑业的采购方式、管理方式发生了巨大变化，一些管理合同、设计和建造合同标准格式陆续出现。同时，西方发达国家和一些发展中国家的投资方式发生了变革，已经或正在从政府主导投资转为民间融资等非政府性投资方式，派生了新的建造方式，如 EPC 方式（美国称为交钥匙合同）、PPP 方式、PFI 方式、BOT 方式等。为适应其发展需要，这些行业性组织编制了或正在编制有关的合同标准格式。以 FIDIC 为例，FIDIC 编制了《EPC/交钥匙项目合同条件》。

目前，在工程建筑领域，世界上著名的并得到广泛应用的标准格式合同主要有：

(1) FIDIC 系列标准格式合同。
(2) 英国 ICE 系列标准格式合同。
(3) 美国 AIA 系列标准格式合同。
(4) 英国 JCT 系列标准格式合同。
(5) 美国 AGC 系列标准格式合同。
(6) 英国 NEC 系列标准格式合同。

这些标准格式合同在工程建筑业的发展中发挥了重要作用，主要有：

(1) 建立了今天工程建筑领域的通行做法和习惯。

(2) 平衡和明确了工程建筑业中业主、工程师/建筑师、承包商、分包商之间的权利和义务关系。

(3) 合理分配了工程建筑业中的风险和分担机制。

(4) 与各国有关工程建筑领域的法律、判例，政府对工程建筑业的管理和监管制度一起，构成了工程建筑业的基本规则和体系。

6.2 FIDIC 合同体系

国际咨询工程师联合会（FIDIC）成立于 1913 年。在成立的 100 多年间，FIDIC 编制的许多合同范本为世界银行、亚洲开发银行等国际和区域性多边发展机构所采用，成为这些金融机构实施项目的范本合同，得到了广泛的承认和应用，受到了国际上的普遍欢迎。

中国企业自 1979 年参与国际承包工程以来，在大多数的土木工程建设项目中，使用最多的范本合同就是 FIDIC 编制的 1977 年第 3 版和 1987 年第 4 版用于土木工程施工的合同条件，即著名的"红皮书"。这些合同逐渐为中国企业所熟悉，也成为中国专家、学者、企业和工程技术人员了解、学习和著述最多的内容。

6.2.1 FIDIC 彩虹族合同

FIDIC 合同范本为"FIDIC 彩虹族"（又称旧版合同）以及 1999 版"FIDIC 新彩虹族"（又称新版合同）组成。其中 FIDIC 彩虹族合同范本（旧版）包括：

(1)《土木工程施工合同条件》(Conditions of Contract for Works of Civil Engineering Construction) ——红皮书，1987 年第 4 版。

(2)《电气与机械设备合同条件》(Conditions of Contract for Electrical and Mechanical Plant) ——黄皮书。

(3)《设计—建造和交钥匙合同条件》(Conditions of Contract for Design—Build and Turnkey) ——橘皮书（1995 年版）。

（4）《业主/咨询工程师标准服务协议》（Client/Consultant Model Services Agreement）——白皮书。

（5）《土木工程施工分包合同条件》（Conditions of Sub-contract for Works of Civil Engineering Construction），1994 年第 1 版。

（6）《招标程序》（Tendering Procedure）——蓝皮书。

（7）《联营体协议书》（Joint Venture Agreement）。

（8）《咨询服务分包协议书》（Sub-Consultant Agreement）。

6.2.2 FIDIC 新彩虹族合同

1999 年新版 FIDIC 新彩虹族合同体系包括：

（1）《施工合同条件》（Conditions of Contract for Construction），适用于业主设计的房屋建筑和土木工程——新红皮书（New Red Book）。

（2）《设备和设计—建造合同条件》（Conditions of Contract for Plant and Design-Build），适用于电气和机械设备、民用工程工作由承包商设计——新黄皮书（New Yellow Book）。

（3）《EPC/交钥匙项目合同条件》（Conditions of Contract for EPC/Turnkey Projects）——新银皮书（New Silver Book）。

（4）《简明合同格式》（Short Form of Contract），适用于价值相对较低的房屋建筑或土木工程——新绿皮书（New Green Book）。

2005 年 FIDIC 出版了协调版《施工合同条件》（Harmonise Edition of Conditions of Contract for Construction），简称 MDB 版（the MDB Edition），供同意使用该版合同的多边发展银行（the Multilateral Development Banks）在项目采购程序中使用。目前，MDB 版合同的参与银行有非洲发展银行、亚洲开发银行、黑海贸易和发展银行、加勒比发展银行、欧洲复兴和开发银行、美洲洲际发展银行、世界银行、伊斯兰发展银行和北欧发展银行。

在 2005 年 MDB 版中，对 1999 年新红皮书的某些条款和内容进行了修改，如下：

一般性修改：第 1.1.1.4、1.1.1.9、1.1.1.10、1.1.2.9、1.2、1.5 条。

银行提出的修改：第 1.1、1.15、2.4、4.1、14.1、14.7、15.6、16.1、16.2、18.1 条。

其他修改：第 1.1.3.6、1.4、1.8、1.12、2.5、3.1、3.4、4.2、4.3、4.4、4.18、6.1、6.2、6.7、6.12—6.22、8.4、12.3、13.7、13.8、14.2、14.5、14.9、14.13、14.15、15.5、16.4、17.1、17.3、17.6、19.1、19.2、19.4、19.6、20.2、20.3、20.4、20.6、20.7 条。

在 2005 年协调版《施工合同条件》的基础上，2006 年和 2010 年，FIDIC 分别出版了协调版《施工合同条件》,供国际多边发展银行在国际工程项目中使用。

1999 年新版 FIDIC 合同已经国际咨询工程师联合会授权,由中国工程咨询协会编译为中文,机械工业出版社出版。读者也可登录 FIDIC 官方网站 http://www.fidic.org 采购任何彩虹族合同、新彩虹族合同、MDB 版合同以及 FIDIC 的其他出版物。

6.2.3 FIDIC (2008 版) 金皮书

2008 年 9 月,FIDIC 在加拿大魁北克省召开的年会上推出了《设计—建造和运营项目合同条款》(Conditions of Contract for Design, Build and Operate Projects),简称 DBO 合同,又称 FIDIC 金皮书。关于起草 DBO 合同的动机,FIDIC 在 DBO 合同的前言中写道:

"1999 年,国际咨询工程师联合会(FIDIC)出版了新的合同条款系列文件,包括:(1)《施工合同条款》;(2)《生产设备和设计—施工合同条款》;(3)《EPC/交钥匙工程合同条款》。FIDIC 随后又出版了适用于小额和简单工程项目的《简明合同格式》以及《疏浚和开垦工程合同条款》。在出版了这些合同格式后,显然,对建立在长期运营承诺基础上的设计—建造和运营项目的需求在不断增加。"

DBO 合同主要适用于:承包商不仅需要对设施的设计和施工负责,还应在设施移交给业主之前,对设施的长期运营(DBO 合同采用 20 年的运营期限)负责的项目。根据 DBO 合同前言,DBO 合同不适用于那些基于非传统的设计—施工方式承建的项目,或者与 DBO 合同采用的 20 年运营期明显有别的工程项目。

1. 2008 年金皮书体例安排

DBO 合同采用了与 1999 年版新红皮书、新黄皮书和银皮书相同的条款和体例安排,但考虑到 DBO 合同的特殊性,合同体例安排有其自身的特点,见表 6-1。

表 6-1 DBO 合同的体例安排

分类	文件名称
第一部分	《通用条款》(General Conditions)
第二部分	《专用条款》(Particular Conditions),包括 (1) 第 1 部分:合同数据 ● 概述 ● 合同数据 (2) 第 2 部分:特殊规定 ● 概述 ● 投标文件编制指南 ● 特殊条款编制指南

(续)

分类	文件名称
第三部分	范例格式，包括 （1）投标和协议书范例格式 • 投标函 • 中标通知书 • 合同协议书 • 争议裁决委员会成员协议书 • 运营服务争议裁决委员会协议书 • 运营许可 （2）保证和担保范例格式 • 投标保函 • 母公司担保格式 • 履约保证——见索即付保函 • 履约保证——保证保函 • 预付款保函 • 维修保养保函

与 1999 年版新黄皮书条款相比，DBO 合同条款安排采用了相同的顺序和安排。考虑到 DBO 合同的特殊性质，有些条款与新黄皮书有所不同，见表 6-2。

表 6-2 DBO 合同与新黄皮书条款对照表

条款	黄皮书	DBO 合同
1	一般规定	一般规定
2	业主	业主
3**	工程师	业主代表
4	承包商	承包商
5	设计	设计
6	职员和劳务	职员和劳务
7	生产设备、材料和工艺	生产设备、材料和工艺
8	开工、延误和暂停	开工、延误和暂停
9**	竣工试验	设计—建造
10**	业主的接收	运营服务
11**	缺陷责任	试验
12	竣工后试验	缺陷
13	变更和调整	变更和调整
14	合同价格和付款	合同价款和付款
15	业主终止	业主终止
16	承包商暂停和终止	承包商暂停和终止

(续)

条款	黄皮书	DBO 合同
17**	风险与责任	风险分配
18**	保险	异常风险
19**	不可抗力	保险
20	索赔、争议和仲裁	索赔、争议和仲裁

注：** 表明条款内容的区别。

2. DBO 合同条款的主要内容

DBO 合同采用了与 1999 年版新红皮书、新黄皮书和银皮书相同的条款安排，共 20 条 197 款，条款内容如下：

(1) 第 1 条，共计 15 款。该条主要规定了合同的一般内容，如定义、解释、法律和语言、连带责任等内容。与 1999 年版新黄皮书相比，第 1.1 款定义中增加了新的定义，如下：

(i) 设计—建造。

(ii) 设计—建造期限。

(iii) 运营服务。

(iv) 截止日。

(v) 成本加利润。

(vi) 财务备忘录。

(vii) 特许协议。

(viii) 合同竣工证书。

(ix) 意外事件。

(x) 设计—建造最终付款证书。

(xi) 运营服务最终付款证书。

(xii) 设计—建造最终报表。

(xiii) 维修保养基金。

(xiv) 运营管理要求。

(xv) 运营和维护计划。

(xvi) 运营服务期限。

(2) 第 2、3、4 条主要规定了合同当事人，如业主、业主代表和承包商的权利和义务，与 FIDIC 其他合同条款的内容相似。

(3) 第 5、6、7 条规定了设计、职员和劳务以及生产设备、材料和工艺的内容，其内容与 FIDIC 其他合同条款规定相似，但需将这些规定扩展到运营服务期内。

(4) 第 8 条规定了开工、延误和暂停的内容，其内容与 FIDIC 其他条款内容相似。

（5）第 9 条规定了设计和建造的内容，与新黄皮书的规定相似。

（6）第 10 条对承包商在运营期间的运营服务做了规定，与新红皮书、新黄皮书和银皮书中承包商只负责建造，建造后将项目移交给业主而不承担运营服务责任不同，该条是 DBO 合同特有的条款。

（7）第 11 条规定了试验的内容。

（8）第 12 条规定了缺陷责任内容。与 FIDIC 其他合同中均规定了缺陷责任期限不同，由于 DBO 合同中承包商负责运营，因此承包商应负责运营服务期限内的修补缺陷的责任。

（9）第 13、14、15、16 条的内容与其他 FIDIC 合同相似，但有些权利和义务应扩展到运营服务期间。

（10）第 17、18、19、20 条的内容与其他 FIDIC 合同相似，但有些条款的规定应扩展到运营服务期间。

3. DBO 合同与 BOT 合同

在某种程度上，FIDIC 编制的 DBO 合同与建造—运营—移交（build-operate-transfer）合同（简称 BOT 合同）具有一定的相似性，例如两个合同的一方都承担了建造工程项目，并在完成施工任务后进行运营，且在运营服务期结束后移交给政府或公共部门的责任。从这些表面现象来看，非常容易将两种合同的性质和内容混淆。根据 FIDIC 关于 DBO 合同条款内容和指南，FIDIC 编制的 DBO 合同与 BOT 合同有着本质的区别。

BOT 是指政府或公共部门通过特许权协议，授权项目发起人为某个项目成立专门的项目公司，负责该项目的融资、设计、建造、运营和维护，在规定的特许期内向该项目的使用者收取费用，由此回收项目的投资、经营和维护等成本，并获得合理的回报。在特许经营期满后，项目公司将项目移交给政府或公共部门。BOT 项目的典型合同结构如图 6-1 所示。

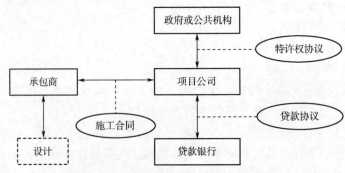

图 6-1　BOT 项目的典型合同结构

根据 FIDIC 编制的 DBO 合同，DBO 是指业主（政府或公共机构或其他机构）与承包商签订合同，由承包商负责项目的设计、建造，在项目建成后由承包商在运营服务期内（FIDIC 建议 20 年）负责项目的运营，并由业主支付设计、建造费用以及运营服务费用，在运营服务期满后将项目移交给业主。DBO 合同结构如图 6-2 所示。

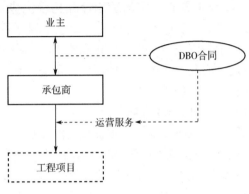

图 6-2 DBO 合同结构

从图 6-1 和图 6-2 可以看出，DBO 合同与 BOT 合同的区别是：

（1）融资主体不同。在 DBO 合同中，根据 FIDIC 的解释，业主负责项目的融资，与其他 FIDIC 合同相同，承包商不负责项目的融资。而在 BOT 项目中，项目公司负责项目的融资，承包商只是项目公司聘用的实施项目的机构。

（2）获得回报的途径不同。在 DBO 合同中，业主需向承包商支付设计、建造费用以及运营服务费用，承包商得到的利润是承包工程所得的回报以及运营服务费用。但在 BOT 合同中，项目公司需要从项目运营收费中回收项目的投资、经营和维护成本，并获得合理的回报。

（3）合同主体地位不同。在 DBO 合同中，业主与承包商签订 DBO 合同，由承包商负责设计、建造和运营项目，承包商处于合同结构的中心地位。在 BOT 项目中，政府或公共机构与项目公司签订特许经营权协议，由项目公司负责项目的融资、建设和运营，而承包商只是项目公司聘用的工程实施的主体，处于合同机构的从属地位。

（4）BOT 项目的本质是项目发起人的一种投资行为，BOT 合同是投资性质的合同。而 DBO 合同的本质是在工程实施阶段承包商负责设计和施工，在运营阶段，业主继续雇用承包商进行项目的运营，是传统的设计和施工模式加上运营服务行为的结合体。

根据 FIDIC 的解释，DBO 合同具有一定的优点，如下：

（1）时间。由于承包商负责项目的设计和建造任务，这样可以减少不必要的延误,工期更为合理。

(2)成本。由于合同是总价合同,承包商承担了项目的大部分风险,因此工程成本失控的机会会减少。

(3)质量。在DBO合同中,承包商负责工程的设计、建造和运营,因此,承包商会尽力满足工程的使用功能,保证项目的质量。

虽然DBO合同在实践中具有一定的适用性和比较优势,但对于业主而言,业主也可选择其他方式达到DBO合同的目的,如在工程项目建设阶段,使用新黄皮书或银皮书,聘用承包商完成工程的设计和施工,而在项目的运营阶段,聘用专业管理公司进行运营服务,毕竟,一般而言,承包商精于设计和施工,但可能对工程项目的运营管理缺乏经验。

4. 施工合同、DB合同和DBO合同

在传统的施工合同中,承包商根据业主提供的图纸负责实施、完成和修复工程的缺陷,但设计—施工合同(DB)和DBO合同的出现改变了承包商的义务的范围。在DB合同中,承包商的义务前移到设计阶段,承包商承担了传统施工合同中业主应负责的设计义务,而在DBO合同中,承包商的义务同时发生了前移和后置,即承包商既承担了工程项目的设计义务,又承担了工程项目的运营义务,如图6-3所示。

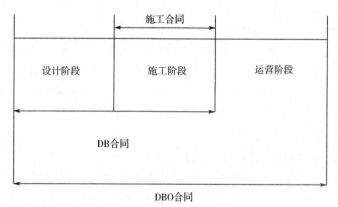

图6-3 施工合同、DB合同和DBO合同

施工合同、DB合同和DBO合同性质的改变,不仅改变了业主和承包商的权利义务范围,而且改变了施工合同、DB合同和DBO合同的性质,也改变了施工合同、DB合同和DBO合同的风险模式。

6.2.4 FIDIC(2017年第二版)合同体系

2017年12月5日~6日,FIDIC在伦敦正式发布2017年第2版FIDIC合同系列文件。在1999年版《施工合同条件》（红皮书）、《生产设备和设计—施工合同条件》（黄皮书）、《设计采购施工（EPC）交钥匙合同条件》（银皮书）的基础上，历经18年的运用，FIDIC对1999版新彩虹版合同条件进行了大幅度的修订。合同文本的字数从1987年第4版的23600字和1999版的30400字增加到50000多字，字数几乎多出一倍。条款从1999版的167款增加到174款，使得FIDIC合同条件中相应的规定更加刚性化、程序化，对索赔、争议裁决、仲裁作出了更加明确的规定。2017年第2版FIDIC合同的应用，无疑会给业主、承包商和工程师等项目干系人带来巨大的挑战，对承包商的项目管理和合同管理提出了更严格和更高地要求。为与1999年版FIDIC合同条件相区分，可将2017年FIDIC合同称为"2017年第2版FIDIC红皮书""2017年第2版FIDIC黄皮书"和"2017年第2版FIDIC银皮书"。

在FIDIC编制2017年第2版合同过程中，许多国家的国际承包商会组织向FIDIC发出信函，表示对2017年第2版FIDIC合同的担忧，担心2017年第2版FIDIC合同大幅度的修改将会极大地将合同向有利于业主一方倾斜，而损害承包商的权利和利益。笔者为中国对外承包工程商会向FIDIC提出了中方的意见，这些意见将在本章向读者介绍。

1. 2017年第2版FIDIC合同编制原则

FIDIC解释的2017年第2版合同体系编制原则如下：

（1）强化项目管理工具和机制的运用。

（2）加强工程师的作用。

（3）平衡各方风险分配。

（4）更加清晰化，增强透明性和确定性。

（5）反映当今国际工程的最佳实践做法。

（6）解决过去17年来使用FIDIC合同1999版产生的问题。

（7）反映FIDIC合同最新发展趋势，融入金皮书中的内容。

从2017年第2版FIDIC合同编制原则和条款内容看，2017年第2版FIDIC合同反映了当前国际工程项目的趋势，反映了从政府主导型投资项目向以项目融资（project finance）为主的趋势的转变，特别是融资银行和融资机构对项目履约风险、完工风险和成本超支风险管理地要求。从2017年第2版FIDIC合同条款内容不难看出，该版合同条款与大多数项目融资项下的工程合同，包括设计施工和EPC合同如出一辙，一脉相承，内容相同或相似，但在某些具体条款上作了让步，如共同延误（concurrently Delay），仅规定按照专用条款的约定，但在项目融资项下EPC合同中，往往约定因共同延误无法获得工期延长，或者只能获得工期延长但不能获得额外付款。

2. 2017 年第 2 版 FIDIC 合同的主要变化

2017 年第 2 版 FIDIC 合同的字数从 1999 版的 30400 字大幅度提高到了 50000 多字，并将 1999 版 FIDIC 合同的第 20 条进行拆分，形成了第 20 条 [业主和承包商索赔] 和第 21 条 [争议和仲裁]，打破了 1999 版 FIDIC 合同 20 条的体例安排。除此之外，2017 年第 2 版 FIDIC 合同的主要变化如下：

（1）增加了新的定义。

（2）增加了双方当事人之间的协调规定。

（3）加强了双方当事人和工程师义务的时限要求。

（4）新增了双方当事人权利和义务追溯规定。

（5）对下述条款给予了更为清晰和明确的规定，包括：

1）不可预见的物质条件。

2）工程师协议/决定。

3）履约担保。

4）设计和审查。

5）竣工时试验。

6）变更。

7）付款和工程的估价。

8）索赔。

（6）共同延误。

（7）责任限额和双方当事人保障。

（8）不可抗力和特殊风险。

（9）工程的照管和保险。

（10）业主和承包商风险及其分担。

（11）争议避免和裁决委员会。

从 2017 年第 2 版 FIDIC 合同条款可以看出，2017 年第 2 版 FIDIC 合同条款在不同程度上，或者说在某些条款上进行了大幅度的修改，其主要变化（key changes）如下：

（1）工程师。

在 FIDIC 合同体系中，工程师的地位和角色发生了较大的变化。在 1987 年第 4 版中，FIDIC 将工程师定义为独立的第三方，工程师需要根据合同规定"不偏不倚地"（impartially）作出决定。在 1999 年版 FIDIC 合同中，FIDIC 合同在定义中将工程师定义为业主的雇员，且在第 3.5 款 [协商和决定] 中要求工程师作出"公平的"（fair）决定。在使用 FIDIC 合同 1999 年版合同的实践中，许多承包商反映工程师过于倾向业主，看业主脸色行事，以业主意见为准，失去了工程师在国际工程项目中应承担的协调人、准仲裁员和减少争议的地位，引来国际工程业界的质疑和批评。在2017年第2版中，FIDIC合同在第3.7款中仍然青睐于工程师作出决定的角色，但2017年第2版FIDIC合同要求工程师：

第一，在对任何事项或索赔作出决定时，应保持中立（neutrally）。1987年第4版FIDIC合同要求工程师"不偏不倚地"（impartially）作出决定，1999年版FIDIC合同要求工程师作出"公平的"（fair）决定，2017年第2版FIDIC合同要求工程师作出决定时保持中立（neutrally），这3个用语的变化赋予工程师的职责（duty）和义务（obligation）出现了变化。除了2017年第2版FIDIC合同第3.7款外，工程师依旧是业主的雇员，因此，在采用2017年第2版FIDIC合同的实践中，工程师如何在作出决定时保持中立，还需要观察。另一方面，"中立"一词明显比"不偏不倚"和"公正"弱化，"中立"是否意味着工程师在作出决定时"不偏不倚"或者"公证"，或者更进一步地说，仅靠增加一个"中立"的词语是否能够真正改变工程师，特别是国际工程项目中本国咨询工程师的执业道德和标准，在2017年第2版FIDIC合同尚未在国际工程项目中使用的时候，尚无法得出准确的结论或存在很大疑问。

第二，与业主和承包商单独地或共同地进行磋商，鼓励业主和承包商进行谈论，尽可能就索赔问题达成一致。

第三，严格遵守达成协议或作出决定的时限要求。如果工程师不能在规定的期限内发出同意或决定的通知，应视为工程师已作出了拒绝任何事项或索赔的决定。

2017年第2版FIDIC合同作出上述规定的动机是在第一时间内减少和避免争议升级，使得DAB的决定不致受到延误，并最终避免仲裁的发生。如果工程师不能或未能达成协议或作出决定，争议的解决也无法避免。为此，2017年第2版FIDIC合同规定了"不满通知"（Notice of Dissatisfaction，NOD），要求业主或承包商必须在工程师作出决定的28天内发出不满通知，否则，应视为双方当事人，即业主和承包商已经最终和完全地接受了工程师的决定。

2017年第2版FIDIC合同中要求工程师必须"在与实施的工程相适应的主要工程领域具有适当的资格、经验和能力"履行职责，这项要求可能在业主项目经理履行工程师职责时产生问题。

2017年第2版FIDIC合同在新的第3.5款中增加了新的条款，规定如果承包商认为一项指示构成变更，则承包商应立即并在开始实施这项指示之前通知工程师。如果工程师未能在7天内给予回复，则应视为指示被撤销。

（2）索赔及其时效。

尽管可能不受业主欢迎，但令承包商高兴的是，2017年第2版FIDIC合同第20条终于对业主的索赔也进行了相关的规定，使得1999年版FIDIC合同仅约束承包商索赔的规定得到了修正。2017年第2版FIDIC合同条件第20条［业主和承包商索赔]也规定了对业主索赔的时效,使得业主和承包商站在索赔的同一起跑线上,业主索赔也需要满足同样的索赔前提条件,承包商多年来对1999年版FIDIC合同的抱怨终于得到解决。

2017年第2版FIDIC合同第20条设定了两个索赔时效,而不是1999年版FIDIC合同的一个28天索赔通知的时效。除了规定28天的索赔通知时效外,2017年第2版FIDIC合同第20条还规定了应在索赔事件发生后的42天之内递交详细的索赔报告(fully detailed claim),如果承包商未能在42天内递交索赔报告,则第一个索赔通知时效将因此失效,承包商因此丧失了索赔的所有权利。FIDIC对索赔时效的规定与FIDIC倡导的有效地进行项目管理和避免争议的宗旨相一致,但考虑到在英国法或大陆法系中对索赔时效的规定和理解不同,第20条设定的索赔时效能否实现FIDIC的意图仍有待观察。

在索赔通知中,2017年第2版FIDIC合同规定了"有效的通知"(valid notice),要求承包商需发出"有效的"索赔通知,但如何界定索赔通知是否有效,将引起承包商、业主和工程师以及诉讼和仲裁中律师们的极大争议,因此,对于承包商而言,在索赔事件发生后的28天内,发出标题为"索赔通知"(Notice to Claim)或者"索赔意向通知"(Notice of Intention to Claim)是避免今后发生索赔通知是否有效的最为妥善的解决方法。

2017年第2版FIDIC合同"双时效"的规定,是否会引起承包商更多的索赔,专家们普遍认为,这将导致索赔专家和律师的早期介入,并不可避免地导致承包商索赔的增加。

(3)合同价款的支付。

2017年第2版FIDIC合同将"成本加利润"(cost plus profit)规定为5%。除此之外,2017年第2版FIDIC合同第13.6款不仅是法律的变化,还包括了任何许可、准证和批准的变化。另外,FIDIC合同还规定了单价表可以作为变更估价的依据。

(4)期中付款证书。

2017年第2版FIDIC合同第14.6款将1999年版FIDIC合同修改为工程师可以公平地考虑应付给承包商的款项,并且工程师可以暂扣他认为存在明显错误或矛盾的任何款项,但工程师必须详细计算暂扣款项并给出暂扣的理由。

2017年第2版FIDIC合同第14.6.3款规定工程师和承包商可以修正或修改期中付款证书,且承包商应在付款申请中标注那些有争议的金额,以便工程师根据第3.7款的规定作出决定。

(5)争议避免/裁决委员会(DAAB)。

2017年第2版FIDIC合同第21条引入了争议避免/裁决委员会(Dispute Avoidance/Adjudication Board,DAAB),目的是更为有效地避免争议,有效地解决争议。第 21 条 DAB 的有关规定如下：

1）规定 DAB 是常设 DAB，而非临时 DAB。

2）规定双方当事人可以要求协商或经正式协商但未能达成协议的问题共同提交给 DAB。

3）如果 DAB 了解任何问题或未能达成协议时，DAB 可以邀请当事人共同将争议提交 DAB 解决。

4）如果一方当事人对 DAB 的决定不满，他可以在收到决定后的 28 天发出不满通知，否则，DAB 的决定将对双方当事人产生法律约束力。

5）要求当事人在发出或收到不满通知后的 182 天之内开始仲裁。如果当事人未能在 182 天内开始仲裁，则不满通知将失效并不再有效。

(6) 风险分担和责任限额。

2017 年第 2 版 FIDIC 合同第 17.7 款将承包商的保障扩大到了对"导致工程不能满足使用功能的设计工作和其他专业服务"，这将使得承包商的保障义务超过合同规定的责任限额。为此，许多国际承包商组织向 FIDIC 表达了不满。

2017 年第 2 版 FIDIC 合同第 17.1 款规定了"除第 17.1 款之外的所有风险"由承包商承担，这将承包商置于所有的不确定的风险和业主承担风险以外的剩余风险之中，这与 NEC 合同的规定相一致，但与 FIDIC 的 1987 年第 4 版和 1999 年版合同大相径庭，无疑加大了承包商承担不确定风险的风险。

(7) 进度计划要求和共同延误。

2017 年第 2 版 FIDIC 合同第 8.3 款对承包商提供的进度计划提出了多个要求，包括需要提供关键线路、浮时等信息。在第 8.5 款中，2017 年第 2 版 FIDIC 合同引入了可能引发极大争议的、涉及极为专业的共同延误的概念，但 FIDIC 并未给出明确的规定，而将该问题引入到专用条款之中，由专用条款解决共同延误的问题，或者，如果专用条款没有规定共同延误，则"应考虑所有有关的情况"。承包商需要注意的是，根据国际工程的普遍做法，在业主承担责任的延误和承包商承担责任的延误竞合时，则承包商只能要求工期延长而不能索赔任何额外费用，即适用 time no money 原则。或者，在业主编制的专用条款中，将共同延误规定为承包商无权索赔工期和额外付款，这项严厉的共同延误条款规定将不可避免地导致对承包商履约能力和要求的提高，将会使得因工期延误导致的赔偿发生的概率大幅度增加。

(8) 争议的解决机制。

为了有效地避免和减少业主和承包商之间的争议，2017 年第 2 版 FIDIC 合同采用了以下措施：

1）区分索赔和争议。

2）改变工程师的角色。

3）强调 DBA 的避免争议的作用。

4）引入早期预警机制。

从 2017 年第 2 版 FIDIC 的合同条款内容可以看出，FIDIC 为避免国际工程争议，除安排了大量的具有约束性的履约程序要求、DAB 解决机制外，对多个时效（time bar）设定强制性要求，包括 28 天有效的索赔通知时效、42 条递交索赔详情的索赔详情时效和 182 天仲裁时效。FIDIC 合同的上述努力是否会减少国际工程项目的争议，现在给出结论为时尚早，仍有待实践的检验。2017 年第 2 版 FIDIC 合同中设定的 3 个索赔通知时效、索赔详情时效和仲裁时效是否会起到适得其反的作用，是否会引起承包商更多的索赔，在对专家的询问时，大约 24% 的专家认为索赔会减少，认为不会改变增加或减少索赔的专家占 26%，认为会导致索赔增加的专家占 50%。

3. 工程业界对 2017 年第 2 版 FIDIC 合同的看法

在 2017 年第 2 版 FIDIC 合同的编制过程中，特别是在 FIDIC 发布了预先发布版的黄皮书后，工程业界对此提出了不同的意见和看法。CICA、欧洲国际承包商会（EIC）、韩国国际承包商协会（ICAK）、日本承包商协会（OCAJI）于 2017 年 1 月 26 日联合向 FIDIC 发出公开信，呼吁 FIDIC 秉承平等的立场编制 2017 年第 2 版 FIDIC 合同文本，指出：

"1. 增加了承包商的风险

（a）第 17.1 款明确规定了业主的风险，而第 17.2 款规定'第 17.1 款列明的风险以外的所有风险'是承包商的风险，无疑将不确定风险和剩余风险转移给了承包商。我们怀疑第 17.1 款规定的业主的商业风险应取决于'无法获得保险'的情形。能否保险的问题不同于一般风险分配，不能影响一般风险分配。

（b）第 17.7 款规定：'承包商应保障并保证使业主免受承包商根据第 4.1 款［承包商责任］的规定，在设计和任何专业服务所导致的未能满足使用功能的所有错误或导致业主发生的任何损失和/或损害（包括法律费用）。'我们认为这是一个范围十分广泛的救济，将使得业主要求补偿所有的损失，而这些损失可能是不能预期的或无法预见的或是无关的损失，也有可能是业主因自身过错导致承包商设计的错误。由于第 17.6 款明确排除了第 17.7 款规定的限制，承包商将为此承担无限的风险。因此，无论是损失金额和损失类型，尽管第 17.6 款规定了责任限额，且规定了任何间接损失不适用保障条款，但承包商将可能承担无限责任。

（c）根据上下文的规定，合同规定的满足使用功能令人疑惑不解。可能的理解是：如果业主确定工程的任何一部分不能满足预期的目的，无论业主是否与承包商对此进行了实际的交流，业主都可以根据保障条款向承包商进行索赔。令人遗憾的是，FIDIC 从来没有就 EIC 提出的第 4.1 款满足使用功能的义务的条件,即'如果合同没有确定工程,工程……应在移交时满足业主需求中规定和描述的预期的使用功能'。我们注意到,蓝皮书已将此类条件进行了规定,我们想知道为什么黄皮书却没有此类规定。

2. 助长合同管理的官僚主义

(a) 承包商应遵守第20.2.4款规定的新的时效。除了第20.2.1款规定的28天索赔通知时效外,承包商还应在42天期限之内提交'索赔的合同和/或其他依据'。如果承包商未能在规定的期限内递交索赔详情,则承包商无权索赔工期延长和/或额外费用。这个新增加的时效条款只能导致索赔咨询和律师的早期介入。

(b) 第3.7.5款规定的在工程师作出决定后的28天内递交不满通知(NOD)的义务以及在28天发出不满通知后开始DAB裁决程序的规定,将使当事人丧失友好解决争议的机会。

(c) 其次,第21.4.4款规定一方当事人应在发出不满通知之后的182天之内开始仲裁,如果未能开始仲裁,则应视为不满通知失效并不再有效。这将导致一系列的实际问题,并增加将争议提交仲裁的数量。

(d) 最后,我们十分关注DAB决定的执行中遇到的问题。我们诚挚地要求FIDIC修改第21.4.4款的规定,将不满的一方当事人已经遵守了DAB决定的条件的'不满通知'作为仲裁的前提条件。

需要特别注意的是,如果合同如此规定,这将导致合同管理的官僚主义,并在工程实施过程中将当事人推入耗时、昂贵的和费力的争议解决和仲裁程序之中。"

在作者起草的,中国对外承包工程商会在2017年4月6日给FIDIC秘书长的致函中指出:

"(1) 争议的定义

在2017年第2版FIDIC合同第1.1.29款中,FIDIC给出了'争议'的定义。但是,该定义显然定义过窄,并没有反映工程施工争议的实际问题。在AMEC Civil Engineering Ltd. 诉 the Secretary of state for Transportation [2005] Adj. L. R. 0317案中,法官给出了权威的解释,即'在许多仲裁案件并根据建筑法第108条的Gideon,'争议'一词应具有其通常的含义。它不具有律师们推断的其他特殊的或特殊的含义。'

第1.1.29款规定的'争议'的定义的可能影响是促使承包商将任何分歧以承包商索赔的方式向业主或工程师提出。否则,如果承包商未能将争议以承包商索赔的方式递交给工程师,则承包商无法通过DAB或仲裁解决争议。因此,建议对'争议'的理解仅能按照其通常的含义进行理解,而不是特定的或特殊的含义。

(2) 第 4.1 款规定的满足使用功能的义务

鉴于业主和工程师可能按照自己的意愿解释业主需求的功能要求，因此，第 4.1 款规定的满足使用功能的义务增加了承包商的额外风险，而且，一份准备不足的业主需求可能会大幅度增加承包商的设计和施工风险。因此，应在满足使用功能的设计义务中设定前提条件。考虑到在设计施工、EPC 和交钥匙合同中业主和承包商滥用业主需求的情况，也考虑到不同司法管辖地的不同法律规定，建议在第 4.1 款中增加限制解释业主需求的条款。

(3) 第 17.2 款规定的承包商风险

第 17.2 款规定'第 17.1 款列明的风险以外的所有风险'是承包商的风险，无疑将不确定风险和剩余风险转移给了承包商。第 17.1 款规定的业主的商业风险应取决于'无法获得保险'的情形。能否保险的问题不同于一般风险分配，不能影响一般风险分配。

(4) 第 20 条规定的承包商索赔时效

1999 年版 FIDIC 合同第 20.1 款要求承包商应在知道和应当知道的导致工期延长和/额外付款的事件或情形发生后的 28 天发出索赔通知，否则承包商无权索赔任何工期延长和/或额外付款。此款规定了索赔的前提条件。在 2017 年第 2 版 FIDIC 合同中，第 20.2.1 款规定在索赔事件发生后承包商应递交索赔详情，未能递交则导致索赔通知失效，承包商丧失索赔权利。显然，第 20.2.1 款设定了承包商索赔的第 2 个时效。对于承包商和业主而言，这项规定过于严苛，将可能导致双方冲突和争议的发生，增加双方合同管理的成本。

我们认为设定第 2 个索赔时效并不是一项很好的减少业主和承包商争议的最好方式，而且会导致适得其反的后果。

我们认为，FiDIC 作为一个国际组织，应秉承公平的立场编制合同条件，为国际工程项目提供良好的合同环境。"

国际工程业界，包括承包商和咨询工程师组织普遍认为，在采用 2017 年第 2 版 FIDIC 合同后，将无疑会导致合同价格的提高，业主、承包商以及工程师管理难度和程序的增加，造成管理成本的增加，并有可能导致索赔和争议的增加，而非 FIDIC 所期望的那样索赔和争议的减少。作为承包商，在业主采用 2017 年第 2 版 FIDIC 合同的情况下，应加强项目的合同管理，在施工过程中有效地控制风险，这才是承包商应对使用 2017 年第 2 版 FIDIC 合同的正确之道。对于中国企业而言，2017 年第 2 版 FIDIC 合同的应用，将倒逼中国企业提高项目管理、合同管理、风险管理以及索赔和争议的管理，有利于中国企业自觉地遵守合同的规定，提高合同意识，避免很多国际工程项目中出现的忽视合同管理的低级错误和粗放式项目管理方式和做法。

6.3 1994年版FIDIC分包合同

6.3.1 1994年版FIDIC分包合同主要内容

《土木工程施工分包合同条件》（Conditions of Subcontract for Works of Civil Engineering Construction）是国际咨询工程师联合会起草和编制的分包合同格式，并被推荐为与其1987年第4版《土木工程施工合同条件》配套使用，可称为FIDIC分包合同1994年第1版，也可称为FIDIC分包合同。经过简单修改，FIDIC分包合同条件也同样适用于指定分包商的情况。

在FIDIC合同1987年第4版红皮书中，合同中涉及分包的内容仅有4条，即：

（1）第4.1条，规定承包商不能将整个工程分包出去，无工程师的事先同意，承包商不得将工程的任何部分分包出去。

（2）第4.2条，在合同规定的缺陷责任期结束后，承包商必须将未终止的分包商义务的权益转让给业主。

（3）第59条，规定了指定分包商情形。

（4）第63.4条，规定了在合同终止后，工程师指示将任何未实施工程或为合同目的而要求提供货物、材料或服务的协议利益的转让业主。

上述几点规定远远不能满足分包的需要，为此，FIDIC根据用户的要求，在红皮书应用了20年后，编制了与红皮书配套使用的分包合同格式。

该分包合同格式是在英国土木工程承包商联合会（The English Federation of Civil Engineering Contractors）的1991年9月版分包合同格式（Form of Sub-Contract），或称FECE格式（FECE Form）基础上修改后形成的。但FIDIC分包合同格式与FECE格式从内容和形式均有所不同，如FIDIC分包合同增加了分包商履约保函、语言、准据法、成本和法律的变更、货币和汇率等条款，另外延续了FIDIC合同的传统，增加了每一条款的标题。

FIDIC分包合同格式分为第一部分《通用条件》和第二部分《专用条件》。《通用条件》有22条：

第1条 定义和解释
第2条 一般义务
第3条 分包合同文件
第4条 主合同
第5条 临时工程、承包商的设备和（或）其他设施（如有）
第6条 现场工作和通道

第7条 开工和竣工

第8条 指示和决定

第9条 变更

第10条 变更的估价

第11条 通知和索赔

第12条 分包商的设备、临时工程和材料

第13条 保障

第14条 未完成的工作和缺陷

第15条 保险

第16条 支付

第17条 主合同的终止

第18条 分包商的违约

第19条 争端的解决

第20条 通知和指示

第21条 费用及法规的变更

第22条 货币及汇率

组成 FIDIC 分包合同的文件如下：

（1）分包合同协议书（Subcontract Agreement）。

（2）承包商发出的中标函（TheContractor's Letter of Acceptance）。

（3）分包商报价书（The Subcontractor's Offer）。

（4）分包合同条件第一部分（Part Ⅰ of the Conditions of Subcontract）。

（5）分包合同条件第二部分（Part Ⅱ of the Conditions of Subcontract）。

（6）构成分包合同一部分的任何其他文件。

FIDIC 分包合同的主要规定如下：

（1）承包商与分包商所有往来通知、同意、批准、证书、确认和决定应以书面形式，如为口头实行，也需要承包商随后书面确认。

（2）未经承包商的同意，分包商不能将整个分包工程进行分包，也不能将部分分包工程再行分包，除非为提供分包工程所需劳务和购买分包合同或主合同规定标准的材料除外。

（3）除非第二部分另有规定，分包合同应适用主合同采用的法律。但需要说明，这不是强制性规定，承包商可以另行选择他国的法律作为分包合同适用的法律。

（4）组成分包合同的文件的优先顺序为：分包协议、承包商接受函、分包商报价、第二部分专用条件、第一部分一般条件以及构成分包合同的其他文件。在第 3.4 条的规定中，FIDIC 合同并没有指明是否包括主合同。

(5) 应视为分包商已全面了解了主合同的规定。

(6) 除非第二部分专用条件另有规定,承包商没有义务向分包商提供和保留临时工程。

(7) 分包商应在收到开工令之后的 14 天内开工,并应尽力和毫无延误地按照承包商的批准和指令实施分包工程。

(8) 分包商应根据主合同项下工程师下达的并经承包商通知和确认的变更令或者承包商的变更令实施分包工程。

(9) 分包商的在场设备、临时工程和材料的规定适用于 1987 年第 4 版《土木工程施工合同条件》第 54 条的规定。

(10) 分包商有权在履行其分包合同义务后得到分包合同款项。需要说明的是,FIDIC 分包合同的规定是为了避免承包商提出和规定诸如"在从业主处得到工程款后才支付分包合同款项"等不利的条款。但主包商与分包商如何谈判支付时间和条件,应站在不同的立场进行研判。

(11) 如主包商和分包商之间发生争议,可以通过仲裁解决。但该条款中只规定了使用国际商会(ICC)的仲裁规则,没有明确仲裁地点,主包商和分包商可以在分包合同中约定仲裁机构和地点,也可以改变使用的仲裁规则。一般而言,在哪个机构仲裁,就应使用该机构的仲裁规则。

FIDIC 的分包合同格式较好地平衡了主包商和分包商之间的利益关系,明确了双方的权利义务。由于在实际中使用 FIDIC 合同 1987 年第 4 版的工程项目很多,因此,建议如果主合同是第 4 版合同条款,分包合同最好使用 1994 年版 FIDIC 格式。如果使用的是 FIDIC 合同 1999 年第 1 版,由于该合同是 1987 年第 4 版的延续,且同样是单价合同,在主包商雇用分包商时,也可使用 FIDIC 分包合同 1994 年第 1 版,因为 1987 年版和 1999 年版 FIDIC 红皮书的规定并没有冲突和矛盾之处。

根据 FIDIC 在 1996 年编制的《土木工程施工分包合同条件指引》(Introduction to the FIDIC Conditions of Subcontract fro Works of Civil Engineering Construction),使用 FIDIC 分包合同格式应注意以下问题:

(1) 由于 FIDIC 合同 1987 年第 4 版只在第 4.1、4.2、59、63.4 条原则规定了分包的一般原则,而"红皮书"自身对承包商如何进行分包工程也没有给予更多的指引,因此,在使用分包合同格式时应与 1987 年第 4 版合同结合使用,最好采用"背靠背"方式。分包合同文字的解释和理解也应结合"红皮书"中对合同的解释对照进行。

(2) 分包原则。

分包合同格式 1994 年版第 4 条对 FIDIC1987 年第 4 版合同的分包原则进行了细化,进一步明确了主包商和分包商之间的权利和义务关系,具体如下:

1) 第4.1条明确规定了主包商应根据分包商的请求，在现场准备主合同的文件以备分包商核查，但主包商的价格清单除外。而且，还进一步规定了应视为分包商对主合同的内同，除价格清单外，全部了解。

2) 第4.2条规定了分包商应对分包工程承担承包商在主合同项下所有的责任和义务。

3) 第4.3条规定了分包商与业主之间没有合同关系。根据上述原则，分包商没有权利要求从业主处直接得到付款，也没有权利对业主采取直接的法律行动。

4) 第4.4条规定了分包商违约导致在主合同项下对承包商的损害问题。

(3) 支付条款。

支付方式是分包合同中的核心问题。在主包合同中，主包商应认识到可能存在如下支付风险：

1) 工程师可能不能按时签认承包商的月付款证书，或不能全部签认或根本不签认。

2) 业主可能延迟支付承包商的月付款证书，或拒绝全部支付或根本不予支付，原因是业主可能不同意工程师签认的支付证书，或由于业主财政困难、清算、破产或恶意。

因此，在制订分包合同时，主包商为转嫁和减少付款风险，自然地运用附条件的支付条款，如"pay-when-paid""payment on payment"，或者"pay-if-paid"等有关附条件支付条款，这对于分包商而言，无疑承担了主合同中工程师延迟签认和业主不能付款的风险。为此，FIDIC分包合同格式试图解决该问题，其有关规定较好地平衡了主包商和分包商在付款问题上的利益冲突。

6.3.2 如何适用1999版新彩虹族合同

FIDIC分包合同格式是与1987年版红皮书配套使用的分包合同版本，而1999年版红皮书无论是在体例上，还是名词术语和内容上都做了大量的修改，将1994年版分包合同格式与1999年版红皮书配套显然已经不现实了，也无法相互匹配。因此，主包商和分包商在制订分包合同时，可将FIDIC分包合同条件作出适当修改，使分包合同适用于1999年版红皮书。

FIDIC修订的1999年第1版《施工合同条件》（新红皮书）对1987年第4版进行了重新编制。主要体现在条目变化，将第4版的72条重整为20条，并在措辞和具体内容上有所变动，但总体判断，新红皮书仍延续了FIDIC的英式合同概念和特征以及工程管理理念。

1994年第1版FIDIC分包合同条件是与第4版配套使用的分包合同文本，与第4版用语和合同条款相配合。

值得欣慰的是，FIDIC 一直致力于重新制订分包合同格式，以便与 1999 年版红皮书配套使用。读者也可在 FIDIC 发布新版分包合同时，采用新版分包合同，与 1999 年版红皮书配套使用。

在 FIDIC 尚未出版新的分包合同格式之前，将 1994 版分包合同格式进行适当修改，可与新红皮书配套使用，如下：

(1) 第 1.1.（xi）款修改为：

"主合同条件"指国际咨询工程师联合会编写的 1999 年第 1 版《施工合同条件》以及经业主和承包商改编的该合同条件的第二部分。它们均构成主合同的一部分。

(2) 第 12.1 款修改为：

"与分包商带到现场的承包商的设备、临时工程或材料相关主合同条件第 2.2、4.4、4.17、15.2、15.3、17.2 条的各项规定，应通过附注形式编入分包合同，如同各项规定在分包合同中完全列出一样。"

(3) 鉴于 1999 版红皮书中的许多概念进行了改变，应将 1999 版红皮书中的新的概念引入到与之配套的分包合同之中，相应改变合同用语和概念。

(4) 关于分包工程的设计，如设计由分包商进行，则设计责任应与 1999 版的责任相一致，即分包商的设计应满足使用功能。

分包合同条件中的其他条款可维持不动，即可满足在新红皮书适用时的分包需要。如主包商和分包商对其他条款有所修改，可在第二部分专用条件中作出修改。

6.4　2011 年版 FIDIC 分包合同

6.4.1　2011 年版 FIDIC 施工分包合同条件的主要内容和特点

1. 编制 2011 版《施工分包合同条件》的原因和遵循的原则

2009 年 12 月 2~3 日，FIDIC 在伦敦召开的研讨会上正式对外公布了用于由业主设计的建筑和工程的 2011 版《施工分包合同条件（测试版）》（Conditions of Subcontract for Construction, test edition），该版分包合同将与 1999 年第 1 版《施工合同条件》（新红皮书）和 2005 年版多边发展银行《协调版施工合同条件》配套使用。2011 年版 FIDIC 分包合同条件将取代与 1987 年第 4 版红皮书配套使用的 1994 年第 1 版 FIDIC《土木工程施工分包合同条件》。随后，2011 年 FIDIC 正式发布了 2011 年版《施工分包合同条件》（Conditions of Subcontract for Construction）。

FIDIC 指出，起草和编制与 1999 年版新红皮书和 2005 年《协调版施工合同条件》配套使用的《施工分包合同条件》的原因是多样的，一方面，随着 1999 年版 FIDIC 合同的逐渐普及，广大用户迫切需要使用与之相配套的分包合同格式，另一方面，多边发展银行坚持在其融资的 EPC 项目中，需要使用国际公认的分包合同格式。

FIDIC 合同委员会下设的分包合同起草小组在编制 2011 版分包合同格式时，采用了与 1994 年第 1 版 FIDIC 分包合同格式相同的基础和原则，即：

（1）对于分包工程，分包商承担了与主合同项下主包商相同的义务和责任的原则。其他原则还有：

（ⅰ）分包商与业主没有合同关系。

（ⅱ）主包商不能将整个工程分包出去。

（ⅲ）未经业主或工程师的同意，承包商不能将工程的任何部分分包出去。

（ⅳ）主包商对业主承担合同责任，分包商对主包商承担合同责任。

（ⅴ）分包商对主合同全部知晓。

（ⅵ）业主不能直接起诉或对分包商直接申请仲裁，同时分包商也不能对业主直接起诉或提起仲裁，但侵权责任除外。

（ⅶ）业主或工程师不能直接向分包商发出指示，而应通过主包商。

（2）沿用了 1994 年版分包合同格式中的附条件支付条款的原则，即 Paid-when-Paid（在业主支付后承包商才向分包商付款）条款。但 FIDIC 分包合同起草小组提醒这种附条件支付条款在某些国家和司法管辖区是无效的。在英国，根据 1996 年《住宅许可、建造和重建法》第 113 条的规定，明文禁止附条件的支付条款，但业主破产的情形除外。美国的纽约州、亚利桑那州等以违反公共秩序为由认定这种附条件支付条款无效。

2. 2011 年版 FIDIC《施工分包合同条件》的体例和主要内容

2011 年版 FIDIC《施工分包合同条件》由以下几部分组成：

（1）一般条件（General Conditions）。

（2）分包合同专用条件编制指南（Guidance for the Preparation of Particular Conditions of Subcontract）；其附录有：

（ⅰ）附录 A：主合同主要条件（Particulars of the Main Contract）。

（ⅱ）附录 B：分包合同工程范围和分包文件清单（Scope of Subcontract Work and Schedule of Subcontract Documents）。

（ⅲ）附录 C：提前完工奖励、承包商的接管和分包合同工程量表（Incentive(s) for Early Completion, Taking-over by the Contractor and Subcontract Bill of Quantities）。

（ⅳ）附录 D：承包商提供的设备、临时工程、设施和免费材料（Equipment, Temporary Works, Facilities, and Free-issue Materials to be Provided by the

Contractor)。

(v) 附录 E: 保险 (Insurances)。
(vi) 附录 F: 分包合同进度计划 (Subcontract Programme)。
(vii) 附录 G: 其他内容 (Other Items)。
(3) 范例格式
(i) 分包商投标函 (Forms of Letter of Subcontractor's Offer)。
(ii) 承包商的中标函 (Contractor's Letter of Acceptance)。
(iii) 分包合同协议书格式 (Subcontract Agreement)。

与1999年版新红皮书相同,在一般条件之前,2011年版 FIDIC《施工合同条件》列出了分包合同的流程时间表,包括:
(i) 施工分包合同的主要事项的典型顺序。
(ii) 第14条规定的付款事项的典型顺序。
(iii) 第20条规定的分包商索赔和争议事项的典型顺序。
(iv)《施工分包合同编制指南》第20条第一项替代条款中的分包商索赔和争议事项的典型顺序。
(v)《施工分包合同编制指南》第20条第二项替代条款中的分包商索赔的典型顺序。
(vi)《施工分包合同编制指南》第20条第二项替代条款中的分包争议事项的典型顺序。

2011年版 FIDIC《施工分包合同条件》采用了与1999年版新红皮书相同的体例和条款安排,共20条,94款,见表6-3。

表6-3 2011年版 FIDIC《施工分包合同条件》条款目录

条款序号	标题内容
1	定义和解释 (Definitions and Interpretations)
2	主合同 (The Main Contract)
3	承包商 (The Contractor)
4	分包商 (The Subcontractor)
5	分包合同的转让和分包 (Assignment of the Subcontract and Subcontracting)
6	合作、职员和劳务 (Co-operation, Staff and Labor)
7	设备、临时工程、其他设施、生产设备和材料 (Equipment, Temporary Works, Other Facilities, Plant, and Materials)
8	开工和竣工 (Commencement and Completion)
9	竣工试验 (Tests on Completion)
10	分包工程的竣工和接管 (Completion and Taking-Over the Subcontract Works)

(续)

条款序号	标题内容
11	缺陷责任（Defects Liability）
12	测量和估价（Measurement and Evaluation）
13	分包合同的变更和调整（Subcontract Variations and Adjustments）
14	分包合同的价格和付款（Subcontract Price and Payment）
15	主合同的终止和承包商终止分包合同（Termination of the Main Contract and Termination of the Subcontract by the Contractor）
16	分包商暂停和终止（Suspension and Termination by the Subcontractor）
17	风险和保障（Risk and Indemnities）
18	分包合同保险（Subcontract Insurances）
19	分包合同的不可抗力（Subcontract Force Majeure）
20	通知、分包商的索赔和争议（Notices, Subcontractor's Claims and Disputes）

3. 2011 年版 FIDIC 分包合同的主要特点

与 1994 年版 FIDIC 分包合同相比，2011 年版 FIDIC 分包合同的主要特点是：

(1) 合同体例、条款安排和措辞不同。

由于 1994 年版 FIDIC 分包合同是与 1987 年版红皮书配套使用的分包合同格式，因此，1994 年版分包合同格式与 1987 年版红皮书相匹配，共有 22 条，70 款。而 2011 年版分包合同格式与 1999 年版新红皮书配套使用，在体例和条款安排上与 1999 年版红皮书一致，除 2011 年版分包合同第 2、3、4 条与新红皮书的内容不同外，其他条款均与新红皮书的条款顺序和内容相一致。另外，2011 年版分包合同在措辞方面力求与 1999 年新红皮书相一致。

(2) 增加了分包合同的定义。

1994 年版分包合同格式在第 1.1 款中对 21 个名词进行了定义，而在 2011 年版分包合同中，对 39 个名词进行了定义。2011 年版分包合同中新增加的定义有：

第 1.1.1 项：接受的分包合同金额（Accepted Subcontract Amount）。

第 1.1.2 项：附录（Annex）。

第 1.1.5 项：承包商的指示（承包商的指示）。

第 1.1.7 项：承包商的分包合同代表（Contractor's Subcontract Representative）。

第 1.1.10 项：分包商的投标函（Letter of Subcontractor's Offer）。

第 1.1.12 项：主合同的争议裁决委员会（MainContract DAB）。

第 1.1.13 项：主合同的竣工试验（Main Contract Tests on Completion）。

第 1.1.15 项：当事人（Party）。

第 1.1.20 项：分包合同的争议裁决委员会（Subcontract DAB）。

第 1.1.21 项：分包合同缺陷责任通知期限（Subcontract Defects Notification Period）。

第 1.1.23 项：分包合同的货物（Subcontract Goods）。

第 1.1.24 项：分包合同履约担保（Subcontract Performance）。

第 1.1.25 项：分包合同的生产设备（Subcontract Plant）。

第 1.1.27 项：分包合同进度计划（Subcontract Programme）。

第 1.1.28 项：分包合同区段工程（Subcontract Section）。

第 1.1.30 项：分包合同竣工试验（Subcontract Tests on Completion）。

第 1.1.32 项：分包合同变更（Subcontract Variation）。

第 1.1.35 项：分包商的文件（Subcontract Documents）。

第 1.1.38 项：分包商的人员（Subcontract Personnel）。

第 1.1.39 项：分包商的代表（Subcontractor's Representative）。

(3) 建立了解决分包合同争议的争议裁决委员会的机制。

根据 1994 年版分包合同的有关规定，由于工程师无权介入主包商与分包商之间发生的分歧或争议，也不能作出决定，因此，在主包商和分包商发生分歧或争议时，虽然第 19.1 款规定了友好协商和仲裁的规定，但主包商和分包商往往不能就争议达成一致，这时只有诉诸仲裁解决，加大了主包商和分包商解决争议的成本。2011 年版分包合同引入了 1999 年版新红皮书中的争议裁决委员会（Subcontract DAB）机制，采用了分包合同争议裁决委员会的制度。在发生争议时，主包商和分包商可以根据分包合同的规定任命特别争议裁决委员会（ad hoc DAB）将争议递交争议裁决委员会作出决定，这样，减少了直接诉诸仲裁的机会，在友好协商解决争议和仲裁之间建立了一道防火墙，起到了缓冲器的作用。

(4) 分包商对分包工程设计承担满足使用功能的设计责任。

1994 年版分包合同没有明示规定分包商进行分包工程的设计责任，但根据第 4.1 款规定的"应有的谨慎和努力"和设计咨询人员应承担"谨慎义务"（duty of care）的标准设计责任，可以推断在 1994 年版分包合同中，分包商对其设计承担谨慎义务。但根据 2011 年版分包合同第 4.1 款的规定，分包商要对其设计承担满足使用功能（fitness for purpose）的义务，即承担了比谨慎义务更严格的设计责任。因此，在分包商承担了满足使用功能的设计责任时，分包商应投保与满足使用功能相适应的职业责任保险。

在 1999 年版新红皮书中，承包商对其设计承担了满足使用功能的义务，根据分包商承担与主合同项下主包商相同义务的原则，分包商在分包合同中也应承担相同的设计义务。

(5) 引入了与主合同的"相关索赔"和"无关索赔"的制度。

2011年版分包合同第二部分专用条款编制指南第20.2、20.3、20.4款引入了与主合同的"相关索赔"和"无关索赔"的概念。按照第20.2款的规定,"相关索赔"(Related Claim)是指分包商的索赔涉及了主合同项下承包商和业主之间争议的索赔。虽然2011年版分包合同没有对"无关索赔"(Unrelated Claim)的定义作出明示规定,但显然"无关索赔"是指主包商和分包商之间的索赔事项。

第20.3款"无关索赔"规定了处理无关索赔的程序和时间要求。第20.4款"有关索赔"还规定了处理相关索赔的程序和时间要求。

(6) 引入了"相关争议"和"无关争议"的解决机制。

2011年版分包合同第二部分专用条款编制指南第20.6、20.7、20.8款引入了与主合同的"相关争议"和"无关争议"的概念。根据第20.6款的规定,"无关争议"是指因无关索赔而产生的争议,而"相关争议"是指因有关索赔而产生的争议。按照第20.7、20.8款的规定,在发生了与主合同的"相关争议"时,可以将分包合同的争议提交主合同的争议裁决委员会作出决定。如果发生了与主合同的"无关争议"时,即只是主包商和分包商之间的争议,不涉及主合同的情况下,当事人只能将争议提交分包合同的争议裁决委员会作出决定。

第20.7款"无关争议"规定了处理无关争议的程序和分包商的义务。第20.8款"相关争议"规定了处理相关争议的程序和分包商的义务。

(7) 引入了"承包商的指示"的概念。

1994年版分包合同格式第7.1款虽然规定了分包商可根据工程师和承包商的指示对分包工程作出变更,但没有明示规定"承包商的指示"的概念,参照2005年版JCT标准建筑分包合同,2011年版分包合同引入了"承包商的指示"的概念,分包商不仅应按照分包合同的规定实施、完成分包工程,还需要按照承包商的指示实施和完成分包工程项目。

(8) 强化了时间的限制。

与1999年新红皮书的有关规定相适应,2011年版分包合同强化了时间限制。以第20.2款的规定为例,分包商应在得知或应当知道发生了索赔的事件或情况后的21天内向主包商发出索赔通知,并应在不迟于35天内递交索赔详情。第20.2款第d项规定,承包商应在收到索赔详情后的42天内对分包商提出的索赔作出公正的决定。在发生争议时,按照第20.4款的规定,承包商应当在收到争议通知后的14天内通知分包商有关意见。

(9) 注重平衡主包商和分包商之间的权利和义务。

1994年版分包合同在第17条[主合同的终止]和第18条[分包商的违约]中规定了如何处理分包商违约的问题,但没有规定主包商违约时分包商的权利。

2011年版分包合同对此作了大幅修改,除第15条[主合同的终止和承包商终止分包合同]的规定与1994年版第17条和第18条相似外,2011年版分包合同第16条[暂停和分包商终止分包合同]的程序和要求,赋予了分包商暂停和终止分包合同的权利,从而平衡了主包商和分包商的权利和义务。

与1994年版FIDIC分包合同相比,2011年版分包合同采用了与1999年新红皮书相适应的全新的体例、格式、文字和措辞,引入了新的概念,建立了新的机制。虽然FIDIC告知正式版分包合同与测试版没有太大的差别,但2011年版分包合同还需实践的检验。

4. 分包合同争议裁决委员会

根据2011年版分包合同第20.5款的规定,分包合同争议应由分包合同当事人,即主包商和分包商双方任命的争议裁决委员会做(DAB)出决定。当事人可在发出争议通知后的42天内,或在根据第20.4款规定的或双方同意的期限届满后的42天内任命临时性的DAB。

DAB应由根据分包商投标附录规定的一名或三名具有适当资格的成员组成。如果当事人未能在发出争议通知的42天内就任命一名或三名裁决员达成一致,主合同投标书附录中的任命机构或官方制订的机构可根据分包合同当事人的请求,任命分包合同DAB的成员,任命将是最终的和结论性的。

分包合同当事人应各自支付一半的DAB成员的费用。

分包合同当事人可以在协商一致的基础上终止DAB成员的任命,但承包商或分包商不能单独行使终止任命的权利。在分包合同DAB根据第20.5款作出决定后,分包合同DAB的任命即告终止。

关于分包合同DAB的其他方面,应遵守主合同第20.2款,即1999年新红皮书和2005协调版施工合同条件的规定,除非《程序规则》第1至4项的规定不予适用。也就是说,可根据新红皮书和协调版合同的规定,如《程序规则》《争议裁决协议书的一般条件》等文件,办理分包合同DAB的相关事宜。

任何一方当事人都可以根据第20.4款的规定,向分包合同DAB发出书面通知,将争议提交分包合同DAB作出决定。除另有规定外,主合同第20.4款的有关规定应适用分包合同争议的决议。但主合同第20.8款的规定不予适用。

除非通过友好协商,或按照第20.7款的规定仲裁裁决对DAB的决定作出了修改,否则,分包合同DAB的决定对双方当事人具有约束力。

如果任何一方当事人在DAB作出决定后的28天发出了不满通知,双方当事人应在开始仲裁之前通过友好协商的方式解决争议。但是,除非双方当事人另有约定,应在发出不满通知的第28天开始仲裁,即使双方当事人没有进行友好协商。

如果一方当事人未能遵守分包合同DAB作出的决定,另一方可根据第27条的规定将争议诉诸仲裁。

5. 2011 年 FIDIC《施工分包合同条件》的争议解决机制

与 1999 年版《施工合同条件》相适应，2011 年版 FIDIC《施工分包合同条件》规定了分包合同争议的解决机制、程序和时间要求，在一定程度上改进了 1994 年 FIDIC 第 1 版分包合同条件中有关分包合同争议处理机制、程序和时间要求的不足。同时，为了便于合同当事人的选择，除了通用条款规定了处理分包合同争议的一般程序外，FIDIC 还在《专用条款编制指南》中提出了"相关争议"和"无关争议"的概念，并规定了相应的解决争议程序和时间要求。FIDIC 分包合同的这种安排为合同当事人提供了可选择的二元制的争议解决方案，有利于及时和有效地处理承包商和分包商之间发生的因分包合同而产生的争议。

（1）通用条款规定的分包合同争议解决机制。

2011 年版 FIDIC《施工分包合同条件》第 20.4 款、第 20.5 款、第 20.6 款和第 20.7 款规定了解决分包合同争议的程序和时间要求。根据上述条款的规定，在承包商与分包商之间发生争议时，任何一方均可向对方发出"争议通知"。在收到"争议通知"后的 14 天内，承包商可通知分包商，告知承包商对争议的看法，并给出理由。在承包商通知了分包商的情况下，在发出通知后的不迟于 112 天或双方当事人同意的其他期限内，当事人可将争议交由分包合同争议裁决委员会（Subcontract DAB）处理。如果分包合同争议尚未交由主合同争议裁决委员会（Main Contract DAB）处理，承包商可将分包合同争议交给主合同 DAB 处理。如果分包合同争议没有交给主合同 DAB 处理，任何一方当事人均有权将分包合同争议交由分包合同 DAB 处理。

根据 20.5 款"任命分包合同 DAB"的规定，分包合同 DAB 是临时性的机构，即在发生分包合同争议时，在发出"争议通知"后的 42 天内由承包商和分包商任命。分包合同 DAB 可由一名裁决员或三名裁决员组成，并应按照分包合同规定的程序处理分包合同争议。按照第 20.6 款的规定，当事人应遵守分包合同 DAB 作出的裁决决定。如任何一方当事人未能遵守分包合同 DAB 的决定，当事人可将争议提交仲裁。第 20.7 款规定，分包合同当事人可将争议提交仲裁解决，按照国际商会仲裁规则进行仲裁程序。

在 FIDIC 版分包合同规定的分包合同争议解决程序中，引入了分包合同 DAB 机制。由于工程师无法介入承包商与分包商之间的争议，因此，DAB 机制起到了及时和有效解决分包合同争议的作用，减少了承包商与分包商之间将争议诉诸仲裁和诉讼的概率，起到了防火墙的功能。FIDIC 版分包合同设立的解决争议的程序，即友好协商——主合同 DAB——分包合同 DAB——仲裁的顺序有利于分包合同争议的解决。

(2)《专用条款编制指南》规定的争议解决程序。

为了更为有效地解决承包商和分包商之间因分包合同而产生的争议，2011年版分包合同第二部分《专用条款编制指南》第20.6款规定了处理"相关争议"和"无关争议"的程序和时间要求，提出了"相关争议"（即与主合同有关的争议）解决程序以及"无关争议"（即承包商与分包商之间发生的、不涉及主合同的争议）的解决程序和时间要求。将分包合同争议按性质进行分类，在一定程度上解决了分包合同争议中纠缠不清、相互推诿的问题。同时，《专用条款编制指南》还对既不属于"相关争议"，也不属于"无关争议"的内容作了具体规定，明确了承包商和分包商的权利、义务、程序和时间要求。

(3) 非"无关争议"和非"相关争议"的解决程序和时间要求。

如果当事人之间因分包合同或者分包工程的施工产生争议，任何一方当事人可以向另一方发出争议通知（"争议通知"）。

如果分包合同争议既不是因无关索赔也不是因相关索赔产生的：

（a）在收到争议通知后的 14 天内，承包商可以向分包商发出通知，提出他对分包合同争议涉及了主合同项下承包商和业主之间争议的意见，并给出理由。如果承包商在 14 天内通知了分包商，根据 20.6 款第（b）和（c）项的规定，应视为分包合同争议是"相关争议"，此时，应适用第 20.8 款［相关争议］的规定。如果承包商未能在 14 天内通知分包商，则应视为分包合同争议是"无关争议"，此时，应适用等 20.7 款［无关争议］的规定。

（b）在收到承包商的通知后，除非分包商在 7 天内对承包商认为分包合同争议属于相关索赔的看法提出书面反对意见，否则，应视为分包商接受了承包商的意见。如果分包商提出反对意见，承包商应充分考虑分包商提出的反对意见，并应在收到反对意见后的 7 天内作出答复，给出理由。

（c）如果分包商不满承包商作出的答复，分包商应以书面通知的形式，将分包合同争议是否是相关争议或无关争议的问题提交给预仲裁裁决员，由裁决员根据国际商会的预仲裁裁决程序的有关规定作出指示。

无论分包合同争议是无关索赔还是相关索赔，除非分包合同已被放弃、拒绝履行或被终止，否则，分包商应根据分包合同的规定继续进行分包工程的施工。

(4)"无关争议"的程序和时间要求。

第 20.7 款"无关争议"规定了处理无关争议的程序和时间要求，内容如下：

如果分包合同争议是无关争议：

1）应由双方当事人共同任命的分包合同 DAB 在收到争议通知的 42 天内或在双方当事人书面同意的任何其他时间作出决定。分包合同 DAB 应由分包合同投标附录中列明的一名或三名具有适当资格的人员组成。除本项另有规定外，主合同第 20.2 款 ［争议裁决委员会的任命］ 的所有规定均应适用分包合同 DAB 的任命，但争议裁决协议书一般条件附录程序规则第 1 至 4 项规则不予适用。

2）如果双方当事人未能就分包合同 DAB 的一名或三名成员中的任何其他成员的任命达成一致，则主合同规定的任命机构或投标附录中提名的任命官员应根据双方当事人的请求，在与双方当事人充分协商后，任命分包合同 DAB 的成员。此项任命应是最终的和结论性的。每一方当事人应承担任命机构或官员任命的成员的一半的报酬。

3）任何一方当事人都可以将无关争议书面提交分包合同 DAB 作出决定，并抄送给另一方。提交通知中应声明是根据本款的规定将无关争议给分包合同 DAB。除非本款另有规定，主合同第 20.4 款 ［取得争议裁决委员会的决定］ 的所有规定均适用于无关索赔的决定，但主合同第 20.8 款 ［争议裁决委员会任命期满］ 不予适用。

4）除非或直到友好协商或仲裁裁决作出了修改，否则，分包合同 DAB 的决定对双方当事人均具有约束力。

5）在收到分包合同 DAB 决定后的 28 天内，如果任何一方当事人发出了不满通知，双方当事人应试图通过友好协商的方式在仲裁开始前解决无关索赔的问题。但是，除非双方当事人另有约定，否则，可在发出不满通知之后的 28 天内开始仲裁，即使双方当事人没有进行过任何友好协商。

6）除非通过友好协商方式解决了无关争议，否则，根据主合同第 20.4 款 ［获得争议裁决委员会的决定］ 的规定，分包合同 DAB 所作出的没有成为最终的或有约束力决定有关的无关争议都应最终通过仲裁解决，仲裁应按照国际商会仲裁规则进行，主合同第 20.6 款 ［仲裁］ 的规定应予适用。

7）如果一方当事人未能遵守分包合同 DAB 的决定，无论是有约束力的或者最终的，还是根据主合同第 20.4 款 ［取得争议裁决委员会的决定］ 具有约束力的决定，则另一方当事人根据国际商会仲裁规则将一方当事人未能遵守决定的事项提交仲裁。

（5）"相关争议"的程序和时间要求。

第 20.8 款 "相关争议" 规定了处理相关争议的程序和时间要求，内容如下：

如果分包合同争议是相关争议：

1）承包商应在发出争议通知后的 28 天内，根据主合同第 20.4 款 ［取得争议裁决委员会的决定］ 的规定，将相关争议提交主合同 DAB 作出决定。在发出争议通知之日，如果尚未成立主合同 DAB，承包商应在发出争议通知后的 56 天之内，根据主合同第 20.4 款 ［取得争议裁决委员会的决定］ 的规定，将相关争议提交主合同 DAB。如果承包商未能在 28 天内或在 56 天内将相关争议提交主合同DAB，分包合同争议将被视为是无关争议，第20.7［无关争议］款应予适用。

2）在相关索赔提交给主合同DAB时，承包商应代表承包商和分包商，从承包商和分包商共同利益考虑，尽一切合理的努力解决争议，并应定期通知分包商有关进展情况。

3）分包商应及时向承包商提供所有信息和帮助，以使承包商能够代表承包商和分包商的共同利益，解决相关争议。

4）根据主合同第20.4款［取得争议裁决委员会的决定］的规定，如果主合同DAB提出了在84天之外作出相关争议决定的建议，则承包商在未能事先与分包商协商的情况下，不能同意这项建议。

5）对于主合同项下任何有关相关争议的裁决，除非业主或主合同DAB拒绝，否则，承包商应给予承包商合理的机会：

（a）参与任何书面报告的准备工作。
（b）参加现场视察或者列席会议。
（c）进行口头报告。

如果业主或主合同DAB不允许分包商利用这些机会，在未事先与分包商进行协商的情况下，承包商不能与业主就相关争议达成任何解决协议。

（6）在主合同DAB作出了相关争议的决定时，承包商应尽快，但在不迟于收到主合同DAB决定后的7天内通知分包商有关决定内容。

（7）除非分包商在收到决定后的7天内发出不满主合同DAB决定的通知，否则，应视为分包商接受了此项相关争议的决定；除非并直到友好协商或者仲裁裁决作出了修改，否则，主合同DAB的决定对双方当事人具有约束力。

（8）如果分包商向承包商发出了不满通知，且承包商也对决定作出了不满的答复，承包商应根据主合同第20.4款［取得争议裁决委员会的决定］的规定，及时向业主发出不满主合同DAB决定的通知。

（9）如果分包商向承包商发出了不满通知，但承包商没有对决定作出不满的答复，或未能在收到决定后的7天内答复不满通知，应视为分包合同争议是无关争议，应适用第20.7款［无关争议］。

（10）如果主合同DAB的决定使得承包商有权获得任何合同利益，承包商应尽一切合理的努力，代表承包商和分包商获得此项合同利益，并应定期通知有关进展情况。在从业主处收到合同利益后的14天内，承包商应将分包商应得的适当的和适宜的份额转交给分包商。在相关争议涉及额外付款时，承包商从业主处获得额外付款的收据应作为承包商向分包商支付其应得份额的先决条件。承包商应与分包商协商，就其应得的份额达成一致。如果未能达成一致，承包商应尽其努力作出公平的决定，适当考虑分包商递交的相关争议和其他有关情况。承包商应根据本项的规定，通知分包商他作出的决定，并给出理由和支持详情。除非分包商在收到承包商通知后的 28 天内发出不满通知，否则，应视为分包商全部和最终接受了承包商决定的份额。

（11）如果分包商在收到承包商通知后的 28 天内向承包商发出了不满通知，承包商应充分考虑分包商提出的不满意见，并应在收到不满通知后的 7 天内作出答复。如果承包商未能在 7 天内对分包商的不满通知作出答复，分包商有权将承包商的不答复视为是承包商仍然坚持认为其份额是适当的和适合的。任何有关份额的争议应被视为是无关争议，承包商和分包商可根据国际商会仲裁规则的规定通过仲裁最终解决，主合同第 20.6 款［仲裁］应予适用。

（12）如果根据主合同的规定，主合同 DAB 的决定不是最终的和具有约束力的，承包商或业主的任何一方均可发出不满通知。除非业主反对，否则，承包商应向分包商提供一切合理的机会，如有，在仲裁之前通过友好协商的方式解决相关争议。如果业主不给予分包商这个机会，在未与分包商事先协商之前，承包商不能与业主达成任何协议。

（13）如果承包商和业主未能根据主合同的规定，通过友好协商的方式解决相关争议，承包商应根据主合同第 20.6 款［仲裁］的规定将相关争议提交仲裁。如果承包商未能在承包商或业主发出不满通知后的 63 天内或任何同意的其他时间内提交仲裁，应视为争议是无关争议，承包商和分包商应根据国际商会仲裁规则通过仲裁最终解决争议，主合同第 20.6 款［仲裁］应予适用。

（14）在涉及相关争议的仲裁时，承包商应代表承包商和分包商以及承包商和分包商的利益，尽一切合理的努力解决争议，并应定期将有关进展情况通知分包商。除非业主或仲裁庭拒绝，否则，承包商应向分包商提供一起合理的机会：

（a）参与任何书面报告的准备工作。

（b）参加现场视察或者列席会议。

（c）进行口头报告。

如果业主或仲裁庭不给予分包商机会，在未事先与分包商协商的情况下，承包商不能与业主达成任何协议。

（15）在仲裁庭作出了相关争议的裁决时，承包商应尽快，但不能迟于收到裁决后的 7 天内，通知分包商有关裁决。只要与相关争议有关，与承包商一样，对分包商而言，仲裁裁决应是最终的和有约束力的。

（16）如果仲裁裁决使承包商获得合同利益，承包商应代表承包商和分包商，从承包商和分包商利益出发，尽一切合理的努力获得合同利益，并应定期通知分包商有关进展情况。在从业主处收到合同利益的 14 天内，承包商应向分包商转交其应得的适当的和适合的份额。如果相关争议涉及了额外付款，承包商从业主处收到合同利益的收据应是承包商向分包商支付其份额的前提条件。承包商应与分包商协商，就其应得的份额达成一致。如果未能达成一致，承包商应尽其努力作出公平的决定，适当考虑分包商递交的相关争议和其他有关情况。承包商应根据本项的规定，通知分包商他作出的决定，并给出理由和支持详情。除非分包商在收到承包商通知后的 28 天内发出不满通知，否则，应视为分包商全部和最终接受了承包商决定的份额。

（17）如果分包商在收到承包商通知后的 28 天内向承包商发出了不满通知，承包商应充分考虑分包商提出的不满意见，并应在收到不满通知后的 7 天内作出答复。如果承包商未能在 7 天内对分包商的不满通知作出答复，分包商有权将承包商的不答复视为是承包商仍然坚持认为其份额是适当的和适合的。任何有关份额的争议应被视为是无关争议，承包商和分包商可根据国际商会仲裁规则的规定通过仲裁最终解决，主合同第 20.6 款［仲裁］应予适用。

6.4.2　1994 版与 2011 版 FIDIC 分包合同条件对照

为方便读者使用 1994 版 FIDIC 分包合同条件和 2011 版 FIDIC 分包合同条件，特列出两个分包合同的合同条款对照表。

1. 1994 版与 2011 版 FIDIC 合同条款对照表（表 6-4）

表 6-4　1994 版 FIDIC 分包合同与 2011 版 FIDIC 分包合同条款对照

	1994 版 FIDIC 分包合同条款		2011 版 FIDIC 分包合同条款
定义和解释			
1.1	定义	1.1	定义
1.2	标题和旁注	1.2	标题和旁注
1.3	解释	1.3	分包合同的解释
1.4	单数和复数	1.3	分包合同的解释
1.5	通知、同意、批准、证书、确认和决定	1.6	通知、同意、批准、证书、确认、决定和确定
1.6	书面指示	1.6	通知、同意、批准、证书、确认、决定和确定
一般义务			
2.1	分包商的一般责任	4.1	分包商的一般义务
2.2	履约保证	4.2	分包合同的履约担保
2.3	分包商应提交的进度计划	8.4	分包合同的进度计划
		8.5	分包合同的进度报告
2.4	分包合同的转让	5.1	分包合同的转让
2.5	再次分包	5.2	再次分包

(续)

1994 版 FIDIC 分包合同条款		2011 版 FIDIC 分包合同条款	
分包合同文件			
3.1	语言	1.8	分包合同的法律和语言
3.2	适用的法律	1.8	分包合同的法律和语言
3.3	分包合同协议书	1.9	分包合同协议书
3.4	分包合同文件的优先次序	1.5	分包合同文件的优先次序
主合同			
4.1	分包商对主合同的了解	2.1	分包商对主合同的了解
4.2	分包商对有关分包工程应负的责任	2.2	遵守主合同
4.3	与业主没有合同关系	1.10	与业主没有合同关系
4.4	分包商违反分包合同可能产生的后果	17.1	分包合同的风险和保障
临时工程、承包商的设备和（或）其他设施（如有）			
5.1	分包商使用临时工程	7.1	分包商使用设备、临时工程和其他设施
5.2	分包商与其他分包商共同使用承包商的设备和（或）其他设施（如有）	7.1	分包商使用设备、临时工程和其他设施
5.3	分包商享有承包商的设备和（或）其他设施（如有）的专用权	—	
5.4	对误用临时工程、承包商的设备和设施（如有）的保障	7.3	误用的保障
现场工作和通道			
6.1	在现场的工作时间；分包商遵守规章制度	—	
6.2	为分包商提供现场和现场通道	4.3	分包工程的通道
6.3	分包商允许进入分包工程的义务	6.1	分包合同项下的合作
开工和竣工			
7.1	分包工程的开工；分包商的竣工时间	8.1 8.2	分包工程的开工 分包工程的竣工
7.2	分包商竣工时间的延长	8.3	延长分包工程的竣工时间
7.3	承包商有义务通知	20.1	通知
指示和决定			
8.1	根据主合同所做的指示和决定	2.3	主合同项下的指示和决定
8.2	根据分包合同所做的指示		主合同项下的指示和决定

第6章 FIDIC 分包合同格式

(续)

1994版 FIDIC 分包合同条款		2011版 FIDIC 分包合同条款	
变更			
9.1	分包工程的变更	13.1	分包工程的变更
9.2	变更指示	13.1	分包工程的变更
变更的估价			
10.1	估价的方式	12.3	分包合同项下的估价
10.2	变更价值的估算	12.3	分包合同项下的估价
10.3	参照主合同的测量进行估价	12.3	分包合同项下的估价
10.4	估算的工程量与实施的工程量	12.2	估算的工程量和实际的工程量
10.5	计日工	13.6	分包合同的计日工
通知和索赔			
11.1	通知	20.1	通知
11.2	索赔	20.2	分包商的索赔
11.3	未发出通知的影响	20.1	通知
分包商的设备、临时工程和材料			
12.1	以附录形式编入	7.4	分包合同设备和材料的所有权
		7.5	分包商的设备和分包合同的设备
保障			
13.1	分包商的保障义务	17.1	分包商的风险和保障
13.2	承包商的保障义务	17.2	承包商的保障
未完成的工作和缺陷			
14.1	移交前分包商的义务		—
14.2	移交后分包商的义务	11.1	移交后分包商的义务
14.3	由承包商的行为或违约造成的缺陷	11.2	分包合同的缺陷责任通知期
保险			
15.1	分包商办理保险的义务	18.1	分包商保险的义务
15.2	承包商办理保险的义务	18.2	承包商和（或）业主安排的保险
15.3	保险的证据；未办理保险的补救方法	18.3	保险的证据和未能办理保险
支付			
16.1	分包商的月报表	14.3	分包商的月报表
16.2	承包商的月报表	14.5	承包商申请临时付款证书
16.3	到期应付的款项；扣发或缓发的款项；利息	14.6	临时分包合同付款

(续)

1994 版 FIDIC 分包合同条款		2011 版 FIDIC 分包合同条款	
支付			
16.4	保留金的支付	14.7	分包合同项下保留金的支付
16.5	分包合同价格及其他应付款额的支付	14.4 14.8	分包商的竣工报表 分包合同的最终付款
16.6	承包商责任的终止	14.10	承包商责任的终止
主合同的终止			
17.1	对分包商雇用的终止	15.6	主包商终止分包合同
17.2	终止后的付款	15.3	主合同终止时的付款
17.3	由于违反分包合同而导致的主合同的终止	15.4	因分包商违约而导致的主合同的终止
分包商的违约			
18.1	分包合同的终止	15.6	承包商终止分包合同
18.2	终止时承包商和分包商的权利与责任	15.6	承包商终止分包合同
18.3	承包商的权利	15.6	承包商终止分包合同
争端的解决			
19.1	友好解决和仲裁	20.7	分包合同的仲裁
19.2	与主合同有关的或由主合同引起的涉及或关于分包工程的争议	20.4	分包合同的争议
通知和指示			
20.1	发出通知和指示	20.1	通知
20.2	地址的更改	1.4	分包合同的通信交流
费用和法律的变更			
21.1	费用的增加或减少	13.5	分包合同因成本变化的调整
21.2	后续的法规	13.4	分包合同因法律变化的调整
货币和汇率			
22.1	货币限制	14.11	分包合同的支付货币
22.2	汇率	14.11	分包合同的支付货币

2. 2011 版与 1994 版 FIDIC 合同条款对照表（表6-5）

表6-5　2011 版 FIDIC 分包合同与 1994 版 FIDIC 分包合同条款对照

2011 版 FIDIC 分包合同条款		1994 版 FIDIC 分包合同条款	
定义和解释			
1.1	定义	1.1	定义
1.2	标题和旁注	1.2	标题和旁注
1.3	分包合同的解释	1.3	解释
1.4	分包合同的通信交流	1.3	解释
1.5	分包合同文件的优先次序	3.4	分包合同文件的优先次序
1.6	通知、同意、批准、证书、确认、决定和确定	1.5 1.6	通知、同意、批准、证书、确认和决定 书面指示
1.7	分包合同项下的连带责任	—	
1.8	分包合同的法律和语言	3.1 3.2	语言 适用法律
1.9	分包合同协议书	3.3	分包合同协议书
1.10	与业主没有合同关系	4.3	与业主没有合同关系
1.11	分包合同的区段工程		
主合同			
2.1	分包商对主合同的了解	4.1	分包商对主合同的了解
2.2	遵守主合同	4.2	分包商对有关分包工程应负的责任
2.3	主合同项下的指示和决定	8.1 8.2	根据主合同所做的指示和决定 根据分包合同所做的指示
2.4	主合同项下的权利、有权和补救	—	
2.5	主合同文件		
承包商			
3.1	承包商的指示	8.1 8.2	根据主合同所做的指示和决定 根据分包合同所做的指示
3.2	现场通道	6.2	为分包商提供现场和现场通道
3.3	与分包合同有关的承包商索赔	—	
3.4	与主合同有关的业主的索赔		
3.5	主合同工程的协调		
分包商			
4.1	分包商的一般义务	2.1	分包商的一般责任
4.2	分包合同的履约担保	2.2	履约保证

(续)

2011 版 FIDIC 分包合同条款		1994 版 FIDIC 分包合同条款	
分包商			
4.3	分包工程的通道	6.3	分包商允许进入分包工程的义务
4.4	分包商的文件		—
分包合同的转让和分包			
5.1	分包合同的转让	2.4	分包合同的转让
5.2	再次分包	2.5	再次分包
合作、职员和劳务			
6.1	分包合同项下的合作	6.3	分包商允许进入分包工程的义务
6.2	其他人的服务人员	6.3	分包商允许进入分包工程的义务
6.3	承包商的分包合同代表		—
6.4	分包商的代表		—
设备、临时工程、其他设施、生产设备和材料			
7.1	分包商使用设备、临时工程和其他设施	5.1	分包商使用临时工程
7.2	免费材料		—
7.3	误用的保障	5.4	对误用临时工程、承包商的设备和设施（如有）的保障
7.4	分包商生产设备和材料的所有权	12.1	以附录形式编入
7.5	分包商的设备和分包合同的生产设备	12.1	以附录形式编入
开工和竣工			
8.1	分包工程的开工	7.1	分包工程的开工；分包商的竣工时间
8.2	分包工程的竣工	7.1	分包工程的开工；分包商的竣工时间
8.3	延长分包工程的竣工时间	7.2	分包商竣工时间的延长
8.4	分包合同的进度计划	2.3	分包商应提交的进度计划
8.5	分包合同的进度报告	2.3	分包商应提交的进度计划
8.6	承包商暂停分包工程		—
8.7	分包合同的延误损失		—
竣工试验			
9.1	分包合同的竣工试验		
9.2	主合同的竣工试验		
分包合同工程的竣工和接收			
10.1	分包合同的竣工	7.1	分包工程的开工；分包合同的竣工时间
10.2	分包工程的接收		

(续)

2011 版 FIDIC 分包合同条款		1994 版 FIDIC 分包合同条款	
分包合同工程的竣工和接收			
10.3	承包商的接收		—
缺陷责任			
11.1	移交后分包商的义务	14.2	移交后分包商的义务
11.2	分包合同的缺陷责任通知期	14.3	由承包商的行为或违约造成的缺陷
11.3	履约证书		—
测量和估价			
12.1	分包合同工程的测量		—
12.2	估算的工程量和实际的工程量	10.4	估算的工程量与实施的工程量
12.3	分包合同项下的估价	10.1	估价的方式
		10.2	变更价值的估算
		10.3	参照主合同的测量进行估价
分包合同的变更和调整			
13.1	分包工程的变更	9.1	分包工程的变更
		9.2	变更指示
13.2	分包合同变更的估计	10.2	变更价值的估算
13.3	要求提供分包合同变更的建议书		—
13.4	分包合同因法律变更进行的调整	21.2	后续的法规
13.5	分包合同因成本变化进行的调整	21.1	费用的增加或减少
13.6	分包合同的计日工	10.5	计日工
分包合同的价格和付款			
14.1	分包合同的价格		
14.2	分包合同的预付款		
14.3	分包商的月报表	16.1	分包商的月报表
14.4	分包商的竣工报表	16.5	分包合同价格及其他应付款额的支付
14.5	承包商申请临时付款证书	16.2	承包商的月报表
14.6	临时分包合同付款	16.3	到期应付的款项；扣发或缓发的款项；利息
14.7	分包合同项下保留金的支付	16.4	保留金的支付
14.8	分包合同的最终付款	16.5	分包合同价格及其他应付款额的支付
14.9	分包合同项下的延误付款		—
14.10	承包商责任的终止	16.6	承包商责任的终止

(续)

2011 版 FIDIC 分包合同条款		1994 版 FIDIC 分包合同条款	
主合同的终止和承包商终止分包合同			
15.1	主合同的终止	17.1	对分包商雇用的终止
15.2	分包合同终止日期的估价	17.2	终止后的付款
15.3	主合同终止时的付款	17.2	终止后的付款
15.4	因分包商违约而导致的主合同的终止	17.3	由于违反分包合同而导致的主合同的终止
15.5	分包合同项下的改正通知		—
15.6	主包商终止分包合同	17.1	对分包商雇用的终止
		18.1	分包合同的终止
		18.3	承包商的权利
分包商的暂停和终止			
16.1	分包商有权终止分包合同		—
16.2	分包商的终止		
16.3	分包商终止后的付款		
风险和保障			
17.1	分包商的风险和保障	13.1	分包商的保障义务
17.2	承包商的保障	13.2	承包商的保障义务
17.3	分包合同的责任限制		—
分包合同的保险			
18.1	分包商保险的义务	15.1	分包商办理保险的义务
18.2	承包商和（或）业主安排的保险	15.2	承包商办理保险的义务
18.3	保险的证据和未能办理保险	15.3	保险的证据；未办理保险的补救方法
分包合同的不可抗力			
19.1	分包合同的不可抗力		—
通知、分包商的索赔和争议			
20.1	通知	11.3	未发出通知的影响
20.2	分包商的索赔	11.2	索赔
20.3	未能遵守		—
20.4	分包合同的争议	19.2	与主合同有关的或由主合同引起的涉及或关于分包工程的争议
20.5	分包合同争议裁决委员会的任命		—
20.6	遵守分包合同争议裁决委员会的决定		—
20.7	分包合同的仲裁	19.1	友好解决和仲裁

6.5 FIDIC 合同评述

6.5.1 FIDIC 合同体系一览表

自 1957 年开始，FIDIC 在不同的时期起草编制了各种标准合同格式，见表 6-6。

表 6-6 FIDIC 合同体系一览表

分类	文件名称	出版年代
第 1 版红皮书	《土木工程施工（国际）合同条款》	1957
第 2 版红皮书	《土木工程施工（国际）合同条款》	1969
第 3 版红皮书	《土木工程施工（国际）合同条款》	1977
彩虹族合同	《土木工程施工合同条款》（红皮书）	1987
	《电气与机械设备合同条款》（黄皮书）	1987
	《设计-建造和交钥匙合同条款》（橘皮书）	1995
	《客户/咨询工程师标准服务协议》（白皮书）	1998
	《土木工程施工分包合同条款》	1994
1999 年版新彩虹族合同	《施工合同条款》（新红皮书）	1999
	《生产设备和设计-施工合同条件》（新黄皮书）	1999
	《EPC/交钥匙项目合同条款》（银皮书）	1999
	《简明合同格式》（绿皮书）	1999
	《疏浚和开垦工程合同条款》（蓝皮书）	2001
	《施工合同条件（协调版）》	2005
	《设计-建造和运营项目合同条款》	2008
	《施工分包合同条款》	2011
2017 年第二版合同	《施工合同条款》	2017
	《生产设备和设计-施工合同条件》	2017
	《EPC/交钥匙项目合同条款》	2017

6.5.2 FIDIC 合同述评

自 FIDIC 于 1957 年编制发行第 1 版红皮书以来，FIDIC 合同在国际工程项目中得到了广泛的应用，在许多国家成功实施许多重大工程项目，受到了业主和承包商的普遍欢迎。一方面，FIDIC合同较好地平衡了业主和承包商的权利和义务；另一方面，世界银行等国际金融组织将FIDIC合同作为公共工程采购的标准合同格式，在客观上促成了FIDIC合同在国际范围内的使用。虽然FIDIC合同在国际上获得了成功，但多年来，国际上对FIDIC合同的批评也不绝于耳。

国际上部分专家学者对FIDIC合同的批评主要集中在如下几个方面：

(1) 严格的程序和苛刻的条款规定。

"尽管许多专家在评价FIDIC合同时，认为这是属于一个亲承包商的合同（A Pro-Contracotr's Contract），但合同中关于承包商的责任显得十分苛刻，对承包商的制约条款达到无所不包的地步⊖。"

"在国际舞台上，FIDIC合同和NEC合同展开了日益明显的竞争。自20世纪90年代开始使用NEC合同以来，英国、南非以及泰国已经成功使用了该款合同。在使用NEC合同的项目中，项目管理愈加有效，而且没有发生什么争议。NEC合同鼓励施工团队成员之间的合作[迈克尔·拉瑟姆爵士在《构建团队》（拉瑟姆报告）杂志中报道了和提出了许多有益的建议]。但另一方面，新的FIDIC合同条款仍然继续强调和加强了有关通知和索赔的合同约束机制⊖。"

(2) 强调遵守合同程序，与NEC合同相比，忽视了业主、承包商和工程师之间的合作。

"1999年版FIDIC红皮书、黄皮书和银皮书被广泛使用于大型国际工程项目之中（工程金额一般大于50万美元），但这些合同条款仅规定了承包商应向业主发出预警通知的内容，而没有规定业主回应承包商，寻求有利于双方的最佳解决方案的机制。与此相反，用于小型工程项目（工程金额一般小于50万美元）的绿皮书改变了红皮书、黄皮书和银皮书的规定，规定业主和承包商应向对方发出预警通知。但不幸的是，绿皮书仅规定了承包商'……为减少影响，应采取合理的措施'的内容。在这种情况下，业主的义务是什么⊖？"

(3) FIDIC合同分为《通用条款》和《专用条款》两个部分，而《专用条款》容易为业主所利用，进而将合同修改成完全对业主有利的规定，主要集中在如下几个方面：

(i) 删除承包商对恶劣物质条件和公共当局造成的延误索赔工期延长的权利。

(ii) 删除承包商索赔迟付工程款利息的权利、因迟付工程款暂停工程的权

⊖ 田威. FIDIC合同条件实用技巧[M]. 北京：中国建筑工业出版社，2006：132.

⊖ Reg Thomas. Construction Contract Claims [M]. 2nd. New York：Palgrave Publishing, 2001：31.

⊖ Reg Thomas. Construction Contract Claims [M]. 2nd. New York：Palgrave Publishing, 2001：32.

利以及索赔工期延长和额外费用的权利。

（ⅲ）将承包商因业主未能支付工程款而终止合同的权利从合同规定的 28 天推迟到 100 天。

（ⅳ）删除因业主违约，承包商有权终止合同的所有理由。

（ⅴ）如果在接到赶工指示后承包商仍未能加快施工进度（即使承包商遭受了他有权索赔工期延长的事件），业主有权终止合同。

（ⅵ）删除业主风险和特殊风险条款，承包商负责 FIDIC 合同第 4 版第 20.4 款、第 65.1 款和第 65.2 款规定的所有业主风险和特殊风险。

"业主是否利用 1999 年版 FIDIC 合同滥用上述这些规定，仍有待人们的观察。如果业主滥用了这些权利，承包商可能会抵制工程项目的招标，这是业主或工程师应当吸取的经验和教训。"

（4）无论是合同类型、种类和可选择性，FIDIC 编制的标准合同格式明显落后于其他协会组织，如 JCT、ICE 和 AIA 等组织编制的标准合同格式。但随着 1999 年版 FIDIC 合同的出版发行，批评 FIDIC 行动缓慢、不能与时俱进的声音日渐消失。

6.5.3 FIDIC 合同的滥用

1. FIDIC 合同滥用的主要原因和表现方式

多年来，FIDIC 合同为业主和工程师滥用的情况屡见不鲜，特别是 1999 年版《生产设备和设计-施工合同条件》（黄皮书）和《EPC/交钥匙项目合同条款》（银皮书），更是广泛地被业主和工程师利用。黄皮书和银皮书被业主广泛滥用的主要原因如下：

（1）黄皮书和银皮书为总价合同，为单一责任合同，承包商承担了单一责任，业主容易免责。

（2）在 EPC 银皮书中，业主仅承担法律变更和不可抗力风险，承包商承担了大部分风险，因此，在不适合使用 EPC 合同的土木工程项目中，业主为了规避风险，采用 EPC 合同方式，使得承包商承担了巨大的风险。

（3）业主存在向承包商转移风险的动机和目的，并通过专用合同条款实现这种转移。而 EPC 合同正好满足了业主的转移风险的需求。

（4）在项目融资项目中，融资银行为了控制成本超支风险和完工风险，倾向于使用 EPC 合同，并在 EPC 合同中加入了融资银行关注的合同条款，导致 EPC 合同对承包商更加不利。

（5）在国际公开招标的项目中，业主具有选择合同模式的权利，因此，为规避和转嫁风险，倾向于选择黄皮书，特别是 EPC 银皮书合同。

（6）有些国家的业主认为，EPC 合同意味着承包商把所有的风险都包了，不存在承包商索赔的机会。

业主滥用黄皮书和银皮书的主要表现如下：

（1）将不适用使用黄皮书和银皮书的土建工程，例如水电项目、水利项目、位于山区地带的公路工程等使用黄皮书，特别是 EPC 合同模式，使承包商承担了巨大的地质条件风险、土方和石方开挖数量风险、坡比导致的开挖工程量大幅增加的风险。

（2）利用专用条款，在红皮书项目中将地质条件的风险转移给承包商，例如尼泊尔公路和隧洞项目。利用专用条款，对承包商可能提出索赔的情形，均将风险转移给承包商，造成承包商无法索赔和要求增加费用。

（3）利用特殊技术规范，将 FIDIC 合同中没有让承包商承担的风险转移给承包商。

上述三种表现是最为主要的三种情况。在国际工程的实践中，承包商还会遇到比上述三种表现方式更为复杂的情况，需要承包商识别合同陷阱，采取更为有效的手段防范因合同而产生的各种风险。

2. 埃塞俄比亚公路项目中的合同问题

近年来，为改善道路交通状况，改善民生，促进社会和经济的发展，埃塞俄比亚政府陆续推出了一批公路建设项目。中国企业作为埃塞俄比亚市场上占有市场份额最大的基础设施建设力量，通过公开招标投标方式获得了大量公路工程项目，为埃塞俄比亚公路工程建设作出了巨大贡献。但也应看到，中国企业在公路工程施工过程中暴露了合同管理和索赔方面的不足，多年积弊和陋习难以得到有效改正，合法权益无法获得保障。埃塞俄比亚公路局近期采取了更为严格的项目和合同管控措施，大幅度修改对业主不利的合同条件和技术规范后，中国企业面临更为严格的合同和索赔管理局面。

（1）合同条件的适用。埃塞俄比亚公路项目普遍采用 FIDIC 合同格式，包括 1987 年第 4 版《土木工程施工合同条件》、1995 年版橘皮书《设计—建造与交钥匙工程合同条件》、1999 年版新红皮书《施工合同条件》、2005 年、2006 年、2010 年协调版《施工合同条件》。上述合同中，除 1995 年版橘皮书用于设计—建造（Design-Build）总价合同模式外，其余各版 FIDIC 合同均为单价合同模式。

在埃塞俄比亚政府使用世界银行等国际金融组织资金时，按照国际金融组织的要求采用了 2005 年、2006 年和 2010 年协调版《施工合同条件》。在使用当地政府资金时，埃塞俄比亚公路局在不同的项目上采用了 1987 年第 4 版红皮书和 1999 年版新红皮书。

在 FIDIC 合同体系中，1987 年版红皮书、1999 版新红皮书、2005 年版、2006 年版和 2010 年版的单价合同格式因其较好地平衡了业主和承包商之间的权利与义务和相对公平而闻名于世。但是，埃塞俄比亚公路局通过专用合同条件和特殊技术规范，对过去承包商索赔中提出的不利于业主的合同条款和技术规范进行改造，使得合同条款和技术规范处处都是对承包商不利的合同陷阱。中国企业除面对激烈的价格竞争和普遍亏损外，还要面对非常不利的合同条款和特殊技术规范。

（2）合同条款和技术规范。

埃塞俄比亚公路局编制的专用合同条件中对承包商不利的合同条款有：

1）在埃塞俄比亚中央银行没有商业银行贷款基准利率的情况下，在专用合同条件中明确写明中央银行公布的商业银行贷款基准利率。在发生业主违约不能按期支付当地币预付款和工程进度款时，业主和监理工程师以中央银行没有商业银行基准贷款利率为由，压迫中国企业接受中央银行给埃塞俄比亚政府的3%利率，而非商业银行的7.5%至16.5%的利率或者11.5%的中间利率计算延迟支付利息，导致承包商的损失。事实上，根据《埃塞俄比亚民法典》第1751条规定，在合同没有约定利息或约定不明时，法定利息为9%。

2）美元利息合同中约定为LIBOR加2%。但由于LIBOR利息存在1、3、6、12个月不等的利息，导致业主、监理工程师与承包商各执一词。

3）专用合同条件中约定承包商支付监理工程师加班费，但实际上，监理工程师在计算加班费时，再加上40%的管理费，并从应支付给承包商的工程款中扣除，将业主应支付给监理工程师的费用转嫁给承包商。

4）有些公路项目工程量表的总结表（Summary Sheet）中不注明增值税项，导致承包商漏算增值税。在国际商会（ICC）国际仲裁院受理的埃塞俄比亚公路局诉某中国企业的19463/TO案中，埃塞俄比亚公路局败诉，最终埃塞俄比亚公路局向中国企业赔偿整个工程项目15%增值税。

5）在使用单价合同的BOQ表中，将普通土方和石方开挖（Common Excavation）不加区分，要求承包商报出综合单价，混淆了单价合同和总价合同的界限。因此，在报价时，承包商不得不在缺少地质资料的情况下对普通土方和普通石方开挖的工程数量进行粗略估算，并报出综合单价，使承包商承担了地质条件的风险，而承包商又不能因为地质条件进行索赔，放大了承包商的合同风险。

在世界银行等国际金融组织贷款的公路项目中，由于业主不能过分修改合同条件，因此，埃塞俄比亚公路局采用大幅度修改特殊技术规范的方式，公路局招标部门及时反馈承包商索赔中涉及的合同条款和技术规范，利用特殊技术规范填补漏洞和规避承包商索赔点，使得合同遍布陷阱。例如：

1）在业主征地拆迁的业主单方义务中增加承包商与业主和地主协调的内容，并以承包商未能与业主和地主协调为由规避业主征地拆迁的单方义务，使其成为业主和承包商的双方义务。从笔者索赔和处理争议的十多条公路项目统计看，修建公路的村镇段均受到不同程度的征地拆迁和当地居民阻工干扰，绝大部分村镇的拆迁问题存在于项目整个工期，成为工期延误的主因。

2）将埃塞俄比亚公路局 2002 规范（ERA2002）规定的沥青混凝土配合比 5.5%沥青含量并包括 0.3%的误差修改为不包括 0.3%的误差，监理工程师结算时按实际配合比结算。

3）埃塞俄比亚大部分地区底基层天然砾料的 PP 值和塑性指数（PI）不能满足规范要求，需要添加机轧碎石或石粉或进行二次掺拌，但业主在工程量表（BOQ）中仅列明支付项 51.01（a）项天然砾石。在使用机轧碎石或石粉或二次掺拌时，没有可以适用的支付项和单价。而监理工程师拒绝发出变更令，导致承包商无法按照掺拌料进行结算。

4）移挖作填适用道路全线长度。在道路沿线没有适合的底基层和基层料时，承包商需要从几十公里外运料，增大了施工成本。

5）利用 ERA2002 第 1000 章总则项规避业主责任和义务，利用概括性的规定回避业主责任，增加承包商责任和义务，将风险转嫁给承包商，例如第 1214 条。

因此，建议中国企业在报价时应认真核对 BOQ 表中支付金额较大的主要价目项，核实特殊技术规范的有关技术要求、计量和支付方法，识别合同陷阱，避免报价与特殊技术规范要求不符，造成超低价情况的出现。承包商切忌认为很了解埃塞俄比亚公路规范，但事实上埃塞俄比亚公路局招标部已根据各个项目的反馈对规范进行了实时和及时修改，规避了业主风险。

(3) 索赔通知与索赔时效。

从现有正在履约的公路项目看，中国企业在埃塞俄比亚的项目经理部均没有能够按照合同条件的规定，在合同规定的引起索赔事件的 28 天内向监理工程师发出索赔通知并抄送业主，导致在使用 1995 版橘皮书、1999 版新红皮书以及 2005 年、2006 年和 2010 年协调版 FIDIC 合同条件下承包商丧失索赔权利。在承包商提出工期和额外费用索赔时，业主和监理工程师否决承包商索赔的首要原因是承包商未能在引起索赔事件的 28 天内发出索赔通知。

中国企业在埃塞俄比亚的项目经理部没有按照合同的规定发出索赔通知的主要问题是：

1）项目经理部合同管理制度普遍缺失或执行不到位和形同虚设，文件管理混乱，短缺或丢失现象严重。

2）项目经理和项目经理部管理人员合同意识淡薄，意识不到在引起索赔事件发生后 28 天内发出索赔通知构成索赔的前提条件，在没有发出时将丧失索赔权利。个别项目经理心存害怕得罪业主的心态，在索赔事件发生时，不敢递交索赔通知，一厢情愿地或想当然地认为递交索赔通知将得罪业主。

3）项目经理部人员更换频繁，缺乏必要的文件交接手续，加上没有执行文件管理制度，导致部分文件丢失，包括进口设备进关文件和文件原件等。

4）在发生引起索赔的事件后，在给监理工程师的信函中，仅描述事件的经过，而没有在信函标题表明索赔通知或索赔意向通知，或没有在信函末尾表明索赔的意向，没有任何"索赔（Claim）"文字，导致此类函件不能被认定是索赔通知。埃塞俄比亚多个公路项目的大部分信函均属于这种情形。

5）对某些事件，如变更、技术问题等缺乏预见性，不能意识到此类事件将导致工期的延误或额外费用，未能发出索赔通知或索赔意向。但当此类事件对工期和费用的影响逐渐显现时，由于未能按照合同规定发出索赔通知，而业主和监理工程师严格执行合同有关索赔通知的规定，导致承包商索赔权利的丧失。

从上述问题可以得出，中国企业在索赔通知中存在的所有问题主要是主观原因和自身问题，它充分暴露了中国企业的合同管理的弱点、积弊和问题，中国企业应切实加强项目经理部合同管理，将合同管理从总部办公室落实到施工现场，将漂亮的条款规定转化为实际行动。

需要指出的是，在使用1987年第4版和1995年版橘皮书的情况下，承包商未能在引起索赔事件发生的28天内发出索赔通知并不必然导致承包商丧失索赔权利。根据1995版橘皮书第20.1款的规定，如果承包商未能按期发出索赔通知，只能丧失要求额外付款的权利，但承包商仍有权索赔工期延长。在使用1987年第4版时，根据第44.2款、第53.1款和第53.4款的规定，承包商没有在引起索赔事件的28天发出通知，并不导致承包商丧失索赔权利。

需要中国企业注意的是，已经有太多的埃塞俄比亚公路项目，由于中国企业未能按照合同规定在引起索赔事件发生后28天发出索赔通知而丧失索赔权利的真实案例。严峻的现实是，即使有的个别监理工程师没有深究索赔通知，但埃塞俄比亚公路局在评估工期和额外费用索赔时，也会采取坚定的立场，要求承包商提供索赔通知的证明，否则，否决索赔。

（4）工期延长和额外费用索赔。

在埃塞俄比亚公路项目中，导致工期延长索赔的主要原因是：

1）业主征地拆迁不及时，无法及时提供路权和现场占有权。

2）村镇段施工时当地居民阻工。

3）业主未在合同规定期限内支付预付款和工程进度款。

4）雨季等恶劣的气候条件。

5）工程变更。

6）工程数量增加。

7）监理工程师延迟提供施工图纸或延迟批准施工图纸。

8）不可抗力事件等业主风险事件，包括枪击事件、山体滑坡。

承包商在索赔工期延长时，应证明索赔的成立、索赔依据、计算方法并提供支持索赔的证据。从近期监理工程师与承包商对于工期延长索赔是否成立的激烈争论看，监理工程师对于承包商提出的工期延长索赔多持否定态度，或找出合同、规范或业主需求中对承包商不利的条款为业主辩护，或主张承包商存在共同延误，或以承包商未履行合同条款中的相关义务，否定承包商的工期延长索赔。

在埃塞俄比亚公路项目中，承包商索赔额外费用的主要原因包括：

1）工期延长期限内的与时间相关的费用，包括现场管理费、总部管理费和利润。

2）业主延期支付预付款和工程进度款导致的人员、设备和管理费损失费用。

3）当地居民阻工导致的人员、设备和管理费损失费用。

4）工程变更导致的额外费用。

5）额外的或增加的工程数量。

前些年，在承包商提出工期延长索赔时，均能获得业主批准的工期延长。但在埃塞俄比亚政府将公路建设管理权限从埃塞俄比亚公路局下发至各个地区和各州后，地方公路局管理能力较差，加上埃塞俄比亚公路局加强项目和合同管控，造成工期延长批准难度加大。

多年来，业主和监理工程师对于承包商提出的额外费用索赔均予以否决。如果承包商要想得到费用补偿，应通过争议评审专家或争议委员会程序，聘任独任的评审专家或裁决员，在评审专家或裁决员作出有关额外费用补偿决定后，承包商方能获得相应的额外费用索赔金额。或者，通过仲裁方式解决承包商提出的额外费用索赔。

（5）设计—建造合同及其风险。

埃塞俄比亚公路局采用业主设计承包商施工的单价合同模式以及承包商承担设计和施工的设计—建造总承包模式建设公路工程项目。工程界普遍认为，设计—建造总承包的固定价格合同的风险远大于单价合同风险。在采用固定总价合同的埃塞俄比亚公路项目中，这种风险明显高于单价合同，主要表现在：

1）在埃塞俄比亚公路设计规范存在取值范围时，业主和监理工程师要求采用设计值的上限进行设计。

2）在业主需求或特殊技术规范明确规定设计偏差的情况下，例如纵坡，在山区段规定最大坡比为11%时，要求按照一般山区的9%进行设计和施工，导致挖方大幅度增加。

3）业主需求不明确，导致道路宽度和长度大幅度增加，例如村镇段，业主需求规定为按照当地政府编制的村镇规划进行设计，但村镇规划的村镇段公路长度和宽度远远高于合同中的长度和宽度，导致承包商额外费用的发生。

4）在山区路段中，由于山体容易发生滑坡，护坡挖方和防护工程量增加。

5）在采用设计—建造总承包固定价格方式承建的埃塞俄比亚高速公路项目中，由于道路沿线缺乏合格的天然底基层料，需要进行机轧碎石掺拌，增加了承包商的成本。

6）在明显为工程变更的情况下，监理工程师拒绝发出变更令。

7）设计审批缓慢，监理工程师或业主未能在合同规定的期限内批准承包商的设计。

上述各种问题最终体现在承包商施工的工程数量大幅度增加，远高于承包商投标时预估的工程数量，导致承包商成本增加。由于各个承包商对于设计—建造总承包项目的风险认识水平不一，承包商投标价格相差巨大。如果承包商投标价格明显低于其他承包商的价格，特别是在高速公路项目上，则低价中标的承包商可能面临巨大的亏损风险。

（6）监理工程师执业操守与公平执业。

目前，埃塞俄比亚公路局在公路项目上的监理咨询公司来自欧洲、印度、本地的监理咨询公司，中国进出口银行融资的某些铁路和高速公路使用中国的监理咨询公司。从中国企业反映的情况看，欧洲监理工程师基本能做到公平执业，但埃塞俄比亚公路局大量使用本国监理咨询公司和印度公司，为了维护与埃塞俄比亚公路局的业务关系和从业主处获得监理合同，这些监理工程师偏离了应有的专业和公平执业的基本要求，采用各种方法不出变更令，千方百计否决承包商的工期延长索赔和费用索赔。

埃塞俄比亚公路项目上监理工程师未按应有的专业和公平标准执业的主要表现在：

1）无论在单价还是在设计施工总承包项目中，在根据合同规定明显应当签发变更令时不签发变更令。

2）按照 BOQ 表中较低的价格给承包商计价。

3）压低材料性质，按 BOQ 表中较低的价格给承包商计价。

4）压低签认价格。

5）在明显是业主违约的情况下，否认业主违约。

6）在明显是监理工程师未按期提供或批准图纸的情况下，否认违约。

7）千方百计否认承包商提出的工期延长索赔，否决承包商工期延长索赔的成立。

8）没有任何理由地否决承包商提出的额外费用索赔。

9）片面理解合同条款，否决承包商的权利。

建议中国企业认真研究合同条件和技术规范，严格按照合同条件和技术规范要求进行施工。在遇到监理工程师的不合理或不符合合同要求的规定时，应根据合同条件和技术规范要求据理力争。做好当期记录和支持性文件准备工作，为工期延长和额外费用索赔做好准备工作。在争议发生时，可采取由争议评审专家或争议委员会裁决员介入，对争议事项作出裁决，避免中途放弃权利。

(7) 争议评审专家执业和公平问题。

埃塞俄比亚公路局在公路建设项目上普遍使用争议评审专家（Dispute Review Expert，DRE）或者独任的争议委员会裁决员（Sole Dispute Board Member，SDBM）制度解决业主和承包商之间发生的争议或分歧，为快速解决公路建设项目中发生的争议提供了便利的争议解决途径。因此，中国企业应充分利用合同规定的争议评审专家和争议裁决员制度及时解决争议或分歧，维护自身合法权益。

目前，埃塞俄比亚公路项目上使用争议评审专家或争议裁决员出现的主要问题是：

1) 中国企业因不愿承担争议评审专家或争议裁决员费用，或因费用高或无法确定裁决员人选等原因未能在合同签订后的 28 天选定争议评审专家或争议裁决员。

2) 没有及时将争议递交争议评审专家或争议裁决员进行裁决，导致争议长期得不到解决。

3) 由于在合同初期业主和承包商没有聘任争议裁决员，在项目后期承包商的索赔明显对埃塞俄比亚公路局不利时，业主不愿聘任争议裁决员，或者与承包商在争议裁决员聘任上无法达成一致，导致长时间内无法就争议裁决员人选达成一致，争议无法得到解决。

4) 中国企业在埃塞俄比亚公路局工程项目上面临的争议解决的真正问题是：埃塞俄比亚公路局在推荐争议裁决员上握有主动权，承包商推荐的人选一律不予接受，而埃塞俄比亚公路局根据争议裁决员是否作出了对埃塞俄比亚公路局有利的裁决确定人选名单，将曾经作出对埃塞俄比亚公路局不利裁决的争议裁决员排除在人选之外，这就形成了埃塞俄比亚公路局推荐的争议裁决员均是对业主有利和维护业主利益的争议裁决员，形成了对承包商不公平和不利的局面。这种情况与争议裁决制度根本相悖，违背了公平原则，根本上损害了争议裁决制度。

5) 有些争议评审专家或争议裁决员多年服务于埃塞俄比亚公路局，在埃塞俄比亚公路局工程项目上的争议裁决报酬成为收入的主要来源，导致这些争议评审专家或争议裁决员背离了公平执业的道德和裁决规则要求。这些争议评审专家或争议裁决员作出的裁决明显偏向业主，或者采用只作出争议性质的裁决，而对具体金额要求业主和承包商再行协商的方式，规避一个争议评审专家或争议裁决员应履行的义务。

因此，建议中国企业慎重选择埃塞俄比亚公路局推荐的争议评审专家或争议裁决员人选，不要选择已长期在埃塞俄比亚公路局从事争议解决的人员，尽量选择没有为埃塞俄比亚公路局服务过的人选。在不能就争议评审专家或争议裁决员达成一致时，应及时地利用合同规定的争议裁决员指定机构，例如 FIDIC 合同规定的国际商会仲裁院主席指定争议评审专家或争议裁决员。

6.5.4　FIDIC 合同条件应用及其评述

自 1990 年以来，中国企业在国际工程承包市场中使用最多的是 FIDIC 合同，据不完全统计，约为 60% 左右的项目使用的是 FIDIC 合同。从近 30 年的实践看，中国企业使用 FIDIC 合同文本数量依次为：

1）1987 年第 4 版 FIDIC 合同。
2）1999 年版 EPC/交钥匙合同条件（银皮书）。
3）1999 年版设计施工合同条件（黄皮书）。
4）1999 年版 FIDIC 合同红皮书。
5）2005 年版、2006 年版和 2010 年版国际金融组织协调版红皮书。
6）1995 年版《设计—建造和交钥匙合同条款》（橘皮书）。

从笔者多年国际工程索赔的实践看，上述合同中，获得承包商欢迎的是 1987 年第 4 版 FIDIC 合同条件，该合同以条款相对公平和风险分配合理著称于世。

其次，1999 年版 FIDIC 红皮书和 2005 年、2006 年和 2010 年协调版红皮书，由于是单价合同，且设计是业主负责，因此承包商承担的风险相对于设计施工 DB 合同以及 EPC 合同偏低很多，因此，也受到了承包商的欢迎。但承包商认为，1999 年版 FIDIC 合同条款存在多处不清晰，业主和承包商责任没有划分清楚或使用文字表述清楚，造成施工过程中与业主、工程师发生争议和纠纷。

再次，1999 年版设计施工 DB 合同（黄皮书），尽管是总价合同，承包商承担设计，但该合同允许承包商进行索赔，且索赔的理由与 FIDIC 合同 1999 版红皮书基本相同。

最后，1999 年版 EPC/交钥匙合同（银皮书），虽然中国企业的很多国际工程项目使用 EPC 合同，但国际工程业界对该合同诟病最多，主要体现在：第一，为业主滥用，在土木工程项目中大量使用 EPC 合同，增大了承包商的风险；第二，业主和承包商分工和义务不清晰，导致施工过程中业主和承包商因此发生争议；第三，业主需求的解释权在业主和工程师手中，常常为业主和工程师滥用解释权，导致承包商成本的上升；第四，承包商承担了过多的风险。

第7章 分包合同的起草和编制

口说无凭，落笔为实。

——彼得·彼默罗，《商法》

7.1 分包合同文本的来源

分包合同是主包商与分包商之间签订的关于分包工程的法律性文件，是主包商管理分包商的法律依据，也是解决双方分歧和纠纷的法律基础。

分包合同依分包工程项目的难易、大小可简可繁，对某一项小的单项分包工程，可能只有简单的几项内容，但对于大的分包工程项目，分包合同文本可能有几十页或上百页之多，内容繁杂详尽，权利义务明确。

分包合同文本主要来源于以下3个途径：

（1）招标文件中提供分包合同文本。采用这种方式的主要是大型工程项目或交钥匙工程。由于工程浩大，技术难度高，业主或工程师为保证主包商和分包商之间合理平衡的利益关系，确保分包商能够顺利完成其分包工程，往往在招标文件中提供文本文件，供主包商和分包商使用，如我国香港青马大桥项目等。

（2）主包商自己编制，并由主包商和分包商谈判确定最终文本。这种方式特别适用于单项工程分包或"小包"工程，但其最大问题是主包商利用自己的有利地位，编制偏向自己的合同条款，而将分包商置于非常不利的地位。主包商往往逼迫分包商"要么接受，要么就不要干"，这样容易形成失衡的合同条件，迫使分包商接受不公平的条件。

（3）有关国际咨询机构或专业协会编制的分包合同标准格式，如 FIDIC 编制的1994年版《土木工程施工分包合同条件》，英国 ICE 编制的 NEC3 系列《设计和建造工程分包合同格式》，美国 AIA 编制的标准分包合同格式，以及美国 AGC 和英国 JCT 编制的标准分包合同格式。这些国际咨询机构或专业协会站在中立的立场编制分包合同格式，使主包商和分包商的利益得到平衡，权利义务基本相同。这些分包合同格式在国际工程承包业务中广泛使用，也易于被主包商和分包商接受，建议在使用大分包商时应采用这些国际咨询机构或专业协会编制的分包合同格式。

自1979年至今近40年来，我国对外承包工程企业使用的分包合同通常是各个企业自行起草分包合同，并通过谈判或招标方式与分包商达成一致。这些分包合同存在分包合同条款不规范，漏洞多，不公平条款，霸王条款等总包商与分包商权利义务不平等，风险分配不平衡的现象，未能起到通过合同规范当事人各方权利义务，减诉止争的目的。而且，随着EPC总承包模式的推广，发电、铁路、航站楼、石化等大型综合性项目增多，分包模式已从简单的施工分包模式发展为综合性分包模式，分包商承担了更多的责任和义务，总包商和分包商需要通过多方合作，保证综合性项目中最终使用功能的实现。因此，一份公平合理、风险分配平衡的分包合同更能够保证总包商和分包商各方的合同权利和义务，确保项目最终目标的实现。为改变过去和当前中国企业之间分包合同不规范的现象，解决中国企业总包商与分包商之间缺乏权威机构编制的标准分包合同文本的问题，2017年12月，商务部立项批准中国对外承包工程商会作为起草和编制国际工程分包合同格式的主体，成立编制委员会，邀请业内专家、学者和律师等组成起草委员会，起草和编制适用于中国企业之间的系列工程分包合同格式。2018年1月12日，第一次编制委员会召开第一次全体编制委员会大会，确定了编制原则、编制体例、编制文本等基本原则。为满足中国企业从事国际工程项目的需要，初步确定首先编制《国际工程施工分包合同条件（适用于单价分包方式）》《国际工程施工分包合同条件（适用于总价分包方式）》《国际工程设计分包合同条件》《国际工程采购合同条件》和《国际工程安装分包合同条件》。编制委员会计划于2018年内完成编制工作。

除了英美等国的专业咨询机构外，有些国家或地区根据本国或本地区的具体情况，编制了适用于本国或本地区的分包合同格式，主要有我国香港地区、新加坡、马来西亚等国家和地区的一些专业咨询机构编制的，供政府公共工程和私人工程使用。

7.2 编制分包合同的原则

分包合同也涉及了与主包合同相同的内容，并且具有一定的特殊性。在国际工程招标项目中，承包合同文本是业主或咨询工程师在标书中已有规定，承包商在投标时只能遵守，无权对合同条件进行修改。而分包合同则不同，除非标书中已提供文本，否则承包商有极大的自由编制、采用不同的分包合同。

主包商在编制分包合同时，应根据项目的具体情况，依据下述原则处理分包合同内容和条款。

（1）与主合同相一致的原则，也称为"背靠背"原则或相同义务原则，这是编制分包合同最基本的原则。一致性原则体现在合同条件、规范、图纸、数量以及与工程师的关系等各个方面。但分包合同毕竟与主合同不同，分包合同可以不受主合同条款的约束,可由主包商和分包商协商确定。

(2)分包商知晓原则。应在分包合同中明确写明"应视为分包商已阅读和全面知晓和了解了主合同规定的合同条件、图纸、规范、数量、现场情况等"条款规定,以利于在出现不利情况时使用。

(3)完整性原则。应在合同条件中进行全面的规定,形成完整的合同条款,不仅需要进行正面肯定的规定,还需要从反面进行描述(即如果出现相反情况时如何处理和责任的规定)形成合同条款的完整规定,以避免出现纠纷时合同条款出现疏漏。在合同条款完整的同时,还应注意组成分包合同文件的完整性。主合同文件,如规范、图纸和主合同文本(含有价格的工程数量清单除外)是否包括在内,由主包商和分包商协商确定。

编制分包合同时,特别是大分包商的合同时,建议应聘请专业律师参与分包合同的谈判、起草和形成最终分包合同文本。

有经验的工程承包公司,应在公司内部制订分包规则、分包合同文本指南,供在不同国家的承包工程使用。这样,经过几年的积累,能够将成功和失败的经验及时总结,避免类似事件的再发生,以利于提高经营管理水平。

7.3 分包合同界面和解决方案

7.3.1 分包合同与主合同的界面

主合同和分包合同之间存在交叉界面,见表7-1。

表7-1 主合同和分包合同交叉界面表

序号	交叉界面主题	需在分包合同中界定的内容
1	分包方式	工程分包(部分、工序分包)
		专业工程分包
		劳务分包(清工分包)
2	合同模式	合同格式和文本选择
		合同方式:单价、总价、成本加酬金
3	工程	工程内容
		工程范围
4	工期	分包工程的工期,包括开工时间、进场时间、竣工时间
		分包商开工的前提条件
		分包商延误工期损害赔偿费

第7章 分包合同的起草和编制

(续)

序号	交叉界面主题	需在分包合同中界定的内容
5	价格	分包工程价格
6	支付	支付方式
		支付货币
		支付期限
		延期支付利息约定
7	保函	履约保函
		预付款保函
8	施工用水、电和气	明确是主包商的责任还是分包商自负费用自己解决
9	保险	保险种类,由谁承保,保费负担原则
10	材料供应和检验	材料供应责任
		材料报检程序
11	临时工程和设施的使用	临时工程和设施的使用
12	施工现场、通道和便道的使用和维护	施工现场、通道和便道的使用和维护
		涉及一个以上分包商共用施工通道和便道时各个分包商责任
13	工程变更	工程变更定义
		变更指示
		变更程序
		变更估价
14	分包工程竣工	竣工申请
		竣工试验
		工程竣工证书
15	保留金	保留金金额、扣留方式和释放
16	缺陷责任期	缺陷责任期限
		缺陷责任期责任和义务
		分包商未能履行修复义务的补救措施
		场地、料场的恢复义务
17	税务	分包合同价格中是否含税
		税务处理的原则和规定
		增值税、预提税的扣缴义务
		企业所得税
		个人所得税
		其他税费

(续)

序号	交叉界面主题	需在分包合同中界定的内容
18	主包商接管的权利	主包商接管分包商的预期情形，接管后的后果和责任
19	分包合同终止	承包商终止分包合同及其结算
		分包商终止分包合同及其结算
		业主终止合同及其结算
		因不可抗力终止分包合同及其结算
20	争议的解决	友好协商方式和时间限制
		仲裁机构
		仲裁规则
		仲裁地点
		仲裁员人数
		仲裁语言
		仲裁裁决的效力（仲裁裁决是终局裁决，对双方当事人均有约束力）
21	争议的解决	诉讼方式（仲裁和诉讼只能二选一，"仲裁或诉讼""仲裁和诉讼"的表述将导致争议解决条款无效）
22	法律适用	适用哪个国家或地区的法律（与主合同一致）

7.3.2 解决方案

在主包商与分包商进行分包合同谈判时，主要涉及了表 7-1 中的主要交叉界面问题，其解决方案如下。

1. 分包方式

根据主包合同的不同，分包合同形式可以采取不同的方式，如单价合同、总价合同或者其他方式等。不同种类的合同形式具有不同优缺点，承包商可根据分包的具体工程确定。

在进行大分包工程项目时，当主包合同采用 FIDIC 合同（单价合同），主包商在将大块工程项目分包时，如桥梁的主塔施工，多应采用单价合同的方式，主要原因是工程数量清单上的数量可能与最终数量存在较大差异。如主包合同采用了总价合同，分包合同也应采用固定总价合同的方式，以避免价格包不住的情况发生，出现亏损。

如进行单项工程或小包项目时，如工民建筑的空调系统或网络系统，亦采用固定总价合同的方式，以利用主包商控制成本。

为激励分包商尽快完成其分包工程，主包商也可以采用固定总价合同加奖金等方式签订分包合同。

主包商如何在主合同是设计施工 DB 合同、EPC 和交钥匙合同时选用分包方式，值得主包商深入考虑后作出决定。主包商应遵守的基本原则如下：

第一，在主合同是设计施工 DB 合同、EPC 或交钥匙合同时，土建工程分包不宜为单价合同，除非主包商对工程数量在合同 BOQ 表中给予了足够的考虑，能够以单价计量的方式保证分包工程的工程数量少于和等于主合同中主包商投标时估算的工程数量，否则，主包商将承担工程数量增加的全部风险，主包商将在工程数量上亏损，而分包商不承担工程数量风险。另一方面，在主合同没有详细的工程计量的情况下，主包商需要工程和合同管理人员，特别是工料测量师对分包工程进行测量和计量，增加了主包商的工程和合同管理工作，而主包商在主合同中使用的是总价合同，无须计量或无须精确计量。

第二，在主合同是设计施工 DB 合同、EPC 或交钥匙合同时，分包合同也应为总价合同形式。主包商需要注意的是，在某些中东欧国家，如果要求分包商以总价合同方式做分包工程，则会出现无人愿意分包的局面。因此，在这些国家投标时，应充分估计工程数量的风险，保证主合同中的工程数量（无论是否在 BOQ 表中体现）能够估计充分。

第三，如果主合同是单价合同，分包合同可为总价合同方式。这主要是因为主合同是单价合同时，如分包合同是总价合同，分包合同可以涵盖工程数量等风险。

第四，在主合同是单价合同时，分包合同可为单价合同方式。这种选择使分包商完全遵守主合同的合同计量方式、遵守工程师的指示，按照工程师签认的工程量和分包合同价格及费率进行分包合同结算。这种分包方式是分包商最愿意接受的方式。

主合同和分包合同的选择，如图 7-1 所示。

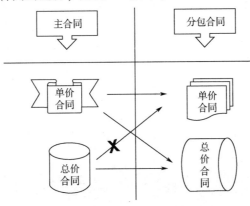

图 7-1　主合同和分包合同选择关系

2. 合同格式

由于主包商在与分包商谈判中处于绝对有利的地位，因此，经常出现的情况是分包商不得不接受不公平、苛刻的分包合同条款，为了得到工程而委曲求全。

从主包商的立场考虑，主包商在签订主包合同后，应尽可能通过一系列的分包、采购谈判等转移风险，包括潜在的施工、技术、进度和低价等风险，形成主包商、分包商、材料和设备供应商之间的风险分担，以尽可能的方式降低风险，赚取利润。

从分包商的立场考虑，为了能得到工程，希望尽可能以最小的代价、尽可能公平的条件与总包商签约。

在国际工程承包实务中，形成了如下做法：

第一，对于大分包工程，可以采用国际咨询机构，如 FIDIC 分包合同格式、ICE 分包合同格式或美国 AIA、AGC 分包合同格式为蓝本，并通过主包商和分包商谈判修改第二部分专用条件的方式拟定分包合同文本。采用国际咨询机构或专业协会的格式合同，往往容易为主包商和分包商接受。

第二，对于单项分包工程或小包工程，主包商可以根据以往经验自己拟定分包合同，或者聘请自己的专业律师拟定，或者主包商和分包商共同聘请专业律师拟定合同文本后由双方谈判确定最终文本。

第三，在中国对外承包工程商会 2018 年编制完毕国际工程分包合同示范文本后，中国承包商可选择适用于中国企业主包商和分包商之间的分包合同示范文本。

对中国对外工程承包公司而言，在一些发达国家和地区，如新加坡、马来西亚和我国香港地区等，根据当地的习惯，中国公司会聘请自己的律师进行草拟、评估分包合同文本，提出法律意见和建议。但在大多数落后国家和地区，中国公司往往不愿意花钱聘请专业人员或律师，而是凭经验自己起草分包合同格式，存在合同文本简单、漏洞多等问题。为了提高项目的管理水平和能力，建议聘请专业人员或律师起草分包合同，形成严谨、完整的合同文本，形成良好的工作习惯和作风。

3. 工程范围

由于分包商的介入，一个工程项目产生了不同的界面，严格界定主包商与分包商、各分包商之间的工程范围十分重要。

在国际工程承包实务中，主包商要求分包商在报价中应明确界定分包商的工作范围，如利用工程图纸标注、工程数量清单和文字说明等方式明确分包工程范围，切忌使用含糊不清的语言描述，避免施工中相互扯皮。在国际工程项目中，工程范围的界定分为如下情况：

（1）在分包合同采用单价合同时，分包商的工程范围很容易界定，且在分包合同中，分包商实施的分包合同工程需要工程师的计量和签认，因此，在适用单价的分包合同中，工程范围较为容易界定。在施工过程中，主包商和分包商基本上不会因工程范围产生争议。主包商和分包商容易发生争议的是变更问题，即分包商认为是工程变更，但主包商、工程师认为分包商所做的某一部分工程不构成变更，且不发出任何变更指示。因此，在适用单价合同的分包合同中，应约定以工程师计量和签认的计量和付款为准，避免分包商挑战工程师签认的工程数量和计量付款，从而对主包商进行索赔的问题。

（2）在设计施工 DB 合同、EPC 和交钥匙的总价合同中，分包工程的工程范围是一个非常不容易界定的问题，常常出现的情况是，分包商认为他所实施的工程不在分包工程范围之内，从而要求主包商的额外付款。更为常见的是，分包商认为主包商负责设计，当详细的施工设计（detailed design drawing 或 shop drawing）后的工程数量与主包商投标或合同中的设计方案或初步设计出现较大偏差时，分包商认为超过 BOQ 表中的工程数量不属于分包商的工程范围，是额外工程，要求主包商支付额外付款。为避免上述问题，分包合同中应明确：

第一，在主包合同是设计施工 DB 合同、EPC 和交钥匙的总价合同中，分包商应承担主包商在主合同中应承担的责任、义务和风险，包括：

（a）工程数量的风险，特别是投标时或合同中的设计方案或初步设计与详细的施工图之间出现的工程数量偏差。

（b）在业主或工程师对主包商递交的图纸进行审核后，要求主包商修改图纸产生的增加的工程数量。

（c）主包商投标的或合同中的设计方案或初步设计中的技术参数、设备型号、设备来源、尺寸的改变导致的工程成本增加的风险。

第二，承包商在谈判和投标时，应在合同中非常明确主合同的工程范围。

第三，在分包合同中，主包商应明确界定分包工程的范围，特别是分包工程的界面及其界定。例如，土木工程与安装工程的界面，应明确预埋件的安装是谁的责任，由谁实施和费用的承担问题。主包商和分包商都需要特别注意的是：①工程的水平范围（横向）的工程界定，例如分包工程边界；②垂直范围（纵向）的工程界定；③交叉面，例如土建结构工程与安装的搭接面中的问题，另外在隧洞施工中，一个分包商负责 TBM 隧洞掘进施工，在需要经过另一分包商负责的钻爆法施工隧洞段时，涉及 TBM 设备滑行的问题，因此，需要界定是 TBM 施工分包商还是钻爆法施工分包商负责滑行段的轨道的施工；④搭接面，即不同分包工程或主包商与分包商工程的搭接面，应明确由谁负责施工，例如隧洞施工中，两个分包商在隧洞中相遇的最后几米的施工问题应予明确，需要分包合同特别约定。在住房施工中，土建承包商应为机电分包商提供施工面和临时设施，因此，应界定机电分包商的临时设施的提供和使用问题，如果使用土建分包商的临时设施，应约定如何使用及其费用承担的问题。

在中国企业的主包商和分包商之间，常常发生工程范围的争议，因此，在分包合同严格界定分包合同范围，是主包商和分包商需要面对和解决的问题，以期避免在施工过程中发生工程范围的争议。

4. 分包合同工期

分包合同的工期，特别是存在多个分包商，且多个分包商需要交叉作业时，如何界定各个分包工程工期是一件非常麻烦和考验主包商项目管理水平的问题。作为主包商，不能犯的最低级错误是分包合同的工期与主合同相同，除非是转包情形。

分包合同工期是一个非常重要的事件，其重要意义在于：

（1）它是决定分包商工期开始日期和结束日期的依据。

（2）它是决定分包商延期违约金（liquidated damage for delay）的重要依据。

（3）它是决定分包商是否存在违约行为的重要依据。

（4）它是决定分包商损害赔偿责任的重要依据。

在主包商编制分包合同或与分包商谈判分包合同时，分包合同必须明确分包合同的工期，包括：

（1）分包合同工期开始的具体日期或开始日期的生效条件。

（2）分包合同工期中的里程碑日期（节点工期）。

（3）分包合同工期中的竣工日期。

（4）分包合同工期中的延期违约金金额。

（5）未能遵守分包合同里程碑日期（节点工期）或竣工日期的其他合同和法律责任。

如果主包商可以在分包合同中明确界定一个具体的日期，则应尽可能确定一个具体日期，例如2018年1月1日，或者主包商与分包商签署分包合同的日期，或者签署分包合同日期之日起的第14天。如果根据分包合同的约定，要求主包商向分包商发出开工令（Notice to Proceed，或者Notice to commence the Subcontract Works，或者Commencement Notice），则主包商应严格遵守该项规定，向分包商发出书面的开工令，以避免双方在仲裁或诉讼过程中产生开工日期的争议，避免分包商提出开工日期没有界定的情况下则无法确定竣工日期的主张。

在分包合同开工日期为设定的开工前提条件时，主包商必须在分包合同中严格界定这些开工前提条件，并规定以最后一个前提条件满足的情况下或者双方当事人以书面方式放弃某一前提条件时开工日期生效。

在分包合同中设定里程碑工期或节点工期是防止分包商履约能力不能达到分包合同要求、提前接管分包工程、终止和解除分包合同的重要的合同和风险管理措施。因此，主包商应毫无例外地在分包合同中设定里程碑工期或节点工期，例如在某一具体日期达到分包工程进度的20%，某一具体日期分包工程进度达到40%等。为避免因分包商进度的进一步延误，从而造成整个合同工期的延误，分包合同应规定主包商有权采取的措施，包括接管分包合同（taking over subcontract works）或者分包商未能在主包商给予的整改期限内予以整改，则主包商有权终止分包合同。主包商在分包合同中约定此类权利是为了保证分包商按时完成工程的承诺，维护自身权益。

分包合同中需要规定延误违约金，可规定每天延误违约金的百分比或具体金额，例如每天0.05%或者每天100000元等。延误违约金的最高上限应根据分包合同金额具体确定，在分包合同金额巨大的情况下，可约定为5%～10%。一般而言，大多数延误违约金的最高上限可为10%。

5. 支付货币

除少数国家和地区外，中国工程承包公司所在的大部分国家和地区均存在货币汇率不稳，货币贬值的汇率风险。另外，如果承包商承揽了国际金融机构，如世界银行、亚洲开发银行等融资的项目，存在外汇与当地币的比例问题。当承包商在进行分包时，特别是进行工期长的大项分包工程或使用境外分包商时，支付何种币种来避免汇率风险，是承包商需要权衡的重要问题。

以印度尼西亚某项工程为例，主合同规定的报价前30天印度尼西亚中央银行的汇率是1美元兑换8965印尼盾，主合同的外汇与当地币印尼盾的比例根据贷款协议调整为90%与10%，分包合同报价的外汇与当地币比例为65%和35%。由于分包合同与主合同的外汇比例不同，当主包商在支付分包工程款时，需要用美元兑换当地币支付，产生了汇率风险。

在1997年亚洲金融风暴后，印度尼西亚的货币处于起伏不定的状态，2004年3月印尼盾兑美元汇率为8300左右，8月为8965印尼盾，11月为9088印尼盾，2005年6月为10300印尼盾，2005年12月底为9865印尼盾，2006年1月初印尼盾上升为9665印尼盾兑换1美元。自2011年起，印尼盾大幅贬值，从8100印尼盾兑换1美元贬值到13500印尼盾兑换1美元左右。

解决支付货币问题有如下方法：

第一，业主支付什么货币，主包商按业主支付的货币付给分包商；且货币的种类和百分比与主合同中业主支付的货币相同。这种方法易为分包商接受，也是大多数国际工程分包中最为经常采用的方式。

第二，无论主合同货币种类或汇率变化，主包商按分包合同中约定的货币支付给分包商。也就是说，在这种情况下，主合同和分包合同的货币种类不同，主合同按合同约定获得付款，分包商按照分包合同约定的货币获得付款。需要注意的是，主包商和分包商均承担了汇率变化的风险。

第三，在单项分包或小额分包给当地分包商时，可以考虑用当地币支付分包合同款项。

主包商或分包商在金融市场上进行货币掉期安排，需要考虑银行是否愿意做某种货币的掉期安排，当地市场上银行做某种货币掉期安排的额度以及货币掉期成本问题。

6. 银行保函

除小包工程外，为了保障主包商自身的利益，主包商均要求分包商提供分包工程项目的履约保函、预付款保函以及维修保函（如有），分包商也有义务提供上述保函。当分包商违约时，主包商可以通过没收分包商保函的方式尽快挽回自身可能承担的损失，而不是通过旷日持久的法律诉讼方式解决，这样有助于工程项目的实施。

采用何种保函格式，实务中有两种解决方式：

（1）采用"背靠背"方式，即使用主包合同中的履约保函和预付款保函格式，由分包商向主包商开具。

（2）主包商选用已使用过的，或一些标准合同格式所附的履约保函和预付款保函格式。

目前国际工程承包中使用的均是无条件的"见索即付"银行保函，因此，只要是这种无条件的保函，使用何种格式不存在太多争议。

在要求分包商出具履约保函或预付款保函时，主包商应特别注意分包商使用的出具保函的银行，应是有信誉的大银行，如一些跨国银行等。如分包商使用了当地银行，主包商应调查当地银行的信誉、规模等，如主包商认为无法接受开证行，应要求分包商更换主包商能够接受的银行开具保函。如果主包商对当地银行存有疑问，可要求分包商进行转开保函。但主包商应考虑分包商转开保函的费用，这笔费用在某些发展中国家是一笔很大的费用，以印度尼西亚为例，保函转开年费达2%，主包商和分包商是否可以承受，报价中是否包含这笔费用，需要主包商和分包商全盘考虑。

主包商是否能够接受保险公司开具的保函的问题，是一个非常复杂的问题。一般而言，主包商不应接受保险公司出具的保函。在国际工程实践中，中国企业使用保险公司保函，通常情况是进口施工设备和材料时，为免税需要而向海关开具保险公司保函，在施工设备再出口或在工程所在国完税后，可以将海关保函撤回。

7. 保险

在主包合同中，业主均要求承包商投保工程一切险（CAR）和第三者责任险。承包商在签订合同后应按主合同规定的进行保险。

在国际工程承包实务中，主包商可以：

第一，由主包商按主合同规定进行保险，分包商不用就其分包工程再进行保险，但分包商应承担其分包工程发生的保险费用。

第二，由分包商对其分包工程或施工设备、人员、设施、货物或材料进行单独保险，但工程一切险和第三者责任险除外，保险费用由分包商承担。

需要注意的是，在一个工程项目中，业主或承包商只能承保一份工程一切险和第三者责任险，而不能存在两份工程一切险和第三者责任险。但分包商可以就其施工设备、货物、材料、人员或设施单独进行保险，由分包商自负费用承担保险费用。

8. 材料供应和检测

在分包合同中，应明确材料的供应责任，即由主包商供货还是分包商自己负责。另外，主包商应严格控制和管理分包商使用的材料，要求分包商提供材料规格、生产厂家、质量证明等文件，如需要，主包商应对分包商提供的材料进行单独检测，以确保工程质量。主包商在一些工程监理制度不严格的国家承包工程时需给予特别注意。

9. 临时工程和设施的使用

由于分包商的存在，主包商和分包商不可避免地要使用和利用对方的临时工程和临时设施。因此，应在分包合同中明确共用的临时工程和设施的建设费用和如何使用等；在使用对方的临时工程和设施时，也应明确使用规则，如事先通知、使用量等。根据 FIDIC 分包合同的规定，除非另有规定，承包商没有义务为分包商提供和保留分包工程的临时设施。

10. 施工现场、通道或便道的使用

应在分包合同谈判和分包合同中明确施工现场、通道或便道的使用方式、建设和维修便道的费用承担、主包商和分包商的相互提前通知和安排使用等问题。

11. 现场的清理和恢复

分包合同中应规定分包工程竣工时，分包商应负有进行现场清理和恢复的义务。主包商应进一步明确现场的清理和恢复的义务是分包商自负费用，且应在业主和/或工程师规定的期限内完成。如果分包商未能在规定的期限内完成现场清理和恢复义务，则主包商有权自己完成或委托第三人进行，分包商为此发生的实际费用。

12. 工程变更

如业主通过工程师进行工程变更，根据主合同的规定，主包商可以通过变更令得到变更工程的补偿，分包商也可相应地从主包商处得到业主支付的款项。主包商无权对永久性工程进行变更，但如果是主包商进行临时工程变更，主包商将无法从业主处得到补偿，如涉及分包工程，合理的规定是分包商有权从主包商处得到工程变更的补偿。

工程变更是国际工程项目争议来源之一，不仅承包商与业主会发生工程变更

的争议，包括是否构成变更、变更的估价等，主包商和分包商之间也会发生类似的工程变更的争议：

（1）在主合同是单价合同，分包合同也是单价合同时，业主或工程师的变更将构成变更，分包合同同样适用这项原则。但承包商或分包商常常会挑战业主和工程师，争议的问题是工程师发出的某项指示是否构成变更、承包商是否有权重新报价。

（2）在设计施工 DB 合同、EPC 和交钥匙合同中，分包商常常主张他所从事的某项分包工程不属于分包合同范围，因此，分包商主张构成变更，要求主包商支付额外付款。

工程变更是一个复杂的工程争议，本书将在第 12 章中详述。

13. 保留金和维修期限

由于分包商只是承担了部分工程，其完工时间肯定与全部工程的竣工时间不相吻合。因此，在分包合同谈判过程中，分包商会同意按主合同规定的同样比例从每期工程账单中扣除已完工程的保留金，但退还保留金的时间问题上，双方可能产生争执。主包商通常会要求在业主退还其保留金后才能支付给分包商，也就意味着要等到全部工程竣工并验收合格后分包商才能拿回保留金。

在国际承包工程实务中，有时分包工程，如道路的土石方工程很早就能够完成，如等到工程竣工并验收合格，往往会等上一两年，因此，主包商应根据不同的情况处理保留金支付时间。

第一，对较早完工的分包工程，其工程经过业主验收认可的，可以尽早支付。

第二，对大分包工程，如主包商自己承建主桥工程，而将引桥分包的工程，由于主包和分包工程竣工时间大体相近，主包商可以在业主退还保留金后才向分包商支付。

对于维修期限，主包商可以按照保留金的处理原则进行。

14. 税务

无论是主包商还是分包商，均应对税务问题给予极大的关注。在国际工程项目中，承包商面临的主要税务问题包括：

（1）进口永久性货物和设备的关税及其关税上的进口增值税。

（2）进口承包商的施工设备和配件的关税及其关税上的进口增值税。

（3）增值税。

（4）预提税。

（5）个人所得税。

（6）企业所得税。

以印度尼西亚为例，涉及工程承包合同的税务主要有预提税（Withholding

Tax)，约为年营业额的3%，该税将在年终多退少补；公司所得税、个人所得税和增值税（Value Added Tax，简称VAT）。对于预提税，主包商应在支付分包商价款时扣除3%的税款。对于增值税，印度尼西亚规定为合同额的10%。例如：由于某公司所做的工程是中国政府优惠买方信贷项目，印度尼西亚政府通过其财政部借款建设，根据印度尼西亚政府的规定，凡外国政府贷款项目均免除增值税。而对于印度尼西亚政府内资项目，则应由业主支付给承包商10%的增值税，再由承包商退税返还。由于上述规定，主包商和分包商之间为增值税的支付和退税问题产生争议。主包商认为由于合同是免除增值税，如果由主包商支付给分包商增值税，会加重主包商现金流的负担，以及增值税退税的数额不确定性和时间不确定性所受到的损失。分包商认为主包商应支付分包商增值税，退税的事情是主包商的问题。最终，主包商提出由业主与有关政府部门如财政部、税务总局申请特别政策，免除向下游分包商和供货商支付增值税的负担。

在处理分包合同增值税时，主包商和分包商应明确以下思路：

(1) 业主免主包商增值税，但主包商必须向分包商支付增值税，并由分包商出具增值税票，由主包商的进项增值税和销项增值税相抵，处理在税务局的增值税事宜。在上述印度尼西亚案例就是如此。此外，在上述印度尼西亚案例中，如果印度尼西亚政府不能免除主包商向分包商支付增值税时，则主包商需要向分包商支付增值税。在这种情况下，主包商受到的影响是：

第一，因主包商需要向分包商支付增值税，而主包商从业主处无法获得增值税的支付，因此导致主包商现金流增加。主包商需要先行向分包商支付增值税，然后才能从税务机构进行增值税的进项和销项税抵消。

第二，可能导致主包商遭受损失。由于在某些国家获得增值税退税需要支付一定的费用，因此，主包商可能损失这笔费用。

(2) 根据有些国家法律的规定，例如孟加拉税法第52条的规定，增值税采用代扣代缴制。工程师在签发期中付款证书时扣除增值税和预提的所得税8.5%，然后主包商在分包商的期中付款证书中扣除相应的8.5%增值税和所得税。在这种情况下，主包商应履行税法规定的代扣代缴义务，并向税务局支付相应的增值税和所得税。

(3) 在采用机打发票的国家，如中国、埃塞俄比亚等国，分包商在向主包商开具发票时，税控系统按照增值税税率自动计算增值税，然后税务局从分包商的账户中划拨相应的增值税金额，完成纳税义务。

在某些不发达国家，特别是非洲国家，主包商可向税务局或当地财政部申请免除增值税的手续和批文，以避免主包商现金流负担和退税损失风险。

主包商和分包商应关注的第二个税务问题是分包合同价格是否应包括增值税

及其所有税和费的问题。一般而言，分包合同应包括增值税及其所有税和费。但是，在主包商获得税务减免的情况下，如关税，则主包商应给予分包商关税减免的同样待遇。

承包商需要牢记的是，合同中如规定给予承包商免税待遇，但承包商不能将其理解为业主免除了个人所得税和企业所得税。对于增值税，也需要在进行合同谈判时确实落实增值税的减免规定，而不是简单理解为免除，这不仅会造成合同价格缺少增值税金额，造成价格缺陷，而且会导致承包商在履约过程中支付增值税，导致承包商的损失。

15. 主包商接管权利的行使

主包商的接管（Take over），是指分包商在无力履行分包合同时主包商接手分包工程，由主包商实施分包合同的行为。这种情况主要出现在分包商无力履行、破产、可能的延误工期以至造成整个工期延误等情形。在终止分包合同时，主包商应注意按照合同的规定保护自己的权利，在法律上不要形成漏洞，造成分包商提交仲裁，避免进一步争议。应当注意，FIDIC分包合同标准格式中规定主包商行使接管的权利的规定是模糊的，如可能主包商应将该部分内容细化，明确规定发生何种事件时或工期延误达到多长时间，或潜在的、可能的工期延误将导致整个工期延误到何种程度时主包商可以行使接管的权利。同时，在该条内容中应规定主包商行使接管权利的程序。

应当说，主包商行使接管权利是一种迫不得已的行为。接管意味着分包合同的终止，意味着主包商要自己实施该部分分包工程，需要重新动员、安排人员、物资、设备、工程进度，意味着要使用额外的资源完成本已分包出去的工程项目。对此，主包商应慎重行使接管的权利。

16. 分包合同终止

分包合同的终止与主合同的终止存在差异，主要差异在于主合同终止时，仅涉及业主终止合同的情形和承包商终止合同的情形两种情况，但分包合同的终止存在三种情形：

（1）业主终止主合同，导致分包合同被迫终止。
（2）主包商终止分包合同。
（3）分包商终止合同。

从国际工程的实践看，FIDIC合同2011版分包合同格式规定了详细的分包合同终止及其处理的情况，这些规定具有法律效力，为国际工程业界承认，主包商可援引FIDIC合同2011版分包合同第15条、第16条的规定处理分包合同终止事宜。

17. 争议的解决

国际工程承包中争议的解决一般采用仲裁的方式，在分包合同中也同样涉及仲裁地点、法律的适用、仲裁规则的使用和仲裁的执行等问题。

主包商可以选择在工程所在国的仲裁机构，也可以选择境外的仲裁机构进行仲裁。如果担心工程所在国的法律不健全、司法不公以及司法腐败，主包商应选择境外的仲裁机构进行仲裁，如中国香港仲裁机构、新加坡国际仲裁中心、伦敦仲裁院、巴黎国际商会 ICC 仲裁中心、瑞典斯德哥尔摩仲裁院等。由于主包商在分包谈判中的有利和主导地位，分包商一般会接受主包商的提议。

在选择仲裁地时，主包商和分包商的立场往往不同，观点也随之不同。一个外国承包商往往不愿意在分包商的所在国进行仲裁，特别是在法律不健全、司法不公和腐败的国家，这个问题在中国企业从事国际工程项目的贫穷落后的发展中国家尤其显著。解决这个问题的方法是选择主包商和分包商所在国家之外的第三国进行仲裁，易于为双方所接受。

如分包合同规定了仲裁地点或机构，则应适用该机构的仲裁规则。

目前，世界上 80 多个国家参加了 1958 年的《承认及执行外国仲裁裁决公约》，中国也参加了该公约，但有些国家有所保留。主包商应查阅有关资料或查询有关机构，注意保留事项的具体规定，避免生效的仲裁裁决无法在工程所在国执行的情况发生。

主包商和分包商双方当事人在选择仲裁或者法院诉讼两种争议解决方式时只能二者选择之一，而不能即选择仲裁又选择诉讼（即"仲裁和诉讼"），或者仲裁或诉讼的方式（即"仲裁或诉讼"）解决双方当事人之间发生的争议。根据各国仲裁法律和仲裁机构仲裁规则，这种"仲裁和诉讼"或"仲裁或诉讼"将导致分包合同约定的争议解决方式无效，如任何一方当事人提起仲裁或诉讼，则无疑会引起管辖权争议，使得双方当事人未能解决双方的实体问题而首先陷入程序争议，不仅导致双方当事人的讼累和金钱浪费，还会拖长双方当事人之间的实体争议解决时间，不利于双方当事人争议的解决。

有关争议解决，详见本书第 18 章。

18. 法律适用

法律的适用是指分包合同适用的法律，主要是适用工程所在国的法律还是外国法的问题。在国际承包工程中，一般均规定适用工程所在国的法律。但在分包合同的适用法律问题上，主包商有权选择工程所在国的法律和外国法，如英国法、美国法或其他国家法律，不受主合同规定的法律适用的限制。在这个问题上，需要主包商根据其知识和需要进行选择。但一般而言，分包合同应选择与主合同相一致的法律，这是分包合同法律选择的基本原则。应避免选择第三国的法律，一方面可以有利于分包工程的实施，特别是强制性规范的落实，另一方面，可尽量避免法律冲突和解释上的矛盾。

7.4 分包合同谈判

7.4.1 谈判技巧

合同谈判和任何其他谈判一样是一门综合的艺术，需要经验和讲求技巧。在合同谈判中，特别在分包合同谈判中，分包商往往处于防守的下风位。因此，除了做好谈判准备外，更需要在谈判过程中较好地掌握谈判技巧，抓住重点问题，适时地控制谈判气氛，掌握谈判局势，以达到自己的谈判目的。

谈判中，既应注意谈判策略与技巧，还要时刻注意对方的动向。常用谈判技巧有：

（1）反复强调自己的优势及特长，使对方对自己建立信心。

（2）在价格谈判中根据对手的态度，心理状态，自己的价位和对方的价格底牌等，采用多种方式，如对等让步、分项谈判等，进行讨价还价，在争得对方的让步后，掌握时机，选择适当价位或适当降价而成交。

（3）在心理上削弱对方。从一开始坚持不让步，令对方产生畏难心理，进而达到使对方放松条件的目的。

（4）"最后一分钟策略"。这是国际谈判中常用的方法之一，如宣称，如果同意这一让步条件就签约，否则就终止谈判或用期限达成协议要挟对方等。遇到僵持的情况要冷静，不能随便抛出这种"要挟"，通常应采取回旋的办法，说明理由或缓和气氛，并通过场内外结合，动员对方相互妥协，或提出折中办法等。

（5）抓住实质问题，如工作范围、价格、工期、支付条件和违约责任等不轻易让步，但对一些次要问题和细节问题可以让步或留下尾巴。

为使谈判成功和达到预期的目的，除做好充分准备，制订好策略，掌握好谈判时机外，还应注意以下谈判基本礼仪和惯例：

（1）谈判中要注意礼仪，讲礼貌，不卑不亢，以理服人，平等待人，谈吐得体，发言清楚，用词准确。

（2）要坚持原则，维护我方利益，但不能使用侮辱性语言和有侮辱性举动。

（3）当对方有过激语言或出言不逊时，既要克制又要严正表态，维护尊严。

（4）谈判时一定坚持双方均做记录，一般在每次谈判结束前双方对达成一致意见的条款或结论进行重复确认。谈判结束后，双方确认的所有内容均应以文字方式写进合同，或以会议纪要、合同补遗等形式作为附件，并以文字说明该会议纪要、合同补遗构成合同的一个组成部分。

（5）坚持统一表态和内外有别的原则，任何时候都不应把内部意见、分歧在谈判上暴露出来。

7.4.2 谈判次序

在分包合同谈判中，应分清谈判内容的次序。一般而言，应首先谈判分包合同重要条款，在双方当事人就重要条款达成一致的情况下，就分包合同条款的措辞和用语进行谈判，这样可以主次分明，避免双方当事人就细节陷入争议之中，导致分包合同谈判失败或分包合同谈判陷入马拉松式谈判进程。

在双方当事人就分包合同重要条件进行谈判时，应编制重要条款谈判记录清单（Schedule Tracker），见表7-2。

表7-2 谈判记录清单（Schedule Tracker）

序号	条款目录	条款内容	主包商建议	分包商意见	达成的协议

在谈判过程中，主包商和分包商应在达成协议时在"协议"一栏中注明双方同意的内容。针对双方不能达成协议的内容，应标记尚未达成协议，留待双方在适当的时候通过谈判达成一致。

在双方当事人就分包合同重要条款达成一致时，可以就分包合同条款进行谈判，在合同条款中明确双方的权利义务。

7.5 分包合同的订立

7.5.1 口头合同

与主合同的订立不同，分包合同的订立会出现各种不同的情形，包括：

（1）书面订立，即通过正式的要约和承诺并通过签署分包合同的方式订立，或者通过接受信函、会议纪要的方式签署分包合同。

（2）通过准合同方式订立，例如意向书的方式。

（3）口头订立。

在通过口头方式订立分包合同时，如果发生争议，对双方当事人而言，如何确定协议的准确性质，可能会面临极为困难的情形。正因为如此，各国法律均要求商业合同以书面形式订立，例如英国1996年建筑法要求工程合同应以书面方式订立。英国1996年建筑法明确了"书面合同（Contract in writing）"的定义，且许多法院判例佐证了该项法律规定，在Connex South Eastern Ltd. 诉MJ Building Servies Group Plc［2004］BLR 333案中，哈维法官面临一个棘手的法律问题，即在主包商发出一个书面要约后，分包商以口头方式承诺后是否构成一项有效的书面合同问题。哈维法官在对案件事实作出判断后认为这种情形构成一项有效的书面合同，在判决书第24段，哈维法官写道：

"［Connex South Eastern 的律师］提醒我注意 RJT Consulting Engineers 诉 DM Engineering（Northern Ireland）Limited［2002］1 WLR 2344案。他认为，可以变通的是，（根据沃德和罗伯特·沃克法官在判决书第19段和第20段中的表述）为了履行建筑法第107节要求的目的，至少所有重要条款必须是书面的形式时才能构成一项完整的协议。［MJ Building 的律师］主张，［Connex South Eastern 的律师］也同意，无论采取何种方式，非常明确的是，由于存在默示条款，议会的立法本意并不是要否认协议中裁决员的管辖权。我接受这个非常合理的主张。阿什顿先生没有指出不以书面方式存在的任何明示条款。他的观点是对于 MJ Buiding 的要约并不存在任何书面的承诺。我认为，这没有任何关联。本案没有包含有重要条款的口头承诺。但是，在任何的情况下，2000年9月15日会议纪要提及了 Connex 已经发出指示，要求立即开始工程的施工。根据本案的具体情况，不可否认的结论是此项指示构成了对 MJ Building 要约的承诺。鉴于会议纪要由双方授权代表书面写就，这份会议纪要构成证据，符合建筑法第107节第（4）项的对于承诺的要求。我认为合同为书面形式，符合建筑法第107节的规定。"

在分包合同中，可能还大量存在在双方当事人达成分包合同之前已经开始施工的情况。在某些情况下，有关文件显示，虽然合同处于谈判状态，但可能双方当事人之间已经存在协议，双方当事人可能视其为临时性协议。关于临时性协议的问题，桑顿法官在 Hall & Tawse South Limited 诉 Ivory Gate Limited（1996）62 Con LR 117案中写道：

"因此，我建议将这种合同称为'暂定合同'（provisional contract）。它是指双方当事人将继续进行工程适用的合同格式的谈判，一旦达成协议，双方当事人达成的协议将取代暂定合同。"

7.5.2 签字承诺

一般而言，当一方当事人在另一方当事人同意的合同条款的表格上签字时，可以确定的是分包合同已经订立，无论这份表格是主包商还是分包商准备和提交的。除非表格附有封首函，而封首函上注明应根据封首函的内容确定合同，此时，封首函上的内容构成反要约。在构成反要约时，一方当事人需要声明其条款需要另一方当事人的接受。

在 Butler machine Tool Co Ltd 诉 Ex-Cell-O Corporation（England）Ltd［1979］1 WLR 401 案中，上诉法院认为，在设备工具的买方向供货商递交了一份订单并附有字条显示接受的情况下，供应商在字条上签字并附有封首函，而封首函声明交货应"根据 5 月 27 日的修改的报价"。法院认为，封首函的声明不能确定为是对价格的确认，封首函的内容仅能视为是反要约，重申供应商的条件优于买方给出的条件。

因此，在另一方当事人签署了承诺表格，除非有明显的证据表明不存在反要约，否则，另一方当事人的签署将使分包合同订立。

7.5.3 行为承诺

通过行为表示承诺是一个复杂的法律问题。为了避免这种情况的发生，主包商和分包商应根据适用法律的规定事先订立书面的分包合同。

由于在分包合同订立之前分包商开始了施工或者被允许施工的原因，因此，许多分包合同被视为已经按照接受的条件订立。一旦分包商通过开始施工的方式接受了要约，在没有事先存在的协议，即一份有效的分包合同的情况下，应视为分包合同存在。但这种情况不应被过分强调，如果任何一方当事人不接受或无法确定其行为产生的许诺，则应通过双方当事人同意的补充协议的方式予以修改。一般而言，无论是通过行为还是通过其他非正常的程序使分包合同订立，即使分包合同被视为存在的情况下，也可以通过协议的方式予以修改。一旦分包商根据主包商的指示开始了施工，可以推断的是，分包商有权就其实施的工程和提供的服务要求主包商付款。

通过行为接受反要约还适用这种情况，即不以分包商开始施工的方式接受，而可能通过主包商让分包商进入现场的方式表示接受。发生这种情况的可能原因是主包商和分包商的分包合同谈判旷日持久，主包商迫于主合同施工进度计划和进度要求，需要将分包商的进度计划纳入主合同的相关进度计划，或者在分包合同谈判完成之前，首先要求分包商进场。在这种情况下，从法律的角度而言，主包商允许分包商进场可能意味着主包商接受了分包合同的条件。

在 Chichester Joinery Ltd 诉 John Mowlem & Co Plc（1987）42 BLR 100 案中，詹姆斯·福克斯·安德雷斯法官认为在被告 Mowlem 接受了原告 Chichester 的细木工工作时，表明主包商 Mowlem 接受了分包商 Chichester 提出的反要约条件。法官在本案判决书中写道：

"虽然 Mowlem 给 Chichester 的回信的标题为'收悉'而不是'接受'，但我读后认为，这封信的某些语句更像是接受而不仅仅是收悉。这封信没有给出与

Chichester 提出的第二个条件降价 5% 的任何相反的意见。这封信没有处理不可调整系数 10% 的问题。

需要在本案中决定的问题是原告 Chichester 在现场交付的细木工工作是否构成被告 Mowlem 对 4 月 30 日的反要约的接受，以及根据这些条件，双方当事人是否达成一致。

我认为对本案作出决定非常困难。在犹豫很久之后，我得出的结论是，被告 Mowlem 确实接受了原告 Chichester 的条件。Mowlem 在项目的初期确实提出了如果原告 Chichester 交付了细木工工作，Mowlem 接受 Chichester 提出的条件。综上，在这个基本的问题上，Chichester 的主张应获得支持。"

从本案的判决可以明显看出，对法官而言，重要的不是谁最后提出要约，而是双方当事人是否通过行为达成了一致。同样重要的是，在本案中，主包商 Mowlem 在反要约中声明了可以考虑将分包商的行为视为对其要约的接受。但必须说明的是，如果 Mowlem 没有在回函中明确表示对分包商 Chichester 行为接受之类的表述，则法官可能会作出相反的判决。

7.5.4 以合同为准

关于"以合同为准"的法律基本原则是，在要约人发出一份"以合同为准"的要约的情况下，如果双方当事人没有签署一份正式的协议，则义务不得履行。在货物买卖交易中，这些法律原则毫无例外地予以适用，但在提供服务且事实上已经提供了服务的情况下，这项法律基本原则可能不能完全适用。

在货物买卖交易中，"以合同为准"可能意味着要约人发出一项没有具体条件的要约，虽然可能规定了价格，但可能没有规定交货时间或交货方式。在提供服务的交易中，"以合同为准"可能意味着，例如在意向书中，通过开始施工表明承诺的存在，并构成一项"暂定合同"。

在 The Rugby Group Limited 诉 ProForce Recruit Limited［2005］EWHC 70 (QB) 案中，菲尔德法官针对"以合同为准"的问题作出了判决，认为本案中存在一份可执行的合同 (enforceable contract)。菲尔德法官在判决中写道：

"在本案中，第一项主张是，由于文件中包含'以合同为准'的用语，协议是否是一项可执行的合同的问题。一般而言，除了极端例外的情况外，由于'以合同为准'将被认为是除非双方当事人签署了进一步的书面协议，否则，任何一方当事人不能要求另一方当事人履行合同义务，这将使得一份可执行的合同成为无效合同。然而，在本案中，除了已证实的违约外，不能将协议视为是有效合同。"

在国际工程项目中，如果业主发出"以合同为准"的中标通知书时，则不应视为中标通知书构成具有法律约束力的合同，而应在业主和承包商签订正式的施工合同后才能使得施工合同成立。在国际工程的分包合同中，如果主包商发出的任何信函标注为"以合同为准"时，则主包商和分包商需要签订正式的分包合同，此时主包商或分包商才能要求另一方当事人履行分包合同项下的义务。在主包商发出标明"以合同为准"的中标通知书时，则双方当事人应签署正式的分包合同，以使分包合同成立，避免分包合同是否有效的法律争议。

7.6 分包合同中的几个关键问题

由于分包合同是主包商和分包商之间签订的关于实施和完成主合同项下的部分工程的协议，与业主和工程师设计和编制完备的主合同相比，主包商对于通过招标程序发标的工程项目和合同文件只能遵守而无权更改，但对于分包商和分包合同而言，主包商有充分的自由进行挑选、编制分包合同，约束分包商。这样就产生了一系列的主合同与分包合同的关系，分包合同是否合理和公平等问题。

7.6.1 传导条款

传导条款（Conduit Clause 或 Flow-Down Clause）是指分包合同中包含主合同的相关规定，或者说主合同的规定是否适用于分包合同。

从主包商的立场而言，他会自然地考虑像业主对待主包商一样对待分包商，也希望他对业主有什么样的权利、义务、赔偿和补救措施，分包商也要对主包商有同样的权利、义务、补偿和补救措施。这种传导条款的规定，在很多分包合同格式中或主包商起草的分包合同中有所体现。

传导条款的法律意义和实质作用在于：

第一，如果使用了传导条款，承包商在主合同项下的权利和义务从业主那里通过主包商传递给了分包商。

第二，传导条款的规定加重了分包商的责任和义务。

传导条款在很多分包合同格式中或主包商起草的分包合同中有所体现，如在 AIA 分包合同 A401 格式第 11.1 条、AGC 分包合同格式以及 FIDIC 分包合同格式 1994 年第 1 版第 4.2 条中均包含了这种传导条款的规定，即规定分包商应就其分包工程承担主包商向业主承担的同样的责任和义务。

AIA 分包合同格式第 11.1 条规定：

"分包商有义务根据本协议的条件以及业主和承包商之间的合同文件向承包商负责，并应向承包商承担依据这些合同文件承包商应向业主负担的所有责任和义务，并在本分包合同范围内对承包商享有承包商依据这些合同文件对业主应享有的所有权利、补偿和救济。如果本协议的有关规定与业主和承包商之间合同文件的规定不符，以本协议为准。"

FIDIC 分包合同第 4.2 条规定："除上述规定外，分包商应就其分包工程承担和履行主合同项下承包商的所有的义务和责任。"

典型的传导条款的规定和文字如下：

"分包商应向承包商承担他（承包商）在主合同项下应向业主和建筑师承担的所有的责任和义务，并且承包商对分包商享有在主合同项下业主对承包商享有的所有权利、补偿和救济。"

主包商在起草分包合同时经常会写入传导条款，以便使分包商的责任与承包商对业主的责任挂钩，但下述的规定和文字却忽略了分包商对应的权利，比如：

"承包商应对分包商享有在主合同项下业主对他享有的同样的权利和特权。分包商知晓他（分包商）已经阅读了主合同、所有计划和规范，熟悉这些文件并同意遵守和履行适用于分包商的所有规定。"

如果采用了上述规定，分包商应查阅所有的主合同的文件、计划、规范以及所有的修改和补充文件等，因为分包商同意主合同的有关条款对其产生效力。

FIDIC 分包合同对其有妥善的安排，在写入传导条款的同时，也规定承包商应在现场准备除已标价的工程数量清单以外的所有合同文件，以备分包商随时查阅。

分包商也可建议相反的传导条款（Flow up Clause），这种相反的传导条款规定和文字如下：

"承包商对分包商享有在主合同项下业主对他（承包商）享有的所有权利、补偿和救济，并且分包商亦对承包商享有主合同项下承包商就分包工程对业主享有的所有权利、补偿和救济。"

在分包合同中规定传导条款是主包商的惯常做法，其主要问题是传导条款的规定和文字过于空泛和广义，如规定"所有的权利、补偿和补救"，形成了含糊不清和解释不一致的风险，容易造成主包商和分包商之间的争议和诉讼。

如分包合同中缺少传导条款，可能会造成主包商与业主、主包商与分包商之间的权利和义务的不一致。如在分包合同中应写入传导条款，又会造成主包商与分包商之间的权利义务不平等。但两者相比较，建议应在分包合同中写入传导条款。

在 Smith and Montgomery 诉 Johnson Bros Co. Ltd, Ontario High Court (1954) 1 DLR 392 案⊖中，主包商（被告）为汉密尔顿市政府承建排水隧道工程，分包商（原告）与被告签订分包合同，"根据汉密尔顿市政府与主包商签订合同规定的尺寸和规范"分包承建排水隧道工程。

主合同规定的"根据汉密尔顿市政府与主包商签订合同规定的尺寸和规范"

⊖ Michael Furmston. Powell-Smith and Furmston's Building Contract Casebook [M]. 4th ed. Oxford: Blackwell Publishing, 2006: 475-476.

的用语没有体现在分包合同中。法官 Schroder J 在判决中写道：

"当然，法律确定的原则是：如果计划和规范没有规定在合同之中，而只是作为合同的参考或附件，在辨别合同时，必须与计划和规范一起进行解释。无论在什么情况下，当出于特殊目的将计划和规范作为合同参考文件时，则为此特殊目的，计划和规范应构成合同的一个组成部分，但与任何其他目的无关。毫无疑问，原告立约"根据汉密尔顿市政府与主包商签订合同规定的尺寸和规范"挖掘隧道的行为，必然要求他挖掘一个 10ft 6in 乘以 12ft 6in 的一条隧道，任何影响隧道物理特性的任何其他规定也适用于原告并对原告产生约束力。但我并不认为在合同上下文中明示规定作为参考文件的规范包含在原告与被告签订的合同中，并对作为分包商的原告产生约束力。只有一般规范才能解读为包含在有关的与特殊目的相关联的合同之中。市政府也没能向我出示任何证据，表明规范的一般性规定包含在分包合同一部分的主包合同之中，除非分包合同条款明示表明当事人的意图，即主合同的条款构成主包商和分包商签订分包合同的一个组成部分……"

从本案判决可以得出：

（1）主合同的内容和规定并不能必然地成为分包合同的内容，分包商也并不是必然地负有义务遵守主合同的规定，受主合同的约束。

（2）只有分包合同以明示条款的方式约定主合同的内容包含在分包合同之中，主合同的内容才能成为分包合同的一个组成部分。

（3）主合同义务在分包合同中的延续，需要使用责任传递条款进行衔接。

7.6.2 附条件支付条款

附条件支付条款（Contingent Payment Clause 或 Pay-When-Paid Clause）是指分包合同的支付条款写明在主包商从业主那里收到分包款后，主包商才向分包商支付的规定。有关内容详见本书第 13 章。

7.6.3 留置权

美式合同中均有留置权的规定，英式合同中没有此项规定，FIDIC 合同中也没有此项规定。

留置权是指债权人按照合同约定占有债务人财产，在与该物有牵连关系的债权未受清偿前，有留置该财产，并就该财产优先受偿的权利。

行使留置权的法律要件是：

（1）须债权人占有属于债务人的特定物。

（2）须债权发生与该物具有牵连关系。

（3）须债权已届清偿期。

各国法律对留置权的规定不尽相同,形成了对留置标的物、行使留置权时间、程序等不同内容的烦琐复杂的法律制度。

就建筑领域而言,为规范建筑业,平衡业主、承包商、分包商、供货商以及工人等各参与主体之间的利益,杜绝相互拖欠工程款现象的发生,某些国家就施工留置权(Mechanic Lien)进行法律规定,如美国各州均对施工留置权,包括业主和承包商之间、承包商与分包商之间如何实现留置权等做了法律规定,形成了约束建筑业的法律机制和体系,有效地保护了业主、承包商、分包商、工人等主体的利益。中国在此方面也作了立法的尝试,但有待完善留置权或优先受偿权方面的立法结构和机制,落实如何具体施行和操作这些法律法规。

中国有关留置权的法律规定主要体现在《中华人民共和国民法通则》《中华人民共和国担保法》《中华人民共和国合同法》和最高人民法院有关司法解释中。

近些年来,随着中国建筑业的兴起,建设单位(业主)拖欠建设工程款的现象越来越严重,越来越普遍,形成三角债、循环债,严重影响了建筑企业的生产经营,并导致拖欠工人、农民工的劳动报酬现象产生,引发一系列的社会问题。

1999年颁布施行的《中华人民共和国合同法》第二百八十六条规定:"发包人未按照约定支付价款的,承包人可以催告发包人在合理期限内支付价款。发包人逾期不支付的,除按照建设工程的性质不宜折价、拍卖的以外,承包人可以与发包人协议将该工程折价,也可以申请人民法院将该工程依法拍卖。建设工程的价款就该工程折价或者拍卖的价款优先受偿。"应当说,该条款中留置权或者优先受偿权的规定为解决拖欠问题提供了法律依据,但由于拖欠问题复杂,涉及不同的利益,且法律规定过于笼统,缺乏可操作性,以及各地法院对此理解不一,该条款处于休眠状态。

2002年6月,最高人民法院在《最高人民法院关于建设工程价款优先受偿权问题的批复》中对《合同法》第286条作出司法解释,为推动利用该法律规定,解决拖欠工程款问题创造了法律条件。

在中国有关留置权或者优先受偿权的有关法律中,出现了法律规定不一致的问题。如留置标的物,《合同法》第286条规定的是不动产,而1995年6月《担保法》中规定是动产,而《民法通则》中没有具体说明是动产还是不动产。对于留置权产生之债,《担保法》只规定了保管合同、运输合同和加工承揽合同三种,而《合同法》第286条是专指施工合同。另外,法学理论界对于这些条款的法律性质,如属于留置权还是优先受偿权存在分歧。

美国各州和联邦政府对于建筑业专门制定了五花八门、繁杂的施工留置权法律,用于处理工程价款的支付问题。这种不动产施工留置权的法律,是美国独有的，在英国普通法系和欧洲大陆法系中并不存在。根据美国法律，如果业主在工程竣工后不能向承包商支付工程价款，承包商可以采取法律行动，行使不动产留置权，从折价、出售或拍卖的款项中优先受偿。

为保护分包商的利益，美国联邦和州政府均要求主包商提供授权的信托公司或保险公司出具支付保函（Payment Bond）。根据联邦法律，通常称为"米勒法案"（Miller Act），如果分包商未能在应付日期后的90天内获得工程价款，只要分包商在他提供劳务和材料后的一年内提出付款要求，他就可以向联邦地区法院提出申请，要求兑现支付保函取得分包工程价款。

因此，分包商在签订分包合同时，不能签订含有自动放弃分包商留置权条款的分包合同。根据美国许多州的法律规定，如果分包商签署了放弃留置权的分包合同，他就不再享有或者丧失了行使留置权的权利。

如果分包合同中出现了要求分包商放弃留置权的条款，分包商应删去这种条款。一般而言，主包商会接受这种建议。

如果发生了承包商不能付款的情形，分包商应该在法律规定的期限内向法院提出申请，行使留置权，如果没有在法律规定的时间内，如2个月或1年内提出，分包商将丧失留置权。

除了分包商签订放弃留置权的分包合同会丧失留置权外，如果分包商签署了表明他已经收到分包价款的宣誓书（affidavit）但实际上是他没有收到价款，分包商也会丧失留置权。

由于各国法律规定有差异，中国对外承包企业在分包合同谈判或签署分包合同时可能不了解当地法律中如何规定留置权，但不应放弃留置权，以便将来出现纠纷时采取有效的措施保护自身利益。

7.6.4　保障和保证不受损害条款

保障和保证不受损害条款（Indemnity and Hold Harmless Clause）或称免责条款，是指当事人双方在合同中事先约定的，旨在限制或者免除其未来责任的条款。

免责条款广泛应用于各类合同文本中，如贷款协议、施工合同、分包合同、保险合同等以及各种格式合同中。为避免合同一方滥用免责条款逃避合同责任，各国法律对免责条款均有一定的限制性规定，如我国《合同法》第五十三条规定："合同中的下列免责条款无效：（一）造成对方人身伤害的；（二）因故意或者重大过失造成对方财产损失的。"

免责条款的成立或有效，应不违反下述法律原则：

第一，不得违反法律或公共利益。

第二，不得免除故意或者重大过失。

第三，不得免除合同当事人的基本义务。
第四，不得违反公平原则。
第五，不得免除人身伤害责任。

在国际承包工程实务中，承包商或分包商也会经常遇到保障和保证不受损害条款，如 FIDIC 合同 1987 年第 4 版第 22 条、FIDIC 分包合同 1994 年第 1 版第 13 条、ICE 合同第 22 条、AIA 分包合同格式以及 AGC 分包合同格式等。

以 FIDIC《土木工程施工合同条件》1987 年第 4 版为例，第 22.1 条规定：

"除合同另有规定外，承包商应保障业主免于承受与下述有关的任何损失或索赔：

（a）任何人员的死亡或受伤；或者

（b）任何财产的损失或损害（除工程之外）

上述人身或财产的损害系在工程实施和完成以及修补其任何缺陷过程中发生的，或由其引起的，同时还应保障业主免受为此或与此有关的一切索赔、诉讼、损害赔偿费、诉讼费、指控费和其他费用，但第 22.2 款所限定的情况属于例外。"

第 22.2 条规定：

"第 22.1 款中所述的'例外'是指：

（a）工程或工程的任何部分所永久使用或占有的土地；

（b）业主在任何土地上、越过该土地、在该土地之下、之内或穿过其间实施工程或工程的任何部分的权利；

（c）按合同规定实施和完成工程以外以及修补其任何缺陷所导致的无法避免的对财产的损害。

（d）由业主、业主代理人、雇员或不是该承包商雇佣的其他承包商的任何行为或疏忽造成的人员死亡或损伤或者财产的损失或损害，为此或与此有关的任何索赔、诉讼、损害赔偿费、诉讼费、指控费及其他费用，或者是当承包商、其雇员或代理人也对这类损伤或损害负有部分责任时，应公平合理地考虑到与业主、其雇员或代理人，或其他承包商对该项损伤或损害所负责任程度相应的那一部分损伤或损害。"

第 22.3 条规定了业主应向承包商提供的保障：

"业主应保障承包商免于承担有关第 22.2 款所述的例外情况的一切索赔、诉讼、损害赔偿费、诉讼费、指控费及其他费用。"

FIDIC 合同 1987 年第 4 版第 22.1、22.2、22.3 条的规定是一种典型的保障和保证不受损害条款内容。

在涉及分包合同中的保障和保证不受损害条款中，存在狭义规定、广义规定和中性规定三种条款内容。

典型的狭义规定条款内容如下：

"分包商应保障并保证主包商免于承受因分包工程，或因分包商、其代理人和其雇员的任何行为或疏忽引起的索赔、损害、身体损害或财产损失。"

广义的保障和保证不受损害条款是指分包商不仅要对自己、自己的代理人和雇员的行为和疏忽负责，还要保障并保证主包商、业主和监理工程师（如建筑师）免于承受因主包商、业主和监理工程师疏忽引起的任何索赔。一个严格的保障和保证不受损害条款的内容如下：

"分包商应保障和保证主包商、所有的主包商代理人及其雇员免于承受因实施分包工程，无论是提供保障的当事人的一部分或全部工程所引起的或造成的任何索赔、损害、损失和包括律师费的费用。由分包商雇员、分包商直接或间接雇佣的任何人或者分包商应负有责任的任何人引起的对主包商，或其代理人和雇员的任何和所有索赔，本条款项下的保障责任，无论如何，不应仅限于分包商应付的在工人抚恤金、残疾救济金或其他雇员救济金条例中规定的损害、赔偿或救济类型和金额。"

中性的保障和保证不受损害条款，要求分包商需保障和保证承包商免于承受因工程引起的以及因分包商疏忽，或者与被保障人共同疏忽造成的所有损失。这种中性条款在 AIA 分包合同格式第 11.20 条中有具体体现。

分包合同中的保障和保证不受损害条款应严格限于因分包工程以及分包商、其代理人和其雇员引起的伤害和损失。如果分包商签订了广义条款内容，就等于他承担了应由主包商或者业主承担的责任，承担了他不应承担的义务。

在 Kraft Foods 诉 Disheroon，118 Ga. App. 632，165 S. E. 2d 189（1968）案中，主包商 Cleavland Consolidated, Inc. 被业主 Kraft Foods 公司在合同中要求单方面承担由于业主的过错所造成的人身伤害责任。在施工过程中，业主雇员因疏忽驾驶拖车将施工脚手架撞倒，造成了分包商 Johnson Service Company 公司的一名雇员严重受伤。为此，受伤的分包商雇员将业主告上法庭，而业主以保障条款为依据将主包商传上法庭，要求主包商提供抗辩并单方面承担责任。法庭认为这种广义条款有效，判决主包商承担赔偿责任，业主 Kraft 不用承担赔偿责任，即使是他的过错。

在美国，由于许多法院均支持这种广义的保障和保证不受损害条款，分包商团体通过他们的代表游说，主张广义条款违反了公共利益。因此，在美国的 26 个州通过了法案，禁止并宣布这种因被保障人，如业主、主包商或监理工程师过错或疏忽造成的损害而由分包商承担责任的条款无效。

应当指出，上述法案宣布了广义条款无效，但并没有宣布中性条款，即如果分包商与被保障人存在共同过错或疏忽时应承担责任的规定。如果分包商与被保障人存在共同过错或疏忽，即使是在广义条款下，分包商也可能要承担所有损失。

在实际运用保障和保证不受损害条款时，应把握以下原则：

（1）须是明示的，不能以默示形式存在。

（2）法院在引用和解释时会严格限制。

（3）当事人不能过分依赖这种条款。

保障和保证不受损害条款构成了主包商和分包商之间对明示的约定风险的分担和转移。对于主包商和分包商而言，应尽量采用普遍使用的分包合同中的保障和保证不受损害条款的内容，理解这种条款的实质含义和法律意义，尽量避免在工程过程中的争议和诉讼。

7.7　分包合同条款检查清单

在主包商和分包商起草和编制的分包合同文件中，特别是对于处在劣势地位的分包商而言，更应该仔细检查分包合同文件和条款，尽力避免不公平条款。

（1）合同完整性

- 主包商的陈述是否包括在分包合同之中？
- 分包合同中是否包括了分包商报价文件中参考的文件？如果有，是否有不一致的事项出现？
- 分包合同中是否指明了分包商报价时依据的计划和规范？
- 构成分包合同文件的几个文件之间是否有矛盾和冲突？
- 构成分包合同文件的几个文件是否完整？

（2）范围

- 是否已经对构成分包合同文件的所有文件进行了评估？
- 是否在合同中已经规定分包商将承担主包商对业主所承担的一切责任？如有，你评估了主合同了吗？
- 分包工程范围已经特别和清晰地界定了吗？
- 如果计划和规范之间存在模糊不清，是否需要分包商实施额外工作？
- 分包工程是否是一种实施标准方式，如设计—建造义务。或分包工程是否已经清楚地分项界定了吗？
- 分包合同中提及的计划和规范是否模糊不清？
- 合同规范中是否包括了你不熟悉的施工方法？

（3）合同价格

- 额外或附加工程价格确定方式在分包合同中明确了吗？
- 分包合同价格包含的内容是否清楚和完全？
- 分包商和主包商对合同价格的内容和完整性确认了吗？

(4) 支付计划
- 分包合同的支付是否以主包商从业主处收到有关分包工程款为前提条件？
- 如果主包商未能及时支付，分包合同中是否规定了以最高法定利率要求支付延付利息？
- 保留金金额是多少？如何预扣？如何向分包商支付保留金？
- 需要分包商出具履约保函、预付款保函？如有，如何抵扣？
- 是否有施工留置权解除表格？
- 评估解除施工留置权对应遵守的法律的影响？
- 在分包合同中规定付款期限了吗？
- 如果分包商未能在规定时间得到分包工程款项，分包商可以停工吗？

(5) 工期
- 分包合同中规定了开工时间吗？
- 分包合同中是否给予分包商充分的准备开工时间？
- 分包合同中是否包括了进度计划，你评估了进度计划包括在分包合同文件中的影响了吗？进度计划可以被接受吗？
- 如果由于他人原因造成延误，分包合同是否限制你得到相应的金钱补偿？
- 如果延误是由主包商和业主之外的他人造成的，分包合同是否允许分包商延长工期？
- 如果分包商造成了延误，分包合同中是否规定了不合理的预期损害赔偿金？
- 主合同中的预期损害赔偿金条款在分包合同中体现了吗？

(6) 分包工程变更
- 谁有权要求对分包工程进行变更？
- 对变更工程的支付条件是什么？
- 是否要求分包商去实施有争议的额外或变更工程？
- 在对变更工程的支付金额没有确定的情况下，主包商是否拥有无限的权利要求分包商实施变更工程？

(7) 分包商提供的保函
- 是否需要分包商提供保函？
- 谁支付保函费用？
- 何时分包商需出具保函给主包商？
- 如果要求分包商在任何时间需要开出保函，如果分包商由于资金问题未能开出保函，主包商是否可以此为充分理由将分包商开除？
- 主包商可以接受何种提供担保的公司？

(8) 分包工程的检查
- 对于现场外实施的分包工程，主包商有何种权利去进行检查？
- 主包商和/或业主有何种权利对增加成本或变更令的记录进行检查？

(9) 由他人提供的材料和工程
- 分包合同是否要求分包商需对他人造成的缺陷工程负责？
- 如是，你评估了其他分包商的工作了吗？

(10) 工程的保护
- 要求分包商保护他人工程的程度如何？
- 是否要求分包商修复他人的工程，即使不是由分包商造成的损害？
- 分包商是否就第三者责任险进行了保险？
- 业主或主包商是否就工程一切险进行了保险？

(11) 劳工关系
- 是否要求分包商遵守主包商与其工会达成协议的规定？
- 分包合同是否规定分包商应承担因其劳工纠纷造成的延误？
- 是否要求分包商遵守当地政府的劳工法规？

(12) 分包商的追索权
- 主包商在何种情况下可以终止分包合同？
- 主包商可以为其便利终止分包合同吗？
- 构成可以让主包商终止分包合同的"重大违约"的条件是什么？如果分包商只是"轻微违约"，主包商可以终止分包合同吗？
- 主包商是否有决定分包商是否违约的自由裁量权？
- 如违约，分包合同规定的补救措施是什么？
- 如违约，主包商是否可以保留分包商的设备和材料直至有关工程完成？
- 如果分包商与主包商发生争议，是否允许分包商继续施工？
- 是否要求分包商继续施工，即使发生争议或没有支付？
- 在没有得到事先通知和批准的情况下，分包合同是否允许主包商抵扣分包商的款项？

(13) 保障
- 分包合同规定的保障条款的范围？
- 分包合同中的保障条款是否与主包商和业主之间签署的主合同条款相匹配？
- 分包商的保险是否包括了有关保障条款中假定的分包商的保障义务？

(14) 保险
- 业主就建筑工程一切险进行保险了吗？
- 分包商是否就综合性全险进行了保险？

- 根据分包合同规定，分包商是否承保了足够的保险？
- 与你的保险专业代理评估保险要求了吗？

（15）争议解决程序
- 分包合同规定仲裁了吗？如有，哪个仲裁机构？
- 分包合同中规定了分包商必须要求仲裁的时间限制了吗？
- 在分包合同诉诸仲裁之前，分包商需要必须等待主包商和业主仲裁的结果吗？
- 主包商和业主之间的仲裁结果对分包商有效吗？
- 如果有对变更令的争议或其他持续性争议，在项目竣工和仲裁开始前，是否要求分包商必须继续履行其义务？

（16）安全
- 如主包商违反了安全规定，分包合同是否要求分包商保障其免于任何索赔、损害或赔偿？
- 谁对建立安全措施和在现场协调安全事宜负责？

（17）担保
- 分包合同中的担保是否体现了对修复不合格工艺工程的合同责任或担保？
- 分包合同中的担保条款是否规定了分包商须遵守分包合同文件的全部要求？
- 担保条款规定的担保期限是多长？何时开始？
- 主包商与业主之间的担保条款是否以参考的方式包括在了分包合同中？
- 如果分包商未能更换或修复缺陷工程，分包合同中规定了可能超出实际更换或修复缺陷工程成本的补救措施了吗？
- 保单中包括了担保条款中的风险了吗？

（18）使用分包商设备
- 分包合同中规定了使用控制性设备，如脚手架等的费用吗？
- 分包合同中是否规定了分包商使用主包商设备的有关规定？

（19）分包合同的转让
- 分包合同是否限制使用三包商？
- 分包合同是否规定了主包商可以在未得到分包商批准的情况下将分包合同转让给其他分包商？

（20）独立承包商
- 分包合同中是否明确规定了分包商与其他独立承包商之间的关系？

（21）清理现场
- 谁负责清理现场？

- 谁支付清理现场费用？
- 对于清理现场费用，是否有抵扣规定，费率是多少？

(22) 律师费用
- 起草和编制分包合同律师费用？
- 如起诉或仲裁，律师费用的承担原则？

第8章 指定分包商及其管理

对主包商而言，指定分包是一项冒风险的事情，并通常为业主和咨询工程师滥用。因此，在施工合同中，主包商应充分关注指定分包商问题。

——卡梅隆·费尔斯：《分包合同的法律问题》

8.1 指定分包商定义

FIDIC 合同 1987 年第 4 版第 59.1 条对指定分包商定义如下：

"可能已由或将由业主或工程师所指定、选定或批准的进行合同中所列暂定金额的工程的施工或供应货物、材料、设备或服务的所有专家、货商、商人以及其他人员，以及按合同条款规定，要求承包人将工程分包给他们的一切人员，在从事这些工程的施工或供应货物、材料、设备或服务的过程中，均应视为承包人雇佣的分包人，并在合同中称为'指定分包商'"。

对于业主或工程师指定的分包商，主包商是否可以拒绝接受或有所限制，FIDIC 合同和英国 ICE 合同对此进行了限制性规定。FIDIC 合同第 4 版第 59.2 条对业主或工程师指定分包商作出了如下限制，即：如果主包商有充分的理由认为该指定分包商在财务、经验、能力等方面不能满足要求，或指定分包商就分包的工作拒绝向主包商承担其按主合同应向业主承担的责任和义务时，主包商就没有义务雇用该指定分包商。

FIDIC 合同 1999 年版红皮书第 5.1 款对指定分包商的定义为：

"合同中'指定分包商'系指以下分包商：

（a）合同中提出的指定的分包商，或

（b）工程师根据第 13 条［变更和调整］的规定指示承包商雇用的分包商。"

上述定义指明了指定分包商的来源，但未就指定分包商与主包商之间的合同责任给出具体答案。但是，必须说明的是，在国际工程项目中，特别是一些大型、特大型项目中，招标文件中通常要求投标人给出分包商清单，或者业主给出分包商的清单，中标的承包商需要从这份清单中选择和雇用一个或几个分包商。在这种情况下，主包商雇用的分包商不是指定分包商，因为不符合 FIDIC 合同 1999 版第 5.1 款分包商的定义。同样地，要求业主或工程师批准分包商的行为也不意味着分包商是指定分包商。

指定分包商与承包商自雇分包商的区别在于：

（1）确定分包商的主体不同。正如FIDIC合同1999版指定分包商定义提出的，指定分包商是源于合同中提出的指定分包商或者工程师根据第13条指示承包商雇用的分包商。而自雇分包商是承包商自己选定的分包商。

（2）工程款支付方式途径不同。在指定分包商的情形下，业主往往在合同中以暂定金的方式确定指定分包商付款来源，并直接向指定分包商付款，而不通过主包商向指定分包商付款。在主包商负责向指定分包商付款时，如果承包商未能及时向指定分包商付款，业主有权直接向指定分包商付款。

（3）责任分担的约定不同。对于指定分包商的工程范围、工期进度要求、违约救济及其赔偿，业主通常需要事先与指定分包商确定这些责任的承担主体。

8.2　指定分包商的任命和反对指定

根据FIDIC合同1999版红皮书，指定分包商的任命来源于：

第一，如果合同中有指定分包商名录，则该名录中的分包商为指定分包商。

第二，工程师根据第13条的规定指示承包商雇用的分包商。承包商需要在实践中注意的是，此种指定应为书面指定。在工程师或业主口头指定时，承包商应根据FIDIC合同的规定要求工程师或业主出具书面指示文件。

在国际工程实践中，业主或工程师的指定存在若干具体的情况，最大的可能性是工程项目的实际需要。在专业工程领域需要更为专业的公司进行设备供货和施工，但承包商不能排除业主和工程师为了其他利益指定分包商的情况发生，例如业主或工程师对主包商的专业能力不能完全信任，此时，承包商应对的措施是要么反对指定分包商，要么利用合同规定约束指定分包商，明确指定分包商的合同责任由业主承担。在国际工程实践中，更为常见的是，业主或工程师推荐或强烈推荐使用某分包商，但业主或工程师拒绝将其推荐的分包商视为指定分包商，此时，承包商应按照自雇分包商的做法，要求分包商递交相关资质、业绩、财务报表、主要人员、主要设备等情况，作出分包商是否具有足够的能力、资源或财力实施分包工程。

FIDIC合同1999版红皮书第5.2款规定了承包商反对指定分包商的主要理由：

第一，有理由相信，该分包商没有足够的能力、资源或财力。

第二，分包合同没有明确规定，指定的分包商应保障承包商不承担指定的分包商及其代理人或雇员疏忽或误用货物的责任。或者

第三，分包合同没有明确规定，对分包的工作（包括设计，如有），指定的分包商应：

（i）为承包商承担此项义务和责任，能使承包商履行其合同规定的义务和责任，以及

（ii）保障承包商免除对合同规定或与其有关的、并由分包商不能完成这些义务或履行这些责任的影响产生的所有义务和责任。

上述规定表明，承包商反对指定分包商的理由，在合同明示约定的情况下，仅限于合同明示约定的理由，承包商拒绝的理由应符合合同规定的原因，遵守合同规定的程序。在履约过程中，如在指定分包商破产的情况下，承包商可要求业主或工程师重新指定分包商，业主或工程师应重新指定分包商。

在 FIDIC 合同 1999 版红皮书第 5.2 款中，需要澄清的两个问题：

（1）第 5.2 款规定"对于承包商尽快向工程师发出通知，提出有依据的、合理异议的指定的分包商，承包商不应有任何雇用的义务。"在本条中，何谓"尽快（as soon as practicable）"，往往成为诉讼和仲裁中争议的问题之一。

在 HLB Kidsons（A Firm）诉 Lloyd's Underwriters Subscribing To Lloyd's Plicy No 621/PKID00101 & Ors [2008] EWCA Civ 1206 案中，瑞克斯法官在上诉法院判决中写道："如果合同条款没有说明应该何时发出通知，那么就应是一方知道引起索赔事件发生后尽快发出通知，并应以书面方式。从字面理解，这是一件非常容易和要求不高的验证标准。"

在合同中使用"尽快"一词，历来受到各方批评。但是，在仲裁和诉讼过程中，如何客观地确定"尽快"的确切期限，而不是主观的认知，仍然是双方争议的问题之一。对于承包商而言，在得知指定分包商后，如果持反对意见，最好能在 1 天至 7 天内提出书面反对意见。

需要注意的是，"尽快"不是承包商提出反对意见的前提条件。

（2）第 5.2 款规定"（其中）任何以下事项引起的反对，应被认为是合理的，除非业主同意保障承包商免受这些事项的影响。"在本款中，"应被认为是合理的（deemed reasonable）"构成合同中的"视为条款（deeming provision）"。正如在 Privy Council in Containers Ltd 诉 Tasman orient Line CV（New Zealand）[2004] UKPC 22 案中宾汉姆爵士所言，视为条款的目的是制订一项规则，其含义与没有此类条款的合同规定截然不同。因此，如果承包商在提出反对时是根据第 5.2 款（a）至（c）项提出的，但事实上可能是没有道理的，但这并没有关系，承包商提出的反对意见仍可被视为是合理的，业主必须决定是否向承包商保障免受此类风险的影响。

在 Fairclough Building Ltd 诉 Rhuddlan Borough Council, Court of Appeal (1985) 3 Con LR38 案㊀中，原告 Fairclough 与被告签订合同，为被告修建一座包

㊀ Michael Furmston. Powell-Smith and Furmston's Building Contract Casebook [M]. 4th ed. Oxford: Blackwell Publishing, 2006: 493-502.

括游泳池、剧场及其他娱乐设施在内的综合建筑，采用JCT63标准建筑合同。1976年1月5日，原告进入现场施工，竣工日期是1977年5月2日，合同价格为300万英镑。业主指定Gunite（Swimpool）Ltd公司为游泳池混凝土工程的指定专业分包商，价格为96700英镑。1977年9月29日，原告Fairclough确定指定分包商造成了工期延误，写信要求建筑师重新指定其他分包商，以便"完成Gunite公司的混凝土工程，包括修复其中的任何缺陷"。

在随后的几个月内，建筑师没有重新指定其他分包商。1978年1月20日，建筑师发出指示，要求原告Fairclough公司与M公司签署分包合同，完成游泳池混凝土工程，但合同当事人同意这项指定并不能构成一项有效的重新指定。根据1978年2月13日的指示，建筑师要求原告"调查和修复（Gunite公司）有缺陷的工艺"。但原告对该份指示的有效性提出异议。

1978年2月24日，建筑师要求原告与M公司签署完成和修复游泳池混凝土工程的分包合同。考虑到（a）原告有权根据M公司提出的计划要求工期延长；(b)业主的责任是"重新指定一个分包商实施和完成以前分包商所从事的所有必须的工程（无论是否是修复工程）"，原告Fairclough拒绝重新指定其他分包商。1978年5月23日，建筑师任命了另外一个公司完成Gunite公司的工作。原分包商Gunite公司宣布破产。

法官Parker LJ在判决中写道：

"（a）承包商能够以指定分包商的工期不符合承包商的进度要求为名拒绝指定分包商？

根据承包商与工程师和指定分包商之间往来函件，应法庭的要求，基廷先生以书面方式作了如下陈述：

'如果承包商根据第23条对指定分包商的工程提出工期延长，建筑师明确表示如果根据第23条的规定因指定造成延误，建筑师将给予工期延长时，承包商不能以指定分包商的工期超过了承包商的总工期计划而拒绝接受指定分包商'。

但本法庭无法接受上述陈述。承包商非常清楚地表明，除非他能够首先获得指定分包商先前延误的工期延长，否则，由于指定分包商的工期与第27（a）(ii)款规定的工期不符，承包商不能接受指定。

（b）承包商是否有权对指定分包商撤出之前造成的8周的延误提出工期延长索赔？

合同第23（g）款规定：'承包商应采取一切有效措施避免和降低因指定分包商造成的延误，只有承包商根据合同规定有权获得工期延长的原因造成的此类延误，才能予以考虑'。

我认为，上述规定的含义是显而易见的，如果仅仅是由于分包商的原因造成了延误，承包商无权获得工期延长；但如果分包商的延误是由于合同第 23 条项下的某个或其他原因造成的，则承包商有权获得工期延长。

指定分包商 Gunite 公司的延误不是由于第 23 条项下的原因造成的，因此，我们认为承包商无权获得工期延长。"

法院在审理了该案后作出了如下判决：

(1) 建筑师有权考虑业主的利益，从三种可能的替代方案中寻求合理的固定价格的投标，建筑师也可以对其过程作出判断，直到能够找到合理的令人满意的固定价格的投标。建筑师未能在 1978 年 2 月 24 日之前作出重新指定的做法没有错误。

(2) 基于重新指定分包商的进度计划超过了原告的既定工期，在建筑师没有理解主合同的工期与分包合同的工期无法匹配的情况下，原告有权拒绝重新指定分包商。由于建筑师没有要求 M 公司修复和完成工程，因此，原告也有权拒绝重新指定。

(3) 在工程竣工之前，原告不能对原指定分包商 Gunite 公司的缺陷工程承担责任，无论这些缺陷是由于错误设计、不良工艺还是其他原因造成的。

(4) 对于业主未能在 1978 年 2 月 24 日有效重新任命指定分包商，原告有权要求对其所遇到的任何延误的损失。

从本案可以得出：

(1) 大多数标准合同格式均规定承包商有权拒绝业主和建筑师/工程师任命的指定分包商。在承包商拒绝任命时，其拒绝理由应符合合同规定的原因，遵守合同规定的程序。

(2) 拒绝指定分包商的理由是很多的，但如以指定分包商的工期不符合承包商的总体工期计划和要求为由拒绝指定时，承包商应首先检查合同条款规定的拒绝理由。本案表明，尽管本案法官认可承包商可以指定分包商的工期安排不符合承包商工期安排为由拒绝指定，但似乎学术界和不同的法官对此仍持有不同看法。

(3) 承包商是否对指定分包商负责，应视合同条款的具体规定而定。如合同规定承包商对指定分包商的履约承担责任，则承包商应像自雇分包商一样管理指定分包商，但承包商可从业主处获得保障。如果合同规定承包商不对指定分包商的履约负责，则问题变得十分简单，承包商可以对指定分包商造成的任何延误要求工期延长、也可对其造成的损害要求赔偿。

(4) 本案表明，在工程竣工之前，承包商对指定分包商的缺陷工程不承担责任。

8.3 指定分包商的责任承担

在指定分包商的情形下，业主、主包商和指定分包商之间也形成了相互制约的合同链。根据一般法律原则，除非指定分包合同有除外规定或业主直接负责的情形外，主包商应对指定分包商所做的工程、材料和提供的服务对业主承担责任。

从 FIDIC 合同 1987 年第 4 版和 1999 版第 5 条 [指定的分包商] 的规定看，FIDIC 合同没有以明示的合同条款规定涉及业主、主包商和指定分包商的合同责任问题。在 FIDIC 合同没有明示规定指定分包商的责任时，在既没有说明业主承担指定分包商的合同责任，也没有明示承包商承担指定分包商的合同责任的情况下，是否意味着由业主承担指定分包商的合同责任，抑或是主包商承担指定分包商的合同责任，是一项值得深入探讨的法律问题。

在 FIDIC 合同 1999 版红皮书中，除第 5 条外，涉及分包商的条款包括：

(1) 第 1.1.2.7 款：定义——承包商人员。
(2) 第 1.1.2.8 款：定义——分包商。
(3) 第 4.4 款：分包商。
(4) 第 4.5 款：分包合同利益的转让。
(5) 第 4.21 款：进度报告。
(6) 第 8.3 款：进度计划。
(7) 第 13 条：变更和调整。
(8) 第 13.5 款：暂定金。
(9) 第 15.2 款：业主的终止。
(10) 第 17.3 款：业主风险。
(11) 第 18.4 款：承包商人员的保险。
(12) 第 19.1 款：不可抗力定义。
(13) 第 19.5 款：不可抗力影响分包商。

FIDIC 合同 1999 版红皮书第 1.1.2.8 款分包商的定义为："分包商是指为完成部分工程，在合同中指名为分包商，或其后被任命为分包商的任何人员；以及这些人员各自财产所有权的合法继承人。"第 4.4 款规定："承包商应对任何分包商、其代理人或雇员的行为或违约，如同承包商自己的行为或违约一样地负责。除非专用条件中另有规定。"考虑到第 1.1.2.8 款中规定了"被任命为分包商的任何人员"，因此，非常明显的是，FIDIC 合同的本意是承包商应承担指定分包商未能履行义务的责任。FIDIC 合同的此项规定与英国的有些合同格式规定不同，例如 JCT80 版、81 版和 97 版合同格式，IFC84 合同和 MW80 版合同，在这些合同中明确规定主包商可因指定分包商的延误要求工期延长。但是，在 Norwest Holst Costruction Ltd 诉 Co-operate Wholesale Society Ltd [1997] EWHC Technology 356 案中，法院判决主包商可因指定分包商的延误索赔工期延长，但不能索赔因此发生的额外费用。

在合同中没有明示的条款约定承包商（主包商）可以索赔工期延长或额外费用的情况下，英国普通法主张承包商（主包商）承担指定分包商造成的工期延误和额外费用的风险，参见 Percy Bilton 诉 Greater London Council [1982] 1 WLR 794 案。在合同允许业主指定分包商的情况下，则主包商是否应对指定分包商的施工工艺承担责任的程度取决于合同条款的具体约定，参见 Sinclair 诉 Woods of Winchester Ltd [2006] EWHC 3003 案。

为了避免业主、主包商和指定分包商之间合同责任约定不清的问题，英国 ICE 合同第 7 版第 59（3）条有关主包商对指定分包的责任明确规定：

"除非本条款和第 58（3）条另有规定，主包商应对他雇用的指定分包商所做的工程、提供的货物材料或服务负责，如同主包商自己实施这些工程，提供这些货物材料、服务一样。"

从承包商的观点来看，在业主或工程师指定分包商的情况下，承包商的本能是减少对指定分包商的依赖，降低和规避对指定分包商的任何疏忽、违约、过错等不能履行分包合同的责任，指定分包商提供的有质量缺陷的材料、货物、工艺的责任以及工期延误的责任[⊖]。

在 Bickerton 诉 North West metropolitan Regional Hospital Board [1970] 1 W. L. R. 607 案中，英国上诉法院作出判决，业主应对施工过程中破产的指定分包商履行重新指定的责任并赔偿因重新指定给主包商造成的损失。在本案中，原告存在两处不尽人意的情况，一是承包商 Bickerton 没有对业主与指定分包商不存在合同的相对性给予足够的重视，二是承包商 Bickerton 在面对指定分包商违约或者破产时表现无能为力，但这种情况不是全部的事实，也与当时市场上业主指定购买的材料短缺的风险是不同的情形。如果承包商对市场材料短缺风险承担责任，则他也应对指定分包商的履约不承担责任。

为了解决 Bickerton 案件中反映的问题以及为了解决主包商逃避指定分包商违约责任问题，2005 版和 2010 版 JCT 合同已将指定分包商条款的规定删除，取代的是使用提名分包商和列入名单的分包商的做法。

在主包商选择的分包商和业主或工程师指定分包商的管理上，由于合同关系和责任义务不尽相同，主包商应采取不同的管理方式。由于自雇分包商相应承担了主合同项下的义务，主包商应对其进行全面的进度、质量、安全、合同等管理工作。对于指定分包商，除非分包合同中明确承包商的全面管理责任，否则，他

⊖ Atkin chambers. Hudson's building and Engineering Contracts [M]. 13th ed. Sweet & Maxwell, 2015: 1053.

只能根据分包合同规定的义务进行相应的管理工作。如果合同中没有明确规定，主包商对指定分包商应像自雇分包商一样进行工程管理。

在对指定分包商的管理过程中，应注意如下事项：

（1）延误。如果由于主合同规定的事项造成的工程延期，如恶劣的气候条件等，主包商可以有权给予工程延期。但如果由于指定分包商违约、疏忽造成了工期的延误，主包商不应延长指定分包商的工期。

（2）设计。主包商应特别注意指定分包商的设计与其他工程的衔接、指定分包商设计的延误等相关问题。在设计沟通方面，特别是在规范和设计的细节中有关技术问题上，主包商可以同意分包商与工程师直接联系，但分包商应事先通知主包商，以便主包商在适当时候参加有关会议。

（3）解除指定分包合同。如果指定分包商违约、破产或其错误行为导致主包商根据分包合同中的终止条款，或者一般法律原则解除与指定分包商的合同关系，主包商可以要求业主或工程师指定另一分包商，变更工程或者安排主包商完成有关的工程。

（4）指定分包商的清算和破产。由于是业主选择和指定的分包商，因此，业主应承担指定分包商的破产风险，主包商对此不承担责任。从已有的判例和实践看，对指定分包商破产的处理，主要措施是业主或工程师重新指定，变更工程或由主包商完成相关工作。

8.4 业主的保障义务

FIDIC 合同 1999 版红皮书第 5.2 款［反对指定］规定："对于承包商尽快向工程师发出通知，提出有依据的、合理异议的指定的分包商，承包商不应有任何雇用义务，……除非业主同意保障承包商免受这些事项的影响。"也就是说，如果承包商提出了合理的反对意见，或者其反对意见"被认为"是合理的，除非业主同意向承包商提供适当的保障，否则，承包商将不承担雇用业主或工程师指定的分包商的义务。

保障义务是合同赋予的合同一方当事人向另一方当事人索偿损失的义务。保障合同或保障条款使得保障义务得以成立。因此，如果指定分包商违约，则主包商可以直接向业主追索其遭受的损失，而不用向违约的分包商启动追索损失的程序。

业主给予的保障义务条款内容的措辞非常重要，这些措辞将决定业主潜在责任（potential liability）的范围。在 Bovis Lend Lease Ltd 诉 RD Fire Protection Ltd ［2003］EWHC 939（TCC）案中，法官在判决书中写道：

"如果一项索赔是由于分包商违约的保障义务产生的，则评估损失大小的有关日期应是发生有关损失的日期。一般而言，保障义务构成了补偿或支付损失的一项承诺。保障义务是否满足条款或所遭受的损失程度应视保障条款自身的措辞决定。"

但是，需要指出，FIDIC 合同并没有提供任何保障条款格式（Form of Indemnity），承包商和业主经常发生的争议是业主是否就指定分包商的违约给予承包商保障的义务，或者说承包商是否免受指定分包商违约导致的损害和损失。

保障义务的一般法律原则是，被保障的当事人应可以向提供保障的当事人追索其已经遭受的损失，包括费用和法律费用。除非双方当事人之间的协议对可能追索的损失作出了限制，否则，间接损失规则将不适用保障义务。因此，如果主包商妨碍分包商施工并导致分包商违约的情况下，承包商不能根据保障条款向业主索赔。

保障义务条款的应用和限制，见本书第 7.6.4 节。

8.5　指定分包商的支付

FIDIC 合同 1987 年第 4 版第 59.5 款"对指定分包商的支付证书"规定了业主对指定分包商的直接付款：

"在按照第 60 条签发任何包括关于任何指定分包商已完成的工作或已提供的货物、材料、工程设备或服务的任何支付证书之前，工程师应有权要求承包商提供合理的证明，证明以前的证书包括的该指定分包商的有关工作或货物、材料、工程设备或服务的所有费用（扣除保留金）均已由承包商支付或偿清。如果承包商未提供上述证明，除非承包商：

（a）以书面材料使工程师同意他有正当的理由扣留或拒绝支付该项价款；和

（b）向工程师递交合理证明，证明他已将上述情况以书面形式通知了该指定分包商。

则业主有权根据工程师的证明直接向指定分包商支付在指定分包合同中已规定的，而承包商未曾向该指定分包商支付的一切费用（扣留保留金），并以抵消的方式从业主应付给或将付给承包商的任何款项中将业主支付的上述金额扣除。

在工程师已签发证明，且业主已如上述规定直接付款的情况下，工程师在签发以承包商为受款人的进一步证书时，应从付款额中扣除上述直接支付的款项，但不应拒发或拖延按合同条款应该发出的证书。"

FIDIC 合同 1999 版红皮书第 5.3 款规定了承包商向分包商付款的义务，其第 5.3 款规定的内容与 1987 年第 4 版第 59.5 款的内容基本相同。承包商应根据合同的规定向指定分包商支付工程师签认的分包工程价款。除此之外，根据第

13.5款的规定，承包商有权获得一笔管理费用（overhead charges）和利润。

FIDIC合同1999版第5.4款规定，工程师可要求承包商提供合理的证据，证明指定分包商已收到应付款项，减去合理的保留金或其他扣除后的所有金额。如果业主有合理的证据证明承包商构成付款违约，或者承包商未能提供令人满意的证据证明已经支付，或者承包商不能提供令人满意的证据证明他扣除指定分包商的款项是可以接受的，则业主可直接向指定分包商付款。如果业主向指定分包商直接付款，则承包商必须向业主偿还直接支付的款额。

ICE合同第7版第59.（7）款"向指定分包商付款"也规定了业主向指定分包商付款的权利。

业主向指定分包商直接付款，会使得本已不顺的承包商和指定分包商之间的关系变得紧张，因为指定分包商不是承包商自己选择的，是业主或工程师指定并要求承包商接受的分包商。指定分包商非常清楚，他的任命是业主或工程师作出的，他并不依靠承包商的信赖和任命取得在项目执行中的地位。

在承包商破产的情况下，如果业主直接向指定分包商付款，根据西方大多数判例，业主的这种行为违背了破产法的基本原则，是无效的。

【案例8-1】在B. Mullen & Sons（Contractors）Ltd诉Ross, Court of Appeal in Northern Ireland（1996）54 Con LR 163案⊖中，在承包商破产的情况下，业主直接向指定分包商付款，法官认为业主无权履行对指定分包商直接付款的义务，因为承包商已经宣布破产。

在承包商破产的情况下，承包商的任何应得款项将被视为承包商的债权，这种债权将由清算人管理，根据破产法规定的清偿顺序进行分配，如果在承包商破产情形下业主向指定分包商直接付款，则破坏了破产法规定的债权和清偿原则，因此，大多数判例判定这种行为违背破产法基本原则，没有法律效力。在JCT合同中，如JCT98规定，在承包商破产时，业主丧失向指定分包商直接付款的权利。

有关判例，参见British Eagle International Airlines Ltd诉Compagnite National Air France（1973）案、Right Time Construction Co Ltd（1990）案、Attorney General of Singapore诉Joo Yee Construction Pte Ltd（1992）案、Glow Heating Ltd诉Eastern Health Board and Another（1988）案。

⊖ Michael Furmston. Powell-Smith and Furmston's Building Contract Casebook [M]. 4th. Oxford: Blackwell Pulibshing Ltd, 2006: 483.

第 9 章　主包商和分包商的权利和义务

> 获得利益的人也应担负责任。
>
> ——彼得·彼默罗,《商法》

9.1　合同权利和义务的产生

合同权利,又称合同债权,是指债权人根据法律或合同规定,向债务人请示给付并予以保有的权利。

合同义务,又称合同债务,是指债务人根据法律或合同规定向债务人应尽的给付义务,包括给付义务和附随义务。

合同权利和义务的产生来源于:

第一,法律;

第二,合同。

依据不同的分类,合同权利和义务的产生可能来自不同的方面,但概括而言,合同权利和义务主要来源于法律规定和合同,而且这两者之间可能是相互交叉的。

根据契约自由原则,合同当事人之间可以通过合同约定不同的权利和义务,但只要不违反法律。而法律规定的合同当事人之间的权利和义务,无论合同中是否明示规定或者默示规定,合同当事人均应予遵守,即法律规定的合同权利和义务不受合同当事人之间约定的影响。

因合同而产生的合同权利和义务,主要来源于:

（1）口头或书面合同。

（2）意向书。

一般而言,意向书只是表达意向的一种方式,并不能在当事人之间成立合同关系,产生权利和义务。但在特殊情况下,如 A 答应 B,如果 B 实施了某项工作,他就可以得到支付,在这种情况下,意向书便产生了当事人之间的权利和义务关系。有关意向书方面最著名的案例是 British Steel Corporation 诉 Clevelang Bridge & Engineering Co. Ltd. （1981）24 BLR 94 案、A C Controls Ltd 诉 British Broadcasting Corporation, Queen's Bench Division, （2002）89 Con LR 52；［2002］EWHC 3132 案以及 Turriff Construction Ltd. 诉 Regalia Knitting Mills Ltd. （1971）

9 BLR 20 案。

(3) 善意、最大努力和公平交易（Good faith, best endeavours and fair dealing）。

即使在没有合同关系的情况下，法律也规定了在一些情况下会产生合同权利和义务。在大陆法系和我国民法通则中，存在恢复原状（restitution）和不当得利（unjust enrichment）概念和制度，而在英美法系中，没有不当得利的概念，相对应的概念和制度是按劳付酬（quantum merit），在借鉴大陆法系的准合同概念的基础上，英美法系中也存在恢复原状的概念和制度。

(1) 恢复原状。

恢复原状是指恢复权利被侵害前的原有状态或将损害的财产恢复到原有的状态。在合同法上，恢复原状主要适用于合同无效、被撤销或部分被解除的场合，通过采取恢复原状的措施可以使当事人的权利和义务状态达到合同订立前的状态。

根据英国法，在合同无效、被撤销或部分解除时，如果其他救济方式不存在时，将适用恢复原状的原则。在建筑工程领域，一个著名的案例是 William lacey 诉 Davis [1957] 2 All ER 712[一]案。

【案例 9-1】 在 William Lacey 诉 Davis [1957] 2 All ER712 案中，原告 William 就属于被告的一栋被战争破坏了的建筑重建工程进行投标，被告使原告相信他将得到这个合同。应被告要求，原告开始计算修复建筑所需的木料和钢材数量，并准备了不同的将来用于被告与战争赔偿委员会谈判的各种计划和估价。然而，被告通知原告他将雇用其他建筑商进行该项修复工程，而实际上，被告已将该建筑物变卖。

原告以被告违反合同为由要求赔偿损失，以及按照按劳取酬的原则索取他已做的有关修复工程内容的报酬。

法院判决：虽然当事人之间不存在有约束力的合同，但存在一项默示的承诺，即被告可能向原告所提供的服务给付一定的合理价格。判决被告支付 250.135 英镑。

(2) 按劳付酬。

按劳付酬是英美法中的概念，quantum merit 是拉丁语的表述，英语中则为 "as much as he deserved"，在合同法中，quantum merit 则为 "reasonable value of services"（提供服务的合理价值）。按劳付酬制度的主要目的是避免一方因另一方提供的服务而获得不当得利，其法律基础是恢复原状的有关法律规定。

按劳付酬主要适用于以下两种情况：

[一] Michael Furmston. Building Contract Casebook [M]. 4th ed. Oxford: Blackwell Publishing Ltd., 2006: 9-10.

1）在当事人之间没有协议规定如何补偿时，一方雇用（默示地或明示地）另一方为其工作，法律默示一项来自雇主的许诺，即他将为另一方提供的服务支付他应得的足够的报酬。

2）在当事人之间存在约定金额和补偿方式的明示合同时，原告不能放弃合同而根据一项默示的承担向他人付款的承诺为基础，按照按劳取酬原则要求赔偿。然而，如果合同对价完全失效，原告有权选择解除合同并可以按劳取酬原则索偿。

可能产生按劳取酬的有关事项如下：
1）当事人之间没有合同，但一方的行为已使另一方获得了利益。
2）当事人之间存在合同，但合同中没有约定价格。
3）准合同，如意向书。
4）合同之外的工作。
5）合同被宣布无效、被撤销或被终止时。

合同关系在发展过程中，除了给付义务外，还会发生其他义务，如工程技术人员不得泄露公司开发新产品的义务（保密义务）等附随义务，此类义务的产生，是以诚实信用，即 good faith 为依据，随着合同关系的产生而产生的。

9.2 主包商和分包商义务相同性原则

FIDIC 分包合同条件 1994 年第 1 版第 4.2 条规定："分包商应承担并履行与分包工程有关的主合同规定承包商的所有义务和责任。"上述表述是分包商就其分包工程承担与主包商一样相同义务原则的最准确描述。

分包商相同义务原则产生于主包商在主合同项下义务的传递或平行转移，这种传递或平行转移有其合同上的原因：

(1) 主包商合同义务的来源。

主包商合同义务来源于业主和主包商之间签订的主合同，在他与业主签订了主合同后，享有合同权利，承担合同义务。

除合同规定的权利和义务外，主包商还享有法律规定的权利，承担法律规定的义务。

(2) 分包商合同义务的来源。

尽管分包合同仅仅是分包商与主包商之间签订的合同，与业主和主包商之间的主合同没有合同关系，但分包合同是从属性合同，它以主合同的存在为存在前提，随主合同的消灭而消灭。分包商义务来源于分包合同，但却以主合同中主包商的义务为最终源头。在主包合同、分包合同链条中，合同义务是向下传递，或平行转移的，这样才能不减损或减轻主包商在主合同项下应承担的全部义务。

(3) 分包工程是主合同工程的一部分。

分包商实施的分包工程不是独立于主合同之外的工程，而是构成主合同工程的一部分的工程内容。对于主合同工程，主包商负有全面履行之责，而对于分包工程，分包商也应像主包商一样履行分包工程。只有分包商也像主包商一样履行了分包工程，主合同项下主包商的义务才能够得到全面的、一致性的履行，否则，在理论上就会出现义务的不一致，从而对主合同造成损害。关于主包商与分包商义务的相同性原则，以公式表述如下：

$$A = B = C$$

式中　A——业主在主合同中规定的主包商的义务；

B——主包商承担的主合同中的义务；

C——分包商在分包合同中承担的义务。

因此，在分包合同中，分包商就其分包工程承担了与主包商一样义务，是分包合同中的最基本要求。

如前所述，分包商的相同义务原则并不是自然产生的，而是依靠分包合同中的传导条款将主包商在主合同中的义务传递或平行转移到分包商身上。

在分包合同中，主包商也可以加重分包商的合同义务或负担，如：

(1) 不合理地压低价格。

(2) 紧缩分包工程工期。

(3) 要求开具比主合同比例更大的履约保函。

(4) 压低预付款金额或不支付预付款。

(5) 要求分包商分担更多保险费用。

(6) 要求分包商支付更大比例的保留金。

(7) 加大最低月付款账单金额。

(8) 附条件支付条款。

(9) 高于主合同规定的预期损害赔偿金比例。

(10) 不给分包商因物价变化进行调价的机会。

(11) 不合理的分包合同条件。

主包商也可以执行分包商与主包商相同义务原则，即除分包工程价格和工期外，对分包工程采取与主合同一致的条件，如与主合同一样的保函金额、预付款金额、保留金比例、预期损害赔偿金比例、支付条件、因物价指数上升引起的调价等合同条件。

主包商也可减轻分包商承担的义务，如不要求分包商出具履约保函、不按主合同规定扣留保留金、材料和永久性设备的选择没有按照规范规定进行等，但这些减损或减轻分包商义务的做法会极大地损害主包商的利益，造成主包商在主合同项下的违约。因此，除非无知、缺乏经验或疏忽，没有一个主包商会故意在合同中减轻分包商的义务，但会在分包工程实施过程中因主包商管理不严而发生。

9.3 主包商和分包商的主要义务

9.3.1 主合同项下主包商的主要义务

1. 概述

FIDIC 合同 1987 年第 1 版第 8.1 条规定："承包商应按照合同的各项规定，以应有的谨慎和努力，进行设计（在合同规定的范围内）、实施和完成工程，并修补其任何缺陷……"

FIDIC 合同 1999 年第 1 版第 4.1 条规定："承包商应按照合同及工程师的指示，设计（在合同规定的范围内）、实施和完成工程，并修补工程中的任何缺陷。"

ICE 合同第 7 版第 8.（1）条规定与 FIDIC 合同 1987 年第 4 版第 8.1 条的规定也基本相同。

上述规定是工程建筑合同中承包商的最基本义务和应负义务（Due Obligation）[一]，无论工程建筑合同中是否明示规定，承包商均应承担该项应负义务。

在 ICE 合同第 5 版和第 7 版，FIDIC 合同 1987 年第 4 版和 1999 年第 1 版中，对承包商一般义务的规定有所不同，即 ICE 合同第 5 版和 FIDIC 合同 1987 年第 4 版中均规定了"以应有的谨慎和努力"，而 ICE 第 7 版和 FIDIC 合同 1999 年第 1 版中均没有此类文字。有关英国法中的"谨慎义务"，详见 9.4 节。

承包商的主要义务可以归纳如下：

(1) 质量义务。
(2) 进度义务。
(3) 完成义务。
(4) 合作义务。

在国际工程合同中合作义务包括：

- 及时提供报表、文件、索赔通知等。
- 向建筑师/工程师提交质量保证体系。
- 提交进度计划、图纸、规范和其他文件。
- 避免干扰。
- 现场保安。

[一] Michael Furmston. Building Contract Casebook [M]. 4th ed. Oxford: Blackwell Publishing Ltd, 2006: 3.

- 安全保障。
- 环境保护。
- 保护健康。

有的西方学者将承包商的义务概括归纳为：
（1）设计义务（如有）。
（2）材料和工艺义务。
（3）进度和完成义务。
（4）保障和保险义务。
（5）健康和安全义务。

还有的学者将承包商的义务分为遵守合同义务和遵守法律规定义务，前者在业主和承包商的主合同中明示或默示规定，后者无须在合同中明示规定，承包商均应遵守。无论将承包商的主要义务如何分类，承包商均应遵守合同、工程所在国法律的规定，实施和完成主合同规定的合同义务。

2. 主包商（承包商）在 FIDIC 合同中的义务（表 9-1）

表 9-1　主包商（承包商）在 FIDIC 合同中的义务

FIDIC 合同 1987 年第 4 版合同条款		承包商的义务	1999 年第 1 版合同对应条款
	定义和解释		
1.1	定义	—	1.1
1.2	标题和旁注	—	1.2
1.3	解释	—	1.2
1.4	单数和复数	—	1.2
1.5	通知、同意、批准、证明和决定	（1）书面义务 （2）不得无故扣压或拖延	1.3
	工程师和工程师代表		
2.1	工程师的职责和权利	—	3.1
2.2	工程师代表	—	3.2
2.3	工程师的权利委托	—	3.2
2.4	任命助理	—	3.2
2.5	书面指示	（1）应遵守工程师的书面和口头指示 （2）如口头指示，承包商应在 7 天内以书面形式向工程师确认	3.3
2.6	工程师要行为公正	—	3.1

第9章 主包商和分包商的权利和义务

(续)

FIDIC合同1987年第4版合同条款		承包商的义务	1999年第1版合同对应条款
	转让与分包		
3.1	合同转让	无业主事先同意,承包商不得转让合同	1.7
4.1	分包	(1) 不得将整个工程进行分包 (2) 无工程师的事先同意,不得将工程任何部分分包 (3) 对分包工程负完全责任	4.4
4.2	分包商义务的转让	(1) 将没有到期的分包商的义务转让给业主 (2) 保证让分包商同意这种转让	4.5
	合同文件		
5.1	语言和法律	(1) 使用合同规定的语言 (2) 遵守合同规定的法律	1.4
5.2	合同文件的优先次序	—	1.5
6.1	图纸和文件的保管和提供	(1) 不得将图纸、规范或其他文件用于第三方或转送给第三方 (2) 在颁发缺陷责任证书时,将全部图纸、规范和其他文件退还给工程师 (3) 提交图纸、规范和其他文件副本给工程师 (4) 根据工程师的书面要求,向工程师提供更多的图纸、规范和其他文件	1.8
6.2	现场要保留一套图纸	(1) 应在现场保留一套图纸 (2) 应随时提供给工程师或其授权的人检查和使用	1.8
6.3	工程进展中断	向工程师提交书面通知,内容包括所需的图纸或指示、需要的原因和时间以及造成工程进展中断等详细说明	1.9
6.4	图纸误期和误期的费用	—	1.9
6.5	承包商未能提交图纸	承包商应按时提交图纸、规范或其他文件	1.9
7.1	补充图纸和指示	(1) 承包商应及时提供补充图纸,并受其约束 (2) 应执行工程师发出的此类补充图纸的指示	3.3

(续)

FIDIC 合同 1987 年第 4 版合同条款		承包商的义务	1999 年第 1 版合同对应条款
7.2	由承包商设计的永久工程	(1) 完成设计任务 (2) 向工程师提交图纸、规范、计算结果和其他资料 (3) 向工程师提交使用和维修手册、竣工图纸	4.1
7.3	批准不影响责任	承包商承担全部合同责任	3.1
	一般义务		
8.1	承包商的一般责任	(1) 遵守合同的规定，设计、实施和完成工程并修补任何缺陷 (2) 为实施工程的目的，提供监督、劳务、材料、设备等	4.1
8.2	现场作业和施工方法	(1) 对所有现场作业和施工方法的完备、稳定和安全负担全部责任 (2) 承包商对其设计的部分永久性工程负全部责任	4.1
9.1	合同协议书	应同意并签订和履行合同协议书	1.6
10.1	履约担保	(1) 在收到中标通知书后的 28 天内向业主提交履约保函 (2) 通知工程师提交保函事宜 (3) 应按照合同规定的格式提交保函 (4) 提供履约担保的机构须经业主同意 (5) 负担开具保函的费用	4.2
10.2	履约担保的有效期	应保证履约保函的有效期	4.2
10.3	根据履约担保的索赔	—	4.2
11.1	现场视察	(1) 视察现场 (2) 对有关现场情况的资料的解释负责	4.10
12.1	投标书的完备性	对投标的各项费率和价格负责	4.11
12.2	不利的外界障碍或条件	向工程师报告不利的外界障碍	4.12
13.1	应遵照合同工作	(1) 应严格按照合同进行工程施工和竣工，并修补任何缺陷 (2) 应严格遵守和执行工程师的指示	3.3, 19.7

第9章 主包商和分包商的权利和义务

（续）

FIDIC 合同 1987 年第 4 版合同条款		承包商的义务	1999 年第 1 版合同对应条款
14.1	应提交的进度计划	（1）提交工程进度计划 （2）提交施工方案和安排的总说明	8.3
14.2	修订的进度计划	（1）应向工程师提交修订的进度计划 （2）按修订的进度计划实施工程	8.3
14.3	应提交的现金流量估算	（1）向工程师提供现金流量表 （2）向工程师提供修订的现金流量表	14.4
14.4	不解除承包商的义务或责任	承担合同规定的任何义务和责任	3.1
15.1	承包商的监督	（1）应在工程施工期间及其后提供一切必要的监督 （2）派遣合格的人员进行工程监督 （3）替换监督人员	4.3
16.1	承包商的雇员	（1）提供合格的管理人员 （2）提供合格的工人	6.9
16.2	工程师有权反对	撤换不合格人员	6.9
17.1	放线	（1）应负责对工程准确的放线 （2）自费纠正放线差错 （3）应保护和保留好一切水准点、视准轨、测桩和工程放线所用的物件	4.7
18.1	钻孔和勘探开挖	按工程师要求进行钻孔和勘探开挖	13.1
19.1	安全、保卫和环境保护	（1）保证人员安全 （2）自费提供并保持一切照明、防护、围栏、警告信号和看守 （3）保护环境	4.8, 4.18, 4.22
19.2	业主的责任	—	2.3
	责任的分担和保险义务		
20.1	工程的照管	（1）应对施工期内的工程、材料和待安装的工程设备负照管责任 （2）对缺陷期内的工程、材料和设备负照管责任	17.2

（续）

FIDIC 合同 1987 年第 4 版合同条款		承包商的义务	1999 年第 1 版合同对应条款
20.2	弥补损失或损坏的责任	（1）自费对照管的工程、材料和设备的损失或损坏负责 （2）对作业过程中造成的对工程的任何损失或损坏负担责任	17.2
20.3	由于业主风险造成的损失或损坏	—	17.4
20.4	业主的风险	—	17.3
21.1	工程和承包商设备的保险	（1）按合同规定进行保险的义务 （2）使保险有效的义务	18.2
21.2	保险范围	（1）与业主的联合名义进行保险 （2）提供缺陷责任期内的保险	18.2
21.3	对未能收回金额的责任	与业主分担未保险和未能从承保人收回金额的风险	18.1
21.4	保险不包括的项目	—	18.2
22.1	人身或财产的损害	保障业主免于承受本条规定的任何损失或索赔	17.1
22.2	例外	—	17.1
22.3	业主提供的保障	—	17.1
23.1	第三方保险（包括业主的财产）	应以业主的联合名义对因履行合同引起的任何人员或财产损失进行保险	18.3
23.2	保险的最低数额	应至少承保最低保险数额	18.3
23.3	交叉责任	承担保险的交叉责任	18.3
24.1	人员的事故或受伤	应保障业主不承担上述业主应负责以外的一切损害赔偿和补偿、索赔、诉讼、诉讼费等	18.4
24.2	人员的事故保险	（1）为其雇用人员进行保险 （2）展延人员保险 （3）要求分包商向业主出示保险单	18.4
25.1	保险的证据和条款	（1）在现场工作开始之前向业主提供保险证据 （2）在开工之日起的 84 天内向业主提供保险单 （3）通知工程师提供保险单事宜 （4）应根据业主批准的条件进行保险	18.1

第9章 主包商和分包商的权利和义务

（续）

FIDIC 合同 1987 年第 4 版合同条款		承包商的义务	1999 年第 1 版合同对应条款
25.2	保险的完备性	（1）通知承保人工程性质、范围和进度计划的变化情况 （2）保证合同期内保险的完备性 （3）向业主出示生效的保险单和支付收据	18.1
25.3	对承包商未办保险的补救方法	—	18.1
25.4	遵守保险单的条件	保障业主免受未能遵守保险单条件而造成的一切损失和索赔	17.1
	承包商的其他义务		
26.1	遵守法令、规章	（1）遵守工程所在国、所在地的法律和规章 （2）应保障业主免于承担因违反法律、规定的任何罚款和责任	1.13
27.1	化石	（1）应采取合理的预防措施 （2）应防止其工人或人员移动或损坏此类物品 （3）通知工程师，执行工程师的指示	4.24
28.1	专利权	（1）遵守专利权的规定 （2）保障业主免于因侵犯专利权而引起的索赔、诉讼、损害赔偿费、诉讼费、指控费等	17.5
28.2	矿区使用费	应支付工程所需材料的吨位费、矿区使用费、租金或赔偿费	7.5
29.1	对交通和毗邻财产的干扰	（1）不应对交通和毗邻财产干扰 （2）保障业主免于承担因干扰造成的索赔、诉讼、损害赔偿费、诉讼费、指控费等	4.14
30.1	避免损坏道路	应避免自己和分包商损坏道路、桥梁	4.15
30.2	承包商设备或临时工程的运输	（1）自付费用负责加固或改建道路和桥梁 （2）保障业主免于承担因运输造成的任何桥梁、道路引起的索赔	4.13, 4.15

（续）

FIDIC 合同 1987 年第 4 版合同条款		承包商的义务	1999 年第 1 版合同对应条款
30.3	材料或工程设备的运输	立即通知工程师有关运输材料或设备对道路和桥梁造成的损害或索赔	4.16
30.4	水运	在使用水运方式时遵守第 30 条的有关规定	4.15
31.1	为其他承包商提供机会	为其他承包商和人员提供实施工程的合理机会	4.6
31.2	为其他承包商提供方便	为其他承包商提供实施工程的方便	4.6
32.1	承包商保持现场清洁	应保持现场整洁	4.23
33.1	竣工时的现场清理	（1）竣工时应清除现场的全部设备、多余材料、垃圾和临时工程 （2）保持现场整洁并使工程师满意	4.23
	劳务		
34.1	职员和劳务人员的雇佣	应自行安排所有职员和劳务人员、报酬、住房、膳食和交通	6.1
35.1	劳务人员和承包商设备情况的报告	（1）应遵守工程所在地劳动法规和条件 （2）遵守同行业所付一般工资标准和劳动条件	6.10
	材料、工程设备和工艺		
36.1	材料、工程设备和工艺的质量	（1）材料、工程设备和工艺的质量符合合同的规定 （2）按照工程师的要求进行检验 （3）为检查、测量和检验任何材料或工程设备提供协助 （4）按工程师的要求提供材料样品进行检验	7.1
36.2	样品费用	负责承担样品费用	7.2
36.3	检验费用	负担检验费用	7.4
36.4	未规定检验费用	如检验没有使工程师满意，承包商应负担检验费用	7.4
36.5	工程师关于未规定检验费的决定	承包商应与工程师协商确定检验费用和工期延长	7.4
37.1	操作检查	为工程师及其人员提供检查的进入现场的一切便利并协助取得进入现场的权利	7.3

(续)

FIDIC 合同 1987 年第 4 版合同条款		承包商的义务	1999 年第 1 版合同对应条款
37.2	检查和检验	应为工程师进入不属于承包商的车间或场所取得检查和检验的许可	7.3
37.3	检查和检验的日期	（1）与工程师商定检查和检验的时间和地点 （2）将检验数据送交工程师	7.3
37.4	拒收	（1）应立即纠正所述缺陷或保证被拒收的材料或工程设备符合合同规定 （2）按工程师的要求对被拒收的材料或工程设备进行检验或重复检验 （3）与工程师协商确定重复检验的费用	7.5
37.5	独立检查	—	3.2
38.1	工程覆盖前的检查	（1）应保证工程师有充分的机会对工程在覆盖前进行检查 （2）通知工程师在覆盖前进行检查	7.3
38.2	剥露和开孔	（1）按工程师的要求移动工程的覆盖物或开孔，并将该部分恢复原状和使之完好 （2）与工程师协商已覆盖或掩蔽工程的剥露和开孔的费用	7.3
39.1	不合格的工程材料或工程设备的拆运	（1）将不合格材料或工程设备运离现场 （2）用合格的材料或设备取代 （3）对不合格工程进行拆除和重新施工	7.6
39.2	承包商不遵守指示	（1）与工程师协商由其他承包商实施工程的费用 （2）承担由其他承包商实施工程的费用	7.6
	暂时停工		
40.1	暂时停工	（1）根据工程师的指示，在必要的时间和方式暂停工程 （2）停工期间负责对工程进行必要的保护和安全保障	8.8
40.2	暂时停工后工程师的决定	与工程师协商暂时停工后的工期延长和费用	8.9

231

(续)

FIDIC 合同 1987 年第 4 版合同条款		承包商的义务	1999 年第 1 版合同对应条款
40.3	暂时停工持续 84 天以上	(1) 向承包商递交通知,开始工程的施工 (2) 按第 51 条规定通知工程师删减工程 (3) 业主违约时,执行第 69.2 和 69.3 条的规定	8.11
	开工和误期		
41.1	工程的开工	(1) 在开工令下发后尽快开工 (2) 应迅速且毫不拖延地开始工程施工	8.1
42.1	现场占有权及其通道	(1) 提出合理建议进行开工 (2) 将合理开工建议递交工程师,并呈交一份副本给业主 (3) 按照业主提供的现场,制订进度计划进行施工	2.1
42.2	未能给出占有权	与工程师协商,业主未能给出占有权时的工期延长和费用	2.1
42.3	道路通行权和设施	(1) 承担进出现场所需的专用或临时道路通行权的费用和开支 (2) 自费提供现场外的附加设施	4.13
43.1	竣工时间	在合同规定的时间完成合同工程或某一区段	8.2
44.1	竣工时间的延长	与工程师和业主协商竣工工期的延长	8.4
44.2	承包商应提供的通知书和详细申述	(1) 在事件发生后的 28 天内通知工程师 (2) 向工程师提交任何延期的详细申述	8.4
44.3	临时的延期决定	(1) 向工程师提交延期事件的通知 (2) 与工程师和业主协商工期延长事宜	8.4, 20.1
45.1	工作时间的限制	(1) 不得在夜间或休息日施工 (2) 向工程师提出夜间或休息日施工的建议	6.5
46.1	施工进度	(1) 在工程师同意的情况下采取必要的措施加快施工进度,以使其符合竣工工期的要求 (2) 向工程师提交夜间施工和休息日施工的建议 (3) 与业主和工程师协商附加监理费用 (4) 承担因赶工造成的附加监理费用	8.6

(续)

FIDIC 合同1987年第4版合同条款		承包商的义务	1999年第1版合同对应条款
47.1	误期损害赔偿费	(1) 向业主支付误期损害赔偿费 (2) 仍然承担完成工程的义务或合同规定的其他义务和责任	8.7
47.2	误期损害赔偿费的减少	—	10.2
48.1	移交证书	(1) 通知工程师有关移交申请 (2) 完成工程师指出的任何缺陷	10.1
48.2	区段或部分移交	进行区段或部分移交	10.2
48.3	部分工程基本竣工	—	10.2
48.4	地表需要恢复原状	自费恢复地表原状	10.4
	缺陷责任		
49.1	缺陷责任期	—	11.1
49.2	完成剩余工作和修补缺陷	(1) 在移交证书注明的日期之后,尽快完成在当时尚未完成的工作 (2) 按工程师的要求修补、重建和补救缺陷	11.1
49.3	修补缺陷的费用	自费承担修补缺陷费用	11.2
49.4	承包商未执行指示	(1) 支付因承包商未执行指示而由其他承包商修补缺陷的费用 (2) 与工程师协商由其他承包商修补缺陷的费用	11.4
50.1	承包商进行调查	(1) 调查缺陷责任期满之前的缺陷、收缩或不合格工程原因 (2) 自费负责修补缺陷、收缩或不合格工程 (3) 与工程师协商修补缺陷、收缩或不合格工程费用	11.8
	变更、增添和省略		
51.1	变更	(1) 按工程师的指示进行工程的变更、增添和省略 (2) 承担由于承包商违约或毁约造成的工程变更费用	13.1
51.2	变更的指示	不得擅自变更、增添和省略工程	13.1

（续）

FIDIC 合同 1987 年第 4 版合同条款		承包商的义务	1999 年第 1 版合同对应条款
52.1	变更的估价	与工程师协商变更后的合理的费率和价格	12.3
52.2	工程师确定费率的权利	—	12.3
52.3	变更超过 15%	与业主和工程师协商变更超过 15% 后的费率和价格	—
52.4	计日工	（1）向工程师提供付款收据或其他凭证，在订购材料前向工程师提交订货报价单供其批准 （2）向工程师每天报告所从事工作的所有工人的姓名、工种和工时单，以及所用材料和设备清单 （3）每月月末向工程师递交日工报表	13.6
	索赔程序		20.1
53.1	索赔通知	在索赔事件第一次发生后的 28 天内将索赔意向通知工程师	20.1
53.2	同期纪录	（1）应同期纪录索赔事件 （2）根据工程师指示保持合理的同期纪录 （3）允许工程师审查所有同期纪录，向工程师提供记录副本	20.1
53.3	索赔的证明	（1）向工程师提供说明索赔款额和提出索赔依据的详细材料 （2）在连续发生索赔事件时，应发出进一步的临时详细索赔报告 （3）在索赔事件结束后的 28 天内向工程师提出最终详细索赔报告 （4）按工程师要求将索赔报告递交给业主	20.1
53.4	未能遵守	—	20.1
53.5	索赔的支付	—	
	承包商的设备、临时工程和材料		

第9章 主包商和分包商的权利和义务

(续)

FIDIC 合同 1987 年第 4 版合同条款		承包商的义务	1999 年第 1 版合同对应条款
54.1	工程专用的承包商的设备、临时工程和材料	(1) 提供施工所需的设备、临时工程和材料 (2) 未经工程师同意，不得将设备、临时工程和材料运离现场	4.17
54.2	业主对损坏不负责任	—	4.17, 17.2
54.3	清关	负责设备、临时工程和材料的清关	2.2
54.4	承包商的设备再出口	负责将设备再出口	2.2
54.5	承包商的设备租用条件	当合同终止时，承包商不得将租用的设备带至现场	4.4, 15.2
54.6	用于第 63 条的费用		15.3
54.7	编入分包合同的条款	应将第 54 条的有关规定编入分包合同中	4.4
54.8	材料的批准		—
	计量		
55.1	工程量	—	14.1
56.1	需测量工程	(1) 参加或派出合格的代表协助工程师测量 (2) 提供工程师所要求的一切详细资料	12.1
57.1	测量方法	—	12.2
57.2	包干项目的分项	在接到中标通知书后 28 天内把包含在投标书中的每一项包干项目的分项表提交给工程师	14.1
	暂定金额		
58.1	暂定金额的定义	—	13.5
58.2	暂定金额的使用	—	13.5
58.3	凭证的出示	应向工程师出示与暂定金额开支有关的所有报价单、发票、凭证和账单或收据	13.5
	指定分包商		
59.1	"指定分包商"的定义	—	5.1
59.2	指定的分包商；对指定的反对		5.2
59.3	设计要求应明确规定		5.2

（续）

FIDIC 合同 1987 年第 4 版合同条款		承包商的义务	1999 年第 1 版合同对应条款
59.4	对指定的分包商的付款	支付指定分包商付款	5.3
59.5	对指定分包商的支付证书	向工程师提供证明，证明他已向指定分包商支付款项	5.4
	证书与支付		
60.1	月报表	在每个月末向工程师提交月报表	14.3
60.2	每月的支付	—	14.6
60.3	保留金的支付	—	14.9
60.4	证书的修改	—	14.6
60.5	竣工报表	向工程师递交竣工报表	14.10
60.6	最终报表	（1）向工程师递交最终报表 （2）根据工程师的要求提交进一步的资料 （3）编制并向工程师提交双方同意的最终报表	14.11
60.7	结清	应给业主一份书面结清单，并递交一份副本给工程师	14.12
60.8	最终证书	—	14.13
60.9	业主责任的终止	—	14.14
60.10	支付时间	—	14.7
61.1	仅凭缺陷责任证书的批准		11.9
62.1	缺陷责任证书		11.9
62.2	未履行的义务	应对在缺陷责任证书颁发前按合同规定应予履行，而在缺陷责任证书颁发时尚未履行的义务承担责任	11.10
	补救措施		
63.1	承包商的违约	—	15.2
63.2	终止日的估价	与工程师协商终止时的工程估价	15.3
63.3	终止后的付款	向业主支付超出部分的款额	15.4
63.4	协议利益的转让	应将其为该合同目的可能签订的、有关提供任何货物或材料或服务或有关实施任何工作的协议的权益转让给业主	4.4, 15.2

第9章 主包商和分包商的权利和义务

(续)

FIDIC 合同 1987 年第 4 版合同条款		承包商的义务	1999 年第 1 版合同对应条款
64.1	紧急补救工作	(1) 支付由业主或其他承包商的紧急补救工作款项 (2) 与工程师协商由业主或其他承包商紧急补救工作所发生的费用	7.6
	特殊风险		
65.1	对特殊风险不承担责任	—	17.4
65.2	特殊风险	—	17.3
65.3	特殊风险对工程的损害	(1) 根据工程师的指示修复特殊风险所造成的损坏或损害 (2) 根据工程师的指示替换或修复材料或承包商设备	17.4
65.4	炮弹、导弹	—	17.4
65.5	由特殊风险引起的费用增加	(1) 应立即通知工程师因特殊风险引起的费用增加 (2) 与工程师和业主协商增加费用	17.4
65.6	战争爆发	—	19.6
65.7	合同终止时承包商设备的撤离	(1) 应尽快从现场撤离全部设备 (2) 为其分包商提供撤离设备的便利	19.6
65.8	合同终止后的付款	—	19.6
	解除履约		
66.1	解除履约时的付款	—	19.7
	争端的解决		
67.1	工程师的决定	(1) 应将与业主的争端首先以书面形式提交给工程师 (2) 应以应有的精心继续进行工程施工，并执行工程师的指示，除非合同被终止 (3) 如在收到工程师有关决定后的 70 天内没有表明要将争端提交仲裁，则应遵守工程师的决定	20.1
67.2	友好解决	应友好解决争端	20.5
67.3	仲裁	根据仲裁规则指定仲裁人	20.6

237

（续）

FIDIC 合同 1987 年第 4 版合同条款		承包商的义务	1999 年第 1 版合同对应条款
67.4	未能遵从工程师的决定	—	20.7
	通知		
68.1	致承包商的通知	—	1.3
68.2	致业主和工程师的通知	按照合同规定的方式和地址发出通知	1.3
68.3	地址的变更	通知对方地址变更事宜，并抄送给工程师	1.3
	业主的违约		
69.1	业主的违约	通知业主违约并将副本呈交给工程师	16.2
69.2	承包商设备的撤离	应尽快从现场撤离所有带至工地的设备	16.3
69.3	终止时的付款	—	16.4
69.4	承包商暂停工作的权利	—	16.1
69.5	复工	应尽快恢复正常施工	16.1
	费用和法规的变更		
70.1	费用的增加或减少	—	13.8
70.2	后续的法规	（1）通知工程师因法规变更或增加所造成费用的增加 （2）与工程师和业主协商费用增加	13.7
	货币及汇率		
71.1	货币限制	—	—
72.1	汇率	—	14.15
72.2	货币比例	—	14.15
72.3	为暂定金额支付的货币	—	14.15

9.3.2　分包合同项下主包商的主要义务

1. 支付分包合同价款的义务

主包商向分包商支付分包合同价款的义务是主包商最主要的义务。

与主合同项下业主向主包商支付方式不同，分包合同项下主包商向分包商支付价款有其特殊性，主要体现在主包商是要从业主处得到付款，如果没有从业主处得到付款，主包商就应自己向分包商支付分包合同价款。从主包商的本能来说，当然是先从业主处得到付款，然后再支付给分包商那一份，这样对主包商没有任何风险。但有些国家法律对这种附条件支付条款进行禁止或限制。

关于支付问题，参见本书第13章有关内容。

2. 向分包商提供现场占有权的义务

（1）一般义务。

FIDIC合同1987年第4版第1.1.（f）.（vii）款规定："现场指由业主提供的用于进行工程施工的场所以及在合同中可能明确指定为现场组成部分的任何其他场所。"

FIDIC合同1999年第1版第1.1.6.7条规定："现场指实施永久工程和运送生产设备与材料到达地点以及合同中可能指定为现场组成部分的任何其他场所。"

为主包商提供现场占有权的义务是业主的一项重要义务，FIDIC合同1987年第4版、1999年第1版均对业主向承包商提供现场占有权作出了明确的规定。

关于主包商向分包商提供现场占有权，FIDIC分包合同条件1994年第1版第6.2条规定："承包商应随时为分包商提供确保分包商以应有的速度进行分包工程的施工所要求的那部分现场及现场通道。"

英国CECA分包合同格式（CECA Form of Sub-Contract）第5.（2）款规定："The Contractor shall from time to time make available to the Sub-Contractor such part or parts of the Site and such means of access thereto within the Site as shall be necessary to enable the Sub-Contractor to execute the Sub-contract Works in accordance with the Sub-Contract"（承包商应随时为分包商提供确保分包商按照分包合同规定实施分包工程所需的现场一部分或几个部分以及现场内的通道）。

无论分包合同是否以明示条款的方式规定业主向主包商提供现场的义务，在建筑工程合同中法律都默示业主应在充分的时间内给予承包商现场占有权，以便使其能够按照合同规定进行施工和完成工程。John Uff教授在《建筑法律》一书中写道："在建筑和工程合同中，有一些重要的条款是以默示方式出现的，这些条款要求建筑业主应在合理的时间内提供现场占有权，并且在合理的时间内发出指示和信息⊖。"有关案例参见Merton LBC诉Leach Ltd（1985）32 B. L. R. 51。

【案例9-2】 在Freemen & Son诉Hensler案⊜中，原告Freemen与被告签订了一项拆除旧建筑并安装新建筑的建筑合同，工期为6个月。合同于7月4日签订。根据合同规定，新建筑的所有砌砖工程应同时开始，并规定不能高于原建筑5英尺。依照被告要求，原告同意自7月4日起推迟两周开始施工，但直到应提供部分现场规定的时间有效期过了数周原告还不能开始施工。在被告提供整个现场之前，时间已经过了将近5个月。于是原告以被告违反合同为由要求赔偿。

⊖ John Uff. Construction Law［M］.9th ed. London：Sweet & Maxwell Limited, 2005：181.

⊜ Michael Furmston. Building Contract Casebook［M］.4th ed. Oxford：Blackwell Publishing Ltd, 2006：153.

法院判决：合同中包含一项默示条款，即应立即给予承包商现场占有权。虽然当事人之间的协议已经放弃了该项义务，但应以合理时间代替。由于未能在合理时间内给出现场占有权，原告有权就此延误造成的损失索偿。

法官 Collins LJ 说道："合同清楚地规定了建筑物业主应在合同签订后立即向承包商提供整个现场占有权。与承包商签订合同并让承包商在其土地上建造房屋的建筑物业主也有一项默示承诺，即应向承包商提供以允许承包商有义务建造房屋为目的的土地。"

在分包合同中，主包商向分包商提供现场占有权也应遵守同样的原则。

主包商向分包商提供现场及现场通道依赖一个前提条件，即业主应首先向主包商提供现场和现场通道，主包商才能向分包商提供分包工程使用的现场和通道。如果业主没有能够按照合同规定按时提供现场以及通道，主包商可以向业主提出索赔，包括工期延长索赔和费用索赔。同样，如果由于业主未能按时提供现场，导致分包合同中提供现场的时间延误，分包商可以向主包商提出索赔，并由主包商向业主提出索赔，因此而获得的工期延长、费用索赔金额应同样地给予分包商。

更重要的，如同业主向主包商提供现场占有权一样，主包商向分包商提供现场占有权也应遵循同样的原则：

第一，充分进入。

第二，占有时间。

第三，安静占有。

第四，非排他性占有。

（2）充分进入。业主向承包商提供现场的程度和充分性，以及主包商向分包商提供现场的程度和充分性，看起来是一个事实问题，而不是一个法律问题。对此，一般国际工程项目合同中都明确规定现场占有的程度和范围。如果没有明确程度和范围，则根据已有英国的判例，法官会从现场占有的充分性来考虑，即业主必须向承包商提供程度充分的现场占有，以便承包商能够不受他人干扰地实施工程，充分程度应依不同的案件具体确定。

【案例 9-3】在 The Queen in Right of Canada 诉 Walter Cabott Construction Ltd. Canadian Federal Court of Appeal（1975）21 BLR 42 案㊀中，被上诉人 Cabott 公司与上诉人签订了安装孵卵所建筑合同，该合同是整个项目 6 个合同中的一个合同。由于后来的两个承包商越过现场界限施工，干扰了被上诉人 Cabott 公司施工，于是被上诉人 Cabott 公司以违反现场占有的默示条款起诉要求赔偿损失。

㊀ Michael Furmston. Building Contract Casebook [M]. 4th ed. Oxford：Blackwell Publishing Ltd, 2006：155.

法院判决：Cabott 公司胜诉。上诉人由于侵占了 Cabott 公司部分现场而违约。合同条款规定的默示条款是有效的，因为对于施工合同而言，提供不受他人干扰的工作空间是一项基本义务。

如果业主被他不能控制的或不负有法律责任的第三人错误地阻止进入，那么业主对其提供充分的现场占有义务不承担违约责任。典型案例见 Porter 诉 Totttenham Urban District Council, Court of Appeal, [1915] KB 1041 案。

同样，如果主包商被他不能控制的或不负有法律责任的第三人错误地阻止进入，那么主包商对提供现场占有的义务不承担违约责任。

（3）占有时间。

占有时间包含两层含义，一是业主提供给主包商现场的时间，或主包商提供给分包商现场的时间，二是占有时间的终点。

对于前者，根据现有判例，认为应在合理时间内提供现场占有权，这是合同的默示条款，如果没有能在合理时间提供现场，则应给予工期延长和赔偿损失，参见本节 Freemen & Son 诉 Hensler 案。

关于后者，占有时间应到主包商或分包商竣工时止。

（4）安静占有。

所谓安静占有，是指不受干扰地拥有现场占有权并实施工程。通常，安静占有的权利受到的损害源于：

1）业主的其他承包商。
2）法律授权者的履行。
3）罢工。

在安静占有权受到损害时，分包商可将损害归于不可抗力，或干扰，提出工期索赔和费用索赔。

（5）非排他性占有。

FIDIC 分包合同 1994 年第 1 版第 6.2 款规定："除非在分包合同条件第二部分中另有说明，承包商没有义务将现场的任何部分提供给分包商专用。"

CECA 分包合同格式也做了类似规定。

与主包商对新工程的排他性占有不同，由于现场已经存在主包商，分包商只是承揽工程一部分，因此，分包商不能拥有排他性的现场占有权。

3. 指示分包商义务

在分包合同中，主包商指示分包商的义务主要分为两种情况：

（1）转递工程师的指示。

FIDIC 分包合同 1994 年第 1 版第 8.1 款规定："根据第 9 条，分包商应在有关分包工程方面遵守工程师的所有指示和决定，此类指示和决定由承包商作为指示确认并通知分包商，无论此类指示和决定是否根据主合同恰当给出。与承包商根据主合同有权从业主处得到付款一样，分包商应同样有权从承包商处得到有关遵守此类指示和决定方面的进一步的有关支付。进一步规定，如果上述任何通知和确认的指示或决定从主合同角度分析是由工程师不恰当或不正确地给出的，则分包商有权要求承包商补偿遵守此类指示或决定而导致的合理费用（如有），但这笔费用不能是由于分包商违反分包合同所引起或造成的。"

  转递工程师指示是主包商的一项义务，也是主包商必须遵守和履行的义务。分包工程作为主合同工程的一个部分，任何工程师的指示均会影响到分包工程的进展和质量控制等。主包商在转递工程师的指示时应是"立即和毫不拖延的"，也就是说，当主包商从工程师处得到指示后，应立即和毫不拖延的转交给分包商。在实际操作中，主包商应在工程师的指示前面加上封首函，表明这是工程师的指示。

  分包商应遵守主包商转递的工程师的指示，如果工程师的指示不恰当或不正确，对分包商造成了损害，则分包商有权要求承包商补偿遵守工程师的指示所造成的合理费用。

  工程师作出的涉及分包工程的指示是"工程师的指示"，还是"承包商的指示"，英国 JCT 分包合同条件（The Sub-Contract Conditions, for use with the Domestic Sub-Contract DOM/1, 1980 年版）第 4.2 条规定："建筑师在主合同项下发出的影响到分包工程的任何书面指示，以及承包商向分包商发出的指示应被视为承包商的指示。" FIDIC 分包合同 1994 年第 1 版没有作出明示规定，但却对此给出了解决办法，即分包商遵守此类指示时，如对其造成损害，承包商应予补偿合理费用。

  (2) 主包商自己指示分包商。

  FIDIC 分包合同 1994 年第 1 版第 8.1 条还规定："分包商仅从承包商处接受指示。与工程师根据主合同有权在主包工程方面作出指示一样，承包商应有同样的权利在分包工程方面作出指示。与承包商遵守主合同规定的义务并拥有相应的权利一样，分包商也应遵守类似的义务并拥有类似的权利。在任何情况下，承包商均能行使上述权利，而无论工程师是否按照主合同行使了类似权利。"

  主包商向分包商发出指示，是主包商在分包合同中的一项基本权利，而且，正如 FIDIC 分包合同 1994 年第 1 版第 8.1 条所言，在任何情况下，承包商均能行使上述权利，而无论工程师是否按照主合同行使了类似权利。

  主包商指示的形式。

  主包商向分包商发出的指示应该是书面的。如果是口头指示，应遵守分包合同中关于书面确认非书面指示的程序，主包商应对非书面指示在 7 天内作出书面确认。

  对分包商指示的形式，应遵守 FIDIC 分包合同 1994 年第 1 版第 1.6 条的规定。

4. 允许分包商履行全部工作的义务

主包商应允许分包商在合同规定时间内履行全部分包工程。在分包商履行分包合同中，出现删减分包工程，致使分包商不能履行全部工作的情况可能出于：

（1）业主和工程师删减分包工程。

（2）主包商删减分包工程给他人实施。

（3）分包商履约不能，致使主包商接管部分或全部分包工程。

主包商删减分包工程给他人实施时，除非能够证明分包商履约不能，否则主包商将违反分包合同，如同业主删减主包商的工程给他人实施构成违约一样。有关业主删减主包工程给他人实施的判例见 Tancred Arrol & Co. 诉 The Steel Company of Scotland Ltd.，（1890）15 App. Cas 125 案、Gallagher 诉 Hirsch N. Y.（1899）45 App. Div. 467 案和 Carr 诉 A. J. Berriman Pty. Ltd.（1953）27 A. L. J. 273 案等。

5. 披露信息的义务

在主合同项下，业主应承担向主包商披露工程信息的义务，同样，在分包合同中，由于分包商与业主没有合同关系，主包商应向分包商披露工程信息。

有关披露信息义务，一般分包合同标准格式中均对此作了规定，如 FIDIC 分包合同 1994 年第 1 版第 4.1 条，英国 CECA 分包合同格式（与 ICE 合同配套使用）第 3 条，英国 JCT 大型项目分包合同 2005 版（Major Project Sub-Contract, 2005）第 16 条等。

除已标价的数量清单外，主包商应向分包商披露主合同信息，包括图纸、规范、合同文件以及其他文件。

6. 合作义务

无论主合同或分包合同中是否明示规定了业主、主包商和分包商的合作义务，在每个工程建筑合同中均包含一项默示条款，即业主应尽其合理必要的努力使合同得以完成。此外，工程建筑合同中还包含了一项默示条款，即业主不能阻碍或妨碍承包商根据合同规定以正常和有序的方式履行义务和实施工程项目。

英国法官评述说："如果 A 雇用 B 为其承建某项工程，并需要 B 付出金钱和努力……一般而言，如果 A 雇用 B 从事某项工程且需要 B 的合作……那就默示了应得到随时的必要合作。见 Viscount Simon LC 法官在 Luxor（Eastbourne）Ltd 诉 Copper［1941］1 All ER 33 案中的评述。

一般地……在任何合同中均必要默示一项条款，即任何一方都不能阻碍另一方履行义务，而其他条款不能排除这项默示。见 Lord Asquith 法官在 Cory Ltd 诉 City of London Corporation［1951］2 All ER 85 案中的评述。"

有关合作义务可参见 London Borough of Merton 诉 Stanley Hugh Leach Ltd, Chancery Division, (1985) 32 BLR 51 案。

9.3.3 分包商的主要义务

按照分包合同项下主包商和分包商义务相同性原则, 分包商在分包合同中的主要义务如下:

1. 一般义务

(1) 实施和完成分包工程。

FIDIC 分包合同 1994 年第 1 版第 2.1 款规定:"分包商应按照分包合同的各项规定, 以应有的谨慎和努力对分包工程进行设计(在分包合同规定的范围内)、实施和完成并修补其中的任何缺陷。"

英国 JCT 标准建筑分包合同条件 2005 版 (Standard Building Sub-Contract, 2005) 第 2.1 款规定:

"The Sub-Contractor shall carry out and complete the Sub-Contract Works in a proper and workmanlike manner, in compliance with the Sub-Contract Documents, the Health and Safety Plan and the Statutory Requirements and in conformity with directions given in accordance with clause 3.4 and all other reasonable requirements of the Contractor (so far as they apply) regulating for the time being the carrying out of the Main Contract Works, and shall in relation to the Sub-Contract Works give all notice required by the Statutory Requirements."

[分包商应以适当的和技艺精湛的方式, 按照分包合同文件、健康和安全计划以及法律要求的规定实施和完成分包工程, 并应遵守承包商(如适用)当时为实施主合同工程按照第 3.4 条规定发出的指示, 以及发出的根据法律要求与分包工程有关的通知。]

英国 CECA 分包合同格式第 2.(1) 款规定:"分包商应根据分包合同的规定实施、完成和维护分包合同工程, 并使承包商和工程师满意。"

虽然不同的分包合同版本对分包商一般义务的表述有所不同, 但一般认为, 如同主包商在主合同项下对业主承担的一般义务一样, 分包商的一般义务就是按照分包合同规定实施、完成分包工程并修补其中的缺陷。

进一步而言, 即使分包合同中没有明示规定分包商应按照分包合同规定实施、完成分包合同工程的条款, 法律也默示分包商承担该项义务。

(2) 警告义务。

FIDIC 分包合同 1994 年第 1 版第 2.1 条规定:"分包商在审阅分包合同和(或)主合同时, 或在分包合同工程的施工中, 如果发现分包工程的设计或规范存在任何错误、遗漏、失误或其他缺陷, 应立即通知承包商。"

FIDIC 分包合同将分包商发现设计或规范存在错误、遗漏、失误或其他缺陷的警告义务（duty of warn）的默示责任上升为明示条款，这是 FIDIC 分包合同的一项重要贡献。

1984 年，在 Equitable Debenture Assets Corporation Limited 诉 Willian Moss (1984) 2 Con. LR 1 案和 Victria University of Manchester 诉 Wilson (1984-1985) 1 Cost LJ 162 案中，英国法院判决分包商负有对其所知的雇主设计存有问题的警告义务，在某种情况下，分包商的警告义务与分包商是否负有设计责任没有关联。

根据这些判例，分包商负有对设计错误等进行警告的义务。但分包商负有警告义务的问题在法律上并不完全清晰，特别是当设计缺陷并不没有达到危险的地步，或者分包商可能知道设计存在问题，但并没有发生任何问题时。

除了 FIDIC 分包合同 1994 年第 1 版对警告义务进行了明示条款规定外，其他有些分包合同格式也对此明示规定。在英国 JCT 分包合同条件 1980 年版（DOM/1）中，在第 4.1.5 款、第 4.1.6 款和第 4.1.7 款规定了如果分包商发现不一致和差异时，分包商应通知分包商；JCT 标准建筑分包合同条件 2005 年版第 2.10 条也有类似义务的规定。按照 JCT 分包合同，如果分包商发现下述文件中有任何错误（error）或差异（discrepancy），分包商应立即书面通知主包商，主包商也必须就如何处理错误和差异向分包商发出指示：

1）分包合同文件。
2）主合同。
3）分包商负责设计部分的文件。

对于分包商负责设计部分的文件差异，如果分包商发现任何差异或错误，应遵循下述程序：

1）分包商应立即通知主包商。
2）分包商递交通知，注明消除差异或不同的修改建议。
3）主包商向分包商就此发出指示。
4）分包商必须遵守这些指示。
5）关于消除差异或不同的有关指示，在计算分包合同最终价款时不应予以考虑。

一般而言，无论分包合同中是否明示规定此类警告义务，法律默示分包商对设计错误等负有警告义务。

【案例 9-4】在 Plant Construction Plc 诉 Clive Adams Associates (No.2)，Court of Appeal (2000) 69 Con LR 106 案⊖中，上诉人（Plant）作为主包商，负责为

⊖ Michael Furmston. Building Contract Casebook [M]. 4th ed. Oxford: Blackwell Publishing Ltd, 2006: 82.

Ford Research Engineering Centre（福特工程研究中心）的实验室安装两个新的动力索具和悬浮索具。合同根据福特工程研究中心提供的格式订立，合同规定因福特工程研究中心及其雇员和代理所造成的损害的风险由上诉人 Plant 承担。JMH Construction Services Ltd（JMH）是下部结构的分包商，被上诉人 Clive Adams Associates（Adams）是工程结构咨询工程师。

1994 年 1 月 2 日，由于在临时移动屋顶钢梁时，屋顶的临时支撑存有缺陷，造成建筑物的屋顶坍塌。为此，上诉人（Plant）向福特工程研究中心赔付了1313031 英镑的损失，并转向分包商 JMH 和咨询工程师 Adams 索偿 200 万英镑。咨询工程师 Adams 和上诉人 Plant 之间达成和解，但主包商 Plant 对分包商 JMH 的诉讼仍在继续。

可以接受的有效理由是，没有容忍不同意见的福特工程研究中心的总工程师坚持采用有缺陷的支撑系统，而主包商 Plant、结构咨询工程师 Adams、分包商 JMH 都认识到临时支撑方案是有缺陷的。

法院判决：在这种情况下，分包商 JMH 负有义务警告主包商 Plant 支撑系统是有缺陷的。在该案送交另一个法庭审理时需要裁决的事项是，如果给予 Plant 更为有效的警告，将可能会发生什么（在以后的庭审中，法官 John Hicks QC 裁决如果给以更有效的警告，坍塌就可能不会发生）。

除了分包商对其雇主的设计错误负有警告义务外，主包商对业主的设计错误等也负有同样的警告义务，法官 Geismar 在 Rubin 诉 Coles 案中评述到："多次裁决表明，即使承包商须遵守固定的设计文件，承包商仍负有责任检查该设计文件和判断其充分性；承包商应发现那些容易被发现的或显而易见的缺陷；当承包商知道或有理由相信设计文件是有缺陷的，并按照缺陷履行而没有向业主或建筑师指出该缺陷，则承包商无权得到赔偿，如果建筑物证明是不充分的就是因为该缺陷[○]。"

有关主包商负有警告义务的案例，参见 Sanson Floor Company 诉 Forst's Ltd. [1942] 1 W. W. R. 553 案、Brunswick Construction 诉 Nowlan（1975）49 D. L. R (3d) 97 案等。

（3）应以适当的和技艺精湛的方式实施和完成分包工程。

这意味着分包商必须以适当的技巧和谨慎（in a proper skill and care）实施工程项目。但问题是如何判断是否以适当的和技艺精湛的方式（in a proper and workmanlike manner）从事施工，关于此点，法院将考虑涉及合同的所有情况，包括分包商以明示或默示方式公开声称的技艺程度，从而判断分包商是否以适当的和技艺精湛的方式实施工程。

○ 邱创．国际工程合同原理与实务 [M]．北京：中国建筑工业出版社，2001：55.

违反该项义务包括使用了包含专利缺陷的材料，也包括一个正常的合格的分包商可能对主包商提供的计划表示极大怀疑但仍然不加审视的依赖承包商提供的计划，如在 Lindenberg 诉 Canning（1992）62 BLR 147 案中，主包商的计划上明显将建筑物的承重墙注明成非承重墙。如果发生了此类事情，分包商负有警告义务。

以"适当的和技艺精湛的方式"实施工程项目，不仅是国际工程项目合同中的明示条款规定，也是英、美、澳大利亚、新西兰等英美法系国家的有关法律的明文规定。

有关"以适当的和技艺精湛的方式"的含义，参见 9.5 节。

（4）应按照分包合同文件的规定实施和完成分包工程。

分包合同文件包括分包合同协议书、分包合同附件、分包商报价、分包商中标通知书、分包合同通用条件第一部分、分包合同专用条件第二部分等。

（5）应按照健康和安全计划实施和完成分包工程。

随着科学技术的进步和社会发展，西方国家越来越重视工程建设中的健康、安全和环境保护等问题，也出台了有关法律约束业主和承包商的工程建设行为。反映在建筑和工程合同中，也要求承包商按照健康和安全计划实施和完成分包工程，这成了承包商的一项基本义务。在分包合同中，也同样要求分包商按照健康和安全计划实施和完成分包工程，也是分包商的一项基本义务。

健康和安全计划分为两个阶段：

1）施工前的健康和安全计划。由计划咨询工程师提出，内容包括工程项目可能涉及的风险、风险的减少以及应采取的安全措施等。

2）施工过程中的健康和安全计划。包括由主包商、其他分包商和分包商准备的健康和安全风险分析和评估报告，主包商的健康和安全政策、安全措施报告等。

（6）应按照与分包合同有关的法律要求实施和完成分包工程。

各国均对建筑和工程项目在不同程度上颁布了有关法律、法令和规定，分包商在实施分包工程时应遵守这项义务，即使分包合同中没有以明示条款方式进行规定，分包商也应予以遵守，这是不言而喻的。

这些法律、法令和规定，除工程技术自身的法律外，还包括劳工、进出境、银行、税务、海关等法律和规定。

（7）应按照工程师和主包商的有关分包工程的指示或主包商的合理要求实施和完成分包工程项目。

FIDIC 分包合同 1994 年第 1 版将指示分为工程师的指示和主包商的指示，并规定分包商应遵守工程师和主包商就分包工程所做的指示。各种分包合同格式均以明示条款规定分包商应遵守这类指示的义务。

2. 设计义务

与主包商在主合同项下的设计义务一样，分包商的设计义务是根据主包商的要求进行的，在指定分包时，业主或工程师也可能让指定分包商从事某种专业设计。一般来说，分包商，无论是自雇分包商还是指定分包商，均应对自己的设计负责。

有关分包商的设计义务，参见本书第 10 章。

3. 材料、货物和工艺

（1）材料和货物。

英国 JCT 分包合同条件 2005 版第 2.4.1 条规定：

"用于分包合同工程的所有材料和货物应为分包合同文件中描述的标准和种类，只要可以得到（so far as procurable）。未经承包商的书面同意，分包商不应替换所描述的任何材料或货物，……"

由此可见，分包商负有按照分包合同文件规定的标准和种类提供材料和货物的义务，而且分包商还应保证合同中规定的材料或货物符合规范要求。如果规范中指明了某个品牌或某一特定的供货商，分包商还须担保这些材料或货物在使用时是质量完好的。

材料或货物的质量义务可分为：

1）较低的质量保证义务，亦称可交易的质量义务。根据这项义务，所使用的材料至少应满足要求和使用的通常标准。

2）较高的质量保证义务。它是指材料或货物的适用性（suitability），判断依据是其是否适用于设计文件的要求。

一般情况下，分包商不应就材料或货物满足使用功能提供担保义务，但应负责材料和货物的可交易质量（merchantable quality），即较低的质量保证义务。在依赖分包商的技艺的情况下，分包商应提供满足使用功能（fitness for purpose）的担保。

如果分包商负责设计，而且材料和货物按设计要求使用，可以肯定，分包商须对材料或货物的良好质量和满足使用工程负责。

在材料或货物的质量不依赖分包商的技艺的情况下，如果主包商强行要求分包商使用某个特定供货商的特定材料或货物，则分包商对材料或货物的质量缺陷不负责任。这方面的案例见 Gloucestershire CC 诉 Richardson（1968）1 AC 480 案。

更常见的情况是，一些规范列明了可用于同样目的的不同种类的产品名录，使用何种产品由分包商选择。在这种情况下，分包商不能通过选择名录中的产品而简单地承担材料和货物满足使用功能的责任，因为在此种情形下，应考虑不能就有关的材料或货物的适用性完全依赖分包商的技艺。参见 Rotherham Metropolitan Borough Council 诉 Frank Faslam Milan & Co. Ltd and M. J. Gleeson（Northern）

Ltd（1996）78 BLR 1 案。

在 JCT 分包合同条件中，使用了"只要可以得到"短句。如果分包合同没有规定采购的地域限制，是否就意味着要全球采购，只要在全球能够采购得到。如果无法采购得到，那么必然要主包商明确进行替换，则该项替换构成了对分包合同的变更。

此外，对于材料和货物，分包合同文件的要求默示一项事实，即主包商同意替换材料或货物，并不能构成分包商对这些材料或货物使用时质量良好的抗辩理由。同时，在没有合同明示条款规定的情况下，英美等国的判例认为应适用较高的质量保证义务，即材料或货物应具备适用性。在主包商或分包商承担设计时，不仅需要保证材料和货物的适用性，还应保证材料和货物满足使用功能。

(2) 工艺。

FIDIC 合同 1999 年第 1 版第 7.1 条规定："承包商应按照下述方式履行设备制造、材料的生产和制造以及所有其他工程施工：

(a) 合同规定的方式。

(b) 根据认可的良好操作，采用正确的工艺和认真方式。

使用正确的装备设施和非灾害性材料，除非合同另有规定。"

工艺义务可分为两种，如 FIDIC 合同 1999 年第 1 版第 7.1 条的规定，即：

1) 合同规定的方式。

2) 根据认可的良好操作，采用正确的工艺和认真的方式。

对于分包商而言，在工程建筑行业，对"工艺"的一般理解应与分包商履行的技巧（skill）和谨慎（care）义务相联系。

如果合同中缺少工艺的明示条款，多年来，法律默示一项条款，即应以适当的和技艺精湛的方式实施工程项目。

英国 JCT 分包合同条件 2005 版第 2.4.2 条规定了分包合同工程的工艺必须是分包合同文件中描述的标准，如果分包合同文件中没有描述，应是主包商要求中描述的标准，或是分包商建议书中描述的标准。

JCT 分包合同条件 2005 版第 2.4.3 条还规定了对于材料质量或工艺的批准是凭建筑师或合同管理人（contract administrator）意见，并且质量和标准应使建筑师或合同管理人合理地满意。

至于建筑师或合同管理人是否合理地满意，主要取决于他们的主观标准。但建筑师或合同管理人没有权利要求最高的质量和工艺标准，除非是合理的。正如 FIDIC 合同 1999 年第 1 版所言，工艺应是认可的良好操作，采用正确的和认真的方式。

4. 遵守主合同和保障义务

FIDIC 分包合同 1994 年第 1 版第 4.2 条规定："分包商应承担并履行与分包

工程有关的主合同规定的承包商的所有义务和责任。"

JCT 标准建筑分包合同 2005 版（SBCSub/C）第 2.5.1 款规定：

"分包合同或资料表中确定的与分包合同工程相关的或适用于分包合同工程（或其任何部分）的主合同项下的承包商的义务，分包商应遵守、履行和照做这些义务，包括（但不限于）主合同第 2.10 条（标高和放线）、第 2.21 条（法律要求支付的费用和收费）、第 2.22 条和第 2.23 条（特许权费和专利权）、第 3.22 条和第 3.23 条（古建筑）规定的这些义务，并应保障和使承包商免受如下损害：

1. 分包商、其雇员或其代表任何对主合同规定的违约、不遵守或不履行。

2. 分包商、其雇员或其代表的任何行为或疏忽造成的承包商在主合同项下应向业主承担的责任。"

英国 CECA 分包合同格式第 3.（2）条，英国 JCT 分包合同条件 1980 版（DOM/1）第 5.1.1 条也做了类似规定。

这是相同义务原则或"传导条款"在分包合同中以明示条款方式的体现。

除了遵守主合同的义务外，分包商还应承担保障主包商不受损害的义务，这方面的明示条款在 FIDIC 分包合同 1994 年第 1 版第 13 条、英国 JCT 标准建筑分包合同（SBCSub/C）第 2.5.2 条、英国 CECA 分包合同格式第 12 条等均有规定。有关保障和保证不受损害义务，参见第 7 章 7.6.4。

5. 进度义务

分包商除了需要完成分包工程的一般义务外，还负有进度义务。根据 FIDIC 分包合同 1994 年第 1 版第 7.1 条规定：

"随后，（除非承包商另有明确的要求或指示）分包商应迅速且毫不拖延地开始分包工程的施工。……"

美国 AIA 编制的主包商和分包商协议书标准格式（A401）第 3 条"竣工时间"规定：

"……为此，分包商同意（a）根据承包商的指示，向现场（第 1 页确定的）提供工程开工所需的材料、设备、劳务和监督；（b）积极地、勤奋地并按次序地实施工程和其所有部分，如同承包商确保有效、迅速和按时地完成分包合同第 1 页规定了竣工日期的整个工程一样。……"

这些分包合同格式中规定的"应迅速且毫不拖延地"以及"积极地、勤奋地和按顺序地"表明了分包商的进度义务。

6. 合作义务

分包商的合作义务主要体现在：

（1）与主包商的合作。

（2）与其他承包商或其他分包商的合作。

（3）及时递交进度计划、资料和文件。
（4）现场和通道的使用。
（5）主包商设备和材料的使用。
（6）施工进度和计划的协调。
（7）发生索赔时向主包商提供资料和同期纪录。
（8）其他合作义务。

分包商的合作义务在分包合同格式中均有不同程度的规定，该项义务不仅仅是明示义务，而且也是分包商的一项"默示"义务。

9.4 "合理的技能和谨慎"的含义

9.4.1 谨慎义务的含义

谨慎义务（duty of care），又译注意义务，是英美侵权法中特有的概念，是指某人在合理预见其行为可能对他人人身或财产造成损害的情形下，应采取合理的谨慎以避免他人受到损害的一项法律义务。

《牛津法律词典》第 4 版对"谨慎义务[⊖]"解释如下：

"采取合理的谨慎以避免损害的法律义务。除非造成损害的行为或疏忽违反了应向原告承担的谨慎义务，否则在侵权法上对其疏忽不承担责任。在某人可合理预见其行为可能对人身或他人财产造成损害的大多数情形下，存在采取谨慎措施的义务。对有关行为可能影响的人应负有该项义务。因此，医生应向其病人负有谨慎义务；公路的使用者应向其他所有道路使用人负有谨慎义务。……在这些和一些其他情况下，谨慎义务的存在和范围依当事人之间关系的所有情形确定。大多数谨慎义务是法院裁决的结果，但有些是法律的规定，例如 1957 年《居住者责任法案》。"

谨慎义务的特征如下：

（1）谨慎义务是一项法定义务。

（2）谨慎义务的产生源于一方对另一方负有谨慎义务，在一方对另一方没有承担谨慎义务的情形下，受害一方不能以对方违反谨慎义务而采取法律行动。

（3）在合同中没有明示条款规定服务内容时，法律默示应以"合理的技能和谨慎（reasonable skill and care）"从事。

（4）谨慎义务的存在和范围依当事人之间关系的所有情形确定，存在于受到损害的原告利益对于被告来说是可以合理预见的（reasonable foreseeable）。是否可以预见行为对他人的损害，是一个应依案件具体情况判断的事实问题。

⊖ Elizabeth A. Martin. Oxford Dictionary of Law [M]. 4th ed. Oxford: Oxford University Press, 1997.

在国际承包工程设计和施工领域，谨慎义务是标准格式合同中的一项明示义务，以"合理的技能和谨慎"等词句为其表达方式。FIDIC 合同 1987 年第 4 版第 8.1 条规定"承包商应按照合同的各项规定，以应有的谨慎和努力（with due care and diligence）对工程进行设计（在合同规定的范围内）、实施和完成，并修补其任何缺陷。"英国 ICE 合同第 7 版第 8（2）条设计责任中规定："承包商应以所有的合理技能、谨慎和努力设计其应负责的永久性工程。"在分包合同格式中，如 FIDIC 分包合同 1994 年第 1 版第 2.1 条也有同样的规定。在设计咨询合同中，如 FIDIC 客户/咨询工程师协议书第 5 条等均要求咨询工程师/建筑师应以合理的谨慎和努力从事设计工作。

如果工程建筑合同中没有明示条款规定咨询工程师、承包商、分包商提供服务内容时，法律会默示要求咨询工程师、承包商、分包商运用合理的技能和谨慎。在英国法中，谨慎义务也是一项法定义务。

谨慎义务是咨询工程师、承包商和分包商设计和建造义务中的基本义务或称标准义务。如果未能履行这一义务，咨询工程师、承包商和分包商的未加注意的行为构成了过失，就应对其过失行为承担赔偿责任。

9.4.2　谨慎义务、满足使用功能和受托责任

谨慎义务、满足使用功能和受托责任构成了国际承包工程项目中咨询工程师、承包商和分包商的三种阶梯状的义务，其中谨慎义务是基本和标准义务，满足使用功能（fitness for purpose）是严格责任，而受托责任（fiduciary duty）是最高责任。目前，根据有关立法和判例，某些国际标准合同格式，特别是 FIDIC 施工合同条件等已逐步明示规定承包商承担设计时应使工程满足使用功能的义务，使得承包商、分包商履行设计义务的责任趋向严格，承担了严格责任。

FIDIC 合同 1999 年版第 4.1 条虽然没有像 1987 年第 4 版那样规定"以应有的谨慎和努力，"但在第 5 项（c）中规定了更为严格的设计责任。Brian W. Totterdill 在《FIDIC 用户指南：1999 年红皮书和黄皮书实用指南》中评述道⊖：

"第 4.1 款第 5 项中（c）将设计义务标准规定为：'应使该部分符合合同规定的使用功能。'这些详细的要求必须明确的予以规定，并通过第 9 条规定的竣工验收，或特殊规定的竣工后验收查验其是否符合要求。这项要求比大多数咨询合同中规定的'合理的技能、谨慎和努力'的义务要更加严格。如果发生了因业主的设计咨询工程师或承包商有缺陷的设计导致项目失败的争议时，设计标准的不同可能导致严重的问题。"

根据有关判例，合同中没有明示条款规定满足使用功能时，法律也默示其设

⊖ Brian W. Totterdill. FIDIC Users' Guide, A Practical Guide to the 1999 Red and Yellow Books ［M］. Thomas Telford Limited, 2006：122.

计应满足使用功能，无论是否因为疏忽，咨询工程师、承包商或分包商应为设计和施工的错误和缺陷承担责任，从另一角度来说，这也就意味着在 FIDIC 合同 1999 年版中，承包商不仅要履行谨慎义务，还要履行满足使用功能义务。有关案例可参考 Independent Broadcasting Authority 诉 EMI Electronics Limited，House of Lords（1980）14 BLR 1 案。在该案中，法官评述道㊀：

"因为没有明确的与之相反的条款规定，我没有理由认为（承包商）在履行一份承担设计、供料和安装一电视塔天线杆的商业合同时，没有义务确保合理地满足他应当知晓的使用功能的要求。上诉法庭裁定，这就是在这种情况下的合同义务，本人同意这个裁定。事实的关键所在是，业主是否信赖供应商的技能，即能够设计和供应满足已知的使用功能要求的天线杆……。在没有任何条件（明示或默示的）否定这项义务的情况下，签约承担某项已知用途的工程的设计人，就应承担其设计合理地满足已知的任何使用功能要求的责任。"

关于谨慎义务、满足使用功能和受托责任，参见本书有关内容。

9.4.3　谨慎标准的判断

在侵权法中，谨慎的标准（standard of care）是指负有谨慎义务的个人所具备的谨慎和小心的程度。定义中所述的"个人"应当是一个"理性人"（reasonable person）的标准，法官 LJ Greer 在 Hall 诉 Brooklands Auto-Racing Club（1933）1 KB 205 案中描述的"在 Clapham 公共汽车上的人"。按照这些解释，理性人是一个普通人（average person），不要求他完美，也不要求他没有任何瑕疵，他应拥有正常的思维，不过于偏激，不能预见所有的风险，没有精神性疾病。

《Negligence：Element Ⅱ：Breach of Duty》一书的作者将完美的人、理性人和非理性人的行为标准进行了分类，见表 9-2。

表 9-2　完美的人、理性人和非理性人的标准

完美的人	理性人	非理性人
1. 从不造成事故 2. 从不犯能导致事故的错误 3. 在发生紧急情况时反应完美，以避免事故 4. 有避免事故的正确的知识和经验 5. 能够处理任何不便或避免事故的责任	1. 造成事故，但非出于不加注意 2. 犯导致事故的错误，但非出于不注意 3. 在发生紧急情况时谨慎反应，但仍可能发生导致事故的错误，而这些错误并非出于不注意 4.1　有一般人拥有的知识和经验，并且能够应用以避免事故 4.2　当拥有更多专家知识和经验时，一个理性人能够使用它帮助避免事故 5. 仅能处理合理的不便或避免事故的责任	1. 因不加注意造成事故 2. 犯导致事故的错误 3. 在发生紧急情况时反应不谨慎，造成事故发生 4. 拒绝处理即使合理的不便或避免事故的责任

㊀　Roger Knowles. 合同争端及解决 100 例［M］.//冯志祥. 路晓村，译. 北京：中国建筑工业出版社，2004：2.

在工程建筑领域，运用合理的技能和谨慎的标准不是一般的"理性人"的标准，而是具有技能的专业人士（skilled professional）的标准，但没有必要达到最高可能的职业水准。在 Bolam 诉 Friern Hospital Management Committee ［1957］1 WLR 583 案中，法官 McNair 认为：

"如果你处于涉及运用某种专业技术或能力的情况下，那么是否存在疏忽的检验标准就不同于针对一个坐在 Clapham 公共汽车上的普通人的检验标准，因为后者不具有该项专业的技术。该检验标准是针对一个运用并声称具备此项专业技术的一般技术人员。任何人都不必冒可能被认为有疏忽的风险而声称掌握最高水准的技术。在此，法律已经完善，只要他运用了一个普通技术人员运用特定技术时应体现的一般技术水平就足够了。"

在工程建筑合同有明示条款规定设计和施工的要求时，咨询工程师、承包商和分包商应满足这些要求。同时，法律还默示一项设计或施工应当合理地满足使用功能的要求。这是因为在国际承包工程项目中，咨询工程师、承包商和分包商在经历了资格预审、投标等程序时，均会声称自己有技术能力和专业水准进行设计和施工。

如果咨询工程师、承包商或分包商声称拥有更高的技能，应当以他声称的技术水平为评判基础。

适用谨慎义务的验证标准时，还应考虑如下要因：

（1）损害发生的可能性。

不同行为对同一客体可能产生损害的可能性有高有低，根据可能性的高低、大小，当事人应采取不同的谨慎态度和行为。在国际工程项目中，设计对工程项目损害发生的可能性是最大的，因设计错误、考虑不周等行为会导致整个项目的失败，这是在施工过程中承包商无法控制和挽救的。另一方面，承包商也应采取足够的谨慎和注意，按照合同要求进行施工，才能有效避免损害发生的可能性。

（2）可预见损害的严重性。

如果能预见损害发生会造成重大损害时，行为人应采取与这一严重程度相当的谨慎的预防措施。一般侵权行为，如棒球运动员将棒球击出界造成场外人员受伤，运动员无法预见也无法预知严重性，与之不同，在国际工程项目中的咨询工程师、承包商或分包商均有能力预见损害的严重性，这一点就使得咨询工程师、承包商或分包商处于不利的诉讼地位。

（3）防止损害措施的成本和实施的可能性。

防止损害并采取措施会造成费用、时间和劳务的负担。与一般侵权行为不同，在国际工程项目中，咨询工程师、承包商或分包商应考虑采取预防措施形成的负担，成本和费用一般不能成为被告免除侵权责任的理由。

(4) 被告行为的目的。

在一般侵权行为中，需要甄别行为的目的。但在国际工程项目中，在发生侵权诉讼时，被告行为的目的不会成为法院认证的任务，因为目的是显而易见的。

9.4.4　过失和违反谨慎义务

按照英美侵权法，过失是指未加注意（carelessness）的一种心理状态，因某人违反谨慎义务或未加注意，从而导致他人蒙受损害的一种侵权行为。过失需满足如下要件：

(1) 被告对于原告负有谨慎义务。
(2) 被告违反这一义务。
(3) 违反义务的后果使原告蒙受损害。

从过失的定义和构成要件可以看出，负有谨慎义务是过失的前提，如果违反谨慎义务，则构成了侵权法上的过失，因过失而造成他人损害的，应赔偿他人所遭受的损害或损失。如果以过失为由追索咨询工程师、承包商或分包商的赔偿责任，需以咨询工程师、承包商或分包商对业主负有谨慎义务为基础，这正是谨慎义务在工程承包项目中的关键所在。

根据有关判例，在工程建筑业，违反谨慎义务并进而构成过失的主要情形如下：

因咨询工程师或设计专业人员过失导致设计全部失败或部分失败，并连带工程失败；设计不符合合同规定的规范要求和强制性规范要求；设计数据取值不能满足工程使用功能，造成工程缺陷；设计考虑不周，形成缺陷或工程不具备使用功能；采用了未曾使用过的材料和工艺，使工程出现缺陷；声称自己有更高的设计技能和技术，但在设计中不能实现等。

英美相关判例表明，在业主和咨询工程师、业主和承包商、承包商和分包商之间发生争端时，法院首先需要判断当事人之间是否存在谨慎义务，以及被告是否违反了谨慎义务，构成过失，并对他人造成了损害。

证明被告违反谨慎义务构成过失的举证责任在于原告方，然而原告想要证明被告违反谨慎义务，或未加注意造成了损害，对于原告而言实在是难以证明的难题。多年司法实践和判例表明，原告只要证明使原告遭受损害的事物完全处于被告控制下，以及任何人只要加以注意就不会发生损害这两项内容，即可推断被告违反谨慎义务。如果被告能够推翻原告的证明，或自己已尽了谨慎义务，或证明损害是第三者未加注意造成的，可以免于违反谨慎义务的责任。如果被告未能举证主张抗辩，不存在免责理由时，法院会判定被告的有责性，并判定被告违反谨慎义务构成过失，承担赔偿责任。

与在谨慎义务情况下原告需要证明被告存有过失不同，在咨询工程师或承包商、分包商承担了满足使用功能的设计责任时，原告无须证明被告违反谨慎义务，存在过失，只要设计没有达到业主或客户预期目的，咨询工程师、负责设计的承包商或分包商就应根据经济损失原则（economic loss doctrine）赔偿业主或客户遭受的直接经济损失，即修复或重建费用。

关于违反谨慎义务、过失和满足使用功能内容，参见本书第 10 章有关内容。

9.5 "以适当的和技艺精湛的方式"的含义

9.5.1 概述

"以适当的和技艺精湛的方式"（in a proper and workmanlike manner），有人翻译为"以适当的和专业的方式"，是英美普通法系的特有概念，它要求承包商、分包商在实施工程中必须以适当的和技艺精湛的方式实施和完成工程。

以适当的和技艺精湛的方式是承包商的一项法律义务。在英国、美国、澳大利亚、新西兰等英美法系国家，法律均对此作出了明确的规定。

美国加利福尼亚州 Berkeley 市政厅颁布的《Berkeley 市政规范和规划法令》第 17.16.050 节第 E 项[一]规定：

"……该项保函应以所有的排污或排洪管道工程，包括回填、街道路面铺设和清洁工程，全部以适当的和技艺精湛的方式，遵守所有市政要求并使公共工程主管满意的完成为条件。……"

澳大利亚 Latrobe 市政府 2006 年第 2 号《公路法令》第 13、15（2）、16（2）、17（2）和 20 条均规定了有关工程的实施须以适当的和技艺精湛的方式进行。以第 16（2）条为例，规定：

"必须以适当的和技艺精湛的方式进行交叉道口的施工，并必须遵守任何市政标准或规范。"

除了英美等国有关法律规定工程须以适当的和技艺精湛的方式进行施工外，英国 JCT 标准建筑分包合同条件 2005 版第 2.1 条规定：

"分包商应以适当的和技艺精湛的方式，按照分包合同文件、健康和安全计划以及法律要求的规定实施和完成分包工程，并应遵守承包商（如适用）当时为实施主合同工程按照第 3.4 条规定发出的指示，以及发出的根据法律要求与分包工程有关的通知。"

FIDIC 分包合同 1994 年第 1 版文本中没有出现"以适当的和技艺精湛的方式"的字样。

在合同中没有明示条款规定"以适当的和技艺精湛的方式"进行施工时，

[一] http://www.ci.berkeley.ca.us/bmc/berkeley municipal code/title 17/16/050.html.

或者没有规定承包商、分包商的所需的技能和能力时，有关判例表明，法院将默示承包商、分包商等必须以适当的和技艺精湛的方式实施和完成工程，也有义务选择适当的材料和产品以保证工程确实是技艺精湛的。

9.5.2 "以适当的和技艺精湛的方式"的验证标准

根据有关判例，"以适当的和技艺精湛的方式"的验证标准如下：

（1）技术标准。应当是工程建设当时的"公认的技术标准"（acknowledged rule of technology）。如果承包商、分包商按照当时公认的技术标准进行施工，则应判断为履行了适当的和技艺精湛的方式的明示或默示的义务。

（2）工艺标准。技艺精湛意味着工程须是以合理的技能完成并且没有缺陷。

（3）遵守合同规范和要求。承包商应严格遵守合同规范和要求进行施工，如果法律有相关要求，也应遵守有关法律要求。

（4）材料和设备标准。应符合规范要求，满足其适用性和使用功能。

（5）工程施工。应当以当时同一社会的同行业的其他承包商通常施工的方式进行施工，并应以"合理的技能和谨慎"实施工程。

（6）有关施工的所有的具体情形。

在 Mckinley 诉 Brandt Constr., Inc. 168 Ohio App. 3d 214, 2006-Ohio-3290 案中，主审法官 Slaby 在判决中写道：

"工程施工合同赋予承包商一项以技艺精湛的方式进行施工的义务。在 Lin 诉 Gatehouse Constr. Co.（1992），84 Ohio App. 3d 96 案第 101 页中，'以技艺精湛的方式'被定义为在同行业中其他承包商通常履约的方式。见 Jones 诉 Devenport（2001 年 1 月 26 日），2nd Dist. No. 18162 案以及 Salewsky 诉 Williams（1990 年 9 月 17 日），5th Dist. No. CA-8131 案。当承包商能以技艺精湛的方式进行施工时，损害的适当标准应是签约时双方当事人预期达到效果的修复费用。见 McCray 诉 Clinton Cty. Home Improvement（1998），125 Ohio App. 3d 521 案。"

在 Day-Glo Color Corp. 诉 Brewer-Garrett Co., 2007-Ohio-159 案中，法官在判决中写道：

"在如上所述的提供服务合同中，使用通常谨慎的方式时未能以技艺精湛的方式提供服务构成了对法律规定默示义务的违反。见 Velotta 诉 Leo Petronzio Landscaping, Inc.（1982）69 Ohio St. 2d 376 案。在 Vistein 诉 Keeney（1990），71 Ohio App. 3d 92 案中，法院判定，应通过评估过错和涉及的是否被告使用适当的材料和技艺精湛的技能以及判断的事实问题，以便断定是否违反默示义务。

'以技艺精湛的方式'可被定义为在同一社会或相同工作性质的同一行业的其他人通常实施的方式。在评估那些拥有知识、训练或成功交易或职业所必需的经验的人时，应认为他通常是精通其业务的。见 McKinley 诉 Brandt Constr. Inc.,

Lorain App. No. 05CA 008792，2006-Ohio-3290 案。然而，需要特别注意的是，以技艺精湛的方式履行默示义务并不是对修复结果的担保。该项默示义务只简单地要求那些修复或变更现有有形财务或财产的人以技艺精湛的方式提供服务。"

【案例9-5】在 2003 年 9 月美国 Jones & Turner, Inc. and Woody Bogler Trucking Co. 诉 Elmer Senevey and Eric Senevey b/d/a Elmer and Eric Senevey Construction Co.，No. ED 81853（Mo. App.）案中，原告要求被告 Senevey 修建一座供其卡车停车用的钢结构建筑，并与被告 Senevey 以 28,500 美元签订了书面合同。由于工程进行了微小变更，最终结算金额为 29000 美元。

合同规范要求"浇筑5′墙体，厚度8″墙体，在钢架脚处安2′制动，地面厚度8″，两头端墙开放，高度14′。"被告为实施工程，从一家制造厂家 Moniteau 公司采购了建筑产品，用于屋顶的安装。

被告 Senvey 完成了工程。1999 年 1 月 1 日一场大雪造成 4 英寸厚的积雪压在屋顶，第二天建筑物坍塌。

原告聘请了工程师调查坍塌的原因，工程师发现被告实际使用的材料尺寸与 Moniteau 公司计划中的尺寸相差很大。另外工程师还发现两到三处明显影响建筑物结构稳定性的误差。

原告起诉了被告，法院判决原告返还其得到的工程款 29000 美元，并赔偿相关费用。

被告提起上诉。上诉法院驳回了被告的上诉，裁决"法律要求建筑合同承担默示担保，保证工程以技艺精湛的方式进行施工。"

法院裁定被告 Senevey 的工程是技艺不精湛的，被告选用的 Moniteau 公司的建筑产品是不充分的，在建筑物完工后几个月就坍塌就是证明。

在本案中，承包商的选择材料的义务要比引起问题的施工技术更为重要。

至于法院、仲裁庭在判断承包商、分包商是否以适当的和技艺精湛的方式进行施工时，主要依靠法官、仲裁员的主观判断。在 Beauford Development（NI）Limited. 诉 Gilbert-Ash NI Limited and Others（1998）案中，大法官 Hoffmann 评述道：

"当事人同意将使用规定的材料以技艺精湛的方式建造这座特定的建筑，并正常地和勤勉地进行施工以使其在规定的日期竣工。毫无疑问，对于如何裁决适当的工艺和勤勉的进度（法院）拥有一定的空间。但通常不能将裁决的行使作为一项改变合同权利的权力。这是需要运用主观标准判断的问题，法院对此是非常熟悉的。"

9.5.3 "以适当的和技艺精湛的方式"的施工义务

承包商、分包商应以适当的和技艺精湛的方式进行施工，是承包商和分包商的一项法律义务，在没有合同明示条款规定时，法律默示承包商、分包商应以适当的和技艺精湛的方式实施工程。

如果承包商、分包商违反该项义务，他无权就此遭受的损失进行索偿。英美判例表明，如果受损害的人就承包商、分包商违反该项义务要求进行补偿，其补偿费用的适当标准应是将标的物修复到签约时当事人预期效果的修复费用。见 McMonigle Excavating & Concrete, Inc. 诉 Riley, 2004-Ohio-1508 案以及 Mckinley 诉 Brandt Constr., Inc. 168 Ohio App. 3d 214, 2006-Ohio-3290 案。

【案例9-6】在澳大利亚 Commodore Homes (WA) Pty Ltd 诉 W Austin and MH Rooney [2005] WASAT 292 案中，申请人与被申请人于 2001 年 10 月 2 日签订书面建筑合同，由申请人在西澳大利亚州的 Scarborough 的 21 A Scalby Street 宅基地上建设一栋住宅（工程）。宅基地由两块组成，2 号宅基地位于 1 号宅基地的后面，呈战斧形，有一条车道通过西侧 1 号宅基地，申请人的住宅建在 2 号宅基地上。已有一栋住宅建在车道西侧，整个西侧由挡土墙支撑。挡土墙设计为双面结构，其 600 毫米厚的墙体不能承受过大的载荷。

申请人提出要求撤销建筑争端裁判所要求申请人修复受损挡土墙的指令。

争端裁判所发现，在施工中申请人的混凝土搅拌车开出了已有的车道，开进了车道旁的位于车道和分界围墙之间的花园，而分界墙在挡土墙的顶上。混凝土搅拌车大约 3.6 米高，3 米宽，净重约 23 吨。分界围墙与已建住宅屋檐的距离是 2.8 米，被告出示证据，表明他已经遵守在靠近挡土墙上端注明的轮胎标记，以使他能够在靠近挡土墙上端的地方开车以便通过这条窄路。争端裁判所还发现，混凝土搅拌车曾经开进现场并曾经经过挡土墙上端。在申请表格中，被申请人描述了车道围墙和挡土墙开裂的损坏程度，并索偿 6500 澳元进行修复。

争端裁判所发现，申请人不能对所有的损坏承担责任，因为对现有住宅北端屋檐的损坏是由于车道和仓库建的太靠近挡土墙。关于这点，争端裁判所认为，根据建筑合同，申请人有义务保证建筑现场可以支撑其施工，包括外来材料。

关于从公路到现有住宅屋檐这段车道，争端裁判所接受了工程师的评估报告，即在路面铺设前墙体已经移动到现有位置。混凝土搅拌车的轮载只对墙体产生了很小的移动。争端裁判所认为一个合理的有经验的和合格的建筑商应可能确定挡土墙不能承受 23 吨自重的车辆以及其他载荷。相应的，争端裁判所认为申请人对靠近道路的挡土墙体的损坏承担责任，即毗邻 Scalby Street 21 号的车库开始的 10 米墙体损坏负责。

本案的关键争议如下：

1. 是否存在申请人没有以适当的和技艺精湛的方式实施建筑工程，从而导致要求其进行修复？

2. 如果没有，是否对修复挡土墙的费用给予补偿？

3. 在任何情况下，能阻止被申请人索赔补偿吗？

法院在判决中对上述争议焦点作了判断，如下：

1. 是否存在申请人没有以适当的和技艺精湛的方式实施建筑工程，从而导致要求其进行修复？

争端裁判所发现，申请人实施的工程是一项受西澳大利亚州《1939年建筑商登记法令》第12（A）条约束的工程。根据该法令第12（A）条，一个合理的有经验的和合格的建筑商未能以适当的和技艺精湛的方式进行施工对财产造成了损害。

《1939年建筑商登记法令》第12（A）条规定：

"（1a）在建筑工程的所有人提出控告时，争端裁判所应对建筑商以适当的和技艺精湛的方式实施建筑工程的一些方面（而不是缺陷或不满意）感到满意。争端裁判所可以对未能以适当的和技艺精湛的方式实施整个工程的人发出书面指令，指令他：

(a) 根据指令的要求在合理的时间内修复未能以适当的和技艺精湛的方式实施的建筑工程；或

(b) 向建筑工程的所有人支付：

(i) 争端裁判所认为合理的未能以适当的和技艺精湛的方式实施的建筑工程的修复费用；或

(ii) 争端裁判所认为合理的对未能以适当的和技艺精湛的方式实施建筑工程的给予他的补偿款项。

指令中要求支付任何费用或款项将构成一项对有权得到支付的人的债务，他可以通过有管辖权的法院获得。"

根据上述规定，如果争端裁判所认为由于未能以适当的和技艺精湛的方式实施建筑工程并导致建筑工程有缺陷和不满意，争端裁判所可以指令修复有缺陷或不满意的建筑工程，或向建筑工程的业主支付修复有缺陷或不满意的建筑工程的费用。该条明确规定了只有在建筑工程有缺陷或不满意时才能适用。

第12（A）（1a）、(b)、(i)项清楚地规定了修复指令必须是向未能以适当的和技艺精湛的方式实施的建筑工程发出的。

在本案中，未能以适当的和技艺精湛的方式实施建筑工程体现在建筑商使用了自重23t的混凝土搅拌车浇筑建筑物的地基，而一个合理的有经验的和合格的建筑商可能应认识到这将对挡土墙造成损害。如果建筑商将混凝土搅拌车停在公路旁，并使用混凝土泵将混凝土泵到现场，那么，就可以避免这种损害。在这种情况下，就不用进行任何修复了。

相应地，我们也接受申请人提出的争端裁判所没有资格就修复工程发出指令，因为挡土墙不属于申请人实施的建筑工程的工程范围。

第 9 章　主包商和分包商的权利和义务

2. 如果没有，是否可以对修复挡土墙的费用给予补偿？

补偿的范围和如何决定依赖于对法律的解释，特别是第 12（A）（1a）、(b)、(i) 项提及的争端裁判所认为合理的对未能以适当的和技艺精湛的方式实施建筑工程的补偿的含义。

我们认为，没有已知判决确定法定补偿标准。在 Frith 诉 Gold Mineral Springs Pty Ltd (1983) 65 FLR 213 at 232 案中，在根据《1974 贸易法令》第 82 条和 87 条评估损害的判决中写道：

"尽管在适当的情况下关于如何确定损害的普通法规则可以提供有益的帮助，但还没有根据第 82 和 87 条确定损害的判决。在该法令项下在审理中的仅有的限制是那些法律规定中明示或内在的规定。"

争端裁判所可以给予他认为合理的补偿。毫无疑问，如果这样做，争端裁判所应受合同上的或侵权法上的相应的损害评估的普通法原则的指引，但不应受其约束。

我们认为，在将申请人推到没有未能以适当的和技艺精湛的方式实施建筑工程的境地时，申请人有权得到补偿款项。通过对争端裁判所认为申请人因使用混凝土搅拌车导致的损害承担责任的挡土墙进行必要的修复，可以实现这样的目的。

申请人递交的补偿申请一定另有想法，而不是索要修复费用，补偿申请不能予以接受。以这种方式给予补偿没有任何逻辑理由。在一些案件中，修复费用将是适当的，正如我们在本案中所考虑的那样。在其他情况下，修复费用可能是不合适的，例如，如果对损害的断定将会造成价值的减损或损害舒适性并造成不便时，修复费用就是不合适的。见 D Galambos and Son Pty Ltd 诉 McIntyre (1974) 5 ACTR 10 案。

3. 在任何情况下，能阻止被申请人索赔补偿吗？

申请人提出，由于被申请人已经选择了寻求修复指令的方式，因此应当阻止被申请人提出补偿请求。

我们无法接受应当阻止被申请人的补偿请求。被申请人提交的申诉表格清楚地列明了他要求得到补偿的赔偿金额。争端裁判所如此判决的理由反映了即使已经寻求修复，但控告方接受的是修复的指令，而不是得到付款的指令。

相应地，我们指令如下：

（1）撤回建筑争端裁判所第 304/2003—2004 号指令。

（2）依照《1939 年建筑商登记法令》第 12（A）（1a）（b）（i）项，需要确定向被申请人支付的合理的补偿金。因此，本案发回建筑争端裁判所重新审议。

（3）如果申请人意欲申请费用，申请人可以在 2005 年 11 月 30 日之前递交有关文件：
(i) 列明索偿费用的详细金额、计算依据及其有关证据的宣誓书。
(ii) 书面文件大纲。

9.6 "正常地和勤勉地"和"迅捷和毫不耽搁地"的含义

9.6.1 承包商、分包商的时间义务

承包商或分包商的时间义务主要是由工程建筑合同或分包合同中的明示条款和默示条款规定的。工程建筑合同以及分包合同一般均明示规定承包商、分包商负有明示义务，在规定的日期或在规定的时间之内完成工程。

承包商、分包商在时间方面的义务主要体现在三项独立的但又相互联系的明示义务中，如果工程建筑合同没有此类明示条款，则会在合同中默示承包商、分包商的此类义务。

第一项义务：承包商或分包商应在规定的日期或期限内完成工程，或分阶段或分区段完成工程项目。

第二项义务：承包商、分包商应正常地和勤勉地按进度进行施工。有些分包合同格式中规定分包商应按照主合同的进度进行施工。

第三项义务：业主或工程师对施工进度的监督。即承包商应按时递交施工进度计划，如工程师发现实际进度与计划不符合，承包商应递交修改的进度计划，采取措施保证按时完成。

9.6.2 合同规定

关于"正常地和勤勉地"（Regularly and Diligently）以及"迅捷和毫不耽搁地"（Due Expedition and Without Delay）在主合同或分包合同中均有明示规定。

英国 JCT98 合同第 23.1 条规定："在提供现场之日，应向承包商提供现场占有权，以使承包商能够开始施工，正常地和勤勉地进行施工，并应在竣工日或在此之前完成工程。"

英国 JCT《大型工程分包合同》2005 版（MPSub）第 20.2 条规定：
"在根据第 20.1 条提供现场通道时，分包商应在现场开始分包合同工程，并应按如下方式实施分包合同工程：

1. 正常地和勤奋地。
2. 根据分包合同明细表中要求的按照规定的日期和计划。
3. 根据项目进度合理地。

以便能够在竣工期限实际完成工程。"

与 JCT 合同中规定的"正常地和勤勉地"用语略有不同，FIDIC 合同和英国 ICE 合同版本中出现了"迅捷和毫不耽搁地"用语，但含义基本相同。

FIDIC 合同 1987 年第 4 版第 41.1 条规定：

"承包商在接到工程师有关开工的通知后，应在合理可能的情况下尽快开工。该通知应在中标函颁发日期之后，于投标书附件中规定的期限内发出。此后，承包商应迅捷并毫不耽搁地开始工程施工。"

FIDIC 合同 1999 年第 1 版第 8.1 条规定：

"承包商应在开工日期后，在合理可能的情况下尽早开始工程的实施，随后应迅捷和毫不耽搁地进行工程。"

英国 ICE 合同第 7 版第 41.（2）款也规定了承包商应迅捷和毫不耽搁地进行工程。

除了上述主流的主包合同外，在业界广泛使用的主流分包合同格式中，也有类似规定，如 JCT《大型工程分包合同》2005 版第 20.2 条。FIDIC 分包合同 1994 年第 1 版第 7.1 条规定：

"随后，（除非承包商另有明确的要求或指示）分包商应迅捷并毫不耽搁地开始分包工程的施工。"

除了"正常地和勤勉地"和"迅捷和毫不耽搁地"的表述外，英国 CIOB 分包合同格式第 4.1 条使用了"勤勉和迅捷地"用语，其规定如下：

"分包商应根据附录 AP3 中规定的开工日期或承包商发出的适合其进度的指令，而非第 4.51 条'延误费用'规定开始施工，并应勤勉地和迅捷地进行工程。"无论合同中使用了"正常地和勤勉地"或"迅捷和毫不耽搁地"或"勤勉和迅捷地"的任何用语，以及如何组合这几个词语，它们的含义是基本相同的，即要求承包商按进度计划进行施工，并负有按期完工的义务，这是对承包商或分包商进度和完成义务的一种规定。

9.6.3 "正常和勤勉地"司法解释

迄今，工程建筑界和司法界对如何确切定义"正常和勤勉地"并没有一个统一标准。

最早对上述用语作出司法解释的是法官 J. Megarry 在 London Borough of Hounslow 诉 Twickenham Garden Developments Ltd, Chancery Division（1970）7 BLR 81 案中的解释。法官 Megarry 解释道：

"这是难以描述的用语，现有词典也不能提供什么帮助。这些用语传达了一连串的积极的、有序进行的、专业化的以及持续不断的概念。但这些用语对于期望的进度如何并没有什么帮助……"

目前，工程建筑业和司法界对"正常和勤勉地"用语可以接受的司法解释是法官 Newey QC 在 West Faulkner Associates 诉 London Borough of Newham，Court of Appeal（1992）42 Con LR 144 案中的解释：

"'正常和勤勉地'应合并在一起理解，它们意味着承包商必须以完成其合同义务的方式实施工程。这要求承包商计划其工作，领导和管理好相关资源，提供充分和适当的材料和雇佣胜任的交易商，以便于施工的工程达到一个可接受的标准，并且所有的时间、次序和合同的其他条款能够被完成实现。"

本案中法官 Simon Brown 基本同意法官 Newey 的解释，但他进一步认为"正常地"和"勤勉地"描述了对承包商的不同要求，这两个词之间存在交叉，单独地看待它们是无所帮助的。法官 Simon Brown 阐述道：

"关于'正常地'一词，它要求承包商在正常的日常基础上，根据合同义务的规定，提供充足的人力、材料和设备以使其具备物质能力充分地进行工程。'勤勉地'强制适用于专业地和有效地提供物质能力方面。"

"综合来说，承包商负有义务，他有必要使用适当的物质资源连续地、专业地、有效地施工，以稳定地按进度施工，并根据合同中关于时间、次序和质量的要求充分地完成工程。"

"除此之外，我认为不可能提供有益的指导，这些词是普通的英语，实际上，如何判断未能正常和勤勉地进行工程，就像描述大象一样，容易辨认但难以描述清楚。"

有关学者对"正常和勤勉地"的学术解释也采用了 West Faulkner Associates 诉 London Borough of Newham 案中法官的评述。

英国学者 Roger Knowles 认为："被要求'正常和勤勉地'实施工程的承包商，必须以这样的方式实施工程以便完成自己的合同义务。这要求他们计划好自己的工程，领导和管理好相关资源、劳动力，提供足够的并合适的材料，使用有能力的技术人员，以便工程能够完全按可接受的标准实施，且始终按照合同的顺序和其他要求进行施工。"

英国学者 Peter Barnes 也认为，"将这两个词合并理解，分包商'正常和勤勉地'义务要求分包商须使用适当的物质资源，连续地、专业地、有效地进行工程，以稳定地按进度施工，按照合同中关于时间、次序和质量要求充分地完成工程[⊖]。"

9.6.4　违反"正常和勤勉地"义务应承担的后果

承包商、分包商只要能够按照法官在 West Faulkner Associates 诉 London Borough of Newham 案中的评述，以及英国学者 Roger Knowles 和 Peter Barnes 的有关

⊖　Peter Barnes. The JCT 05 Standard Building Sub-Contract [M]. Oxford：Blackwell Publishing Ltd，2006：288.

解释行事,就可以断定他是"正常和勤勉地"实施工程,没有违反"正常和勤勉地"义务。

承包商、分包商违反"正常和勤勉地"义务应承担的合同后果,不同的标准格式合同对此的态度有所不同,一种认为承包商、分包商违反该项义务将导致业主终止主合同,或主包商终止分包合同,如JCT合同、JCT各种分包合同、CECA分包合同格式、美国A401分包合同格式。另一种则没有将违反该项义务列为业主、主包商可以终止主合同或分包合同的违约事项,如FIDIC合同1987年第4版、1999年第1版,FIDIC分包合同1994年第1版,英国ICE合同第7版。

英国JCT标准建筑分包合同(SBCSub/C)第7.4条"承包商的终止"第1款规定:

"在实际完成分包合同工程之前,如果分包商:

1. 没有合理理由,全部地或实质地中止实施分包合同工程;或

2. 未能正常和勤勉地进行分包合同工程;或

3. 拒绝或忽视遵守承包商发出的,要求他清除不符合分包合同规定的任何工程、材料或货物,并且其拒绝或忽视实主合同受到重大影响。或

4. 未能遵守第3.1条或第3.2条;或

5. 未能遵守第3.20条。

承包商可以向分包商发出指明其违约(规定的违约)的通知。"

英国JCT分包合同条件1980版第29.2条也规定了上述类似的内容。

英国CECA分包合同格式第17条"分包商违约"中规定:

"(b)在承包商书面要求后,未能以应有的勤勉进行分包合同工程。"

尽管英国JCT合同和分包合同、CECA分包合同和美国AIA合同将承包商、分包商违反"正常和勤勉地"义务列为承包商、分包商的违约行为,业主可以此为由终止主合同,主包商也可以此为由终止分包合同,但在实践中,在承包商、分包商的施工进度明显落后于进度计划时,业主是否可以终止主合同?主包商是否可以终止分包合同?另外一个问题是,承包商、分包商的进度明显落后于进度计划,以一个有经验的业主、承包商判断,已不可能在合同规定的时间内完成工程,这时,业主是否可以终止主合同?主包商是否可以终止分包合同?承包商、分包商对进度的延误到何种程度时,业主、主包商才能以违反该项义务为由终止主合同或分包合同?

业主如何判断承包商是否违反"正常和勤勉地"义务,主包商如何判断分包商是否违反"正常和勤勉地"义务,这需要业主、主包商考虑一系列问题。

在Pacific Shipping Corporation and Anor诉Sembawang Corporation Ltd案中,法官判断对"正常和勤勉地"义务违反应当是重大违约(significant breach)。

首先，业主、主包商必须断定承包商、分包商已不可能在合同规定的时间内完成工程。

其次，业主、主包商必须确定承包商、分包商没有法律上的、合同上的合法理由延长工期。

再次，业主、主包商须考虑承包商、分包商每一项工作的效率，确定其效率能否满足工程进度和完成的需要。

业主、主包商在以违反"正常和勤勉地"义务为由终止主合同或分包合同时，还应考虑如下3个问题：

第一，承包商、分包商是否连续地进行工程施工？

第二，承包商、分包商是否使用了充足的资源？

第三，承包商、分包商是否有过类似违约的历史，是否他还在重复以前的错误？

在FIDIC合同、FIDIC分包合同、JCT合同、CECA合同、美国AIA合同等合同中，进度计划不是合同文件的一个组成部分，对业主、承包商或分包商没有约束力。

的确，如何判断违反"正常和勤勉地"义务是一件十分困难的事情，它可能使业主、主包商陷入与承包商、分包商纠纷的风险之中。同时，由于这方面的判例很少，无法得到更多的可供参考的判例和指导，因此，如果业主要以此为由终止主合同，主包商要以此为由终止分包合同，业主、主包商应慎重对待。

英国JCT合同对承包商、分包商违反"正常和勤勉地"义务规定了业主、主包商的通知义务，即：

第一，业主应向承包商发出违约通知。主包商也应向分包商发出有关违约通知，通知中应指明违约事项。

第二，在承包商接到业主通知后14天内继续违约。或者，分包商在接到主包商的通知后10天内继续违约（JCT标准建筑分包合同第7.4.2条）。

第三，如果承包商在上述时间继续违约，则业主可以向承包商发出进一步通知，终止合同。或者，主包商可以向分包商发出进一步通知，终止分包合同。

9.7 "使工程师满意"的含义

9.7.1 合同规定

"使工程师满足（to satisfaction of engineer）"或者"使建筑师满意"的这种表达方式，在不同的文本中表达方式不同，有以下三种情形：

(1)"使工程师满意"。

FIDIC 合同 1987 年第 4 版在第 33.1 条、第 36.4 条、第 48.1 条、第 49.2 条规定了应"使工程师满意。"

英国 ICE 合同第 7 版第 13.(1)条"工程应使工程师满意"中规定：

"除非法律上或实际上不可能，承包商应严格按照合同规定实施和完成工程，使工程师满意，并应严格遵守和执行工程师就任何有关事项（无论是否在合同中提及）发出的指示。承包商只能接受工程师或其根据第 24（4）款合法任命代表所发出的指示。"

(2)"使工程师合理满意"。

英国 JCT98 合同中使用了"建筑师合理满意"的用语。

(3)没有出现"使工程师满意"的措辞。

FIDIC 合同 1999 年第 1 版中，取消了 FIDIC 合同 1987 年第 4 版中的"使工程师满意"规定，没有出现"使工程师满意"的措辞。

在分包合同中，有的分包合同文本规定了分包商应按照合同规定实施和完成工程，并使主包商满意，或者规定了使主包商和工程师满意。如 CECA 分包合同格式第 2.(1)条规定：

"分包商应根据分包合同的规定，实施、完成和维护分包合同工程并使承包商和工程师合理满意。"

9.7.2　学术解释

学者 Viccent Powell-Smith 在《马来西亚房屋建筑标准合同》中指出：

"合同中没有任何地方对'合理的满意'的含义进行界定……。'合理满意'似乎意味着检验标准是客观的标准，但是实际上这种检验标准是特定建筑师的主观标准，并且在其观点中包含了强烈的个人判断成分。第 34 条规定的仲裁可以对此进行审查，如果任何一方在最终证书签发之前，或者承包商在最终证书签发后 14 天内提出任命仲裁员的书面申请，业主和承包商都可以对建筑师表示满意或不满意提出异议，参阅第 30（7）条。"

英国 Roger Knowles 认为，"对于合理满意的含义是什么还没有明确的定义。似乎可以这样认为，检验标准是客观标准，但实际上这种检验标准是特定建筑师或工程师的主观标准。如果承包商对此有异议，他的追索权在于将有关问题提交公断或仲裁。"

9.7.3　工程师应行为公正

FIDIC 合同 1987 年第 4 版中第 2.6 条规定工程师要行为公正，而 FIDIC 合同 1999 年第 1 版对此没有作出明示规定。

在 Sutcliffe 诉 Thackrah [1974] AC 727, [1974] 2 WLR 295, [1974] 1 All ER 319 案中,法官认为建筑师必须公正无偏见地行使职责。

因此,即使在合同中没有明示条款规定的情况下,法律也默示工程师或建筑师应公正和无偏见地行使职责。另外,满意和合理的满意之间并不存在任何区别。

9.7.4 "使工程师满意"的义务

判断承包商是否履行了"使工程师满意"的义务,主要依据承包商是否已经严格地按照合同的规定实施、完成和修复缺陷工程,如果承包商做到了这一点,可以说他已经履行了"使工程师满意"的义务。

如果工程师认为承包商、分包商的施工没有使工程师满意,承包商、分包商可以合同将这类争议送交法院、仲裁庭予以公开、复查或修正。FIDIC 合同 1987 年第 4 版第 2.6 条明示规定了承包商的此类权利,典型案例见 Sutcliffe 诉 Thackrah [1974] 案。

与"正常和勤勉地"义务和"以适当地和技艺精湛的方式"履约的义务不同,"使工程师满意"的义务并不能充分地构成一项业主、主包商对承包商、分包商起诉或提起仲裁的诉因,主要是因为满意与否更多的是一种主观标准,业主、主包商面临举证困难。

第10章 分包工程设计

> 两种或更多专业之间的交接处，是许多设计错误和遗漏的发源地。
>
> ——FIDIC，《风险管理手册》

10.1 Baxall Securities 设计责任案

随着科学技术的发展和工程项目功能化的提高，一个工程项目可能涉及多个学科和领域，一个设计咨询公司或承包商能够独立全部完成设计和施工的可能性越来越少，设计和施工需要多个专业公司相互配合的情况成为普遍存在的现象。与传统的业主委托设计咨询工程师从事设计，承包商按图施工的模式不同，现代工程的设计可能涉及设计咨询工程师、承包商、分包商、供货商，也可能涉及了业主（如业主参与设计决策和方案决定时）。一个工程项目中多种专业的相互交叉，为项目的设计和施工带来了更多的挑战，增加了设计和施工的管理难度，也为业主、工程师、主包商、分包商带来了风险。更为麻烦的是，设计和施工的相互交叉为设计责任的认定带来了不可确定性。在 Baxall Securities Limited 诉 Sheard Walshaw Partnership [2002] BLR 100 案中，租赁方、发展商、建筑师、承包商、专业分包商之间错综复杂的法律关系和设计责任，恰恰反映了现代工程项目中设计交易的广泛性和设计责任认定的复杂性。同时也表明，如果建筑师/工程师对建筑物的买受人或承租人负有谨慎义务时，如果他未能充分决定设计参数，或在疏忽的情况下批准了分包商的设计，那么建筑师/工程师就可能对其设计疏忽承担赔偿责任。

【案例10-1】 在 Baxall Securities Limited 诉 Sheard Walshaw Partnership [2002] BLR 100 案㊀中，发展商 Berisford Property Investments 聘用被告 Sheard Walshaw 作为建筑师在大曼彻斯特区建设了工业用厂房。在厂房建筑完毕后，原告向发展商租用了该厂房。在原告使用该厂房过程中发现屋顶排水管在大雨时漏水，造成原告的电子安全设备被水浸泡，造成原告的货物损失，于是原告作为承租人将发展商、建筑师、承包商、分包商、供货商等5人一同告上法庭，要求赔偿其损失。

该建筑物系发展商 Berisford Property Investments 作为业主出资建设，他聘用

㊀ Brewer Consulting. Architect Duties in Tort. http://www.brewerconsulting.co.uk/cases/CJ0044NE.htm.

了本案被告 Sheard Walshaw 作为建筑师负责设计、准备图纸、规范和监理，承包商为 Birse Construction Limited。在施工过程中，承包商聘用了 FK Roofing Limited 公司为分包商，负责屋顶的详细设计和施工，屋顶材料的供货商为 Fullflow Limited 公司。

根据本案被告的设计，该建筑物外墙的下半层为砖砌结构，上半层为金属覆板结构。由于屋顶泄水槽与上半层金属覆板不能很好密封，存在缝隙，才导致先后两次大雨时雨水顺着缝隙流到建筑物内，造成室内积水，浸泡了原告的电子安全设备。

在庭审中作为证人的专家认为泄水槽存在两处基本的缺陷，即该处的泄水槽没有溢流管，另一个缺陷根据英国规范，泄水管在雨水高峰时排水能力不足。

在庭审中发现，该建筑物的设计由本案被告负责，使用的是 RIBA 标准咨询合同，且由被告负责准备图纸、规范以及业主对屋顶排水系统的要求等，但是，屋顶排水系统的详细设计却是由主包商聘用的专业分包商负责的。那么，谁应对设计缺陷和承租人的损失负责呢？

法庭分析了几个被告的情况，认为发展商、承包商不是案件的当事人，不能列为被告。在本案中，主包商 Birse Construction 聘用分包商 FK Roofing 进行详细设计和施工，但在原告提出告诉时分包商 FK Roofing 已经破产，因此，不能列为被告。

在庭审中发现，排水系统的能力是依据雨量决定的，专业分包商 FK Roofing 公司选择的雨量参数为每小时 75 毫米，但在庭审中有证据显示应为每小时 150 毫米。

本案被告在庭审中提出他从来没有批准过分包商的设计参数，也没有不批准有关参数。法官认为在这个问题上建筑师存在疏忽，法官同时认为一个通常的有经验的建筑师应在分包商进行设计时提供有关英国规范和确定有关参数的咨询。

考虑到相关证据，法官认为原告 Baxall 有合理的机会发现排水系统溢流管的缺失，而第一次室内积水主要是缺少溢流管造成的，因此建筑师不能承担第一次室内积水的责任。无论如何原告 Baxall 不可能发现造成第二次室内积水的设计层面的原因。

因此，法院判决建筑师承担所有因第二次室内积水所造成的全部损失。

10.2 设计责任

10.2.1 设计咨询中的谨慎义务

本书第 9 章第 9.4 节中提及的谨慎义务更多地是在设计合同中发生。因咨询工程师违反谨慎义务构成过失而承担赔偿责任的案例众多，谨慎义务和过失也成为英美侵权法案例中最常见的、法院使用次数最多的法律词汇。

根据英美法，设计咨询工程师的设计责任分为3个依次向上的阶梯形责任，即：

(1) 谨慎义务，它是咨询工程师的标准义务，也是大多数合同格式中咨询工程师的明示义务，如 FIDIC 白皮书等。咨询工程师仅能承担谨慎义务，而不愿在合同中承担更高层次的严格责任，如满足使用功能，尽管目前法院已趋向认为它是一项默示义务。

(2) 满足使用功能，它是咨询工程师应承担的严格责任。

(3) 受托责任，它是咨询工程师的最高责任。

1. 谨慎义务的验证标准

当设计专业人员提供设计服务时，除个别合同外，咨询工程师或设计专业人员必须依照专业谨慎标准（the professional standard of care）从事设计服务，但工程师并不担保其设计达到特别的结果，这就像医生给病人看病一样，医生并不能保证能够医好病人的病。但大多数合同要求咨询工程师应采取合理的技能和谨慎，这就意味着设计专业人员必须像其他专业人员面临同样或相似情况一样行事。而且，避免过失的要求适用于设计专业人员为自己或为业主、承包商等他人提供的所有服务。

对咨询工程师或设计专业人员谨慎义务的验证标准，正如在 Bolam 诉 Friern Hospital Management Committee [1957] 1 WLR 583 案中法官 McNair 的评述："该检验标准是针对一个运用并声称具备此项专业技术的一般技术人员。任何人都不必冒可能被认为有过失的风险而声称掌握最高水准的技术。在此，法律已经完善，只要他运用了一个普通技术人员运用特定技术时应体现的一般技术水平就足够了。"

该案例中 McNair 法官的评述和验证标准已被工程建筑业界和法院所广泛接受，简称为"Bolam 验证标准"（Bolam Test）。

对于工程建筑业界的专业技术人员，特别是对咨询工程师而言，谨慎义务的验证标准，正如法官 Bingham LJ 在 Eckersly 诉 Binnie & Partners 案中所阐述的那样：

"一个专业技术人员应当掌握其专业一般人员所具备的专业素养和知识，他不应落后于其他在本专业掌握了新的先进技术、发明和发展的一般的勤勉和有才智的人员，他应像其他一般合格专业技术人员一样，对其承担的任何专业技术涉及的冒险和风险发出警告，他也不能低于那些一般合格人员所拥有的经验、技能和谨慎而从事其承担的专业工作。标准是一个合理的平均水准。法律并不要求专业技术人员是一个具有博学和先知品质的模范。"

但是，如果一个咨询工程师声称自己有更高的技术水准，应以他声称的技术水平为准进行验证。如果一个专业设计人员在实际提供设计服务时没有达到他所声称的水平，他要为此承担违反谨慎义务的责任。

【案例 10-2】 在 Wimpey Construction UK Ltd 诉 D V Poole (1984) 27 BLA 58 案中，法院判决拥有特殊知识的专业人员应运用与其实际的特殊知识水平有关的谨慎程度，而所要求的合理的技能和谨慎应该是其所声称的特殊知识，而不是普通技能从业人员那样的较低层次的知识水平。

2. 业主要求

FIDIC《生产设备和设计—施工合同条款》第 1.1.1.5 款和《设计采购施工（EPC）/交钥匙合同条款》第 1.1.1.3 款对业主要求定义如下：

"业主要求系指合同中包括的，题为业主要求的文件，其中列明工程的目标、范围和/或设计和/或其他技术标准，以及按合同对此项文件所做的任何补充和修改。"

咨询工程师或专业设计人员开始设计工作的出发点源于业主对工程项目的期望和要求，与业主或客户对项目目的和要求进行充分沟通，满足业主或客户对项目的要求，是避免未来可能发生争议的最佳途径。如果业主没有向咨询工程师或专业设计人员提出明确要求，造成了设计缺陷，咨询工程师或专业技术人员并不能为此承担违反谨慎义务的责任。

【案例 10-3】 在 Stormont Main Working Men's Clue 诉 J. Roscoe Milne Partnership 案中，原告聘请被告为其俱乐部的扩展工程进行设计，但业主却抱怨被告的设计存在缺陷，原因是俱乐部房屋的柱子位置不对，无法在房间中放入为全国锦标赛而准备的斯诺克台球桌。法院发现原告并没有为斯诺克比赛准备放置台球桌的打算，也没有导致被告相信他所要求的行为，因此，法院判决原告败诉。

业主或客户对工程项目的认知水平千差万别，有的业主或客户是行业的行家，其提出的要求准确到位。而有的业主或客户对所设计的工程项目是外行，这种情况下，咨询工程师或设计专业人员应当详细明确地制订设计计划，对可能出现的风险和结果作出充分的解释和警告。

3. 新颖设计和材料

咨询工程师在设计咨询业务中应履行谨慎义务，这在使用新材料和新技术时也不例外，即应履行普通的设计专业人员应有的一般的注意义务和技能，但在设计工程中如何构成合理的技能和谨慎，则应依每一案件的具体情况决定。在采用新技术或新产品时，如果没有以往成功的实践，则咨询工程师需要履行更高和额外的谨慎义务，咨询工程师可能在采取最好的措施或给予业主充分的警告时获得免责，否则咨询工程师需要对此承担设计失败责任。

如果咨询工程师指定了某种材料，承包商没有默示担保义务保证材料满足使用功能。因此，业主应考虑从材料供货商处获得从担保或保证。

【案例 10-4】 在 Victoria University of Manchester 诉 Hugh Wilson and Others（1984）案中，建筑师为原告设计了一座建筑，其中建筑物外墙采用了新型产品 Accrington 红砖贴面，部分使用瓷砖贴面。建筑物交付使用后，许多贴面砖脱落。法院认为，建筑师使用没有检测过的材料或技术自身没有任何错误，但建筑师在冒险使用没有检测过的材料时，明智的方式是专门提醒业主并得到业主的明示的书面许可。法院认为，如果建筑师应用了未曾使用过的材料和施工方法，如同建筑师错误使用传统技术一样，建筑师应对设计错误负责。法院判决建筑师设计有缺陷，应承担责任。

在一些前卫型设计且没有成功先例时，可能尽管咨询工程师或设计人员尽了合理的技能和谨慎的义务，但设计的工程也有可能失败，从理论上说，这种说辞可能是对引起设计缺陷的指控的一种抗辩，但需依具体案件而定。参见 Turner 诉 Garland and Christopher（1853）案和 Worboys 诉 Acme Investments 案。

建筑师或设计人员是否需要警告其设计是新颖的？根据现有判例，建筑师或设计人员应该警告业主或客户其设计是新颖的，以便获得业主或客户的同意。但是这种警告或业主/客户的同意并不能减轻设计人员的合同责任，另外，如果由于某种原因造成新颖设计的工程失败，设计人员未能警告业主/客户可能构成保护业主的一项很好的理由。在 London Underground 诉 Kenchington Ford 案中，虽然业主有充分的经验介入到设计程序中，但法院认为这并不能免除设计专业人员的合同责任，也不能改变其应负的谨慎义务。

业主对设计的批准不能构成咨询工程师过失的抗辩，只有在咨询工程师仔细地辨别缺陷的可能性并向业主作出充分的解释，而业主又批复了设计时，才可能构成抗辩。

4. 基础资料收集、验证和工程估价

在国际工程设计中，经常遇到的情况是业主提供的设计资料，如地质、水文、气象等资料，是其他咨询单位提供的或者过时的基础资料。特别是在某些发展中国家，对项目可行性研究要求不严，资料不完整、不准确或资料过时情况时有发生。当咨询工程师设计时，应仔细辨别和验证确认这些资料，并在合同条款上保障自己的权益。如果咨询工程师对业主提供的资料没有辨别和验证并确认，就有可能为此承担设计责任。

【案例 10-5】 在美国 Bull 诉 Pinkham Engineering Assocs., Inc. 752 A. 2d 26, 2000 WL 426378（Vt. 4-21-2000）案中，原告聘用被告为其名下的土地进行调查，但被告错误地根据以前的外边界调查资料做了调查，而没有进行核实，实际上一个有经验的咨询工程师只要花几分钟的时间就可以识别以前不准确的调查报告。原告为此起诉咨询工程师违反了应以应有的谨慎、技能、合理的方法和诚实的默示合同义务履行调查工作。法院判决咨询工程师应赔偿原告的损失。

【案例10-6】 在 Copthorne Hotel (Newcastle) Limited 诉 Arup 案中，设计咨询工程师 Arup 对打桩工程的估价为 425000 英镑，而招标后中标承包商的价格为 930000 英镑。法院认为由于中标的承包商不是最低标并且承包商可能过高标价，因此，基于这种事实，被告没有构成过失。

咨询工程师或在设计—施工中承担设计任务的承包商的设计义务，不仅要求他利用其知识和技能进行设计而获得业主的批准或使业主满意，而且要求他能够对基础资料，如现场条件作出正确的判断，如未能对地质条件作出正确的判断，意味着这是一种过失行为，需要为此承担责任。

【案例10-7】 在 City of Bradford 诉 Kemp and Wallace-Caruthers & Associates Ltd. [1960] 23 DLR (2d) 641 案中，原告需要在一个老的垃圾倾倒场上建设市政厅和消防站，出于某种商业考虑，被告设计工程师建议该建筑的主墙基础是填土基础，而不是桩基础支撑。在施工中，虽然做了几次试验，但不足以证明填土基础是安全的。在建筑物建成后出现问题，安大略上诉法院判决设计工程师在进行勘查时存在过失，应对此承担责任。

在其他有关案例中，如 Moneypenny 诉 Hartland [1824] 1 Car & P 351 案中，工程师应对业主承担责任，原因是虽然原勘查资料是充分的，但后来工程师建议改变了建筑位置。在 Kaliszewska 诉 John Clague & Partners [1984] 5 Con LR 62 案中，建筑师被判对移动树木可能导致建筑移动并损害建筑未能正确估计而负责任。

有关案例可参考：

(1) District of Surrey 诉 Carroll-Hatch & Associated Ltd 101 DLR (3d) 218 案。
(2) Hawkins 诉 Chrysler (UK) Ltd 38 BLR 36 案。

5. 修改和检查设计义务

在 London Borough of Merton 诉 Lowe (1981) 案中，明确了如在施工过程中发现缺陷，设计人员负有修改其设计的义务。另外，业主也可以要求设计人员修改设计，但设计人员应对相关后果与业主沟通并作出警告。但根据 T. E. Eckersley 诉 West Water Authority (1988) 案，除了特定案件外，如果设计人员的介入已经终止，设计人员就不再负有谨慎义务警告可能发生的危险。

在设计—施工合同中，由于承包商承担了设计责任，则承包商应自负费用修改设计，或根据业主或工程师的要求修改设计，合同条款中也明确规定承包商负有义务修改和检查设计。

FIDIC《生产设备和设计—施工合同条款》(黄皮书) 第 5.8 款 "设计错误" 规定：

"如果在承包商的文件中发现错误、遗漏、含糊、不一致、不适当或其他缺陷，无论其是否根据本条得到了同意或批准，承包商应自负费用对这些缺陷和其带来的工程问题进行改正。"

FIDIC《设计采购施工 (EPC) /交钥匙工程合同条款》第 5.8 款也做了相同的规定。

FIDIC 合同的上述规定，实际是将法院判例确定的承包商负有义务通知设计缺陷的默示义务明示化，并以合同条款的方式进行明示规定。

6. 现代技术发展水平

现代技术发展水平 (State of the Art) 是对设计责任的一种抗辩。在适用 "现代技术发展水平" 时，只能期望设计人员根据当时可接受的标准进行设计，这些标准一般是由实用规范、国家标准和任何公开发表的权威性信息。

业主或客户可以要求设计人员采用任何技术或工艺进行设计。设计人员在满足业主或客户需求时，应在与他们保持充分沟通时，使对方真正了解采用先进技术、工艺或材料对工程的影响，不仅是对工程结构安全、运营安全和达标的考虑，也包括对成本的影响。在成本方面，需要业主或客户了解其财政承受能力。

7. 警告义务

FIDIC 合同 1999 版《施工合同条款》第 1.8 款规定："如果一方发现为实施工程准备的文件中有技术性错误或缺陷，应迅速将该错误或缺陷通知另一方。"

FIDIC 合同 1987 年第 4 版没有明文规定 1999 版第 1.8 款的相同内容。

FIDIC 合同 1987 年第 4 版到 1999 版的变化，反映了警告义务从默示条款到明示条款的变化。FIDIC 合同 1999 版吸收了众多判例中法院判决肯定承包商负有警告的默示义务并将它以明示条款作出规定，有利于合同的管理和处理设计和施工两个界面的矛盾。

即使合同中没有明示条款规定承包商的警告义务，有关判例表明，承包商负有默示义务对设计中的错误或缺陷提出警告。

在 Equitable Debenture Assets Corporation Ltd 诉 William Moss and Others (1984) 2 CLR 1 案中，法院判决合同中默示一项条款，即承包商应报告他知道的设计缺陷。

在 Victoria University of Manchester 诉 Hugh Wilson and Others (1984) 2 ConLR 43 案中，法院判决承包商在 JCT63 默示条款项下负有警告他相信存在的设计缺陷的义务，但承包商没有义务仔细检查图纸、工程量表和规范，即承包商没有积极作为的义务去检查设计缺陷。

有关承包商负有警告义务的案例，可参考 University of Glasgow 诉 Whitfield and Laing（1988）42 BLR 66 案和 Chesham Properties Limited 诉 Bucknall Austin Project Management Services Ltd & Others（1996）案。

如果承包商明明知道设计存在错误或缺陷，还不负责任地去施工，那么，在这种情况下，如果一个合理的有经验的承包商可以判断设计存在缺陷或错误，仍然施工，那承包商就会与设计咨询工程师/建筑师共同承担责任。在 Edward Lindenberg 诉 Joe Canning Jerome Contracting Ltd（1992）案中，法院判决承包商应分担承重墙被错误拆除所造成的修补工作的费用。

如果因承包商明明知道设计错误或缺陷而不提出警告，如在施工后必须拆除相关缺陷工程，则承包商无权就拆除缺陷或错误工程而提出工期和费用索赔。另一方面，如果工程师知道施工中可能会发生事故，也应警告承包商有关危险，如没有这样做，工程师可能会承担责任。在 FIDIC 合同 1999 版第 5.8 款中，仅规定一方向另一方提出警告的义务，应当理解为承包商和工程师/建筑师之间是相互警告关系。

【案例 10-8】在 Carvalho 诉 Toll Brothers and developers, et al, 675 A.2d 209（N.J.1996）案中，在下水管道挖掘过程中，由于壕沟坍塌造成一名挖掘公司工人死亡。法院判决工程师负有过失责任，因为他知道壕沟的施工是不安全的，虽然合同规定工程师只对施工进度负责，不对安全施工负责。另外，主包商和业主应保障工程师的条款也是无效的，因为保障条款不能对抗公共利益。

承包商和分包商之间是否对设计缺陷存在警告义务，应按照上述案例确定的内容判断，并应根据具体情况分析。目前，有关警告义务的整个问题本身还不是很清楚，特别是在设计缺陷没有到达危险的地步时，或者在分包合同中，分包商应当知道设计问题，但实际上他不知道的时候，有关法律也对此没有明确的规定。

在分包商完成其分包工程后，是否对他人的施工负有警告义务，根据有关判例，分包商没有义务警告在其后施工的其他承包商或分包商。

【案例 10-9】在 Aurum Investments Limits and Avonforce Limited（in liquidation）诉 knapp Hicks & Partners and Advanced Underpinning Limited（2000）78 Con LR 114 案中，对于分包商在圆满完成其工程后是否对他人实施的工程负有警告义务，法院判决分包商没有此项警告义务。

法官 Dyson 在判决中说道："正如我所说过的，在本案这种情况下将警告义务强加给 Advance 公司是不合理的。'警告'的义务只是一个合理的有能力的承包商应以其技能和谨慎作为的一个方面。合理位于普通法的核心地位。如同大法官 Reid 在 Young & Marten Lted. 诉 McManus Childs Ltds [1969] 1 AC 454, 465 案中所说的：'除非所有的情况是合理的，否则不应在合同中默示担保'。没人要求 Advanced 公司告诫 Avonforce 公司采用何种挖掘技术进行施工，Avonforce 公司也没有告诉 Advanced 公司他如何进行开挖。在适合的可选择的施工方法存在时，再选择这种施工方法是有过失的。"

8. 谨慎义务的合同标准

一般而言，除非另有约定，咨询工程师/建筑师和业主/客户之间的设计合同中确定的谨慎义务的标准均确定为合理的谨慎和技能（reasonable care and skill）。如果设计合同中没有约定，则只能是履行合理的谨慎和技能的义务。如果两个合同之间的标准出现矛盾，应以双方约定的标准为准。

【案例 10-10】 在 Mississipi Meadows, Inc. 诉 Hodson, 13 Ill, App. 3d 24, 299 N. E. 2d 359 (Ill. App. 1973) 案中，法院判决建筑师负有义务，履行一个建筑师通常情况下在准备规划和规范时所履行的一般的和合理的技能。建筑师的义务根据他与业主之间的具体协议决定。在没有特别约定时，建筑师不能默示或担保一项完美的计划或满意的效果。建筑师只能对未能履行合理的谨慎和技能承担责任。

【案例 10-11】 在 Chesapeake Paper Products Co. 诉 Stone & Webster Engineering Corp. 51 F. 3d 1229, (4th Cir 1995) 案中，业主雇用被告为其一项价值 1.05 亿美元的工厂扩建工程提供设计服务。被告将其未签字的标准设计服务合同递交给业主，合同中要求被告遵守"良好的设计惯例"。但业主将自己的订货单交给被告，被告也未拒绝，但订货单中对设计公司赋予了更高的标准，即要求材料和其他物品不能存有"材料和/或工艺上的缺陷，并且适销的。"双方随即签订了一份修改的协议，将未签字的咨询工程师提交的标准格式作为"参考文件"列入订货单中。由于两个文件对设计工程师应承担的谨慎义务标准存在模糊之处，因此双方将争议提交法庭。法院判决应以双方商定的更高标准为准。

9. 违反谨慎义务的赔偿原则

如果工程师或建筑师违反谨慎义务，其缺陷设计或错误设计造成业主/客户的损害，那么如何计算损失，其赔偿原则是什么呢？

西方判例确定了工程师或建筑师违反谨慎义务造成损害的赔偿原则，即经济损失原则（Economic loss doctrine）。根据这项原则，工程师/建筑师只能负责赔偿因设计缺陷或错误所造成的直接经济损失，业主不能索偿间接经济损失。在著名的 Donoghue 诉 Stevenson [1932] AC 562 案中，法官 Atkin 详细解释了纯粹经济损失（pure economic loss）的定义，即只能就修补和更换缺陷产品自身进行索赔，而不能就涉及的人身或财产损害进行索赔，这就是纯粹经济损失原则。在

Beregold Pty Ltd 诉 D Mitsopoulos & Associates（1999）15 BCL 290 案中，法官 Cole J 将因工程设计过失造成的损失分为三类：

（1）只需要进行简单修复，而不需要进行原来要求的任何其他工程，在这种情况下，损失就是修复费用。

（2）需要对原来设计要求的工程进行修复，并且可能涉及增加额外的施工费用。在计算修复费用的损失时，应考虑可能发生的在原施工费用上的额外费用。

（3）以上两种情况同时发生时，在计算修复费用时，必须考虑可能发生的在原施工费用上的额外费用。

也就是说，工程师或建筑师因违反谨慎义务的赔偿责任仅限于赔偿直接经济损失，如修复费用、更换费用，如修复费用超出原来的施工费用，也应对超出部分承担责任。

10.2.2 满足使用功能

1. 定义和检验标准

根据《牛津法律词典》，满足使用功能（fitness for purpose）的定义如下：

"在商业交易中，卖方必须满足的一项标准。除非有关情形显示买方并不依赖（或者他无法合理依赖）卖方的技能和看法，否则，在买方让卖方知道其购买的货物用于特定目的时，存在一项货物应合理满足使用功能的默示条件。"

美国《统一商法典》第 2-315 条规定如下：

"第 2-315 条：默示担保：满足特定使用功能

卖方在缔约时有理由知道所需货物的任何特定使用功能，以及买方依赖卖方的技能和看法挑选或提供适宜的货物，除非在下一条中将其排除在外或修改之，否则，存在一项货物应满足此项功能的默示担保。"

从上述两个定义中，可以得出满足使用功能的条件，或称检验标准如下：

（1）买方应让卖方知道，或卖方有理由知道货物的特定使用功能。

（2）买方依赖卖方的技能和看法。

（3）在买方并不依赖卖方的技能和看法，或在合同中将其排除在外，或在合同中对该项义务进行了修改时，就不存在该项默示担保。否则，就存在此项默示担保义务。

2. 工程建筑业中的相关问题

在工程建筑业，满足使用功能并没有一个明确的法律定义。在工程设计领域，法律仅要求设计专业人员在进行工程设计时履行合理的技能和谨慎。与合理的谨慎义务相比较，满足使用功能是一项严格责任制度，它赋予了设计专业人员更高的责任。如果设计专业人员承担了满足使用功能的义务，那么他将承担设计失败和错误的严格责任,无论是否能够证明他已经履行了合理的谨慎义务。

在满足使用功能的义务存在时,业主或客户没有必要证明设计专业人员的过失,专业设计人员也不能以他已履行了合理的技能和谨慎为由进行抗辩。

在设计专业人员承担合理的技能和谨慎义务时,业主/客户承担证明设计专业人员未履行合理的技能和谨慎,存在过失的举证责任。但在设计专业人员承担满足使用功能义务时,业主/客户无须证明其存在过失,只需声明设计专业人员知道预期的功能,而设计未能符合该项特定功能即可。

根据英美法中满足使用功能的定义和有关判例,在工程建筑业中,如何判断设计是否满足使用功能是一件复杂的事情,应依具体项目具体判定。但可将满足使用功能的检验标准总结如下:

(1) 业主应让设计专业人员知道,或设计专业人员应当知道工程项目的特定使用功能。

(2) 业主依赖设计专业人员的技能和意见。

(3) 在合同中缺少明示规定满足使用功能的义务时,许多判例显示法律默示设计专业人员承担默示的满足使用功能的义务。

在绝大多数设计咨询合同中,咨询工程师/建筑师在合同中仅对其设计承担合理的技能和谨慎义务,而保险公司承保的职业保障保险义务也只承保合理的技能和谨慎义务项下的保险。鲜有咨询工程师/建筑师在合同中明示承担满足使用功能的义务,因为他们无法通过保险分散风险。由于设计咨询公司相对规模较小,承担风险的能力低,在不能保险的情况下,只能通过合同约定责任限额,如发生设计失败或错误,通过责任限额来限定咨询公司的责任。

3. FIDIC 的立场

FIDIC 合同 1999 版《施工合同条款》第 4.1 款第（c）项规定：

"工程竣工时,承包商应对该部分负责,应使该部分根据合同规定满足使用功能。"

FIDIC 合同 1999 版《设计采购施工（EPC）/交钥匙工程合同条件》第 4.1 款规定：

"承包商应按照合同设计、实施和完成工程,并修补工程中的任何缺陷。完成后,工程应能满足合同规定的工程预期功能。"FIDIC 合同 1999 版黄皮书第 4.1 款也做了相同规定。

而目前仍在使用中的 FIDIC 白皮书《客户/咨询工程师协议书》第 5（i）款咨询工程师的义务规定：

"咨询工程师的义务是运用合理的技能、谨慎和勤奋工作。"

在以前版本的红皮书和黄皮书中,没有满足使用功能的规定,而在 1999 版 FIDIC 红皮书中,规定在工程竣工时,承包商应使他负责设计的部分满足使用功能。在 1999 版《设计采购施工（EPC）/交钥匙工程合同条件》中，也规定承包商在设计—施工合同中承担的工程满足使用功能的目的。

FIDIC 合同以前版本和 1999 版合同之间的承包商责任的转变源于 FIDIC 认为法院在解释施工合同时，可能认为满足使用功能是一项默示义务，在设计—施工合同项目中，这是承包商和工程师的责任。

FIDIC 合同的这种规定可能会造成以下问题：

（1）在承包商承担满足使用功能的情况下，与承担合理的技能和谨慎义务相比，承包商承担了更高、更严格的责任，这会反映在价格上，应与业主在风险承担上规定清楚。

（2）在设计—施工合同中，承包商向业主承担了满足使用功能的义务，但是，承包商一般是施工承包商，他需要聘请合格的设计咨询工程师作为其设计分包商进行工程设计。在存在承包商和设计分包商两层合同关系的情况下，承包商能否将满足使用功能的合同责任转移给设计分包商，是一个令人困惑的问题，因为根据法律要求和行业惯例，设计咨询工程师仅承担合理的技能和谨慎的义务。如果承包商不能将满足使用功能的责任转让出去，则意味着他自己就要对业主承担该项责任，而设计分包商对承包商只承担合理的技能和谨慎的义务。

（3）在红皮书中，在业主聘请咨询工程师负责设计，而承包商负责设计深化，或承包商的专业分包商承担某部分的设计时，那么设计出现失误而未能满足使用功能时，设计责任如何划分将成为难题。在无法辨别时，咨询工程师和承包商或者设计分包商将承担连带责任。

在 1999 版 FIDIC 合同采用满足使用功能义务的情况下，由于这项规定对业主极为有利，业主不会在专用条款中删除或修改这项规定，因此，承包商只能被动接受这项义务。但承包商可采取下述措施应对：

（1）充分知道和理解业主的要求。

（2）设计时满足业主的预期要求。

（3）向设计分包商转移这项风险；如不能转移，则可在合同价格上获取平衡；或承包商用投保有关保险的方式减轻这项风险。

4. 默示担保义务

在合同中明示规定设计咨询工程师或承包商承担满足使用功能时，设计咨询工程师或承包商应承担该项义务。在合同中仅规定设计咨询工程师或承包商承担合理的技能和谨慎义务时，根据西方判例，咨询工程师不仅要履行合理的技能和谨慎义务，法院会默示咨询工程师或承包商承担满足使用功能的义务，这也正是 FIDIC 在 1999 版合同中如此规定的主要原因。

在英美法系，根据有关法律规定和判例，默示担保义务主要有对产品的满足特定使用功能的默示担保义务（implied warranty of fitness for a particular purposes）

以及适销性的默示担保义务（implied warranty of merchantability），而对于住宅而言，则要求承担可居住性的默示担保义务（implied warranty of habitability）。

英美法系中的对产品的满足使用功能的默示担保义务是指法律默示的一种担保，如果卖方知道或有理由知道买方购买某些产品用于特定的目的，卖方担保其产品应满足特定的使用功能。

适销性的默示担保义务是指法律默示的一种担保，如果一个商人出售某种产品，那么他应担保出售的产品满足一般使用功能。

可居住性的默示担保义务是指法律默示的一种担保，在出租住宅时，出租人应担保其出租财产适合居住，并在整个租赁期内保持其适合居住。

在建筑工程业，有关满足使用功能的默示义务，可追寻到 Miller 诉 Cannon Hill Estates Ltd［1931］2 KB 113，［1931］All ER Rep 93 案和 Hanclck 诉 B W Brazier（Anerley）Ltd［1966］2 All ER 901，［1966］1 WLR 1317 案，在上述两个案例中，法院判决存在一项法律默示的条款，即承包商应以良好的技艺精湛的方式施工，并且他应提供良好的和适宜的材料使其合理满足人类居住需要。

有关竣工工程应满足使用功能的著名案例，主要有 Greaves & Co.（Contractors）Ltd 诉 Baynham Meikle & Partners, Court of Appeal（1975）4 BLR 56 案、Viking Grain Storage Ltd 诉 T. H. White Installations Ltd. 案等，下面分别加以介绍。

【案例 10-12】在 Greaves & Co.（Contractors）Ltd 诉 Baynham Meikle & Partners, Court of Appeal（1975）4 BLR 56 案⊖中，原告为业主修建一座用来存放油桶的仓库，合同形式是设计和施工的一揽子交易合同。根据设计和规划，油桶放置在仓库第二层，使用叉车搬移这些油桶。在竣工后的使用过程中，叉车在搬移油桶时产生振动，造成了第二层楼板出现裂缝。原告向业主承担了全部责任后，进而向仓库的结构设计工程师，即本案的被告提起诉讼，要求结构设计工程师承担责任。

丹宁大法官在本案判决中说道："业主和承包商之间是非常清楚的，即业主已使承包商知道所需建筑物的目的，以表明业主依赖承包商的'技能和判断。'因此，承包商的义务就是竣工后的工程应合理地满足他所知的需要的使用功能。这不仅仅要求他履行合理的谨慎的义务，承包商应负有义务保证竣工后的工程应合理地满足其使用功能。最近的 Miller 诉 Cannon Hill Estates Ltd（1931）案和 Hancock 诉 B. W. Brazier（Anerley）Ltd（1966）案表明了同样的立场，在这些案例中，也是业主雇用承包商修建住房的案例。法院判决存在一项法律默示的条款，即承包商应以良好的技艺精湛的方式施工，并且他应提供良好的和适宜的材

⊖ Michael Furmston. Powell-Smith and Furmston's Buiding Contract Casebook［M］.4th ed. Oxford: Blackwell Publishing Ltd, 2006: 75-76.

料使其合理满足人类居住需要。同样地，在本案中，承包商向业主承担了一项义务，仓库应合理地满足他知道的、业主所需的用来储存油桶和移动油桶的使用功能。为修建该仓库，承包商发现他需要得到专业的协助，特别是钢结构部分…

是什么原因造成了地面出现裂缝呢？结构工程师说是由于他们不能负责的混凝土收缩的原因造成的。他们说，他们的设计没有任何错误。但是法官并不能接受这一点。法官发现大部分裂缝是由于振动造成的，而不是收缩造成的。法官主张楼板的设计强度不能承受叉车所产生的振动。

根据上述发现，第一个问题是：结构工程师应向承包商承担什么义务？法官发现存在一项设计应符合使用满载叉车的默示担保，而这项默示担保被破坏了。换言之，结构工程师在设计中负有谨慎的义务，但一般而言，法律赋予专业人员一项更高的义务，而他违反了这项义务…

那么建筑师或工程师在设计一座房屋或桥梁时处于什么地位呢？如果按照工程师的设计施工，他是否应承担默示担保义务，即应合理地满足使用功能呢？或者，他是否仅仅承担合理的技能和谨慎义务？这些问题需要根据法律来回答。但在本案中，我认为没有必要对此进行回答。因为证据显示双方当事人对此事的看法是一致的。他们的共同意图就是工程师应设计一座满足所需的使用功能的仓库。这项意图形成了事实上的默示担保。"

本案中，法院判决工程师承担其设计未满足使用功能的设计责任。

【案例 10-13】 在 Viking Grain Storage Ltd 诉 T. H. White Installations Ltd. 案[①]中，原告将一座大型谷物干燥和储存安装工程交由被告以设计和施工的一揽子方式实施。在前期地质调查中没有发现地下水，但在工程完成使用中地下水渗漏到谷物仓的地下结构物中，承包商被法院判定工程未满足使用功能，应承担责任。

法官 John Davies QC 在判决中写道：

"在合同中缺少任何相反指示时，我转而询问一个正面的问题：是否能默示合理的满足使用功能条款，或者，正如被告所主张的，有关工程的设计、规范和监理，被告的义务是否仅限于合理的技能和谨慎？值得注意的是，他们承认使用质量良好的材料的一项默示的义务，但因过失而造成不合格；他们也承认一项进一步的义务，即"根据合同条款的规定"，材料应满足使用功能。我开始就承认，我发现很难理解为什么会将一个安装的整个合同的责任分割为许多不同的责任标准。满足使用功能的优点在于，基于产成品应满足合理使用功能的要求，在不考虑过错以及工程或材料或质量是否满足的情况下，它规定了一个相对简单的和确定的责任标准。

---

① Michael Furmston. Powell-Smith and Furmston's Buiding Contract Casebook [M] .4th ed. Oxford: Blackwell Publishing Ltd, 2006: 90-92.

根据我的观点，本案中应默示满足使用功能的条款。合同的目的太过明显，以致无须在此重述。同样明显的是，原告需要一座由一人操作的合理满足运作10000吨的谷仓。原告依赖被告的技能和判断来达到其目的吗？当然是的。他们不能依靠自己，他们没有这样做，被告也知道，他们也没有雇用任何其他人。雇用被告的整个事情就是依靠被告在设计和建造谷仓方面的专业知识和经验。我认为不可能将原告对被告在材料质量方面的依赖和他的设计区分开来，设计和安装的功能部分以及地面情况是一个整体。所有这些事项是一个统一的整体，构成了整体的一个独立部分。如果设计存在过错，材料的质量也对此无所帮助。地面以上建筑物的寿命依靠支撑该建筑物的地面支撑力。地面以下建筑物的设计和寿命依靠地下水的情况和相关控制措施。通过我阅读有关证据，原告在谷仓施工的所有方面都依赖被告。据我所知，这是事情的全部情况。

有些人提出了不能用高于合理的技能和谨慎的义务来对待设计的建议，但在 Independent Broadcasting Authority 诉 . EMI Electronics Ltd and BICC Construction Ltd，(the IBA case)(1978) 11 BLR 29 (1980) 14 BLR 1 HL 案中被拒绝，在这个案件中，上诉法院认为在与材料相关的设计中，没有理由引入不同的义务。在这个具体的案件中，原告在包括设计的所有方面明确地依赖被告的技能和判断，如果否认它，将破坏这项交易的基础。使设计的产品满足使用功能的义务已被只能合理地满足其要求的事实所证实。在我看来，增加未尽应有的谨慎义务证据的要求只能削弱，并且放大在商业交易中不能接受的且不现实的义务的不确定性。"

【案例 10-14】在 Young and Marten Ltd 诉 McManus Childs Ltd；House of Lords (1969) 9 BLR 77 案中，答辩人签订住房建筑合同，为业主修建住宅，并将房屋用瓦的供货合同分包给上诉人。根据合同规定，房屋用瓦的品牌和生产厂家已被业主指定，其品牌为"Somerset 13"，唯一的生产厂家为 JB。但合同允许答辩人就房屋用瓦作出自己的合同安排。答辩人没有直接从 JB 直接进货，而是通过其上诉人购买了 JB 公司的"Somerset 13"牌房屋用瓦，但由于产品质量出现问题，业主要求赔偿重新铺设房屋用瓦的费用。上诉人辩称由于房屋用瓦不是由他选择的，因此他们对此没有责任。上议院驳回了上诉人的辩解，判决在缺乏依赖的情况下，虽然不能默示合理地满足使用功能条款，但是缺少依赖并不能代替应提供满意的质量的默示条款。

【案例 10-15】在 Gloucestershire County Council 诉 Richardson；House of Lords [1969] 1 AC 480 案⊖中，本案原告 Council 雇用答辩人（被告）作为主包商为技

⊖ Michael Furmston. Powell-Smith and Furmston's Buiding Contract Casebook [M]. 4th ed. Oxford: Blackwell Publishing Ltd, 2006：92-95.

术学院安装一项扩展工程，合同采用的是 RIBA 合同 1939 版（1957年修订版）。建筑师指定 C 为混凝土构件的指定供应商，并将指定供应商 C 的报价递交给本案答辩人 Richardson，要求 Richarson 接受，Richarson 接受 C 作为指定供应商。在指定供应商 C 的报价中，包括一项如果供货出现缺陷，除非在 24 小时内通知，否则指定供应商将不承担货物缺陷责任的限制性条款。根据主合同的规定，答辩人 Richardson 有权合理拒绝指定分包商，但无权拒绝指定供应商。

在实施过程中，指定供应商的混凝土构件出现缺陷，并造成工期延误。根据工程已被"建筑师指示的原因"造成超过一个月以上的延误，答辩人 Richarson 主张行使终止合同的权利，而上诉人 Council 以答辩人错误终止合同为由提出索偿。应当承认，如果指定供应商违反了关于混凝土构件质量的默示担保义务，答辩人无权终止合同。

判决：答辩人没有违反默示担保义务。

大法官 Lord Pearce 在判决中写道：

"阁下，在承包商被雇用承建某项工程和提供材料时，除非特定案例表明当事人另有其他意图，在特定商业领域工作的承包商承担了一项保证材料质量良好的默示担保义务。为发现当事人的意图，必须考虑合同的明示条款和可接受的有关情况。

本案中，当事人签署了英国皇家建筑师协会的合同，这是一份复杂难解的文件。在这份合同中，没有规定任何一方当事人对指定材料质量承担明示责任的条款。承包商必须遵守建筑师的指示。他也必须接受建筑师对指定分包商和指定供应商的任命。如果承包商对指定分包商提出合理的拒绝，或者，反之亦然，如果分包商没有与承包商签订分包合同，保障承包商免受因分包商过失造成的索赔，以及保障承包商'免受与在合同中承包商责任相同的分包合同中的相同责任'，那么就不能雇用指定分包商（第 21 条）。这些用语清楚地表明了承包商接受指定分包商所承担工程的相关责任。

关于指定供应商，有关情况是明显地不同的。在合同中，指定供应商的条款（第 22 条）就在指定分包商条款的后面。它规定不能因为承包商的合理拒绝而行使否决权，也不能由于供应商拒绝向承包商提供保障而不雇用指定供应商。我认为不能忽视这种省略。与第 21 条相反，第 22 条的意图是承包商不承担指定供应商提供材料的责任。否则，如同指定分包商一样，应给予承包商合理拒绝的机会，以及坚持从供应商得到保障的权利。

业主应承担指定供应商提供材料的责任，对当事人而言，这是一项合理的意思表示。业主自己的专家——建筑师选择了指定供应商，建筑师决定指定的材料满足使用功能，并且在商谈主合同之前或之中建筑师已与供应商达成了初步安排，而从没有给予承包商表达自己意见的机会。承包商只是简单地接受指示，从指定供应商处获得材料。正是业主自己，并通过建筑师商谈了材料价格，以及因价格而影响的材料质量，并且业主自己才能坚持进行试验和检查材料质量。指定的所有情况显示，它实际上排除了对承包商技能和判断的依赖。并且，尽管承包商从指定供应商处获得利润，但其利润是有限的，承包商负有协调交付到现场的材料和尽力避免延误［第18（vii）款］的义务。

另一方面，如果承包商对指定供应商提供的材料不承担责任，那么业主对缺陷材料就没有任何补救措施。合同第22条明确规定指定供应商只与承包商存在合同关系，业主向承包商支付指定材料款项，然后承包商向指定供应商支付。如果主张承包商不承担指定供货商的责任，那就违背了合同项下供应材料的良好质量的担保义务的一般原则，即业主应可以对承包商采取补救措施，而反过来，承包商可以对存有过错的供应商采取行动。

然而，尽管存在上述重要的事实，但我认为，通过对照第21条和第22条的文字，这些文字规定足以说服某人采纳这个观点，即合同表明了排除承包商对指定供应商的担保的意图。本案的具体情况加强了这个观点。业主（或建筑师）雇用了一个熟练的工程师对有关构件提出建议。在没有与承包商进行协商的情况下，这个工程师准备了构件的详细设计，选择C作为指定供应商，并且根据他认为必需的构件配比向指定供应商发出指示。建筑师从C处获得了比其他任何公司都低，且低于最初成本的报价，但其报价中包含一项如果构件出现缺陷，限制买方行使追索权的限制性条款。大概建筑师对此满意，在没有与承包商讨论的情况下，指示承包商接受报价。

业主通过建筑师从只承担限制性责任的制造商处采购构件，使承包商承担了巨大的无限制责任，而制造商可以对构件质量毫无控制，这构成了当事人之间不合理的臆断。上诉人在辩解中建议，可以推断一项默示的意思表示，即承包商的责任仅限于指定供应商C报价中界定的限制性追索权。假若如此，对于每一个指定供应商而言，可以默示承包商的责任仅限于每一个供货分包合同中界定的有限责任追索权。但我认为，没有理由进行如此复杂的推论，即使存在这项默示，也应在第22条中以明示条款的方式具体化。我认为，对指定供应商的追索权的限制，以及供应构件的其他具体情况确定了双方当事人的在合同中指明的意图，即应将承包商对指定供应商的质量担保排除在外"。

【案例10-16】 在澳大利亚Cable（1956）Ltd诉Hutcherson Brothers Pty. Lt；High Court of Australia（1969）43 ALJR 321案⊖中，答辩人（本案被告）通过投标方式获得两个8000吨散货储存仓库和操作系统的设计、供货和安装合同。业主的咨询工程师准备了规范和图纸，而承包商根据业主的咨询工程师的规范和图

⊖ Michael Furmston. Powell-Smith and Furmston's Buiding Contract Casebook［M］.4th ed. Oxford：Blackwell Publishing Ltd，2006：70-72.

纸投标进行设计、供货和安装工程。由于业主的咨询工程师的规范和图纸中没有包括仓库基础的设计，投标书要求承包商对此进行设计。业主的咨询工程师批准了承包商的设计图，而正式合同中规定承包商按照图纸和规范要求以技艺精湛的方式施工。在工程竣工后，由于基础的设计不足，仓库基础出现沉降。

法院判决答辩人只是允诺按照图纸进行施工，承包商对设计缺陷不承担责任。

法官 Barwick CJ 在判决中写道：

"合同第 1 条规定答辩人允诺根据图纸所示和所描述的或提及的规范及条件进行施工。条件是指图纸所示的内容和规范描述的内容。但合同条款是最高条款（第 1（c）款）……在我看来，上诉人（本案原告）更多地依赖规范的某部分，即作为投标基础，规范与工程的功能没有关系。"

【案例 10-17】在澳大利亚 Barton 诉 Stiff [2006] VSC 307，Superme Court of Victoria 案⊖中，承包商同意按照业主准备的规划和规范为业主建造住宅。业主提供的地质勘探报告是 1992 年准备的，距项目开工已有 8 年时间。

承包商在合同中担保"工程以及工程使用的材料将合理地满足使用功能，或将是能合理地获得预期效果的性质和质量。"但在项目实施过程中，业主与承包商产生争议，即防潮层以下使用的砖块不适用，因此业主声称该住宅不能满足使用功能。

维多利亚行政法庭（VCAT）发现防潮层下面存在严重的盐化现象，使得墙体的砖块碎裂，盐分从含盐地下水中进入砖块中，因此，砖块"在盐化地下水的任何环境下不适宜使用"，并且，在这块土地出现含盐地下水是"很不寻常的。"VCAT 判决在防潮层下使用砖块是不适当的，因此，住宅不能合理地满足其预期使用功能。

承包商为此向高等法院提起上诉，主张建造房屋的预期功能需符合施工当时的实际地下水的情况，或者在房屋预计寿命之内可能遇到的情况。因为在当时的情况下，砖块能够合理地满足其预期的使用功能，不可能期望砖块会被地下水中的盐分所侵蚀。

高等法院的法官 Jargrave J 同意承包商的看法，认为担保仅限于"可能遇到的"地下水的情况，并且含盐地下水的出现是"很不寻常的"，因此，承包商没有违反满足使用功能的担保。

法官 Hargrave J 还清楚地认为，正是业主，而不是承包商，承担了在签订合同时合理预见的可能遇到的不同的或糟糕的地质条件的风险。

因此，一般的竣工工程或材料满足使用功能的义务仅限于可以合理预见的或可能遇到的情况。

⊖ Bryan Thomas. Fitness for Purpose [R/OL]. http://www.rigbycooke.com.au.

有关满足使用功能的案例，可参见 George Hawkins 诉 Chrysler（UK）Ltd & Burne Associates（1986）案和 Yorkshire Water Authority 诉 Sir Alfred McAlpine & Son（Northern）Ltd（1985）32 BLR 115 案等。

5. 违反满足使用功能义务的责任

在 FIDIC 合同 1999 版新红皮书、黄皮书和银皮书中，关于满足使用功能的条款有第 4.1 款［承包商的一般义务］、第 10.1（a）款［工程和区段工程的接收］、第 11.3 款［缺陷通知期限的延长］和第 11.4 款［未能修补的缺陷］，这些条款涉及了承包商应承担满足使用功能的义务规定，工程的接收以及工程未能满足使用功能的处理原则。

违反满足使用功能义务的责任，应适用违反谨慎义务的赔偿经济损失的原则。根据 FIDIC 合同 2011 年版分包合同第 11.3 款和第 11.4 款规定，承包商违反满足使用功能义务的责任如下：

（1）承包商自负费用修复缺陷。如未能在规定时间内修复，则业主可由他自己或雇用他人进行修复，费用由承包商承担。

（2）延长缺陷通知期限，但不得超过两年。

（3）终止合同。

（4）收回对工程或未能满足使用功能的部分工程的全部支出总额，加上融资费用和拆除工程、清理现场、以及将生产设备和材料退还给承包商所支付的费用。但根据第 17.6 款［责任限额］的规定，承包商对业主的全部责任不应超过专用条款中规定的总额或中标合同金额。

在传统的业主和咨询工程师的关系中，如咨询工程师未能履行满足使用功能的义务，应赔偿业主的经济损失，包括修复、延长保证期、赔偿业主经济损失等，但不应超过咨询协议责任限额条款规定的限额。

6. 小结

从上述有关满足使用功能的理论和案例可以得出：

（1）满足使用功能的默示担保义务已经从货物买卖或销售的传统领域延伸到工程建筑领域。

（2）满足使用功能是一项比合理的技能和谨慎义务更高的、更为严格的义务。即使咨询设计合同中规定了合理的技能和谨慎义务，但通常法院会根据事实和法律默示咨询工程师或设计人员承担满足使用功能的义务，这也正是 FIDIC 合同 1999 版采用满足使用功能责任的主要理由。

（3）在咨询工程师或设计人员或承包商承担满足使用功能的情况下，业主/客户无须证明其存在过失，只需声明他们知道预期的功能，而设计未能符合该项特定功能即可。

（4）满足使用功能的验证标准在于：除非合同中明示排除适用满足使用功

能的义务,否则只需证明设计咨询工程师或设计人员或承包商知道工程的预期功能,并且业主依赖他们的技能和判断。

10.2.3 受托责任

关于受托责任（fiduciary duty）或称受托义务的含义,《英汉法律词典》的解释如下：

"（受托责任）指按普通法原则,人和人之间应遵守信义,受托人应忠实应用其权利,为受益人谋求利益,衡平法则不准利用受托人身份谋求个人利益或使其义务与利益发生冲突,据此原则公司之董事、监事、经理和职员与公司之间为受托关系,在其与公司及股东发生关系时有受托义务⊖。"

在英美法系中,受托责任是衡平法和普通法赋予的谨慎义务的最高标准（highest standard of care）,它要求受托人（fiduciary）绝对忠诚于委托人（principal）,不能将个人利益放在受托义务之前,除非征得委托人同意,否则不能以受托人身份从委托事项中获取盈利。

在承担了受托责任时,衡平法要求受托人承担了比普通法上侵权的谨慎义务更为严格的行为标准。在受托责任中,个人利益不得与受托义务相冲突,该项受托义务也不能与其他受托义务相冲突,并且如果没有明示的同意,不能从中获取盈利。

根据英美法,存在受托义务关系的领域主要有：信托人和受益人；董事和公司；清算人和公司；律师和客户；合伙人之间；代理和委托人；股票经纪人和客户；高级雇员和公司；医生和病人；父母和孩子；教师和学生。

受托义务的基本要素如下：

(1) 个人利益和义务的冲突。

(2) 受托义务之间的冲突。

(3) 非盈利原则

如果受托人违反了上述基本要素,即构成违约。如在委托人不知晓的情况下获取盈利,受托人应将获利返还给委托人。违反受托责任的补救措施应视具体情况确定,主要包括财产上的补救措施和人身上的补救措施。

在工程建筑领域,受托责任是否适用于咨询工程师或建筑师的设计义务,应以合同的明示条款的规定为依据。但一般而言,业主和咨询工程师或建筑师之间的设计咨询合同中通常的义务是合理的技能和谨慎义务。有些标准格式合同,如FIDIC合同1999版明示规定承包商承担满足使用功能的义务,法院也在绝大多数案件中默示承包商、设计咨询工程师或建筑师需要承担满足使用功能义务,但

⊖ 夏登峻. 英汉法律词典 [M]. 修订版. 北京：法律出版社,1998.12：309-310.

鲜有标准格式合同中将受托责任强加给承包商、咨询工程师或建筑师的。而且，在有关判例中，如果业主或客户主张咨询工程师或建筑师应承担受托义务时，法院一般不会判决咨询工程师或建筑师承担受托义务，从而改变咨询工程师或建筑师的设计义务。

在美国加利福尼亚州一件庭外和解的案件中，业主要求建筑师 Helmuth, Obata & Kassabaum（HOK）承担建筑壁板漏水的设计责任，要求赔偿700万美元的损失。在庭审中，法官提示陪审团，根据美国 AIA 的业主和建筑师协议，建筑师在施工中对业主负有受托义务。在承担了受托义务时，建筑师应将自身的利益放在业主利益或风险责任之后。HOK 对此案十分关注，担心如果判决成立，在加利福尼亚州的建筑师将会承担最高的设计义务，重新在法律上定义并改变咨询工程师或建筑师的执业标准。因此，在主包商和分包商为此案赔偿了70万美元的情况下，HOK 寻求庭外和解，赔偿业主的损失，使该案没有成为一个可遵循的判例。

在美国明尼苏达州的一个案例中，法院判决建筑师和客户之间不是受托义务的关系，见案例10-18。

【案例10-18】在 Carlson 诉 SALA Architechs, Inc. 2007 Minn. App. LEXIS 74 案中，原告 Carlson 雇用被告作为建筑师为其设计一栋村舍式小别墅。在被告的建筑师事务所中，有一个名叫 Mulfinger 的工程师在这方面富有经验。但是，该别墅的设计是由一位名叫 Wagner 的工程师设计，而他却没有在明尼苏达州从事设计的执照。由于进度迟缓，在花费了292000美元后，原告终止了设计合同，并以违约和专业过失的理由将被告诉上法庭。

原告主张，被告虚假地声称 Wagner 工程师是一名在明尼苏达州有执照的建筑师，并进一步抱怨 Mulfinger 工程师只参与了极少的一部分工作。

区法院对该案作出了即决判决，判决对被告声称 Wagner 工程师是一名有执照的建筑师没有异议，被告的行为存在专业过失，不实的叙述 Wagner 工程师的地位违反了明尼苏达州的法律，被告违反了受托义务，应返还原告已经支付的设计费用。

明尼苏达州上诉法院推翻了区法院的即决判决。对被告声称 Wagner 是一名有执照的建筑师作出了结论。关于受托责任，法院认为明尼苏达州法律规定没有执照的建筑师从事设计是不合法的，但也可以接受在有执照的建筑师负责设计的情况下，没有执照的工程师可以从事设计工作。而在本案中，存在有执照的 Mulfinger 负责设计的实际事实。

上诉法院还认为区法院错误地推定业主和建筑师之间的关系本质上是受托义务，而受托义务是否存在只是一个事实问题。法院注意到合同终止是在设计阶段发生的，看来只是一个简单的违约行为。过失索赔应与设计阶段之后的行为有关系，如施工阶段。因此，上诉法院建议重审，由原审法院考虑是否存在可行的过失索赔。

10.3 合同形式和设计责任

10.3.1 概述

国际工程项目合同形式中设计义务主要以三种方式存在：

（1）在传统的国际工程承包业务中，业主聘任咨询工程师进行工程设计，承包商按照设计图纸和规范进行施工。有关国际上通用的合同版本如 FIDIC 合同 1987 年第 4 版、FIDIC 合同 1999 年新红皮书第 1 版、ICE 合同第 7 版等。

（2）业主聘任的工程师负责初步设计，详细的施工设计则由承包商进行，施工图报送工程师批准后由承包商施工。有时，需要承包商进行设计深化。在涉及专业较为广泛的工程项目中，业主或咨询工程师指定专业分包商进行设计，或承包商委托专业分包商进行设计和施工。有关合同版本如 JCT 合同 1998 年版的承包商负责设计合同（JCT98 with design portion）。

（3）在设计—建造合同、EPC 合同或交钥匙合同中，承包商负责工程设计和施工。在大多数情形下承包商不从事设计业务，承包商需要聘用设计咨询工程师作为设计分包商进行工程设计，设计咨询工程师也可能再聘用专业分包商进行设计。有关合同版本如 FIDIC 设计—建造合同、ICE 设计和建造合同、JCT 设计和建造合同等。

在第（1）种传统国际承包工程模式中，设计是由业主聘任的设计咨询工程师进行的，设计咨询工程师对业主和承包商负有义务，设计责任由设计咨询工程师独自承担。

在第（2）种合同模式中，设计责任的划分应依合同明示条款的规定和具体情况而定。在业主聘任的咨询工程师负责设计，而承包商或分包商承担设计深化责任时，情况会变得异常复杂。而在承包商或分包商承担设计的情况下，承包商或分包商应承担设计责任，无论设计问题是否源于疏忽。在业主指定分包商承担设计的情况下，应根据主包商与业主的合同条款的明示规定判断是主包商承担设计责任，还是分包商承担设计责任，但大多数标准合同文本均明确规定，主包商对指定分包商或指定供应商的设计不负责任。

在第（3）种设计—建造合同中，承包商承担了设计和建造的义务，因此，设计责任应由承包商承担。至于在出现设计责任时承包商与其委托的设计咨询工程师之间的设计责任，则应依照合同责任链原则，按承包商向业主负责，设计咨询工程师向承包商负责的原则进行处理。

上述合同模式下设计责任的分配只是一个大致的原则，但在现实中设计责任的划分和承担要远比上述原则复杂得多，本章第 10.1 节中的案例就说明了这一点。

10.3.2 传统合同模式

FIDIC 合同 1987 年第 4 版第 8.1 条规定："承包商应按照合同的各项规定，以应有的谨慎和努力（在合同规定的范围内）对工程进行设计、施工和竣工，并修补其任何缺陷。"

FIDIC 合同 1999 年版新红皮书第 4.1 条对此进行了进一步规定，如下：

"承包商应按照合同及工程师的指示，设计（在合同规定的范围内）、实施和完成工程，并修补工程中的任何缺陷。

承包商应提供合同规定的生产设备和承包商文件，以及此项设计、施工、竣工和修补缺陷所需的所有临时性或永久性的承包商人员、货物、消耗品及其他物品和服务。

承包商应对所有现场作业、所有施工方法和全部工程的完备性、稳定性和安全性承担责任。除非合同另有规定，承包商（i）对所有承包商文件、临时工程及按照合同要求的每项生产设备和材料的设计承担责任；（ii）不应对其他永久性工程的设计或规范要求负责。

当工程师提出要求时，承包商应提交其建议采用的工程施工安排和方法的细节。事先未通知工程师，对这些安排和方法不得做重要改变。

如果合同规定承包商设计永久工程的任何部分，则除非在专用条款中另有规定，否则应遵循以下原则：

（a）承包商应按照合同规定的程序，向工程师提交有关该部分的承包商文件。

（b）这些承包商文件应按照规范要求和图纸，并用第 1.4 款［法律和语言］规定的交流语言编写，应包括工程师要求的对图纸的附加资料，以便协调各方的设计。

（c）工程竣工时，承包商应对该部分负责，应使该部分根据合同规定满足使用功能；以及

（d）竣工试验开始前，承包商应按照规范向工程师提交竣工文件及操作和维护手册，它们应足够详细，使业主能操作、维护、拆卸、再组装、调整和修复该部分工程。直到这些文件和手册已提交给工程师前，该部分不应被认为已按第 10.1 款［工程和区段工程的接收］规定的接收要求竣工。"

英国 ICE 合同第 7 版第 8.（2）条"设计责任"规定：

"承包商不应对永久工程或其任何部分（除合同明示规定外）或工程师提供

设计的任何临时工程负责。承包商应尽所有合理的技能、谨慎和努力设计应由他负责的永久工程。"

从 FIDIC 合同 1987 年第 4 版和 1999 版新红皮书中的规定可以看出：

(1) 上述旧版和 2011 年版红皮书均主要适用于业主负责设计的项目，正如新红皮书封面所标示的一样，适用于业主负责设计的土木和建筑工程。

(2) 在业主承担设计的情况下，承包商不对业主设计的永久性工程或临时工程承担设计责任。也就是说，业主应对其设计承担责任。

(3) 如果按照合同规定承包商应进行某项工程的设计，那么，承包商应就其承担设计的工程承担设计责任。如前所述，在 FIDIC 合同 1987 年第 4 版和英国 ICE 合同第 7 版中，承包商承担设计义务的标准是合理的技能和谨慎，而在 1999 版新红皮书中，承包商承担了更高的、严格的设计义务标准，即工程应满足使用功能的标准。

如合同中没有明示规定谁应对设计承担责任，根据有关判例和实践，应可默示"谁设计，谁负责"的原则处理有关设计责任问题。

在传统的合同模式中，业主和咨询工程师承担了设计责任，而承包商只是负责按照图纸和规范进行施工。

【案例 10-19】 在 Bower 诉 Chapel-en-le-Frith Rural District Council，(1911) 9 LGR 339 案[一]中，本案原告以总价合同方式为被告的工厂安装供水工程，合同中包括了规范和工程量表。按照合同规定，原告从被告指定的供应商处按合同规定价格采购了工程所需的风车和风车泵，并负责安装。但后来证明从指定供应商采购的产品根本无法使用。被告要求原告进行更换以便能够正常使用，而原告认为该产品不是他选择的，而且安装工程没有任何缺陷，因此不能对此负责。

法院判决：原告没有责任。

在前文述及的 Cable (1956) Ltd 诉 Hutcherson Brothers Pty. Ltd 案中，法院也判决承包商只能按照合同规定的图纸和规范进行施工。

需要注意的是，根据 FIDIC 合同 1999 版合同的规定，承包商负有义务警告业主设计中的缺陷和错误。法院也默示承包商负有该项警告义务。

10.3.3 设计深化和设计责任

在工程建筑业，设计深化（design development）并没有一个确切的定义，对概念设计或初步设计等进行设计深化的范围也没有一个公认的标准，设计深化涉及的人也包括承包商、自雇分包商、指定分包商、供应商等。从现有学术论著、

[一] Michael Furmston. Powell-Smith and Furmston's Buiding Contract Casebook [M]. 4th ed. Oxford: Blackwell Publishing Ltd, 2006: 69-70.

判例和标准格式合同的规定来看，设计深化的主要范围如下：

（1）业主聘请咨询工程师进行概念设计和初步设计，按照合同规定，承包商进行详细设计或施工图设计。

（2）在业主聘请咨询工程师进行设计时，承包商又聘请专业分包商，或由业主的指定分包商进行某专业项目的设计。

（3）在业主聘请咨询工程师进行设计时，承包商的供应商或业主的指定供应商进行某项产品的设计。

（4）在涉及产品制造、构件制造时，制造图的设计。

在上述设计深化范围中，仅指对永久工程或设备的设计深化，而业主聘请的咨询工程师或承包商设计的临时工程设计，因其只是实现工程的临时性手段并将在竣工后拆除，因此，设计深化范围不应包括临时工程。

工程项目的设计是一个漫长的工业合作链条，除承担工程设计的咨询工程师、承包商外，还需要制造商、供应商、安装公司、专业分包商等进行全方位的合作。因此，如何确定设计本身和设计深化的界限，就成为一个复杂的问题。

安装图的设计是否属于设计，有的判例表明，认为安装图不是设计的一部分，它只是实现设计的一种手段。但在判断安装图是否属于设计时，应根据安装图是否具有设计性质而定，是否能够对工程项目的预期使用功能造成影响而定。制造图是否属于设计的一部分，则应根据具体情况分析确定。

1. 设计责任界面

正如 FIDIC 在其《风险管理手册》中所言："两种或更多专业之间的交接处，是许多设计错误和遗漏的发源地。"的确，在两种以上专业交接处，或者咨询工程师和承包商之间、承包商与分包商或供应商之间、同一工程项目的分包商之间或承包商之间的各种界面，正是造成设计错误和疏漏，产生设计责任的地方。

设计界面不仅影响着最终设计结果，也影响着安全施工和进度等一系列问题。但设计界面的划分首先是一个技术问题和事实问题，不同工程项目、不同专业之间设计范围的划分需要咨询工程师与承包商、承包商与分包商、分包商之间，以相互确认各自的设计范围，并明确向对方给出有关交叉界面的设计参数。其次，设计界面是参与设计工作各方设计责任划分的分界线。只有在充分划分设计范围的基础上，才能在设计出现错误或疏漏时，分清设计责任的承担方。

如前所述，在 Aurum Investments Limited and Avonforce Limited（in liquidation）诉 Knapp Hicks & Partners and Advanced Underpinning Limited（2000）案中，因分包商与下一个工序施工的分包商之间设计界面不清造成工程出现问题。

设计责任界面存在如下情形：

(1) 业主聘任的咨询工程师与承包商。

咨询工程师与承包商之间的设计界面来源于合同的明示规定，即合同条款或规范中规定承包商应进行某些工程的设计，或需要进行详细设计或施工图设计等。但咨询工程师对承包商设计的责任仅限于设计方面，对施工方法和工艺不承担责任。

【案例10-20】在 Calyton 诉 Woodman & Sons Ltd［1962］案中，上诉法院判决，建筑师对承包商施工人员的伤亡不承担责任。法官 Pearson L. J. 在判决中写道："建筑师是业主雇用的代理人，他的作用是确定…在工程竣工时，业主可以拥有按照合同适当建造的建筑。建筑师并不承担建议承包商采用何种安全程序，或者，特别地，如何进行房屋施工。"

在 AMF International 诉 Magnet Bowling Limited［1968］案中，进一步确定了建筑师无权指示承包商如何进行施工，或者应采用什么安全措施。一方面，如何进行适当的施工，这完全是承包商的权利。另一方面，建筑师仅是业主聘用的代理人，其作用是确定在工程竣工时，业主可以拥有一栋按照合同进行适当施工的建筑。

【案例10-21】在 Oldschool 诉 Gleeson（1976）4 BLR 103 案中，法院判决咨询工程师对因建筑物隔墙倒塌造成承包商人员的伤亡不承担任何责任。仲裁员在裁决中写道：

"建筑师或咨询工程师的谨慎义务不能延伸到如何进行工程施工的领域。建筑师或咨询工程师没有义务指示建造商如何施工或采用何种安全措施，而且他无权这样做，他也没有义务向建造商提示施工过程中的错误。在此，建筑师可能违反了他对客户，即建筑物业主的义务，但这并不能成为建造商工程缺陷的借口。

我认为建筑师或咨询工程师对任何第三人的谨慎义务仅限于进行施工的承包商在任何时候都能作为一名合格承包商的这种假定基础之上。承包商不能以建筑师或咨询工程师未能介入从而避免缺陷工程为由将未合格施工的指责转嫁给建筑师或咨询工程师。

…咨询工程师的义务是对项目的工程部分进行涉及，其监理责任是向业主保证工程按照设计进行施工。但是，正如我们在这里建议的，如果设计存在缺陷，那么一个合格承包商在工程过程中可能无法避免因此发生的损害。对我而言，根据有关原则，咨询工程师应对可能发生损失的设计承担责任。"

(2) 承包商与分包商。

有关承包商与自雇分包商或指定分包商之间的内容设计责任，以及对业主的外部设计责任，见10.4节。

(3) 同一工程项目的不同承包商。

同一工程项目的不同承包商的工程涉及不同的工程接口和界面，因此，在涉及不同承包商参与设计时，应核实工程界面的设计数据和参数。在施工过程中，如涉及不同工序的衔接，下一道工序的承包商应确定先前承包商施工的完备性和充分性，从而避免在他人缺陷工程的基础上实施工程，造成责任界面的混乱。

(4) 同一工程项目不同分包商和供应商。

见本章第 10.4 节。

2. 详细设计和施工图设计

在国际承包工程中，业主聘请咨询工程师设计，承包商在施工中承担合同规定的详细设计或施工图设计，这是一种最为普遍的现象，特别是在大型土木工程施工中最为常见。在这种情况下，咨询工程师的设计程度通常只是初步设计，需要承包商进行详细设计和施工图设计才能予以实施。在承包商承担详细设计或施工图设计时，通常的程序是承包商在设计完毕后报工程师批准，承包商根据批准的图纸进行施工。

因此，这就产生了设计责任的界面，即工程师的设计只是初步设计，而承包商负责详细设计时，设计责任如何划分，往往是工程实践中的一个复杂问题。

承包商进行详细设计或施工图设计的义务来源于合同的明示约定，无论是在合同一般条款中还是在规范中约定，在缺乏明示规定的情况下，不能默示承包商负有进行详细设计或施工图设计的义务，这种情况适用于 FIDIC 合同 1987 年第 4 版和 1999 版新红皮书，以及英国 ICE 合同第 7 版和 JCT 合同 1998 版和 2005 版等。在设计—施工合同中，由于承包商负责工程的设计和施工，如 FIDIC 合同 1999 版黄皮书和银皮书、ICE 的设计—施工合同、JCT 的设计施工合同、NEC 的设计—施工合同、AIA 的设计—施工合同等，则不存在设计界面问题。

关于详细设计或施工图设计的目的，Roger Knowles 在《合同争端及解决 100 例》中说道："设计或概念设计和施工图之间的界限一般都不是很清晰。制作施工图的目的是什么？有些人认为，其目的是赋予承包商或分包商负责填补设计或概念设计图纸中的空白的责任。还有些人认为，施工图的目的是把设计信息转变成能够对材料进行制作加工和安装就位的格式。"

从现有判例和学术论著看，确认咨询工程师的设计和承包商进行的详细设计或施工图设计的责任主要依据：

(1) 合同约定，即合同明示规定承包商负责详细设计的依据。
(2) 详细设计或施工图设计是否具有设计性质。
(3) 详细设计或施工图设计是否能满足合同要求。

但在实践中，在判断设计责任界限时，应根据具体情况进行判断。

【案例 10-22】 在 Co-Operative Insurance Society Limited 诉 (1) Henry Boot

Scotland Limited (2) Henry Boot PLC (3) Crouch Hogg Waterman Limited (2002) 84 Con LR 164 案中，咨询工程师 CHW 仅进行了概念设计，根据合同规定，承包商承担设计的工程包括：

(ⅰ) 地下室开挖的土木工程支撑。
(ⅱ) 基础钻孔灌注桩和相邻钻孔桩挡墙。
(ⅲ) 相邻钻孔桩挡墙的临时支撑。
(ⅳ) 相邻建筑物墙体以及乔治广场和汉诺威街人行道挡墙的临时支撑。

由于设计不充分，在施工后，地下室进水。承包商主张他的设计责任仅限于"在咨询工程师概念设计的基础上准备施工图纸"。而业主主张承包商 Boot 应"对合同项下的这些工程承担设计责任"。而且，业主进一步主张根据合同条款，承包商 Boot 应承担"协调工程设计部分义务……以及保证结构工程完整性和稳定性的责任"，这也是承包商义务的一个重要组成部分。法官判决承包商应对设计的完整性负责。

法官 Richard Seymour 在判决中写道：

"我认为，根据合同第 2.12 款的规定，Boot 的义务就是完成相邻钻孔灌注桩挡墙的设计工作，也就是说，深化 CHW 的概念设计，使其达到一项能够进行施工的完整设计。在我看来，完成设计的过程必须涉及检查接管责任的设计界面，评估设计基于的假设条件，并且形成这些假设是否适当的意见。最后，我认为根据合同条款（即，包括第 2.7 条），在已由他人开始设计时，承担完成这项设计义务的人同意应尽其合理的技能和谨慎准备设计，尽管在深化过程开始之前已经进行了大部分的设计工作。我认为，'完成'必要性设计的概念涉及需要理解所实施工程的原则，而这些工程还尚未达到施工所需的充分性。因此，我拒绝 Henry Boot 顾问、Baatz 先生和 Doerries 小姐提出的 Boot 只是对钻孔灌注桩挡墙进行施工图设计的看法。如果在合同签署日期时挡墙的设计还不完整，Boot 就承担了完成设计的义务，而不是其提出的进行施工图设计的问题。"

从这个判例可以得出，在工程师的设计只停留在概念设计或尚未充分完成的初步设计时，如果合同规定承包商负有进行详细设计或进一步设计的责任，那么承包商在设计时应：

(1) 检查和确定设计责任界面。
(2) 评估和判断原设计的假设基础是否适当。
(3) 按照合同规定的履约标准（如合理的技能和谨慎）履约。
(4) 深化设计应满足合同要求。
(5) 如果承包商承担的深化设计出现缺陷，承包商应对此承担责任。

另外，根据 FIDIC 合同以及大多数标准格式合同的规定，业主或工程师对承包商的详细设计或施工图设计的批准并不能解除承包商的责任，即承包商不能以业主或承包商已经批准图纸为抗辩理由推卸其设计责任。FIDIC 合同 1987 年第 4 版、1999 版红皮书以及 ICE 合同第 7 版等合同均明示规定承包商应对其设计承担责任。

【案例 10-23】 在 H. Fairweather & Co 诉 London Borough of Wandsworth (1987) 案[一]中,根据规范的规定,分包商应负责在满足已经批准的工程进度计划规定的时间提供全部安装图纸,完成地下供热系统的安装和测试。作为主包商,原告在与指定分包商签订合同之前致函建筑师,建议免除指定分包商进行地下供热系统的设计责任,而建筑师也表明没有要求指定分包商承担系统的设计责任。

在指定分包商负责的地下供热系统出现问题后,该案诉诸仲裁。仲裁员认为,安装图纸不属于设计图纸。在该案诉诸法院解决后,法官也同意仲裁员的观点,即安装图纸不是设计图纸。法院还认为,在系统安装的详细设计过程中,负责图纸制作的工程师作出了有设计性质的决定。在没有明显相反的规定时,有关的承包商、分包商或供应商都应承担责任。

3. 设计深化的后果

设计深化将产生如下结果:

(1) 增加原概念设计或初步设计中的工程数量或设备等,造成工程量的增加,进而造成工程项目成本的上升。

(2) 减少原概念设计或初步设计中的工程数量或设备等,造成工程量的减少,进而减少工程项目成本。

(3) 工程数量的增减造成工期的延长或减少。

设计深化的结果是由业主承担,还是由承包商承担,应根据合同的类型决定承担方。在单价合同中,例如 FIDIC 合同 1987 年第 4 版和 1999 年版合同中,合同明确规定工程量表中的数量只是一个估计数量,其支付价格将根据实际测量的结果计算,在这种"按量计价"的传统单价合同中,合同工程数量的增减的风险和责任是由业主承担的,承包商对此不承担责任。在成本补偿合同中,由于承包商不承担成本增减的风险和责任,业主对此承担责任,因此,业主应承担因设计深化带来的成本增加和减少的风险和责任。而在设计—施工合同中,除非是由于业主要求变化而产生的工程量的增加,业主需要对此承担成本增加的责任,否则,设计深化是承包商的责任,承包商应对此承担责任。

工程量的增减也相应地带来工期的变化。在传统单价合同中,因工程数量增加,承包商有权索赔额外的工期,其责任由业主承担。在成本补偿合同中,业主

[一] Roger Knowles. 150 Contractual Problems and Their Solutions [M]. 2nd. ed. Oxford: Blackwell Pulibshing Ltd, 2005: 16-17.

也应负责因工程量增加而造成的工期延长的责任。而在设计—施工合同中，承包商应承担因设计深化带来的工程量增加，进而导致工期延长的责任，除非这项要求是业主提出的。

在设计—施工合同中，确定设计深化带来由谁承担相应费用增加的问题，应取决于：

（1）一个合理的、有经验的承包商在投标阶段是否应当知道或者能够合理预见。

（2）设计深化带来的变化是否属于合同规定的变更。

按照 FIDIC 合同银皮书第 5.1 款规定：

"但是，业主应对业主要求中的下列部分，以及由（或代表）业主提供的下列数据和资料的正确性负责：

（a）在合同中规定的由业主负责的，或不可变的部分、数据和资料。

（b）对工程或其任何部分的预期功能的说明。

（c）竣工工程的试验和性能的标准。

（d）除合同另有说明外，承包商不能核实的部分、数据和资料。"

根据 FIDIC 合同上述规定，如果由于上述（a）至（d）项内容造成的变化，则属于变更，业主应给予补偿，并在合同价格中支付。如果设计深化不属于合同规定的变更，则承包商应承担设计深化造成的费用增加的责任。

10.3.4 设计—施工合同模式

FIDIC 合同 1999 版新黄皮书第 4.1 条规定："承包商应按照合同设计、实施和完成工程，并修补工程中的任何缺陷。完成后，工程应能满足合同规定的预期使用功能。"

FIDIC 合同 1999 版银皮书第 4.1 条也规定了与新黄皮书第 4.1 条相同的规定。

其他标准格式合同，如 ICE、JCT、NEC、AIA 设计—施工合同格式也进行了类似的规定。

根据大多数标准格式合同的规定，在设计—施工合同模式中，涉及的设计方面有：

（1）承包商负责工程的设计，并承担设计责任。

（2）根据 FIDIC 合同 1987 年第 4 版、ICE 合同第 7 版、JCT 合同 1998 版和 2005 版，承包商的设计责任为合理的技能和谨慎义务。根据 FIDIC 合同 1999 版红皮书、黄皮书和银皮书规定，承包商的设计责任为满足使用功能的义务。

在设计—施工合同模式中，因承包商通常是土木工程或设备制造商，其业务不涉及设计，通常情况下，承包商需要聘用委托咨询工程师或建筑师作为设计分包商进行设计。有关设计分包商的内容，见本章第10.4节。

设计—施工合同中的另外的一个常见现象是，承包商的建议与业主要求之间存在矛盾。在发生这种情况时，业主要求与承包商建议应以谁为主？

FIDIC合同1999版黄皮书和银皮书第1.5款规定，业主要求优先于承包商的建议，如果两者之间存在分歧，应以业主要求为准。ICE设计—施工合同第5(b)款规定："在构成合同的若干文件中，如业主要求和承包商提交文件之间存在模糊或歧义，业主要求应该有优先权。"而在JCT的承包商承担设计的合同文本中，没有规定业主要求和承包商建议之间发生歧义时的文件优先次序，但在实践中，业主、工程师和承包商可以通过协商方式解决这个问题。

如果业主要求存在错误，而该项错误是一个有经验的承包商难以发现的，并且该项错误导致承包商增加费用，承包商可根据第20.1款规定，有权索赔费用和延长工期。

10.4 分包设计

10.4.1 分包商设计的权利

在实践中，从商业角度考虑，分包商参与设计，进行分包商熟悉的专业设计或进行设计深化，业主可以利用分包商的如下优势：

（1）分包商的专业知识。

（2）额外的设计资源。

（3）利用分包商在建造和安装方面的专业优势进行设计，可以节省工程成本。

（4）能够更有效地利用一个工程项目中的各种资源，使单个项目或项目整体更为有效运转。

分包商设计义务来源于：

（1）分包合同文件中的明示条款规定。

（2）在没有明示条款时，分包合同中的默示条款。

（3）在没有明示或默示条款时，业主的要求或工程师的指示。

分包商的设计主要存在下述两种情况：

（1）分包商根据分包合同的规定或业主的要求或工程师的指示，自己设计分包合同范围内的工程。

（2）在设计—施工合同中，承包商委托咨询工程师作为设计分包商进行设计工作。

在自雇分包商或指定分包商对工程某个部分进行设计时，其设计工作包含在咨询工程师设计的整个工程项目中，因此其设计可以看作是对咨询工程师设计的深化。分包商设计的范围只限于分包合同的明示规定以及有关图纸和规范的规定，而不能超出合同条款、图纸或规范等合同文件规定的范围。

大多数分包合同标准格式对分包商设计做了明示规定，其规定如下：

FIDIC 分包合同格式 1994 年第 1 版《土木工程施工合同条件》第 2.1 款延续了 1987 年第 4 版第 8.1 款中对分包商义务的规定，即："分包商应按照分包合同的各项规定，以应有的谨慎和努力对分包工程进行设计（在分包合同规定的范围内）、实施和完成并修补其中的任何缺陷。"

英国 JCT 分包合同格式对不同项目采取了不同的规定。在 2005 版《大型项目分包合同格式》中，规定了分包商设计的条款和内容。该分包格式第 7.1 款规定："分包商应按照分包合同的规定实施和完成分包工程，包括（如分包合同要求）完成设计、规范或材料的选择以及工程的施工。"

而在 JCT2005 版《标准建筑分包合同条款》中，则没有规定分包商负责设计的内容。该分包合同条款第 2.1 款规定："分包商应按照分包合同文件、健康和安全计划和法律规定，以适当的和技艺精湛的方式实施和完成分包工程，遵守按照第 3.4 款发出的指示，以及承包商（如适用）暂时为控制主合同施工所提出的所有其他合理要求，并应遵守根据有关法律要求对分包工程发出的所有通知。"

JCT 出版的自雇分包商《分包合同条款》DOM/1 中的第 4.1 款也没有规定分包商的设计义务。其第 4.1.1 款规定："分包商应按照分包合同文件的规定实施和完成分包合同工程，并应遵守承包商（如适用）暂时为控制工程施工提出的所有合理的指示和要求。"

英国 CECA 出版的与 ICE 合同条款第 5 版配套使用的《分包合同格式》没有规定分包商负责设计的义务。该分包合同格式第 2.（1）款规定："分包商应按照分包合同的规定实施、完成和维护分包合同工程，并使承包商和工程师合理满意。"

英国 CIOB 出版的《分包合同条款》规定了分包商负责设计的义务。其第 1.2 款规定："分包商应对设计的准确性负责，负责适当和有效地实施第 1.1 款定义的分包合同工程，并对他建议的有助于协助合同管理人有效施工的变更负责，以达到竣工标准并使承包商和合同管理人满意。"

在 JCT 合同体系中，除 2005 版《大型项目分包合同格式》外，其他 JCT 合同通常并没有要求承包商负责设计的义务。虽然合同条款中没有规定分包商的设计义务，但有时在工程量表的规范中要求分包商进行设计，这就构成了对有关 JCT 合同的修改。

【案例 10-24】 在 John Mowlem & Co Ltd 诉 British Insulated Callenders Pension Trust Ltd, Queen's Bench Division, (1977) 3 Con LR 63 案[一]中，原告为被告修建一栋仓库和办公室设施，合同为 JCT63 格式。第三方 Jample 是该工程的结构设计工程师，负责该工程的设计工作。

工程量表中包括如下内容：

"水密施工

为防止水和湿气的渗入，应修建构成建筑外墙的护墙和地下室地板层，在本合同中承包商负责维护这部分工程。"

然而，在施工结束后，地下室地板出现裂缝，水渗入了地下室，造成了工程的损害。除了工程损失外，需要决定两个问题：

(1) 缺陷是否是由于不充分设计或不完善的工艺造成的？

(2) 如果缺乏水密层是设计缺陷造成的，根据工程量表中的规范，原告是否应对此负责？

法院判决：根据证据和缺陷情况，负责地下室地板设计的结构工程师 Jample 未能履行要求的技能和谨慎义务，缺陷是由于设计不足造成的。设计不是承包商义务的一部分，即使规范主张赋予承包商有关责任。根据合同条款第 12.（1）款，工程量表中的规定是无效的。

在缺少相反的明示条款时，建议分包商有权进行设计的默示条款内容如下：

(1) 深化与分包合同文件和规范不符的设计。

(2) 如果无法实现设计规范，可以修改必要的规范或调整有关部分的设计。

(3) 进行设计，以便使其符合法律要求。

(4) 需要与他人或承包商或设计主管协调的设计。

(5) 在产品制造商或系统供应商限制要求的范围内进行设计。

根据合同法原理，默示条款是依法律、事实或法院作出的，而不是业主、工程师、承包商或分包商随意创造的。在不能够充分把握默示条款的情况下，分包商应与承包商进行设计范围沟通，消除可能存在争议的隐蔽地带。

10.4.2 委托设计

委托设计（delegation of design）是指业主、工程师或承包商将设计工作或其中一部分委托他人进行设计。广义而言，业主将工程项目委托咨询工程师进行设计，工程师将设计的一部分委托更为专业的其他咨询工程师进行设计，或者承包商委托咨询工程师进行工程的全部或部分设计均属委托设计的范畴。

[一] Michael Furmston. Powell-Smith and Furmston's Buiding Contract Casebook [M]. 4th ed. Oxford: Blackwell Publishing Ltd, 2006: 72-74.

从法律角度来看，委托设计的行为是将工程设计的全部或一部分委托他人代为履行的行为，其法律性质属于分包行为。除非合同明示禁止，由于设计工作与工程施工的性质不同，工程的设计可以全部或部分委托他人进行。

在不同的合同模式中，委托设计出现的方式有所不同。在业主负责设计的传统合同模式中，业主聘用咨询工程师进行设计。在设计—施工合同模式中，承包商有义务进行设计或委托他人进行设计工作。但在上述两种合同模式中，合同责任承担和合同责任链有所不同。在传统合同模式中，业主与咨询工程师之间签订咨询服务合同，咨询工程师对设计的缺陷或错误负责，而在设计—施工合同中，承包商与咨询工程师签订设计服务合同，在出现设计缺陷或错误时，承包商对业主承担设计责任，而设计咨询工程师再对承包商依设计合同承担设计责任。根据合同法基本原理，合同责任链应是直接签订合同的一方应对另一方承担责任，并依次追究相关合同责任。

【案例10-25】 在 Moresk Cleaners 诉 Hicks［1966］2 Lloyd's Rep. 338 案[一]中，建筑师将混凝土结构的设计委托给承包商进行。但事后证明设计存在缺陷，仲裁庭裁决建筑师应对此承担责任。

仲裁员在裁决中写道：

"由于这种混凝土结构涉及一种比较新的施工方法，如果被告不想自己对设计负责，他有三种选择。第一种：这不是我的专业。第二种是找到业主并说：'混凝土设计超出了我的专业，我希望你能雇用结构工程师处理有关事宜'。或者他可以继续对设计承担责任，而寻求结构工程师的建议和协助，并以他认为如果依赖其建议而后又出现错误的价格自负费用支付结构工程师的服务。如同建筑师应向建筑物业主负责一样，建筑师雇用的向其提供建议的人也应对建筑师承担同样的责任。"

10.4.3 咨询工程师作为设计分包商

在承包商承担设计工作或进行设计深化时，承包商可能需要聘用咨询工程师作为其分包商从事设计或设计深化工作。在分包商负责设计或设计深化时，分包商也有可能聘用咨询工程师作为分包商为其进行设计或设计深化。

根据英美合同法中的合同相互关系原理，在承包商聘用咨询工程师作为设计分包商时，承包商对业主承担全部合同责任，而咨询工程师应对承包商承担设计责任。在分包商聘用咨询工程师作为其分包商进行设计或设计深化时，在业主、承包商、分包商和设计分包商之间的三层合同链中，第一层合同责任是承包商对业主负责，第二层合同责任是分包商对承包商负责，第三层是设计分包商对分包

[一] John Uff. Construction Law［M］. 9th ed. London：Sweet & Maxwell Limited, 2005：288-289.

商负责。

在 Bellefield Computer Services and Others 诉 E. Turner & Sons Limited and Others [2002] EWCA Civ 1823 案中，法官必须考虑因防火墙设计缺陷造成建筑物内火势不可控制时建筑师的侵权责任。在考虑建筑师的责任时，法院认为建筑师的责任应是他与承包商签订合同中规定的责任。大法官 May 在判决中写道：

"区分侵权责任和合同责任的重要性通常与限制的问题相关联。责任的范围是由建筑师雇用合同的明示条款和默示条款决定的。其他人，例如业主雇用的为该建筑施工工作的工程师、承包商、专业分包商可能影响这些条款，他们的责任范围和与建筑师的内部关系也对此有所影响。"

在本案中，由于每个合同的规定和责任承担不同，不同合同当事人的设计责任应有所区别。法官接着写道：

"建筑师对施工图的详细设计的责任范围取决于雇用合同的明示和默示条款以及与其他人责任的相互关系。此类责任的范围应依每一案件的具体情况确定。在建筑师设计和将付诸实施的施工图设计之间存在一条模糊的界限，但我们不能抽象地界定责任的界限。在某种意义上，木匠选择某种钉子或螺钉是一种设计上的选择，但经常发生的是由木匠进行这种选择，并把这种责任与木匠的工艺义务相结合。在许多情况下，建筑师的责任扩展到提供全部施工详图的图纸和规范方面，但是，根据建筑师与其他人的有关合同和相互关系，此项施工详图的责任取决于其他咨询工程师，如结构工程师、专业承包商或分包商……

在本案中，承包商，而不是业主雇用了分包商 Watkins。他们不是负责监理的建筑师。法官依事实认定了他们雇用的分包商的责任范围。Turner 雇用的专业分包商只对防火内衬负责。"

根据本案的判决，在咨询工程师作为分包商进行设计工作时，其设计责任取决于他与承包商之间签订的设计咨询合同的明示或默示条款，还取决于与承包商雇用的其他人之间合同的相互关系。作为分包商的咨询工程师只应对雇用合同中规定的设计责任负责，而不应予以扩大。

10.4.4 责任限制

分包商设计责任限制的一般原则如下：

（1）进行设计或细化设计的专业分包商的责任应仅限于他进行设计或细化设计的那部分分包工程。

（2）根据合同规定的具体条款判断责任限制范围。

在不同版本的分包合同标准格式中，分包商进行设计的责任有所不同。在 FIDIC 分包合同格式中，分包商应履行谨慎义务，但合同并没有规定分包商是否应承担满足使用功能的义务。但在 JCT 合同 2005 版分包合同格式中，则做了不同的规定，如下：

2005 版 JCT《大型项目分包合同格式》第 17 条在分包商有关设计的义务中规定：

"1. 分包商对包含在下述文件中的文件内容或设计的充分性不负责任：

（1）要求；或

（2）承包商提供的任何信息（包括设计和/或产品信息）。

2. 按照第 17.1 款的规定，分包商担保分包工程的设计应：

（1）符合法定要求。

（2）满足要求规定的性能规范；和

（3）使用按照 Ove Arup & Partners 编制的并由 British Council for Offices 和 the British Property Federation 赞助的，在基准日期有效的《Good' Practice in the selection of construction materials》选择的材料。

3. 分包商担保他将以一个适当合格的和胜任有关设计工作的专业设计人员所期望的，以及利用履行同样范围、性质和规模分包工程的经验、技能和谨慎履行有关分包工程的设计义务。分包商并不担保根据其设计所施工的工程将满足任何特定使用功能。"

根据上述第 17.3 款的规定，分包商的责任范围仅是分包商应履行谨慎义务，而不对满足使用功能负责。

因此，在判断是否分包商的设计义务的责任限制时，应首先检查合同条款的具体规定和要求。

（3）根据与业主和主包商签订的设计咨询合同中的责任限制条款进行判定。

在大多数的设计咨询合同标准格式中，均规定了设计咨询工程师的责任限制条款。FIDIC 在《客户/咨询工程师协议书》中建议关于违反对客户的义务责任限度不应以对疏忽履行的服务重新妥善完成为限度。建议可接受的最低限度是全部服务的报酬，包括酬金和开支，但不应超过市场提供的职业保障保险（professional indemnity insurance）。

按照 FIDIC 咨询服务合同格式，当咨询工程师违反了合同义务时，其责任限制是：

（1）不以重新履行其设计义务为限度。

（2）赔付全部服务报酬，包括酬金和开支。

（3）如进行了职业保障保险，以保险金额为限。

不同的咨询设计合同所制定的责任限制条款有所不同，因此，在判断某个具体项目设计咨询工程师的责任限制时，应根据具体责任限制条款的规定予以确定。

10.4.5 直接担保

在指定分包商承担设计义务时,业主为了保护其自身利益,可能会要求指定分包商对其设计提供直接的,或从属性的担保(warranty)。在业主从指定分包商处获得直接的或从属性担保后,业主和指定分包商之间建建立了直接的合同关系。根据英国法,担保必须在分包合同签署之前提供给业主,否则担保合同会因没有对价而没有法律效力。

在工程建筑领域,指定分包商,包括供货商向业主提供直接担保的案例可以追溯到 1951 年的 Shanklin Pier 诉 Detel Products,[1951] 2 K. B. 854 案,在这个案例中,作为油漆供应商的被告声明其生产的油漆寿命可维持 7~10 年,但不幸的是,实际使用时油漆寿命仅为 3 个月。法院判决被告的声明构成一项担保,应赔偿违反担保而对业主造成的损失。

在 Greater Nottingham Co-operative Society 诉 Cementation [1989] Q. B. 712 案中,上诉法院判决由于当事人有机会订立合同,但未能订立合同的情况下,如分包商只对其设计向业主提供直接担保,而未对施工提供担保时,将排除分包商的在施工方面的侵权责任。但相反的判例是在 Warwick University 诉 McApline (1988) 42 B. L. R. 1 案中,法院判决如未能订立合同赋予分包商直接的担保义务,不能排除分包商在侵权法上的履行谨慎义务的责任。为消除法律上和有关判例的不统一,目前,英国建筑工程业均普遍要求分包商向业主提供从担保。

有关从担保的内容,详见本书相关内容。

10.5 JCT 合同中的分包设计

在 JCT 合同体系中,要求分包商进行分包工程设计或深化有关详细设计的情形主要分为以下两种情况:

(1)在主合同中,主包商不承担设计义务,但主合同要求主包商提供或深化有关工程的概念设计。在 JCT 合同中,这部分工作被称为"分包商设计部分(Subcontractor's Design Portion)"。

(2)在设计—施工合同中,主包商承担设计义务,他可以雇用分包商进行工程的设计工作。在 JCT 合同中,这部分工作被称为"分包商设计的工程(Subcontractor's Designed Works)"。

无论采用上述哪种分包设计方式,合同条款对分包商设计的要求是一致的。按照 2005 年版《大型工程项目分包合同格式》第 17 条的规定,分包设计应:

(1)符合法定要求。

(2)满足要求规定的性能规范;和

（3）使用按照 Ove Arup & Partners 编制的并由 British Council for Offices 和 the British Property Federation 赞助的，在基准日期有效的《Good Practice in the selection of construction materials》选择的材料。

根据英国颁布的《建筑设计和管理条例》（The Construction Design and Management Regulations，CDM）的规定，设计师在进行设计时应采取措施避免对人身健康和安全造成伤害的风险，无论是工程安装过程还是维护和拆除过程之中。根据该条例，设计师的风险范围仅限于他应该合理地预见有关健康和安全事项。

2005版《大型项目分包合同格式》第15条对健康和安全作了规定，要求分包商遵守所有有关分包工程施工适用的健康和安全法规。2005版《标准建筑分包合同格式》（SBCSub/C）第3.19款和第3.20款明确规定了遵守CDM条例的内容，要求分包商遵守CDM的规定，并根据业主要求提交健康和安全计划。

有关分包商设计的内容，2005版《大型项目分包合同格式》第16、17和18条规定了分包商的设计义务。

关于进一步的设计信息与设计问题，2005版《大型项目分包合同格式》第16条规定如下：

"提供信息

16 -1 分包合同专用条款应确定适用下述哪一种情形：

-1 分包商应完成分包工程设计并相应地准备设计文件。

-2 除下述情形外，分包商应提供实施分包工程所需的所有设计和/或产品信息。

-1 要求规定为分包工程特定部分准备建议书，在这种情况下，分包商应相应地准备设计文件；和/或

-2 要求规定应由分包商准备特定设计文件。

-3 承包商应提供实施分包工程所需的所有设计和/或产品信息。

-2 如要求分包商准备设计文件，承包商应向分包商提供到要求或建议书包含的设计计划规定日期止为准备所需的任何信息。如没有设计计划或有关日期，承包商将向分包商提供第18条（设计递交程序）和第20条（开工和竣工）规定的分包商为遵守其义务的合理日期时止的任何必要信息。

-3 如要求承包商提供设计和/或产品信息，承包商应在分包合同专用条款规定的日期提供给分包商。如没有规定具体日期，承包商应在不迟于分包商按照第20条（开工和竣工）规定的义务可以合理收到有关信息的日期提供设计和/或产品信息。

-4 如果分包商就承包商根据第16.2款和/或第16.3款的规定对有关信息有特殊要求，但有理由相信承包商不知道这些要求时，他应在允许承包商根据第16.2、16.3款履行义务时通知承包商这些要求。

－5 有关要求分包商准备设计文件的分包工程部分：

－1 除非要求确定分包商应对设计和任何特定界面的整合负责，否则承包商应对分包工程和项目的其他部分之间的界面的设计和整合负责；以及

－2 为整合分包工程设计和项目其他部分的设计之目的，分包商应与承包商和他雇用的其他设计人员或分包商合作。遵守承包商有关合作的合理指示并不能被视为形成变更。

第 16 条的有关设计信息的规定，为承包商和分包商设计提供了可供遵循的程序和合作基础，特别是涉及不同的分包商和不同的设计界面时，更需要分包商与承包商或其他设计人员和分包商之间的合作，以便整合不同工程界面的设计工作。

10.6 分包商递交设计的程序

1994 年第 1 版 FIDIC《土木工程施工分包合同条款》承继了 FIDIC 合同 1987 年第 4 版红皮书的内容，没有规定分包商递交设计的程序和时间要求。在 JCT 合同系统中，JCT2005《标准分包合同条件》（SBCSub/C）中没有规定分包商递交图纸的程序，但在 JCT2005《大型项目分包合同格式》中的第 18 条明确规定了分包商递交图纸的程序和要求，以便分包商能够履行 JCT 合同规定的分包商递交设计程序条款下的义务。

根据 JCT2005《大型项目分包合同格式》第 18 条的规定，分包商递交设计的程序如下：

（1）分包商被要求根据分包合同专用条款的规定准备和递交设计文件（Design Documents）。

（2）在收到设计文件之日的 21 天或以内，承包商应答复分包商有关设计文件，并应注明"行动 A""行动 B"或"行动 C"。如果承包商认为分包商的设计文件与分包合同要求不符，则应注明"行动 B"或"行动 C"。

（3）如果承包商未能按照第 18.2 款的规定答复分包商，则应认为承包商已在设计文件上注明"行动 A"。

（4）如果承包商在答复中注明"行动 B"或"行动 C"，则承包商应以书面形式确定为什么设计文件不符合分包合同规定。

（5）在承包商根据第 18.2 款返还设计文件时，分包商应采取下列行动：

1）如注明"行动 A"，则分包商应严格按照分包设计文件进行施工。

2）如注明"行动 B"，如果承包商的意见已经编入设计文件中，并且分包商已向承包商及时递交了进一步的设计文件复印本，那么分包商应根据设计文件进行施工。

3）如注明"行动C"，分包商应考虑承包商对其设计文件的意见，并应立即按照第18.1款重新递交设计文件。分包商不应按照已注明"行动C"的设计文件进行施工。

（6）如果分包商认为设计文件符合分包合同规定，那么他应在收到承包商意见之日起的4天内通知承包商其设计文件符合要求，而且应通知遵守承包商的意见可能会导致变更。在通知承包商时，分包商应向承包商递交一份声明，表明为什么其设计文件符合分包合同要求和将会导致变更的理由，以及遵守承包商的意见可能影响分包商在第17.2款和第17.3款项下的义务。

（7）在收到分包商的通知后，承包商应在10天内确认或撤回其意见。如确认其意见，分包商应相应修改其设计。

与FIDIC合同相比，JCT2005《大型项目分包合同格式》规定的分包商递交设计文件和承包商审查设计文件的程序和时间要求，明确了承包商和分包商的责任和时间，使得分包商在准备分包工程投标或设计计划时可以更加准确地把握和制订有关计划，避免了承包商不能及时审批分包设计文件带来的时间不确定性风险，也避免了对承包商应在"合理的"时间审批分包设计文件的理解上的分歧，解决了承包商不能及时审批分包设计文件给分包商可能带来的干扰以及工期索赔等问题。

10.7 批准分包商设计的时间要求

根据FIDIC合同1987年第4版旧红皮书和1999版新红皮书的有关规定，在承包商承担设计责任时，第5.1款规定了工程师批准承包商设计的时间为21天。在分包商承担设计的情况下，主包商应督促工程师遵守上述时间要求。如果工程师未能在21天内给出批复意见，则承包商应根据红皮书合同条款第1.9款的规定，向工程师发出索赔通知，索赔工程师延期批准图纸带来的工期延长和额外费用的损失。

JCT2005《大型项目分包合同格式》第18条对批准分包商设计的时间进行了具体规定，即要求承包商应在收到分包商设计文件之日起的21天内回复有关分包设计。而在JCT2005《标准建筑分包合同条款》中，没有明示规定批准分包商设计的时间。造成两个分包合同条款内容不同的主要原因是，在大型项目中，分包商在不同程度上参与了分包工程的设计；而在一般建筑工程中，建筑师已经完成了设计，不需要分包商参与建筑工程的设计。

除合同条款外，规范中也可能会规定承包商批准分包商设计的具体时间。如有，承包商应遵守规范中的时间要求，按时批复分包商的设计文件。

分包工程也是主合同不可分割的一个组成部分。如果主合同中没有规定工程师批准承包商设计文件的时间要求,而分包工程的设计文件也需要工程师批准时,则分包商应遵循主合同中的有关文件批准程序的要求,只能等待工程师批准有关分包工程的设计文件再行施工。如果工程师没有在合理的时间内批复,则分包商可以通过主包商根据合同条款的规定索赔工期和有关费用。

如果合同条款或规范中规定了批复的具体时间,则应遵守有关时间要求。在实践中,比较可行的办法是,如果没有规定批复图纸的时间,则分包商可以在设计文件中注明需要批复的时间,或者在进度计划中明确需要批准图纸的时间期限。

如果合同条款和规范中都没有规定承包商批复分包商设计的时间要求,法院一般会默示应在"合理的"时间内批复设计文件。至于什么是"合理的"时间,应根据具体项目的具体情况判定。

第 11 章　分包合同开工、竣工和施工延误

竣工始于开工。

本书作者,《分包合同法律问题》

11.1　分包商开工日期

11.1.1　分包合同规定

FIDIC 合同 2011 版分包合同第 8.1 款规定:

"承包商应给予不少于 14 天的分包合同开工日期。分包商应在分包合同开工日期后的尽可能合理可行的时间内开始分包合同的施工,并应根据分包合同进度计划,以应有的勤奋,毫无延误地实施分包工程。"

从合同和法律的角度而言,分包合同的开工日期是一个重要的事件,它关乎分包商是否违约,工期延误赔偿费是否适用的重要因素。从工程施工的角度而言,分包商的开工意味着工程一部分开始施工,分包商进度、质量和安全关乎工程的整体进度、质量和安全。

主包商应在分包合同中规定分包合同的开工日期。约定分包合同开工日期可能存在三种情形:

(1) 约定一个具体的日期,例如 2018 年 1 月 1 日开工。
(2) 约定开工的前提条件,在前提条件成就时,分包合同开工。
(3) 以主包商发出分包工程开工指示为准。

在第 (1) 种情形中,如果分包合同明示规定了具体的日期,则分包工程工期应从该日期起算。主包商需要注意的是,分包商进场施工的前提条件是否满足,例如现场进入权、现场占有权是否具备等,这些前提条件是分包商施工的前提条件。如果这些前提条件不具备,则分包商应根据分包合同中的索赔条款,按照索赔条款的规定提出工期延长的索赔。在中国的工程和建筑合同中,分包商可以先履约抗辩权对抗主包商的履约要求,在普通法国家,可以 Prevention Pricinple (妨碍原则) 进行抗辩。

在第 (2) 种情形中,主包商在编制分包合同时应详细辨明每项前提条件的可实现性和可能成就的时间。一般原则是,应尽量规定较少的前提条件,且这些

前提条件可以预期地实现。

在第（3）种情形中，主包商应履行向分包商签发开工指示或开工令的义务。以 FIDIC 合同 2011 版分包合同为例，第 8.1 款规定了主包商向分包商发出开工指示的义务，且规定了应给予 14 天提前的通知。在本款中，承包商必须向分包商发出开工指示或开工令，以便计算分包商的工期，确定分包商的竣工日期。

11.1.2 分包合同开工日期争议

在国际工程项目实践中，在主合同开工日期约定了的前提条件下，如何界定主合同的开工日期往往成为承包商工期延长索赔时承包商与业主争议的焦点。

在作者编制的斯里兰卡某工程项目的工期延长索赔报告中，合同通用条款第 8.1 款规定：

"开工日期应为合同生效之日后的 28 天。应通知承包商自合同生效之日其在现场进行动员工作。开工日期应是业主签发的开工通知载明的日期。在合同生效后，业主应在下列条件成就时签发开工通知：

i. 已取得项目施工所需的准证和准许以及许可。

ii. 业主应承包商的要求移交了现场。

iii. 承包商拥有现场占有权和现场进入权。

iv. 业主协助承包商获得了临时水、电等。

v. 动员期为开工日期之前的 28 天。在动员期内，承包商应递交所有必需的保险。

承包商应自开工日期起开始工程的施工，并应以应有的速度，毫不延迟地进行工程施工。"

上述项目的合同协议书（Contract Agreement）第 5 条规定：

"在下述条件成就之日，本协议书生效：

i. 中国的银行和斯里兰卡政府提供担保的业主之间签署本工程及其增加的工程范围的融资协议生效。

ii. 城市发展部完成业主土地的转让。

iii. 承包商在当地完成办事机构的注册。

iv. 递交了可接受的预付款银行保函和履约保函。

v. 承包商收到了预付款。"

承包商在工期延长索赔时，仔细验证了合同协议书第 5 条规定的合同生效条件，见表 11-1。

表 11-1　合同生效日期统计表

序号	前提条件	成就日期
1	贷款协议生效	2013/5/16
2	现场移交	2012/8/1
3	办事机构登记注册	2011/9/11
4	预付款保函和履约保函递交	2012/9/5
5	收到预付款	2012/10/12

从表 11-1 可以得出，合同协议书第 5 条规定的合同生效日期为上述前提条件成就的最后一个日期，即 2013 年 5 月 16 日。

在合同开工日期的生效条件中，第 1 项前提条件是取得项目施工许可，业主颁发日期为 2013 年 2 月 5 日。第 2 项业主移交现场时间为 2012 年 8 月 1 日。第 3 项承包商拥有现场占有权和现场进入权的日期为 2012 年 2 月 23 日。第 4 项提供临时水电的日期为 2012 年 12 月 15 日。第 5 项开工日期应由合同生效日期决定，这是因为第 8.1 款规定"开工日期应为合同生效之日后的 28 天"。

在确定了合同生效日期为 2013 年 5 月 16 日后，根据合同第 8.1 款规定的承包商拥有 28 条的动员期，因此，合同开工日期应为 2013 年 5 月 16 日加上 28 天，即开工日期为 2013 年 6 月 12 日。

在本项目中，业主和承包商签署补充协议规定 2012 年 11 月 16 日为开工日期，但根据斯里兰卡 1982 年第 4 号法令第 8j（1）条的规定，任何建筑工程均需要获得施工许可（building permits），否则为违法施工。但在本项目中，直至 2013 年 2 月 5 日业主才获得施工许可，因此，业主和承包商补充协议中规定的 2012 年 11 月 16 日的开工日期无效。

在分包合同中，分包合同的开工日期也往往成为主包商和分包商争议的焦点问题，分包商往往主张主包商未能根据分包合同的规定发出开工通知，或者开工通知不是一份有效的开工指示，则分包合同的工期应另行按照项目的具体情况计算。在作者作为仲裁代理的国际商会国际仲裁院（International Court of Arbitration, International Chamber of Commerce）的中国承包商（主包商）与某国分包商的国际仲裁案件中，分包商在庭审中提出如下争议焦点：

（1）主包商是否按照分包合同第 1.1.1.9 款和第 8.1 款的规定发出了开工指示。

（2）如果没有发出指示，分包商开工日期是否应从分包合同签署之日 2011 年 10 月 31 日起算。

（3）如果没有发出开工指示，则分包商认为不能计算分包商工期。

（4）主合同的开工日期 2011 年 11 月 20 日是否适用分包合同。

（5）分包合同工期应在分包合同规定的所有条件满足的情况下计算，包括现场移交和分包商占有全部现场,以及分包商开始桩基工程施工时起算,即应是 2012 年 7 月 15 日。

主包商在庭审中主张:

(1) 在签订分包合同时,主包商应分包商要求向分包商发出了"工作令"(Work Order),规定了分包工程工期从分包合同签署之日计算。虽然主包商没有向分包商发出一份名为"开工令(Commencement Order)"或者"开工通知(Notice to Commence the Works)""开工指示(Notice to Proceed)"的文件,但该工作令明确显示了分包合同工期起算的日期。

其次,分包商向主包商递交了基准进度计划,基准进度显示分包商的工期是从 2011 年 11 月 20 日,即工程师颁发开工指示(Notice to Proceed)的开工日期起算。

在准备庭审过程中,主包商律师团队认为,"工作令"可能不为仲裁庭接受为一个有效的分包合同开工通知,主要理由是没有明确表述分包商应从该日期起开始施工。在缺乏一个有效的开工指示时,唯一的依据是分包商递交的基准进度计划。

(2) 如果没有发出开工指示,"工作令"中表述的分包合同工期起算日期应为仲裁庭充分考虑。

(3) 如果没有开工指示,是否分包商的工期不能计算的问题。主包商律师主张分包商的"it is submitted that time cannot run against the Subcontractor"的主张无法成立。第一、分包商在庭审中主张没有开工指示,无法得知开工日期,但不能得出分包合同工期将成为普通法中的"自由工期(time at large)",理由是法律从来没有如此的规定。第二、从分包商递交的基准进度计划看,分包商的开工日期为 2011 年 11 月 20 日。从这个证据中可以得出分包合同的开工日期。

(4) 主合同规定的开工日期是否可以成为分包合同的开工日期的问题。不得不说,由于主合同和分包合同不同,考虑到分包合同相对性的原则,因此,主合同的开工日期不能当然成为分包合同的开工日期,从分包合同的规定看,需要主包商向分包商发出开工指示。

(5) 分包合同开工是否是所有前提条件,包括现场占有权和现场进入权满足,且分包商开始永久性工程施工时才能计算的问题。从 FIDIC 合同 1999 版红皮书第 2.1 款的规定看,分包商的这种主张无法成立,如果承包商遇到现场占有权问题,FIDIC 合同规定承包商可以按照第 20.1 款的规定提出工期延长索赔。在 FIDIC 合同 2011 版第 2.1 款中,也没有规定分包商可以不施工的情形。因此,分包商的这项主张无法成立。

必须指出,在本案中,中国承包商作为主包商没有在分包合同中明确约定分包合同开工日期,在开始施工后又没有向分包商发出开工指示,导致在国际仲裁中分包商提出了开工日期的抗辩，对抗主包商的终止分包合同的主张和分包商工期延误违约金的主张。因此，中国承包商应加强分包合同管理，特别是开工日期的合同管理。

11.2 分包工程工期

11.2.1 分包合同工期确定原则

FIDIC 合同 2011 版分包合同第 8.2 款［分包合同竣工时间］规定：

"分包商应根据第 10.1 款［分包合同工程竣工］的规定，在分包合同竣工时间内完成分包工程，或者在第 8.3 款［分包合同竣工时间延长］允许的延长期限内完成。"

对于主包商而言，在存在多个分包商，包括自雇分包商、专业分包商和指定分包商的情况下，各个不同分包商的工期的合理安排十分重要。作为主包商，安排不同分包商施工时，应遵循如下基本原则：

(1) 无论是一个分包商还是存在多个分包商的情形下，每一个分包商或者所有分包商的工期不能超出主合同的工期。

(2) 主包商应采取一切可能的措施，尽量减少和避免分包商之间的界面交叉，同时也应避免或减少主包商同分包商之间的界面交叉。

(3) 在存在多个分包商的情况下，各个分包商的工期衔接或搭接应合理安排，避免由于前置工序的延误导致后续工序的延误，造成后续工序的分包商向前置工序的分包商索赔工期延长和额外费用。主包商应在分包合同中约定管理会议，协调各个分包商之间的工序和工作，避免和减少分包商工作的闲置。另外，主包商还应在分包合同中规定禁止分包商因其他分包商的延误或工序干扰导致的工期延长和额外费用索赔。主包商应注意的是，由于各个分包商之间不存在合同关系，因此，分包商遇到其他分包商延误时，受到延误的分包商只能向主包商提出工期延长和额外费用索赔。

(4) 主包商应将各个分包商的进度计划纳入主包商的整个工程的进度计划之中，查证分包商的进度计划是否与主合同的进度计划相吻合和衔接。无论如何，分包商的进度计划必须与主合同的进度计划相互衔接，否则，主包商不能雇用该分包商进行分包合同的施工。

对于主包商而言，无论如何，主包商都不能雇用分包商的工期不能满足主合同工期要求的分包商进行分包工程的施工。即使是业主或工程师指定的分包商，如果指定分包商的工期不能满足主合同进度计划的要求，主包商也不能雇用指定分包商，这是 FIDIC 合同主包商反对指定分包商的合理理由。

在合同确定了工期时间的情况下，在工程合同中，承包商向业主、分包商向主包商都应履行一项毫无争议的义务，即在合同规定的工期内进行施工和完工，除非合同约定或法律规定的工期延长事件除外。在业主给予承包商、主包商给予分包商工期延长后，分包商应在延长的工期内完成工程。

11.2.2 无约定的分包合同工期

如果合同中没有明示规定分包工程完成的具体时间或在某一个有限的时间内完成，则分包合同的工期应视为是自由工期（time at large）。这意味着分包商应在合理的时间内（reasonable time）完成分包工程，此处的合理的时间是指在所有情况下的合理时间，但不能认为是分包商快速地施工，或者分包商将担保他在施工过程中遇到的任何延误，例如在某个特定日期资源无法使用、因恶劣天气导致的延误，需要修复的工程以及主包商导致的延误等。但是，如果分包商未能以合理的速度施工，则分包商可能要向主包商承担责任。如果分包合同的工期无法确定是由于某种特殊情况造成的，则可能存在一项默示条件，即分包商应向主包商发出通知，寻求主包商的指示，以便决定是否采取赶工措施或者其他措施。至于什么是合理（reasonableness），则应根据履约期间的实际存在的情况决定。需要注意的是，分包合同没有明示工期规定并不意味着分包商可以无限期完成分包工程。

主包商和分包商也可能通过协议的方式约定分包工程的进度计划，但是，除非协议存在某种对价，否则双方当事人达成的协议可能没有合同效力。在 Lester Willias 诉 Roffey Brothers & Nicholls（Contractors）Ltd（1989）48 BLR 69 案中，分包合同第 10 条约定了"区段竣工和部分占有"的条款，并相应增加了分包合同金额，但法院认为，分包合同金额的增加还应考虑分包商是否同意按照规定的工序进行施工。

11.3 分包商进度计划

11.3.1 分包商递交进度计划的合同义务

FIDIC 合同 2011 版分包合同第 8.4 款［分包合同进度计划］规定：

"附录 F 应适用分包工程的进度计划的编制，分包合同进度计划应为本分包合同规定的进度计划。

分包商应在收到承包商的中标通知书或者承包商根据主合同第 8.3 款［进度计划］递交承包商的进度计划之日起的 14 天内向承包商递交详细的分包工程施工的进度计划，以较晚者为准。初步进度计划的格式和细节应完全遵守：

（a）主合同进度计划编制和报告要求。

（b）附录F第A部分的要求。

如果承包商关于分包工程进度计划和/或工序的指示构成分包合同变更，则应适用第13条［分包合同变更和调整］。

在任何时候，如果：

（i）实际进度太过缓慢以致无法在分包合同竣工时间内完成。

（ii）进度已经滞后于（或将滞后于）分包商的进度计划。

除第8.3款［分包合同竣工时间的延长］列明的原因导致的外，则承包商应发出承包商指示，要求分包商递交一份更新的进度计划并递交支持报告，详述为了加快施工进度和在规定的分包合同竣工时间之内完成分包工程的修正的方法。除非承包商另外通知外，分包商应选用修正的方法，自负风险和费用，增加工作时间和/或分包商人员和/或分包商货物。如果修正后的方法造成承包商发生额外费用，承包商应根据第3.3款［承包商在分包合同项下索赔］的规定，有权从分包合同价格中扣除此项费用。

在承包商协调主合同工程和/或编制承包商雇用的其他分包商的工作的计划时，承包商有权使用现行的分包合同进度计划。

为了分包商按照分包合同进度计划实施分包工程，承包商应给予分包商一切合理的合作和协助。"

FIDIC分包合同2011年版附录F对分包商应递交的进度计划形式作了明确规定，如下：

"A. 分包合同的初始进度计划

分包合同进度计划的格式和细节应与编制主合同的进度计划和报告的要求相一致，并且，无论如何，分包商应：

a. 进行充分的准备工作，保证能够对分包合同工程进行充分的计划、实施和监督。

b. 使用主合同规定的进度计划编制软件。

c. 适当考虑分包合同竣工时间。

d. 识别包括与设计、制造、采购和现场工程有关的一切活动。

e. 标明每一项活动的最早和最晚开始和结束时间。

f. 识别承包商、工程师和（或）业主要求的资料、图纸、材料、设备、设施和（或）临时工程的实践和类型。

g. 识别承包商、工程师和（或）业主要求的批准、同意和（或）签认的时间和类型。

h. 识别现场内实施全部（或部分）分包合同工程所需通道的时间和地点。

i. 识别节假日时间。

j. 识别分包合同设备和材料的关键交付日期。

k. 识别准备检验和（或）试验的日期。

l. 将所有的活动进行逻辑链接。

m. 识别关键线路。

n. 识别所有的时差。

o. 为了使分包商的活动与承包商和其他承包商的现场工程相衔接，应使进度计划保持充分的灵活性。

p. 应为属于分包商（如有）和其他分包商时间风险的气候条件留出时间。

q. 为评估进度计划中的活动时间，应提供分包商每一项活动的人力、工作进度、设备、机械的资源要求。

……

B. 分包合同进度计划的更新

自分包合同初始进度计划成为分包合同进度计划之日起的 28 天内，分包商应更新进度计划并向承包商递交更新的进度计划。并且，在发生下述情况时，无论如何，应：

a. 分包商改变其施工方法和（或）施工次序和（或）活动期限和（或）资源的分配。

b. 在实施分包合同过程中，分包商遭受的影响关键线路或多个关键线路延误事件。

c. 承包商通知的，可能会对分包合同工程造成负面影响，或增加分包合同价格或延误分包工程施工的已经发生的延误，或者特定未来事件或者情况。

d. 承包商批准的分包合同竣工时间。

e. 收到承包商有关进度计划和（或）分包工程施工次序的指示。

f. 从承包商处收到的关于分包合同工程太过缓慢，无法在分包合同竣工时间内完成和（或）与当前分包合同进度计划不符的通知。

更新的进度计划应反映分包合同进度计划的变更情况，保证在分包合同竣工日期内完成分包合同工程。

……"

根据附录 F 的规定，分包商应履行如下义务：

（1）递交与主合同要求相一致的分包合同的进度计划。

（2）递交具有逻辑链接特性的 CPM 网络进度计划。

（3）在情况发生变化时，更新进度计划。

因此，在使用 FIDIC 分包合同的情况下，分包商应向承包商递交与主合同一致的 CPM 网络进度计划。

如同 FIDIC 分包合同一样，在现代的分包合同中，分包商均负有义务计划分包工程并应向主包商递交进度计划,以便供主包商参考、建议或批准。

绝大多数合同格式均规定分包商准备进度计划的义务,但只有极少数的分包合同格式考虑了分包合同进度计划的作用。分包商递交分包合同进度计划的本意是允许主包商协调各个不同分包商的工作,或者将分包商的工作纳入主包商的工作范围。一般而言,主包商会随着工程的进展逐步聘用分包商,因此,主包商必须确认各个分包商的进度计划为他所接受,且不能对主合同工程造成任何延误。

如果分包合同中没有明示规定的进度计划条款,则主包商无权拒绝分包商递交的与分包合同要求相符的进度计划。如果分包合同规定了自开工起算的竣工时间,分包商递交的进度计划反映了竣工时间要求,除非分包商进度计划推翻了分包合同规定的竣工时间,否则,主包商没有理由拒绝分包商建议的进度计划。因此,主包商作出的任何改变将要求出具变更指示。或者说,主包商可能面临无法在应有的时间内提供不同工程的现场进入权的风险。

如果主合同的工程延误,主包商不应要求分包商按时完成分包工程。通常情况是,分包商的分包工程可能取决于其他人的工程进展程度。此时,分包商往往会向主包商提出其他人的工程何时完工。在这种情况下,可以接受的观点是分包商应按照要求计划分包工程竣工时间,指明其分包工程竣工时其他人的完工时间。这样,主包商就可以要求其他人的施工进度和完工时间,或者向分包商发出指示,如需要,调整分包商的竣工日期。

在 FIDIC 合同体系中,1987 年第 4 版,1999 版红皮书、黄皮书和银皮书、2005 版、2006 版和 2010 版协调版 FIDIC 合同条件,2011 版分包合同条件的合同条款中并没有明确要求承包商或者分包商编制进度计划的详细的要求,也没有在合同条款中要求关键线路,但在 2017 年第 2 版 FIDID 合同条件中,第 8.3 款第(g)项规定:

"(g)对所有的活动(达到业主要求中规定的详尽程度)进行逻辑链接并表明每一项活动最早和最迟开始和结束日期、浮时(如有)以及关键线路。"

这表明,在经历了 30 年的科技发展和计算机软件水平的提高,FIDIC 适应了这种发展趋势,在合同条款中明确要求采用关键线路法(CPM)作为编制进度计划的标准。另一方面,国际建筑和工程合同争议中有一大部分是工期延误争议,需要采用某种科学的方法界定工期延误责任和延误时间,而采用关键线路法是一种可以决定延误责任,特别是延误时间的可行的、科学的方法,对于解决国际工程争议具有重大意义。因此,主包商在要求分包商编制进度计划时,应充分吸收 2017 年第 2 版 FIDIC 合同体系中第 8.3 款的规定。

11.3.2 进度延误后进度计划的编制

如果主包商的进度滞后,且主包商的进度计划不能按比例延长并获得工程师

第 11 章　分包合同开工、竣工和施工延误

的承认时，此时，就产生了一个非常麻烦的问题，主包商的工期延误可能是其违约导致的，或者是主合同不予认可的原因或事件造成的延误。在这种情况下，必须考虑分包商的赶工义务。分包商可能需要更新和调整进度计划，以便反映时间损失和在不同情形下工程施工的影响，考虑与其他承包商或分包商施工界面的交叉和重叠。分包商没有预先安排的义务，分包商也没有承担其他人造成的损失的义务。没有承包商明示的指示，分包商无权要求补偿其遭受的损失。

在主包商工程延误的情况下，主包商可向分包商发出书面指示，要求分包商压缩或缩短分包工程的工期。主包商要求分包商压缩或缩短分包工程的工期，意味着主包商需要书面指示要求分包商赶工，在要求分包商赶工时，主包商应与分包商商定赶工费用和时间。或者，替代的解决方式是给予分包商工期延长。

在实践中，经常发生的情况是，在主包商和分包商签订分包合同时，主包商对分包工程的全部细节并不是十分清楚。而且，主包商可能也没有足够的信息或者足够的机会周密计划所有的分包工程界面。在分包商承担了按照主包商通知的日期开始施工并在分包合同规定的期限内竣工时，除非有明示的相反规定，分包合同默示一项义务，即分包商应以规定的方式、以合理的稳定的速度在足够的时间内进行工程施工和履行义务。而且，除非分包合同有相反的规定，否则，分包商可以主张在分包工程开始日期，整个分包工程应具备施工条件。

如果主包商未能在合理的时间内通知分包商有关分包工程不具备施工条件的情况，主包商可能会因此丧失了要求分包商在规定的工期内或在特定的日期完成分包工程的权利。而且，主包商应对分包商的费用，包括为获得材料、提前制造的安排，或者不能及时雇用劳务人员的费用承担责任。

在国际工程项目中，延误或拖延事件（delay and prolongation event）的发生会出现各种不同的情形，并产生不同的影响：

（1）分包工程的延迟不会影响整个工程的竣工。例如，工期非常短的专业工程，即使发生延误，也不会对整个工程的竣工产生影响。

（2）分包工程施工按计划正常进行，但某些与竣工有关的工序没有完成，例如外挂扶梯没有完成提升机出入口，此时，整个分包工程就会受到影响。

（3）主包商要求分包商在规定的日期开始施工，但此时主包商还不能将工程全部交给分包商进行施工或者向分包商交付工程工作面的速度较慢。

（4）由于发生了签订分包合同时无法预见的原因，主包商要求分包商改变施工方法。例如，分包商原来一次完成的工作，此时分包商需要在不同的阶段反复进出同一现场进行施工，或者深化设计增加了不同专业的工作界面，在这些情况下，应给予分包商工期延长。

本节叙述了主包商延误分包工程的各种情况，如果分包工程的延误是由于分包商自身的原因造成的，而不是分包合同规定的可以要求工期延长的延误事件导

319

致的，则承包商应发出承包商指示，要求分包商递交一份更新的进度计划并递交支持报告，详述为了加快施工进度和在规定的分包合同竣工时间之内完成分包工程的修正的方法。除非承包商另外通知外，分包商应选用修正的方法，自负风险和费用，增加工作时间和/或分包商人员和/或分包商货物。如果修正后的方法造成承包商发生额外费用，承包商应根据第 3.3 款 [承包商在分包合同项下索赔] 的规定，有权从分包合同价格中扣除此项费用。

11.3.3 替代性安排

就像主合同中承包商可以在进度计划中按照自身的资源投入安排施工次序和每一项活动及其工期一样，施工分包合同中的分包商也可以按照分包合同的规定决定分包工程的工期。考虑到工程建设项目的复杂性、现场条件的变化以及详细设计的变化，主包商和分包商双方当事人都可以按其意愿安排进度计划。

在分包合同规定了分包商应在约定的工期内进行分包工程施工的情况下，分包商仍然可以自由地按其意愿计划和安排进度计划，只要分包工程可以在规定的工期之内完成。与承包商对业主的主合同不同，在分包合同中，这种主张会产生两个特定的问题：

第一，由于分包合同没有规定承包商可以逐渐地向分包商提供工程工作面，如果分包商未能在主包商通知分包商进场的最后期限内获得分包工程的工作面，则可能导致承包商违约。

第二，在分包合同规定分包商应正常地和勤勉地施工这种模糊的规定时，分包商缓慢的开工行为可能也不会导致分包商违约。特别是在现场有多个专业分包商的情况下，即使第一个分包商在规定的分包合同工期内完工，那么其他分包商缓慢开工或延迟开工时也会导致承包商的延误和/或产生额外费用。

除非分包合同明示规定了区段完工（sectional completion）或者节点工期（或称里程碑工期），如果分包商未能达到中期的目标，不能视为分包商违约。即使是分包商的过错直接导致的，例如分包工程出现缺陷，也不能视为分包商违约。只有在分包合同规定在某一个时间完成某一个阶段的施工时，分包商才能承担相应的责任。分包合同的违约可能来自分包商不应承担责任的困难情况，而是源自在分包合同工期内无法补救的情况。因此，可能产生的争议是分包商是否必须获得浮时（float），如果按此编制计划，则可以在分包合同工期内补救因无法合理预见的困难情况产生的延误。

如果分包工程的竣工日期发生了延误，则应根据所有的情况判断责任。为了从分包商处获得损害赔偿，主包商需要证明分包商违反了分包合同的明示条款规定，或者证明发生了从分包合同中自然产生的违约责任，或者违背了签署分包合同时的本意并导致损失和损害的发生。仅仅表示分包商自身的问题或者自身的风险本身并不构成分包合同的违约，也不意味着说明了分包工程竣工延误的原因，也不意味着说明了承包商发生的损失和损害。分包商的义务是采取必要的措施解决其自身问题产生的后果。因此，建议因不同的因素或事件导致延误发生时，一些是由于分包商的延误，一些是其他人的延误的情况下，如果可以挽回损失的时间的话，则分包商自付费用实施的弥补行为将首先应被视为是分包商应负责的弥补损失的行为。

在考虑任何替代性方案时，主包商有必要考虑工程的性质及其与其他分包商或其他承包商的工作界面问题。非常重要的是，分包工程的进展应能够使下一个分包商开始施工，以便使下一个分包商也能够在规定的工期内完成分包工程，并保证整个工程项目的竣工。因此，建议主包商宁肯因分包工程遭受一些损失，也不能让整个工程无法在规定的工期内完工。

11.3.4　进度计划的改变和修改

在承包商要求发生改变，或者现场的其他工程进度发生变化，或者是由于分包商自身供应问题或劳动力问题发生的情况下，分包商的进度计划应进行相应的更新和修改。一般而言，在合同没有明示对此作出规定时，如必要，分包商有权调整其进度计划，但仅限于符合分包合同要求的情况。如果主包商要求调整分包工程的进度计划，以便与其详细的进度计划相吻合，或者与其他专业分包商相互配合，或者为采取措施弥补工期延误或加快施工进度，则主包商应向分包商发出清晰的指示。

必须说明的是，依据主包商指示修改进度计划而产生的分包商要求补偿的权利不同于主包商违约或其他分包商违约产生的补偿权利。一般而言，因主包商变更指示产生的补偿应根据其与主合同金额的相对比例原则进行估价，而由于主包商违约或其他分包商违约导致分包商的损失取决于分包商能够证明的损失。也就是说，在 FIDIC 合同和所有的工程合同中，变更的估价是以合同为基础进行估价，而一方当事人违约造成的损失需要提出补偿的另一方当事人证明其所遭受的损失，包括直接损失和间接损失。

11.4　分包工程竣工

11.4.1　FIDIC 分包合同 2011 版的规定

FIDIC 分包合同 2011 版第 10.1 款［分包工程竣工］规定：
"在……下述情况下实现分包工程竣工：
(a) 除了不会实质影响分包工程按其预期目的使用的任何零星的未完工程

和缺陷外，根据分包合同规定这些工程已经完成。

（b）这些工程已经通过分包合同规定的竣工试验（如有）；和

（c）如分包合同规范要求，分包商已经递交了分包工程的'竣工'文件和运营维护手册。

在分包商认为分包工程将要完成的不早于7天之前，分包商应通知承包商。承包商应在收到此通知后的21天内：

（i）通知分包商分包合同的竣工已经实现，并声明竣工日期；或

（ii）通知分包商他认为的分包工程竣工未能实现，给出原因和确定分包商实现竣工尚需完成的工程。"

与主合同项下业主和承包商之间的竣工日期只存在一个合同规定的日期不同，分包合同的竣工日期的确定是一件情况复杂的事情，主要体现在：

（1）分包工程仅是主合同工程的一个组成部分，分包工程的竣工是主包商施工次序中的一个环节，主包商不能凭借工程师的判断决定分包工程是否竣工，而应根据主包商自己的判断。

（2）在存在多个分包商的情况下，分包工程的竣工存在多个竣工日期。

（3）在存在多个分包商时，一个分包商竣工日期会对主包商或其他分包商的工期产生影响。在线性工程中，只有在处于前置工序的分包工程竣工的情况下，主包商或其他分包商才能进行其他后续工程的施工，如果分包商前置工序施工的竣工延误，将会导致后续工程的主包商施工或其他分包商施工的延误。例如，在楼宇建筑工程项目中，如果桩基工程出现延误，则地下室施工及其各个楼层的施工均会发生不可避免的延误。

为了解决分包工程竣工问题的复杂局面，FIDIC分包合同2011版第10.1款的规定基本解决了分包工程竣工的问题，但在实践中，主包商和分包商还可能面临更为复杂的法律问题。

11.4.2　分包工程竣工的基本原则

FIDIC分包合同2011版第10.1款第（a）项规定了"除了不会实质影响分包工程按其预期目的使用的任何零星的未完工程和缺陷外，根据分包合同规定这些工程已经完成"的内容，从这项规定可以得出，分包工程的竣工是以实质性完工（substantial completion）为判断标准，即除了分包工程竣工后不会实质影响按其预期目的使用的零星的未完工程和缺陷外，如果分包工程竣工符合合同规定，则应视为分包工程竣工。在FIDIC分包合同2011版第10.1款中，分包工程竣工还规定了分包工程应通过竣工试验、提交竣工文件或者运营和维护手册两个条件。

在建筑和土木工程项目中，竣工（completion）意味着风险的转移，即承包

商施工风险和完工风险的消失，而取代承包商风险的是业主接受项目，业主将承担项目营运的风险。另一方面，竣工也意味着承包商履行施工合同义务的阶段性终结，在完成缺陷通知期间的维护义务后，在业主颁发履约证书后，承包商的履约义务将实现彻底的终结。

依据承包商履约义务的不同，竣工具有不同的含义。例如，区段工程的竣工只是意味着某个区段工程的完成，而整个工程的竣工则意味着整个工程项目的完成，业主可以接受整个工程，并开始项目的缺陷通知期限。

在施工合同中，存在着实际完工（practical completion）和实质性完工（substantial completion）这两个概念。在 J. Jarvis and Sons 诉 Westminister Corporation (1978) 7 BLR 64 HL 案中，法官将实际完工定义为为了业主占有和使用项目的目的，承包商完成了几乎所有的工程，但不是全部的工程内容，即不是彻底地完成所有工程项目。在实际完工时，承包商负有义务，在缺陷通知期限内修复任何性质的缺陷工程。在 H. W. neville（Sunblest）Ltd 诉 William Press and Son Ltd (1981) 20 BLR 64 78 案中，塞蒙法官将实际竣工定义为为了使业主接管工程并按预期使用的竣工。

在 JCT 合同体系中，存在实质性完工的概念，例如 JCT 合同 1998 年版第 17.2 款的规定，承包商有义务修复在缺陷责任期内出现的工程缺陷，但建筑师无权在实际完工证书颁发日期后出现的工程缺陷发出任何指示。也就是说，如果存在已知的或明显的工程缺陷，建筑师不能颁发任何证书。关于这一点，JCT 合同与 ICE 合同以及 FIDIC 合同存在明显的不同。在此，实质性完工意味着除了不影响工程预期使用目的零星未完工程和缺陷外，项目工程已经完成并可以投入使用。例如，在某些国家的公路工程中，在道路标识、画线或者安全护栏没有完成的情况下，在铺装沥青混凝土面层后公路即可投入使用，此时，虽然尚存"零星"的未完工程，但不影响公路的使用，因此，承包商可以向业主或者工程师提出工程竣工验收申请，申请工程竣工。

在实践中，绝大多数分包工程的竣工日期早于主合同的竣工日期，有些分包工程的竣工日期与主合同的竣工日期竞合。在现代分包合同中，分包合同标准格式均反映了主合同的竣工程序，即分包工程在全部完成时视为竣工。另外，许多分包合同还要求分包商继续对其分包工程承担责任，包括对任何其他人产生的损害赔偿责任，直至其他分包商完成所有分包工程并至主合同工程竣工。当然，没有理由解释为什么分包商要继续承担合同责任，即使分包商已经竣工并已离开现场的情形之下。

英国 SBCsub/C、ICsub/C 和 Sub/MPF04 分包合同格式均规定了实际完工的要求。FIDIC 分包合同 2011 版第 10.1 款也规定了分包合同竣工的 3 个条件。在分包合同没有明示规定竣工条件的情况下，英国的判例表明分包工程竣工应自主包商或者业主占用工程之日为分包工程实际竣工之日。在 Hoenig 诉 Isaacs 案件中，丹宁法官在第 181 页说道：

"即使完整履约为前提条件，尽管结果可能是一样的，但我认为这个条件已被放弃……，直到缺陷得到修复，否则被告可能拒绝接受工程竣工，在此种情形下，除非缺陷得到修复，否则，被告不会承担支付价款余额的责任。但是，被告不能拒绝接受工程。相反，被告进入并占用了公寓，使用了家具并视为己有，包括缺陷内容的家具。这是对前提条件的明显的放弃。"

占用分包工程可能是一件很难决定的事情，对于不同的专业分包商而言具有不同的意义。例如，对于钢结构分包商而言，很容易界定竣工日期。但对于负责完工的分包商而言，则不容易界定竣工日期。在电站项目中，负责调试和试运营的分包商就可能不容易界定竣工日期，因为涉及了竣工试验、性能担保试验等具有不确定性的因素。

11.4.3 分包工程竣工的意义

分包工程竣工的意义首先在于，如果分包商未能在工期内完成分包工程，则在分包合同竣工之日分包商的违约责任终结，如果发生分包工程延误，其他的损害赔偿责任也将终结。在实践中，无论分包合同是否明示或默示进行了规定，分包工程竣工还意味着：

（1）承包商或者业主将对工程负责。

（2）缺陷责任期开始起算，包括分包合同规定的和法律规定的潜在缺陷（latent defects）开始起算（如有）。

（3）对于扣留的保留金，应按照合同约定返还一半。

（4）在承包商或业主方便的时候实施任何进一步的工程。

（5）在合同项下发出指示或变更的权利终结。

11.4.4 分包工程缺陷时的竣工

FIDIC 分包合同 2011 版第 10.1 款第（a）项规定了"不会实质影响分包工程按其预期目的使用的……缺陷外"的内容，也就是说，在分包工程存在不会实质影响分包工程按其预期目的使用的缺陷时，分包工程可以竣工。这里必须强调的是，缺陷必须是不会影响分包工程按其预期目的使用。换言之，如果分包工程缺陷导致：

（1）工程质量出现问题；或

（2）不修复无法继续施工；或

（3）属于不可修复的缺陷；或

（4）影响分包工程按其预期目的使用。

在上述情况下，分包商必须根据 FIDIC 合同规定的缺陷工程修复的义务修复存在缺陷的分包工程，并达到合同规定的标准和质量时，分包工程才能视为竣工。因此，在 FIDIC 合同体系中，不仅需要查看第 10.1 款的规定，还应结合分包商的其他义务一起理解分包工程的竣工要求。

在 The Lord Mayor, Aldermen and Citizens of the Cityof Westminster 诉 J. Jarvis & Sons Ltd and Another (1970) 7 BLR 64 案中，英国上院需要考虑的是，为了在主合同项下评估工期延长的目的，指定分包商已经完成了桩基工程，但桩基工程存在缺陷，那么指定分包商的桩基工程是否竣工。在本案中，存在两种可能：①虽然存在缺陷，但在承包商接管时桩基工程竣工；②在缺陷工程得到修复后，桩基工程才能竣工。威尔伯福斯法官认为：

"本案存在两种选择。分包商主张他在许多方面遭受了延误，以致未能及时完成合同义务。业主主张，如果在分包合同竣工日期之日，分包商未能实现他无法将工程交付给承包商的竣工，才发生延误。或者，退一步而言，只要分包商在分包合同竣工日期明显地竣工，使得承包商能够接管分包工程，那么，就没有发生延误，虽然竣工的工程存在缺陷。根据业主的主张，这是合同违约问题，而不是延误的问题。

在本案中，鉴于合同条件的规定很难确定竣工日期，因此，法院判决分包工程在承包商接收时竣工。但是，由于分包商的分包工程的确存在缺陷，而缺陷构成分包商在分包合同项下的违约时，分包商应承担损害赔偿责任。在本案中，威尔伯福斯法官认为，由于分包商是指定分包商，其对主合同的延误责任取决于业主或者分包商。在通常的国内分包中，分包商将对工程缺陷和延误承担责任。本案的重要性在于，在不存在工程缺陷的情况下，在承包商接受了分包工程时，是否意味着工程竣工？根据本案的判决，在没有合同的明示约定的相反情况下，答案是肯定的。因此，在分包工程存在缺陷，且在分包工程实际完成之前确认时，分包商负有义务在分包工程竣工日期之前修复缺陷工程，此时，分包商修复缺陷工程不构成分包合同违约。但是，因缺陷工程造成分包工程竣工日期的延误，则分包商构成违约。在分包工程竣工日期之后发现了缺陷工程时，则应适用合同条款中的缺陷责任条款的规定，分包商负有义务在缺陷责任期内修复分包工程。

除了实际完工或者实质性完工的要求外，分包工程的竣工还涉及了竣工文件、运营和维护证书、担保事项、试验证书、竣工图纸、解除留置权等其他要求。重要的是，如果分包工程竣工涉及了这些条件，分包合同应明示规定竣工条件，且还应区分实际完工和递交这些文件之间的差异。或许，在分包合同没有明示规定这些竣工文件作为竣工的前提条件时，这些文件的延误并不能导致主包商向分包商索赔工期延误或者损失和损害的权利。例如，在某些分包合同中，将健康、安全和环境（HSE）文件作为竣工条件，但在工程实际完工后，递交 HSE

文件的延误并不能导致主包商或业主发生任何损失或损害，但分包工程未能实际完工则会导致损失和损害的发生。在实践中，虽然延迟递交这些文件性的资料不会导致主包商或业主发生实际的损失和损害，但会造成业主或主包商推迟颁发接收证书（Taking Over Certificate，TOC），并导致分包工程或主合同工程缺陷责任期的顺延。

11.4.5 竣工程序

1999年FIDIC新红皮书第9条［竣工试验］和第10条［业主的接受］规定了与竣工有关的程序性规定。按照第9条和第10条的规定，与竣工有关的程序见图11-1。

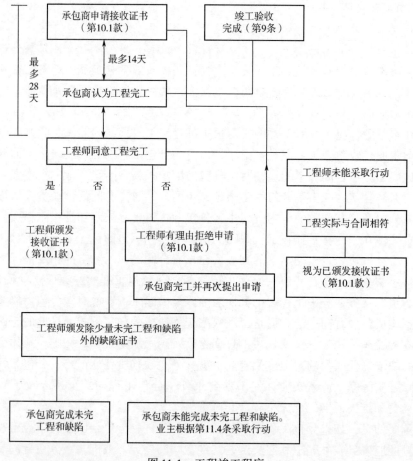

图11-1 工程竣工程序

根据FIDIC合同第10.1款的规定，除第9.4款［未能通过竣工验收］的规定外，当该款（i）项除下面（a）项允许的情况外，工程已根据合同规定，包括第 8.2 款［竣工时间］中提出的事项竣工；该款（ii）项已根据本款规定颁发工程接收证书，或被视为已颁发时，业主应接收工程。

承包商应至少提前 14 天，在他认为工程将竣工并做好接收准备的日期前，向工程师发出申请接收证书的通知。如工程分成若干区段工程，承包商可采取类似行为为每个区段工程申请接收证书。

工程师在收到承包商的申请通知后的 28 天内，应：

（a）向承包商颁发接收证书，表明工程或区段工程根据合同要求竣工的日期，但任何对工程或区段工程预期使用功能没有实质影响的少量收尾工作和缺陷（直到或当收尾工作和缺陷修补完成时）除外；或

（b）拒绝申请，说明理由，并规定在能颁发接收证书前承包商需做的工作。承包商应在再次根据本款发出申请通知前，完成此项工作。

如果工程师在 28 天期限内未能颁发接收证书，又未拒绝承包商的申请，而工程或区段工程（视情况而定）实质上符合合同要求，应视为接收证书已在上述规定期限的最后一日颁发。

根据 1999 年 FIDIC 新红皮书第 10.2 款的规定，只有业主才有权决定在其他工程未完之前接收某部分工程。在业主希望在整个工程完工之前使用某部分工程时，业主可以行使这项自由裁量权。业主可以要求工程师颁发接收证书，业主将随后负责照管这部分工程。

如果业主使用部分工程只是一项临时措施，而合同中对此进行了规定或者双方当事人对此达成一致，就不需要颁发接收证书。如果业主在没有颁发接收证书的情况下使用了部分工程，第 10.2 款要求：

（a）使用的部分应视为从开始使用的日期起已被接收。

（b）承包商应从此日起不再承担该部分的照管责任，应转由业主负责；和

（c）如果承包商提出要求，工程师应颁发该部分的接收证书。

合同中并不考虑接收部分工程，部分工程的接收也会引起竣工验收等问题的出现。应尽快进行此类试验，但应与工程其他部分的验收协调进行。

FIDIC 分包合同 2011 版第 10 条没有规定竣工程序，这表明，由于分包工程是主合同工程的一部分，因此，分包工程的竣工程序应遵守主合同规定的竣工程序。

11.4.6　竣工试验

根据 1999 年 FIDIC 新红皮书第 9 条的规定，在竣工程序中，应对工程进行竣工试验，即在工程竣工后工程师颁发接收证书之前进行的试验。第 9 条规定了"竣工验收"的责任和程序，同时也要求承包商遵守第 7.4 款规定的验收程序以及第 4.1（d）项下的承包商文件的递交的有关规定。合同规范将规定所需验收

的技术细节。

根据1987年FIDIC红皮书和1999年FIDIC新红皮书的规定,在施工过程中一般需要对材料和工程的其他方面进行试验,如果无法进行早期的试验,应在颁发接收证书之前进行进一步的试验。如果合同规定某项生产设备或者实施规范中规定了承包商设计的其他工程,则将适用黄皮书规定的程序。

在进行竣工验收时,根据1999年FIDIC新红皮书第9.1款的规定,承包商的义务如下:

(1) 根据第4.1款[承包商的一般义务](d)项的规定,承包商应在提供各种文件后,根据本条和第7.4款[试验]的要求进行竣工验收。

(2) 承包商应至少提前21天将其可以进行每项竣工验收的日期通知工程师。除非另有约定,竣工验收应在此项通知日期后的14天内,在工程师指示的某日或某几日内进行。

(3) 工程师在考虑竣工验收结果时,应考虑到因业主对工程的任何使用性能或其他特性的要求。一旦工程或某区段工程通过了竣工验收,承包商应向工程师提供一份经证实的这些验收结果的报告。

如果竣工试验出现了延误,根据1999年FIDIC新红皮书第9.2款的规定,应遵照下述程序进行:

(1) 如果业主不恰当地延误竣工验收,应适用第7.4款[试验](第5段)和/或第10.3款[对竣工验收的干扰]的规定。

(2) 如果承包商不恰当地延误了竣工验收,工程师可通知承包商,要求在接到通知后21天内进行竣工验收。承包商应在上述期限内他能确定的某日或某几日内进行竣工验收,并将该日期通知工程师。

(3) 如果承包商未在规定的21天内进行竣工验收,业主人员可自行进行这些验收,承包商应承担验收的风险和费用。这些竣工验收应被视为是承包商在场时进行的,验收结果应认为是准确的,并应予以认可。

根据1999年FIDIC合同第9.3款的规定,如果工程或某区段工程未能通过竣工验收,应适用第7.5款[拒收]的规定,工程师或承包商可要求按相同的条款和条件,重新进行此项未通过的验收和相关工程的竣工验收。

如果工程或某区段工程未能按照第9.3款[重新验收]项下规定的重新进行的竣工验收,工程师应有权:

(a) 根据第9.3款[重新验收]下令再次重复竣工验收。

(b) 如此项验收未通过,使业主实质上丧失了工程或区段工程的整个利益时,拒收工程或区段工程(视情况而定),在此情况下,业主应采取与第11.4款[未能修补缺陷](c)项规定的相同的补救措施;或

(c) 如果业主要求,颁发接收证书。

在采用（c）项办法的情况下，承包商应继续履行合同规定的所有其他义务，但合同价格应予扣减，扣减的金额应足以弥补此项验收未通过的后果给业主带来的价值损失。除非对此项验收未通过相应扣减的合同价格在合同中另有说明（或规定了计算方法），业主可以要求该扣减额要（i）经双方同意（仅限于满足此项试验未通过的要求），并在此项接收证书颁发前支付，或（ii）根据第2.5款［业主的索赔］和第3.5款［决定］的规定，作出决定并予以支付。

FIDIC 分包合同2011版第9条规定了分包工程的竣工验收。第9.1款规定如果分包合同规定了分包工程试验时，则应按照分包合同的规定进行竣工验收。如果未能通过竣工试验，则分包商应修复有关工程直至通过竣工试验。如果分包合同没有明示规定竣工试验，则应适用主合同的有关规定。这表明，由于分包工程是主合同工程的一部分，因此，分包工程的竣工程序应遵守主合同的竣工验收规定。

11.4.7　区段竣工和部分占用

分包合同可以要求分包工程在主合同竣工日期之前的某个确定的日期完成，有些分包合同还规定了区段竣工（sectional completion），即分包工程分段竣工的规定。在分包合同规定了区段竣工时，应在分包合同中明确规定区段竣工的要求，清晰界定每一个区段竣工的工期要求和竣工日期。

就像主包商不能在工程合同中默示存在区段竣工要求一样，分包商也不能默示分包合同提及或规定了区段竣工，分包商必须明确的是，除非分包合同有明示的区段竣工的规定，否则不能认为主包商同意了区段竣工或双方已就此达成协议。

区段竣工应与业主在主合同中的部分占用相区分，而业主的部分占用通常是主合同中没有事先协议或者也不存在事后协议时发生的情况。部分占用是业主的权利，不是主包商的义务。业主在部分占用之后与主包商达成事后协议时，如适用，主合同项下的义务和利益应在分包合同中体现。

一般而言，就相关区段或部分工程的责任解除和付款而言，区段竣工和部分占用具有竣工和/或部分竣工相同的效力。

如果分包合同没有规定区段竣工的内容，但在分包工程施工过程中，主包商要求分包商在分包合同竣工日期之前完成某个区段工程，在这种情况下，应视为是分包合同的变更，分包商有权得到额外付款。在 Leister Williams 诉 Roffey Brothers 案中，上诉法院认为在主包商在施工过程中要求分包商按阶段完工时，分包商有权要求额外付款，额外付款要求有效。罗素法官在判决中写道：

"显然，原告没有义务进行原合同之外的任何额外工程，但根据他应实施变更工程的条款约定，我认为，从双方当事人已经表明的真实的合同关系判断，工程变更存在对价。"

在实践中，分包合同当事人总是希望分包工程在竣工之前可为主包商或其他分包商使用或利用，或者为其后的分包商提供便利条件，但很多分包合同标准格式没有对主包商或其他分包商在分包工程竣工之前享用分包工程进行明确规定。在分包合同没有明示规定的情况下，主包商可以利用分包商给予其他分包商的合作义务，或者要求分包商按照主合同施工进度计划进行分包工程施工的义务默示分包工程的享用问题。尽管分包合同没有明示规定分包商应配合其后的或后续的其他分包商进行施工的义务，但主包商经常以分包商延误了正常的施工进度为由向分包商索赔损失和费用。

在分包合同明示规定分包工程可按区段施工时，分包合同还应详细规定区段工程竣工通知要求和验收程序。

11.4.8 分包工程竣工争议

在国际工程的实践中，分包工程竣工争议是一项重大的、多发性的争议。

在主包商和分包商之间因分包工程是否竣工产生争议时，应首先了解分包合同的具体规定，然后查看适用法律的明示规定。主包商和分包商之间关于分包工程竣工的争议大多发生在线性工程中，例如，公路项目中分包商负责某一区段的施工，分包工程包括从准备工作、清表、底基层、基层和沥青混凝土面层，直至安全护栏、标志和画线的全部工程。分包合同规定分包工程竣工以业主颁发接收证书为准。但是，在主合同的各个区段全部完成后，业主迟迟不予验收，业主以各种理由推迟验收，此时，分包商主张其分包工程不存在任何缺陷，满足合同要求，因此要求主包商承认分包工程竣工并返还50%的保留金。分包商还主张，业主不予验收不是分包商的责任，而是主包商及其他分包商的责任导致的验收问题，因此，要求分包工程缺陷责任期应自分包工程竣工日期之日起算。

在上述问题中，焦点争议在于：

（1）分包工程竣工以业主颁发接收证书为准，即分包工程竣工日期与主合同竣工日期相联系。在存在冲突性条款的情况下，如何解读这种规定？

（2）业主以各种理由推迟验收和颁发接收证书，那么，分包工程已经完成并由业主享用的情况下，分包工程是否竣工？

在第（1）个争议焦点中，分包工程竣工与主合同竣工日期挂钩不仅会导致主包商继续扣留分包商的保留金，直至业主返还主包商保留金才能向分包商返还保留金，而且还会出现主包商直到业主接收工程的情况下才能接收分包工程的情况，甚至还会导致分包工程的缺陷责任期的实质性延长。对于主包商而言，如果业主没有接收分包工程而主包商接收分包工程时，则分包商缺陷责任期与业主颁发接收证书的时间差，主包商将承担缺陷责任。但对于分包商而言，如果分包工程竣工而得不到竣工验收和证书，无疑加重了分包商的合同责任和义务。这种条款规定产生了直接冲突，一方面，主包商要求分包商在分包合同工期内完成分包工程，另一方面，明确地否认了分包合同竣工，并直至主合同工程竣工时分包工程才能竣工。

如何正确地解读这种冲突性条款，应视具体条款的内容而定。但是，合理的解释是分包工程已在分包合同工期内实质性完工，但某些杂项项目或者零星工程的修复可以在主合同工期内完成。

为了明确解决这个争议，在分包合同没有明示规定或者双方当事人发生争议时，应根据分包合同适用的法律解决这个问题。在分包合同适用中国法律的情况下，根据2005年1月1日实施的最高人民法院《关于审理建设工程施工合同纠纷案件适用法律问题的解释》第14条规定：

"第十四条 当事人对建设工程实际竣工日期有争议的，按照以下情形分别处理：

（一）建设工程经竣工验收合格的，以竣工验收合格之日为竣工日期。

（二）承包人已经提交竣工验收报告，发包人拖延验收的，以承包人提交验收报告之日为竣工日期。

（三）建设工程未经竣工验收，发包人擅自使用的，以转移占有建设工程之日为竣工日期。"

上述司法解释解决了建设工程实际竣工日期的争议，明确了仲裁和诉讼中判断实际竣工日期的标准，当然，这项司法解释也适用于分包合同实际竣工日期争议。

在第（2）项争议中，如果业主以各种理由拖延竣工验收或颁发接收证书时，可以肯定的时，根据合同相对性的原则，主合同规定了承包商取得竣工证书的权利，业主负有在主合同工程竣工的条件下进行竣工验收和颁发接收证书的义务，因此，主包商不能以一句"业主没有验收"或者"业主没有颁发接收证书，我就不给你颁发接收证书"而免除主包商的责任。在适用中国法的情况下，分包商可以最高人民法院《关于审理建设工程施工合同纠纷案件适用法律问题的解释》第14条的规定主张分包工程竣工的权利。另一方面，由于合同相对性原则，分包商不能向业主主张工程竣工验收和取得接收证书的权利，而这项权利是由主包商享有，主包商负有义务尽一切努力取得接收证书。如果主包商主张他没有取得业主颁发的接收证书而拒绝分包工程的竣工验收，则主包商在分包合同中负有义务，提供充分的证据证明他尽了一切努力从业主处取得接收证书。

11.5 施工延误和干扰

11.5.1 定义和分类

英国建筑法学会（Society of Construction Law，SCL）在《延误和干扰评估准则》中没有规定延误的定义，但 SCL 准则对延误事件、竣工延误和进度延误的定义作了规定。按照 SCL 准则，延误可分为竣工延误和进度延误，见图 11-2。

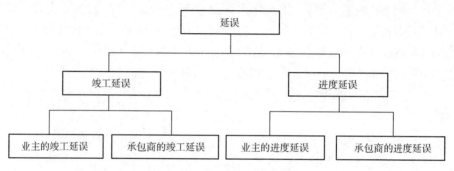

图 11-2　SCL 准则中延误的分类

根据 SCL 准则规定的定义，竣工延误（delay to completion）是指："在通常的用法中，该用语可指对承包商计划完成工程日期的延误，或指对合同规定竣工日期的延误。准则使用业主的竣工延误和承包商的竣工延误，两者均指对合同竣工日期的延误。"

进度延误是指："在不影响合同竣工日期的前提下，仅对承包商进度造成的延误。可分为业主的进度延误和承包商的进度延误。"

按照延误的责任划分，延误通常可分为可原谅的延误、不可原谅的延误，而可原谅的延误又可分为可补偿的延误和不可补偿的延误，见图 11-3。

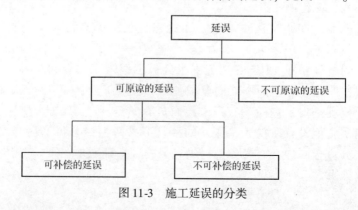

图 11-3　施工延误的分类

可原谅的延误（excusable delay）是指由于业主或其代理的行为或疏忽所导致的承包商可被原谅的延误。例如，工程师未能及时向承包商提供设计图纸、业主未能按照合同规定的时间提供现场占有权等。SCL《延误和干扰评估准则》中将其定义为："在 SCL 准则中，有时该用语用来描述承包商有权要求工期延长的业主造成的延误。"

不可原谅的延误（non-excusable delay）是指由于承包商自身行为或不作为所导致的延误。例如，承包商未能提供使工程按期完工的足够的施工人员、承包商未能提供足够的施工设备、承包商因自身的原因拖延工期等。SCL 准则将其定义为："在 SCL 准则中，有时该用语用来描述承包商造成的延误。"

可原谅的延误又可以分为"可补偿的延误（compensable delay）"和"不可补偿的延误（non-compensable delay）"。前者使得受到延误的一方，通常为承包商，以业主或其代理的行为或疏忽为由，有权对其所遭受的延误要求金钱补偿。不可补偿的延误是指因中立事件（例如极端恶劣的气候条件）、第三方等导致的延误。

SCL 准则将干扰定义为："对承包商正常施工进度的打扰、妨碍或者干涉，降低了承包商应当实现的工作效率和工效。干扰并不必然导致进度延误或者竣工延误。"

FIDIC 合同旧红皮书、新红皮书、新黄皮书和银皮书规定了在发生延误和干扰事件时，承包商有权要求工期延长和费用补偿条款，但这些合同没有规定延误和干扰的定义。

11.5.2 施工延误的成因

1. 施工延误的主要成因

根据一项调查显示，承包商索赔施工延误的主要成因有工程变更、不可预见的事件、投标文件和程序、设计延误等因素，这些事件发生的概率，如图 11-4 所示。

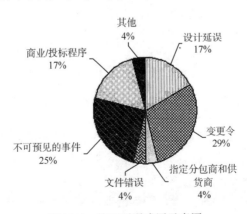

图 11-4 施工延误成因示意图

在图 11-4 中，造成施工延误的原因按发生概率高低排列如下：
(1) 工程变更。
(2) 不可预见事件。
(3) 设计延误、商业/投标程序。
(4) 指定分包商和供货商、文件错误、其他。

不同的工程项目性质不同、所在地点不同、技术要求不同、外部环境不同，因此，造成承包商进行工期延长索赔和费用索赔的原因、发生概率的高低也会不尽相同。

2. 工程变更

由于建筑和土木工程项目的外部环境复杂、技术要求高、影响施工的因素较多，因此，建筑和土木施工合同均规定业主拥有工程变更的权利，而业主通过委托工程师行使这项权利。

FIDIC 合同 1999 年版第 13 条赋予工程师签发变更工程指示的权利，工程师也可以在签发指示前要求承包商递交建议书。如果工程师没有要求承包商递交建议书，承包商应根据第 8.3 款尽快发出通知。如果承包商认为变更可能延误竣工时间，他应当根据第 20.1 款在 21 天内提出索赔。如果工程数量发生实际变化，且根据 FIDIC 合同第 12 条可以计量，承包商也可就工期延长提出索赔。FIDIC 合同 1987 年第 4 版第 51 条、第 52 条规定了变更及其估价的内容。与 1987 年版红皮书不同的是，1999 年版增加了承包商主动建议工程变更以及提交建议书的规定。

工程变更的内容、性质和数量对工期和费用影响程度是不同的，承包商应评估每一项工程变更的影响。如工程变更影响了工期或造成了承包商费用的增加，则承包商应根据合同提出索赔主张。

因工程变更而产生争议的主要原因是承包商认为实施变更工程花费了人力、设备和材料等费用，而工程师决定的变更工程的费率或价格不足以补偿承包商的费用，因此发生争议。

变更与索赔有着不能混淆的本质区别。变更是工程师根据其与业主的合同规定获得的权利，是对工程内容的更改，而索赔是业主或承包商根据合同条款或准据法的规定，对自己权利的一种主张。变更是工程师的权利，承包商必须遵守，但承包商可以根据合同规定获得一定的补偿。而索赔是业主和承包商双方的权利，任何一方均可向另一方提出索赔要求，但索赔是否成立则是另外的问题。

承包商明智的做法是：应尽可能将变更消化在月进度付款证书中，不能将变更作为一项索赔单独提出。经常会听说承包商在"索赔"变更，而实际上是承包商在递交变更工程补偿的申请。只有当业主或工程师拒绝了承包商的补偿申请，或者承包商对工程师的变更工程的估价不满时，并打算以索赔方式要求补偿时，才能形成索赔。

如果承包商对工程师的变更指示或变更估价不满，提出索赔，应遵守索赔的有关合同规定。大多数标准格式合同都将索赔通知作为索赔的前提条件，即承包商在合同规定的时间内提出索赔意向通知，则承包商索赔的权利是成立的；如果承包商未能在合同规定的时间内提出索赔通知，则承包商丧失索赔的权利。不仅工程师在决定承包商索赔事项中引用此项前提条件，仲裁员或法官也会严格援引这项规定，承认或否决承包商索赔的权利。

3. 不可预见的事件

FIDIC 合同 1999 年版第 4.12 款规定了不可预见的物质条件，与此对应的是 1987 年第 4 版第 12.2 款的规定。由于建筑和土木工程项目易受外界条件的影响和干扰，因此，不可预见的物质条件或事件成为承包商索赔的一项主要原因和最常见的理由。

FIDIC 合同 1999 版第 4.12 款将"物质条件"的定义规定为："指承包商在现场施工时遇到的自然物质条件、人为的及其他物质障碍和污染物，包括地下和水文条件，但气候条件除外。" 1987 年第 4 版没有规定不可预见的物质条件的定义。

承包商在施工过程中遇到的"物质条件"必须是不可预见的。根据 FIDIC 合同 1999 年版第 1.1.6.8 款，"不可预见"是指在递交投标书日期前一个有经验的承包商不能合理预见。根据 FIDIC 合同的定义，不可预见的物质条件的范围十分广泛，包括：

（1）自然物质条件，包括地下和水文条件。

（2）人为的物质障碍，包括罢工、业主行为等。

（3）其他的物质障碍和污染物，如不可抗力事件等。

在承包商施工过程中遇到其不可预见的物质条件时，承包商应根据 1999 年版第 4.12 款的规定及时通知工程师，并遵守该款的其他有关规定，同时承包商有权根据该款规定索赔工期和费用。一般而言，物质条件的改变会导致设计的变更以及改变施工方法。根据 FIDIC 红皮书的规定，承包商负有义务继续施工，但如果上述变更构成了工程变更，工程师应根据合同规定签发变更令。

4. 设计延误和投标程序

根据 FIDIC 合同 1999 版第 1.9 款规定，如果工程师延迟签发施工图纸和指示，承包商有权索赔工期和费用。

在业主承担设计的工程项目中，造成设计延误并导致承包商无图施工的原因可能是某个分项工程设计延误的偶然原因引起的，也可能涉及业主前期准备工作，即可行性研究和设计工作不够充分造成的。但对于承包商而言，当遇到延误的图纸或工程师的指示时，他可以根据合同规定行使索赔权利。

因投标程序发生争议的案件不在少数。在实际工程项目招标过程中,发生争议的主要问题集中在招标文件的完备性。如招标文件不完备,承包商在施工索赔过程中会抓住文件的漏洞和矛盾,为其索赔寻找理由和依据。

5. 业主原因

如果业主造成了延误,作为合同另一方的承包商可以有权要求补偿。FIDIC合同1999版第8.4款第（e）项赋予了承包商就工期延长提出索赔的所有权利,并且第17.3款和第17.4款业主风险条款中也规定了承包商索赔的权利。

6. 人员或货物的短缺

根据FIDIC合同1999年版第1.1.6.8款规定,短缺是一个有经验的承包商无法预见的,并且是由于流行病或政府行为造成的。在出现人员或货物的短缺时,承包商应及时通知工程师,提出人员或货物短缺的证据,并采取相应的措施克服短缺现象。

7. 其他原因

根据FIDIC合同1999版的规定,承包商可以索赔工期的其他原因包括:第2.1款现场进入权、第4.7款放线、第4.24款化石、第7.4款试验、第10.3款对竣工验收的干扰、第13.7款因法律改变的调整、第16.1款承包商暂停工作的权利、第17.4款业主风险的后果以及第19.4款不可抗力的后果。

11.6 施工延误分析技术——计划影响分析法

11.6.1 概述

在使用关键线路法等时标网络技术处理承包商提出的工期延长索赔时,对于因干扰等因素导致的工期延误,一般可采用如下评估技术进行分析:

（1）计划影响分析法（impacted as planned）。

（2）时间影响分析法（time impact analysis）。

（3）实际与计划工期对比法（as planned v. as built）。

（4）影响事件剔除法（collapsed as built）。

（5）里程碑分析法（milestone analysis）。

（6）视窗分析法（windows analysis）。

（7）滚动计划分析法（rolling programme analysis）。

（8）净影响法（net impact analysis）。

（9）其他分析技术。

在上述分析工期延误的方法中,最常用的是第（1）~（4）种方法,其中计划影响分析法和时间影响分析法是在施工过程中对发生的工期延误进行的事中分析,而实际与计划工期对比法和影响时间剔除法是在工程结束后的对工期延误的事后分析。

值得注意的是,应在充分考虑工程项目的具体情况和事实的基础上,根据工程项目所使用合同的具体规定、工程项目的复杂程度、文件的要求、合同适用的法律以及解决争议的方式等,选择适合的方法进行工期延误分析。

11.6.2 计划影响分析法

计划影响分析法是一项预测延误事件对工程项目竣工日期影响的分析技术。在使用这种分析技术时,应将已经确定的可原谅的延误事件,无论是单个的延误事件还是多个延误事件加入(插入)进度计划的相应活动中,考虑一个或多个可原谅的延误事件发生后对进度计划的影响程度,并重新修订进度计划,得出受到延误影响后的修正的进度计划。将进度计划与受到影响的修正的进度计划进行对比,两个进度计划之间的时间差就是承包商有权索赔的工期延长时间。

【示例】在承包商承建的某个小型建筑物施工合同中,承包商向业主递交了原始进度计划。根据该进度计划,承包商预计施工工期为 15 天,如图 11-5 所示。

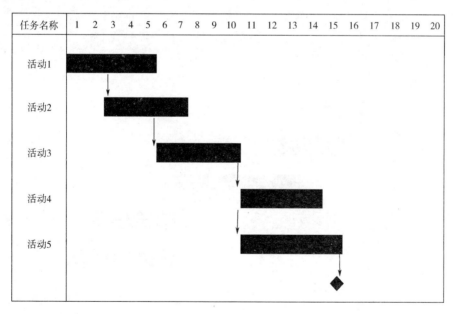

图 11-5　原始进度计划

在施工过程中,在活动 3 发生了可原谅的延误(如极端恶劣的天气、建筑师或工程师未能及时签发图纸、不可抗力等非归责于承包商的延误),如图 11-6 所示。

FIDIC 分包合同原理与实务

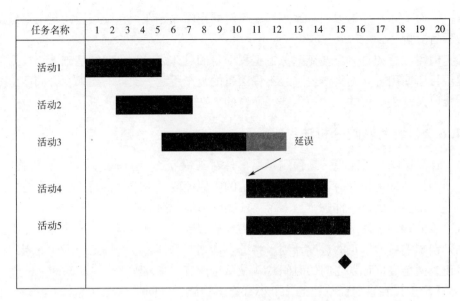

图 11-6　发生可原谅的延误后的进度

根据计划影响分析法，在活动 3 发生了可原谅的 2 天延误后，由于活动 3 处于关键线路上，且活动 3 和活动 4 的关系为结束—开始的施工次序，因此，在原进度计划中插入延误事件，修正后的进度计划如图 11-7 所示。

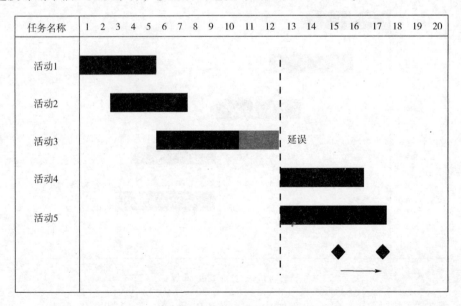

图 11-7　修正后的进度计划

在图 11-7 中，右箭头表示的是受影响的竣工日期，即由于在活动 3 发生了 2

天的延误，导致了承包商在第 17 天才完工，因此，承包商有权要求 2 天的延期。

计划影响分析法的主要适用范围：

（1）简单的工程项目以及相对复杂的工程项目。

（2）发生延误事件的期限较短，或者只发生了一个或几个延误事件，并影响了进度计划。

（3）制订的进度计划非常充分、详细，对所需资源进行了合理的分配，可以将可原谅的延误加入到受影响的活动中，并对影响事件作出判断。

英国建筑法学会（SCL）在《延误和干扰分析准则》中建议，计划影响分析法可能适用于承包商制订了充分的进度计划，但在施工过程中没有及时根据实际进度进行更新，并且没有保存实际施工进度记录或者保存不完整的情况。

计划影响分析法的主要优点是：

（1）不需要复杂的项目管理软件程序，凭借手工即可完成延误影响的评估。

（2）无须花费许多时间即可完成评估和分析。

（3）不需要考虑工程的实际进度，可以在缺少实际进度记录时对延误事件进行事中分析。

（4）表述简单，易于理解。

（5）结论简明，一目了然。

计划影响分析法的主要缺点是：

（1）由于无须考虑工程的实际进度，因此，与实际进度记录相比，延误时间可能只是理论数值。

（2）这种分析方法完全依赖一份充分的进度计划，可能会因输入延误事件的方式和活动之间的逻辑关系而得出不同的结论。如果进度计划是不合理的、不够充分或者活动之间的逻辑关系不正确，可能会出现误导性的结果。

（3）由于不需要考虑工程的实际进度，这种分析方法完全忽略了共同延误的问题，特别是归责于承包商的延误和业主（或分包商）负有责任的延误同时发生的情况。

鉴于上述缺点，计划影响分析法受到了工程业界和司法界的广泛批评。在 Great Eastern Hotel Company Ltd 诉 John Laing Construction Ltd and Another［2005］案中，法官对计划影响分析法提出了强烈批评，认为这种方法没有考虑工程的实际进度，得出的结论只是一个理论值。

尽管计划影响分析法过于主观，但是，如果没有在工程项目中使用项目管理软件，且无法重新追溯延误的影响时，计划影响分析法也是一种可以获得承认的分析方法。在 City Inn Ltd 诉 Shepherd Construction Ltd［2007］案中，法官接受承包商提出的计划影响分析法，作为判决承包商要求延期的依据。

11.7 施工延误分析技术——时间影响分析法

11.7.1 概述

时间影响分析法是在计划影响分析法基础上发展演变而成的一种处理更为复杂延误事件的分析方法。与计划影响分析法相同，时间影响分析法是一种分析延误事件对竣工日期影响的事中分析方法。时间影响分析法是以进度计划为基准计划，将计划更新到当前进度，然后将延误事件插入或加入到相关活动之中，重新计算进度计划，确定新的竣工日期。新的竣工日期（如有）和原计划的竣工日期之差即为延误影响的时间。时间影响分析法与计划影响分析法的区别在于前者是在延误发生之前将计划更新到当前进度，而后者是对基准计划进行直接分析。

与计划影响分析法不同，时间影响分析法考虑了实际进度，表明了相关活动的关键线路。时间影响分析法可以预测延误事件对竣工日期的影响，虽然这种方法不能精确反映实际发生延误的影响，但承包商可以使用这种方法主张自己有权对延误事件提出延期索赔。目前，时间影响分析法是一种使用最为广泛的、可以接受的工期延误分析技术。

11.7.2 适用范围

时间影响分析法适用于进度计划准确，实际进度和竣工日期可靠和一致，并且对计划进行了正常更新的项目。如在插入延误事件之前所获得的进度数据不足以保证评估结果的准备性，则应考虑使用视窗分析技术或者分界分析法（watershed analysis）对延误事件的影响进行分析。

时间影响分析法主要适用于如下情形：

（1）冻结的工作计划。如果承包商没有收到采取补救措施的指示，也无法动用其他资源复工，则可将这种状态称为"冻结"。

（2）着眼于今后计划的情况。

（3）短期延误。一般而言，在使用时间影响分析法时，延误时间应少于1个月。如果延误时间超出1个月，则要对有关规则进行调整。

时间影响分析法不适用于下述情形：

（1）非线性工作计划。

（2）在延误期间，承包商采取了减轻延误的措施。

（3）延误时间超长，计划进度与受到延误之前的实际进度的条件发生了重大改变。

11.7.3 示例

以图 11-5 为基准计划，图 11-8 显示的是在活动 1、2 和 3 受到了延误之后，但在活动 5 受到延误之前工程进度的实际情况。

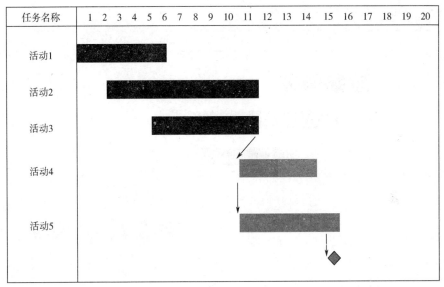

图 11-8 活动 1、2、3 受到延误后，活动 5 受到延误之前的进度情况

在活动 1、2 和 3 受到延误后，根据图 11-8 中活动 3 和 4 的结束—开始的逻辑关系，以及活动 4 和 5 之间的开始—开始的逻辑关系，对图 11-8 的进度计划进行了重新更新，竣工日期推迟到第 16 天，更新后的实际工程进度计划见图 11-9。

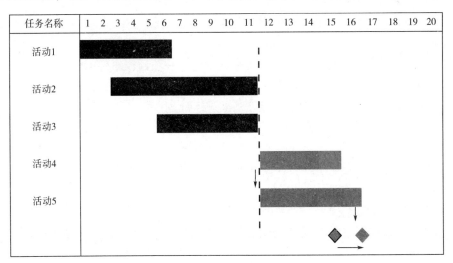

图 11-9 重新更新后的实际进度计划

在重新更新到图 11-9 的进度计划后，活动 5 受到了可原谅的延误事件的影响（图 11-10 活动 5 中的深色部分），使得活动 5 未能与活动 4 同时进行，重新安排后的进度计划显示了新的竣工日期，新的竣工日期为第 19 天。由于延误事件的性质是非归责承包商的可原谅的延误，因此，承包商有权提出 3 天的工期延长索赔，如图 11-10 中的右箭头所示。

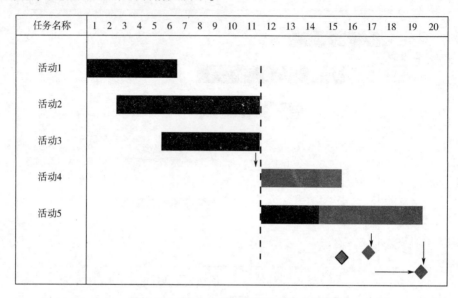

图 11-10　活动 5 受到延误后的影响结果

11.7.4　分析步骤

（1）以表格方式列出所有识别的延误事件、延误开始时间、结束时间和延误期限。

（2）根据具体情况、风险和合同规定评估每一项延误事件的责任归属。

（3）获得在每一项随后延误开始日期之前进度计划中所有活动的进度数据。

（4）根据同期更新的进度，制订基准进度计划。

（5）在插入延误事件之前，将基准计划中的每一项活动的预期竣工时间列表。

（6）将每一项延误事件转换成新的活动子集或者"片断"，确定片断插入的位置。

（7）按顺序每次插入一个片断。

（8）在同时发生两个或两个以上延误事件时，应选择插入片断的时间，并分析延误的性质。

（9）计算每一项随后延误事件所导致的竣工日期的变化情况。

(10) 确定累积的工期损失和结果。

(11) 评估、确定和修正反常的结果，如需要，重复进行上述步骤。

11.7.5 SCL 准则

英国建筑法学会在《延误和干扰分析准则》（SCL Protocol）中认为时间影响分析法是一种解决与延误有关的复杂争议以及解决延误补偿问题的更好的方法，建议使用这种方法进行延误工期的分析。英国建筑法学会在《延误和干扰分析准则》中写道：

"时间影响分析法是根据发生延误时的实际进度，通过分析延误事件对承包商未来活动影响的一种分析手段，这种方法有助于解决共同延误、赶工和干扰所涉及的复杂的延误情形。它也是一种在发生业主承担风险的事件时，确定应批准承包商工期延长时间的最好的方法。在这种情况下，工期延长时间可能无法准确地反映承包商所遭受的实际延误情况，但这并不意味着时间影响分析法得出的只是一种假设的结论，使用这种方法可以得出承包商有权要求延期的期限。"

11.7.6 主要优缺点

时间影响分析法的主要优点是：

（1）与计划影响分析法相比，时间影响分析法考虑了工程项目的实际进度，虽然还有可能在未来的活动计划中得出一些理论结果，但这种方法在最大程度上去除了得出理论值的因素。

（2）与计划影响分析法相比，时间影响分析法可以处理共同延误、赶工和干扰事件，不会得出极端的或投机性的结论。

时间影响分析法的缺点是：

（1）时间影响分析法是一种最为耗时，成本较高的分析手段。

（2）在制订受到延误后的未来进度计划时，可能还会存在得出理论结论的机会。

（3）严重依赖基准计划的质量和准确性，需要检查和核实实际进度，有时无法反映实际发生的情况。

（4）在每一次更新进度计划时，需要获得充分的和一致的进度数据。

在 Skanska Construction UK Ltd 诉 Egger（Barony）Ltd［2004］EWHC 1748 (TCC) 案中，威考斯法官对被告提供的使用时间影响法进行的极为复杂的分析提出了批评。被告向法院提交了200多页图表，法官认为这些图表太过复杂，使人无法轻易理解所得出的结论。虽然 Skanska 案件中法官对时间影响分析法的复杂性提出了质疑，但不可否认，时间影响分析法仍是目前使用最为普遍的一种可以接受的工期延误分析方法。

11.8 施工延误分析技术——实际与计划工期对比法

11.8.1 概述

与影响事件剔除法相同，实际与计划工期对比法是一种事后延误分析方法，其基本原理是将基准进度计划或施工计划与实际计划或反映某一时刻的实际进度进行对比，得出的计划工期与实际工期之差即为承包商有权要求工期延长的时间。

与时间影响分析法和影响事件剔除法相比，实际与计划工期对比法相对简单易懂，不必使用 CPM 网络分析技术，可使用现有的计划管理软件程序进行分析、陈述和递交索赔报告。对于相对复杂的项目而言，实际与计划工期对比法涉及了开始和结束日期、活动持续时间、活动的相关次序以及导致延误的根本原因等因素。事实上，实际与计划工期对比法的复杂与否取决于项目和评估事项的性质、复杂程度。需要注意的是，在没有使用 CPM 网络技术进行分析时，可能很难确定活动的关键线路，从而无法判断延误对竣工日期的影响。

11.8.2 适用范围

实际与计划工期对比法适用于相对简单的工程项目，例如公路、管道等线性工程项目。另外，为了比较计划工期和实际工期，这种方法要求具备充分的进度计划中活动的信息以及实际进度信息资料。虽然存在基准计划和实际计划，但没有进行同期计划更新，或者更新的计划无法满足进行延误分析的要求。

同时，实际与计划工期对比法适用于因变更或其他承包商有权要求工期延长导致的延误，但归责于承包商的延误原因除外。

11.8.3 示例

图 11-11 显示的是承包商的计划工期和实际工期的对比情况。在图 11-11 中，活动 1、2、3、4 发生了延误，实际工期推迟，活动 5 的实际工期与计划工期相一致，没有发生延误，见图 11-12。

如图 11-12 所示，在活动 2、3、4 发生了延误后，应首先对活动的性质进行识别。非关键线路上的活动将不会影响工程的竣工日期，只有关键线路上的活动才能对某个活动的持续时间或整个工程的工期造成影响。在图 11-12 中，假定活动 1、2、3 处于非关键线路上，因此，在发生了活动 2、3 的延误后，没有对竣工日期造成影响，因此，承包商不能要求工期延长。而活动 4 处于关键线路上，工程的延误将导致竣工日期的推迟，因此，承包商有权就处于关键线路上的活动

4 的延误要求工期延长，如图 11-12 所示的双箭头线 EOT 部分。

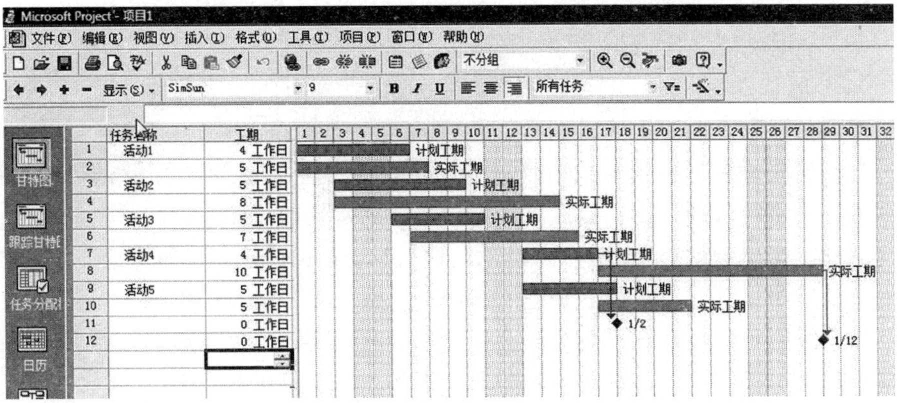

图 11-11　实际工期与计划工期的对比

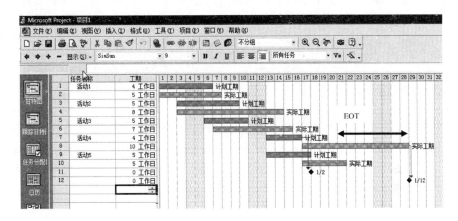

图 11-12　实际工期与计划工期对比图—识别延误后

11.8.4　SCL 准则

SCL 准则第 4.5 节和第 4.12 节认为，实际与计划工期对比法可用来识别进度的延误，但其局限在于无法识别共同延误、重新安排施工次序、采取减轻措施和赶工的影响。这种方法可用于施工更为复杂的分析方法之前的开始阶段。

在存在进度计划和实际进度或者已对进度计划进行定期更新，但缺少相关的网络逻辑关系时，可使用实际与计划工期对比法。

11.8.5　主要优缺点

实际与计划工期对比法的主要优点是：

(1) 直观易懂。
(2) 实际进度记录可以支持通过分析所得出的结论。
(3) 无须经常对进度计划进行更新。
(4) 不需要确定活动的逻辑关系和实际进度中的时差。

实际与计划工期对比法的主要缺点是：

(1) 过于简单，容易使人对这种分析方法产生不信任感，怀疑是否能够使用这种方法进行延误分析，支持承包商索赔工期延长的主张。

(2) 由于无须使用 CPM 网络技术，导致无法准确判断共同延误、随后延误、次生延误、赶工、重新安排施工次序以及采取减轻措施的影响。

如果使用实际与计划工期对比法可以准确反映实际进度的事实，且有同期记录支持时，可以使用这种方法进行延误分析和主张工期延长。不可否认的是，由于这种方法相对简单，在处理争议时，容易遭受对方的批评和质疑，但在 City Inn Ltd 诉 Shepherd Construction Ltd [2007] ALJR 190 案中得到了法官的支持。

11.9 施工延误分析技术——影响事件剔除法

11.9.1 概述

与实际与计划工期对比法相同，影响事件剔除法是一种事后或追溯延误分析方法，其基本原理是以竣工计划（as built schedule）为基础，将竣工计划中非归责于承包商的延误剔除，通过重新计算得到新的竣工日期，竣工计划中的竣工日期与新的竣工日期之差即为延误事件对竣工时间造成的延误时间，也就是承包商有权要求工期延长的期限。

影响时间剔除法需使用 CPM 网络计划，根据可靠的竣工资料建立竣工计划，通过识别活动中的非归责于承包商的延误进行模拟分析。这种方法要求具有良好的竣工记录。

11.9.2 适用范围

一般而言，影响事件剔出法适用于存在可靠的竣工计划，但没有对基准计划或者同期计划进行更新，或者更新的计划不足以支持延误分析的情形。这种方法也可适用于没有定期针对进度计划报告实际进度，或者实际进度记录不可靠或不一致的情况。这种方法特别适合于在竣工之后承包商和业主发生争议，需要对进度计划和实际进度进行追溯分析的情况。影响事件剔除法是仅次于时间影响分析法的第二种使用最多的延误分析技术。

11.9.3 示例

图 11-13 显示的是某个简单工程的竣工计划。该竣工计划是根据现有的记录整理得出的竣工后的活动 1 至 5 完成的情况和持续时间。

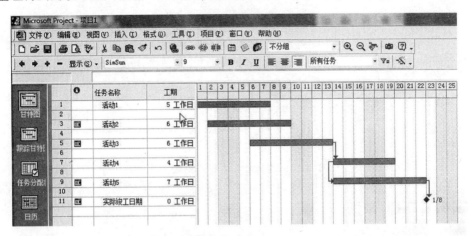

图 11-13 竣工计划

根据图 11-13 的竣工计划，在图 11-13 中，活动 5 发生了 2 天的延误。经过识别，确认处于关键线路上活动 5 上的 2 天延误是业主的原因造成的，如图 11-14 活动 5 的深色部分所示。

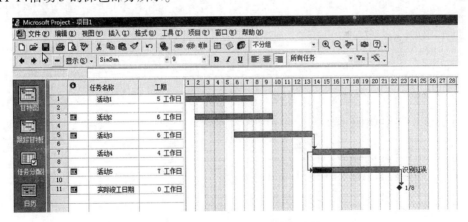

图 11-14 识别延误时的竣工计划

根据图 11-14 所示发生在活动 5 上的延误，重新计算竣工日期，得出未发生任何延误时的新的日期，即剔除延误后的竣工日期，新的竣工日期与实际竣工日期之差就是延误对竣工日期影响的时间，也是承包商有权要求工期延长的时间，如图 11-15 所示。

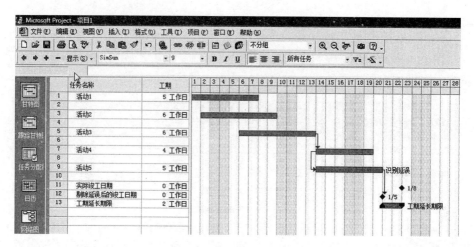

图 11-15　剔除延误事件后的竣工计划

11.9.4　SCL 准则

SCL 准则第 4.7 节认为，影响事件剔除法是一项对实际完成进度计划中业主风险事件影响进行分析的方法。与实际与计划工期对比法一样，这种方法无法识别共同延误、重新安排活动次序、重新分配资源和赶工的情况。特别是在竣工逻辑关系十分复杂时，需要对逻辑关系进行主观的界定。在施工过程中，如果为了克服业主风险事件的影响而发生了赶工、重新分配资源和重新安排活动次序，使用这种分析方法会产生不太可靠的结果。

SCL 准则第 4.15 节认为，由于从记录中创建准确的竣工逻辑关系是一件困难的事情，因此，影响事件剔除法是一种费时费力且带有一定主观性的分析方法，但这种方法仍不失为一种简单的分析工具。

11.9.5　主要优缺点

影响事件剔除法的主要优点是：

（1）需根据可靠的竣工计划进行分析。

（2）适用的基本原理简明易懂。

（3）无须对进度计划进行更新。

（4）无须基准计划。

（5）仅仅根据竣工计划进行分析。

（6）可以将业主延误事件从承包商延误事件中分离出来。

影响事件剔除法的主要缺点是：

（1）重新创建模拟竣工计划费时费力。

(2) 模拟的竣工计划中的逻辑关系具有主观的特点。
(3) 无法识别竣工或同期关键线路。
(4) 在重建模拟竣工计划时需要对活动内容、活动详情、逻辑关系和活动持续时间进行许多主观假设。
(5) 无法从关键延误中区分出平行延误。
(6) 只能识别可补偿延误的竣工期限。
(7) 无法根据承包商在延误发生时递交的索赔意向计算延误。

11.9.6 使用哪种分析方法

SCL 准则认为，使用哪一种分析方法分析延误事件的影响，确定承包商有权索赔工期延长的期限，主要取决于已有事实材料的种类。SCL 准则建议见表 11-2。

表 11-2 施工延误分析方法的要求

分析类型	无网络支持的竣工进度计划	基于网络的竣工进度计划	基于网络的更新的竣工进度计划	竣工记录
实际与计划工期对比法	√	或√	和√	或√
计划影响法		√		
影响事件剔除法				√
时间影响分析法		√	或√	和√

需要指出，在合同明确要求使用网络技术编制进度计划和管理项目时，承包商应与建筑师或工程师事先确定所使用的项目计划管理程序，事先确定使用哪一种方法进行延误分析，做好延误事件的记录和填表工作，以月或周为单位定期更新进度计划。在发生延误事件后，仔细核对现场记录，及时分析每一个延误事件对竣工日期的影响，决定工程延误的时间和有权要求工期延长的时间。

另一方面，在使用这些延误分析技术时，应特别注意每一种分析方法的优缺点和局限性。可采取在谈判时使用简单的分析方法，而在发生争议、仲裁或诉讼时采用复杂的、更有说服力的分析方法。

11.10 CPM 网络进度计划中时差的归属

11.10.1 时差的定义和分类

在 CPM 网络进度计划中，时差（float，又译机动时间或浮时）是指在进度计划中，活动的最早开始日期和最晚开始日期，或者最早结束日期和最晚结束日期之间的时间量,或简明定义为工作或线路可以利用的机动时间。时差可分为总时差(Total Float,表示为 TF)和自由时差(Free Float,表示为 FF)。总时差是指在不影响总工期的前提下,本工作可以利用的机动时间,它是网络时差参数体系中的核心时差参数。自由时差,也称局部时差、局部机动时间,是指在不影响其工作最早开始时间的前提下,本工作可以利用的机动时间。

时差还可分为相关时差(Interfering Float,表示为 IF)、独立时差(Independent Float,表示为 DF)和终点时差(terminal float)。相关时差,又称干扰时差,是指在总时差中,除了自由时差以外,剩余的那部分时差。相关时差可以反映其对后续活动的影响程度。独立时差是指在不影响后续工作,按照最早可能开始时间开工的前提下,允许该工作推迟其最迟必须开始时间或延长其持续时间的幅度。独立时差为本工作独有,它的使用对前导工作和后续工作均不会产生任何影响。

时差是每一个 CPM 进度计划中不可缺少和不可避免的内容,是 CPM 网络计划的产物或称为副产品。同时,时差也是一种优化方法和控制手段。在建筑和土木工程项目中,承包商除了可以使用它对人员和设备资源进行有效的管理外,还可以在承包商或分包商认为某个特定事件造成了延误,且他们有权对延误的影响要求工期延长和损失及费用索赔的情况下,使用时差量化工期延长的影响及其延误时间。

随着计算机项目管理软件的发展以及关键线路法(CPM)网络技术的成熟,越来越多的工程施工项目要求使用 CPM 网络技术计划和管理工程项目。

在使用 CPM 网络技术管理的工程项目中,项目参与人,包括业主、承包商或分包商都想利用 CPM 网络计划中的时差,免除归责于自身造成的施工进度延误的责任。时差归属及其使用已成为使用 CPM 网络计划项目中最有争议的一个议题,也成为业主和承包商之间发生争议的主要成因之一。

11.10.2 时差归属的重要意义

时差到底属于谁?是属于业主?承包商?还是项目?在建筑和土木工程项目实践中,时差所有权的问题具有现实和重要意义。

举例来说,假设某工程项目分 3 个阶段施工,承包商计划每个阶段的工期为 1 周,计划工期为 3 周,而合同规定的竣工时间为 4 周,这样,在项目进度计划中,时差(TF)为 1 周,如图 1-16 所示。

不幸的是,在开始施工不久,因业主自身的原因造成了承包商的活动 2 的延误,延误时间为 1 周,这就意味着业主耗尽了整个的项目时差。为此,承包商提出了索赔,要求 1 周的工期延长。但业主认为,承包商无权索赔,承包商仍可以在 4 周之内完成工程项目。在发生了归责于业主的延误后,承包商仍然在 4 周内

第 11 章 分包合同开工、竣工和施工延误

完成了工程项目，如图 11-17 所示。

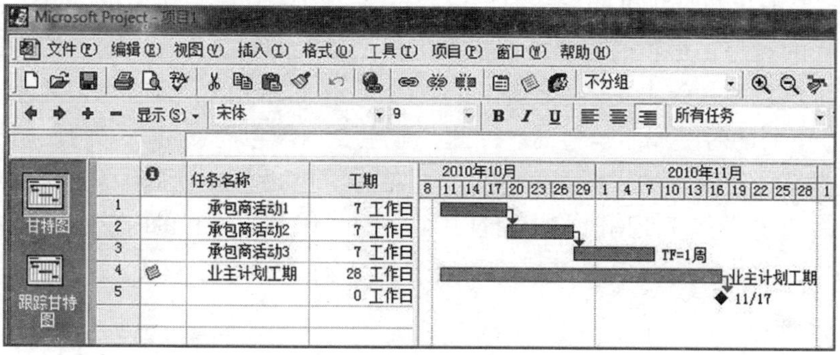

图 11-16 承包商原始进度计划

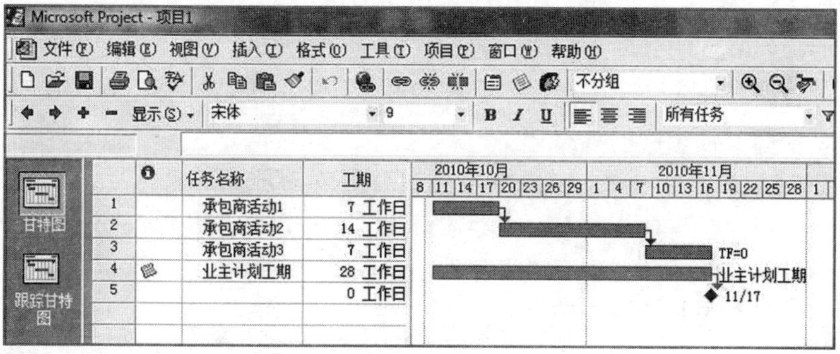

图 11-17 承包商竣工进度

然而，在发生了业主延误后不久，承包商因自己设备不能到场的原因造成了 1 周的延误，这 1 周的延误发生在承包商的活动 3 上，使得承包商最终在第 5 周才完成工程项目，如图 11-18 所示。但由于延误事件属于归责于承包商的不可原谅的延误，承包商无权提出任何索赔。

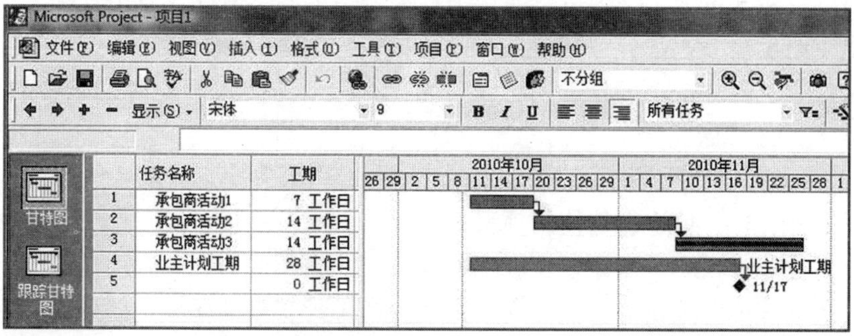

图 11-18 承包商竣工进度——承包商第三周延误

在该例中，承包商认为，根据承包商提交的进度计划，承包商本来可以利用1周的时差消化和吸收可能发生的承包商自己造成的延误。如果不是业主提前消耗了1周的时差，承包商完全可以在发生任何延误的情况下在4周内按时完成工程项目。承包商是施工主体，且进度计划是承包商编制的，只有承包商才有权使用时差，1周的时差属于承包商。因此，业主要求承包商支付1周的误期损害赔偿费是没有任何根据的。而业主认为，业主为承包商实施工程项目支付了工程价款，只有业主才有权使用时差。而且，业主也可以利用项目的时差，调整自己的工作安排，消化和吸收自身造成的延误，承包商不能剥夺业主在进度计划中的权利。

11.10.3　谁拥有时差

在使用 CPM 网络计划时，时差的归属成为一个最具争议的命题。在20世纪六七十年代，人们主张时差属于承包商，但到了八九十年代，人们更倾向于时差是一项承包商和业主共享的产品。在建筑和土木工程业界和理论界，关于时差的归属问题存在三种不同的观点：

（1）时差属于承包商。主张承包商拥有时差的理由是：在承包商创建进度计划时，承包商有权使用时差，重新制订项目的进度计划。承包商进度计划中包含的时差是承包商的利益，它可以帮助承包商计划工程，允许承包商在发生不可预见的事件时作为紧急措施使用。

时差能使承包商按期完成工程项目，如果一切顺利，且没有发生延误事件，承包商可以提前完成施工任务。

承包商在进度计划中含有的时差并不包括业主造成延误的时间。在进度计划中，时差只是承包商的一种管理工具。因此，如果业主的延误影响了时差，则业主应给予承包商延期，使时差仍可作为应急手段，这种做法是公平合理的。

更具说服力的观点是，业主允许承包商在某个特定的时间内完成工程项目，承包商可以在规定的工期内可以使用他认为合适的施工方法，自由支配工期。如果业主使用了全部或部分"时差"，则意味着业主没有给予承包商充足的施工工期，因为业主占有了一部分工期时间。因此，没有必要过多地讨论人为的概念，引起不必要的矛盾。

（2）时差属于业主。主张业主拥有时差的理由是：业主为承包商实施工程支付了工程价款，他也有权使用项目的时差。如果发生了延误事件，其唯一的影响是减少时差时，承包商无权要求工期延长。业主还认为，在这种情况下，延误事件完全没有延误项目的竣工日期。例如，如果延误事件耗尽了部分时差，并且承包商有权对延误事件要求工期延长，由于全部的时差尚未用尽，承包商仍然可以提前完工。

在施工合同规定时差属于业主的情况下，时差属于业主会导致承包商丧失工期索赔权利或影响他损害赔偿费权利的后果。

在 Construction Enterprise & Contractors, Inc. 诉 Orting School District No. 344 et. al., 121 App. 1012, 2004 WL 837912 案中，原告（承包商）向被告（业主）提出索赔，要求业主支付因设计缺陷所造成的干扰损失和工效损失费用（尽管承包商提前竣工）。设计公司以合同规定"时差"属于业主提出抗辩，拒绝承包商提出的干扰损失和工效损失索赔。

施工合同的规定："时差：承包商进度计划中列明的活动时差完全归属于业主。承包商无权要求调整任何合同工期、承包商的施工计划、合同价格，或者因时差使用或损失，包括承包商预期竣工时间和实际竣工时间之内导致的任何此类额外付款。"

设计公司认为，由于承包商在合同规定的竣工日期之前完成了工程项目，因此，上述合同规定禁止承包商对业主提出补偿索赔要求。设计公司认为这些补偿要求全部包含在"包括承包商预期竣工时间和实际竣工时间之内"，因此，承包商无权索赔。而承包商认为"设计缺陷所导致的干扰增加了承包商的施工成本。"承包商认为，他的索赔针对的是干扰所造成的施工成本的增加，而不是时差。并且，延误索赔和干扰索赔是两个不同的概念。法官认为延误索赔和干扰索赔是有所区别的，而且，设计公司没有从法律上说明合同中的时差规定禁止承包商提出索赔。最终该案以承包商和业主和解解决。

（3）项目拥有时差。主张时差属于项目的人认为，时差是承包商在编制进度计划中计划的一种应急时间，是在任何一方造成延误时提供的一种保险措施，它既不属于承包商，也不属于业主，而是属于项目。英国建筑法学会（SCL）在《延误和干扰评估准则》中主张项目拥有时差，且时差属于首先使用的一方当事人（first come-first served），包括承包商或者业主。也就是说，时差属于首先使用它的一方当事人，如果业主首先使用了时差，时差就属于业主；如果承包商首先使用了时差，时差就属于承包商。

SCL 在 21 项核心原则第 7 项和第 8 项原则还建议：

"7. 与时间有关的时差

除非合同有明示的相反的规定，在业主风险事件发生时，如果进度计划中还存有剩余的时差，则只能对受业主延误影响的活动线路上的总时差减少为零以下的业主风险事件给予工期延长。

8. 与补偿有关的时差

在因业主延误导致承包商无法按照计划的竣工日期完成工程的情况下（或合同竣工日期可能提前时），原则上，尽管没有发生竣工时间的延误（并因此没有批准工期延长时），或者在业主和承包商签订合同时，业主知道承包商打算在合同规定的竣工日期之前完成工程，且承包商的提前完工计划是现实的和可以实现时，承包商也有权要求支付因业主延误直接导致的费用。"

在 Ascon Contracting Ltd 诉 Alfred McAlpine Construction（1999）案中，被告 Alfred McAlpine 公司是一栋 5 层楼宇的主包商，该楼宇位于 Isle of Man 区道格拉斯滨海大道，楼宇名为韦拉尔斯大楼。原告 Ascon 公司是该楼宇混凝土工程的指定分包商。分包合同工期为 27 周，工期自 1996 年 8 月 28 日起至 1997 年 3 月 5 日止。但直到 1997 年 5 月 16 日原告才完成了分包工程，工期延迟了 10 周。

原告递交了 39 天的工期延长索赔报告，要求对在安放水箱之前的楼宇基础渗水所导致的延误提出索赔，而事实是当时电梯竖井还没有施工。原告还对延误所导致的损失和费用以及赶工费用提出了索赔。

被告否决了原告提出的索赔，认为延误是原告 Ascon 公司的责任，是原告没有按照合同规定的进度计划进行施工造成的。被告 Alfred McAlpine 公司对原告提出了业主根据主合同所扣除的误期损害费用的反索赔，以及自身所遭受的损失和费用。

Ascon 公司否认他有义务遵守主合同进度计划，也否决了他对被告提出的误期损害赔偿费的责任。被告 Alfred McApline 公司主张，所有的分包商都能按时开工和竣工，Alfred McAlpine 公司也按时完成了施工任务，实际完工日期应该比合同规定的竣工日期提前 5 周。Alfred McAlpine 公司认为为了消化其自身的延误，5 周的时差是属于主包商的。由于 Ascon 公司和其他分包商使用了 5 周的时差，Alfred McAlpine 公司有权要求补偿他因此遭受的损失。

由于当事人不能解决有关分歧，原告将争议诉至技术和建筑法院，法官赫克斯审理了此案。

法院判决：

Ascon 公司索赔的第一部分是因在安放水箱之前楼宇基础渗水提出了 22 天的工期延长索赔。Ascon 公司认为被告有责任不让水渗入基础。Alfred McAlpine 公司认为 Ascon 公司未能提供充分的钢板固定支撑，而这才是延误的真正原因。

赫克斯法官接受了 Ascon 公司没有提供足够的钢板固定支撑的说法，但认为渗水造成了 Ascon 公司的延误。法官不接受渗水导致了 22 天延误的主张，而只给予 6 天的延期。

Ascon 公司索赔的第二部分是因电梯竖井没有完成施工而要求的 17 天延期索赔。

对此，法官判决 Ascon 公司的施工进度可能会更快一些，因此，只给予了 8 天的延期。赫克斯法官认为 Ascon 公司没有采取足够的措施减轻延误的影响，应

⊖ Roger Thomas. Construction Delays: Extension of Time and Prolongation Claims [M]. Oxon: Taylor & Francis, 2008: 96-99.

承担部分责任。

在本案中，为了支持其提出的反索赔，Alfred McAlpine 公司辩称主合同进度计划中的时差属于被告。法官拒绝了这种辩解。法官认为这种意义上的有价值的时差是应在时差时间上与延误相一致。如时差与延误相互匹配，承包商就可以避免超期施工。在这种情况下，如果超期施工，承包商只承担向业主支付误期损害赔偿费的责任。法官认为在 Alfred McAlpine 公司接受了业主给予的时差利益时，不能向分包商提出索赔。判决书写道：

当然，在这种意义上，时差对主包商具有一定的价值，即如果发生了延误，在主包商无需向业主承担支付误期损害赔偿费责任的前提下，主包商可以使用时差，在总工期内调整施工进度，他只需计算合同竣工日期内的拖延费用，而无须考虑提前竣工所支出的费用。但是，主包商不能一方面享受业主拥有的时差带给他的好处，另一方面却视而不见，向分包商提出索赔。不言而喻，此进度计划中的全部延误没有超过时差。在承包商没有遭受任何劳务等损失的情况下，当时差不存在时，主包商不能向分包商追溯他可能遭受的假设损失，无论是分包商违约造成的延误，还是主包商违约造成的延误，或者是几个分包商和主包商造成的延误。毋庸置疑的是，在某种意义上说，在时差的"利益"转移到违约当事人时，人们可以描述上述这些不同的情况，也可以假设主包商已经或可能有权改变这种结果，以便在不同当事人之间转让这种"利益"。针对分包商的索赔仍然是简单的违约、损失及其造成的原因问题。

法官对 Ascon 公司是否对主合同工程造成了延误作出了判决，如下：

"实际完工日期决定了误期损害赔偿费的责任。分包合同没有规定误期损害赔偿费条款，Ascon 公司的工程也不是最后一道工序。延误是否造成了 Alfred McAlpine 公司索赔的损失，向我们提出了一道如何理解实际竣工日期、如何界定实际完工日期、如何依据事实判断延误多长时间以及是否会对随后工序的进度和主合同竣工时间造成延误的问题。

有必要回顾造成延误原因的有关事实。首先，在缺乏其他证据的情况下，是否可以推断某个阶段的延误原因会产生持续的影响，以致对以后的施工造成了同样的延误。我认为原则上可以这样推断，但其可能发生和发生的概率会随着时间的消失和干扰事件的复杂程度而减少。我的第一个理由是，在这些条件具备时，在所有的延误索赔的谈判、仲裁和诉讼中，人们默许此类短时间的干扰。第二个理由是在某种意义上说，如果所有其他的活动均能按照进度计划进行，这种短时间的延误的性质是'不确定的'……这就是可能的结果。"

在本案中，尽管法官没有明确予以说明，但法官似乎同意这种主张，即时差属于使用它的第一个人，包括业主、承包商或分包商，主包商没有权利分割时差这块蛋糕，转移对他产生实质影响的时差利益，自己独享时差带来的好处。该案判决中的主张与 SCL 第 7 项核心准则相一致，即采用共享比例分配原则处理业主、承包商和分包商之间共享时差利益的问题。

11.10.4　NEC 和 FIDIC 合同的观点

根据 NEC 合同第 63.3 款的规定，NEC 合同支持时差属于承包商。在 FIDIC 合同体系中，1987 年第 4 版红皮书、1999 年版新红皮书、新黄皮书和银皮书没有规定 CPM 网络进度计划的问题，也没有对时差作出明确规定，但在 2009 年测试版《施工分包合同》中规定了 CPM 网络进度计划事宜，但没有规定时差的归属。从 FIDIC 合同红皮书、新红皮书、新黄皮书和银皮书的规定看，承包商在遭受合同规定的事件时，承包商不仅有权提出工期延长索赔，还有权提出额外费用补偿索赔，因此，可以得出，FIDIC 主张时差属于承包商。

11.10.5　良好的习惯做法

大多数标准合同格式，例如 FIDIC、JCT、NEC、ICE 等都没有规定时差的问题，更没有规定时差归属的问题。英美法中现有的判例也极少涉及时差归属的问题。作者认为，在标准合同格式没有规定时差归属问题的情况下，在使用 CPM 网络进度计划管理工程项目过程中，业主和承包商应遵循如下原则：

(1) 在使用 CPM 网络进度计划的工程项目中，业主和承包商以及工程师应尽可能协商确定时差的归属问题。SCL 准则建议当事人应在合同中予以明确。

(2) 如果合同规定适用英国建筑法学会（SCL）《延误和干扰评估准则》，则时差属于项目，适用谁先得到、谁拥有时差的原则。如合同没有规定适用 SCL 准则的明示条款，则当事人应予事先约定。

(3) 在大多数标准格式合同中，承包商的进度计划不是合同文件。承包商的义务是在规定的工期内完成工程项目。

(4) 相应地，除非对某项活动的延误造成了竣工日期的延误，否则，应视为进度计划仅仅是一项计划管理工具。

(5) 在合同规定的工期内，承包商可以自由地编制进度计划。

(6) 同样地，在业主的行为导致承包商消耗完毕部分或全部时差，但不影响竣工日期的情况下，如果承包商能够证明他需要使用额外资源时，则承包商可以索赔额外费用，然而，承包商无权要求工期延长。

(7) 终点时差属于承包商。终点时差是指计划竣工日期和合同规定的竣工日期之间的时间差。例如，合同规定竣工时间为 36 个月，而承包商计划竣工时间为 33 个月，其中 3 个月的机动时间即为终点时差，如图 11-19 所示。

第 11 章　分包合同开工、竣工和施工延误

图 11-19　终点时差示意图

11.11　SCL 准则

2002 年 10 月，英国建筑法学会（SCL）编制出版了《延误和干扰评估准则》。这项准则为那些在合同履行过程中和竣工之后处理递交工期延长索赔报告和延误索赔的人提供了指南。这项准则共计 82 页，系由来自施工行业的各个专业的专家小组起草的。SCL 准则希望能为那些处理与时间有关问题的决策者提供有益的帮助。

SCL 准则确立了 21 项"核心原则[⊖]"，内容如下：

1. 进度计划和记录

为了减少有关延误争议的数量，承包商应适当准备一份表明施工方法和承包商计划施工次序的进度计划，合同管理人应接受这份进度计划。应对进度计划进行更新，以便记录实际的施工进度和批准的工期延长（EOT）。如果做到了这一点，则可以使用进度计划管理变更，决定工期延长，确定补偿的期限。合同当事人还应就保存的记录类型达成一致。

2. 工期延长的目的

承包商工期延长索赔的好处只是为了免除承包商未能在延长的竣工日期之前完工而应承担的损害赔偿费（通常为误期损害赔偿费）。对业主而言，工期延长是为了确定一个新的竣工日期，避免竣工时间成为"任意工期"。

3. 工期延长的权利

应尽可能及时处理延误时间导致的工期延长索赔。承包商有权提出的潜在的工期延长索赔只能是那些业主承担风险和负责的事情或者延误事件（在 SCL 准则中称为"业主风险事件"）。在施工过程中，当事人应尽一切可能处理"业主

⊖ Society of Construction Law. Delay and Disruption Protocol.

风险事件"的影响，包括工期延长和费用补偿。

4. 批准工期延长的程序

在合理地预见因业主风险事件导致无法按照原合同竣工日期完工时才能批准工期延长。工期延长程序的目的是确定承包商有权索赔工期延长的适当的合同权利；工期延长程序不应以是否有免除承包商支付误期损害赔偿费责任的需要为基础给予延期。

5. 延误的后果

是否给予工期延长，不应考虑业主风险事件是否已经开始影响承包商的工程进度，或者考虑业主风险事件的影响已经结束的因素。

6. 进一步考虑工期延长

在合同管理人进行初步评估后无法准确预见业主风险事件的全部影响时，合同管理人应随后对可预见的影响后果给予工期延长。在业主风险事件开始出现实际影响时和需要适当地增加工期延长时间时（除非合同条款允许，否则，不能扣减工期），合同管理人应给予工期延长。

7. 与时间有关的时差

除非合同有明示的相反的规定，在业主风险事件发生时，如果进度计划中还存有剩余的时差，则只能对受业主延误影响的活动线路上的总时差减少为零以下的业主风险事件给予工期延长。

8. 与补偿有关的时差

在因业主延误导致承包商无法按照计划的竣工日期完成工程的情况下（或合同竣工日期可能提前时），原则上，尽管没有发生竣工时间的延误（并因此没有批准工期延长时），或者在业主和承包商签订合同时，业主知道承包商打算在合同规定的竣工日期之前完成工程，且承包商的提前完工计划是现实的和可以实现时，承包商也有权要求支付因业主延误直接导致的费用。

9. 共同延误——对工期延长权利的影响

在承包商的延误导致无法按期完工时，或者承包商的延误与业主的延误同时发生时，承包商的共同延误不能减少应给予的工期延长时间。

10. 共同延误——对拖延费用补偿权利的影响

如果由于业主的延误和承包商的延误两方面的原因导致承包商发生了额外费用，则承包商只能有权对能够单独从承包商延误导致的费用中区分出来的业主延误所导致的费用要求补偿。如果因承包商的延误导致发生了额外费用，承包商无权要求额外费用补偿。

11. 时差和共同延误的识别

只有在存在适合的进度计划并进行适当更新时，才能对时差和共同延误进行准确的识别。

12. 在分析延误事件之后

SCL 准则建议，在决定工期延长的权利时，裁决员、法官或仲裁员应尽可能地从业主风险事件发生时合同管理人的角度考虑问题。

13. 减轻延误和损失的措施

承包商负有减轻业主风险事件对工程影响的一般义务。根据合同文字的明示规定和相反的合同规定，减轻义务并不要求承包商必须增加资源或在计划的工作时间之外进行施工。承包商减轻损失的义务具有两方面的含义，首先，承包商必须采取合理的步骤减轻损失；其次，承包商不应采取不合理的措施增加其损失。

14. 工期延长和补偿之间的联系

工期延长的权利并不能使承包商自动地获得补偿的权利（反之亦然）。

15. 变更的估价

如可能，业主/合同管理人和承包商应预先就变更导致的全部可能的影响达成一致，并就变更的固定价格达成协议，包括直接成本（劳务、设备和材料）、与时间有关的成本、工期延长时间以及进度计划的必要修正等。

16. 拖延费用计算的基础

除非合同另有明示的规定（例如应基于合同价格进行估价），否则，除了实际完成的工程、实际花费的时间或者实际发生的损失和（或）费用外，不应对其他拖延补偿予以支付。换言之，除承包商遭受了实际额外成本损失的变更外，不应对其他拖延费用予以补偿，其目的是在没有发生业主风险事件时使承包商处于同等的地位。

17. 投标价格的关联性

投标价格与违约导致的，或需要进行额外费用估价的其他原因造成的拖延和干扰费用的估价与投标价格之间存在有限的联系。

18. 补偿估价的期限

一旦确定了应对拖延费用予以补偿时，则应以业主风险事件开始影响的期间，而不是以合同结束后的延长期间为参考进行应付补偿金额的估价。

19. 一揽子索赔

SCL 准则不鼓励在没有证实原因和结果的情况下采用综合的或者一揽子索赔的做法，这种做法也罕为法院所接受。

20. 赶工

在合同规定赶工时，应以合同规定为准支付赶工费用。在合同没有规定赶工规定，但承包商和业主同意采取赶工措施时，应以赶工开始前双方当事人同意的条件支付赶工费用。SCL 准则不推荐对所谓的推定赶工进行索赔的做法。相反地，在采取任何赶工措施之前，双方当事人应采取措施，根据合同规定的争议解决程序解决与工期延长权利有关的争议或分歧。

21. 干扰

干扰（与延误有所区别）是对承包商正常工作方法的打扰、妨碍或打断，从而导致工作效率的降低。如果业主造成了干扰，承包商有权根据合同规定或以违约为由要求予以补偿。

2017 年 2 月，SCL 出版了第 2 版《延误和干扰评估准则》，对第 1 版进行了某些修改，但核心原则仍遵循第 1 版确立的原则。

第 12 章　分包工程的变更

界定额外工程的起点是理解原始合同的工程范围。

——亚当·康斯坦伯，《施工索赔》

12.1　变更的概念、性质和验证标准

12.1.1　标准格式合同中的定义

对于什么是变更（variation），工程建筑业界、司法和学术界并没有给出一个标准的定义。许多标准格式合同均对变更的概念作出了自己的解释。

FIDIC 合同 1987 年第 4 版红皮书第 51.1 条规定的变更如下：

"如果工程师认为有必要对工程或其中任何部分的形式、质量和数量作出任何变更，为此目的或出于任何其他理由，工程师认为上述变更适当时，他应有权指示承包商进行而承包商也应进行下述任何工作：

（a）增加或减少合同中所包括的任何工作的数量。

（b）省略任何这类工作（但省略的工作由业主或其他承包商实施者除外）。

（c）改变任何这类工作的性质或质量或类型。

（d）改变工程任何部分的标高、基线、位置和尺寸。

（e）实施工程竣工所必需的任何种类的附加工作。

（f）改变工程任何部分的任何规定的施工顺序或时间安排。"

FIDIC 合同 1999 年版合同第 13.1 条规定的变更是：

"在颁发工程接收证书前的任何时间之内，工程师可通过发布指示或要求承包商递交建议书的方式，提出变更。

承包商应遵守并执行每项变更，除非承包商迅速向工程师发出通知，说明（附详细根据）承包商难以取得变更所需的货物。工程师接到此类通知后，应取消、确认或改变原指示。

每项变更包括：

（a）合同中包括的任何工作内容的数量的改变（但此类改变不一定构成变更）。

（b）任何工作内容的质量或其他特性的改变。

（c）任何部分工程的标高、位置和/或尺寸的改变。

(d) 任何工作的删减，但要交他人实施的工作除外。

(e) 永久工程所需的任何附加工作、生产设备、材料或服务，包括任何有关的竣工试验、钻孔和其他试验和勘探工作；或

(f) 实施工程的顺序或时间的改变。

除非并直到工程师指示或批准了变更，承包商不得对永久工程作任何改变和/或修改。"

ICE 合同第 7 版第 51.（1）条规定的变更定义如下：

"此类变更可以包括质量、形式、特征、类型、位置、尺寸、标高或基线的增添、省略、替代、更改和变更，任何规定的施工顺序、方法或合同规定的施工时间的变更，以及在缺陷修复期限内指示的变更。"

JCT2005 版《标准建筑分包合同条款》第 5.1 条规定的分包工程变更的定义是：

"5.1 '变更'是指：

-1 分包工程的设计、质量或（除适用重新测量基础的工程外）数量的更改和修改，包括：

-1 任何工程的增加、删除或替代。

-2 用于分包工程的材料或货物的种类或标准的变更。

-3 从现场拆除任何已实施的工程或者分包商为分包工程之目的运抵现场的材料或货物，但不是与分包合同不符的工程、材料或货物。

-2 建筑师/合同管理人根据合同签发指示中应予接受的对本第 5.1.2 款规定的事宜有关的任何义务或限制，或者编号文件、信息清单和附录中如此赋予的或赋予的对任何此类义务或限制的增加、更改或省略：

-1 现场通道或者现场任何特定部分的使用。

-2 现场空间的限制。

-3 工作时间的限制。

-4 根据任何特定指示所进行的工程施工和竣工。"

FIDIC 分包合同格式 1994 版第 9.1 条规定：分包商仅应根据以下指示，以更改、增补或省略的方式对分包工程进行变更。与 ICE 合同配套使用的 CECA《分包合同格式》第 8 条规定的变更的内容与 FIDIC 分包合同格式的内容相同。由于该上述两个合同是与 FIDIC 合同 1987 版红皮书和 ICE 合同第 5 版配套使用的，因此，FIDIC 合同 1987 年第 4 版和 ICE 合同第 5 版中的有关变更的定义、范围和内容应可通过承包商确认工程师指示或承包商发出指示的方式传递给分包合同和分包商。

美国分包合同格式 A401 第 5 条对分包合同工程的变更定义是：

"在不得使分包合同和下述规定的任何保证无效的情况下，承包商可以指示

工程的增加、删除或更改，此类变更仅凭承包商的书面施工变更指示（CCD）有效。"

上述标准格式合同中对变更的定义给出了十分宽泛的定义，变更不仅包括工程自身、质量和材料，还包括施工方法和工期的变更，其目的是适应当代科学技术的发展以及工程自身的复杂性，为业主和工程师在施工过程中对工程作出适当调整，最大限度实现工程项目的目的提供合同上依据。

12.1.2 变更的原因和性质

工程师签发变更指示的原因有多种，如考虑不周、计划不周密、业主主动或被动地改变想法等，根据一项调查，变更的原因和所占比例，如图12-1所示。

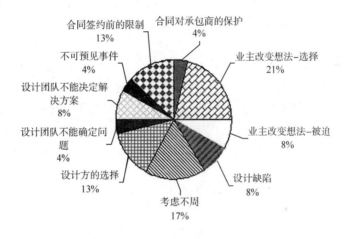

图12-1 变更的原因

从图12-1可以看出，发出变更的第一位的原因是业主主动或被动地改变想法，占29%，考虑不周（指业主）占17%，合计为46%。设计方面，设计方的选择占13%，设计团队不能确定问题占4%，设计团队不能决定解决方案占8%，三项合计25%。如果设计是由业主负责，则因业主原因而进行工程变更的比例高达71%。因此，如果在工程项目中减少变更，业主及其设计咨询工程师的规划和设计就显得异常重要。

在实践中，分包合同的变更分为以下两种方式：

（1）对分包合同的变更（variations to the subcontract），包括对分包协议及其合同条款的变更，例如对付款方式的修改等。根据合同法一般原则，应由双方当事人以明示的方式协商一致，变更才得以成立。

（2）分包合同项下的变更（variations under the subcontract），包括对工程范围或施工条件的变更等，如FIDIC、ICE、JCT等工程标准格式合同中规定的变更事项。

FIDIC、ICE、JCT、NEC 等标准格式合同中的变更均属于第（2）类的分包合同项下的变更，而不属于第（1）类的对分包合同的变更。在这种情况下，变更无须双方当事人协商一致，而只需要工程师根据合同变更的规定，作出书面指示，承包商应遵守该项指示进行工程的施工，并得到相应的补偿。

如果合同中没有规定变更条款，那么，每一次的变更都会构成业主的违约，且需要双方当事人对额外工程达成一致，形成单独的合同。为此，所有的工程合同中均会规定变更条款。

有关变更的定义和性质的案例，参见 Williams 诉 Fitzmaurice（1858）案、Sharpe 诉 San Paulo Railways（1873）案、Bottoms 诉 York Corp（1892）案、Leedsford 诉 City of Bradford（1956）案、Neodox 诉 Swinton and Pendlebury BC（1958）案和 Canterbury Pipe Lines Ltd 诉 Christchurch Drainage Board（1979）案等。

12.1.3 司法验证标准

由于工程变更是引起承包商与业主发生争议的一个主要诱因之一，在英美多年的司法实践中对变更的定义和验证标准作出了司法解释，进一步完善了标准格式合同中的变更的概念。最著名的典型案例是 Watson Lumber Company 诉 Guennewig，226 NE 2d 270（1967）案，在本案中，确定的变更和承包商有权获得变更付款的定义和验证标准是：

（1）工程应在原始合同的范围之外。
（2）应由业主或其代理人发出变更指示。
（3）业主通过言语或行为同意支付额外工作。
（4）额外工作不是承包商自愿完成的。
（5）额外工作不是因承包商过错而必须实施的。

在考虑是否应予支付变更的额外费用时，应满足上述 5 项标准。

上述 5 项验证标准在英联邦国家和美国的司法实践中得到了广泛的运用，英美法院在处理有关变更的案件时通常采用上述标准进行验证，以判断是否构成变更，承包商是否有权得到额外工程的付款。

在英美司法实践中，使用上述验证标准的案例有，Chicago College of Soteopathic Medicine 诉 George A. Fuller Co.，776 F. 2d 198（7th Cir. 1985）案、Berg & Asso., Inc. 诉 Nelsen Steel & Wire Co.，221 Ill. App. 3d 526 162 Ill. Dec. 779，580 N. E. 2d 1198（1st Dist. 1991）案、Duncan 诉 Cannon，204 Ill. App. 3d 160，149 Ill Dec. 451, 452-453, 561 N. E. 2d 1147, 1148-1149（1990）案、Mayer Paving & Asphalt Co. 诉 Morse, Inc.，48 Ill. App. 3d 73, 8 Ill. Dec. 122, 365 N. E. 2d 360（1st Dist. 1972）案和 Brant Construction Company & Dyer Construction Company 诉 Metropolitan Water Reclaimation District of Greater Chicago（1992）案等。

【案例 12-1】在美国 Brant Construction Company, Inco. and Dyer Contruction Company Joint Venture 诉 Metropolitan Water Recalamation District of Gearter, Chicago, 1992 案中，业主（被告）要求承包商（原告）提供所有的材料、劳务和设备，实施圣·麦克尔水库的 6000 英尺长的水坝及其附属工程。在投标过程中，业主向全体投标人提交了项目计划、规范以及钻孔资料和分析资料，同时，也向投标人提供了进一步检验这些数据的机会。

业主以 7596464.78 美元的价格与承包商签订了施工合同。在业主接受的承包商报价第 9 项：一般开挖——基础和永久性水池中，承包商的价格为每立方码 1.9 美元，开挖方式有推土机开挖和牵斗铲开挖两种方式。

在工程量表中，业主最初估计的数量约为 518718 立方码，在投标前将数量修订为 596192 立方码，其中需要以牵斗铲开挖的数量约为 18006 立方码。但在承包商施工过程中，业主总工程师发现开挖高程不足，于是指示承包商"超挖"。最终超挖数量为 67，804 立方码，超过合同规定的数量 11% 左右，且主要采用牵斗铲挖掘方式。

双方对业主给予补偿没有异议，但对补偿的方式发生了争议。业主主张应按合同规定的每立方码 1.9 美元的价格对实际开挖数量，包括超挖数量予以补偿。但承包商认为应对超挖数量按照实际发生的费用，即应按每立方码 4 美元的单价，共计 187270.02 美元进行补偿。

根据伊利诺伊州的法律，如承包商对"额外工程"进行索偿，必须有充分的证据证明：

（1）工程应在原始合同的范围之外。
（2）应由业主或其代理人发出变更指示。
（3）业主通过言语或行为同意支付额外工作。
（4）额外工作不是承包商自愿完成的。
（5）额外工作不是因承包商过错而必须实施的。

在本案中，双方当事人对后 4 项内容达成一致，但却对第一项内容，即工程是否在原始合同范围之外发生争议。

承包商主张其实施的开挖工程已经超出业主规定的基准线和参考水准面，超出了合同范围。合同中的某些内容似乎也支持了承包商的主张，例如，规范将"范围"定义为："工程应包括图纸和规范规定的开挖以及开挖废弃物的清除。"但合同支付条款明确规定了有关超挖情况发生时付款规定："无论开挖数量如何，除非根据工程师的指示，在基准线或水平面之外开挖的不适宜的材料包括在其中，且仅限于非承包商施工原因导致的不适宜的情况时，应根据合同规定的支付限额予以支付。"根据该条规定，"根据工程师指示清除的不适宜的材料"包括在合同范围以内。

法官认为，在当事人没有规定合同价格的情况下，额外工程原则为合同范围之外的工程提供了补偿机制。但是，如果合同规定了适宜的支付计量标准，那么，就应首先适用合同规定的补偿费率。即使合同价格很低并导致亏损，承包商也无权要求额外的补偿。因此，每立方码1.90美元的合同价格是双方当事人争议工程的适宜费率，因此，根据合同规定的对额外工程的支付计量标准，承包商无权对实际发生费用以及一定百分比的利润进行索赔。

为此，法院判决驳回承包商的上诉请求，维持原判。

12.2 变更的权利和效果

12.2.1 变更的权利

FIDIC合同1987年第4版第51.1款规定："如果工程师认为有必要对工程或其中任何部分的形式、质量或数量作出任何变更，为此目的或出于任何其他理由，工程师认为上述变更适当时，他应有权指示承包商进行而承包商也应进行下述任何工作。"

根据上述规定，工程师是唯一有权对工程进行变更的人员。如果业主希望对工程进行变更，也需要通过工程师发出书面指示的方式进行。而且，业主不能直接向承包商发出任何变更的指示。对承包商而言，他有义务遵守工程师的指示进行施工，但承包商没有合同上的义务遵照业主的变更指示进行施工。另外，承包商也没有任何权利对永久性工程作出任何变更或修改，除非得到了工程师的指示或批准。

与FIDIC合同1987年第4版只有工程师有权进行变更不同，FIDIC合同1999年版红皮书、黄皮书和银皮书第13.1款对此作出了重大修改，第13.1款规定如下：

"在对工程颁发接收证书前的任何时间，工程师可通过签发指示或要求承包商提交建议书的方式，作出变更。"

根据上述规定，变更可依如下两种方式进行：

(1) 工程师的指示；
(2) 要求承包商提交建议书的方式。

根据第13.1款的规定，第(1)项中工程师发出变更的指示与1987年第4版合同的规定是一致的，但第(2)项通过承包商递交建议书的方式进行变更是一项全新的规定和变更方式。根据合同第13.1款的要求，承包商递交的不仅是一项变更的价格清单，而且应包括详细的技术方案。承包商递交建议书本身只是向业主和工程师发出一项建议，这项发出的建议本身并不构成变更，只有在工程师批准承包商的建议书，并且在工程师发出书面变更指示后，承包商的建议书才应被视为构成一项变更，他才能根据工程师的指示对变更部分进行施工。

在大多数合同中，均允许工程师或建筑师在工程竣工之前随时可以进行变更并进行变更的估价，这是合同中赋予业主的一项"开口"的权利。工程师行使这项权利时，应注意"预防原则（prevention principle）"，即一旦承包商对延误负有不可推卸的责任时，就不能发出那些可以进一步延长竣工事件的变更指示，否则，将会使业主获得误期赔偿损害费的权利失效。

在分包合同中，根据FIDIC分包合同格式1994年第1版第9.1款规定：

"9.1 分包商仅应根据以下指示，通过更改、增加或省略的方式对分包工程进行变更：

（a）工程师根据主合同作出的指示，此类指示由承包商作为指示确认并通知给分包商；或

（b）承包商作出的指示。

由工程师根据主合同发出的，与分包工程有关的并根据主合同构成变更的任何指示，如果经承包商根据本款（a）项通知并确认后，应被认为构成分包工程的变更。

9.2 分包商不应执行从业主或工程师处直接收到的有关分包工程变更的且未经承包商确认的指示。如果分包商一旦直接收到了此类指示，他应立即将此类指示通知承包商并向承包商提供一份此类直接指示（如为书面）的副本。分包商仅应执行经承包商书面确认的指示，但承包商应立刻提出关于此类指示的处理意见。"

根据FIDIC分包合同格式的规定，有权对分包工程发出变更的包括工程师和承包商，这与FIDIC红皮书的规定的，只有工程师才有权作出变更的要求有所不同。但在分包合同中，工程师对分包工程发出的变更需要承包商以指示的方式进行确认，并书面通知分包商后，分包商才能执行变更指示。按照第9.2款的规定，分包商不应执行从业主或工程师处直接收到的有关分包工程的指示，如直接收到此类指示，应通知承包商，并由承包商进行书面确认后方可执行。

与JCT分包合同格式规定只有承包商才能向分包商发出指示不同，FIDIC分包合同规定工程师和承包商均可向分包商发出变更指示，在工程师对分包工程发出变更指示并经承包商确认后，分包商可以没有任何疑虑地予以执行，因为第9.1款第2段明确规定，这类变更指示"应被认为构成分包工程的变更"，分包商可以获得变更的补偿和付款。但FIDIC分包合同第9条并没有明确规定承包商作出的变更指示构成一项变更，更重要的是，根据FIDIC红皮书的规定，只有工程师才有权作出变更的指示，而分包工程是主合同工程的一个有机组成部分，因此，承包商是否有权对分包工程作出变更指示实在令人怀疑。如果承包商对分包

工程作出变更，无论是永久性工程还是临时工程或者施工方案，承包商应仔细考虑变更必然带来的两个后果，即工期的调整和费用的发生及其补偿。

因此，承包商对分包工程作出变更的指示受到了主合同的严格约束与制约，承包商在行使对分包工程变更的权利时，应慎重行事并考虑其给工期和费用带来的影响。谨慎的做法是，分包工程是主合同工程的一部分，遵从主合同的规定，应由工程师对分包工程作出变更指示，并经承包商确认后由分包商执行。

根据JCT分包合同SBCSub/C以及SBCSub/D/C第3.4款的规定，工程师发出的有关分包工程变更的，并经承包商确认的指示均视为是承包商的指示。

12.2.2 变更的效果

变更不仅给合同、工程、业主、承包商、合同价格等带来影响，而且还会给承包商带来索赔的机会，也会影响工程竣工的时间，因此，变更是一项非常重大的事件，会给业主、承包商和工程师带来非常重大的影响。

根据一项调查，按照变更对各项因素影响的权重指数，变更对下述事项的影响如图12-2所示。

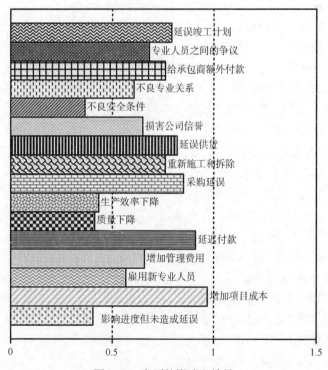

图 12-2 变更的影响和效果

从图 12-2 中可以看出，前六位的变更影响因素是：①增加项目成本；②延迟付款；③采购延误；④延误供货；⑤延误竣工计划；⑥给承包商额外付款。

12.3 变更的指示

FIDIC 合同 1987 年第 4 版第 51.2 款规定："没有工程师的指示承包商不得作任何变更。当工程量的增加或减少不是因按本条发出的指示所造成的，而是由于工程量超出或少于工程量表中所规定者，则不必发出增加和减少工程量的指示。"

在 FIDIC 合同第 3 版第 51.2 款中，规定变更指示应为书面形式。由于在 FIDIC 合同第 4 版第 2.5 款中规定了所有指示必须是书面的，因此第 4 版合同第 51.2 款没有进行重复性规定。

FIDIC 合同红皮书 1999 年第 1 版合同第 13.1 款的规定也采取了 1987 年第 4 版类似的规定，即在第 13.1 款中没有重复规定变更必须是书面的，而是在第 1.3 款通信交流中规定必须采用书面形式。

变更必须采用书面形式，这是 FIDIC 合同与其他合同，如 JCT、ICE 等合同明示规定的内容。在实践中，如工程师发出口头变更指示时，承包商可向工程师要求书面形式的指示。执行工程师口头变更指示的风险在承包商，由承包商承担责任，在分包合同中也是如此，分包商要承担执行承包商口头指示的风险，即如果在执行口头指示后再出现变更，承包商或分包商无法获得费用的补偿。

根据合同规定，只有工程师有权发出变更的指示。但在实践中，由于工程师不在场等原因，需要工程师授权或委托其他人员具有发出变更指示的权利，因此，工程师应在项目开始时向承包商书面通知哪一个工程师人员可以有权发出变更指示，承包商也应将这份通知抄送分包商，以便分包商知道谁可以发出变更的指示。对于承包商和分包商而言，承包商也应书面通知哪一个承包商人员可以有权对分包工程发出变更的指示。

书面指示是工程师进行工程变更的前提条件。在 Trimis 诉 Mina（1999）N.S.W. 140 CA；[2000] B.C.L. 288 案中，承包商以按劳计酬诉由起诉业主，要求业主补偿损失。法院判决，由于没有遵守有关书面变更指示的要求，承包商不能得到其主张的损失。在 1913 年的 Vandewater 诉 Marsh（1913）14 D.L.R. 737 案中，法院判决中有一条值得注意的原则，即"除非在工程实施之前已获得建筑师的书面批准，除了在图纸上注明的或在规范中规定的内容外，承包商无权对任何工程进行索赔[⊖]。"

对于不是采用书面形式发出的变更指示，JCT 标准建筑分包合同格式 SBC-

⊖ I. N. Duncan Wallace. Hudson's Building and Engingeering Contracts [M]. 11th. London：Sweet & Maxwell, 2004：160.

Sub/C 第 3.7 款规定了确认、生效和执行程序，规定如下：

"3.7 如果承包商意欲以书面形式以外的方式向分包商或其授权代表发出指示，此项指示不应立即生效，但分包商应在 7 天内向承包商书面确认此项指示，而且，如果自收到分包商确认信的 7 天内没有向分包商书面发出不同意的意见，则此项指示应自最后一个 7 天期限的期满之日起开始生效。假若：

－1、如果在承包商发出书面形式以外的指示的 7 天内，承包商书面对此予以了确认，分包商没有义务确认此项指示，在承包商确认之日起此项指示应予生效。和

－2、如果承包商和分包商都没有按照上述规定的方式和时间确认此类指示，尽管分包商遵从了此项指示，但承包商可在最终付款之前的任何时间内，根据分包合同书面确认此项指示，并具有溯及既往的效力。"

JCT 分包合同格式规定了承包商发出指示后，分包商确认此项指示的程序。除非承包商在发出指示时已经书面确认，否则分包商应遵守确认程序，在 7 天内向承包商书面确认此项指示。第 3.7 款的规定可以避免承包商和分包商在书面形式以外发出指示的不知所措情况的发生，能够避免因是否执行书面以外指示而产生的争议。

根据各类 FIDIC 合同的规定，指示必须是书面的，因此，没有必要规定书面以外发出指示的确认程序和效力，承包商和分包商也没有执行书面以外的任何指示的义务。

12.4 变更的限制和拒绝

FIDIC 合同 1987 年第 4 版第 51.1 款、第 51.2 款没有规定对变更的限制和承包商拒绝变更的明示规定，但根据 1999 版 FIDIC 合同红皮书、黄皮书规定：

"13.1 （红皮书） 变更权

在对工程颁发接收证书前的任何时间，工程师可通过签发指示或要求承包商提交建议书的方式，作出变更。

除非承包商迅速向工程师发出通知，说明（附详细根据）承包商难以获得变更所需的货物，否则承包商应遵守并执行每项变更。工程师接到此项通知后，应取消、确认或改变原指示。

每项变更包括：

（a）合同中包括的任何工作内容的数量的改变（但此项改变不一定构成变更）。

（b）任何工作内容的质量或其他特性的改变。

（c）任何部分工程的标高、位置和/或尺寸的改变。

（d）任何工作的删减，但需要交由他人实施的工作除外。

(e) 永久工程所需的任何附加工作、生产设备、材料或服务，包括任何有关的竣工验收、钻孔和其他试验和勘探工作；或

(f) 实施工程的顺序或时间的改变。

除非并直到工程师指示或批准了变更，承包商不得对永久工程作任何改变和/或修改。

13.1（黄皮书）变更权

在颁发工程接收证书前的任何时间，工程师可通过发布指示或要求承包商提交建议书的方式，作出变更。变更不应包括准备交由他人进行的任何工作的删减。

承包商应遵守并执行每项变更。除非承包商迅速向工程师发出通知，说明（附详细根据）(i) 承包商难以获得变更所需的货物；(ii) 变更将降低工程的安全性和适用性；或 (iii) 将对保证清单的完成产生不利的影响。工程师接到此通知后，应取消、确认或改变原指示。"

根据1999版红皮书和黄皮书第13.1款规定，对工程师变更的限制主要体现在工程师不能以将工程交由他人实施而作出变更。虽然1987年第4版FIDIC合同没有明示规定这项限制，即使合同中有关变更的范围很宽泛，但根据有关判例，法院默示工程师不能以将由他人实施工程的目的进行变更。

【案例12-2】在澳大利亚 Carr 诉 J. A. Berriman Pty Ltd，High Court of Australia（1953）27 ALJR 273 案⊖中，被告与原告签订安装工厂合同。合同规定由原告免费向被告提供钢材，并由被告根据建筑师的指示进行加工。但建筑师随后致函被告，声明原告已经将加工钢结构的合同交给了另外一家公司进行。

法院判决：即使可以将建筑师的信函看作是一项变更令，但它已经超出变更条款所赋予的权利范围，因此，构成了违约，被告有权终止合同。

法官 Fulagar J. 在判决中陈述道：

"合同条款第1条有关部分……包含这样的措辞："建筑师可以完全自主决定，并可随时就有关工程……的省略……签发……书面变更指示或书面指示，建造商应立即遵守所有建筑师的指示。"第1条是一项印刷版标准合同条款，除'省略工程'外，还赋予了建筑师对许多事项签发变更指示的权利。这项条款是一项普通的并且经常使用的条款，就本案而言，其主要目的是使建筑师按照其意见，根据合同执行过程中的需要，对已经作出规划或实施的建筑作出增加、更换或省略的指示。这些用语是授权建筑师（正如在 R. 诉 Peto（1826）一案中所讨论的，毫无疑问地应在某些限制的范围内）对合同规划和规范规定的特定项目

⊖ Michael Furmston. Powell-Smith and Furmston's Building Contract Casebook [M]. 4th. Oxford: Blackwell Pulibshing Ltd, 2006: 260-261.

可以不予实施。但是，根据我的看法，该项条款并没有授权建筑师将已经与业主签订合同的项目交给其他的建造商或承包商实施。按照这些用语的本意，不能将这些用语的含义扩展到建筑师可以随意有权将合同的任何一部分交给他人实施的程度，如是这样，这种权利是一项不合理的权利，而根据这些表述清晰的用语，也不需要进行协商。"

【案例12-3】 在 Commissioner for Main Roads 诉 Reed & Stuart Pty Ltd, High Court of Australia (1974) 12 BLR 55 案㊀中，根据道路工程合同，承包商应清除并重新撒布表土层。规范规定，如果现场没有足够的表土，'工程师可以书面指示承包商从别处获取表土'，并根据现有费率予以支付。然而，在没有援用该项规定的情况下，工程师指示第三方向现场提供表土。

法院判决：业主违反合同。虽然合同授权业主可以从合同中省略工程内容，但合同没有授权业主拿走部分合同工程，并将这部分合同工程给予他人。

【案例12-4】 在 AMEC Building Ltd 诉 Cadmus Investment Company (1996) 13 Const. L. J. 50 案㊁中，根据原告知被告签订的合同，在暂定金额中规定了一些装备工程的价格。在施工过程中，建筑师指示从 AMEC 的合同中将装备工程删除，并将该项装备工程交由其他承包商实施。于是 AMEC 提出利润损失的索赔。在合同中有这样一条规定，即建筑师有权删除暂定金额中的部分工程，即使是由他人实施。虽然仲裁员否决了被告提出的种种理由，但被告仍坚持其作出决定的理由是正确的。在法院审理这起仲裁上诉案件时，法院判决认为，没有发现建筑师有权取消工程的权利，唯一的结论是，这项取消工程的决定是一项武断的决定，在这种情况下，原告 AMEC 有权要求补偿。

【案例12-5】 在 Abbey Developments Ltd 诉 PP Brickwork Ltd (2003) 案㊂中，被告雇用原告 Abbey 作为劳务分包商负责砌砖和砌砖墙的工程。分包合同第2条赋予原告有权增加或减少工程数量的权利。在本案中，争议的问题是业主是否有权决定整个分包合同。

法院认为，工程合同赋予承包商的义务不仅包括实施工程的义务，而且还包括使其能够完成其签约合同项下工程的相对应的权利。取消或变更工程应被视为

㊀ Michael Furmston. Powell-Smith and Furmston's Building Contract Casebook [M]. 4th. Oxford: Blackwell Pulibshing Ltd, 2006: 261-263.

㊁ Adam Constable. Construction Claim [M]. Covertry: Royal Institution of Chartered Surveyors, 2007: 51.

㊂ Adam Constable. Construction Claim [M]. Covertry: Royal Institution of Chartered Surveyors, 2007: 51-52.

是对权利的侵犯和违反，并构成了违约。因此，为了能够合法地取得应得到的结果，在不违反合同以及无须另行签订合同的情况下，合同都包括一项能使业主变更工程的权利条款。

但是，法院认为，为了不剥夺承包商完成工程的机会和实现利润的权利，应采取谨慎的态度解释业主有权变更工程的合同规定。尽管业主可能由于工期的原因而对原合同的承包商失去信心，无论是业主嫌承包商承包的价格昂贵还是其他什么原因，为了能够使业主有权取消承包商的工程而交由他人实施，合同中必须要有合理的清晰的用语。

【案例 12-6】 在 Trustees of Stratfield Saye Estate 诉 AHL Construction Ltd (2004) 案⊖中，原告和被告签订了成本加酬金合同，由被告为原告承建一个建筑物的防雨装置。在 AHL 进入现场并已经开始施工的情况下，原告取消了合同。在经历了一系列的仲裁后，法院判决业主有权发出指示，对图纸上的工程细节或现场纪要规定的工程进行变更。但是，业主删除工程的权利应有一个明确的限制。在已经雇用 AHL 实施工程的情况下，业主无权发出这种减损或改变工程基本特征的省略工程的指示。

根据合同法的一般原理，将承包商与业主已经签约的工程的一部分交给他人实施，实质上是对合同标的的修改和变更，除非业主和承包商协商一致，否则业主就构成了违约。FIDIC 合同 1999 版红皮书明确规定，需要交由他人实施的工作没有包含在变更范围内，而且黄皮书规定变更不应包括准备交由他人进行的任何工作的删减，这种明示的合同规定吸收了司法实践中的判例成果，避免了实践中工程师或建筑师变更范围不清和越权的行为，避免了业主和承包商之间可能因越权变更而可能发生的争议。

在成本加酬金的合同中，与单价合同相比，业主一般均会规定业主有权变更、省略或取消工程，而且这项权利非常宽泛。业主可能由于缺乏资金而取消工程内容，承包商因省略工程而丧失产生利润的机会。在 Sandbar Construction Ltd 诉 Pacific Parkland Properties Inc. (1995) 11 Const. L. J. 143 案中，英属哥伦比亚高等法院判决业主不能根据这项省略的权利以减轻其应承担的损害赔偿的责任。该项原则也适用于暂定金额中的工程项目内容，如上例 Amec Building Ltd 诉 Cadmus Investment Co. Ltd (1996) 案。但业主是否有权省略那些列入"不可预见费"栏目中的工程内容，则很难判断业主是否拥有这项权利，而承包商是否有权索赔其可能获得利润的权利。

FIDIC 合同 1987 年第 4 版没有规定承包商可以拒绝工程师发出变更指示的

⊖ Adam Constable. Construction Claim [M]. Covertry: Royal Institution of Chartered Surveyors, 2007: 52.

明示规定，但根据1999版红皮书和黄皮书的规定，承包商可以有权拒绝工程师的变更指示。

在1999版红皮书中，承包商可以向工程师递交他难以获得变更所需货物的详尽通知，以致无法执行和实施工程师的变更指示。但承包商不得以无法提供管理人员和劳务为由拒绝执行变更指示。

在1999版黄皮书中，根据黄皮书合同的工程性质，承包商可以提出：

（i）承包商难以获得变更所需的货物。

（ii）变更将降低工程的安全性和适用性；

（iii）将对保证清单的完成产生不利的影响。工程师接到此通知后，应取消、确认或改变原指示。

在承包商递交详细的支持资料后，承包商可以拒绝执行工程师的指示。但根据FIDIC合同规定，拒绝遵守工程师变更，应在递交有关无法执行的详尽资料后由工程师作出决定，即确认、修改或撤销变更指示，承包商无权根据其递交的上述详尽资料决定是否执行工程师的变更指示。

FIDIC分包合同1994年版中没有规定对工程师变更指示的限制或拒绝方面的明示条款，但上述原则和规定应同样适用于分包合同。在1999版红皮书配套的分包合同格式中，FIDIC会作出相应的规定。

如果工程师或承包商的变更指示超出了分包商的能力范围，无论是以明示的或默示的方式出现，分包商应采取一切步骤遵守变更的指示，并满足分包合同规定的标准。如果分包商没有执行变更指示方面的专家或熟练工人，分包商可以雇用这些专家或熟练工人执行变更指示，但仅限于有必要或可能认为有必要时。如果分包商认为工程师或承包商的变更将造成工程的缺陷时，分包商应履行警告义务，告诉承包商变更可能会给工程带来缺陷。

12.5　价值工程

价值工程（value engineering）是FIDIC合同1999版红皮书、黄皮书和银皮书中引入的一个全新的概念和合同条款，而JCT、ICE、NEC、AIA、AGC合同体系中没有这个概念，在FIDIC合同1987年第4版红皮书中没有作出类似规定，但在FIDIC橘皮书第14.2款有相同的规定。

FIDIC合同1999版红皮书第13.2款规定：

"13.2　价值工程

承包商可随时向工程师递交书面建议，提出（他认为）采用后：（i）加快竣工，（ii）降低业主的工程施工、维护或运行的费用，（iii）改善业主的竣工工程的效率或价值，或（iv）给业主带来其他利益。

此项建议应由承包商自费编制,并应包括第 13.3 款 [变更程序] 所列内容。

如经工程师批准的建议书中包括部分永久工程设计的改变,除非经双方同意:

(a) 承包商应设计这一部分。

(b) 应根据第 4.1 款 [承包商的一般义务] 中的 (a) 至 (d) 项办理;和

(c) 如此决定导致该部分合同价值减少,工程师应根据第 3.5 款 [决定] 的规定,同意或决定应包括在合同价格内的费用。此项费用应为以下两项金额之差的一半 (50%):

(i) 由此项改变引起的合同价值的减少,不包括按照第 13.7 款 [因法律改变的调整] 和第 13.8 款 [因成本改变的调整] 的规定作出的调整;

(ii) 改变后的工程因任何质量、预期寿命或运行效率的降低,对业主的价值的减少 (如有)。

但是,如 (i) 中金额小于 (ii) 中金额,则不应有此项费用。

根据 1999 版红皮书第 13.2 款规定,可以看出,合同如此规定的出发点是利用承包商的经验使项目受益,如果承包商认为他的建议在采用后将:

(1) 加快竣工。

(2) 降低业主的工程施工、维护和运行的费用。

(3) 改善业主的竣工工程的效率或价值。

(4) 给业主带来其他利益。

承包商可以随时向工程师递交建议。根据第 13.2 款的规定,承包商的价值工程是否被工程师所采纳,应取决于工程师,也就是说,承包商只有建议权,而决定是否采纳的权利在工程师。

按照第 13.2 款的规定,承包商应负责准备和递交建议书的全部费用,还应包括第 13.3 款变更程序中的内容。

第 13.2 款的规定是为了配合第 13.1 款中规定的承包商以提出建议的方式作出变更的情形,是承包商主动提出变更程序的实体内容,而第 13.3 款变更程序的规定是程序内容。

按照第 13.2 款的规定,本款将涉及永久性工程设计的内容与不涉及永久性工程的内容相区别。在涉及永久性工程的设计时,承包商应根据第 4.1 款有关设计的第 (a) 至 (d) 项规定进行永久性工程的设计,并承担相应的责任。如果该项变更导致合同价值的减少,工程师应根据第 3.5 款对设计费作出决定,该设计费为第 13.2 款第 (c) 项第 (i) 和 (ii) 目金额之差的一半,如第 (i) 目的金额小于第 (ii) 目中的金额,则没有设计费用。

在 ICE 合同第 7 版第 51. (3) 款中规定了与 FIDIC 合同 1999 版同样的内

容，即承包商可以随时向工程师递交改变图纸或规范的建议书，如工程师接受了承包商的建议，工程师应签发一份适当的变更指示，进行工程变更。

第 13.2 款的价值工程的规定到底能在多大程度上鼓励承包商提出他认为使业主受益的建议，在实践中仍是一个未知数。在红皮书中，如果设计是业主委托工程师负责的，承包商提出的价值工程的建议必然会涉及工程师的设计内容，即承包商需要修改工程师的设计，才能达到降低造价、加快施工等效果，而工程师在何种程度上可以接受承包商修改的设计内容，在实际工程施工中很难判断。在这种情况下，工程师最大可能的反应是拒绝承包商的建议，因为工程师可能在短时间内无法判断承包商修改的设计对其整个工程的影响程度，采纳承包商的建议后是否会影响工程满足使用功能。此时，承包商已经耗费很大精力，可能还需要聘请有关专家才能完成设计、估价等工作，如果轻易地被工程师拒绝，对于承包商而言是一项损失。

12.6　变更的程序

FIDIC 合同 1999 版中第 13.3 款规定的变更程序是该版合同引入的一项新的概念和规定，在 FIDIC 合同 1987 年第 4 版以及 JCT、ICE、NEC、AIA 合同中没有此项类似规定。在 1999 版合同中制订该款的目的是完善第 13.1 款、第 13.2 款的规定，规定承包商履行主动提出变更后的程序义务。

FIDIC 合同 1999 版第 13.3 款规定：

"13.3　变更程序

如工程师在发出变更指示前要求承包商提交一份建议书，承包商应尽快作出书面回应，或提出他不能遵从的理由（如果情况如此），或提交：

（a）对建议要完成的工作的说明，以及实施的进度计划。

（b）按照第 8.3 款［进度计划］和竣工时间的规定，承包商对进度计划作出必要修改的建议书；

（c）承包商对变更估价的建议书。

工程师在收到此项（按照第 13.2 款［价值工程］的规定或其他规定提出的）建议书后，应尽快给予批准、不批准，或提出意见的答复。在等待答复期间，承包商不得延误任何工作。

应由工程师向承包商发出执行每项变更，并做好各项费用记录的任何要求的指示，承包商应确认收到该项指示。

除非工程师根据本条另有指示或批准，每项变更应根据第 12 条［测量和估价］的规定进行估价。"

按照第 13.3 款的规定，如承包商主动提出变更或工程师在作出变更之前要求承包商递交建议书时，承包商应：

（1）尽快回复工程师是否可以递交建议书。

（2）如可以递交建议书，则应对要完成的工作作出说明，制订实施的进度计划。

（3）如必要，对进度计划作出修改，并提出建议。

（4）提出变更估价的建议书。

（5）收到包含上述内容的建议书后，工程师应尽快答复承包商是否批准、不批准或提出意见；

（6）工程师发出变更指示，承包商确认收到该项指示并予以执行。

（7）变更工程的估价和计量按照第12条的规定进行。

工程师和承包商应遵守第13.3款有关变更程序的规定。但在该款中，并没有规定承包商递交建议书或工程师回复建议书的具体的时间限制，而只是使用了"尽快"一词。至于何为"尽快"，时间是1天还是1周、2周，将视项目的具体情况确定。在实践中，工程师和承包商可以协商递交建议书和答复建议书的时间安排，但从第13.3款规定的需要承包商递交的建议书内容来看，承包商不是1天或2天可以准备妥当的，可能需要1周或2周或更长的时间。对于工程师而言，审核和判断这些建议书也需要花费时间，但"尽快"一词表达了一种积极的态度，承包商或工程师不能拖延行事。

12.7　工程量表与变更

在使用工程量表的合同中，由于工程量表中的数量只是一个估计数，而不是准确的实施后的工程数量，因此，如果实际施工后数量超过或少于工程量表的数量，这种数量的增加或减少不构成工程的变更。应当注意，这种情况仅指按照合同条款进行支付的工程部分。

然而，在总价合同中，为了更细致地描述所实施的工程，有时工程量表是以合同的一个组成部分出现的。如果工程量表构成了合同一部分，那么数量的增加就构成了一项变更。至于工程量表是否构成合同的一部分，或只是为投标目的而提供的一项简单的信息，应依对合同的解释而定。

【案例12-7】在 Patman and Fotheringham 诉 Piditch（1904）案⊖中，原告为被告承建一座公寓住宅楼。合同规定"根据计划……和工程量表"进行施工，而计划和工程量表是由被告准备的，合同条款规定"承包商应提供为适当和适

⊖　Adam Constable. Construction Claim [M]. Covertry：Royal Institution of Chartered Surveyors, 2007：52.

合施工所需的所有事宜"。但在施工过程中发现工程数量存在错误,并影响了承包商的价格。法院判决工程量表是作为合同的一个部分,因此,为了完成工程,如果要求承包商实施了比工程量表中描述数量更多的工作,则承包商有权得到额外付款。

【案例 12-8】 在 Arcos Industries Pty Ltd 诉 The Electricity Commission of New South Wales, New South Wales Court of Appeal (1973) 12 BLR 65 案[一]中,原告为被告的一座电站承建建筑工程,合同为单价合同。在完成工程后,发现实际施工的工程量少于工程量表中标明的工程数量,并超过了 10%。原告认为未经双方当事人的批准,不能将这部分工程省略。

法院判决:原告败诉。

【案例 12-9】 在 Grinaker Construction (Transvaal) Pty Ltd 诉 Transvaal Provincial Administration, Superme Court of South Africa, (1981) 20 BLR 30 案[二]中,原告为被告修建一条公路项目,合同为单价合同。原告辩称工程量表中的数量的增减构成了一项变更。

法院判决:驳回原告的主张。

法官 Viljoen 在判决中写道:"数量清单的定义强调的是,合同规定的数量仅是工程的大致数量的事实。这一点已经在合同中进行了反复强调。最终合同价格应按照承包商完成的实际计量数量进行计算。"

FIDIC 合同 1987 年第 4 版第 51.2 款对工程量表作了明确的规定,即:"当工程量的增加或减少不是因按本条发出的指示造成的,而是由于工程量超出或少于工程量表中所规定者,则不必发出增加或减少工程量的指示。"1999 版 FIDIC 红皮书也规定工程量表只是一个估价的数量。因此,根据上述规定,工程量的增减不构成变更。

ICE 合同第 51.(5)款也对工程量表作了类似于 FIDIC 合同 1987 年第 4 版第 51.2 款同样的规定。

有关工程量表方面的案例,参见 Bowmer & Kirkland Ltd 诉 Wlson Bowden Properties Ltd (1996) 80 BLR 131 案、Hedley Byrne & Co Ltd 诉 Heller & Partners Ltd [1964] AC 465 案和 Bacal Construction (Midlands) Ltd 诉 Northampton Development Corporation (1976) 8 BLR 88 案等。

[一] Michael Furmston. Powell-Smith and Furmston's Building Contract Casebook [M]. 4th. Oxford: Blackwell Pulibshing Ltd, 2006: 265-266.

[二] Michael Furmston. Powell-Smith and Furmston's Building Contract Casebook [M]. 4th. Oxford: Blackwell Pulibshing Ltd, 2006: 267.

12.8 变更的估价

12.8.1 标准格式合同中的规定

FIDIC 合同 1987 年第 4 版第 52.1 款对变更的估价作出了规定：

"第 51 条规定的所有变更以及根据第 52 条要求予以确定的合同价格的任何增加（本条称为变更的工作），如工程师认为适当，应以合同规定的费率和价格进行估价。如合同中未包括适用于该项变更工作的费率或价格，则应在合理的范围内使用合同中的费率和价格为基础。如无法做到，在工程师与业主和承包商适当协商之后，工程师和承包商应商定一合适的费率和价格。当双方意见不一致时，工程师应确定他认为合适的此类费率或价格，并相应通知承包商，同时将一份副本呈交业主。在费率或价格经同意或决定之前，工程师应确定暂定的费率或价格，以便有可能作为暂付款包含在按第 60 条签发的证书中。"

FIDIC 合同 1999 版红皮书没有在第 13 条变更条款中规定变更的估价，而是在第 12.3 款对估价作出如下规定：

"12.3 估价

除合同另有规定外，工程师应根据上述第 12.1 款和 12.2 款同意或决定测量方法和适宜的费率和价格，对各项工作内容进行估价，并按照第 3.5 款 [决定] 的规定，同意或决定合同价格。

各项工作内容的适宜费率或价格，应为合同中对此类工作内容规定的费率或价格，如合同中无此项内容，应采用类似工作的费率或价格。但是，在以下情况下，宜对有关工作内容采用新的费率或价格：

（a）（i）该项工作测量的数量变化超过工程量表或其他清单中所列数量 10% 以上。

（ii）此项数量变化与该项工作上述规定的费率的乘积，超过中标合同金额的 0.01%。

（iii）此项数量变化直接改变该项工作的单位成本超过 1%。

（iv）合同中没有规定该项工作为"固定费率项目"；和

（b）（i）按照第 13 条 [变更和调整] 的规定指示的工作。

（ii）合同没有规定该项工作的费率或价格。和

（iii）由于工作性质不同，或在与合同中任何工作不同的条件下实施，没有规定适宜的费率或价格。

每一项新的费率或价格应考虑（a）和（b）项中适用的相关费率或价格并进行合理调整后得出。如果不存在相关的费率或价格可供推算出新的费率或

价格，应根据实施该工作的合理费用和合理利润，并考虑其他相关事项后得出。

在同意或决定适宜费率或价格前，工程师应决定用于临时付款证书的临时费率或价格。"

ICE 合同第 7 版第 52 条"指示变更的估价"规定：

"（1）应工程师的要求，承包商应对任何建议的变更递交其报价以及相应产生延误的估计。如可能，在签发变更令或开始工作之前，应就每一项变更的价格和相应的延误（如有）达成一致。

（2）根据第 51.（3）款的规定，如果变更的工程要求承包商递交建议书时，视具体情况，有关因延误而赶工的后果或者估价应由业主和承包商分担。

（3）如果没有按照第（1）款规定提出要求或未能达成一致，工程师根据第 51 条签发的变更的估价应按照下列规定予以确定：

（a）在收到变更指示后，承包商应尽快向工程师递交：

（i）变更指示要求的，与合同包括的费率或价格有关的任何额外或替代工程的报价。

（ii）任何因此产生的延误估计。

（iii）任何此类延误的费用估算。

（b）在收到上述递交资料的 14 天内，工程师应：

（i）接受这些递交的资料。

（ii）立即与承包商进行谈判。

（c）在与承包商达成一致后，应相应地调整合同价格。

（4）如根据第（1）款和第（2）款工程师和承包商未能达成一致，工程师应按照下述原则决定第 51 条项下作出的变更的价值，并通知承包商：

（a）如与工程量表中标价的工程的性质类似并且在类似条件下工作，如适用，应根据工程量表中规定的费率或价格进行估价。

（b）如果工程的性质不同，或不是在类似条件下工作或变更指示是在缺陷更正期限内发出的，工程量表中的费率或价格应用作合理估价的基础，并应公正合理。"

FIDIC 分包合同格式第 10.2 款、第 10.3 款规定了分包合同项下对分包工程变更估价的原则，如下：

"10.2 所有变更的价值应参考分包合同中规定的相同或类似工作的费率或价格（如有）进行核定，但如果分包合同中没有此类费率或价格，或如果它们不适当或不适用，则该变更股价应公正合理。

10.3 如果构成主合同变更的分包工程的一项变更由工程师按照主合同测量，那么，倘若分包合同中的费率和价格适合根据测量对此类变更估价，则承包商应允许分包商参加任何以工程师名义进行的测量。根据主合同进行的此类测量应构成为分包合同之目的对变更进行的测量,且应对此变更作相应估价。"

在 JCT 分包合同 SBCSub/C 第 5.2 款规定了两种确定变更估价的方式。第一种是适用调整基础（Adjustment Basis）时的估价,则对变更工程估价应按照调整基础进行。第二种是适用重新测量基础（Remeasured Basis）时的估价,则应对变更工程根据重新测量基础进行估价。

12.8.2 变更估价的原则

FIDIC 合同 1987 年第 4 版、1999 年版红皮书、ICE 合同第 7 版以及 FIDIC 分包合同和 ICE 合同对变更工程估价的规定各有所异,各有所长,但总体而言,这些规定都体现了变更估价的一般原则,即：

（1）如合同中规定了有关的费率和价格,应根据合同规定的费率和价格进行估价。也就是说,如果合同中有工程量表,则估价必须根据指导准备工程量表的相同原则进行估价。

（2）如与工程量表中标价的工程的性质类似并且在类似条件下工作,如适用,应根据工程量表中规定的费率或价格进行估价。

（3）如果工程的性质不同,或不是在类似条件下工作或变更指示是在缺陷更正期限内发出的,工程量表中的费率或价格应用作合理估价的基础,并应公正合理。

（4）如合同中没有包括适用于该变更的费率或价格,则应在合理的范围内使用合同中的费率或价格作为估价的基础。

（5）如第（1）至（4）项的内容不存在,则工程师和承包商应对变更的估价进行协商,由工程师和承包商对合适的费率或价格协商一致。

（6）如工程师和承包商不能就适当的费率或价格达成一致,可由工程师决定暂定的费率或价格,以便在临时付款证书中支付变更工程款项。

（7）如承包商不满工程师对变更估价的决定,可根据合同条款,如 FIDIC 合同 1999 版第 20 条提出索赔,进入 FIDIC 规定的索赔程序。

与 FIDIC 合同 1987 年第 4 版注重变更估价的原则相比,1999 版红皮书更加重视工程量表中没有包括的新的工程的估价,并做了详细的估价规定,特别是对下列工程建议采用新的费率或价格,如：

（a）（i）该项工作测量的数量变化超过工程量表或其他清单中所列数量 10% 以上。

（ii）此项数量变化与该项工作上述规定的费率的乘积,超过中标合同金额的 0.01%。

（iii）此项数量变化直接改变该项工作的单位成本超过 1%。

(iv) 合同中没有规定该项工作为"固定费率项目";和

(b)(i) 按照第 13 条[变更和调整]的规定指示的工作。

(ii) 合同没有规定该项工作的费率或价格;和

(iii) 由于工作性质不同,或在与合同中任何工作不同的条件下实施,没有规定适宜的费率或价格。

这是 FIDIC 合同 1999 版中的一项新增加的内容,也是对 1987 年第 4 版的重大修改内容之一,与 ICE、JCT 合同相比,这项规定无疑界定了使用工程量表中的价格和采用新的费率或价格的界限,其标准就是第 12.3.(a)和(b)款规定的界限。如果承包商按照工程师的变更指示实施的工程超过了这道界限,如工程数量的变化超过工程量表或其他清单所列数量 10% 等,承包商就有权对变更工程适用新的费率或价格。与 FIDIC 合同 1987 年第 4 版、JCT、ICE 合同中的定性规定变更估价不同,FIDIC 合同 1999 版红皮书对此进行了定量的规定,有利于工程师和承包商判断什么情况下可以适用工程量表中的费率或价格,什么情况下将采用新的费率和价格,减少了承包商与工程师之间可能发生的价格或费率的争议。

分包合同中分包工程变更估价的原则也应根据上述原则确定或作出决定。FIDIC 分包合同格式 1994 版中与 1987 年版红皮书相一致,在使用 FIDIC 合同 1999 版红皮书时,应对相应的分包合同进行修改。

因变更工程的估价发生争议,是业主和承包商发生争议的主要原因之一。在变更估价过程中,承包商与业主的争议主要体现在承包商和业主或工程师不能就价格或费率达成一致,承包商往往要的价格高,而业主或工程师往往压低价格或费率,这正是承包商和业主发生争议的主要原因。

【案例 12-10】 在 Henry Boot Construction Ltd 诉 Alstom Combined Cycles Ltd, Court of Appeal, (2000) 69 Con LR 27 案[⊖]中,原告 Boot 与被告 Alstom 签订合同,为被告在 Connah's Quay 承建土建工程。合同为 ICE 合同第 6 版(注:合同第 52.(1)款规定的变更的估价与第 7 版相似,见 12.8.1)。

合同规定了标后双方交换意见的有关内容。原告投标价格的计算是以冷却水管埋深 4.45 米 AOD 为基础,而被告 Alstom 决定埋深为 3.35 米 AOD。通过交换传真文件,1994 年 3 月原告递交了价格为额外的和临时工程 250800 英镑的报价,被告也接受了该报价。

在 Boot 的传真中,250800 英镑的报价是"仅仅是为了轮机房所需的额外和不同的临时工程",如果将轮机房的工程包括在内,费用将达到每平方米 89 英

⊖ Michael Furmston. Powell-Smith and Furmston's Building Contract Casebook [M].4th. Oxford: Blackwell Pulibshing Ltd, 2006: 278-280.

镑，那么原告应得款项为 2284128 英镑。

仲裁员裁决双方交换的传真已经构成了一项合同。虽然仲裁员适用了一个公平的估价，但他在仲裁中裁决原告在计算中存在错误，原告无权进行更正。

法官 Humphrey Lloyd QC 准予当事人提出上诉，并判决应适用每平方米 89 英镑价格。

12.8.3 公平的估价

在大多数变更估价的合同规定中，可以经常看到的是工程师应"公平"地进行变更工程的估价。但何谓"公平的估价（fair valuation）"，每个案例中所体现的判断标准和原则不尽相同，这是一个主观的判断标准。根据有关判例，"公平"可依如下标准予以确定：

（1）合同的明示规定。

如 FIDIC 合同 1999 版第 12.3 款有关估价的规定，如果工程师按照合同的该项规定确定变更的费率和价格，则应认为工程师是公平的。

（2）根据变更估价的原则进行估价。见变更估价原则。

（3）在缺乏上述这些规定的情况下，由工程师作出"公平的"决定，或在仲裁和诉讼中由仲裁员或法官作出"公平的"的判断。

（4）在不同的工程项目中，公平的价格都有不同的标准。一般而言，法官会根据这个费率或价格对具体项目发生的和与价格有关的情况作出裁断。

（5）公平的费率和价格是否包括利润，应根据合同条款的具体规定进行判断。如合同条款明示规定包括费用和利润，则公平的费率和价格应将利润计算在内。如果合同条款只规定承包商有权索偿费用，不包括利润，则公平的费率和价格不包括利润。如果合同条款没有对利润作出明示的规定，根据相关判例和专家意见，则应包括利润在内。

在"公平的"决定变更的估价时，可参考同行业的成本、承包商的实际成本等作出决定。

【案例 12-11】 在 Weldon Plant Limited 诉 The Commission for New Towns [2000] BLR 496 案中，在合同实施过程中，出现了变更指示，原告不满被告确定的变更工程的费率或价格，要求对变更工程公平的进行估价。

法官 Humphrey Lloyd 在判决中引用了 Max Abrahamson 在《工程法与 ICE 合同》中对公平估价的观点，即："'公平的估价'一般是指成本加上一个合理百分比的利润（但不包括不可预见费用，如果工程在实施后按实际发生的成本而不是估计的成本进行估价），并应扣减承包商不能充分证明的费用，但是，如果有证据证明对可比工程存在一般市场费率或价格，则可予以考虑或完成适用。"

法官接着写道："……一般来说，公平的估价可以依据实施工程的合理成本，如果是合理地并适当地发生了……"

"显然，在实施工程的过程中，如果发生的成本和费用是在相同或类似情况下一个合理的有能力的承包商不应发生的，那么此项成本不应构成一项公平的估价。"

"……公平的估价应包括合同费率或价格中通常体现的所有因素：劳务成本、设备成本、材料成本、管理费用和利润因素。"

【案例 12-12】 在 Crittall Windows 诉 T. J. Evers（1996）54 Con LR 66 案中，法官 Jumphrey Lloyd 认为："一般而言，公平估价是指不能给予比承包商合理和必须发生的实际成本更多费用，加上管理费和利润的类似费用"。

在英美有关的早期判例中，出现了比较复杂的、观点不同的对"公平估价"的理解和判决。但在近期的有关判例中，认为公平的估价应包括利润和管理费用，至于具体的费率或价格，则应根据每个项目的具体情况决定。在实践中，承包商可能存有利用工程变更，将原来合同中标价过低的工程的损失弥补回来的动机，而业主和工程师会出于控制项目成本的考虑，拒绝承包商乘机抬高合同价格或费率的行为，这也正是承包商与业主因工程变更而发生争议的主要诱因。建筑工程业界更为流行的观点是，公平的费率和价格与承包商的一般价格水平有关，因此，如果合同的价格低于实际价格或市场价格，那么低于实际价格的估价可能是公平的。

有关公平的含义，参见 Semco Salvage and Marine Pte 诉 Lancer Navigation Co Ltd（1997）案、Banque Paribas 诉 Venaglass Ltd（1994）案、Laserbore Ltd 诉 Morrison Biggs Wall Ltd（1992）案、Tinghamgrange Ltd 诉 Dew Group and North West Water（1996）案、Henry Boot Construction Ltd 诉 Alstom Combined Cycles [1999] BLR 123 案、Galliford（UK）Ltd 诉 Aldi Stores 案、Crittall Windows 诉 T. J. Evers（1996）54 Con LR 66 案和 Floods Queenferry Limited 诉 Shand Construction Limited [1999] BLR 315 案等。

12.9 变更与索赔

12.9.1 变更与索赔的关系

变更与索赔有着直接的关系，它是承包商索赔的一个主要原因。根据一项调查，承包商索赔的第一位原因是工程变更，第二位原因是不可预见的事件，第三位原因是设计延误。有关承包商索赔原因，见图 12-3：

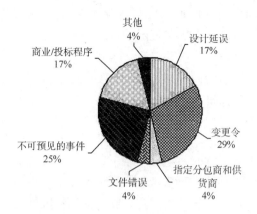

图 12-3 承包商索赔原因所占比例

变更与索赔有着明显的界限，不能混淆两者的本质区别。变更是工程师根据合同赋予的权利，对工程内容的更改，而索赔是业主或承包商根据合同条款或准据法的规定，对自己权利的一种主张。变更是工程师的权利，承包商必须遵守，但承包商可以根据合同规定获得一定的补偿。而索赔是业主和承包商双方的权利，任何一方均可向另一方提出索赔要求，但索赔是否成立则是另外的问题。

变更与索赔的界限，见表 12-1。

表 12-1 变更与索赔的界限

不构成索赔的变更	构成索赔的变更
1. 业主或（监理）工程师作出变更，承包商同意对变更工程按照工程量表中的单价计价 2. 业主或（监理）工程师作出变更，承包商要求重新报价，业主或（监理）工程师同意按照承包商的报价对变更工程计价 3. 业主或（监理）工程师接受承包商提出的价值工程的建议，并对价值工程发出变更指示，业主或（监理）工程师同意对价值工程按照承包商的报价进行计价	1. 业主或（监理）工程师作出变更，承包商要求重新估价。业主或（监理）工程师不同意承包商重新估价要求，或拒绝接受承包商对变更工程的重新报价，形成合同争议 2. 因变更而产生的工期延长 3. 因变更而产生的损失和费用、工效损失费用 4. 因变更而产生的与时间相关的费用

因工程变更而产生争议的主要原因是承包商认为实施变更工程花费了人力、设备和材料等费用，而工程师决定的变更工程的费率或价格不足以补偿承包商的费用，因此而发生争议。

明智的做法是，承包商应尽可能将变更消化在月进度付款证书中，不能将变更作为一项索赔单独提出。经常会听说承包商在"索赔"变更，而实际上是承包商在递交变更工程补偿的申请，只有当业主或工程师拒绝了承包商的补偿申请，或者承包商对工程师的变更工程的估价不满时，并打算以索赔方式要求补偿时，才能形成索赔。

索赔是一项业主和承包商应慎重对待的问题，当任何事情以"索赔"的题目出现时，业主和承包商都会十分在意。对承包商而言，由于索赔能否成立、能否得到补偿或能够得到多少是业主的事情，因此，索赔并不是一件可以轻松实现的事情。经验表明，承包商索赔的成功率很低，因此，承包商应尽可能将工程变更的费用或价格在当月的临时付款证书中予以确定。

如果承包商对工程师的变更指示或变更估价不满，提出索赔，应遵守索赔的有关规定，最常见的规定是通知的规定。在大多数标准格式合同中都将其作为索赔的前提条件，即承包商在合同规定的时间内提出索赔意向通知，则承包商索赔的权利是成立的，如果承包商未能在合同规定的时间内提出索赔通知，则承包商丧失索赔的权利。不仅工程师在决定承包商索赔事项中引用此项前提条件，仲裁员或法官也会严格援引这项规定否决或承认承包商索赔的权利。

12.9.2 什么情况下变更构成索赔

"索赔"一词经常在建筑合同文本中被广泛地误用和误解。在施工合同中，索赔不是变更估价，这是一个很容易出现的理解错误。

工程变更有很多形式，可能是（业主或工程师）指令减少工作，实施额外的工作或者改变工程项目的规范、地理位置、施工方法，或者一个特别的施工顺序，或一系列其他事项。

变更是由工程师的指令、设计图纸、建筑规格（质量标准）等所决定的。变更的估价也应该是一个相对直接的方式。通常规定变更应当依据明确的条款进行估价，应考虑实施变更中所要求的劳务、设备和材料，还应包括管理费和利润。如果按合同的规定进行，这个过程应该进行的相对简单，工程师根据业主与承包商协议所作出的变更指令也比较容易得到认可，至于变更估价的适当金额也会在后续的付款证书中得到支付。

工程变更所产生的间接影响、有关付款问题、指令签发的时间和/或工程师、业主或法定机构的批准引起的问题和争议等事件都有可能对承包商的施工产生影响，因为这些原因都是承包商所无法控制的因素。这些事件所产生的后果不仅涉及了变更的估价，而且，还可能包括工期延长和/或额外费用索赔的要求，以及因变更而产生的工效损失费用和利润损失费用。在这种情况下，承包商必须向工程师提交估价报告，以便于工程师根据合同条款的规定作出判断。换言之，就是提出索赔。

索赔是由合同规定自身所产生的权利。承包商可以一个或者一系列应归责于业主的事件而提出赔偿要求。承包商认为，对于那些已经严重地影响了承包商的施工进度的事件，或者通过其他合同条款无法获得补偿的其他额外费用，承包商有权提出索赔。同样，如果因为承包商自己的过失导致项目延期竣工，业主也可能对承包商提出索赔。业主的索赔以各种方式出现，例如违约赔偿金或者迟延罚金和实际损失的赔偿。

承包商提出索赔不仅是为了行使他们获得额外费用的权利，还为了申请延长工期，以使自己避免违约赔偿金或延迟罚金的威胁。因此，承包商索赔应当被视为是一项非常重要的权利。同时，引起索赔的各个事件可能存在争议，无论如何，收到索赔的业主和工程师仍会根据所有已知的信息评估索赔是否合理。

通常，承包商应在一定期限内（如果合同规定了索赔时效条款）将引起索赔的事件和情况通知工程师。其后，如果索赔有效，根据合同规定，承包商有义务每隔一段时间向工程师建议/更新该事件的情况和状态。在索赔事件结束后，承包商负有提供充分的证据证明其有权索赔工期和费用的举证责任。承包商的任务就是提出一个完整的证据，证明：

（1）证明承包商根据合同规定有权因该事件和情形提出索赔，并且根据合同规定已经完成了通知的义务。

（2）已通过适当形式进行延误分析并证明其因果关系。

（3）证明额外费用（合同明确规定的）是由该事件和情况直接引起的。

这似乎听起来简单，但其实不然，即便是很有经验的承包商也经常没有履行索赔通知的义务，从而从根本上削弱或损害了承包商索赔的权利。更重要的是，很多承包商没有将与索赔相关的时间记录等证据进行适当的保存，这将导致承包商无法充分证明导致施工计划延期的原因与承包商建立有权获得额外工期延长后果之间的因果关系。另外，很多承包商没有保存充分详细的费用记录，或者不愿意公布这些敏感的信息，或者承包商根本没有完全的理解哪些费用是可以有权索赔的费用。

一般而言，根据合同规定的简单规则，变更是可以被清楚地确认和估价。但是，索赔应遵守合同的详细规定和程序要求。如果承包商寻求赔偿最大化，承包商因此需要承担大量的举证责任。

12.9.3 实证案例分析

在本实证案例中，马里某水电站项目在变更、变更导致的索赔和公平估价方面具有一定的代表性。承包商提交的《工程变更估价报告》与（监理）工程师最终估价和评估结果见表12-2。

表 12-2　某水电站项目工程变更与估价汇总表

序号	内容	承包商要求工期延长	承包商变更价格（欧元）	工程师批复工期延长天数	工程师批复变更的价格（欧元）
1	厂房和前池地质缺陷	159 天	2475667.60	59 天	1438719.00
2	尾水平台保护	—	1022848.20	—	736293.00
3	引水渠岩石裂隙	—	69891.56	—	—
4	引水渠进水口地板排水孔	—	131846.40	—	—
5	引水渠渠顶地质缺陷	—	611858.70	—	611859.00
6	厂房轴线偏移	—	827435.00	—	—
7	厂房进水口检修阀门和门库	—	1262075.40	—	1262075.00
8	渠首平台防护	—	58108.00	—	—
9	弃渣运距增加	—	424200.00	—	432600.00
10	电网稳定性研究	—	78566.00	—	—
	合计	159	6962496.86	59	4481546.00

如表 11-2 所示，承包商与（监理）工程师批复的变更价格的主要分歧点在于：

（1）引水渠岩石裂隙。承包商认为构成不可预见的地质条件，而工程师认为上述裂隙是通过肉眼表面上可看到的现象。

（2）引水渠进水口地板排水孔和电网稳定性研究。承包商认为不在承包商的工程范围之内，但工程师认为本合同为交钥匙合同，承包商在设计时应考虑使用功能，此两项工程是为满足使用功能不可或缺的工程。

（3）渠首平台防护。承包商认为应给予石渣回填费用补偿，工程师认为石渣回填与弃渣工作性质相同，不能给予费用补偿。

承包商对表 11-2 所示实证案例评估结果表明，（监理）工程师公平地对承包商的变更价格进行了估价，承包商的权益得到了实现。

12.10　分包工程变更

12.10.1　主包商变更的权利

在主合同中，除了业主和/或工程师外，承包商没有变更工程的权利。在承包商提出价值工程时，如果业主和/或工程师接受价值工程建议，也需要业主和/

或工程师发出变更指示。

在大多数分包合同格式中,承包商享有变更分包工程的权利,但鉴于承包商在主合同项下没有变更工程的权利,因此,在分包合同项下承包商变更的权利受到了限制。主包商在分包合同中的变更权利不能像业主在主合同项下的权利那样可以在非常广泛的范围行使变更权利,例如 FIDIC 合同红皮书第 13.1 款规定的从工程性质、施工方法、尺寸、结构、进度等进行变更。虽然 FIDIC 分包合同 2011 版第 13.1 款规定分包合同项下的变更包括主合同第 13.1 款中的第 (a) 至 (f) 项,但在分包合同项下,承包商变更的权利主要表现在:

(1) 只有在主合同项下发生工程变更,例如工程师发出变更指示时,承包商才能依据工程师的工程变更指示对相应的分包工程发出变更指示,或者向分包商转发工程师的变更指示,分包商在收到变更指示后实施变更工程。

(2) 主包商可以对临时工程进行变更。由于临时工程不属于永久性工程,在由分包商实施临时工程时,主包商可以根据分包合同规定的承包商变更权利,向分包商发出变更指示。

(3) 主包商可以对分包商的施工方法进行变更。

(4) 主包商可以对分包商的施工次序进行变更。

(5) 主包商可以对分包商的进度计划发出变更指示,要求分包商在更短的时间内完工或者改变施工次序或分阶段完工。

因此,主包商在分包合同中的工程变更受到了主合同项下工程变更的限制。在主包商发出变更指示时,应首先考虑分包合同的变更是否属于主合同允许的范围之内,如对永久性工程发出变更指示,应首先取得业主或工程师的变更指示,否则,根据主合同的规定,承包商不能行使变更权利。

如果分包合同中没有明示规定主包商的变更的权利,则分包商没有义务接受主包商发出的任何工程变更的指示。分包合同双方当事人需要另行通过协商达成新的协议,允许主包商发出工程变更指示。

大多数分包合同格式均规定了分包合同项下可以对工程予以变更的条款。在此种情况下,分包合同应规定谁拥有工程变更的权利以及变更的程序等,也需要规定在变更的情况下对工期和成本的影响。

如果分包合同没有规定分包工程变更的权利、方式和程序,在主包商没有遵守分包合同关于变更的规定时,则主包商违约。在这种情况下,分包商有权因主包商的违约索赔相应的损失,或者,在接受主包商变更指示时,分包商有权获得工期和成本的补偿。

12.10.2 在分包商能力之外的变更

如果主包商的指示超过了分包商的能力范围,则分包商应采取一切必要的措施实施此项指示，达到分包合同要求的标准。至于标准的验证标准，应为一般情况下认为某人可以做到的程度。如果分包商拒绝此类指示，则不能推断存在一项超过分包合同施工能力范围之外的默示的担保。如果向不具有经验和/或适合的资源发出指示，则分包商承担的责任不能超过发出指示之前的分包商应有的能力。如果在合理的技能和谨慎基础之上雇用分包商时，则分包商仅限于某人从事某个专业的能力范围之内。

在任何情况下，分包商负有义务雇用施工所需的专业人员以及熟练工人，包括指示他去实施工程，但这仅限于其声明所必需的或者有必要的情形。作为分包商，也需要考虑指示所带来的影响，量力而行是分包商应遵循的履约准则。分包商应避免实施超过他能力的指示，如果遇到这种情况，应向主包商报告这种情况，或者让主包商去寻找其他分包商实施此类超过他能力的工程。

12.10.3 达成变更价格之前的变更实施

在主包商与分包商达成变更价格（pre-priced variation）之前，分包商负有义务实施主包商发出的变更指示。分包工程的工程变更估价应根据 FIDIC 分包合同 2011 版第 12.3 款规定的估价原则进行估价：

（1）同意的计量或者根据第 12.1 款［分包工程测量］的规定确定的计量方法。

（2）主合同第 12.3 款［估价］第 2 段和第 3 段的规定。

如果主包商和分包商不能就变更估价达成一致，则主包商应在适当考虑分包商观点和有关情况后作出公平的估价，并应立即通知分包商其估价，提供支持性细节。

FIDIC 在主合同和分包合同中均规定了此类实施变更和估价的原则，但在实践中，往往承包商与业主或工程师长时间无法就变更估价达成一致，或者在分包合同中主包商与分包商无法就分包工程变更估价达成一致，导致承包商或者分包商的变更价款无法得到支付，而在主合同中，工程师往往又不作出暂定价款的行为，导致增加了主包商的资金压力。因此，在分包合同中，如果主包商与分包商不能在短时间内就变更估价达成一致，主包商也应作出暂定价款的指示，先行支付分包商的变更工程款项，在双方当事人达成一致后，对于已经支付的变更工程价款可以多退少补。

为了避免在现实中出现分包商担忧接受主包商作出的暂定价款意味着分包商接受了变更工程估价的忧虑，主包商在作出暂定价款的指示时，可以明示表明此为暂定价款，最终付款将根据双方达成的协议进行支付，或者将争议交付争议解决机制解决，然后根据争议裁决决定（DAB 决定）或者仲裁裁决进行支付。

12.11 价格浮动

由于大多数土木工程或建筑工程项目的工期会超过一年，因此，施工期间的价格浮动，或称物价上涨成为业主和承包商关注的一个焦点。在 FIDIC 红皮书、ICE 合同等这种单价合同中，物价上涨、价格浮动的风险是业主承担的，承包商有权根据合同条款规定的价格浮动条款进行调价，弥补承包商因物价上涨、通货膨胀造成的损失。在总价合同中，如果合同规定承包商无权因物价上涨而调价，则承包商承担了物价上涨和通货膨胀的风险，承包商应在投标报价过程中考虑物价上涨因素，根据通货膨胀率计算物价上涨因素，并将其计算在合同价格之中。

FIDIC 合同 1987 年第 4 版在第 70.1 款的替代条款中规定了价格浮动的机制和公式，推荐使用基本价格调整和物价指数调整两种方式。但在 FIDIC 合同 1999 版红皮书第 13.8 款中，明确规定了物价指数调整的方式，内容如下：

"因成本改变的调整

在本款中，"调整数据表"是指投标附录中填好的调整数据表。如无此项调整数据表，应不适用本款规定。

如适用本款，可付给承包商的款项，应就工程所用的劳动力、货物和其他投入的成本的涨落，按本款规定的公式确定增减金额予以调整。在本条或其他条款规定对成本的任何涨落不能完全补偿的情况下，应视为中标合同金额已包括其他成本涨落的应急费用。

根据适当的清单估价，并在付款证书中确认的，付给承包商的其他应付款项需做的调整，应按合同价格应付每种货币的公式确定。对于按照成本或现行价格进行估价的工作，不应予以调整。所用公式应采用以下一般形式：

$$P_n = a + b\frac{L_n}{L_o} + c\frac{E_n}{E_o} + d\frac{M_n}{M_o} + \cdots$$

式中 P_n——用于在 'n' 期间所完成的工作以相应货币的估计合同价值的调整乘数，除非投标附录另有规定，此项期间单位为一个月；

a——在相关调整数据表中规定的固定系数，表示合同付款中的不予调整的部分；

$b,c,d,\cdots$——代表相关调整数据表中列出的，与工程施工有关各成本要素的估计比例系数；表列此项成本要素，可表示劳动力、设备和材料等资源；

$L_n,E_n,M_n,\cdots$——适用于（与特定付款证书有关的）期间最后一天 49 天前的表列相关成本要素的，'n' 期间现行成本指数或参考价格，用相应支付货币表示；

L_o，E_o，M_o，……——适用于基准日期时表列相关成本要素的基准成本指数或参考价格，用相应支付货币表示。

应使用调整数据表中列明的成本指数或参考价格。如对其来源存有疑问，应由工程师确定。为此之目的，应参考所述日期的指数值（分别在该表第 4 列和第 5 列），以澄清来源；尽管这些日期（因而还有这些数值）可能与基准成本指数不相对应。

在"指数对应的货币"（表中所列）不是相应支付货币时，每个指数应按工程所在国中央银行规定的相应支付货币在上述需应用该指数的日期的卖出汇率，换算成相应支付货币。

在取得每种现行成本指数前，工程师应确定一个临时指数，用以签发临时付款证书。当取得现行成本指数时，应根据该指数重新计算调整。

如承包商未能在竣工时间内完成工程，其后应利用（i）适用于工程竣工时间期满前第 49 天的各项指数或价格，或（ii）现行指数或价格；取两者中对业主更有利的指数，对价格作出调整。

只有在因变更使调整数据表中所列的各项成本要素的权重（系数）变得不合理、不平衡或不适用时，才应对其进行调整。"

【案例 12-13】某项目采用 FIDIC 合同 1987 年第 4 版情况下价格调整的计算方法和过程：

1. 合同依据及计算公式

根据合同条款第 70.1 款计算有关价格调整。

价格调整计算按照下列各项进行计算：

（1）当地币部分按照某国 Badan Pusat Statistik 发布的表 1.15 第 3 条目公路桥梁港口公共建设工程材料价格综合指数。

（2）外币部分按照进口材料出口国承包商指定的合适的单项指数。

（3）每月完成产值减去不适合调价的进场、退场、承包商临时工程、暂定金、日工和技术科研费乘以权重再乘以（现行指数减去基础指数差与基础指数的比）进行调整，即：

$$价格调整金额 = [(V - N) \times W] \times [(C - B) \div B]$$

式中 V——当月完成产值；

N——当月完成进场、退场、承包商临时工程、暂定金、日工和技术科研费；

W——价格调整权重；

C——现行指数（完成工程当月指数）；

B——基本指数（投标书截止日期前 28 天价格指数）；

2. 基础数据取得

根据合同条款第70.3款中价格指数及权重来源于标书附件。

标书附件中规定如下：

价格调整系数公式		
指数编号	指数描述	权重%
A	表1.15第3条目公路桥梁港口（合同当地币部分）	80
B	中国经济景气监测中心	80

表A 当地币部分

指数编号	指数描述	指数来源	投标人建议权重	投标人相关货币金额
A	表1.15第3条目公路桥梁港口公共建设工程	某国Badan Pusat Statistik发布的材料价格综合指数	80%	合同价当地币部分

表B 外币部分美元

指数编号	指数描述	指数来源	基础值及日期	投标人相关货币金额	转换为FCI	投标人建议权重
B	人工输出	见上表	126.2 (July 04)			20%
	机械设备		102.8 (July 04)			20%
	钢筋		122.4 (July 04)			30%
	钢板		125.8 (July 04)			10%

根据合同条款第70.4款：

基本价格（指数）指在递交投标书截止日期以前28天当日通行的价格（指数）。

由于递交投标书的截止日期为2004年8月16日，故基本价格（指数）采用2004年7月14日当天通行的价格（指数），即：当地币基本价格指数为147.56，外币的基本价格指数为：人工工资126.2、机械设备102.8、钢筋122.4、钢板125.8。

现行价格（指数）指临时支付证书截止日期前28天当日通行的价格（指数）。

3. 计算过程

举例：某月临时付款证书，以及支付2008年1月1日到2008年1月31日完成工程支付情况，该月完成产值：美元 761132.88 + 当地币 2531395204.00，该月完成产值中进场、退场、承包商临时工程、暂定金、日工和技术科研费产值为 0。基本价格指数采用 2004 年 7 月 14 日当天通行的价格（指数），即：当地币基本价格指数为 147.56，外币的基本价格指数为：人工工资 126.2、机械设备 102.8、钢筋 122.4、钢板 125.8；该月的现行调价指数应为 2008 年 1 月 3 日当日通行的价格指数即：采用 2004 年 7 月 14 日当天通行的价格（指数），即：当地币基本价格指数为 275.58，外币的基本价格指数为：人工工资 211.7、机械设备 105.6、钢筋 165.9、钢板 150.0；

将上面指数代入公式，价格调整额 = $[(V-N) \times W] \times [(C-B) \div B]$ 中，则

当地币部分价格调整额 = $[(2531395204.00 - 0) \times 80\%] \times [(275.58 - 147.56) \div 147.56]$ = 1756948843（印度尼西亚盾）

外币部分价格调整额 = $[(761132.88 - 0) \times 20\%] \times [(211.7 - 126.2) \div 126.2] + [(761132.88 - 0) \times 20\%] \times [(105.6 - 102.8) \div 102.8] + [(761132.88 - 0) \times 30\%] \times [(165.9 - 122.4) \div 122.4] + [(761132.88 - 0) \times 10\%] \times [(150 - 125.8) \div 125.8]$ = 203071.18（美元）

因此，在临时付款证书中，价格调整金额为：1756948843（印度尼西亚盾）+ 203071.18（美元）

FIDIC 分包合同 1994 年版沿用了 1987 年红皮书的内容，第 21.1 款规定：

"有关劳务费和/或材料费或影响分包工程实施任何其他事项的费用的涨落，应在分包合同价格中增加或扣除。此类增加或扣除款项的幅度应与按照主合同对合同价格进行增加或扣除款额的幅度相类似，但不能超出。"

由于分包工程是主合同工程的一个组成部分，因此，分包工程也应按照主合同规定的调价公式进行调整价格，分包商有权得到因物价上涨而增加的款项。

在 FIDIC 合同 1999 版第 13.8 款中，规定了按物价指数的调价公式，因此，承包商和分包商应按照合同规定的公式计算物价上涨的调整款项。

JCT 分包合同 SBCSub/C 合同引入了价格浮动的三个选项，即：

选项 A：贡献、征收额和税收浮动。

选项 B：劳务、材料成本和税收浮动。

选项 C：调整公式。

分包商选用哪一个调整方式，分包合同专用条款中第 10 项规定了各个选项适用的范围，分包商可根据专用条款的规定进行选择。

选项 C 中的调价公式如下：

$$\frac{(FIV - FIBM)}{FIBM} \times (100 - NA)\% \times V = IC$$

式中　[V]——当月付款证书金额（设为：10000 美元）；

[FIV]——付款证书当月的公式指数（设为：110）；

[FIBM]——基准月的公式指数（设为：100）；

[NA]——不可调整系数（设为：10%）。

则应调整增加的费用［IC］为：

$$\frac{(110-100)}{100} \times (100-10)\% \times 10000 = 900 （美元）$$

无论是采用何种方式调整物价浮动，承包商和分包商都应按月搜集有关指数资料和基础数据，按月进行物价调整的计算工作，并将因物价调整应得的款项计入当月的临时付款证书之中。

如合同规定了价格浮动条款，则价格浮动是合同正常付款（routine payment）的一个组成部分，不是非正常付款（non-routine payment），承包商不能将价格调整看成是索赔，不能以索赔的名义提出价格浮动问题。承包商要做的是按月搜集有关价格指数数据，并根据合同规定的调价公式计算每月调价的金额，报送工程师批准，计入当月的临时付款证书之中，支付给承包商。

在国际工程项目实践中，价格调整的结果可能会出现如下结果：

（1）正调差，即业主需要向承包商支付价格调整金额。

（2）负调差，即经过价格调整公式计算，业主应在应付给承包商的价款中扣除部分金额。这种情况的发生是由于承包商投标或签订合同时，当时的某种材料、设备或人工价格处于高位，但在施工过程中，材料、设备和人工价格下降导致的结果。例如公路项目中使用的沥青，在2012年以前签订并实施的公路项目中，沥青处于价格高位，每吨达700~800美元，但在2015年之后沥青价格每吨约300~400美元，导致大部分在建国际工程的公路项目中负调差，造成业主扣除这部分价格调整金额。

每一个承包商都希望价格调整为正调差，没有一个承包商愿意发生负调差的情况。对于负调差，承包商需要正确对待。从国际工程项目的整体而言，由于这些项目大部分位于发展中国家，其中大部分国家通货膨胀率较高，因此，大部分项目都会发生正调差的情况，基本在10%~30%之间，某些项目的正调差会达到40%左右。

从作者处理的多起因价格调整发生的争议看，在国际工程项目中，如果存在价格调整机制，承包商应在合同谈判中慎重处理如下问题：

（1）价格调整方式。价格调整方式多种多样，但主要采用：第一、通货膨胀率的计算方式；第二、分项计算方式，即人工、沥青、钢筋、设备权重方式，例如FIDIC合同第13.8款规定的价格调整公式。在采用第一种方式时，引用工程所在国政府公布的通货膨胀率，乘以当期签认价格，得出价格调整的金额。在采用第二种方式时，需要从有关国家统计局取得相关的人工、材料或设备的指数,然后带入公式中计算价格调整金额。在国际工程项目中,绝大多数国际工程项目采用第二种方式进行价格调整。

(2) 慎重选择价格调整项目。承包商应根据项目类型选择价格调整项目。例如在公路项目中,承包商可选择人工、沥青、钢筋、柴油、水泥、设备作为价格调整项目。在输变电工程项目中,承包商可选择钢材、铜、铝作为价格调整项目。在水电工程项目中,承包商可选择人工、设备、钢筋、水泥、设备作为价格调整项目。承包商选择价格调整项目的基本原则是:选择那些对项目成本影响较大的项目作为价格调整因数,这样才能达到价格调整的目的;承包商应避免选择那些影响较小项目作为价格调整因数。

(3) 价格调整项目的权重。不可调整权重系数可以是5% ~20%或更多。但必须指出,不可调整权重越大,承包商获得价格调整的机会越少,因此,在合同谈判过程中,承包商不应轻易同意过高的不可调整权重系数。至于价格调整项目,例如人工、沥青、钢筋、燃油、水泥、设备的每项权重,承包商应仔细考虑确定。承包商确定价格调整项目权重系数的依据和应遵循的原则是根据各项占项目总成本的比重,从而确定每项的权重系数。

(4) 外汇调整系数 (Exchange Rate Correction Factor)。如果在价格调整公式的后面增加了外汇调整系数,例如 $\dfrac{Z_1}{Z_0}$,其中 Z_1 是当期汇率, Z_0 是投标截止日期之前28天的汇率,此时,承包商应仔细考虑和权衡外汇调整系数,评估汇率变化情况,否则,就会出现外汇调整系数小于1的情况,导致承包商应得工程款金额减少。例如,投标截止日期之前28天欧元兑人民币的汇率为1:9,由于人民币的大幅度升值,当期汇率为1:7.8,则7.8/9 = 0.87,如经过计算的价格调整金额为100元,则100元×0.87 = 87(元),这意味着承包商无法得到100元的物价调整金额,而仅能得到87元的价格调整金额,承包商少得了13元。假设,如果把价格调整系数公式修改为 $\dfrac{Z_0}{Z_1}$,则就会得到相反的结果,即9/7.8 = 1.15,则100元×1.15 = 115(元),承包商可以多得15元。

从上述演算结果可以看出,外汇调整系数公式的不同,将对价格调整金额产生重大影响,因此,承包商应慎重对待外汇调整系数,基本原则是:

第一、如果当地货币贬值趋势明显,承包商应力争在价格调整公式中增加外汇调整系数,则应增加外汇调整系数,这样承包商可以有效减少当地货币贬值风险。此时,价格调整公式应为:

$$P_n = \left(a + b\dfrac{L_n}{L_o} + c\dfrac{E_n}{E_o} + d\dfrac{M_n}{M_o} + \cdots\right) \times \dfrac{Z_1}{Z_0}$$

式中 Z 为美元(或其他硬通货币)与当地货币的汇率。

第二、如果价格调整公式中选用的货币或当地币呈现升值的趋势,则应选择汇率调整系数$\frac{Z_1}{Z_0}$,则价格调整公式应为:

$$P_n = \left(a + b\frac{L_n}{L_o} + c\frac{E_n}{E_o} + d\frac{M_n}{M_o} + \cdots\right) \times \frac{Z_0}{Z_1}$$

第三、如果承包商无法把握当地货币的汇率走向,或对汇率调整系数理解不透或心存疑虑,则建议不要在价格调整公式中增加汇率调整系数。

(5) 指数来源国家(或地区)。价格调整指数来源国的基本原则是:应以人工、材料或设备的来源国为准。如以非来源国为指数来源国,则承包商应仔细评估来源国的人工、材料或设备的指数变化历史,避免在实施项目中出现负调差情况。

指数来源国(或地区)的指数应为统计局公布的指数为准,世界上大部分国家的物价指数均可从统计局网站获得。自 2016 年初起,中国经济景气监测中心不再出具指数证明文件,为我国承包商在海外承揽的国际工程项目的价格调整带来很大问题。因此,我国承包商应与业主商谈新的指数来源国(或地区),以便在施工过程中进行价格调整。

(6) 基期(Base Date)。在大多数国际公开招标的项目中,价格调整公式中的基期为投标截止日期之前 28 天。在项目融资的 EPC 合同中,由于项目公司需要一定的时间落实融资,实现融资关闭,因此,基期可确定为业主和承包商签订 EPC 合同之日或双方约定的某个日期。如双方约定某个日期时,承包商应向业主提供这个具体日期的物价指数,并书面提交给业主,作为施工过程中价格调整的依据。

(7) 汇率的来源国(或机构)。汇率来源国(或机构)可能会产生微小的影响,如美联储公布的美元兑某种货币的汇率与中国银行公布的同一币种的汇率之间存在微小的差异。承包商应注意价格调整中的措辞,避免误解。

如果业主的招标文件或合同文件中存在价格调整公式,承包商应仔细研究和评估价格调整公式对合同价格的影响。

12.12 因法律变更的调整

FIDIC 合同 1987 年第 4 版第 70.2 款对法律变更作了如下规定:

"如在递交合同投标截止日期前的 28 天以后,在工程施工或预计施工的所在国中,国家或州的任何法规、法令、政令或其他法律或规章,或任何地方或其他合法机构的细则发生了变更,或任何上述州的法规、法令、政令、法律、规章或细则等的采用,使得承包商在施工合同中发生了除第 70.1 款规定以外的费用的增加或减少，此类增加或减少的费用应由工程师与业主和承包商适当协商之后确定，并加入合同价格或从中扣除，工程师应相应地通知承包商，并将一份副本递交业主。"

FIDIC 合同 1999 版红皮书第 13.7 款对法律变更规定如下：

"对于基准日期后工程所在国的法律有所改变（包括适用新的法律、废除或修改现有法律）或对此项法律的司法或政府解释有所改变，影响承包商履行合同规定的义务的，在合同价格中，应考虑上述改变导致的任何费用增减予以调整。

如果因基准日期后作出的法律或此项解释的改变，使承包商已经（或将要）遭受延误和/或已经（或将要）招致增加费用，承包商应向工程师发出通知，并应有权根据第 20.1 款 [承包商索赔] 的规定要求：

（a）根据第 8.4 款 [竣工时间的延长] 的规定，如竣工已经或将要受到延误，对任何此类延误给予工期延长；以及

（b）支付计入合同价格的任何此类费用和合理利润。

工程师收到此项通知后，应根据第 3.5 款 [决定] 的要求，对这些事项表示同意或作出决定。"

对比 FIDIC 合同 1987 年版和 1999 版，其主要区别是：

（1）1987 年第 4 版仅规定了在工程所在国法律变更的情况下，承包商有权要求费用补偿，但没有明示规定承包商要求工期延长的权利。但 1999 版不仅规定了费用（包括合理利润）在内的费用补偿权利，也规定了承包商有权要求工期延长的权利。但在 1987 年第 4 版中，如果法律变更影响工期，则应默示承包商有权要求工期延长。

（2）1987 年第 4 版中规定因法律变更造成费用的增减，应由工程师与业主和承包商适当协商后确定。但 1999 版中仅规定承包商应向工程师发出通知，工程师应根据第 3.5 款的规定表示同意或作出决定。

（3）1987 年第 4 版规定因法律变更而产生费用的增加和减少两种情形，工程师可以在与业主和承包商协商后减少费用。而 1999 版仅规定费用增加的情形，没有列出费用减少如何处理的规定。

根据 FIDIC 合同 1987 年第 4 版和 1999 版红皮书的规定，因法律变更而调整费用或工期的，只能是工程所在国发生法律改变，工程所在国以外发生法律变更不在本条管辖范围之内。

法律的改变包括了所有法律、法令、规章和规定等的改变。但对于承包商而言，并非所有法律的改变都会影响到承包商的工程活动。在实践中，对承包商影响最大的法律是：

（1）劳动法、社会保险法。

(2) 健康、安全和福利法。

(3) 环境保护法。

(4) 海关法,特别是关税变更方面。

(5) 其他法律的改变。

承包商应关注法律的变化与影响。如劳动法或社会保险法的改变,承包商可能需要给当地工人补交社会保险费等,这笔费用将计入因法律改变的费用之中。在实践中,应按月从项目会计处取得缴付当地工人社保费的单据,整理计算出每月缴付的当地人员的社保费用,并递交给工程师批复,计入当月的临时付款证书中。

承包商在处理因法律改变而需要增加的工期和费用时,是将其纳入正常支付范围还是索赔?这主要是依据有关合同条款的明示规定。在 FIDIC 合同 1999 版中,应视为正常的合同行为,不能构成一项承包商的索赔。工程师应在收到承包商的此类通知后,作出是否同意的决定,如同意,应将其计入合同价格中支付给承包商,或考虑延长工期。如工程师作出不同意的决定,在 1987 年版中,承包商只能以索赔的方式递交给工程师进行费用和工期索赔,但在 1999 版中,承包商可将争议提交给争议裁决委员会进行裁决。

12.13 暂定金额

FIDIC 合同 1987 年第 4 版第 58 条规定暂定金额的内容如下:

"58.1 '暂定金额' 系指包括在合同中,并在工程量表中以该名称为标题,供工程任何部分的施工,或提供货物、材料、设备或服务,或供不可预料事件之费用的一项金额。这项金额根据工程师的指示可全部或部分使用,或不予动用。承包商仅有权使用本款规定由工程师决定的与上述暂定金额有关的工作、供应或不可预料事件的费用金额。工程师应将根据本款所做的任何决定通知承包商,同时将一份副本递交业主。

58.2 对于每一笔暂定金额,工程师有权指示下列人员实施工作或提供货物、材料、设备或服务:

(a) 承包商,因此,承包商有权使用根据第 52 条所确定的与上述工作相应价值的金额。

(b) 按下文定义中的指定分包商,因此,支付给承包商的金额应根据第 59.4 款决定和支付。

59.3 除了那些按投标文件中所列费率或价格进行估价的工程外,承包商应向工程师出示与暂定金额开支有关的所有报价单、发票、凭证和账单或收据。"

FIDIC 合同 1999 版将暂定金额的定义在第 1 条中进行了规定,而将暂定金额的具体规定纳入第 13 条变更和调整之中。

第 1.1.4.10 款规定暂定金额的定义是：

"1.1.4.10 '暂定金额'是根据第 13.5 款［暂定金额］的规定，为了实施工程某一部分或用于提供生产设备、材料或服务，在合同中规定的作为暂定金额的一笔款项（如有）。"

第 13.5 款规定：

"13.5 暂定金额

每笔暂定金额仅应根据工程师的指示全部或部分地使用，合同价格应相应进行调整。付给承包商的总金额仅应包括工程师已指示的，与暂定金额有关的工作、供货或服务的应付金额。对于每笔暂定金额，工程师可指示用于下列支付：

(a) 按照第 13.3 款［变更程序］的规定进行估价的、需要由承包商实施的工作（包括要提供的生产设备、材料或服务）。和/或

(b) 应包括在合同价格中的，需要由承包商从指定分包商（或根据第 5 条［指定分包商］的定义）或其他单位购买的生产设备、材料或服务，所需的下列费用：

(i) 承包商已付（或应付）的实际金额。和

(ii) 以相应清单规定的有关百分率（如有）计算的一个百分比，作为管理费和利润的金额。如无此项百分比，应采用投标附录中的百分比。

在工程师要求时，承包商应出示报价单、发票、凭证、账单或收据证明文件。"

暂定金额是业主的一笔"备用"性质的款项，在工程量表中以"暂定金额"为标题的形式出现，是一笔在招标文件中业主已经明确金额的款项，投标时无须承包商填写此栏内容。但承包商在计算投标和合同总额时应将其计算在内。

业主在招标文件中确定了此笔款项，可能是出于自身的考虑和需要，如将业主指定分包商的分包合同金额放入工程量表的该栏目中，或将未来要求承包商或其他人提供的货物、材料、设备或服务的价格放入此栏。

承包商实施暂定金额栏目中的项目、供货、设备或服务时，应根据工程师的指示进行，这样才能对暂定金额中的款项进行结算。按照要求，承包商应向工程师提交有关单据、发票或凭证等证明承包商价格的文件，待工程师核算计量后予以结清。

暂定金额与不可预见费不同。不可预见费是业主在合同中放入的一笔用于紧急情况下才能使用的款项，不可预见费通常是合同总额的 5%，或业主通常在招标文件中规定一个具体的金额。业主在招标文件中对不可预见费的使用目的是不明确的，最大的用途是用于成本超支时用以支付承包商。而在暂定金额项下，业主在招标时可能已经进行了安排，如给付指定分包商的款项，或要求承包商提供

货物、材料、设备或服务等。在实践中，承包商要想从不可预见费中结算工程款项，是一项不容易实现的事情。

根据《哈得逊论建筑和工程合同》第 11 版（Hudson's Building and Engineering Contract, 11th ed.）中的观点，工程师变更的权利在暂定金额中受到限制，即工程师不能随意取消暂定金中的工程项目，见 Carr 诉 Berriman 案和 Amec Building Ltd 诉 Cadmus Investment Co Ltd (1996) Const. L. J. 50, 65-66 案。

12.14 计日工

FIDIC 合同 1987 年第 4 版第 52.4 款对计日工规定如下：

"如果工程师认为有必要或可行时，可以发出指示，规定在计日工作的基础上实施任何变更工程。对这类变更工作应按合同中包括的计日工作表中所定项目和承包商在其投标书中所确定的费率和价格，向承包商付款。

承包商应向工程师提供可能需要的证实所付款项的收据或其他凭证，并且在订购材料之前，向工程师递交订货报价单供其批准。

对此类按计日工实施的工程，承包商应在该工程持续进行过程中，每天向工程师递交受雇从事该工作的所有工人的姓名、工种和工时的确切清单，一式两份，以及表明所有该项工程所用和所需材料和承包商设备的种类和数量的报表，一式两份，根据此类计日工作表中规定的附加百分比中包括的承包商的设备除外。如内容正确或经同意时，工程师将在每种清单和报表的一份上签字并退还给承包商。

在每月月末，承包商应向工程师送交一份除上述以外所用的劳务、材料和承包商设备的标价的报表。除非已完整按时地递交了此类清单报表，否则承包商无权获得任何款项。但如果工程师认为承包商由于任何原因而不可能按照上述规定送出此类清单和报表时，他仍然有权批准对此类工作的付款，或根据受雇实践，以及用于该工程的劳务、材料和承包商的设备作为计日工偿付，或按他认为公平合理的该工作的价值付款。"

FIDIC 合同 1999 版红皮书在 13.6 款中规定计日工作：

"13.6 计日工作

对于一些小的或附带性的工作，工程师可指示按计日工作作出变更。工作应随后根据包括在合同中的日工表进行估价，并应采用下述程序。如果合同中未包括日工表，则本款不予适用。

在为工程订购货物前，承包商应向工程师递交报价单。当申请支付时，承包商应递交各种货物的发票、凭证、账单或收据。

除日工表中规定不应支付的任何项目外，承包商应向工程师递交每日的准确报表，一式两份，报表应包括前一日工作中使用的各项资源的详细资料：
　　(a) 承包商人员的姓名、职业和使用时间。
　　(b) 承包商设备和临时工程的标识、型号和使用时间；和
　　(c) 所用的生产设备和材料的数量和型号。
　　报表如正确或经同意，将由工程师签署并退回承包商一份。承包商应在将它们纳入其后根据第14.3款［临时付款证书的申请］的规定递交的报表前，先向工程师递交这些资源的估价报表。"
　　计日工通常处理的是一些零星的或小额的工程项目，在工程量表中以"计日工作（daywork）的标题出现，承包商应根据招标文件的要求，填写计日工费率或价格。
　　由于计日工是一些零星的或小额的工程项目，因此通常情况下承包商填报的费率和价格会很高，但由于计日工作数量占整个合同的比重很小，因此其对合同总价不会产生什么影响。
　　计日工作应按照工程师的指示进行。承包商在实施计日工作中应按照合同要求或工程师的要求做好记录工作，并将记录递交给工程师，由工程师进行审核签认，计入当月的临时付款证书之中，支付给承包商。
　　计日工作是正常付款的一个组成部分，而不是非正常付款，计日工作不能构成索赔，承包商也不能将计日工作纳入索赔的范畴。
　　在国际工程项目实践中经常发生的是，如果承包商的计日工报价低，工程师常常将某些工程或工作以计日工的方式进行计量和计价，而不是采用工程量表中的某项单价计价，以达到控制项目成本的目的。对此，承包商应根据某项工程或工作的具体性质，据理力争，要求按照工程量表中的相应价号计价。因此，承包商在报价时，如果计日工的工程数量很小，则应报出高价。如果计日工的工程数量较大，则承包商应在投标报价时评估工程师以此计价的可能性，决定报价的高低。为了避免计日工报价很高，但工程师在施工过程中不予计价，而计日工价格又在一定程度影响合同价格时，承包商应平衡报价，不应报出很低的价格，以免施工过程中工程师利用这个报价弱点，频繁使用计日工计价，造成承包商损失。

第 13 章 分包合同的支付

付款是建筑工程施工行业的生命之源。
——彼特·巴恩斯,《JCT2005 版标准建筑分包合同》

13.1 合同类型与付款方式

根据英美法,在建筑工程施工合同中,承包商承诺实施、完成和维护工程项目,而业主承诺支付工程价款,这是施工合同的对价,也是施工合同成立,即要约、承诺和对价三个要件之一。

在建筑工程施工合同中,合同类型不同,付款方式也会有所区别。

13.1.1 总价合同

在总价合同中,业主向承包商的付款是采用分期支付(installment)或阶段付款(stage payment)方式,即承包商完成一个阶段的工程,业主则向承包商支付这个阶段的工程款项。如果分包合同也是总价合同方式,则承包商向分包商支付分包工程款项也按照分期或阶段付款方式进行。属于总价合同的标准格式合同主要有 FIDIC 合同 1999 版黄皮书和银皮书、ICE 的设计和施工合同、JCT 的设计和施工合同格式、NEC 的设计和施工合同格式等。

英国判例中有关总价合同的争议主要集中在完全合同(entire contract)和基本履行(substantial performance)两个方面。根据英国判例,完全合同是指给付款项是以完全履行为前提条件。大多数总价合同是这种类型的合同,在建筑工程合同中,业主向承包商分期支付或阶段付款是以承包商符合工程进度或时间要求,或两者均满足的情况下才能进行。在 Cutter 诉 Powell(1795)案中,法官判定完全合同的定义为,完全合同是一项单独的合同,一方当事人完全履行承诺是另一方当事人有权要求履行其任何一部分承诺的前提条件。

基本履行是指业主不能以缺陷或省略为由剥夺承包商获得付款的权利。在扣除了省略工程或修复缺陷工程款项后,业主应向承包商支付工程价款。

因此,在一般的总价合同中,如果承包商已经基本完成(substantial completion)了合同工程项目,承包商有权要求业主付款,但其要求的合同价款中应扣除业主抵消部分或对缺陷的反索赔金额。

【案例 13-1】 在 Hoenig 诉 Isaacs, Court of Appeal [1952] 2 All ER 176 案[一]中，原告为被告装修公寓并提供家具，价格为 750 英镑，合同规定："按进度付款，竣工时多退少补。"被告按照进度分期支付了 400 英镑，但竣工时以设计和工艺存在缺陷为由拒绝支付余款 350 英镑。

法院判决：原告已经实际履行了合同，被告应向原告支付 750 英镑，但应扣除修复缺陷的费用 56 英镑。

【案例 13-2】 在 H. Dakin & Co. Ltd 诉 Lee, Court of Appeal, [1961] 1 KB 566 案[二]中，原告为被告的住房进行改动工程，总价为 264 英镑。但该工程没有完全按照规范进行，于是业主拒绝付款。

法院判决：原告有权获得 264 英镑，但应扣除使工程符合规范的施工费用。

【案例 13-3】 在 Bolton 诉 Mahadeva 案[三]中，原告同意为被告的住宅安装中央取暖系统，价格为总价 560 英镑。竣工时，被告抱怨系统存在缺陷，即不能有效工作并不能达到取暖效果，于是被告拒绝付款。修复费用为 174 英镑。

法院判决：在原告基本完成合同后，原告有权索偿扣除修复费用之后的合同价款。

13.1.2 单价合同

单价合同的支付是以计量承包商实际完成的工程数量，乘以工程数量表中的单价后计算承包商应得合同价款的一种付款方式。单价合同主要有 FIDIC 合同红皮书，包括 1987 版和 1999 版，ICE 合同第 7 版（测量和估价版）、JCT 合同中的以测量和单价形式出现的合同版本。分包合同有 FIDIC 分包合同 1994 年第 1 版等。

在单价合同中，测量标准和计量准则一般会在合同中，如合同条款、规范或图纸中明示规定。

13.1.3 成本加酬金合同

在成本加酬金合同中，一般合同中会明示规定成本计算的方式以及承包商递交有关支付单据、发票和合同等文件的详细程序。在合同没有明示规定时，根据

[一] Michael Furmston. Powell-Smith and Furmston's Building Contract Casebook [M]. 4th. Oxford: Blackwell Pulibshing Ltd, 2006: 179-180.

[二] Michael Furmston. Powell-Smith and Furmston's Building Contract Casebook [M]. 4th. Oxford: Blackwell Pulibshing Ltd, 2006: 179.

[三] Michael Furmston. Powell-Smith and Furmston's Building Contract Casebook [M]. 4th. Oxford: Blackwell Pulibshing Ltd, 2006: 181-182.

西方判例，应以诚实的和合理的原则计算成本。在大中型项目中，成本的计算和签认的程序会是一个严格的程序，而没有规定成本计算原则的多是小型工程项目。

在成本加酬金合同中，业主和承包商应按照成本计量原则计算成本支出，并根据合同规定的时间向承包商支付合同价款和酬金。

13.2 附条件支付条款

13.2.1 附条件支付条款的定义和范例条款

附条件支付条款（Contingent Payment Clause 或 conditional payment provision）是指分包合同的支付条款写明在主包商从业主那里收到分包款后，主包商才向分包商支付的规定，即主包商向分包商付款是以主包商收到业主的付款为前提条件。

附条件支付条件的形式主要有：pay-if-paid, pay-when-paid, pay-upon-paid, pay-if-certified 或者 pay-when-certified 等方式。

典型的附条件支付条款内容如下：

"承包商同意在分包商完成其工程、经工程师确认并在业主向承包商支付分包工程款后的第 30 天内向分包商支付其分包工程款项。"或者：

"承包商应在分包商令人满意地履行了分包工程，并在承包商收到业主支付的分包工程款后的 7 天内支付给分包商。"

在分包实务中，出现了如果业主支付后承包商才能支付分包商的条款，称为"Pay-if-Paid Clause"，内容如下：

"在业主或业主代表预付或支付了主包商时，主包商负有责任和义务向分包商支付除保留金之外的，业主代表承认和批准的款项和比例。只有业主或业主代表向主包商预付或支付工程款项，主包商才有责任或被要求向分包商预付和支付工程款项。"

另外一种附条件支付条款称为签认后付款（Pay-if-Certified Clause），如 AGC 分包合同格式。虽然 AGC 分包合同中没有将业主向主包商支付作为主包商向分包商支付分包款项的前提条件，但它将业主或建筑师签认分包工程作为主包商向分包商支付的前提条件。

AIA 分包合同标准格式规定的附条件支付条款：

a. Progress Payment

"Article 11.3: The Contractor shall pay the Subcontractor each progress payment within three working days after the Contractor Receives payment from the Owner. If the

Architect does not issue a Certificate for Payment or the Contractor does not receive payment for any cause which is not the fault of the Subcontractor, the Contractor shall pay the Subcontractor, on demand, a progress payment computed as provided in Paragraphs 11.7 and 11.8.

b. Final Payment

Article 11.4: Final Payment constituting the entire unpaid balance of the Subcontract Sum, shall be made by the Contractor to he Subcontractor when the Subcontractor's Work is fully performed in accordance with the requirements of the Contract Documents, the Architect has issued a Certificate for Payment covering the Subcontractor's completed Work and the Contractor has received payment from the Owner. If, for any cause which is not the fault of the Subcontractor, a Certificate for Payment is not issued or the Contractor does not receive timely payment or does not pay the Subcontractor within three working days after receipt of payment from the Owner, final payment to the Subcontractor shall be made upon demand."

某承包商与分包商签订的措辞严格的附条件付款条款：

a. Progress Payment

Progress payment shall not become due unless and until Contractor receives payment for such work from the Owner.

b. Final Payment

Final Payment shall not become due unless and until the following conditions precedent to Final Payment have been satisfied: (a) approval and acceptance of Subcontractor's Work by Owner, Architect and Contractor; (b) delivery to Contractor of all manuals, "as-built' drawings, guarantees, and warranties for material and equipment furnished by Subcontractor, or any other documents required by the Contract Documents; (c) receipt of Final Payment for Subcontractor's Work by Contractor from Owner; (d) furnishing to Contractor of satisfactory evidence by Subcontractor that all albor and material accounts incurred by Subcontractor in connection with his work have been paid in full; and (e) furnishing to Contractor a complete Affidavit, Release of Lien and Waiver of Claim by Subcontractor in the form attached hereto as Exhibit "D", and as required by the Contract Documents.

13.2.2 美国建筑业中的附条件支付条款

美国司法界对这种附条件支付条款的态度在不同的州存在不同的看法和判决。我们从下述案例中可以追溯美国司法界对附条件支付条款的态度变化。

【案例13-4】在 Peacock Construction. Co. 诉 West. 111 Ga. App. 604 (1965)

案中，由于建筑师拒绝签认主包商 Peacock 公司的工程，业主因此拒绝向 Peacock 支付最终账单款项。根据建筑师未能签认整体工程以及业主未能支付的事实，Peacock 公司拒绝向分包商 West 公司支付剩余工程款。West 公司为此将 Peacock 公司诉上法庭，称其工程全部合格，缺陷工程与他无关，并要求 Peacock 公司支付剩余分包款项。尽管 West 公司恰当地履行了其义务并得到签认，但由于 West 公司承认其付款应以建筑师签发最终证书和业主支付工程款为条件，因此，法院不支持分包商索回其最终结算款的权利。分包商也未能向法院呈交不能执行附条件支付条款的法律理由。

上述案例中，在 West 公司未能向法院提供附条件支付条款并不能构成支付分包商前提条件的法律理由下，法院作出了判决。

在近期的美国大多数州的法院，如马萨诸塞州、马里兰州、罗卡路里纳州、纽约州、佛罗里达州、加利福尼亚州等，均主张附条件支付条款只能被视为是一种支付时间和方式的契约，并不能禁止或阻碍分包商获得其分包款项的权利，业主支付工程款也不是主包商向分包商付款的前提条件。更简明的说，大多数法院将要求承包商在一个合理的时间后（a reasonable time）支付分包商，而不论承包商是否收到业主的付款。

【案例 13-5】 在 A. J. Wolfe & Co. 诉 Baltimore Contractors, Inc. 355 Mass. 636, 244 N. E. 2d 717（1969）案中，分包商 Wolfe 公司与主包商 Baltimore 公司签订了附条件支付条款，规定"在主包商收到业主的月进度付款后 10 天内，主包商向分包商支付该月进度付款。"主包商 Baltimore 公司主张，收到业主付款是向分包商付款的前提条件，而且在分包商 Wolfe 公司向其索要分包款时，Baltimore 公司实际上还没有收到业主的付款。法院认为这种附条件支付条款中业主向主包商付款不应被看作是主包商向分包商付款的前提条件。法院裁定这种附条件支付条款只能被视为是主包商在一段合理时间内延迟向分包商付款的理由，并裁定分包商有权索要分包款项。

【案例 13-6】 在 Atlantic States Construction Company 诉 Drummond & Co., 案中，双方签订附条件支付条款规定"主包商应在完成包括分包工程在内的全部工程，经建筑师、业主或其授权代表书面接受，并在业主支付全部款项后的 30 天内向分包商支付最终款项。"法院解释这种附条件支付条款中业主向主包商付款并不构成主包商向分包商 Atlantic States Construction Co. 付款的前提条件。法院裁定尽管由于业主破产的原因，业主没有支付主包商 Drummond 公司工程款，但分包商有权索要其分包合同款项。

尽管附条件支付条款在美国多数州得到了有利于分包商的判决，但在某些州的法院，这种条款仍得到法院的支持，认为它是有效的，或者说，这种条款在不同州的法院有不同的看法和争议。

【案例13-7】在 Aqua Design and Play and Fenlock Hansen 诉 Kier Regional 案中，Kier 公司为主包商，Aqua 公司和 Fenlock 公司分别为分包商，负责承建游泳池以及玻璃屏幕等设施，在工程项目的实施过程中，业主 Healthland 申请破产整顿。该案争议的主要问题是在业主破产后，主包商 Kier 公司能否运用附条件支付条款拒绝向分包商支付分包款项。

从主包商立场考虑，在业主破产的情况下，附条件支付条款能够有效保护主包商的利益，因业主破产而造成的资金损失应由所有有权得到付款的人分担。

这种抗辩得到了州政府的接受，在1996年建筑法令中，明确规定除业主破产原因外，合同中的附条件支付条款是非法的。

本案中，主包商使用了建筑联盟（Construction Confederation）DOM/1 分包合同格式，在该分包格式中，根据1996年建筑法令，第32条规定：

"尽管本分包合同中另有相反的规定，但如果业主发生了在第32.2，32.3和32.4条规定的破产情形，除非承包商已经从业主处收到有关的付款，而且的确收到了付款，否则承包商没有义务向分包商支付任何应付或可能应付的款项。"

在 DOM/1 分包合同格式中，由于第32条颇具争议，1998年7月，建筑联盟出版和发布了取消第32条相关规定的说明，形成了有一系列修改的新版的1998年7月版。

分包商 Aqua 和 Fenlock 主张，主包商 Kier 公司已经出具了分包合同，而且是已印刷的 DOM/1 分包合同条件，这只能是指1998年7月版的分包合同格式，分包合同中并没有第32条。

Kier 公司主张适用于各方当事人的分包合同条件中并没有建筑联盟发布的更正内容，而且 Kier 公司自己准备和修订了分包合同条件。

在技术和建筑法庭审理中，Richard Seymour 法官不同意 Kier 公司的主张，并裁定分包合同是基于建筑联盟发布的条款，这些条款中应包括在分包合同签字之日建筑联盟已公布的任何更正内容。

上诉法院对此持反对意见，大法官 Dyson 认为应采用 Kier 公司自己拥有和做过修改的分包合同，在修改版的分包合同中，并没有提及取消第32条，这明显有别于建筑联盟发布的更正文本，因此，分包合同中包括第32.1条，Kier 公司有权在业主破产后依据附条件支付条款拒绝支付分包商。

【案例13-8】在 West Fair Elec. Constructors 诉 Aetna Casualty & Surety Co.，78F. 3d 61，1996 U. S. App. LEXIS 3912 (2d Cir. March 6，1996) 案中，纽约第二巡回法庭认为附条件支付条款违背了纽约留置权法明示的公共政策，主张主包商或保证人不能将附条件支付条款作为向分包商付款的抗辩，因为作为付款前提条件的这种条款构成了一种留置权放弃，因此违反了纽约留置权法。

目前，美国各州法院对这种 Pay-when-paid、pay-if-paid、pay-upon-paid 等条款存在三种不同的看法和判决：

第一，认定这种条款有效。如亚拉斯加州、康涅狄格州、乔治亚州等。

第二，认定这种条款无效。如亚拉巴马州、亚利桑那州、阿肯萨斯州、纽约州等。

第三，认定这种支付条款只能被视为是主包商在"一段合理时间内"延迟向分包商付款的理由，如超过了"合理时间"，分包商有权向主包商索要分包款项。

有关附条件支付条款的判例，参见 U. S. Ex. Ret. Straightline Corp 诉 American Casualty Corp. 2007 U. S. Dist. LEXIS 50688（N. D. W. Va 2007）案、United States of America for the use of DDC Interiors, Inc. 诉 Dawson Construction Co., Inc., No. 94-B-2699, 1995 U. S. Dist. LEXIS 10643（D. Colo. July 25, 1995）案、Richard F. Kline, Inc. 诉 Shook Excuvating & Hauting, Inc. 165 Md. App. 262, 885 A. 2. d 381, 2005Md. App. LEXIS 273 案、West-Fair Elec. Contractors 诉 Aetna Casualty & Surety Co., 78 F. 3d 61, 1996 U. S. App. LEXIS 3912 案和 Urban Masonry Corporation, Appellant, N&N Contractors, Inc. Appellee 676 A. 2d 26 案等。

13.2.3　英国建筑法律中的附条件支付条款

英国在 1996 年《住宅许可、建造和重建法》（Housing Grants, Construction and Regeneration Act 1996）第 113 条明确禁止这种附条件的分包支付条款，但业主破产的情形除外。该法适用于 1998 年 5 月 1 日以后签署的合同。

第 113 条规定：

"113　禁止附条件支付规定

（1）在施工合同中，向一方支付价款是以从第三人收到付款为条件的规定是无效的，除非在合同项下（直接或间接地）附有支付价款条件的第三人或任何其他人破产"。

因此，自《住宅许可、建造和重建法》公布后，在英国这种附条件支付条款在法律上是无效的，承包商和分包商在订立分包合同时不能签订附条件支付条款的分包合同。

13.2.4　分包商的策略

如果，只有如果在附条件支付条款中使用了非常清楚的、彻底的和不含混的语言，附条件支付条款才能在某种条件下和地区有效。如果附条件支付条款有效，其法律意义如下：

第一，业主向承包商付款是承包商支付分包商的前提条件。

第二，分包商承担了业主破产的风险。

第三，分包商得到付款只有一个来源，也就是业主向承包商支付的款项。

从分包商的立场出发，在谈判分包合同时，应特别注意附条件支付条款中的用语，如严格避免使用"if""provided that""on condition that""as a condition precedent"等传统的表示前提条件的用语。如不得已接受附条件支付条款，只能使用"when""after"等词语表示。

如遇到这种附条件支付条款，分包商在别无选择时，应采取补救措施，如补充如下内容："如果承包商未能收到业主的付款，或者监理工程师不签发证书，并不是分包商违约所造成的，那么，承包商应向其支付实际完成工程款以及最终结算款。"

中国对外承包企业承揽的国际工程项目，除少数发达国家和地区外，绝大部分工程项目是广大的落后的发展中国家，有做主包商的，也有做分包商的。无论是主包商还是分包商，都不可避免要进行支付条款的谈判工作，而支付条件又是一项交易或合同的核心问题。由于无法知晓各国相关立法规定以及各国司法界或仲裁机构对附条件支付条款的看法，因此，应慎重对待附条件支付条款，完善支付条款的相关规定和文字描述，以免陷入被动。

13.3　Pay-when-certified 条款

英国1996年建筑法第113条明示规定了附条件支付条款（Pay-when-paid）无效的法律规定，为了规避这项法律规定，许多承包商在分包合同中引入了Pay-when-certified 条款，规定只有在工程师签认分包工程价款后才能向分包商付款的条款。这种Pay-when-certified 条款引发的法律问题使这个规定合法吗？

在Pay-when-paid 条款的情况下，无论是否由于承包商的错误或违约导致工程师无法签认分包工程付款证书，Pay-when-paid 条款均不具有可执行的法律效力。承包商的过错可能包括没有递交付款申请，或者未能在规定的时间内递交付款申请，或者未能以适当和正确的方式递交付款申请。在实践中，经常发生的是工程师没有签认主合同的付款申请，或者由于提供的资料不全无法确认签认的工程量导致无法签认主合同的付款申请。

承包商未能进行分包商的付款申请，包括未能在规定的期限内或者分包商的付款申请没有被全部或部分地被签认，承包商都将构成违反了其向分包商付款的义务。

在实践中，Pay-when-certified 条款可能包括"certify if and when certified"条款（如果和在签认后的签认）或者"pay what is certified"条款（支付签认金额

条款)。根据不同的情况，承包商支付给分包商的价款可能是承包商估价后的金额，或者与主合同金额项下的付款相匹配的分包合同金额。因此，只有在这种情况下，即在承包商作出了及时的估价并随后签发有效的通知扣除未能估价的金额，或者认为分包合同金额低于分包商申请的金额时，Pay-when-certified 条款才具有法律效力。

在 Jarvis Facilities Limited 诉 Alstom Signalling Limited (trading as Alstom Transport Information Solutions) No.2 [2004] EWHC 1285 (TCC) 案中，双方当事人签订的分包合同第2.6款规定：

"2.6 承包商应根据附录 F1 – 项目节点日期（包括与节点日期对应的应签认的付款申请金额），在（阿尔斯通）铁道部门发出签认之日的7天内，向分包商支付付款证书上载明的金额。"

本案的争议解决裁决员（Adjudicator）认为，由于铁道部门签发日期不确定，因此，本案中的"Pay-when-certified"条款无效。但在核查附录 F1 后发现，附录 F1 中明确了铁道部门签发付款申请的具体期限，因此，如果铁道部门及时签发付款证书，则第2.6款规定的付款机制有效。但是，法官在审理该案时写道：

"如果（阿尔斯通）铁道部门没有按时签发付款证书，考虑到合同第2.6款明示规定了适当遵守内容，则阿尔斯通不能利用 Pay-when-certified 条款作为抗辩理由。"

13.4 Pay-when-paid 条款

如前所述，英国1996年建筑法明示规定 Pay-when-paid 条款无效。但是，在不同的司法管辖地，即使 Pay-when-paid 条款有效，负有支付义务的一方当事人也不能简单地说"我没有收到业主的付款"从而拒绝向分包商付款。承包商需要声明的是，尽管他采取了所有的适当的措施，但业主仍没有支付应付款项。在 Durabella Ltd 诉 J. Jarvis & Sons Ltd (2001) 83 Con LR 145 案中，汉弗莱法官在判决中写道：

"如果业主不能付款的原因是由于承包商自身违反合同或违约造成的，则承包商不能依赖 Pay-when-paid 条款。如果这种付款条款有效，则承包商默示地承诺他将采取一切可行的措施得到付款。如果没有，则不能依据该条款对抗分包商的付款主张。"

从本案可以得出，承包商在使用 Pay-when-paid 条款时，应遵循如下原则：
（1）确定 Pay-when-paid 条款的有效性。
（2）Pay-when-paid 条款不是承包商的一项"绝对的"权利，承包商在使用该条款抗辩分包商的付款主张时,应证明承包商已经采取了一切可用的措施。

(3)在诉讼或仲裁过程中,承包商应举证证明他采取了一切可用的措施。如果承包商未能证明,则承包商不能以此抗辩分包商的付款主张。

13.5 FIDIC 分包合同 2011 版付款规定

FIDIC 分包合同 2011 版第 14.6 款 [分包合同期中付款] 规定:"在承包商收到分包商月付款申请的 70 天内,付款申请中的金额以及承包商认为分包商应得的任何其他款项应为应付金额并应支付给分包商。"

FIDIC 合同 2011 版分包合同的这种安排,具有如下优点:

(1)巧妙地避开了不同司法管辖地的法律限制。

(2)避免了 Pay-when-paid, Pay-when-certified, Pay-if-Paid 等附条件支付条款的适用问题。

(3)考虑到主合同中业主向承包商付款周期为 42 天或 56 天,因此,分包合同安排付款期限为 70 天,即在实践中可以在业主向承包商付款之后,承包商再向分包商付款。但不得不说,70 天的付款周期长了一些,如果可以 60 天或更短一些,则会更为合理,可以减轻分包商的资金压力。

需要指出的是,在 FIDIC 合同 2011 版分包合同中,"付款申请中的金额以及承包商认为分包商应得的任何其他款项"的描述更是避开了 Pay-when-paid, Pay-when-certified 等附条件支付条款中的第三方业主或工程师签认的问题,这时,承包商负有义务审核分包商递交的月付款申请,而不是依赖业主或工程师的签认金额向分包商支付。关于这个问题,需要问答的承包商和分包商之间可能发生的争议点是:

第一,如果承包商与分包商就某项或某单项分包工程应付金额发生争议,承包商能否以业主或工程师签认的金额较低为由,对分包商主张扣款的权利?或者,对分包商的主张进行抗辩?

如果业主或工程师低估(underestimate)签认金额,而分包商提出不同意见,承包商是否能以业主或工程师的估价对抗分包商的主张?这个答案是明显的,由于 FIDIC 合同 2011 版分包合同第 14.6 款中没有规定以业主或工程师签认金额为最终签认金额的规定,因此,承包商不能以业主或工程师签认的金额对抗分包商的主张。

其次,能否以工程师签认的较低的金额对分包商主张扣款的权利问题,由于 FIDIC 分包合同中没有此项约定,因此,承包商不能以工程师签认的较低的金额而对分包商主张扣款。

第二,如果不能采用业主或工程师签认的金额,那么,承包商与分包商发生分包工程计量和估价争议，应如何解决？

FIDIC 分包合同和其他分包合同一样，均约定了争议解决方式，因此，如果承包商与分包商因分包工程计量和计价发生争议，应通过争议解决方式处理。

13.6　承包商的抵消权

13.6.1　分包商应得的合同价款

根据 FIDIC 分包合同 1994 年版第 16.1 款规定，分包商应得的合同价款如下：

(1) 已实施的分包工程的价值。

(2) 分包合同工程量表中的任何其他项目，包括分包商的设备，临时工程、计日工以及类似项目。

(3) 分包商的报价附录中注明的全部表列材料，以及分包商运至现场准备为分包工程配套使用但尚未安装到该工程上的工程设备的发票价值的百分比。

(4) 按第 21 条费用和法律变更进行的调整。

(5) 按照分包合同或其他规定，分包商可能有权得到的任何其他金额。

如果根据主合同的规定，需要在主包商的临时付款证书中扣减预付款和保留金，则主包商应相应地在分包商的付款证书中扣减预付款和保留金。

FIDIC 分包合同 1994 年版第 16.3 款规定，在下列情况下，承包商应有权扣发或缓发根据上述规定本应支付的全部或部分金额：

(1) 月报表中包含的款额连同承包商认为分包商可能有权另外获得的金额的总和，在扣除保留金和其他应扣款项后，少于分包商报价书附录中规定的最低支付限额（如有）。

(2) 月报表中包含的款额连同按照第 16.2 款承包商按主合同申请的任何其他金额，在扣除保留金与其余应扣款项后，其总额不足以使工程师按照主合同签发临时支付证书。

(3) 月报表中包括的金额没有被工程师全部证明，而这又不是由于承包商的行为或违约造成的。

(4) 承包商已根据主合同将分包商报表中所列的款项包括在承包商的报表中，且工程师已为此签发证书，但业主尚未向承包商支付上述全部金额，而这不是承包商的行为或违约引起的。

(5) 分包商与承包商之间和/或承包商与业主之间，在涉及计量或工程量问题或上述分包商的报表中包含的任何其他事宜已发生争执。

如果承包商扣发或缓发任何分包款项，他应在合理可行的情况下尽快地但不迟于上述款项应支付的日期，将扣发或缓发的理由通知分包商。

13.6.2 承包商抵消权的行使

根据《牛津法律词典》（第6版）的解释，抵消权（set-off）是指"①一项对抗请求人提出索偿行为的金钱上的反请求权；②应付款项与所欠款项的相抵。许多商业合同包括一项明示条款禁止抵消。"

根据英国法，抵消权包括三种形式：

（1）普通法上的抵消权。当事人行使抵消权时，可以提出金钱上的要求，但不能是损害赔偿费，也不要求抵消事项源自同一项交易。

（2）衡平法上的抵消权。要求提出反请求权必须与原交易密切相关，不能是一项单独的反索偿请求，但可以是损害赔偿费。

（3）合同上的抵消权。依合同的明示规定行使的抵消权。

在建筑工程施工行业中，业主经常根据他有权对延误和缺陷工程要求损害赔偿费而拒绝向承包商支付或全额支付应付款项，这种行为也时常发生在承包商与分包商之间。

在建筑合同中，根据有关判例，如 Dawnays Ltd 诉 F. G. Minter Ltd 案和 Gilbert-Ash（Northern）Ltd 诉 Modern Enigineering（Bristol）Ltd 案，抵消权的行使有其特定的基本规则，即应有清晰的文字证明扣除或取走一方当事人的款项是合法的。

【案例13-9】 在 Dawnays Ltd 诉 F. G. Minter Ltd, Court of Appeal, (1971) 1 BLR 16 案[一]中，第13条 [指定分包商] 规定：

"虽然承包商有权从应付给分包商的款项中扣减或抵消分包合同项下任何分包商负有责任应向承包商支付的任何款项。"

在本案中，承包商以他有权要求分包商延误的损害赔偿费为由拒绝在临时付款证书中向分包商支付有关款项。

法院判决：根据对合同的真实解释，根据第13条的规定，扣减的金额只能是已成立的或承认应付的已清偿的确定的金额。

【案例13-10】 在 Gilbert-Ash（Northern）Ltd 诉 Modern Engineering（Bristol）Ltd 案[二]中，当事人使用的不是标准格式合同，其中抵消条款规定：

"如果分包商未能遵守本分包合同的任何条款，承包商保留暂停或扣缴任何

[一] Michael Furmston. Powell-Smith and Furmston's Building Contract Casebook [M]. 4th. Oxford: Blackwell Pulibshing Ltd, 2006: 191-192.

[二] Michael Furmston. Powell-Smith and Furmston's Building Contract Casebook [M]. 4th. Oxford: Blackwell Pulibshing Ltd, 2006: 192-194.

到期应付或即将应付给分包商款项的权利。承包商还保留从应付给承包商的已签认任何付款中扣减款项的权利，和/或从真实的对销账户中索偿任何款项的权利，和/或承包商在分包合同或其他合同项下向分包商提出索赔的权利。"

法院判决：根据对合同的真实解释，主包商有权抵消对分包商违约索赔中涉及的款项，合同条款并没有排除普通法上和衡平法上的抵消权。

无论是业主对承包商行使抵消权、还是承包商对分包商行使抵消权，应注意区别三个相关概念，即反请求权（counterclaim）（在建筑工程行业中译为反索赔）抵消权和取消（abatement）的区别。

反请求权，或称反索赔，根据丹宁大法官在 Herriksens A/S 诉 Rolimpex THZ [1974] 1 QB 233 CA. 案中的解释：

"任何一项独立标的请求。不能将其限定在金钱上的请求……和……与原来的诉因或事项没有关系或相关联。"

因此，反请求权必须独立于另一方当事人提出的索赔，但如果反请求权符合有关要求，可以使一方当事人行使抵消权。

关于取消，Morris 大法官在 Gilber Ash 诉 Modern Engineering (Bristol) Ltd 案中描述道：

"一项长久以来确立的法律原则是，如果一个人为另一个人工作，如后者遭到起诉时，他可以行使抗辩权，表明前者所做工作很差，其有关请求应予撤销。"

在货物买卖合同中，买方可以从应付给卖方的货款中扣除缺陷货物的价格，并向卖方支付余款。但取消仅适用于减少或偿清已付价款或合同项下应付价款，并且不能超出整个合同价款金额。

FIDIC 合同 1987 年第 4 版第 59.5 款对指定分包商的支付证书中明确规定了业主对承包商未付指定分包商款项的抵消权，即业主可以直接向指定分包商支付其应得款项。

在承包商向分包商行使抵消权时，应根据分包合同的明示条款规定进行，并应有充分的证据证明他行使抵消权是正当的。

有关抵消权的判例，参见 B. Hargreaves Ltd 诉 Action 2000 Ltd 案、Acsim (southern) Ltd 诉 Dancon Danish Contracting and Development Co Ltd, Court of Appeal, (1989) 19 Con LR 1 案、C. A. Duquemin Ltd 诉 Slater, Queen's Bench Division (1993) 35 Con LR 147 案和 Mellowes Archital Ltd 诉 Bell Products Ltd, Court of Appeal, (1997) 58 Con LR 22 案等。

第14章 分包合同保险和担保

与施工合同相关的担保类型繁多。
——尼古拉斯·丹尼斯,《哈德逊论建筑和工程合同》

14.1 分包合同保险

14.1.1 承包商保险义务

无论是某一国的国内工程项目还是国际工程项目,业主、承包商及其分包商或者专业分包商均被要求对实施的建设工程项目进行保险,以保险的方式减轻或规避建筑工程和土木工程项目中可能产生的风险。此外,建设工程中的专业人员等还需要承保职业保障保险,以便为其行为或疏忽可能导致的损失承保风险。所有的施工合同、工程合同或者建筑合同均明示规定了承包商的保险义务(无论承包商是否进行设计工作),或者规定了承包商与业主联合投保的义务,或者由业主承保的义务。

FIDIC合同1999版第18条、2017年第2版红皮书、黄皮书和银皮书中的第19条规定了承包商的保险义务。FIDIC合同1999版第18.1款规定:

"在本条中,对于每种类型的保险,'投保方'是指对办理并保持相关条款中规定的保险负有责任的一方。

当承包商为投保方时,应按照业主批准的条件向保险人办理每项保险。这些条件应与双方在中标函的日期前协商同意的条件相一致。这一条件协议的地位应优先于本条各项规定。

当业主是投保方时,应按照与专用条件所附的详细内容相一致的条件,向保险人办理每项保险。

如果保险单需要联合被保险人提供保障,保险赔偿应如同已向联合被保险人的每一方发出单独保险单一样,对每个被保险人分别适用。如果保险单对附加联合被保险人提供保障,即在本条规定的被保险人之外附加,则(i)除业主应代表业主人员行动外,承包商应代表这些附加联合被保险人根据保险单行动;(ii)附加联合被保险人无权从保险人处直接得到付款,或与保险人有其他直接往来,以及(iii)投保方应要求所有附加联合被保险人损失保险单规定的条件。

每份承保损失或损害的保险单应以修正损失或损害所需要的货币进行赔偿。从保险人处收到的付款应用于修复损失或损害。

有关投保方应在投标书附录中规定的各自期限内（从开工日期算起）向另一方提交：

（a）本条中所述保险已经生效的证据，以及

（b）第18.2款［工程和承包商设备的保险］和第18.3款［人身伤害和财产损害险］所述的保险的保险单副本。

当每项保险费已付时，投保方应向另一方提交支付证据。每次提交证据或保险单时，投保方也应通知工程师。

每方应遵守每份保险单规定的条件。投保方应保持使保险人随时了解工程实施中的任何相关变化，并确保按照本条要求维持保险。

没有得到另一方的事先批准，任何一方不应对任何保险的条件作出实质性变动。如果保险人作出（或要作出）任何变动，首先收到保险人通知的一方应立即通知另一方。

如果投保方对合同要求办理并维持的任何保险未能按要求办好并保持有效，或未能按本款要求提供满意的证据和保险单副本，另一方可以（由其选择，并在不影响任何其他权利或补偿的情况下）办理该保险范围内的保险，并支付应交的保险费。投保方应向另一方支付这些保险费，同时，合同价格应做相应调整。

本条规定不限制合同其余条款或其他文件所规定的承包商或雇主的义务、责任或职责。任何未保险或未能从保险人收回的款项，应由承包商和（或）业主按照这些义务、责任或职责的规定承担。但是，如果投保方对于能做到的，并在合同中规定要办理并保持的某项保险，未能按要求办好并保持有效，而另一方既没有批准这项省略，又没有办理与此违约有关的保险范围的保险，则根据此项保险应能收回的任何款项应由投保方支付。"

在FIDIC合同1999版第18.1款中，涉及了两个非常关键的问题：

（1）在发生保险事故后，如果保险人（保险公司）能够赔偿时，保险费如何使用？

关于这个问题，第18.1款第5段规定："每份承保损失或损害的保险单应以修正损失或损害所需要的货币进行赔偿。从保险人处收到的付款应用于修复损失或损害。"因此，可以得出，无论投保人是业主还是承包商或者双方联合投保，则被保险人获得的保费将用于修复损失或损害。

（2）如果发生保险事故，投保人未能从保险人处收回赔偿金，那么，由谁承担损失和费用？

FIDIC合同第18.1款倒数第二段规定"应由承包商和（或）业主按照这些

义务、责任或职责的规定承担"。也就是说，如果投保人未能从保险人处收回全部或部分赔偿金，保险事故产生的损失超过保险赔偿金额时，应按照合同规定的义务、责任或职责的规定承担。

FIDIC 合同第 18.1 款倒数第二段规定了例外或但书内容："但是，如果投保方对于能做到的，并在合同中规定要办理并保持的某项保险，未能按要求办好并保持有效，而另一方既没有批准这项省略，又没有办理与此违约有关的保险范围的保险，则根据此项保险应能收回的任何款项应由投标人支付。"从上述规定可以得出，满足但书规定的条件是：

第一，投保人未能按要求办好并保持保险有效。

第二，另一方（业主）既没有批准这项省略，又没有办理与此违约有关的保险范围的保险。

FIDIC 合同 2017 年第 2 版合同第 19.1 款最后一段规定："Where there is a shared liability the loss shall be borne by each Party in proportion to his liability under Clause 17 [Risk Allocaiton] or Clause 18 [Exceptiional Risks], provided the non-recovery from insurers has not been caused by a breach of this Clause by the Contractor. In the event that non-recovery from insurers has been caused by such a breach, the Contractor shall bear the loss suffered."（如果未能从保险人处获得赔偿不是因承包商违反本条规定导致的，在责任共担时，则应根据第 17 条 [风险分配] 或第 18 条 [特殊风险] 的规定由每方当事人按责任比例承担。如果未能从保险人处获得赔偿是由于承包商违约造成的，则承包商应承担遭受的损失。）

在实践中，经常发生的争议是：施工合同中没有规定免赔额的规定，承包商为了节省保险费用，选择了较高的免赔额，导致大部分的保险事故无法获得保险理赔。而业主主张，在发生保险事故后，承包商应向保险公司理赔，业主不承担任何保险事故产生的损失，无论能否获得保险理赔。

从 FIDIC 合同规定看，专用条款应规定工程一切险（CAR）的免赔额（deductible limit）和第三者责任险的免赔额，但大多数专用合同条款仅规定了第三者责任险的免赔额，没有规定工程一切险的免赔额。在此种情况下，是否满足"投保人未能按要求投保并保持保险有效"的"按要求"（whichever it is required）但书条件呢？这是一项令人苦恼的问题。

首先，如果合同专用条款明示规定了工程一切险免赔额，承包商作为投保人应按照专用条款进行保险并维持保险的有效性。此时，如果发生保险事故，在保险人（保险公司）理赔后，如理赔额不足以满足修复工程的成本，则保险理赔额与实际修复成本的差额，应根据第 18.1 款倒数第二段的要求，"应按照合同规定的义务、责任或职责的规定承担。"

其次，如果合同专用条款没有规定工程一切险的免赔额，保险公司以损失低于免赔额不予理赔或理赔金额与免赔额抵扣后赔偿金额很少，不足以满足实际修复成本时，应该由谁承担实际发生的修复成本或者差额？承包商可能主张，合同没有规定免赔额，无论他投保保单的免赔额多少，都已经满足了"合同要求"，因为合同没有规定明确的金额。而业主主张，承包商投保的免赔额过高，导致保险公司不能给予保险理赔，因此，承包商应承担保险事故造成的损失。为此，建议承包商在合同专用条款中没有规定工程一切险免赔额时，应向业主询问并由业主给出免赔额。如果业主不予回复或拒绝或回复，让承包商自己决定，则承包商可以据此主张满足了"合同要求"。

承包商是否满足了"合同要求"的保险义务，存在两种情况：

- 在合同规定免赔额时，承包商履行了合同规定的保险义务。法律的验证标准是：如果承包商按照合同要求的免赔额进行了保险，且承包商向业主提交的保单显示免赔额为合同规定的免赔额（the permitted deductible limits）时，则可以判定承包商满足了"合同要求"。此时，如果发生保险事故，出现损失没有超过免赔额的情况，则应由投保人承担保险事故的损失。如果保险事故损失超过免赔额，超出部分，如果保险公司不予赔偿，则损失应按照合同规定的责任、义务和职责判断损失的承担者。

- 在合同没有规定免赔额时，如果承包商证明他使用了工程量表中的保险费用进行了保险，且承包商递交保单后业主没有反对意见时，则应按保险的一般原则处理保险事故产生的损失。即没有超过免赔额的部分，由投保人自己承担，超出免赔额的损失，如果保险公司不予赔偿，则应按照合同规定的义务、责任和职责确定损失的承担方。在责任共担时，应按照比例承担损失和修复成本。

在不可抗力导致的保险事故时，如果证明承包商不存在任何过错或过失，且保险单是按照合同要求承保时，则根据FIDIC合同1999版第19条的规定或者2017年第2版第18条的规定，不可抗力属于业主的风险，则应由业主承担修复成本，但应将保险理赔金额用于修复工程。

再次，如果保险事故是承包商过错造成的，则承包商应承担保险事故所造成的损失。

14.1.2　分包商保险义务

FIDIC合同2011版分包合同第18条规定了分包商保险的义务。第18.1款[分包商保险义务]规定，分包商应按照附录E中规定的金额和名称对风险进行投保并保持保险的有效性。

分包商保险义务与主包商在主合同项下的义务不同，这是因为工程一切险和第三者责任险只能由主包商投保，或者业主投保或者业主与主包商联合投保。针对一个工程项目，不能出现两个工程一切险和第三者责任险。

一份完整的分包合同协议应规定主包商保险的范围和分包商保险范围。主包商应按照主合同的规定投保工程一切险和第三者责任险。分包商保险的范围可在分包合同附录中予以规定，包括：

（1）货物保险，如涉及海运，则应按 CIF 价投保 110% 货值的保险。
（2）货物运输保险。
（3）车辆责任保险。按照工程所在国的车辆保险规定投保。
（4）人身意外伤害险（person's injury and death insurance）。
（5）分包商施工机械设备保险。

在分包商按照分包合同附录的规定投保并取得保单后，分包商应向主包商递交保险的证据以及保险费收据。如果分包商未能按要求办理并保持保险有效性，或者未能提供令人满意的保险证据和保险费收据，则在另一方发出提交证据的指示后，另一方可以根据其选择，并在不损害其他权利或救济的情况下，毫无延迟地办理并保持保险的有效性并支付应付的保费。作为对分包合同价格调整，违约方应随后向另一方支付保费金额以及办理保险发生的任何额外费用。

14.1.3 保险种类和要求

世界上绝大多数国家对于保险有法定的要求，如：保单类型、强制保险种类、保险税/费、出单公司要求、再保险公司评级等。承包商或者分包商在项目初期就需要了解项目所在国的保险法规要求，或委托专门机构提供专业的分析报告。

涉及项目所在国相关法律要求主要有 4 个方面：

（1）强制保险要求。例如机动车辆第三者责任保险是典型的强制保险险种，上述险种不论在承包工程合同中是否体现，都是作为承包商或分包商必须购买的保险险种。

（2）项目所在国当地法律是否承认非当地注册的保险公司（一般为境外保险公司）签发的为项目所在国当地项目提供保险保障的保险单。一般而言，多数第三世界国家都要求必须是项目所在国注册的保险公司才能为当地项目提供保险保障，境外保险公司提供的保险单不合法，且未来在工程完工后的税收扣减中也可能发生问题，但有些国家有例外规定的除外。

（3）部分国家为保护本国市场，对于项目所在国保险市场承担风险的份额有强制要求，即项目所在国保险市场必须承担不低于一定比例的份额。

（4）再保险接受公司的评级。需要注意的是，不少国家对于再保险公司有最低评级要求，通常为不低于标准普尔 A – 或其他国际评级公司（穆迪、惠誉或 A. M. Best）相当于标准普尔 A – 的评级。

国际工程承包合同一般都包括了业主对保险的要求，包括：

（1）保险范围：保险应该包括对工程、材料、生产设备和承包商设备，第三方责任、承包商对除工程外的业主财产的损失责任等，以及保险单的适用范围，如对司法管辖范围、保单地域范围的要求等。

（2）保险险种：建筑工程一切险，安装工程一切险和第三者责任险，施工机具保险（部分国家采用单独保单承保），工伤/劳工赔偿保险，海运保险，机动车辆第三者保险，职业责任保险，财产一切保险，公众责任保险等。

（3）险种适用情况：

建筑工程一切险：主要用于土木工程为主的承包工程项目，例如公路、铁路、隧道、桥梁、码头、大型水电站等。

安装工程一切险：主要用于涉及大型成套设备安装的承包工程项目，例如燃煤电厂、燃气电厂、水泥厂、炼油厂、化工厂、化肥厂等。

建筑工程一切险与安装工程一切险在保险条款上略有不同。

第三者责任保险/综合责任保险：主要针对工程保险项下第三者责任保险。

施工机具保险：主要承保承包商施工机具，部分国家采用单独保单承保。

工伤/劳工赔偿保险：需要根据项目所在国要求以及当地市场惯例并参考国内法规要求办理。

海运保险：承保大型设备、工程材料以及承包商施工机具在运输过程中发生的自然灾害和意外事故损失。特别需要注意的是货物在东道国内陆运输的风险，建议在海运保险项下妥善安排。

机动车辆第三者保险：通常为东道国强制保险，需要注意的是承包商在当地租用车辆时，需要租赁公司或车主提供上述保单，否则承包商须自行购买以满足当地法规要求。

职业责任保险（professional indemnity insurance）：有些国家的部分项目可能会要求投保以该国司法管辖或第三国司法管辖为基础的设计师责任保险，保险期限从工期至10年不等，上述险种投保设计比较复杂，承包商应在正式投标前向保险顾问咨询。在欧洲和美洲地区，在承包商负责设计时，工程合同均规定承包商需要为其设计义务投保执业责任保险。因此，承包商应向保险公司投保该险种，并向业主递交有关保险证据和交纳保费的收据。

财产一切险：部分项目完工后需要承包商运营一段时间，因此需要投保财产一切险，承包商可结合合同要求咨询保险顾问。

十年期民事责任险：在法语区国家，在施工合同中一般会要求承包商投保十年期民事责任险，以保障建筑物建成后出现的潜在缺陷（latent defects）及其造成的损失。

（4）保险公司：有些项目由业主在承包合同中指定当地保险公司。

（5）再保险：部分项目存在业主在工程合同中要求指定再保险公司（一般

为国家再保险公司）的情况。如：在需要安排再保险的情况下，需要优先考虑项目所在国的再保险公司、区域性再保险公司，同时，还需要对再保险公司的规模、再保险公司的国际评级等设定要求。

（6）保险经纪/顾问公司：有些国家对于保险经纪/顾问公司在当地开展业务，尤其是协助客户在当地招标选定保险公司时，要求保险经纪/顾问公司必须持有当地合法的保险经纪/顾问牌照，承包商在选择保险顾问协助其开展业务时，需要了解该保险经纪/顾问公司在项目所在国是否持有合法的牌照。

（7）保险生效：一般而言，在土木工程施工中，业主签发开工令前就需要承包商提供的保险证明文件，但部分项目由于前期工作时间较短，无法按期完成保险安排，这时承包商可以在当地保险经纪/顾问的协助下，与当地保险公司协商先行出具保险凭证或由保险经纪/顾问公司（依照当地法规要求）协助其出具保险凭证以保证工程顺利开工。另外，部分保险险种可能在项目所在国当地保险市场难以购买，因此，需要承包商或保险经纪/顾问在合同谈判时就向业主说明，与业主协商由业主购买相关保险，或在承包合同中取消上述保险要求。

业主在施工合同中可能要求承包商购买一些特殊险种，如十年期民事责任保险、缺陷责任保险、职业责任保险。在合同要求承包商承保此类保险时，承包商应咨询保险公司或保险代理。

在工程一切险中，保险公司需对下述原因导致的损失和费用进行赔偿，如下：

（1）自然灾害（包括水灾、冰灾、海啸、风暴、雪暴、雪崩、地崩、冻灾、地震、雷击等）。

（2）意外事故，如火灾和飞行物体坠落或飞机坠毁。

（3）盗窃。

（4）职工缺乏经验、疏忽、过失或其他恶意行为。

（5）原材料和工艺缺陷引起事故及其他等。

（6）爆炸及其他不可预料和突然事故等。

但是，工程一切险一般不包括如下原因造成的风险损失：

（1）战争、类似战争行为、敌对行为、武装冲突、暴动、政治风险。

（2）没收、征用、罢工等风险损失。

（3）核反应、辐射或放射性污染引起的损失、费用或责任。

（4）自然磨损、氧化和腐蚀等。

（5）设计错误引起的损失、费用或责任。

（6）非外力引起的机械电器装置的损坏或建设用机械设备的失灵。

（7）中止合同、违约罚金等。

(8) 丧失合同和拖延工期。
(9) 货物运输和工地外交通事故。
(10) 被保险人及其代表的故意行为和重大过失引起的损失、费用或责任。
(11) 全部停工或部分停工引起的损失。
(12) 保单中规定的由被保险人自行负责的免赔额。

承包商可根据工程项目的所在国、地点、项目性质、工期等内容与保险公司商谈保险承保的范围、内容和费率。一般而言，承包商的资信条件好，保险公司会适当降低保费，反之则提高保险费率。

安装工程一切险承保安装各种工厂用的机器、设备、储油罐、钢结构工程、起重机、吊车以及包含机械工程因素的任何建造工程因自然灾害或意外事故而引起的一切损失，也可根据投保人的要求附加第三者责任险。承包商可根据工程所在国的有关法律以及合同规定向保险公司投保安装工程一切险。

安装工程一切险保险标的包括：
(1) 安装的机器及安装费，包括安装工程合同内要安装的机器、设备、装置、物料、基础工程以及为安装工程所需的各种临时设施等。
(2) 为安装工程使用的承包商的机器、设备。
(3) 附带投保的土木建筑工程项目投保额不得超过整个工程项目保额的和。
(4) 场地清理费用。

承包商在投保安装工程一切险时要考虑安装工程的性质和特点，应考虑：
(1) 保险标的从安装开始就存在于工地上，风险从一开始就比较集中。
(2) 试车考核期内任何潜在因素都可能造成损失，且试车期的损失率占整个安装期风险的50%以上。
(3) 人为因素造成的损失较多。

考虑到安装工程的上述特点，安装工程一切险的保费要比工程一切险的保费高。

在国际工程项目中，工程合同均规定承包商应投保第三者责任险，且规定其最低保险金额。承包商应按照合同规定，与工程一切险一起向保险公司投保。

业主要求承包商投保第三者责任险的目的很明显，因为工程是在业主的工程土地范围内进行，如果任何事故造成工地和临近地段第三者人身伤亡和财产损失时，第三者可能要求业主赔偿或提起诉讼，业主为免除自己的责任而要求承包商投保这种责任险。

在发生涉及第三方损失的责任时，保险公司将对承包商由此遭到的赔款和发生诉讼等费用进行赔偿。但应注意，属于承包商或业主的财产损失，或其本公司和其他承包商在现场从事与工程有关的职工的伤亡均不属于第三者责任险的赔偿范围，而属于工程一切险和人身意外险的范围。

　　国际工程承包合同通常还要求承包商应对其所有施工人员以及业主和监理工程师进行人身意外事故保险投保。业主还要求承包商保证，不因这类事故而使业主遭到索赔、诉讼和其他损失。

　　承包商应按工程所在国的法律规定投保人身意外伤害保险，其保额不应低于当地法律规定的最低限额。在投保人身意外险时，还可同时附加事故致伤的医疗保险，至于平常的疾病医疗则不属于附加医疗保险范围。

　　工程所在国国籍的雇员必须在当地投保。对于承包商的外籍雇员，有的国家允许在外国的保险公司投保，对此签订合同时应予明确。

　　除上述国际工程承包合同明确规定的强制性保险外，承包商还可以投保货物运输险、社会福利险、战争险、投资险或其他政治险。

　　承包商在进行与工程项目有关的投保时，应注意如下问题：
　　(1) 保险公司的赔偿资金能力。
　　(2) 保险公司的信誉。
　　(3) 可选择国内保险公司投保。

　　承包商在投保时，应如实填报保险公司的调查表格，认真审定保险条款，包括保险范围、除外责任、保险期、保险金额、免赔额、赔偿限额、保险费、被保险人的义务、索赔、赔款、争议和仲裁等。承包商应在签订保险合同时与保险公司逐条修改或补充，取得共同一致的意见，注意保护自身的权益。

14.2　担保概述

　　根据各国法律，担保可分为：
　　(1) 物的担保。也称物权担保或担保权益，属于财产法或物权法的范畴。物的担保是指以确保债务清偿为目的，而在债务人或第三人的有形财产或权利财产上设定的担保物权，如抵押权、质权和留置权，如债务人到期不履行义务，债权人可通过处分作为担保品的财产优先得到清偿。
　　(2) 人的担保。是指由自然人或者法人以其自身的信誉和资产为他人的债务提供担保。如债务人不履行债务时，即由保证人或担保人负责履行债务。与物的担保不同，人的担保属于债法或合同法的范畴。

　　人的担保又可分为传统的人的担保，即保证。保证是一种合同关系，系指由保证人与债务人约定，当主债务人不履行债务时，即由保证人负责履行。其主要特征是保证合同是从属性和补充性，如果主债务人的债务得以履行，则保证人无须履行保证义务。只有当主债务人违约，保证人才能代替他履行主债务人的义务。同时，主债务被宣告无效或消灭，保证人的保证义务也随之无效或消灭。而且保证人可以主债务合同为由行使抗辩权,使债务人的债务无法履行。英国法中的保证合同(contract of Guarantee)即属于传统的保证合同。大陆法系国家,如德国、法国称之为保证合同。

第二种人的担保形式是新型的担保,习惯称之为担保,是合同关系的一种。其特征是担保具有非从属性和独立性,它不从属于主债务人和债权人之间的合同,担保人原则上不能以主债务人根据他同债权人之间的抗辩理由来对抗债权人。目前国际工程承包业普遍使用的"凭要求即付"保函(又译为"见索即付"保函)等银行和保险公司出具的投标保函、履约保函、预付款保函、保留金保函等即属于担保合同。英国法中的赔偿合同(contract of Indemnity)即属于担保合同。大陆法系国家,如德国、法国称之为担保合同。

这种以银行和保险公司为担保人提供的"凭要求即付"担保,银行和保险公司不介入或卷入主债务人,即承包商与债权人,即业主之间的基础合同的纠纷中,也不能行使主债务人对债权人的抗辩权,担保银行和保险公司的基本义务是收到保函中列明的索赔文件后,即应向债权人支付保函上列明的担保金额。对于银行或保险公司而言,由于在主债务人申请开具保函时已经向银行或保险公司提供了反担保,如现金抵押或保证或使用了一部分的担保额度,银行和保险公司的风险基本上不存在或承担很小的风险,还可以收取一定比例的手续费,因此,这项业务已成为银行或保险公司经营的一种中间业务。

担保的分类见图14-1:

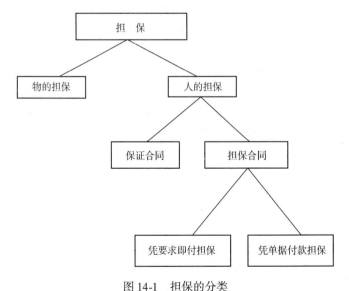

图14-1 担保的分类

在国际工程项目中,担保合同的法律关系如图14-2所示。

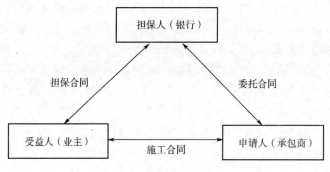

图 14-2　担保合同的法律关系

14.3　国际承包工程行业中使用的担保

在国际工程承包业中，普遍使用的担保有投标保函、履约保函、预付款保函、保留金保函等。保函是担保函的简称，是以银行或保险公司为担保人，以业主为受益人，保证在承包商违约的情况下，银行向业主支付一定金额的一种担保文件。

在实际义务中，担保合同可分为"凭要求即付"（on demand）担保和"凭单据付款"担保，前者是国际工程承包业务以及国际贸易中普遍使用的方式，后者使用的较少。

根据国际商会1978年第325号出版物《合同担保统一规则》（Uniform Rules for Contract Guarantee）的规定：

投标担保（Tender Guarantee）系指一家银行、保险公司或其他当事人（即担保人）应投标人的请求，或按照另一家银行、保险公司或其他当事人根据投标人的请求所发的指示，向招标的一方（受益人）所作出的义务承担。根据此项义务承担，担保人承担因投标人不履行投标所产生的义务而发生违约事件时，在规定的金额限度内向受益人付款。

履约担保（performance guarantee）系指一家银行、保险公司或其他当事人（即担保人）应货物或劳务供应人或承包商（指示人）的请求，或按照另一家银行、保险公司或其他当事人根据指示人的请求所发出的指示，向买方或招标人（即受益人）所作出的义务承担。根据此项义务承担，担保人承担因指示人不履行指示人与受益人之间的合同而发生违约事件时，在规定的金额限度内向受益人付款，或者如果担保文件上有此规定，亦可由担保人选择由其安排履行合同。

偿还款项担保（repayment guarantee）系指一家银行、保险公司或其他当事人（即担保人）应货物或劳务供应人或承包商（即指示人）的请求，或按照另一家银行、保险公司或其他当事人根据指示人的请求所发出的指示，向买方或招标人（即受益人）所作出的义务承担。根据此项义务承担，担保人承担因指示人不按照指示人与受益人之间的合同条款和条件的规定偿还款项而发生违约事件时，担保人应就受益人预付或已付给指示人但指示人未予偿还的一笔或几笔款项，在规定的金额限度内向受益人付款。

在实践中，偿还款项担保亦称为预付款担保，因为业主支付的预付款项为预付款性质，因此承包商在临时付款证书中需要扣减预付款项。业主为保护自己，避免承包商违约时不能取回或全额取回预付款，才需要承包商向业主提供由银行或保险公司提供的担保。

14.4　FIDIC 合同 1999 版中使用的担保

FIDIC 合同 1999 版附录中给出了担保格式，共有 7 项担保格式：
附录 A：母公司担保范例格式。
附录 B：投标担保范例格式。
附录 C：履约担保——凭要求即付范例格式。
附录 D：履约担保——担保保证范例格式。
附录 E：预付款担保范例格式。
附录 F：保留金担保范例格式。
附录 G：业主支付担保范例格式。

在上述附录 A 至 G 项担保文件中，附录 A：母公司担保范例格式属于保证合同，即承包商的母公司保证承包商的履约，在承包商不能履约时由母公司履行债务，母公司的保证义务是从属性和第二位的义务。而附录 B 至 F 属于担保合同的范畴，即由银行或保险公司为担保人，承诺在承包商违约时由银行或保险公司向业主支付保函规定的金额。附录 G：业主支付担保范例格式也属于担保合同范围，在这种担保中，由业主或保险公司开具保函，承诺在业主不能按时付款或不能付款时在保函规定的金额限度内向承包商的支付义务。

FIDIC 合同附录中的母公司担保格式，主要适用于项目融资项下或者大型、特大型国际工程项目中，业主为了保障承包商的履约（due performance）要求承包商的母公司提供的一种保证。承包商在与业主谈判该项担保时需要注意，如果母公司能够提供担保，则可以承诺向业主出具母公司担保。但如果母公司是上市公司或母公司绝对不能出具担保时，应坚守谈判的底线。

14.5 凭要求即付担保

14.5.1 凭要求即付担保定义

凭要求即付担保是指担保人（一般指银行）应申请人（一般指承包商）的要求或指示对受益人（一般指业主）承诺下述义务：只要受益人要求付款，担保人应立即支付约定的金额，受益人的付款要求是无条件的，他不需要证明其付款要求是有根据的，也不需要证明被担保的主债务未能得到履行或主债务人违约。担保人一旦收到受益人的付款要求（on first demand），即应向受益人付款。担保人不得以申请人根据基础交易合同所产生的抗辩对抗受益人。凭要求即付担保是无条件的担保（unconditional guarantee，unconditional bond）。

14.5.2 凭要求即付担保的特征

（1）凭要求即付担保是非从属性的担保，担保人（银行）所承担的义务是独立于基础交易合同的，担保人不能以基础合同所产生的抗辩对抗受益人。从独立于基础交易合同的角度而言，凭要求即付担保与国际贸易中普遍使用的信用证交易相似，对银行而言，是一种单证业务。

（2）凭要求即付是无条件的，即担保人仅凭受益人的要求即应付款，而不能介入其所担保的主债务是否得到履行。

（3）凭要求即付担保中，担保人（银行）承担的义务是付款义务，而不是实际履行主债务人本应履行的义务。

凭要求即付担保与信用证是有区别的，尽管美国许多银行习惯采用备用信用证为客户提供银行担保，但两者区别如下：

（1）不可撤销的信用证是一种付款方式，而凭要求即付担保是一种担保方式。

（2）不可撤销的信用证一般是跟单信用证，而凭要求即付担保不是跟单的，担保银行仅凭受益人的要求即应予以支付。

14.5.3 凭要求即付担保的验证标准

判断一项担保是否是凭要求即付担保，应根据担保文件的明示规定进行判断，而不能根据默示推定其是否为凭要求即付担保。凭要求即付担保的典型用语如下：

"应委托人请求，我方（银行名称）_____在此不可撤销地承诺，在我方收到你方的书面要求和关于（在要求中）下列事项的书面声明后，向你方、受益人/业主，支付总额不超过＿＿＿＿＿（"保证金额"，即：＿＿＿＿＿）的任何一笔或几笔款项。"

在担保函中，只要出现 on demand, on first demand, on your first demand, on written demand, on your written demand 用语，并且明示规定银行在收到受益人的要求立即付款的内容，或者采用国际商会 458 号或 758 号出版物，或者载明独立于基础交易时即可判断这种担保是凭要求即付担保。

2016 年 12 月 1 日实施的中华人民共和国最高人民法院《关于审理独立保函纠纷案件若干问题的规定》第三条规定：

"保函具有下列情形之一，当事人主张保函性质为独立保函的，人民法院应予支持，但保函未载明据以付款的单价和最高金额的除外：

（一）保函载明见索即付。

（二）保函载明适用国际商会《见索即付保函统一规则》等独立保函交易示范规则。

（三）根据保函文本内容，开立人的付款义务独立于基础交易关系即保函申请法律关系，其仅承担相符交单的付款责任。

当事人以独立保函记载了对应的基础交易为由，主张该保函性质为一般保证或连带保证的，人民法院不予支持。

当事人主张独立保函适用担保法关于一般保证或连带保证规定的，人民法院不予支持。"

目前，在国际工程承包行业，普遍使用的是凭要求即付担保，其担保文件的名称通称为凭要求即付保函。

14.6　凭单据付款担保

凭单据付款担保是指受益人（一般指业主）在要求担保人（一般指银行）付款时必须向担保人提交担保函内规定的单据，担保人在收到单据并在形式上进行审查认为其符合担保函要求后，才能向受益人支付担保的款项。凭单据付款担保是有条件的担保（conditional guarantee）。

凭单据付款担保使用的单据，可分为三种：

（1）凭担保申请人（一般指承包商）与受益人之间的书面协议支付。

（2）凭鉴定人或工程师出具的证明承包商违约事实存在的证书支付。

（3）凭法院判决或仲裁庭裁决支付。

在第（1）种单据中，由于是业主和承包商之间的争议，因此，他们之间达成业主没收保函协议的可能性极低，在实践中不会采用这种单据，因为这对业主而言极为不利，业主无法实现担保项下其应获得的补偿。

第（2）种单据中，如工程师出具证明证实承包商违约，是一种可行的做法，但会使工程师处于非常难堪的地位，也可能面临承包商的诉讼。

第（3）种单据中，毫无疑问，法院的判决或仲裁庭的裁决无疑具有不容置疑的地位，但法院和仲裁庭耗时很长，对受益人实现其付款极为不利。

鉴于以上种种原因，在国际工程承包业中，业主使用的都是凭要求即付担保，使用凭单据付款担保极为罕见。

14.7 国际商会《见索即付保函统一规则》

14.7.1 跟单条款的排除适用

国际商会《见索即付保函统一规则》（Uniform Rules for Demand Guarantees）（简称URDG）是国际商会于1992年4月发行的第458号出版物，是国际上关于独立保函认可度和知名度最高、应用范围最广的国际惯例，对于独立保函在国际上的推广和运用起到了巨大作用。为适用市场的需要，2009年11月国际商会通过了第758号出版物，发布了新版URDG，并于2010年7月1日正式实施。

与第458号出版物相比，第758号出版物借鉴了《跟单信用证统一惯例》（Uniform Customs and Practice Documentary Credits）的原则，引入了申请人与被担保人的概念，将保函索赔细化为部分索偿和多次索偿，明确了审单时限，即不延期即付款的操作办法，区分了保函转让和款项让渡两种模式。总体而言，第758号出版物对保函各方当事人的权责关系更为明确，内容更加清晰，操作流程更加明确。

第458号URDG共计28条。其中对于见索即付保函，承包商在按照第458号出版物开立独立保函时，应排除第20条第a款第（ii）项的规定，如下：

"本保函适用国际商会《见索即付保函统一规则》第458号出版物，但排除第458号出版物第20条第a款第（ii）项的适用。"（This Guarantee is subject to Uniform Rules for Demand Guarantees, ICC Publication No. 458. However, the requirement of supporting statement under Article 20 (a) (ii) is excluded)

第458号URDG第20条规定：

"a) 保函项下的任何付款要求都应当采用书面形式，且（除了保函可能规定的其他单据外）应当辅之以书面声明（或者在付款要求内作出，或者在随附于付款要求的单独的单据中作出，并在付款要求中提及）：

（i）声明被担保人违反了基础合同项下的义务，或者，在投标保函的情况下，违反了投标条件；以及

（ii）指明被担保人的违约情形。"

因此，排除第 20 条第 a 款第（ii）项的适用意味着排除了"（ii）指明被担保人的违约情形。"即排除了"履约保函受益人在履约保函索赔时，需要告知被担保人的违约情形"，因此，根据本款规定，履约保函受益人即反担保受益人在索赔履约保函时，不需要指明承包商的违约情形。

在适用第 758 号出版物时，独立保函中应排除第 15 条第（a）项的适用，如下：

"本保函适用国际商会《见索即付保函统一规则》第 758 号出版物，但排除第 758 号出版物第 15 条第 a 款的适用。"（This Guarantee is subject to Uniform Rules for Demand Guarantees, ICC Publication No. 758. However, the requirement of supporting statement under Article 15 (a) is excluded)

第 758 号 URDG 第 15 条第 a 项规定：

"a. 保函项下的索赔，应由保函所指明的其他单据所支持，并且在任何情况下均应辅之以一份受益人声明，表明申请人在哪些方面违反了基础关系项下的义务。该声明可以在索赔书中作出，也可以在一份单独签署的随附于该索赔书的单据中作出，或在一份单独签署的指明该索赔书的单据中作出。"

上述排除第 458 号第 20 条第 a 款第（ii）项和第 758 号第 15 条第 a 项的适用，意味着排除了独立保函索赔人提供被担保人违反了基础合同项下义务的责任，也就是说，索赔人仅依靠一份声明，声称被答辩人违约即可索赔独立保函。

14.7.2　单证相符与不符点审查

国际商会第 458 号 URDG 第 9 条规定：

"第九条：担保人必须合理谨慎地审核保函项下所规定并提交的所有单据，包括付款要求，以确定其是否表面符合保函条款。当单据表面上不符合保函条款，或者单据之间表面上互不一致，单据应被拒绝。（Article 9: All documents specified and presented under a Guarantee, including the demand, shall be examined by the Guarantor with reasonable care to ascertain whether or not they appear on their face to conform with the terms of the guarantee. Where such documents do not appear so to conform or appear on their face to be inconsistent with one another, they shall be refused.)"

国际商会第 758 号 URDG 第 19 条、第 20 条和第 24 条规定：

"第 19 条　审单

a. 担保人应仅基于交单本身确定其是否表面上构成相符交单。

b. 保函所要求的单据的内容应结合该单据本身、保函和本规则进行审核。单据的内容无须与该单据的其他内容、其他要求的单据或保函中的内容等同一致，但不得矛盾。

c. 如果保函要求提交一项单据，但没有约定该单据是否需要签署、由谁出具或签署以及其内容，则：

ⅰ. 担保人将接受所提交的该单据，只要其内容看上去满足保函所要求单据的功能并在其他方面与第 19 条 b 款相符，并且

ⅱ. 如果该单据已经签署，则任何签字都是可接受的，也没有必要表明签字人的名字或者职位。

d. 如果提交了保函并未要求或者本规则并未提及的单据，则该单据将不予置理，并可退还交单人。

e. 担保人无需对受益人根据保函中列明或引用的公式进行的计算进行重新计算。

f. 保函对单据有需履行法定手续、签证、认证或其他类似要求的，则表面上满足该要求的任何签字、标记、印戳或标签等应被担保人视为已满足。

第 20 条　索赔的审核时间；付款

a. 如果提交索赔时没有表明此后将补充其他单据，则担保人应从交单翌日起 5 个营业日内审核该索赔并确定该索赔是否相符。这一期限不因保函在交单日当日或之后失效而缩短或受影响。但是，如果提交索赔时表明此后将补充其他单据，则可以到单据补充完毕之后再进行审核。

b. 一旦担保人确定索赔是相符的，就应当付款。

c. 付款应在开立保函的担保人或开立反担保函的反担保人的分支机构或营业场所的所在地点，或者保函或反担保函中表明的其他地点（"付款地"）进行。

第 24 条　不相符索赔，不符点的放弃及通知

a. 当担保人确定一项索赔不是相符索赔时，其可以拒绝该索赔，或者自行决定联系指示方，或者反担保函情况下的反担保人，放弃不符点。

b. 当反担保人确定反担保函项下的一项索赔不是相符索赔时，可以拒绝该索赔，或者自行决定联系指示方，放弃不符点。

c. 本条 a 款或 b 款的规定都不延长第 20 条中规定的期限，也不免除第 16 条中的要求。获得反担保人或指示方对不符点的放弃，并不意味着担保人或反担保人有义务放弃不符点。

d. 当担保人拒绝赔付时，应就此向索赔提交人发出一次性的拒付通知。该通知应说明：

ⅰ. 担保人拒绝赔付，以及

ⅱ. 担保人拒绝赔付的每个不符点。

e. 本条 d 款所要求的通知应毫不延迟地发出，最晚不得迟于交单日翌日起第 5 个营业日结束之前。

f. 如果担保人未能按照本条 d 款或 e 款的规定行事，则其将无权宣称索赔书

以及任何相关单据不构成相符索赔。

g. 担保人在提交了本条 d 款中要求的通知之后，可以在任何时候将任何纸质的单据退还交单人，并以自认为适当的任何方式处置有关电子记录而不承担任何责任。

h. 就本条 d 款、f 款和 g 款而言，'担保人'包括'反担保人'。"

根据第 458 号 URDG 第 9 条和第 758 号 URDG 第 19、20、24 条规定的"不符点例外"的原则，即在索赔通知与独立保函的规定存在不符点时，可根据适用法律的规定在司法管辖地法院申请保函的止付申请，即 Stay Order（暂停令）或者 Injunction（禁令）。

根据 2016 年 12 月 1 日实施的中华人民共和国最高人民法院《关于审理独立保函纠纷案件若干问题的规定》第 8 条和第 9 条的规定，在保函索赔存在"不符点例外"的情况下，则被担保人即可根据该项司法解释的规定在有管辖权的中国法院进行保函止付。"不符点例外"或"欺诈例外"原则成为在中国进行保函止付的法律规定的情形。

但是，需要指出的是，在作者处理的多起国际工程项目的独立保函在中国法院进行的止付案件中，在出现索赔人的索赔请求出现不符点时，开立银行均会通过电传向索赔人的通知行进行确认。一般而言，索赔人的通知行会在当天以电传方式回复并修正不符点，因此，依据"不符点例外"原则进行保函的止付存在索赔人的通知行即时更正的情况，使得被担保人在中国法院起诉时，"不符点"已经得到更正或修正，使得被担保人无法利用不符点进行保函止付。在国际工程合同中，如果合同附录中附有银行保函索赔通知书样式，则索赔人（通常是业主）应根据附录的样式发出保函索赔通知。在这种情况下，则很难出现银行保函索赔函的不符点，被担保人（通常是承包商）则无法利用不符点例外原则，在具有司法管辖权的法院进行保函的止付，申请法院出具禁令（Injunction）。

国际商会第 458 号 URDG 第 9 条没有规定开立银行审查单据的时间要求，但第 758 号 URDG 第 20 条规定了 5 个工作日的审查时限的要求，并规定一旦担保人确定是相符的，就应当付款。

14.7.3　独立保函适用的准据法

国际商会第 458 号 URDG 第 27 条规定了适用法律原则：

"除非担保函或者反担保函另有规定，否则其适用的法律应当是担保人或者指示方（视情形而定）营业地的法律，或者，如果担保人或者指示方有一个以上的营业地，则为出具担保函或者反担保函的分支机构营业地的法律。"

第 758 号 URDG 第 34 条［适用法律］规定：

"a. 除非保函另有约定，保函的适用法律应为担保人开立保函的分支机构或营业场所所在地的法律。

b. 除非反担保函另有约定，反担保函的适用法律应为反担保人开立反担保函的分支机构或营业场所所在地的法律。"

独立保函适用法律的约定多种多样，有些独立保函约定了适用法律，例如英格兰和威尔士法律，或者法国法律或中国法律等。有些独立保函没有明示规定适用的法律，此时，如果保函适用国际商会第458号或第758号URDG，则可根据第27条或第34条的规定确定独立保函适用的法律，或称准据法。

第458号和第758号URDG规定了同样的法律适用原则，即保函的适用法律应为开立保函的分支机构或营业场所所在地的法律。在反担保时，反担保函的适用法律为反担保人开立反担保函的分支机构或营业场所所在地的法律。

14.7.4　独立保函的管辖法院

国际商会第458号URDG第28条规定了管辖法院原则：

"除非担保函或者反担保函另有规定，担保人和受益人之间与保函有关的争议，或者指示方和担保人之间与反担保函有关的争议应当排他地由担保人或者指示方（视情形而定）的营业地国有管辖权的法院解决，或者，如果担保人或者指示方有一个以上的营业地，则由出具担保函或者反担保函的分支机构所在地国的有管辖权的法院解决。"

国际商会第758号URDG第35条［司法管辖］规定：

a. 除非保函另有约定，担保人与受益人之间有关保函的任何争议应由担保人开立保函的分支机构或营业场所所在地有管辖权的法院专属管辖。

b. 除非反担保函另有约定，反担保人与担保人之间有关反担保函的任何争议应由反担保人开立反担保函的分支机构或营业场所所在地有管辖权的法院专属管辖。

从上述规定可以看出，第458号和第758号URDG均规定了相同的司法管辖原则。在大多数银行的独立保函中，都规定了司法管辖的排他性安排，例如英格兰和威尔士法院，或者法国法院或中国法院等。

在独立保函明示规定适用英格兰法律，并规定由英格兰和威尔士法院进行排他性管辖的保函中，如何确定中国法律的适用和中国法院的管辖，成为绝大多数中国企业开具的独立保函面临的法律问题。

需要指出，保函欺诈属于侵权法上的问题。《中华人民共和国涉外民事法律关系适用法》第44条规定："侵权责任，适用侵权行为地法律，但当事人有共同经常居住地的，适用共同经常居住地法律。"因此，在审理涉及保函索赔人业主侵权的认定和侵权责任时，应选择适用侵权行为地的法律。保函欺诈案件的侵权行为结果地在中国，故应选择适用中华人民共和国的相关法律，即《中华人民共和国民法通则》和《最高人民法院关于贯彻执行〈中华人民共和国民法通则〉若干问题的意见》以及最高人民法院《关于审理独立保函纠纷案件若干问题的规定》作为此类案件的准据法。中国企业向中国法院提起的是保函欺诈诉讼，依据的是被告业主不当索取保函项下款项的行为侵害了委托人合法权益的事实，而非依据基础合同违约之事实，也非依据保函争议之事实，故本案的诉讼法律关系的性质为侵权诉讼，中国法院作为侵权结果发生地或被告所在地对本案享有管辖权。

在保函止付的案件中，中国企业委托中国某银行某分行开立保函，一旦被告业主主张保函项下款项，其索赔主张与事实不符时，即构成侵权。此侵权行为虽然跨越了中国和外国两个国家，但侵权结果发生地在中国，根据《中华人民共和国民事诉讼法》第 29 条"因侵权行为提起的诉讼，由侵权行为地或者被告住所地人民法院管辖。"最高人民法院关于适用《中华人民共和国民事诉讼法》若干问题的意见第 28 条"侵权行为地"包括"侵权行为实施地和侵权结果发生地"的相关规定，因侵权行为提起的诉讼，由侵权行为地或被告所在地人民法院管辖，侵权行为地包括侵权行为实施地和侵权结果发生地，因此，中国法院无论是作为侵权结果发生地还是第一被告中国某银行某分行所在地的法院，对案件均享有管辖权。

如果工程合同中争议解决条款约定了需要仲裁机构，而不是任何当地的法院出具任何临时性的暂停令（stay order）或禁令（injunction）时，则合同当事人应向仲裁机构申请采用紧急程序进行。许多国际性仲裁机构，例如国际商会仲裁院（International Court of Arbitration, International Chamber of Commerce）、伦敦国际仲裁院（LCIA）、中国国际经济贸易仲裁委员会等仲裁规则均规定了紧急程序。但需要指出，业主或承包商还需要查证仲裁地法（程序法）的适用问题及其保函止付的有关规定。

14.8　银行保函索赔和止付

14.8.1　银行保函索赔

在国际工程项目中，拥有银行保函索赔权的合同当事人是业主或者分包合同中的主包商。

FIDIC 合同 1999 版第 4.2 款规定：

"除出现以下情况业主根据合同规定有权获得的金额外，业主不应对履约担保提出索赔：

(a) 承包商未能按上段所述的要求延长履约保函的有效期,这时业主可以索赔履约担保的全部金额。

(b) 承包商未能在商定或确定后 42 天内,将承包商同意的,或按照第 2.5 款 [业主的索赔] 或第 20 条 [索赔、争端和仲裁] 的规定确定的承包商应付金额付给业主。

(c) 承包商未能在收到业主要求纠正违约的通知后 42 天内进行纠正,或

(d) 根据第 152 款 [由业主终止] 的规定,业主有权终止合同的情况,不管是否已发出终止通知。"

FIDIC 合同 2011 版分包合同第 4.2 款规定"在所有其他方面,主合同第 4.2 款 [履约保函] 将适用本分包合同的履约担保。"因此,主包商在分包合同中,如需要索赔保函,也需要遵守 FIDIC 合同 1999 版合同第 4.2 款规定的业主索赔承包商保函的所有要求,即必须符合第 (a) ~ (d) 项中的某一项条件时主包商才能向分包商索赔银行开具的履约保函。

需要指出,预付款保函与履约保函性质不同。业主或主包商索赔预付款保函时,常见的情况是在业主终止承包商的合同或者主包商终止分包商的分包合同,在预付款未能全额偿还的情况下才能索赔,且索赔金额不能是预付款保函的最初开立时的全额,而只能索赔预付款扣减后的余额。在业主或主包商索赔履约保函时,业主或主包商可以索赔履约保函的全额。

业主索赔承包商的银行保函,或者主包商索赔分包商的银行保函,可采取两种方式向保函开立银行提出:

(1) 业主直接向开立银行致函索赔银行保函。或者,主包商直接向开立银行致函索赔银行保函。

(2) 业主通过在项目所在国的通知行,由通知行通过电传方式索赔银行保函。或者,主包商通过通知行,由通知行通过电传方式索赔银行保函。

一般而言,保函的开立银行均会在收到银行保函索赔通知后的第一时间通知被担保人(通常为承包商或者分包商),此外,开立银行还会与提出保函索赔的受益人或者通知行联系,确认索赔的真实性。为确认索赔的真实性,开立银行会向通知行发出电传,询问索赔函的真实性,例如签字人的签字是否与其在银行备案的签字相符,核实签字人的身份,核实其是否有权在保函索赔通知上签字,是否得到授权等。银行还会审核保函索赔通知与银行保函的不符点,要求受益人或通知行澄清等。

在通知被担保人存在保函索赔通知后,开立银行还会书面通知被担保人,要求根据保函的规定,在一个期限内,例如第 758 号 URDG 的 5 个工作日内向受益人支付索赔金额,并要求被担保人在保证金账户中存入等额的现金,以便开立银行在到期日之前向受益人支付索赔金额,但被担保人从有管辖权法院获得止付令

或禁令（Injunction）除外。

中国的银行在收到保函索赔后的措施如下：

（1）银行在收到保函索赔后的审查措施。

在银行收到业主对保函进行索赔时，银行应对此进行审查：

第一，审查电传内容。

如果电传内容中没有载明业主索赔的整体内容，则银行应要求通知行，要求银行在电传中载明业主索赔函的整体内容，以防欺诈。

在某外国银行给中国的银行某分行的保函索赔通知中，外国银行就载明了业主索赔函的整体内容。

如果外国银行的电传内容没有载明业主索赔函的整体内容，存在瑕疵，中国的开立银行可要求对方通知行提供。

第二，审查来电中是否存在瑕疵，是否与反担保保函内容、措辞和理由中有不符点。如发现不符点，则要求对方予以澄清。

第三，银行需向对方银行核对签字人是否是具有签署保函索赔的资格。通常情况下，即使不存在任何瑕疵，也须要求通知行确认签字是否属实。

银行在做上述工作时，应按银行的内部规定，分步骤进行。

（2）关于第458号与第758号URDG中对银行止付时间的要求。

国际商会458号出版物第17条对银行收到保函索赔通知后的支付时间没有规定具体的时间，只是原则规定"毫不延迟地"。但对于"毫不延迟地"到底是多长时间，并没有给出明示的规定。至于什么是"毫无延迟地"，则依据具体情况具体分析，法律没有给出具体规定。

国际商会758号出版物针对无法确定"毫不延迟地"到底是指多少天，银行及其他当事人之间为此容易发生分歧的情况，对第17条进行了修改，改为"7个工作日"。

（3）中国的银行对于保函止付时间的通常做法。

在适用458号出版物，按照欺诈例外原则，银行在收到中国法院作出的中止支付保函金额的裁定后可中止或终止支付保函，无论是直开保函还是反担保保函。

为了保护中国企业的利益，中国的银行大多给予一定的支持。通常的做法一是尽可能弄清事实，要求更正索赔通知中的瑕疵；二是在保函规定支付时间时，在没有得到中国法院的保全裁定时，在最后一天才向外国银行支付保函索赔款；三是在收到法院保函止付裁定后，遵守中国法院的决定，通知外国银行已收到中国法院的裁定，不能履行保函项下的付款义务。虽然商业性银行对其信誉有自己的考虑，但应遵守中国法院的决定。

14.8.2 普通法系国家的保函止付

英美普通法系国家的银行保函止付,更准确地说,在一方当事人索赔银行保函时,另一方当事人需要向当地法院申请禁令(Injunction),以便阻止受益人兑现履约保函。在英美法国家,当事人索赔保函称为 bond call(保函索赔)。

在英美普通法系国家,包括肯尼亚等非洲英语国家、孟加拉国、印度、新加坡、马来西亚等国,欺诈例外原则(fraud exception)是普遍公认的(orthodox)阻止受益人索赔保函的方法。与中国法院以诉讼保全方式发出裁定,裁定受益人暂时不能索赔保函,直至法院作出生效的判决为止,暂停支付保函金额的裁定不确定具体时间不同,英美普通法国家一般均规定了一个时限,例如3个月或6个月,如果提出保函禁令的申请人(petitioner)不能证明保函索赔存在欺诈,则禁令失效,受益人可以获得保函金额。

普通法系国家发出的银行保函禁令,以孟加拉国最高法院发出的保函禁令示例如下:

"PRAYER: for injunction restraining the petitioner (Respondent No. 3 in Writ Petition) from encasing the performance guarantee to the tune of TK 133610375. 30 and advance performance guarantee to the tune of TK 85590900. 68 from the bank of proforma-Respondent No. 4 (respondent No. 4 in Writ Petition)

ORDER

Let the leave petition and the application be posted for hearing in the list on 18 May 2014 and the parties are directed to maintain status-quo in respect of encashment of performance guarantees for a period of one week."

"请求:禁止申请人(令状申请书中的第三被告)从第四被告 proforma 银行(令状申请书中的第四被告)兑现金额为 133610375. 30 达卡的履约保函和金额为 85590900. 68 达卡的预付款保函。

命令:

申请准许并依据申请书于2014年5月18日举行听证,当事人应在一周内保持履约保函兑付现状。"

在英国 TCC 法院审理的 J Murphy & Sons 诉 Beckton Energy Ltd [2016] EWHC 607 (TCC) 案中,在业主(Beckton)通知承包商(Murphy)就工期延误违约金赔偿进行履约保函索赔时,承包商向法院递交申请书,请求法院发出禁令阻止业主索赔履约保函。

本案表明,承包商申请法院禁令的补救措施(injunctive relief)面临巨大困难,特别是试图申请获得法院禁令的情况。

本案双方当事人签署了基于 FIDIC 合同1999版黄皮书的电厂设计和施工合

同，但双方当事人对 FIDIC 合同进行了大幅度的修改。在施工过程中，承包商认为工程师应根据合同的规定作出有关工期延误违约金的决定，如果工程师没有作出此类决定，则业主无权要求承包商支付工期延误违约金。鉴于业主威胁要对履约保函进行索赔，承包商向法院递交申请要求法院发出禁令阻止业主索赔履约保函。在本案中，法院应考虑业主索赔保函是否存在事实上的欺诈。

在本案中，法院需要考虑 3 个焦点问题：

第一，在缺乏工程师决定和双方当事人同意的情况下，业主 Beckton 是否有权就工期延误违约金进行履约保函的索赔？

第二，如不是，那么业主的保函索赔是否构成欺诈？

第三，如果保函索赔构成欺诈，是否应发出禁令阻止业主索赔履约保函？

法院认为，鉴于合同修改后，工期延误违约金的权利并不以决定工期延误违约金有关的程序条款为准，因此，业主有权要求承包商止付工期延误违约金。虽然 FIDIC 合同 1999 版黄皮书规定根据此类条款决定工期延误违约金，即规定了工程师决定工期延误违约金金额的程序，但本案合同修改后，本案合同不以工程师对工期延误违约金的决定为前提条件。

法院同意，在本案中，双方当事人的本意是工期延误违约金的权利不以工程师是否决定工期延误违约金金额为条件。

法院认为，业主索赔履约保函不构成欺诈，理由是凭要求即付的保函没有如此规定，并且合同也没有规定是以工程师对工期延误违约金的决定为前提确定业主是否有权索赔工期延误违约金。决定是否进行保函索赔的关键是业主是否有权索赔，而不是工程师最终决定业主是否有权索赔履约保函。

法院注意到，在本案所涉合同中，业主索赔履约保函的条件与 FIDIC 合同 1999 版黄皮书的规定大为不同。在修改后的合同中，规定业主应在索赔保函之前向承包商发出书面通知。在相关的决定程序删除后，就意味着如果承包商未能止付任何应付的工期延误违约金时，业主可以进行保函索赔，此时，并不需要任何工程师的决定或双方当事人的同意。

上述判例表明，在承包商申请禁令阻止业主索赔履约保函时，或者分包商阻止主包商索赔履约保函时，具有司法管辖权的法院需要判断：

（1）一方当事人是否有权向另一方当事人索赔保函？

（2）如果不是，保函索赔是否构成欺诈？

（3）如果保函索赔构成欺诈，是否应发出禁令阻止业主索赔履约保函。

无论是作为承包商还是作为主包商的中国企业，在进行保函止付向法院申请禁令时应仔细考虑上述 3 个问题。在澳大利亚 CPB Contractors Pty Limited 诉 JKC Australia LNG Pty Limited［2017］WASCA 123 案中，西澳大利亚上诉法院的判决表明法院很难发出禁令阻止受益人追索履约保函，除非合同明确规定了避免受益人在某种情况下索赔保函的条款。

在 CPB 与 JKC 案中，分包商 CPB 申请法院发出禁令的理由是主包商 JKC 的保函索赔理由不充分，但法院驳回了分包商的请求，认为根据合同条款的规定，在主包商行使善意索赔权（bona fide claim，或 honest claim）时，主包商 JKC 有权追索履约保函。虽然本案的判决集中在合同的某些特定条款的解释上，但对于许多大型工程合同而言，这是一件极为普通的问题，对于许多主包商和分包商而言都不陌生。

在本案所涉合同中，第 35 条规定：

"35.3（a）：为了补偿分包商凭要求即应付给承包商的任何款项，承包商可以在任何时间追索银行保函。

35.（b）：分包商放弃就承包商追索银行保函取得任何禁令或其他补救措施的权利。"

在本案中，虽然分包商在施工过程中递交了工期延长报告，并就工期延长提交了争议通知（Notice of Dispute），但主包商和分包商未就工期延长索赔达成任何协议。随后，分包商 CPB 向法院起诉，申请禁令阻止主包商 JKC 索赔银行保函。

本案中，一审法院拒绝发出禁令，上诉法院维持原判。

需要指出，在英国的 Simon Carves Ltd 诉 Ensus UK Limited［2011］EWHC 657（TCC）案中，英国 TCC 法院在本案中突破了欺诈例外的原则，而是以被告严重违约为由发出禁令。这个判例打破了公认的（established view）欺诈例外原则，本案表明法院也可以以一方当事人严重违约为由阻止违约方索赔银行保函。

14.8.3　大陆法国家的保函止付

大陆法国家的银行保函止付多是以诉前保全或诉讼保全的方式进行的，至于是否要求申请人提供财产担保，各国法律要求不一，以中国为例，中国法院要求申请人提供财产担保，而泰国法院则不需要申请人提供财产担保。

14.8.4　中国法院的保函止付

根据最高人民法院《关于审理独立保函纠纷案件若干问题的规定》（以下简称"保函纠纷案件规定"），中国承包商可根据该项规定在中国法院进行履约保函和预付款保函等止付，并应以"不符点例外"和"欺诈例外"作为在中国法院进行保函止付的诉讼。

保函纠纷案件规定第 6、7、8、9 条规定了不符点例外的有关规定，如下：

"第六条　受益人提交的单据与独立保函条款之间、单据与单据之间表面相符，受益人请求开立人依据独立保函承担付款责任的，人民法院应予支持。

开立人以基础交易关系或独立保函申请关系对付款义务提出抗辩的，人民法院不予支持，但有本规定第十二条情形的除外。

第七条　人民法院在认定是否构成表面相符时，应当根据独立保函载明的审单标准进行审查；独立保函未载明的，可以参照适用国际商会确定的相关审单标准。

单据与独立保函条款之间、单据与单据之间表面上不完全一致，但并不导致相互之间产生歧义的，人民法院应当认定构成表面相符。

第八条　开立人有独立审查单据的权利与义务，有权自行决定单据与独立保函条款之间、单据与单据之间是否表面相符，并自行决定接受或拒绝接受不符点。

开立人已向受益人明确表示接受不符点，受益人请求开立人承担付款责任的，人民法院应予支持。

开立人拒绝接受不符点，受益人以保函申请人已接受不符点为由请求开立人承担付款责任的，人民法院不予支持。

第九条　开立人依据独立保函付款后向保函申请人追偿的，人民法院应予支持，但受益人提交的单据存在不符点的除外。"

保函纠纷案件规定第12条、第13条和第14条规定了"欺诈例外"的判断标准，如下：

"第十二条　具有下列情形之一的，人民法院应当认定构成独立保函欺诈。

（一）受益人与保函申请人或其他人串通，虚构基础交易的。

（二）受益人提交的第三方单据系伪造或内容虚假的。

（三）法院判决或仲裁裁决认定基础交易债务人没有付款或赔偿责任的。

（四）受益人确认基础交易债务已得到完全履行或者确认独立保函载明的付款到期事件并未发生的。

（五）受益人明知其没有付款请求权仍滥用该权利的其他情形。

第十三条　独立保函的申请人、开立人或指示人发现有本规定第十二条情形的，可以在提起诉讼或申请仲裁前，向开立人住所地或其他对独立保函欺诈纠纷案件具有管辖权的人民法院申请中止支付独立保函项下的款项，也可以在诉讼或仲裁过程中提出申请。

第十四条　人民法院裁定中止支付独立保函项下的款项，必须同时具备下列条件：

（一）止付申请人提交的证据材料证明本规定第十二条情形的存在具有高度可能性。

（二）情况紧急，不立即采取止付措施，将给止付申请人的合法权益造成难以弥补的损害。

（三）止付申请人提供了足以弥补被申请人因止付可能遭受损失的担保。

止付申请人以受益人在基础交易中违约为由请求止付的，人民法院不予支持。

开立人在依指示开立的独立保函项下已经善意付款的，对保障该开立人追偿权的独立保函，人民法院不得裁定止付。"

在如何判定第12条第（二）项"受益人提交的第三方单据系伪造或内容虚假的"的问题上，第14条规定了止付申请人提交的证据材料证明本规定第12条情形的存在具有高度可能性，也就是说申请人提交的诉讼证据应表面上（on its face）表明欺诈事实的存在。在国际工程项目中，业主索赔承包商或者主包商索赔分包商的主要理由就是承包商或者分包商未能履行其义务，因此，申请人向法院提出中止支付保函的裁定时，证据应集中在证明承包商完全履行了自己的合同义务，业主索赔保函的欺诈事实的存在。或者，业主存在根本性违约，向承包商索赔属于欺诈。

需要指出，在保函止付方面，中国法律与其他国家法律有所不同。在普通法国家，保函止付可以通过暂停令或禁令（stay order, injunction）等方式实现，即通过程序规则实现保函止付的目的。而中国法律只能通过实体法权利上的诉讼的方式，通过诉讼保全方式，由申请人提供全额财产（或现金）抵押给法院，先由法院作出裁定，中止银行支付保函金额，然后通过法庭审理，证明保函欺诈行为和事实的存在，最终实现终止担保合同的目的，终止保函项下担保金额的支付。

在中国法院进行保函止付诉讼时，保函止付的案由为保函欺诈，中国的承包商不能以业主违约为由进行保函止付诉讼。

保函纠纷案件规定的第16条规定：

"第十六条 人民法院受理止付申请后，应当在四十八小时内作出书面裁定。裁定应当列明申请人、被申请人和第三人，并包括初步查明的事实和是否准许止付申请的理由。

裁定中止支付的，应当立即执行。

止付申请人在止付裁定作出后三十日内未依法提起独立保函欺诈纠纷诉讼或申请仲裁的，人民法院应当解除止付裁定。"

根据第16条的规定，中国法院应在48小时内作出书面裁定，中止支付保险项下的金额。如果止付申请人在止付裁定作出后30天内未依法提出独立保函欺诈纠纷诉讼或申请仲裁的，中国法院应当解除止付裁定。

当事人对法院就止付申请作出的裁定有异议的，可以在裁定书送达之日起10日内向作出裁定的法院申请复议。复议期间不停止裁定的执行。

一般而言，如果工程合同约定仲裁方式解决争议，中国法院可中止审理保函欺诈案件，待仲裁机构作出仲裁裁决，决定是否应予支付保函金额时再行作出决定。在工程合同约定法院管辖时，法院应根据第18条的规定审查认定基础交易的相关事实。

在2016年12月1日保函纠纷案件规定颁布实施之前，中国法院在审理保函止付案件时，对被告的范围存在两种做法，第一种情形是将受益人列为被告，将开立银行作为第三人；第二种情形是将受益人、开立银行均列为被告进行诉讼。在反担保保函止付诉讼中，将受益人、开立银行、反担保银行均列为被告进行保函止付诉讼。根据保函纠纷案件规定第19条的规定"保函申请人在独立保函欺诈诉讼中仅起诉受益人的，独立保函的开立人、指示人可以作为第三人申请参加，或由人民法院通知其参加。"

中国法院的中止保函支付的裁定，根据保函纠纷案件规定，如果保函止付申请人未能在30日内依法提出诉讼或申请仲裁，则法院应解除裁定。也就是说，如果保函止付申请人提起诉讼或申请仲裁，则保函止付裁定的效力将延续至法院作出有效的判决时止，或者仲裁机构作出仲裁裁决时止。需要注意的是，如果诉讼或仲裁判定保函欺诈不能成立，则保函申请人应承担相应的法律后果，包括向受益人支付保函金额、利息以及法律费用。

【案例14-1】 关于现代公司诉中国工商银行浙江分行保函诉讼案件，浙江省杭州市中级人民法院一审认为，案涉保函约定适用国际商会第758号出版物《见索即付保函统一规则》，该约定有效。根据该规则的规定，在保函条款和条件明确清晰的情况下，担保人仅需考虑单据与保函条款条件是否表面相符即可，基础合同的履行情况不是审单时应考虑的因素。因案涉单据与保函条款之间有不符点，中国工商银行浙江分行多次拒付均合规有效，据此判决驳回现代公司诉讼请求。现代公司不服一审判决，提起上诉。

浙江省高级人民法院二审认为，独立保函作为开立银行与受益人之间具有法律约束力的合同，一旦受益人接受保函条款或根据保函条款向开立银行提出索赔，即表明受益人自愿接受保函的全部条款并受其约束。中国工商银行浙江分行开立的保函明确列明了单据条件，受益人现代公司接受保函时并未提出异议，其索赔时即应提供与该保函条款和条件相符的全部单据。根据独立保函载明的审单标准即国际商会第758号出版物《见索即付保函统一规则》第2条的规定，开立人在审单时应当适用表面相符、严格相符的原则。现代公司提交的记名提单副本与案涉保函所要求的指示提单副本在提单类型上显著不同，两者在国际贸易和海上运输中存在差异，中国工商银行浙江分行以存在不符点为由拒付款项符合保函约定。现代公司以基础合同的履行主张其提交单据和保函要求的单据并无区别，违背了独立保函的单据交易原则和表面相符原则，故该院判决驳回上诉，维持原判。

民事判决书（2016）浙民终157号

上诉人（一审原告）：现代重工有限公司。被上诉人（一审被告）：中国工商银行股份有限公司浙江省分行。

上诉人现代重工有限公司（以下简称现代公司）因与被上诉人中国工商银行股份有限公司浙江省分行（以下简称工商银行浙江分行）保证合同纠纷一案，不服浙江省杭州市中级人民法院（2014）浙杭商外初字第60号民事判决，向本院提起上诉。本院于2016年3月10日受理后，依法组成合议庭，并于同年4月27日公开开庭进行了审理。本案现已审理终结。

现代公司于2014年9月28日向一审法院起诉称：2013年11月22日，工商银行浙江分行作为担保人，依据浙江中高动力科技股份有限公司（以下简称中高公司）的申请，并基于中高公司与现代公司之间就总金额为16652360.00美元的9套HIMSEN的8MW柴油发电机组（以下简称发电机组）于2013年11月8日签署的编号为"ZGPT2013110801"的供货合同，以现代公司为受益人，通过现代公司的通知行——韩国外换银行（Korea Exchange Bank，以下简称外换银行）向现代公司开具了一份担保付款金额为不超过6648010美元的不可撤销见索即付保函（编号LG338011300239）。作为基础交易的付款方式，工商银行浙江分行通过该保函向现代公司提供不可撤销的付款担保，承诺一旦收到现代公司通过其通知行提出的首次书面索偿要求，将在7个营业日内向现代公司支付任何不超过6648010美元的款项。涉案保函声明将适用2010年修订的国际商会758号出版物——《见索即付保函统一规则》。收到工商银行浙江分行开立的涉案保函后，现代公司依约向中高公司指定的承运人交付了基础交易项下相应批次的发电机组，中高公司随后也收讫该批次发电机组。2014年4月10日，工商银行浙江分行收到现代公司通过外换银行提出的关于要求支付涉案保函项下6648010美元的索偿要求，涉案保函项下的相关单据早已提交给工商银行浙江分行并由其以承兑通知形式确认接受。然而时至2014年5月8日，工商银行浙江分行突然宣布拒付涉案保函项下的索偿要求。后虽经现代公司或通过外换银行进行多次反复函电交涉，其始终拒付保函。故请求判令：一、工商银行浙江分行立即偿付编号为LG338011300239的保函项下款项6648010美元（按照2014年4月21日美元与人民币汇率1:6.1591计，折合人民币40945758.39元）；二、工商银行浙江分行支付上述款项的滞纳金人民币1332784.44元（按第一项诉请款项金额日万分之二点一的标准，从2014年4月22日开始起算，暂算至起诉日2014年9月24日为1332784.44元，应计至判决生效日）；三、工商银行浙江分行承担本案所有诉讼费用。

工商银行浙江分行在一审中答辩称：

一、现代公司通过外换银行在涉案保函项下提出的多次索赔是无效索赔，对其有效索赔工商银行浙江分行已经有效拒付，且依据的不符点成立：对于现代公司于2014年4月10日发出的第一次电文，索赔函中申明索赔时应当附的装箱单等已经寄出，所以工商银行浙江分行至2014年5月4日收到全部提交的单据后进行审单，于2014年5月8日即保函约定的7个银行工作日内发出了拒付电文，并且提出了3个不符点，包括提交的提单不是保函所要求的凭指示海运提单，提单附页没有提交，装箱单货物数量和提单记载不一致。对于第2次索赔电文，现代公司称其于2014年5月20日曾通过电子邮件将自己出具的函件发送给工商银行浙江分行某员工，5月28日通过快递将原件正本快递给工商银行浙江分行。但保函中明确约定保函项下索赔要通过银行以纸质快递或者电传密押提交。同时，从函件内容看，也不是保函项下的索赔，因通过外换银行收到的单据和前者有矛盾而修改了单据，所以5月20和5月28日的函件不能构成涉案保函项下的有效索赔，工商银行浙江分行对此无须回。对于第3次索赔电文，现代公司于2014年5月30日通过外换银行称单据已寄出，并写明单号。工商银行浙江分行在2014年6月3日收到单据后，审查发现这些单据修改了之前的两个不符点，但提单依然为记名提单，而不是保函项下要求的凭指示提单。2014年6月9日，工商银行浙江分行在审单期内进行了拒付。对于第4次索赔电文，外换银行于2014年7月8日再次发出索赔电文，但是并没有声明邮寄单据，从电文内容中可以看出，其所主张不符点不成立，还是依据6月3日工商银行浙江分行收到的单据。工商银行浙江分行在审单期内的2014年7月15日再次拒付并提出所提交的提单并非凭指示提单这个不符点。综上，现代公司主张的4次索赔一次系无效索赔，其他3次均由工商银行浙江分行在审单期内进行了拒付，且所依据的不符点是成立的。

二、关于现代公司所提及的承兑问题。承兑并非是涉案保函项下的承兑，且作出的主体是中高公司，工商银行浙江分行就该承兑行为并无付款和担保责任。1. 工商银行浙江分行的承兑行为是托收法律关系项下的行为。2. 现代公司于2013年12月提交的托收项下单据与保函项下的交单不同。3. 现代公司主张工商银行浙江分行收到单据的时间是2013年12月24日，这个时间早于现代公司索赔的时间点。4. 托收和保函项下的审单主体以及责任义务不同。托收项下单据的审单主体是中高公司，工商银行浙江分行只是代收行，责任是转递单据。本案中不存在托收项下的默示担保和付款义务。综上，请求驳回现代公司的诉讼请求。

一审法院审理查明：2013年11月8日，现代公司与中高公司签订《72MW柴油电站之9×8MW柴油发电机组供货合同》。同月20日，中高公司向工商银行浙江分行申请开立付款保函，并约定付款条件见保函正本。

当地时间2013年11月22日18时50分，工商银行浙江分行通过外换银行向现代公司开出一份不可撤销见索即付保函（编号LG338011300239），载明："经申请人（中高公司）请求，我行，即中国工商银行股份有限公司浙江省分行特此签发本保函，并不可撤销地承诺，在收到贵公司通过贵方银行转发的首次书面索偿要求，声明申请人违反合同项下的付款义务以及违约行为时，在7个营业日内向贵公司支付任何一笔或数笔总额不超过6648010美元的款项。贵公司提交付款索偿要求时，需一并提交以下单据：1. 凭指示的标注运费到付通知人为申请人的清洁海运提单副本。2. 经签署的装箱单副本三（3）份。3. 经签署的商业发票副本三（3）份。4. 原产地证书。5. 车间测试报告。本保函金额按照申请人或我行已付的款项或款项加利息金额，自动按比例减少。本付款保函自签发之日起生效，最迟于2014年7月8日到期。因此，本保函下的任何索偿要求必须于到期日或之前送达我行即中国工商银行股份有限公司浙江省分行（地址：中国浙江省杭州市中河中路150号，邮编310009 传真86-576-87336732，收件人：国际部），该书面索偿要求必须通过贵方银行采用快递或经验证的SWIFT信息形式发给我行。不接受其他提交方式。到期后，不论保函是否交还我行以进行作废处理，本保函均应自动失效。本保函需遵守国际商会第758号出版物，2010年版《见索即付保函统一规则》（URDG）。"该报文主文标示日期为2013年11月22日。外换银行收到日期为2013年11月25日。

2013年12月24日，外换银行向工商银行浙江分行发出托收电文，金额为6648010美元，期限为见票后180天，出票人为现代公司、付款人为中高公司，并提示工商银行浙江分行承兑交单，同时提交以下托收单据：汇票正本二份、发票正本一份加副本二份、提单副本一份、装箱单正本一份副本二份、产地证正本一份、其他正本一份。该托收业务适用托收统一规则，国际商会第522号出版物。2013年12月25日工商银行浙江分行收到上述单据。

2013年12月26日，工商银行浙江分行通知中高公司办理付款、承兑或拒单手续，并声明其对单据及所代表的货物种类、数量、质量的真实性和完整有效性不承担任何责任。中高公司向工商银行浙江分行表示同意承兑并到期付款。

2014年1月7日，工商银行浙江分行向外换银行发送承兑通知，接收金额为2014年6月23日6648010美元。

2014年3月6日，现代公司通过外换银行通知工商银行浙江分行票据托收部门承兑交单未签收及到期日错误。

当地时间2014年4月10日18时33分，现代公司通过外换银行向工商银行浙江分行以SWIFT信息形式发出索偿电文，要求支付LG338011300239保函项下6648010美元，且确认根据受益人一方进行的绝对判断，申请人无法履行本合同的任何要求。电文同时记述受益人的相关付款文件已经通过邮递的方式送交给工商银行浙江分行。

2014年4月11日，工商银行浙江分行向外换银行发送报文修改承兑通知称付款人同意将原先的承兑到期日修改为2014年6月7日。

当地时间2014年4月15日18时22分，工商银行浙江分行向外换银行发出电文告知：请通过经验证的SWIFT电文向我方确认你方2014年4月10日通过MT799格式发出的索赔可以撤回。

当地时间2014年4月24日19时，外换银行回复工商银行浙江分行称你方4月16日发来的MT799自由格式SWIFT报文称：请知悉该索赔仍然有效并未被撤销。我方客户现代公司确认如下信息：中高公司未能开立第三份分期付款保函并且索取你方开立的付款保函项下款项。

当地时间2014年4月25日19时32分，外换银行向工商银行浙江分行再一次重申前一日电文中的上述内容。

当地时间2014年4月29日17时23分，工商银行浙江分行向外换银行发电文称：在2014年4月10日的电文中你方称受益人的索赔相关单据已经邮寄给我们，我们至今未收到上述单据。我们将在交单完整后开始审查受益人的索赔并决定是否索赔相符，适用URDG第20（a）款。外换银行收到时间为2014年4月30日。

2014年5月4日，工商银行浙江分行收到现代公司通过外换银行快递的索赔单据，包括有：记名提单副本、三份装箱单副本、三份商业发票副本、原产地证明、车间测试报告。该提单显示收货人为中高公司、通知人为中高公司，包装件数为13件。装箱单显示货物说明为3套柴油发电机组，共计31件。

2014年5月8日，工商银行浙江分行向外换银行发电文并要求其向现代公司转发信息称：关于贵司通过外换银行就我行于2013年11月22日签发的编号为LG338011300239，金额为6648010美元的付款保函的索赔请求。请知悉贵司分别于2014年4月10日、4月24日以及4月25日通过MT799格式电文提出的索赔请求不符合我行上述保函的规定。另外，我行于2014年5月4日收到的相关付款单据由于存在以下不符点无法构成相符索赔：1. 未签发凭指示提单。2. 未提交提单附表。3. 装箱单显示数量为31件与提单不符。因此，根据上述保函条款，贵司根据上述保函提出的索赔我行予以拒付。

当地时间2014年5月13日18时51分，外换银行发送报文告知工商银行浙江分行保函项下对单据副本的审核标准不同于信用证项下对单据原件的审核标准。单据均已发送给申请人，货物已被申请人接受。报文已经证实了受益人声明申请人没有履行合同规定的义务。开证行无权拒绝付款。

当地时间2014年5月16日17时08分，工商银行浙江分行向外换银行发电文称其作为担保人仅处理单据而可不管可能与单据相关的货物、服务或履行问题，其仅依据交单情况决定是否表面上构成相符交单。5月4日收到的请求付款相关单据中的内容不仅互相矛盾而且与保函也矛盾。受益人未指明保函申请人违反了其在基础合同项下的付款义务,其坚持指出的不符点,对现代公司的索赔请求仍然予以拒付。外换银行5月19日收到。

2014年5月19日工商银行浙江分行向外换银行发送报文提出索偿单据内容互相矛盾且与保函不一致,及索偿要求未声明保函申请人违反基础合同项下付款义务,并拒绝索偿要求。

2014年5月20日,现代公司向工商银行浙江分行寄送一份主题为保函索赔请求的信函,称其获悉工商银行浙江分行以保函条款与提单副本存在某一非实质性不符点这一技术性问题为由拒绝其请求,提交副本单据是为了证明受益人的索赔请求所依据的银行保函具有真实交易背景,正本提单在交易中也已实际使用。外换银行分别于2014年1月7日、4月11日收到承兑通知,清晰地表示保函申请人已经接受了正本提单并提取了正本单据下的所有货物。这表示交易已经完成,合同双方没有异议。其再次要求工商银行浙江分行立即偿付前述保函所担保的尚未偿付的款项。如果继续拒付,现代公司只能采取法律措施。

2014年5月30日,外换银行向工商银行浙江分行发电文称:考虑到合同是以FOB为基础,货运公司应申请人的要求签发提单,受益人在审查货运公司签发的提单后要求其根据银行保函所要求的条件另行签发修订后的提单,但鉴于申请人已向货运公司确认过提单,货运公司拒绝修订提单。工商银行浙江分行承兑通知清晰地表明申请人已经接受正本单据及项下所有货物。其他由受益人签发的文件已经修改并于5月30日通过DHL递交。要求工商银行浙江分行立即汇付保函项下款项。

2014年6月3日,工商银行浙江分行收到现代公司寄送的修改单据。装箱单上的数量更改为13件。提单未作修改。

当地时间2014年6月9日19时15分,工商银行浙江分行以现代公司对保函的偿付要求及附后的修改后的提单非凭指示仍有不符为由拒绝索偿要求。外换银行收到时间为2014年6月10日。

2014年7月8日,外换银行向工商银行浙江分行发电文要求工商银行浙江分行在收到该索赔的7个工作日内偿付6648010美元。

当地时间2014年7月15日17时54分,工商银行浙江分行回复称其仅依据交单情况决定是否表面上构成相符交单,由于提单非凭指示的不符之处,其仍拒绝现代公司的索偿要求。外换银行收到时间为2014年7月16日。

2014年6月23日,ICCCHINA银行技术与惯例委员会出具专家意见。

一审庭审中,双方确认现代公司主张的2014年4月21日美元兑换人民币汇率是1:6.1591。一审法院审理认为:本案系受益人即现代公司与保函开具方工商银行浙江分行之间的独立保函项下索赔拒付纠纷。双方当事人均同意本案适用

《国际商会见索即付保函统一规则（URDG758）》（以下简称国际商会758号规则），该约定有效，故本案以该规则为依据调整当事人之间的权利义务关系。同时，因本案争议的事实部分涉及国际托收业务，故涉及国际托收业务部分，以相关当事人约定的《跟单托收统一规则第522（URC522)》为依据。

一、关于工商银行浙江分行提出的据以拒付的不符点是否成立的问题；二、工商银行浙江分行4次拒付通知的作出是否构成有效拒付；三、工商银行浙江分行的承兑通知对本案保函项下拒付表示是否产生影响。

一、关于工商银行浙江分行提出的据以拒付的不符点是否成立的问题。该院认为，该争议系为受益人向担保人提出索赔申请时是否做到了相符索赔、相符交单的问题。国际商会758号规则第2条定义指出："相符索赔是指满足相符交单要求的索赔；相符交单指所提交的单据及其内容首先与该保函条款和条件相符，其次与该保函条款和条件一致的本规则有关内容相符，最后在保函及本规则均无相关规定的情况下与见索即付保函国际标准实务相符。"本案中，工商银行浙江分行出具的保函明确列明了5个单据条件，即：1.凭指示的标注运费到付通知人为申请人的清洁海运提单副本；2.经签署的装箱单副本三（3）份；3.经签署的商业发票副本三（3）份；4.原产地证书；5.车间测试报告。根据国际商会758号规则第19条a款的规则，担保人在审查受益人是否相符交单时"担保人应仅基于交单本身确定其是否构成表面相符交单。"b款"保函所要求的单据的内容应结合该单据本身、保函和本规则进行审核。单据的内容无须与该单据的其他内容、其他要求的单据或保函中的内容等同一致，但不得矛盾。"而根据现代公司的交单情况看，其提供的系指明收货人为中高公司的记名提单，并非保函条款第1项中的指示提单；同时，第2项单据装箱单反映的货物件数与提单反映的件数亦不一致。故应可判断为单据的内容与保函内容、单据的内容与其他要求的单据存在不符点。由于在此后的协商中，提单的内容一直未能予以修改，故工商银行浙江分行提出的据以拒付的不符点始终存在，工商银行浙江分行据此发出拒付通知，于理有据。对于现代公司称保函条款中要求提供指示提单并无实际意义的主张，该院认为，保函条款和条件系经申请人要求，受益人亦予以接受，对各方均有约束力。根据国际商会758号规则，担保人的审单首先应严格遵循保函的条款和条件，在保函条款和条件明确清晰的情况下，担保人仅需考虑单据与保函条款条件是否表面相符即可，而凭指示的提单与记名提单在国际贸易中属两种不同类型的提单，存在的差异是明显和确定的。现代公司关于该约定是否有实际意义的主张实系基于基础合同的履行而作出，但因基础合同的履行情况并不是担保人审单时所需考虑的因素，故在本案中并不能依据基础合同的履行情况来得出单据与保函条款条件已构成表面相符的结论。

二、关于工商银行浙江分行拒付通知的作出是否构成有效拒付的问题。因国际商会758号规则指明除非保函禁止多次索赔，即只允许索赔一次，否则可以多次索赔。当索赔因不符而被拒时，该索赔不复存在，受益人可以在失效日当日或之前再次提交索赔。针对受益人现代公司提出的多次独立的索赔，分述如下：

第一，对于2014年4月10日到达的索赔通知。根据国际商会758号规则第15条a款的规定"保函项下的索赔应由保函所指明的其他单据所支持，并且在任何情况下均应辅之以一份受益人声明，表明申请人在哪些方面违反了基础关系项下的义务，该声明可以在索赔书中作出，也可以在一份单独签署的随附于该索赔书的单据中作出，可在一份单独签署的指明该索赔书的单据中作出。"同时，第20条a款规定"如果提交索赔时没有表示此后将补充其他单据，则担保人应从交单翌日起5个营业日内审核该索赔并确定该索赔是否相符。"据此，任一索赔通知项下，均应有索赔交单的行为，即根据保函向担保人提交单据。2014年4月10日外换银行向工商银行浙江分行发出索赔通知后，单据并未于当时提交。对于现代公司认为工商银行浙江分行已经在索赔之前先行收到单据的主张，该院认为，工商银行浙江分行于2013年12月25日收到的邮寄单据系国际托收业务项下单据，与保函业务无关，单据种类亦有不同，该邮寄单据并非保函索赔项下的交单行为，不能以此作为工商银行已经先行收到单据应即进行审单的依据。因工商银行浙江分行收到单据时间为2014年5月4日，故其可以从收到单据翌日起审核该索赔。2014年5月8日，工商银行浙江分行向外换银行发出拒付通知并提示不符点，系在交单后的第4个营业日即审单期限内，且如前所述其拒付理由成立，构成有效的拒付。

第二，对于2014年5月20日现代公司的信函。本案所涉保函约定"书面索偿要求必须通过银行采用快递或经验证的SWIFT信息形式发给工商银行浙江分行，且不接受其他提交方式。"故该次现代公司以该函件索赔的方式并不符合保函约定，并非是保函项下的有效索赔通知，工商银行未予处理并无不当。

第三，对于2014年5月30日的索赔通知。在该索赔通知项下，工商银行浙江分行于2014年6月3日收到现代公司寄送的修改单据，工商银行浙江分行的审单时间应从6月4日起计算。2014年6月9日19时15分，工商银行浙江分行以现代公司对保函的偿付要求及附后的修改后的提单非凭提示仍有不符为由拒绝索偿要求。因该拒偿通知发出时间为交单后的第4个营业日，拒付通知系在审单期限内作出，且单据中提单的相关内容未作修改，与保函条款的不符点仍然存在，工商银行浙江分行该次拒付通知的作出有规可据，亦构成有效的拒付。

第四，对于2014年7月8日的索赔通知。工商银行浙江分行2014年7月8日收到索赔通知，2014年7月15日17时54分的回复为基于提单非凭指示的不符之处，仍拒绝现代公司的索偿要求。现代公司主张其收到拒付通知时间为2014年7月16日，已经超过审单时间。该院认为，国际商会758号规则第24条

e款规定"本条d款所要求的通知应毫不延迟地发出,最晚不得迟于交单日翌日起第5个营业日结束之前。"对于拒付通知的发出,"发出"意为发送,故担保人对拒付通知到达交单人的时间并不承担责任。因工商银行该次拒付通知行为发出于2014年7月15日17时54分,系为索赔翌日起算的第5个营业日,故仅需判断该时发出的拒付通知是否仍在审单期限内即可。从本案看,保函约定了"中国工商银行股份有限公司浙江省分行特此签发本保函,并不可撤销地承诺,在收到贵公司通过贵方银行转发的首次书面索偿要求,声明申请人违反合同项下的付款义务以及违约行为时,在7个营业日内向贵公司支付任何一笔或数笔总额不超过6648010美元的款项"的内容,保函约定将付款日确定为索赔通知后7个营业日内。根据国际商会758号规则第20条b款"一旦担保人确定索赔是相符的,就应当付款"的规则,通常付款期限与审单期限重合,本案保函对付款日所做的约定可以视为对审单期限的修改,即从规则的5个营业日,修改为7个营业日。而根据国际商会758号规则第1条a款,此种修改也应是被允许的。据此判断,工商银行浙江分行于第5个营业日作出拒付通知尚在审单期限内。同时,退一步讲,即使仍然按照国际商会758号规则第24条e款"最晚不得迟于交单日翌日起第5个营业日结束之前"的规则,以及第2条:"'营业日'指为履行受本规则约束的行为的营业地点通常开业的一天"这一定义,可判断工商银行浙江分行的拒付通知作出时间也尚在审单期限内。理由如下:第一,国际商会758号规则将营业日定义为通常开业的一天,并未采用营业时间的概念。国际商会在UCP600中采用了营业时间的概念,而在国际商会758号规则中采用营业日概念应系有所区别。《国际商会见索即付统一规则URDG758指南》中也陈述"URDG使用'营业日'这一术语所要表达的是'日'而非'小时'的概念。"故只要拒付通知系在第5个营业日结束前发出,均系在审单期限内。第二,独立保函多运用于国际银行业务,全球各地的银行位于不同时区,对于营业时间的规定也不尽相同且可变化调整,将某统一的时间作为结束营业的时间并以此约束银行间SWIFT电文发出的效力是不合理的。第三,"开业的一天"如需解释为营业时间,也应理解为处理见索即付保函业务相关机构的工作时间。结合本案保函电文的往来通信情况及涉案保函的制作时间等事实,工商银行浙江分行见索即付保函业务相关机构的工作时间实际晚于拒付通知作出时间。故该院认为工商银行浙江分行此次发出拒付通知的时间亦未超过审单期限,亦构成有效的拒付。

综上,工商银行浙江分行的以上拒偿通知均为有效。

三、关于工商银行浙江分行的承兑通知对本案保函项下拒付表示是否产生影响的问题。工商银行浙江分行的承兑通知系基于国际托收业务而作出,国际托收业务与保函业务属不同的法律关系,在流程操作、权利义务主体、提交单据要求上均有不同。同时,根据URC522第4条A款ii项"银行将不会为了取得指示而审核单据"的规则，2014年1月7日，工商银行浙江分行向外换银行发送承兑通知，并不意味着工商银行浙江分行已经经过审单环节，以及对保函项下单据予以确认。该通知行为应系基于国际托收业务而根据中高公司的指示向外换银行发送通知，是中高公司在履行买卖合同付款义务时的一个履行环节，不对工商银行浙江分行产生保函项下审单的法律后果。见索即付保函的特性是独立性，即独立于申请人和受益人之间的基础关系，也独立于申请人要求担保人开立保函给受益人的指示关系，其仅受自身条款的约束，故在本案保函业务项下，工商银行浙江分行仍有权基于保函约定的条件，独立对交单是否符合保函条件作出判断。

综上所述，工商银行浙江分行有关单据与保函条件存在不符点的多次拒付均合规有效。现代公司的诉讼请求不应得到支持。一审法院依照《国际商会见索即付保函统一规则（URDG758）》第1条、第2条、第15条、第20条、第24条、《跟单托收统一规则第522（URC522）》第4条、《中华人民共和国民法通则》第一百四十二条、《中华人民共和国民事诉讼法》第六十四条，于2015年12月22日判决：驳回现代公司的诉讼请求。一审案件受理费人民币253193元，由现代公司负担。

现代公司不服一审判决，向本院提起上诉称：

一、关于工商银行浙江分行据以拒付的不符点是否成立，一审判决回避了保函要求的"指示提单副本"和实际提交的"记名提单副本"是否属于并非等同一致，但并不矛盾的事实，忽略了副本的概念。1. 根据涉案保函约定适用的国际商会758号规则第19条b款的规定，保函所要求的单据的内容应结合该单据本身、保函和本规则进行审核。单据的内容无须与该单据的其他内容、其他要求的单据或保函中的内容等同一致，但不得矛盾。该款规定旨在去除索赔单据之间、索赔单据与保函之间完全等同一致的镜像标准影响。因此本案中就副本提单而言，提单是否凭指示或者显示收货人为申请人没有实际意义且没有区别。2. 根据上述规则第2条，相符索赔指满足相符交单要求的索赔，而保函项下的相符交单，指所提交的单据及其内容首先与该保函条款和条件相符，其次与该保函条款和条件一致的本规则有关内容相符，最后在保函及本规则均无相关规定的情况下，与见索即付保函国际标准实务相符。因此，在涉案保函本身及适用的国际商会758号规则本身对于"凭指示"的提单副本与"显示收货人为申请人"的提单副本是否存在区别或矛盾未予规定的情况下，应当依据见索即付保函国际标准实务来进行认定。根据实务，凭指示的提单副本之要求本身违背国际惯例，现代公司提交的提单副本至少不违反涉案保函的要求，不构成不符点，工商银行浙江分行无权拒赔。

二、一审判决对于工商银行浙江分行拒付4次索赔的实体和程序审查不当，在关键概念和事实认定上错误。

三、关于工商银行浙江分行的承兑通知对本案保函项下拒付是否产生影响，一审判决忽略了承兑项下基础交易与涉案保函项下基础交易事实的同一性，审查认定错误。

请求撤销原判，改判支持其一审诉讼请求。

工商银行浙江分行答辩称：

一、本案二审争议焦点即根据国际商会758号规则开立的独立保函项下受益人的交单是否相符以及担保银行的拒付是否成立问题，是一个单纯的事实认定问题，而非法律问题。二审法院不应就事实问题再次进行不同的质证和事实认定，除非出现事实认定错误或者有新的足以改变或推翻原有事实的重要证据。本案双方均无新的证据提交，因此二审法院不宜进行不同的事实认定。因现代公司在上诉状中未明确指出一审判决书中具体的法律适用错误，二审法院不应对法律适用问题进行审理。

二、本案保函受益人现代公司从未要求修改保函条款或者提出过异议，且受益人直接按照本案保函的条款提出了索赔，意味着现代公司自愿受保函约束。

三、本案受益人现代公司的交单不符合保函本身条件和条款的规定和要求。工商银行浙江分行仅根据表面去判断是否相符，而不需要去判断保函所要求的单据是否已经满足了功能，即使不符点没有实际意义。现代公司要求工商银行浙江分行越过单据去根据基础交易的实际履行情况或托收项下的实际履行情形去判断保函的交单和审单是否相符，违背了单据交易原则。

四、工商银行浙江分行的3次拒付均未超过时效，其拒付是有效的拒付。

五、工商银行浙江分行在托收交易上并无审查单据的义务，工商银行浙江分行收到托收项下的单据时，并不审核单据内容，仅仅核对收到的单据与代收行交单面函上的所列单据是否一致。因此，不能以工商银行浙江分行收到并转递了托收项下的单据就推定出其已审单或已明确知晓提单是记名海运提单，更不能推定其怀有保函项下拒付的恶意。

综上，请求驳回上诉，维持原判。

二审中，双方当事人均未提交新的证据材料。

对于一审查明的事实，双方未提出异议，本院予以确认。

本院认为：本案系涉外商事纠纷，根据《中华人民共和国涉外民事关系法律适用法》第八条"涉外民事关系的定性，适用法院地法"的规定，工商银行浙江分行向现代公司开出付款保函，该保函的性质应当适用法院地法确定。根据保函文本内容，开立人工商银行浙江分行的付款义务独立于基础交易关系及保函申请法律关系，其仅承担相符交单的付款责任；且案涉保函载明适用国际商会758号规则。因此，该保函可以确定为独立保函。独立保函载明适用国际商会758号规则，双方当事人在庭审中均一致援引该规则，应当认定该规则的内容构成独立保函条款的组成部分并予以适用。

根据现代公司陈述的上诉理由以及工商银行浙江分行的答辩意见，本案的争议焦点为：一、工商银行浙江分行拒付的不符点是否成立；二、工商银行浙江分行4次拒付通知的作出是否构成有效拒付；三、工商银行浙江分行在托收项下的承兑通知对本案保函拒付是否产生影响。

关于争议焦点一，国际商会758号规则第2条规定："相符索赔是指满足相符交单要求的索赔；相符交单指所提交的单据及其内容首先与该保函条款和条件相符，其次与该保函条款和条件一致的本规则有关内容相符，最后在保函及本规则均无相关规定的情况下与见索即付保函国际标准实务相符。"独立保函作为开立银行与受益人之间具有法律约束力的合同，一旦受益人接受保函的条款或根据保函的条款向开立银行提出索赔，即表明受益人自愿接受保函的全部条款并受其约束。本案中，工商银行浙江分行开立的保函明确列明了5个单据条件，受益人现代公司接受保函时并未提出异议，其在索赔时即应提供与该保函条款和条件相符的全部单据，不能再以部分单据不符合银行业国际惯例或该单据无实际意义为由而拒绝提交。

关于现代公司提交的单据是否具有不符点，本案双方争议的不符点在于第一个单据条件即"凭指示的标注运费到付通知人为申请人的清洁海运提单副本"。现代公司认为保函要求的指示提单副本与实际提交的记名提单副本没有区别且工商银行浙江分行对此明知；工商银行浙江分行则认为其有权按照保函条款严格审单。本院认为，根据独立保函载明的审单标准即国际商会758号规则第19条，开立人在独立保函单据审查过程中应当适用表面相符、严格相符的原则，而不采用镜像相符或实质相符原则。因此，工商银行浙江分行应审查现代公司提交的单据与保函条款和条件是否表面上相符。而现代公司提交的记名提单副本与保函所要求的指示提单副本在提单类型上已显著不同，两者在国际贸易和海上运输中的差异显而易见，工商银行浙江分行据此认为现代公司提交的单据存在不符点并无不当。现代公司关于其提交的记名提单副本与保函要求并无区别或并不矛盾的理由缺乏相应的法律依据和事实依据；其提出该单据条件无实际意义及工商银行浙江分行对此已明知的理由系基于基础合同的履行出发，违背了独立保函的单据交易原则和表面相符原则。综上，一审判决认定现代公司的交单不符合保函条件和条款的要求并无不当。

关于争议焦点二，即工商银行浙江分行发出的拒付通知是否构成有效拒付的问题。对于现代公司通过外换银行提出的有效索赔通知，工商银行浙江分行均在审单期限内作出拒付通知，因现代公司对于提单副本一直未作修改，存在不符点，故工商银行浙江分行的拒付理由成立，构成有效的拒付。对于现代公司自行通过信函方式提出的索赔通知，违反了保函"书面索偿要求必须通过银行采用快递或经验证的 SWIFT 信息形式发送，且不接受其他提交方式"的要求，故工商银行浙江分行未予处理亦无不当。

关于争议焦点三，根据 URC522 第 4 条"银行将不会为了取得指示而审核单据"的规则，银行在托收交易上并无审查单据的义务，对单据内容和形式以及单据的真实性均不承担任何责任。因此，工商银行浙江分行向外换银行发送托收承兑通知的行为，不能认定工商银行浙江分行已完成审单并予以确认。而且，托收交易和独立保函属不同的法律关系，独立保函的独立性也意味着其独立于银行所操作的其他业务。因此，工商银行浙江分行有权基于保函的条款和条件，独立对单据是否表面相符作出判断。现代公司不能要求工商银行浙江分行利用托收业务中知晓的基础交易履行情形来作为独立保函索赔的审单依据，其该项上诉理由亦不能成立。

综上所述，本案系受益人现代公司与保函开立人工商银行浙江分行之间关于独立保函项下的索赔纠纷。现代公司发出索赔通知后，其提交的单据不符合保函约定的单据条件。工商银行浙江分行已在保函约定的审单期限内发出了拒付通知，且其依据的不符点理由成立，故其有权拒付保函项下的款项。现代公司关于工商银行浙江分行依据的不符点不成立以及拒付无效的上诉理由均不能成立，本院不予支持。原审判决认定事实清楚，适用法律正确，实体处理得当。依照《中华人民共和国民事诉讼法》第一百七十条第一款第（一）项之规定，判决如下：

驳回上诉，维持原判。

【案例 14-2】中国 A 承包商诉尼泊尔业主和开立银行的保函止付诉讼中，中国法院认为中国承包商以业主虚构承包商违反保函基础合同项下义务，向保函开立银行欺诈性索取保险项下款项，开立银行又进而向中国的银行主张相应的反担保保函项下的款项，上述行为直接侵犯了承包商的合法权益，构成保函欺诈为由，请求法院认定业主的索偿行为构成保函欺诈，并要求解除尼泊尔开立银行的担保责任和中国某银行的相应的反担保责任。故本案系保函欺诈纠纷。

本案争议的主要焦点为：业主索赔保函项下款项的行为是否存在欺诈，保函开立银行和反担保银行是否终止止付保函项下的款项。

根据国际商会《见索即付保函统一规则》第 458 号出版物的规定，独立保函是一种独立的付款保证，独立于申请人与受益人之间的基础合同，受益人只要在保护有效期内提交符合保函条款的付款请求即保函规定的任何其他单价，担保人即应无条件地将款项赔付给受益人。但在国际商业实践中，这种独立性是把双刃剑，在强力保障交易安全的同时，也可能存在不同品索款甚至是欺诈索款的隐患，反过来会助长了商业欺诈，背离了法律机制所追求的公平价值，故国际惯例规定了独立保函索赔中的"欺诈例外"原则，即在保函受益人存在欺诈性索款时，担保人不应履行保函项下的付款义务。因此在审理保函欺诈案件中，根据认定侵权责任的需要，应当对基础合同的履行情况进行有限度的审查，以正确判断受益人在索款声明中的陈述与实际情况是否相符，进而认定受益人是否构成欺诈。故，本院在审查业主的保函索赔行为是否构成欺诈时需结合基础合同的履行情况认定。

关于承包商是否存在业主在履约保函索赔中陈述的违约问题。本案中，根据基础合同的约定，业主应当履行的义务中，包括在开工前移交原始基准点和在开工后两个月给予承包商进入和占有现场的权利等。承包商的主要义务为按照合同约定，以及监理工程师的指示在合同规定的范围内对工程进行设计、施工和竣工，并修补其任何缺陷。而在合同履约过程中从往来函件看，可以显示在严重缺乏地质资料的情况下，业主将不具备开工条件的工程交与承包商施工，开工后业主又没有按照规定时间向承包商提供进场道路和施工现场，且业主在一年后才提交原始基准点，使得承包商无法按照合同约定完成相应的施工任务。因此，根据基础合同通用条款第162款（d）项，业主基本上没有执行合同规定的义务，从而在本质上影响合同的经济平衡和承包商履行合同的能力，承包商有权行使终止合同的权利。

在业主不履行合同义务的前提下，承包商作出终止合同的决定，是符合合同约定的一种正当的自力救济行为，不存在法律和事实上的不当。承包商行使终止合同的权利并不能成为证明其违约或不履约的证据。在承包商发出终止合同通知后，业主随后发出终止合同通知并同时向开立银行索赔保函，显然，在没有证据证明承包商故意违反基础合同的情况下，业主再次提出终止合同是对承包商终止合同权利的曲解，也是滥用业主终止合同权利的表现。故本院认为业主在保函索赔中存在虚假陈述的主张成立，本院予以采信。

最高人民法院《关于贯彻执行＜中华人民共和国民法通则＞若干问题的意见》第68条规定，"一方当事人故意告知对方虚假情况，或者故意隐瞒真实情况，诱使对方当事人作出错误意思表示的，可以认定为欺诈行为。"本案中，业主在承包商没有违约且其无权就履约保函和预付款保函提出索赔的前提下，仍作出承包商违约的虚假陈述，致使银行作出向中国的银行要求反担保索赔的主张。因此，独立保函的欺诈例外应予适本院确认业主为索取保函项下款项作出虚假陈述的行为构成保函欺诈。"

第15章 分包合同的索赔

> 分包商的索赔与主合同项下承包商向业主的索赔要求相同。
> ——本书作者，《分包合同法律问题》

15.1 索赔的定义、验证标准和分类

15.1.1 索赔的定义

《牛津法律词典》第6版将索赔（claim）定义为："一项补偿的要求或权利主张，特别是将具体案件诉诸法院的权利（诉讼的权利）。在民事诉讼中使用这项术语。"《朗曼法律词典》将索赔定义为："要求或权利主张。"

在建筑和土木工程施工合同中，上述定义略显过于宽泛，不能体现施工合同索赔的要旨，因此，学者们将施工合同的索赔定义加以细化，采用各种不同表述方式定义索赔的确切含义，有关法律也给出了立法上的解释。

美国《联邦占有法》和《合同争议法》将索赔定义为：

"某一承包当事人依照权利要求的一定金额的金钱给付，合同条款的调整或解释，或合同项下的或与合同有关的其他救济……在递交时没有任何争议的收据、发票或其他正常的付款要求不构成一项索赔。"

FIDIC 合同 1987 年第 4 版、1999 年版，1994 年分包合同格式，ICE 合同第 7 版等都没有规定索赔的定义。但多数学者将建筑和土木工程行业的索赔定义为除正常付款之外的额外付款要求或主张。大卫·查贝尔在《建筑合同索赔》一书中将索赔定义为：

"在建筑行业，可将索赔定义为通常是承包商提出的一项要求延长合同期限，和/或根据建筑合同的明示或默示条款提出付款要求的权利主张。在施工行业，'索赔'一词一般用于描述承包商提出的除按正常合同规定付款之外的付款请求……这个词也用来描述根据建筑合同承包商要求延长工期的申请。"

尼尔·G·布尼在《FIDIC 合同》一书中将索赔定义为：

"在施工合同中，一般而言，索赔在实践中被认为是一项要求应付给一方的额外付款或要求延长竣工时间的主张。"

在美国 Reflectone, Inc. 诉 Dalton, 60 F. 3d 1572（Fed. Cir. 1995）案中，法

庭就索赔的定义进行了诠释，根据最近美国依据《合同争议法》中构成索赔和争议的结论，法庭认为根据《合同争议法》，为了构成"索赔"，"非正常"付款（non-routine）要求不必要"处于争议之中"。根据该案，非正常付款要求必须：

（1）一项书面要求或主张。

（2）依据权利提出要求。

（3）一定金额的金钱给付。

在美国 Ellett Constr. Co., Inc. 诉 United States, 93 F. 3d 1537 U. S. App. LEXIS, 1996 案中，法院认为因美国政府因方便而取消部分工程后原告提出的"合同终止事宜解决方案"构成了一项"非正常"付款要求，因为原告的要求符合 Reflecton 案件中提出的 3 项标准。

但法庭认为并不是每一项"非正常"付款要求都能构成索赔，因为根据《合同争议法》，一项索赔必须递交承包工程管理官员作出决定。在本案中，原告承包商递交的"合同终止事宜解决方案"只是供双方谈判的筹码，因此不能构成一项索赔。但如果谈判陷入僵局，根据《联邦占有法》，将其递交给承包工程管理官员时，才能构成一项索赔。在本案中，法院发现原被告经过长时间的谈判，双方的谈判陷入僵局，因此原告提出的"合同终止事宜解决方案"构成了一项索赔。

从上述定义中可以得出，构成建筑和土木工程业的索赔的条件是：

（1）一项书面的要求或主张。

（2）依据权利提出要求。

（3）一定金额的金钱给付，或工期延长，或包括金钱给付和工期延长要求。

（4）对非正常付款或额外付款提出的要求或主张。

（5）满足合同或法律规定的程序或者时间的要求。

15.1.2 索赔的验证标准

构成一项索赔的事项和验证标准是：

（1）任何要求延长竣工时间的主张，均属索赔范畴。

（2）业主提出的承包商付款要求，即业主的索赔，属于索赔范围。

（3）业主要求承包商支付误期损害赔偿费的要求，属于索赔范畴。

（4）当承包商提出付款要求时，区分是否构成索赔的验证标准是承包商提出付款要求是属于正常付款（routine payment）还是非正常付款（non-routine payment）或额外付款（additional payment）要求或主张：

• 正常付款，如在 FIDIC 合同红皮书中工程量表中的在规定数量内的计量和付款属于正常付款，承包商对工程量表中的项目提出付款要求或主张，不属于索赔范围。

- 在 FIDIC 合同红皮书中，超出工程数量表中规定的数量的付款，仍属于正常付款，不属于额外付款，不构成索赔。因为合同规定工程数量只是一个估计数量，工程数量的增加或减少不构成变更。
- FIDIC 合同 1987 年第 4 版第 60.1 款、1999 版红皮书第 14.3 款、1994 年 FIDIC 分包合同格式第 16.1 款中规定的承包商应得的款项，均属于正常付款，承包商对这些款项提出付款要求，不构成索赔。
- 变更。如承包商按照工程师指示进行的变更。如果承包商对工程师依照变更估价原则作出的估价没有异议，则应计入当月的临时付款证书中，承包商对变更付款的要求是正常付款主张，不构成索赔。如果承包商对工程师作出的变更估价不满，形成争议，则构成索赔。
- 因法律或价格波动而发生的价格调整，如 FIDIC 合同 1987 年第 4 版第 26 条，第 70.1、70.2 款的规定，1999 版红皮书第 13.7 款和第 13.8 款的规定，FIDIC 分包合同格式第 21.1 款和第 21.2 款的规定，属于正常付款，承包商应将因法律或价格波动造成的费用增减额计入当月的临时付款证书，承包商对此项内容提出的付款要求，不属于索赔。
- 利息。因业主延迟付款，承包商提出的利息要求，属于非正常付款，即额外付款，构成承包商的索赔。
- 利润。承包商对因发生费用，根据合同条款对费用滋生的利润而提出的要求，属于非正常付款，构成承包商的索赔。
- 融资费用。承包商根据合同规定对融资费用提出付款的要求，属于非正常付款，构成承包商的索赔。
- 因承包商认为有权要求工期延长，在工程延长期内派生的、承包商认为有权得到的费用付款要求，属于非正常付款，构成承包商的索赔。
- 其他属于非正常付款或额外付款的要求或主张。

（5）在业主和承包商没有正式合同时，承包商按照大陆法系中不当得利，或根据英美法系中按劳计酬（quantum meruit）原则提出的付款要求，构成索赔。

（6）不是根据合同规定，而是根据法律规定、或侵权法提出的付款要求，构成索赔。

15.1.3 索赔的分类

根据不同的标准、从不同的当事人的不同角度出发，可以将索赔进行不同的分类。在西方有关建筑和工程业的主要著作中，将索赔分为：

（1）依合同规定提出的索赔（contractual claim）。

（2）因合同产生或与之有关的索赔，或基于普通法的索赔（ex-contractual

claim)。

(3) 基于按劳计酬原则的索赔（quantum merit claim）。

(4) 通融索赔（ex gratia claim）。

从承包商的立场出发，依合同规定提出的索赔主要有：

(1) 工期延长索赔（Extension of Time claim，EOT claim）。

(2) 费用索赔（cost and expense claim）。

当然，承包商还可以根据具体发生的造成延误或费用索赔的事件对索赔进行更加详细的分类，但总体而言，承包商对业主提出的合同项下的索赔主要是工期延长索赔和费用索赔两大类。

15.2 FIDIC 合同项下索赔的依据

15.2.1 新旧版红皮书中的索赔依据

自 FIDIC 编制出版了 1999 版合同条款系列后，该版合同得到了日益广泛的应用，同时，1987 年第 4 版旧版施工合同条款也还将在若干年内与新版合同并存使用。对于那些熟悉 1987 年第 4 版施工合同的人而言，由于新版合同在条款编号、体例、语言和内容上进行了大幅度修改，需要时间适应和理解，而将两版合同中有关索赔事项和承包商根据合同规定有权索赔的依据进行对比，则更便于跨越新旧两版合同的变化。1987 年第 4 版与 1999 版 FIDIC 施工合同条款承包商索赔条款对照表见表 15-1。

表 15-1 1987 年第 4 版与 1999 版 FIDIC 施工合同条款承包商索赔条款对照表

1987 年第 4 版条目	1987 年第 4 版合同标题	构成索赔的基础	1999 年第 1 版对应条款
1.1 (g)	费用	费用是指承包商在现场内外发生的或将发生的所有合理开支，包括管理费用及类似的开支，但不包括利润	1.1.4.3
1.5	通知、同意、批准、证明和决定	任何交往须是书面形式，不得无故扣压和拖延	1.3
2	工程师及工程师代表	工程师要行为公正，无偏见	3
5.2	合同文件的优先次序	组成合同的多个文件如有歧义或含糊，工程师应发出指示，解释或校正	1.5
6.4	图纸延误和误期的费用	工程师在合理的时间内未曾或不能发出承包商正常施工所需的图纸和指示，导致工程延误或中断	1.9

第 15 章 分包合同的索赔

(续)

1987年第4版条目	1987年第4版合同标题	构成索赔的基础	1999年第1版对应条款
12.2	不利的外界障碍或条件	发生了承包商无法预见的自然情况或人为障碍	4.12
13	法律或实际上不可能	中途终止合同	3.3, 19.7
14	进度计划	承包商索赔的时间参照系	8.3, 14.4, 3.1
17.1（c）	放线	根据工程师或其代表提供的错误数据放线	4.7
18	钻孔和钻探开挖	根据工程师的指令钻孔或开挖	13.1
20.3, 20.4	因业主风险造成的损失或损坏；业主的风险	对业主风险引起的损坏、修理或恢复，业主应承担相应费用	17.4, 17.3
26.1	遵守法令、规章	遵守法令和规章已发生的费用	1.13
27	化石	在现场发现化石、古币、有价值的物品或文物、建筑结构及其有地质或考古学价值的遗迹或物品	4.24
31.2	为其他承包商提供方便	根据工程师要求，承包商向其他承包商提供使用道路、脚手架或其他服务	4.6
36.2, 36.4, 36.5	样品费用；未规定检验费用；工程师关于未规定的检验的决定	要求的样品是合同中没有明确指明或规定提供的；要求的试验是合同中没有明确指明或规定的，且试验表明工程是完好合格的	7.2, 7.4
38.2	剥露和开孔	工程师指令承包商剥离或凿开工程的任何部分，但发现该部分符合合同规定	7.3
40.1	暂时停工	工程师发出停工令，指示工程中止并由承包商对工程进行维护和照管	8.8
40.3	暂时停工持续84天以上	按工程师指令停工持续84天或更长的时间未允许再开工，致使工程被视为业主取消该部分工程，形成合同的部分删除	8.11
41	开工和误期	只能在"合理可能的情况下"开工	8.1
42.2	未能给出占有权	业主因征地问题未能将现场提供给承包商使用	2.1

461

(续)

1987年第4版条目	1987年第4版合同标题	构成索赔的基础	1999年第1版对应条款
44	竣工期限	超出承包商控制的原因造成工期拖延，承包商可获得合理延期	8.4，20.1
49.3	修补缺陷的费用	按要求修理、修改、重建或校正等	11.2
50	承包商的调查	对缺陷进行调查	11.8
51	变更、增添和省略	工程变更	13.1
52.1，52.2	变更的估价；工程师确定费率的权利	按第52.1条要求额外付款；按第52.2条因增减工程数量或性质导致某项单价或价格不合理或不合适，须改变单价和价格	12.3
52.3	变更超过15%	工程数量超过15%	—
53	索赔程序	规定了索赔程序	20.1
59.4	对指定分包商的付款	付款给指定分包商	5.3
60	证书与支付	验工计价和材料预付款的支付；项目预付款和工程保留金的规定	14
65	特殊风险	特殊风险造成的全部损失不应由承包商承担，而应由业主补偿承包商因此发生的额外费用	17.3，17.4，19.6
66	解除履约	合同终止，解除双方合同	19.7
69	业主的违约	业主违约	16.1，16.2，16.3，16.4
70.1	费用的增加或减少	价格调整	13.8
70.2	后续的法规	法律的变化造成承包商增加成本	13.7
71	货币及汇率	强制执行的货币限制，影响到支付货币	14.15

15.2.2 新旧版红皮书中的索赔条款的主要变化

（1）1999版施工合同条款第2.5款中增加了1987年第4版红皮书中没有的业主向承包商索赔条款和内容和程序，以明示条款的方式规定业主向承包商的索赔，为业主索赔提供了合同基础和理由。

（2）1999版新版合同规定了新的索赔程序，便于合同管理且明确了承包商向业主索赔的程序要求和时间限制。

(3) 1999 版合同引入了争议裁决委员会解决争议或分歧的机制，改变了 1987 年第 4 版中工程师负责裁决争议权限。工程师作用的这种变化反映在新版合同的许多条款中，而对于未能达成一致的索赔事项，承包商可以将其提交争议裁决委员会决定，或通过友好协商解决或通过仲裁解决。

(4) 1999 版合同删除了 1987 年第 4 版第 52.3 款中工程量变更达 15% 以上，承包商有权变更合同价格或费率的规定。但新版合同在第 12.3 款估价中规定了"该项工作测出的数量变化超过工程量表或其他清单中所列数量的 10% 以上"，可以采用新的费率或价格。

15.2.3　FIDIC 合同 1999 版中承包商向业主索赔条款

FIDIC 合同 1999 版中承包商向业主索赔的条款如下：
(1) 要求承包商递交造成延误和额外费用的通知条款：
- 第 1.9 款：延误图纸或指示。
- 第 4.12 款：不可预见的自然条件。
- 第 4.24 款：化石。
- 第 16.1 款：承包商暂停施工的权利。
- 第 17.4 款：业主风险的后果。
- 第 19.4 款：不可抗力后果。

(2) 承包商有权延期和/或额外付款的条款：
- 第 1.9 款：延误图纸或指示。
- 第 2.1 款：进入现场的权利。
- 第 4.7 款：放线。
- 第 4.12 款：不可预见的自然条件。
- 第 4.24 款：化石。
- 第 7.4 款：试验。
- 第 10.2 款：部分工程移交。
- 第 10.3 款：竣工试验的干扰。
- 第 11.8 款：承包商的调查。
- 第 13.7 款：法律变更的调整。
- 第 16.1 款：承包商暂停施工的权利。
- 第 17.4 款：业主风险的后果。
- 第 19.4 款：不可抗力后果。

(3) 有关价值或相同要求的条款：
- 第 12.3 款：估价。
- 第 12.4 款：省略。

- 第15.3款：终止合同之日的价值。
- 第16.4款：终止时的支付。
- 第18.1款：保险的一般要求。

（4）承包商可以索赔利润和费用的条款：
- 第1.9款：延误图纸或指示。
- 第2.1款：进入现场的权利。
- 第4.7款：放线。
- 第7.4款：试验。
- 第10.2款：部分工程移交。
- 第10.3款：竣工试验的干扰。
- 第11.8款：承包商的调查。
- 第16.4款：终止时的支付。
- 第17.4款：业主风险的后果。

15.2.4　FIDIC合同1999版中业主向承包商索赔条款

FIDIC合同1999版中业主向承包商索赔条款：

（1）第2.5款要求通知的条款：
- 第7.5款：拒绝。
- 第7.6款：补救工程。
- 第8.6款：进度。
- 第11.3款：缺陷通知期限的延长。
- 第15.4款：终止后的支付。

（2）不需要通知的条款：
- 第4.19款：电力、供水和天然气。
- 第4.20款：业主的设备和免费材料；承包商要求的其他服务。

（3）允许业主索赔和扣款的条款：
- 第4.2款：履约担保。
- 第5.4款：向指定分包商支付的证据。
- 第9.2款：延误的试验。
- 第10.2款：部分工程的移交。
- 第11.4款：未能补救缺陷。
- 第11.6款：进一步试验。
- 第11.11款：清理现场。
- 第18.1款：保险的一般要求。
- 第18.2款：工程和承包商设备的保险。

15.2.5 承包商索赔成因实证分析

在表 15-2 中的国际工程索赔 12 个实证案例样本中,涉及中国各主要大型工程承包企业,工程地点位于亚洲、非洲、拉丁美洲和欧洲地区,工程类型包括大型 EPC 工业项目、交通基础设施、燃煤电厂项目和水利水电项目,合同格式主要为 1999 版 FIDIC 新红皮书、黄皮书和银皮书,2005 年、2006 年和 2010 年国际多边发展银行协调版 FIDIC 合同,仅非洲法语区国家使用的是法式合同,详见表 15-2。

表 15-2 国际工程索赔实证案例样本表

序号	项目名称	项目类型	工程所在国	合同类型	合同格式
1	尼泊尔某水电项目	水电站	尼泊尔	单价合同	1987 年 FIDIC 第 4 版
2	尼泊尔某输水隧道工程	隧道	尼泊尔	单价合同	2005 版 FIDIC 合同
3	孟加拉国某给水工程	供水	孟加拉国	单价合同	2006 版 FIDIC 合同
4	印度某电缆铺设工程	供电	印度	总价合同+单价合同	印度业主编制
5	巴西某燃煤电站工程	电厂	巴西	EPC 合同	1999 版 FIDIC 银皮书
6	波兰某公路工程	公路	波兰	设计—施工 DB 合同	1999 版 FIDIC 黄皮书
7	格鲁吉亚某公路工程	公路	格鲁吉亚	单价合同	2006 版 FIDIC 合同
8	白俄罗斯某机场工程	机场	白俄罗斯	EPC 合同	业主自编合同
9	俄罗斯某铁矿项目	矿山	俄罗斯	EPC 合同	1999 版 FIDIC 合同(业主修改版)
10	马里某水电站项目	水电站	马里	交钥匙合同	法式合同
11	坦桑尼亚某公路项目	公路	坦桑尼亚	单价合同	2006 版 FIDIC 合同
12	乍得某公路项目	公路	乍得	单价合同	法式合同

在上述 12 个实证案例样本中,8 个项目使用了 FIDIC 合同,包括了当前正在使用的各版 FIDIC 合同,其中有代表传统承包模式的业主设计—招标—施工的单价合同,即 1987 年第 4 版 FIDIC 合同、1999 版红皮书和 2005、2006 年国际多边发展银行协调版 FIDIC 合同,代表设计—施工 DB 模式的黄皮书,代表 EPC/交钥匙模式的银皮书。

通过评估上述合同文件发现,业主利用公开招标文件对第二部分《专用条款》进行了不同程度的修改,改变了 FIDIC 合同通用条件中业主和承包商的风险分配,在某种程度上造成了业主和承包商权利和义务的失衡,影响了承包商的索赔权利，使得承包商丧失了对某些事件或情况的索赔权利。

在上述 12 个国际工程索赔实证案例中，承包商索赔成因可归纳为业主违约事件和非归责于承包商的责任事件两类，其中非归责于承包商的事件主要有当地居民的干扰、不可预见的地质条件和不可抗力事件等。不可抗力事件包括政变、战争、暴雨、洪水、罢工等承包商无法预见又无法避免的事件。上述 12 个国际工程实证案例索赔成因见表 15-3。

表 15-3　国际工程实证案例索赔成因汇总表

序号	责任性质	事件	项目名称（按国家名称）	承包商是否有权索赔工期延长 EOT 和额外费用 Costs
1	业主违约	1. 业主延迟付款	尼泊尔、孟加拉国、马里、乍得、坦桑尼亚	EOT/Costs
		2. 业主未能按时提供现场占有权	尼泊尔、孟加拉国、格鲁吉亚、坦桑尼亚	EOT/Costs
		3. 业主未能按时提供进场道路	尼泊尔	EOT/Costs
		4. 业主未能提供 GPS 基准测量点	尼泊尔、坦桑尼亚、乍得	EOT/Costs
		5. 延误的图纸和指示	尼泊尔、坦桑尼亚、俄罗斯、白俄罗斯、格鲁吉亚	EOT/Costs
		6. 业主暂停施工	巴西、格鲁吉亚、坦桑尼亚、尼泊尔	EOT/Costs
2	非归责于承包商的事件	1. 当地居民的干扰	尼泊尔、孟加拉国、乍得	EOT/Costs
		2. 不可预见的物质条件	尼泊尔、马里、格鲁吉亚	EOT/Costs
		3. 极端恶劣的气候条件	巴西	EOT
		4. 工程范围	波兰、马里	争议
		5. 工程数量	波兰	争议
		6. 设计责任	马里、俄罗斯、波兰	争议
3	非归责于承包商的事件：不可抗力事件	1. 政变	马里	EOT/Costs
		2. 战争	马里	EOT/Costs
		3. 罢工	巴西、孟加拉国、尼泊尔	EOT/Costs

第 15 章 分包合同的索赔

（续）

序号	责任性质	事件	项目名称 （按国家名称）	承包商是否有权索赔工期 延长 EOT 和额外费用 Costs
3	非归责于承包商的事件：不可抗力事件	4. 暴雨	尼泊尔、马里、乍得、巴西	EOT/Costs
		5. 泥石流	尼泊尔	EOT/Costs
		6. 洪水	乍得、马里、俄罗斯	EOT/Costs
		7. 材料短缺	乍得	
4	非归责于承包商的事件：变更导致的索赔	变更导致的索赔	尼泊尔、马里、格鲁吉亚、坦桑尼亚、俄罗斯、乍得、孟加拉国	EOT/Costs

在表 15-3 中所述的 4 类承包商有权索赔的事件中，根据索赔事件发生的概率，承包商有权索赔的主要事件如下：

（1）业主违约行为。
（2）不可预见的物质条件和人为障碍。
（3）变更。
（4）设计延误。
（5）不可抗力事件。

在表 15-3 中的 12 个实证索赔案件中，按照工期延长索赔权重为 40%，额外费用索赔权重 60%，对 12 个实证索赔案件进行统计分析，可以得出导致承包商有权索赔的索赔成因构成，如图 15-1 所示。

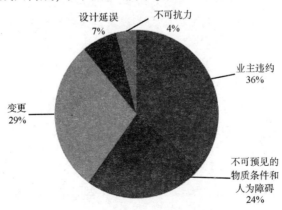

图 15-1 国际工程索赔成因构成

在表 15-3 中的 12 个实证索赔案例中，有关工程范围、工程数量和设计责任的索赔均出现在设计—施工、EPC/交钥匙合同中，这反映了设计—施工、EPC 和交钥匙合同中，工程范围、工程数量和设计责任成为业主和承包商争议的焦点，也是最具争议的索赔难点之一。

15.3 递交通知：索赔的前提条件

15.3.1 FIDIC 合同索赔通知规定

FIDIC 合同 1987 年第 4 版第 53.1 款规定：

"尽管本合同有任何其他规定，如承包商根据本条款的任何条款或其他有关规定索偿任何额外付款，他应在引起索赔的事件第一次发生之后的 28 天内，将索赔意向通知工程师，并将一份副本递交给业主。"

对于 1987 年第 4 版第 53.1 款的规定，英国普通法中存在两种解释，一是此类规定不能构成索赔的前提条件，即使承包商未能在索赔事件发生后的 28 天内提交书面索赔通知，也不能因此否决承包商的索赔权利；二是此类规定构成索赔的前提条件，即承包商未能在索赔事件发生后的 28 天内提出书面索赔通知，则丧失索赔权利。在实践中，（监理）工程师或业主对此项规定存在上述两种截然不同的做法。在使用 1987 年第 4 版 FIDIC 合同时，（监理）工程师和业主没有将 28 天视为索赔时效，但在作者索赔的也门公路项目中，在使用类似的 FIDIC 合同 1977 年第 3 版时，（监理）工程师认为承包商未能在索赔事件发生后的 28 天内发出书面索赔通知，因此丧失索赔权利。在使用 FIDIC 合同 1999 版、2005、2006 和 2010 版的情况下，（监理）工程师和业主均将 28 天视为承包商索赔的索赔时效，并要求承包商出示证明 28 天内提出书面索赔通知的证据，用以证明承包商在 28 天内发出书面索赔通知，从而有权索赔工期延长和/或额外费用。

FIDIC 合同 1999 版新红皮书、黄皮书、银皮书、国际多边发展银行协调版 2005 版、2006 版和 2010 版合同通用条件第 20.1 款规定：

"根据本条件任何条款或与合同有关的其他文件，如果承包商认为他有权得到竣工时间的任何工期延长和/或任何额外付款，承包商应向工程师发出通知，说明引起索赔的事件或情况。该项通知应尽快在承包商知晓或应当知晓该事件或情况后的 28 天内发出。

如果承包商未能在上述 28 天期限内发出索赔通知，则不得延长竣工时间，承包商亦无权获得额外付款，而业主应免除有关索赔的全部责任。否则，应适用本款的下述规定。"

按照 FIDIC 合同第 20.1 款的明示规定，承包商提出索赔的时效为 28 天，即自承包商知道或应当知道引起索赔事件后的28天内发出索赔通知，否则，承包商丧失任何工期延长索赔和/或额外付款的权利，而业主可以免责。因此，根据第20.1款的规定，28天的书面索赔通知是索赔成立的必要前提条件。

ICE合同第7版第53（1）款规定，如果承包商打算索赔更高的费率或价格，则应收到通知后的28天内向工程师发出索赔意向的书面通知。第53（2）款规定，如果承包商打算索赔额外的付款，承包商应在合理的时间内，并应无论如何在引起索赔的事件发生后的28天内向工程师递交索赔意向。

根据上述规定，28天的书面通知是索赔成立的必要前提条件。FIDIC合同1999版中更加明确规定了如果未能遵守这项时间规定，承包商将不得延长竣工时间，也无权获得额外付款，而业主应免除有关索赔的全部责任。

在分包工程项目中，由于分包工程是主合同工程的一个组成部分，因此，分包商也应遵守这项索赔通知的规定，否则，分包商也将：

（1）不得延长竣工时间。
（2）无权获得额外付款。
（3）业主和承包商免除分包工程有关索赔的全部责任。

作为索赔的前提条件，如合同中明示规定了提出索赔的时间要求，则法院、仲裁庭和工程师都会严格遵循这项规定，如果承包商未能在28天内向工程师发出索赔意向通知，则丧失工期和费用索赔的权利，而业主则可免责。

【案例15-1】 在Tersons Ltd诉Stevenage Development Corporation（1963）案中，根据ICE合同条款第52（2）款规定，承包商负有义务在索赔额外付款时向工程师发出书面通知。根据第52（4）款，进一步要求承包商递交额外付款的月索赔金额的通知。在收到工程师图纸的大约6个月后，承包商向工程师发出了打算索赔额外付款的通知。上诉法院判决仲裁庭的裁定符合合同第52条规定的，对任何变更提出索赔须递交书面通知的前提条件，即使没有递交月索赔金额的通知，但承包商应尽快地就特定事件发出充分的通知。

法院判决承包商未能遵守索赔的时间要求，无权就图纸中的变更提出索赔。

【案例15-2】 在Hersent Offshore AS and Amsterdamse Ballast Betonen Waterbouw BV诉Burmah Oil Tankers Ltd（1978）案中，在考虑因建设一座原油码头项目的索赔诉讼时，法院判决："除非索赔一方可以提出未能遵守弃权的理由，否则，他们应遵守第52条最后一段规定的要求，即在索赔额外付款时应发出索赔意向通知。"

【案例15-3】 在澳大利亚Jennings Construction诉Birt（1986）案中，合同规定：在索赔事件或情况发生后的不迟于14天内，承包商应向工程师发出书面索赔意向，否则丧失索赔权利。由于需要采用特定的更昂贵的施工方法进行挖掘工作，承包商主张即使未能在合同规定的时间内向工程师发出索赔意向通知，也应该有权就额外付款进行索赔。法院认定本款的含义是使业主能够调查有关索赔事件并考虑有关情况。法院判决索赔通知义务是承包商应遵守的一项严格义务，因此索赔不能成立。

【案例 15-4】 在澳大利亚 Wormald Engineering Ltd 诉 Resources Conservation International (1988) 案中，承包商未能按照合同规定在变更令发出后向工程师递交通知。业主支付了有关变更发生的费用，但随后承包商就延误和干扰提出索赔。法院判决：按照 Jennings Construction 诉 Birt 案的相同理由，发出书面通知是有权进行额外付款索赔的前提条件。

15.3.2 中国承包商的主要问题

在索赔事件或情况发生后的 28 天内未能提交书面索赔通知，造成承包商因此丧失索赔权利，承包商的合法权益受到损害，这种现象普遍存在于中国企业从事的国际工程项目中。通过对 10 多个国际工程项目中 10 多万封业主和承包商的往来信函、会议纪要和合同文件的分析，中国承包商未能在索赔事件或情况发生后的 28 天内发出书面索赔通知的主要原因在于：

(1) 中国企业国际工程项目管理能力存在缺失，重技术，轻管理，不懂或不理会合同和法律。中国企业在国际工程项目中，普遍存在着技术过硬，管理能力弱，合同管理差的现象。

(2) 国内外对法律和合同的巨大文化和观念差异，导致了中国企业在国际工程项目中合同管理成为弱项。国内施工企业将国内轻视合同的文化和观念带到国际工程项目中，必然与国外重合同、讲规范和严格执行监理制度的施工制度形成巨大反差。

(3) 中国企业合同管理观念淡薄，索赔意识弱化或缺失。在表 15-3 所述 12 个实证索赔案例中，中国企业普遍存在在出现索赔事件或情况时，根本无法意识到这些事件或情况将会导致索赔，因此，错失了在索赔事件发生后的 28 天内提出书面索赔通知的时机。以某实证索赔案例为例，业主直至项目开工 1 年后才提供符合要求的 GPS 基准测量点，但中国承包商在与业主长达半年的工地会议中，每次都要求业主提供 GPS 基准测量点，但直至半年后聘请了国外的合同专家，才向业主发出了书面索赔通知。(监理) 工程师根据 FIDIC 合同第 20.1 款的规定，以承包商未能在索赔事件发生后的 28 天内提出书面索赔通知为由，否决了承包商的工期延长和额外费用索赔。

(4) 中国很多企业普遍存在怕提出索赔得罪业主和影响与业主关系的心理，

或者害怕或胆怯提出索赔要求，主动放弃索赔权利。但当发生工期延误，承包商无法按时完工，业主提出巨额工期罚款或误期损害赔偿费时，承包商没有可以与业主谈判和对冲的筹码，无法维护自身的合法权益。

（5）合同管理人才短缺，合格的合同管理人员缺乏。在中国大型承包企业中，集团总部或公司总部级的合同管理人员十分缺乏。在项目经理部层级，则更是出现了大多数合同管理人员不懂合同，或者合同管理能力弱，或是出现了业主违约而不敢维权的现象。与技术不同，合同管理是复合型知识体系，在国际工程项目中，不仅需要知识、能力和语言，还需要阅历、经验和胆识，中国企业还有很长的路要走。

15.3.3 索赔通知的成立

FIDIC 合同第 20.1 款规定承包商发出书面索赔通知，说明引起索赔的事件或情况，但 FIDIC 合同并未明示规定索赔通知的格式，或者什么样的通知才能构成一份合格的索赔通知。在实践中，常常会发生业主和（监理）工程师与承包商对书面索赔通知认定的问题。承包商认为其提交的信函构成了一份合格的索赔通知，但业主和（监理）工程师认为承包商提交的信函不能构成索赔通知，因此否决承包商的索赔权利。

从实证索赔案例看，按照 FIDIC 合同的规定，下述情况构成一份合同的索赔通知：

（1）信函标题标注为"索赔通知"，或者"索赔意向通知"等含有索赔文字的信函。

（2）信函标题没有标注"索赔通知"或"索赔意向通知"文字，但信函内容中写有"承包商保留索赔权利"，或"该函件将视为第 20.1 款项下的索赔通知"，或"索赔不可避免"等此类文字的信函。

（3）信函中某处只要写有"索赔"或"要求补偿或赔偿"之类文字，哪怕仅有一个此类文字的信函。

如果信函内容仅说明事件或情况，而承包商没有在信函中出现"索赔"文字，则可能出现此函是否构成索赔通知的争议。一般而言，如果承包商仅仅描述事件或情况，而没有明示提出索赔要求，则应认为此函不构成索赔通知。

建议中国企业规范国际工程项目合同管理，在发生索赔事件时，以索赔通知为标题发出索赔通知，避免出现是否构成索赔通知的争议。根据 FIDIC 合同规定，承包商不能采取防御性的措施，在项目开工时，在索赔事件尚未发生之前，向业主或（监理）工程师发出一份声明，主张无论何时发生索赔事件，本声明均构成索赔通知。

15.3.4 索赔时间发生时间的界定

FIDIC 合同第 20.1 款规定索赔通知应在"索赔事件发生后"的 28 天内提出通知。在多个实证索赔案例中,特别是在工程实践中,索赔事件的发生可分为两类:

(1) 瞬间发生或持续时间短暂的事件。
(2) 持续发生的事件。

对于瞬间发生的事件或持续时间短暂的事件,例如爆炸、当地居民的非持续性干扰或暴雨等,承包商能够在 FIDIC 合同规定的 28 天内发出索赔通知。但对于持续性的事件,例如时长为一个月、两个月、六个月或更长时段的事件,何时起算索赔时效成为业主和承包商双方争执的焦点。承包商能否在持续发生事件的过程中,即超过事件首次发生的 28 天内发出索赔通知,或者在持续性事件结束日期之后,主张自己的索赔权利,在实证索赔案例中,业主和(监理)工程师否决了后者的这项主张。因此,承包商应该在持续发生的事件首次发生后的 28 天内发出索赔通知,否则,丧失索赔权利。

英国普通法判例支持这项主张,即承包商未能在规定的时间内发出索赔通知,则丧失索赔权利。在 Tersons Ltd 诉 Stevenage Development Corporation(1963)案中,根据 ICE 合同条款第 52(2)款规定,承包商负有义务在索赔额外付款时向工程师发出书面通知。根据第 52(4)款,进一步要求承包商递交额外付款的月索赔金额的通知。在收到工程师图纸的大约 6 个月后,承包商向工程师发出了打算索赔额外付款的通知。上诉法院判决仲裁庭的裁定符合合同第 52 条规定的,对任何变更提出索赔须递交书面通知的前提条件,即使没有递交月索赔金额的通知,但承包商应尽快地就特定事件发出充分的通知。法院判决承包商未能遵守索赔的时间要求,无权就图纸中的变更提出索赔。

FIDIC 合同 2005 版、2006 版和 2010 版对 1999 版 FIDIC 合同第 20.1 款进行了修订,明示规定在持续性事件发生时,承包商应保存当期记录,按月递交索赔详情,并在持续性事件结束时递交此项事件的最终索赔报告。

15.3.5 知道或应当知道的验证

FIDIC 合同第 20.1 款规定"该项通知应尽快在承包商知道或应当知道该事件或情况后的 28 天内发出。"在表 15-3 所述 12 个实证索赔案例中,承包商与业主和(监理)工程师就"知道或应当知道(became aware, or should have become aware of)"产生争议。产生争议的焦点是承包商是否可以"知道或者应当知道"为由,主张其未能在 28 天内发出索赔通知,是否依然有权进行索赔。

在此类争议中,从法律实践和普通法判例看,"知道或应当知道"是人的主观心理活动，很难成为一个客观标准，在索赔权利人没有按时行使权利时，以"知道或应当知道"为理由延长索赔时效，主张索赔权利仍然成立，作为索赔权利人免责的理由将无法成立。索赔权利人不能以"我在事件发生 28 天后，我才知道权利被侵害"为由，主张其在 28 天后递交索赔通知的行为仍然有效。

15.3.6　索赔时效对承包商索赔权利的影响

在多个实证索赔案例中，由于普遍存在中国承包商没有在 28 天内发出索赔通知，从而导致丧失索赔权利的现象，因此，FIDIC 合同第 20.1 款中的索赔时效对中国承包商具有一定程度的影响。这种影响主要体现在中国承包商在项目建设初期不关注或不知道索赔时效的规定，未能在索赔事件发生的 28 天内发出索赔通知，造成在项目建设中后期无法按时竣工，导致巨额工期罚款或误期损害赔偿费，而此时再想起索赔权利，由于索赔时效条款的限制，承包商已丧失了索赔权利。

在国际工程实践中，索赔时效规定还将产生更为深远的影响。引起承包商索赔的索赔事件可分为两类：

（1）显性事件，是指承包商容易判断的引起索赔的事件或情况，例如当地居民的干扰、业主延迟支付工程进度款、爆炸、战争、恐怖活动等。

（2）隐性事件，是指在事件或情况发生时承包商不易察觉的事件或情况，例如工效损失索赔、施工方法的改变事件、某些技术问题可能导致的索赔事件、变更导致的索赔等。

在实证索赔案例中，中国承包商对于显性事件，例如当地居民的干扰，均能够在事件发生当日或次日向业主或（监理）工程师发出索赔通知。但对于隐性事件，如工效损失、施工方法的改变、变更导致的索赔和图纸改变等，均未能在 28 天内发出索赔通知，从而导致承包商丧失索赔权利。在承包商无法对隐性事件根据 FIDIC 合同第 20.1 款的规定在 28 天内发出索赔通知时，承包商丧失了索赔权利。

15.4　工期延长索赔

15.4.1　工期延长索赔的依据

1. FIDIC 合同 1987 年第 4 版项下工期索赔条款结构层次和依据

在 FIDIC 合同 1987 年第 4 版中，与工期索赔的有关条款如下：

（1）第 53 条：索赔程序。

（2）第 44 条：竣工期限延长。

(3) 第6.3款和第6.4款：延误提供图纸。
(4) 第12.2款：不利的外界障碍或条件。
(5) 第27.1款：化石。
(6) 第36.5款：工程师关于未规定的检验。
(7) 第40.2款：工程进度的暂停。
(8) 第42.2款：未能给出占有权。
(9) 第44.1款：竣工时间的延长。
(10) 第69.4款：承包商暂停工程或进度的权利。

在承包商有权进行索赔的上述条款中，可以分为三个层次。第一个层次的条款，即第53条索赔程序，是所有工期索赔应予遵守的程序。第二个层次是第44条，根据本条规定承包商有权进行工期延长索赔。其他条款则是承包商索赔的具体的条款依据。FIDIC合同1987年第4版索赔条款结构层次和依据如图15-2所示。

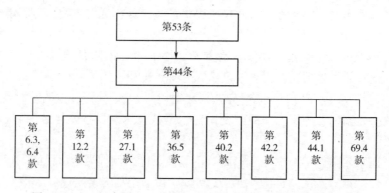

图15-2　FIDIC合同1987年第4版工期索赔条款结构层次和依据

2. FIDIC合同1999年版项下工期索赔条款结构层次和依据

在FIDIC合同1999版中，承包商有权进行工期延长索赔的条款如下：
(1) 第1.9款：延误的图纸和指示。
(2) 第2.1款：现场进入权。
(3) 第4.7款：放线。
(4) 第4.12款：不可预见的物质条件。
(5) 第4.24款：化石。
(6) 第7.4款：试验。
(7) 第8.5款：当局造成的延误。
(8) 第8.9款：暂停的后果。
(9) 第10.3款：对竣工验收的干扰。
(10) 第13条：变更和调整。

(11) 第 13.7 款：因法律改变的调整。
(12) 第 16.1 款：承包商暂停工作的权利。
(13) 第 17.4 款：业主风险的后果。
(14) 第 19.4 款：不可抗力的后果。

上述 14 项合同条款是承包商可以有权进行工期索赔的明示条款规定，除这 14 项外，1999 版 FIDIC 合同红皮书第 20.1 款规定了承包商的索赔、通知和程序要求，第 8.4 款规定了竣工时间延长的明示条款。在这些条款中，承包商有权进行工期索赔的合同条款结构层次和依据如图 15-3 所示。

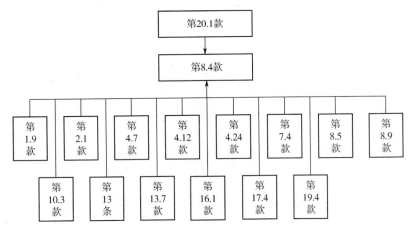

图 15-3　FIDIC 合同 1999 版红皮书中工期索赔条款的结构层次和依据

15.4.2　工程项目的时间管理

1. 理解和管理时间

"不能有效地管理时间，就不可能有效地对资源和成本进行管理，也不可能合理分配延误，确定延误赔偿责任或者追究责任。"

英国皇家特许建造学会在 2011 版《复杂工程项目中工期管理的最佳实践指南》一书中如是说到（此书由 Wiley Blackwell 出版社出版）。但在施工过程中，为什么时间对我们如此重要？

所有的施工合同都有开始和结束日期，通常称之为开工日期和竣工日期（如果项目不止一部分，那就会有多个日期），那是因为具体日期还是要由双方当事人来决定。对业主来说，如果项目是酒店、写字楼、住宅开发，那什么时候开放？什么时候推进宣传？如果是公路或者铁路项目，业主预计何时开始盈利？一艘轮船何时开始它的第一次包租旅程或者一家炼油厂何时开始它的第一次产品出口？对承包商来说，如何快速提交付款申请？他的劳动力、设备、日常开支这一系列成本预算是多少？你会明白这里的主导因素就是时间——时间就是金钱，而金钱使我们整日为之奔波劳碌。

施工争议尽管名义上和钱有关，但总是不可避免地牵涉到时间问题，这是一种非常不幸的联系。违约罚款和工期索赔都涉及时间问题。同样，工程延误的费用索赔、损失和费用索赔，干扰工程进度的索赔都基本上和时间有关。即使索赔表面上和时间无关，但诸如专业过失或者是某种类型的保险索赔也有一定的时间因素在其中。因此，有效的时间管理是施工过程中应做的工作的一部分，也是大部分施工合同的核心内容。

2. 准备和理解合同进度计划

当谈论合同进度计划时，可以肯定地说，我们并没有真正地定义它。从大多数合同的标准格式来看，进度计划本身并不是合同文件，虽然进度计划中的某些内容包含在英国标准合同条款中（例如工程设计与施工合同，新工程合同3），然而，大部分相同的标准格式都会以某种形式用于进度计划中。让我们又回到这一点上来，那么为什么使进度计划成为合同文件并不是一个好办法呢？

记得有位工程师曾说："在任何阶段，任何试图给予进度计划以条约性的束缚，最好的结果也是毫无意义，最坏的结果就是严重阻碍时间的有效管理。"

在承包商所计划的每一部分，进度计划都不应该是一次性的准备工作而应该是随实际变化的，用以防止因未预测到的缺陷而受到处罚。实际上，为了进行时间管理，进度计划应该是灵活的。计划的工作表达的是在未来什么时候以及以什么样的先后次序完成，只有这样，预期的工作以及任何变更所产生的后果才是可预料的，也是可处理的。我们应该允许进度计划成为知识储备，成为项目发展的细节。

至于进度计划的形式和内容，几乎每一个合同的标准格式都未涉及，这主要是因为进度计划设计有很多种不同方式，就和墙纸设计一样五花八门，更别提有那么多的可选软件程序，而且，业主把进度计划视作承包商应该提交的文件。因此，当事人双方并不愿意履行进度计划的细则。然而，对于合同为什么不应该制订进度计划细则，并没有充分的理由：

（1）进度计划的类型应该是带有资源计划的完整的关键线路网络图还是仅仅是一张简单的线条图？

（2）谁来准备进度计划？是业主，承包商还是当事人双方？

（3）准备进度计划的意图是什么？它仅仅是一个工程可能何时完工的指示，还是一个详细的工作清单，清单里包括设备何时采购，图纸何时提交、核准和发布，工程何时开工？

（4）进度计划还和什么有关联（比如其他进度表，信息资料表等）？需要信息资料表吗？需要总进度计划表吗？需要其他承包商的进度表吗？

（5）进度计划的准备方式和时间？在合同时标的范围内，进度计划如何呈现（是以软件副本还是硬件副本的方式？还是两者皆有，而且以多细的方式？）？何时呈现？

（6）进度计划应该如何修改和更新？进度计划修改应采取何种机制（参见新工程合同3）？进度应如何测量和记录？

（7）在延期和费用问题上，进度计划应如何使用？

上述几个问题，很容易在合同中讲清楚，无需将当事各方与任何特定的进度计划设计方案或者是软件程序联系起来。然而合同中规定软件的使用、进度计划的类型甚至是最低层次的细节（作业量，最大作业持续时间等），也并不是不为人所知的（实际上，在石油化学工业中，这是惯常的做法）。

回到合同中所说的进度计划，令人震惊之处就没那么多了。联合合同委员会（1980，1998 和 2005）几乎没有说明什么，仅仅是主张提交进度计划。对于进度计划的形式、内容和意图并未规定。1999 版 FIDIC 合同条件（红皮书）在这方面有了些许改进，合同中规定：

"承包商应在收到根据第 8.1 款［工程的开工］规定发出的通知后 28 天内，向工程师提交一份详细的进度计划。当原定进度计划与实际进度不符或承包商义务不相符时，承包商还应提交一份修订的进度计划。每份进度计划应包括：

a）承包商计划实施工程的工作顺序，包括设计（如果有）、承包商文件、采购、生产设备的制造、运到现场、施工、安装和试验各个阶段的预期时间安排。

b）由各指定分包商（按第 5 条［指定分包商］的定义）从事的以上各个阶段。

c）合同中规定的各项检测和试验的顺序和时间安排；以及

d）一份支持报告，内容包括：

i）在工程实施中各主要阶段，承包商拟采用的方法和各主要阶段的一般描述，以及

ii）承包商对工程各主要阶段所需各级承包商人员和各类承包商设备合理估计数量的详细情况。"

上述条款有助于进度计划的拟定，但是正如已阐明的，进度计划的相关规定中几乎未涉及任何评估准则。因此，在哪儿可以找到呢？

《工期延误和干扰索赔分析准则》出版于 2002 年 10 月（至今未更新），此书为施工过程中的各当事人提供了指导，帮助他们处理工期延误问题，提供当事各方必要的材料以避免不必要的纠纷。这都是非常冠冕堂皇的。此书附录 B 中包含一个进度计划说明条款模板，主要处理进度计划提交，不同的进度计划进展准备，施工方法，现金流，进度计划的修改和更新等相关问题。而附录 C 则包含一个工作记录条款模板，建议应该保存怎样的工作记录以及需要有多详细。然

而，这些准则也不能解决根本问题，它并没有说明进度计划的细节以及它的使用机制。虽然英国皇家特许建造学会（CIOB）指南并不是合同文件，但是它就以下主题给出了详细的建议：

　　进度方案种类
　　进度安排技巧
　　资源计划与进度安排
　　软件方面的考虑
　　进度计划设计
　　进度计划准备
　　工作分解结构
　　单项活动识别
　　单项活动描述
　　活动持续时间
　　确定持续时间
　　日程表
　　活动内容代码
　　成本代码
　　逻辑学
　　约束条件
　　浮时
　　风险和不可预见费用
　　关键线路
　　规划施工方法说明
　　质量保证

　　虽然使用 CIOB 指南细则这一方法可能会被批评为"过度规范"，但是，为了有效管理时间，使用一份有法律效力的进度计划说明，这已经是必要的最小信息量了。如果没有这样一份承包商所提供的详细说明书，是不可能（客观地）确定实际提供的资料是否遵从了合同规定的。

　　试想一下，我们正在为一个大规模、长持续时间的施工项目准备一份进度计划。合同上并未说明进度计划的形式，只是要求在合同的有效期内提交。在为合同准备进度计划时，遵照一种策略是至关重要的。从设计阶段入手开始规划，起草一份施工方法说明书。说明书中应该明确约束条件或潜在障碍以及所做的一些假设。挑选出要保存的记录以及保存记录的人很重要，这会对变更发生时更新和修订进度方案有益。只有为项目建立沟通过程，相关利益各方才能及时明确项目范围和目标，制订施工方案和进度计划，做好周期进度记录和更新以及可能会影响项目的风险记录。

准备进度计划的下一个阶段就是进度计划的发展阶段。不能对制订进度计划的目的视而不见，那就是，它指出了计划的工作在未来什么时候以及以什么样的先后次序完成，只有这样，预期的工作以及任何变更或违背原有意图所产生的后果才是可预料、可沟通和可有效处理的。根据 CIOB 指南 3.1.2 款，以下为应考虑的注意事项：

竣工日期	执照和许可证
各部分和关键竣工日期	临时和主要成本
未指定时间表	合同具体事项
进入，外出和所有物	工程量清单
信息发布日期	地方法规
提交和批准	环境条件
采购策略	卫生安全
采购进度计划	噪声限制
材料运送和保管	劳动力和设备资源
临时工程	后勤
临时运输安排	施工哲学
工作时间和假期	施工方法
设计责任	施工顺序
设计复杂度	进度要求
邻近业主	更新要求
风险分担	通知要求
分包商和供应商	报告要求
独立承包商	最终用户要求
业主的承包商	检测和试运行
业主物资	家具和装置
指定分包商	阶段占有
公共事业和法定事业	占有和移交
第三方争议	部分所有权

上述列举出的因素虽然可能会有些令人生畏，但是在一个复杂的施工项目进度计划发展阶段考虑这些因素是必要的。

一旦考虑了所有相关因素，采集了必要的信息，就可以适当考虑进度计划中专业技术的使用。技术使用有很多不同的方式，但是大致可以归类为以下 5 种：

(1) 横道图。

横道图最初使用于 19 世纪 30 年代，是由一位叫 Henry L Gantt 的美国工程师提出的（因此横道图又称甘特图），它是一个静态的工作进度说明。横道图不允许轻易地测量变更所产生的影响，也不允许暗示待定活动之间的必然关系。

（2）平衡线图。

平衡线图通常通过许多的统计区域来表示资源进度，对于处理潜在的资源逻辑哲学问题是一项有用的技术。平衡线图适用于线性项目的管理，如铁路、公路、管道运输项目。

（3）时间链网图。

时间链网图本质上用于线性工程，它为每一个工作区域提供了所需时间和位置的图解说明。它广泛地用于土木工程，有限用于综合土建工程。

（4）箭头/作业次序网络图。

这两种方法是原始的关键线路网络技术。箭头网络图起源于一些平行开发。1955年，（英国）中央电力局作业研究部为项目计划工作到发电厂关闭开创了一个基本方法。1957年，箭头网络图被定义为"最长的不可削减的作业顺序"，到1960年，它已成为"主要作业顺序"，Keadby发电厂的关闭时间降到了先前平均关闭时间的32%。与此同时，1958年2月美国海军特别项目办公室创建了一个叫PERT的方案，这是"计划评价研究任务"的首字母缩写，同年7月更名为"计划评价审查技术"，10月此方案运用于舰载弹道导弹计划，它为北极星导弹计划发展节省了两年时间。随着计算机的普及，此方案变得更加适用于计算机，而且成为众所周知的优先级方法，而且此方法在项目管理软件等一些行业标准化软件出现后，仍继续使用。这两种方法都是按照一定的逻辑顺序，通过计算的方式确定关键线路。

（5）链接横道图。

链接横道图这种方法是为人熟知的，因为它是绝大多数现代工作进度软件程序自带的，它也是为项目报告所选择的网络插图法。链接横道图方法也有弊端，它是提倡用"制图法"来制订进度计划，而不是首先考虑逻辑顺序，再用软件估算出工作进度。

当选定了适宜的专业技术，那就有必要考虑进度计划编制的各个细节。假定在用一个专业软件程序（如Premavera软件）绘制一个链接横道图，那就需要考虑诸如恰当的时间单位这样的因素，时间单位用来表示每个活动的持续时间。接下来就是如何管理这些时间单位。如果项目庞大且持续时间长，那么以小时为单位来表达工程耗费时间是毫无意义的，以天为单位会比较恰当。换句话说，如果你的项目是一级方程式赛车变速器的更换，那么你需要按分钟计算。像周末和假期这些非工作期应该加以标注，那么这些天的工作不会算在工作进度之内，自然也不会实施了。

工作分解结构，就是把项目的整个工作范围按照一定的原则分解成易处理的一项项工作，它也是计划过程中需要考虑的重要因素。工作分解结构是把整个项目按照结构层级的形式分解，从最高层级到最低层级确定每一项或每一类要完成的工作任务。这在项目管理中是一个复杂的科目，详见 CIOB 指南第 3.8 款。

用来识别个体活动的数字或代码需要作出明确界定。这些数字和代码还用于识别项目区域、建筑水平和活动性质等等。

考虑进度计划中的活动是否应采取资源配置的方式，此举为明智之举。大部分的软件程序都能使多种资源分配到各项活动中，并且这些资源并不仅仅指劳动力，它们还可以是设备、原材料，甚至是钱。

从根本上说，进度计划包含各项活动（比如：要实施的工作任务）以及各项活动的逻辑顺序（各活动之间的关系）。只有在整理出各项工作的细节层次、工作分解结构、活动代码、资源种类以及确定每项工作任务的持续时间后，才能开始制订进度计划，通过各项工作任务最耗时的部分确定逻辑顺序。最通用的逻辑关系就是完成到开始，即下一阶段活动的开始取决于上一阶段活动的结束；开始到开始，即下一阶段活动的开始取决于上一阶段活动的开始；结束到结束，即下一阶段活动的结束取决于上一阶段活动的结束；第四种逻辑关系是从开始到结束，但并未广泛使用。

3. 分析和更新进度计划

现代软件程序的益处之一就是使进度计划的制订更加方便快捷。只需按照简单步骤，几次或多次单击鼠标，各项活动的逻辑关系，进度计划的安排以及活动时间分析便可呈现出来。此阶段，关键线路得以确定，浮时（Float，又译为时差）也加以标识。

浮时这一概念经常会被人误解。简而言之，浮时就是为完成一项活动所预留出来的一段时间，活动持续时间除外。此外，应该牢记的是总浮时（TF）与自由浮时的区别。总浮时与自由浮时的区别在于总浮时是指不影响项目完成日期的前提下，某进度活动可以推迟的总时间量（但对随后的进度活动会有不可避免的影响），而自由浮时是指不影响其他进度活动的前提下，某进度活动可以推迟的时间量。两者区别如图 15-4 所示。

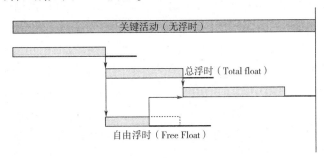

图 15-4 总浮时与自由浮时的区别

顶端的关键活动（无浮时）线条就是关键活动，因为它填充了所有可用时间，没有浮时。因为受到第 1 项活动延误或延期的影响，第 2 项活动就会有少许总浮时，这些总浮时会以同样的数量依次类推影响下面的活动进度，那么所有活动就会延误。然而第 5 项活动有一些自由浮时，它允许活动延误或延期一段时间，但不会影响后面活动的进度。使用软件程序的益处首先就是所有这些时间数据都是以毫秒为单位精确计算且路线逻辑准确无误。手动计算关键线路持续时间和浮时也是可能的，而且还能展示如何操作，但是那会花去更多的时间。

一旦对进度计划进行了时间量分析，关键线路就能被轻易地识别出来。图 15-5 所示的线路带有最少量浮时而不带浮时的线路是由深色条和深色逻辑链接表示。

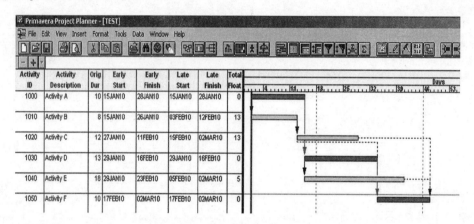

图 15-5　关键线路图

识别关键线路是进度计划管理的重要部分，因为它通常是指关键延误或关键线路上活动的延误，而关键线路上的活动时间直接影响到整个项目工期的长短。

时间管理中下一个最重要的步骤就是更新进度计划。更新进度计划对于时间管理是必不可少的，因为没有它，进度计划只不过是一个目标，这个目标是为防止历史性的失败源于绘图仪。按照活动进度不断更新，进度计划则成为一个反映任何预测的动态模板，由此所出现的问题才能得以识别，补救措施才能经得起检验而得以实施。

值得注意的是更新进度计划并不是进度控制，也不是修正或改变进度计划。它只不过是在进度计划中以实际开工、剩余工期、实际完工的形式添加竣工数据，随后再重新计算关键线路。

进度可以用实际开工和实际完工日期来记录，同时记录剩余工期和完成百分比。

大部分的软件程序都把剩余工期和完成百分比关联起来。例如，如果原始工期等于50天而剩余工期按25天输入，那么软件就会计算出活动进度为50%。同样，如果原始工期为50天，而活动进度按50%输入，那么软件就会计算出剩余工期为25天。这些关联也可能会被打破，但是用剩余工期总能重新计算出活动进度。

输入实际开工日期通常不会自动计算出剩余工期或完成比，而输入实际完工日期会使剩余工期归零，完成比变为100%。

更新进度计划的过程的第一步就是输入进度计划正在更新的日期（比如工作进度中所记录的日期）。工作进度中各活动的实际开工日期连同预估的剩余工期都一一记录下来。自最新更新日起已经完成的各活动还会对应输入它们的实际开工日期。根据使用者的指令，软件会自动计算出完成比，而进度计划中的费用结余（比如未完成和未开工部分）会重新进行计算。

更新进度计划的优势应该是显而易见的。这些优势包括进度变化所带来的影响可能会被很精准的预测出来（不论变化是否具有逻辑性，资源是否可用，活动是否详细）；劳动力资源计划安排的更加精确可靠，因为所实现的生产利率能够被计算出来并且用来调整未来需求。进度计划可能还会用来模拟"将会怎样"的情境。比如，因为一件设备可能会推迟几天到，或者是设计上出现指令性变动，如果更改活动次序，会发生什么？进度更新还允许问题的早期识别，从而极有可能运用进度方案找到解决方案（可能以加速度的形式或其他缓解措施）。最后，进度更新的使用允许准备性识别破坏的前因后果，这就意味着更加有效的成本管理。

从根本上说，准确和定期使用进度更新意味着能够得到正规以及高质量的信息管理，所获得的经验能够激励项目团队使用进度更新。

希望以上陈述既概述了时间管理的重要性，也简明概括了时间管理对于进度计划以及进度更新的重要性。本小节大量引用了《复杂工程项目中时间管理的最佳实践指南》一书中的内容，值得注意的是，CIOB指南除了提到本小节所讲主题，还对进度控制、目标进度计划的使用、资源控制、现金流量报告和预测、加速进度计划的使用以及其他恢复措施都给出了指导意见。

值得一提的是，成功管理时间的过程就是一个沟通和报告的过程，而CIOB指南也涵盖了这些内容。

15.4.3 工期延长索赔的计算：单因延误事件

当发生了承包商有权进行索赔的事件后，例如工程师未能在承包商要求的时间内提供工程图纸或承包商遇到了他不能控制的自然条件或人为障碍等情况，如何合理或正确地评估造成延误的事件对工程进度和工期的影响以及索赔时间的长短，是一个十分复杂的问题，而更难判断的是几个事件或更多事件对工程进度和工期的综合影响及其程度。可以说延误工期的计算是工期索赔的难点，也是承包商提出工期索赔是否合理的关键。

对于分包商而言，如何计算工期延误以及使工期延长的要求有理有据，也是日常工程管理中一项必不可少的工作。

1. 百分比法

百分比法主要适用于工程大量变更，工程数量比合同工程量表中大幅增加的情况。这种计算方法不适用于日常的工期索赔工作，但更适用于承包商在工程进行到中、后期或者最后的一揽子索赔之中，或者是工程师在批复承包商工期延长索赔时常常使用的一种最为简明扼要的、直截了当的方法。对工程师而言，在工程量大幅增加的情况下，使用这种方法延长工期，可以避开复杂的合同条款、层出不穷的索赔事件的困扰，用最简单的方法解决最复杂的问题。这种方法是工程师最乐于使用的延长工期的方法。

在实际工程量超过工程量表中数量的情形下，百分比法的计算公式如下：

$$总工期延长期限 = \frac{新增加工程合同金额}{原合同金额} \times 原合同总工期$$

2. 直接法

【案例15-5】某公司承担了DB市区道路修建工程项目，但在施工过程中，位于道路中的一些窨井、检查井、表面箱和通信井需要管道承包商提供标高，以便与道路标高相一致。但由于管道承包商无力实施上述提升工作，经管道承包商的工程师与道路承包商的工程师协商，道路承包商承担了提升窨井、检查井、表面箱和通信井的标高等工作，因此造成了道路承包商未能按原计划摊铺沥青磨耗层，延误了整个工期。上述工作作为道路承包商的一项附加或额外工作，根据FIDIC合同1977年第3版第44条的规定，道路承包商提出了索赔的要求。具体的延误工期计算如下：

1991年4月2日至1991年4月27日，按照工程师的指示，承包商实施和提升了54个窨井，25个检查井，31个表面箱和25个通信井，由于提升工作是按工程师确认的日工记录表以日工为基础计算费用，因此，提升井数可从日工记录表中得出。承包商投入了全部的人力提升窨井、检查井、表面箱和通信井，且上述额外工程又处于道路工程的关键线路上，因此，从1991年4月2日至4月27日，由于上述额外工程造成的工期延误时间为：26 - 2（星期五休息日）= 24（天）。

应当指出，上述直接法只能适用于延误事件较集中发生的区域，且是发生在关键线路上的延误。在多发性事件的情况下，如频繁的当地居民的干扰，也可根据承包商递交给工程师的索赔通知书，按时间顺序列表得出工期被延误的总计时间。如人为干扰发生在两个或两个以上工班，应将总计时间除以工班的数量，才能得出正确的延误时间。

在业主或工程师暂停工程的情况下，如非归责于承包商的原因，则承包商可根据业主或工程师暂停工程的时间，采用直接法进行工期索赔，即业主或工程师暂停了多长时间，如5周，承包商就有权索赔暂停期5周的工期延误时间。

在发生不可抗力的情况下，因不可抗力延误的时间，承包商也可以采用直接法索赔因不可抗力发生而受到延误的工期，即受不可抗力延误的时间就是承包商有权索赔工期的时间。

在项目受恶劣气候影响而不能施工的情况下，承包商可采用直接法进行索赔工期，即受恶劣气候不能施工的时间，就是承包商有权索赔的延长时间。

在业主不能交付现场、进场道路的情况下，也适合采用直接法进行索赔工期，承包商可以索赔开工日期和业主实际交付现场的时间差，这项时间差构成了承包商的延长工期。

3. 间接法

【案例15-6】在某公司承建的给水排水管道的工程项目中，按照工程量表，全部给水排水管线的石方量共计10800立方米。但在施工过程中，承包商却遇到了意外的自然条件，施工中的石方量几倍于工程量表中的数量，致使承包商不得不改变施工方法，延误了工程进度和工期。为此，承包商曾提出工期索赔的要求。经协商，工程师给承包商增加了14.5个月的工期，加上其他原因造成的延误，共计延长竣工工期26个月，条件是石方的总量不超过45000立方米（承包商提出第一份索赔报告时已开挖了20745立方米）。

在随后的施工过程中，石方量继续增加，到1991年4月底，石方量已达47871.34立方米，于是承包商按照合同规定提出了进一步的工期索赔，具体的工期计算如下：

第一步：按照工程师的决定，应首先计算出在14.5个月内承包商要完成整个工程时需要每天完成多少石方量：

$$\frac{45000-第一份索赔报告中列明的已开挖的石方量}{剩余工程量所需时间 \times 30（天/月）} = \frac{45000-20145}{14.5 \times 30}$$
$$= 57.14 \text{ 立方米/天}$$

第二步：应计算出截止到1991年4月底，已超出45000立方米的石方量：
$$47871.34 - 45000 = 2871.34 \text{ 立方米}$$

第三步：如每天开挖57.14立方米，那么开挖剩余的2871.34立方米应在多少天内完成：

$$\frac{2871.34}{57.14} = 48.68 \approx 49 \text{（天）}$$

因此，可以得出，由于石方量的大量增加，承包商有权按照 FIDIC 合同 1977 年第 3 版第 12 条和第 44 条的规定要求 49 天的工期延长。

4. 工序法

【案例 15-7】在某公司承担的给水排水工程项目中，由于当地居民的破坏和其他承包商的破坏，共计损坏了 6 米长的给水进户连接管线 936.40 米，承包商不得不重新修复已被损坏的管线，造成了工程进度和工期的延误。如按照工序法计算延误工期，在总结了人工、设备小时的基础上，具体计算如下：

第一步：根据施工工序，列出每一道工序所花费的人工、设备小时数：

1) 挖出被损坏了的 6 米长的管道

人工：2 小时，挖掘机：1 小时

2) 重新铺设 6 米长的管道

人工：2 小时

3) 垫铺砂层

人工：2 小时

4) 修理被损坏的夹具和管座

人工：2.5 小时

5) 水压测试

人工：2 小时，压力泵：2 小时

6) 固定给水进户竖管

人工：1 小时

7) 回填和夯实

人工：2 小时，装载机：1 小时，夯实机：1 小时

第二步：计算出由 5 人组成的一个工班修复 6 米长的管道所需单位时间：

$$\frac{人工小时数 + 设备小时数}{工班的人数} = \frac{13.5 + 5}{5} = 3.7（小时）$$

第三步：计算出每修复 1 米长的管道所需的时间：

3.7/6 = 0.62 小时/米

第四步：在计算出每修复 1 米管线所需时间后，如果由 3 个工班同时施工，每天工作 8 小时，则修复 936.40 米需要：

$$[(0.62 米/小时 \times 936.40 米)/3]/8 = 24.19 天 \approx 25（天）$$

因此得出，修复被损坏的 936.40 米给水进户管线，共延误工期 25 天。

5. 关键线路法

关键线路法（critical path method, CPM）是通过确定项目各工作最早、最迟开始和结束时间，通过最早最迟时间的差额分析每一工作相对时间的紧迫度和工

作的重要程度，这种最早和最迟时间的差额成为机动时间，机动时间为零的工作通常为关键工作。关键线路法是工程项目管理中时常使用的项目管理工具，也是承包商在工程管理和工期索赔中经常应用的网络计划技术。目前，确定承包商是否可以获得工期延长的索赔，主要决定于延误事件是否发生在工程项目的关键线路上。承包商可以从现有项目管理软件，如微软的 P3 软件中轻松地获得项目的关键线路，也可根据业主或工程师的要求，使用与业主和工程师相同的项目管理程序进行项目管理和索赔工作。

根据延误是否发生在关键线路和非关键线路，工期索赔可分为：

（1）发生在关键线路的延误，且非归责于承包商的原因造成的，可获得工期索赔。

（2）非关键线路上的工期延误，无论归责于谁，承包商不能获得工期延长。

（3）关键线路和非关键线路上的共同延误，如非归责于承包商的原因，则应给予承包商关键线路上受到延误的工期延长。如果关键线路上的延误归责于承包商，而非关键线路上的延误非归责于承包商，则承包商无法获得工期延长。

6. 通融性工期补偿

在国际工程承包项目的实践中，形成工期延误的成因十分复杂，有时既有业主和工程师的原因，也有承包商自身的原因，或指定分包商、指定供货商或其他分包商的原因，责任相互交叉，指责任何一方都有欠公平，因此，有时工程师会采取通融的做法，即在事实上竣工工期已经延误的情况下，根据承包商的工期索赔要求，作出：

（1）同意延长承包商的竣工工期到实际完工日期，但承包商不能对费用进行索赔，业主也放弃要求承包商支付误期损害赔偿费。

（2）同意延长部分工期，但承包商应负责向业主支付其余工期内的误期损害赔偿费。

（3）同意延长部分工期，但承包商不能索赔有关费用，业主也不要求承包商支付其余工期的误期损害赔偿费。

这种一次性通融工期补偿做法的主动权在业主和工程师手中，是项目进行到结束阶段时的业主、工程师和承包商之间相互要价，进行谈判的一种方式，也是避免将有关争议上升为仲裁或诉诸法庭解决的一种解决方式。但对于承包商而言，如果没有在项目过程中积累的工期索赔文件和延长工期的要求，则承包商就失去了谈判和妥协的筹码。

15.4.4　工期延长索赔的计算：共同延误事件

共同延误（concurrent delay），又译混合原因延误，它是指存在两个以上导致索赔的原因在同一时间发生时所导致的延误。在施工合同中经常会遇到这种共同延误的情形,即因承包商过错出现延误时,业主的过错行为也在同一时间出现并导致延误,有时也会出现中性事件,如恶劣的气候条件造成承包商不能继续施工,而需要暂停一段时间的情况。目前英美法律对这种共同延误并没有明确或清晰的规定,但可以通过借鉴西方有关工程法律专家的权威论述,对共同延误作出基本判断。

共同延误的发生,应具备如下条件:

(1) 延误应为处于关键线路上的对竣工日期产生影响的延误,且应扣除网络浮时(时差)。

(2) 延误应为独立的,并且应为由另一方当事人直接造成的延误。

(3) 延误几乎同时发生且影响共同作用,但并不必然是同一性质。

因此,在考虑到共同延误的影响时,可能会出现两种情形是:

(1) 同一关键线路上的延误,至少应归责于一方当事人。例如,工程开工的延误是由于设计未按合同规定期限完成所导致,那么责任在业主。如果延迟进入现场,责任在承包商。

(2) 多项关键线路上的延误,其中一条关键线路上的延误是由业主延误所造成的,而另一条关键线路上的延误是由承包商延误所造成的。

目前,司法和学术界关于共同延误下责任的划分和判断主要来自《基廷论建筑合同》(Keating on Building Contracts) 中确定的基廷原则,如下:

(1) 戴尔文法 (The Devlin Approach)。主张如果同时存在造成损害的两个原因,其中之一是违约行为,则对违约负有责任的一方当事人应对损失承担责任。

(2) 主因法 (The Dominant Cause Approach)。主张如果存在两个原因,其中一个有效的、主导的原因是决定性因素。

(3) 举证法 (The Burden of Proof Approach)。主张如果存在两个原因,并且索赔人违约,索赔人应举证说明损失是不是因其违约而造成的。

在上述3种方法中,适用范围可能不尽相同,有些情况下适用主因法较为合适,有些情况下适用戴尔文法或举证法较为适合,应视具体情况具体分析。因此,在提出共同延误问题的时候,应确定必须有两个竞合延误的原因同时发生,并影响了项目的关键线路。

【案例15-8】在 H. Fairweather & Co Ltd 诉 London Borough of Wandsworth, Queen's Bench Division, (1987) 39 BLR 106 案中,当事人就JCT合同1963年版发生争议,主要集中在仲裁员认定工期延长的方法上。

法院判决:根据JCT合同规定,准予工期延长不是承包商有权索偿直接损害和/或费用的前提条件。

在判决中,法官就发生的共同延误时责任的判定写道:

"'主导'一词包括很多含义:'支配的、优先的、最具影响力的'等多种解释。假定第 21 条不仅规定的是误期损害赔偿费或者确认损害的方法,而且还规定了承包商有权根据第 24 条索偿直接损失和费用,则建筑师以及仲裁员,在事实需要时,负有将延长的工期分配到各个不同成因上的任务。在这里,我认为主因法的验证标准是不正确的。"

在基廷原则中,将共同延误的索赔分为三类:
(1) A 类:如工程缺陷是建筑师设计和承包商施工缺陷共同造成的。
(2) B 类:延误是 (a) 非归责于任一方的中性事件,如恶劣气候造成的,或者是 (b) 承包商违约造成的。
(3) C 类:延误是 (a) 任何一方当事人没有过错,或者是 (b) 承包商违约造成的。

一般认为,主因法不适合 A 类共同延误情形,但适合于 B 类和 C 类共同延误事件。戴尔文法有可能解决 B (a) 类和 C (a) 类项下的共同延误。而举证法不适用 B 类和 C 类索赔,因为在严格举证责任的情况下,原被告都面临法律上的困境,胜诉的可能性较低。

关于共同延误下工期延长的分配和判断,如图 15-6 ~ 图 15-9 所示。

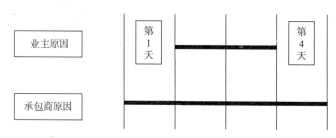

图 15-6 共同延误时工期延长的判定(一)

在图 15-6 中,假设因承包商的过错延误工期 4 天,在承包商延误这 4 天中的第 2、3 天,建筑师未能及时签发图纸,且又处于关键线路时,在这种情况下,由于承包商的过错,则承包商无权要求工期延长。

在图 15-7 中,业主和承包商违约导致的延误情况与图 13-4 相反,承包商不得不停工等待建筑师签发图纸。假设在延误过程中,承包商的设备在第 2、3 天不能工作,需要修复,但到第 3 天结束时已经修复完毕,并可在第 4 天正常工作,则承包商设备的损坏并没有影响到工期,因此,承包商可以获得 4 天的工期延长。

在图 15-8 中,建筑师未能在第 1 ~ 3 天签发施工图纸,导致承包商停工等待,因处在关键线路上,因此延误 3 天竣工时间。但在第 4 天建筑师签发图纸后,承包商的设备还没有修复完毕,不能投入使用,因此,两者相加影响了 4 天工期，按比例分配，承包商可以获得 3 天工期延长。

图 15-7　共同延误时工期延长的判定（二）

图 15-8　共同延误时工期延长的判断（三）

在图 15-9 中，承包商的设备损坏并造成了 3 天的延误，在第 2 天，建筑师未能给出施工图纸，并持续到第 4 天。在第 1、2 天，建筑师延误发出图纸并没有影响到工期，但承包商在修复完设备后，建筑师未能发出图纸则延误了 1 天工期。因此，按比例分配的工期延长天数为 1 天，承包商有权获得 1 天的工期延长。

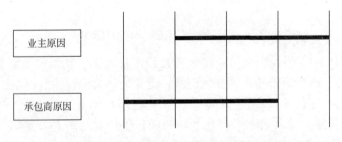

图 15-9　共同延误时工期延长的判断（四）

15.4.5　从 City Inn 案看共同延误分析原则

2010 年 7 月，苏格兰法庭就 City Inn 诉 Shepherd Construction 一案作出了裁决。苏格兰法庭判定发生共同延误的两个原因都是有效的，一个是与共同延误相关的事件，而另一个是承包商所负责的事件，证明者应以公平合理的态度接近事实，在两原因之间分配延误责任，除非两因素中有一主导因素。

苏格兰法庭对共同延误的分析具有很大益处，特别是对延误责任分配的采纳，这成为对工期延长作出合理公正评估的普遍方式。

1. City Inn 诉 Shepherd Construction 案判决

City Inn 雇佣 Shepherd Construction 公司在布里斯托尔建造一栋饭店，此项目依据1980年版JCT合同形式以及修正案。双方争议涉及 Shepherd 要求工期延长，所造成的竣工时间延误是由于一系列的共同延误。一些延误归责于承包商，另一些延误归责于业主。

建筑师判给承包商4周的工期延长时间，此争议提交裁决后，裁决员作出裁决，又判给承包商5周额外的工期延长时间。City Inn 不服本案裁决，并将此争议提交苏格兰最高民事法庭进行审理。

历经了将近30天的审判，苏格兰最高民事法庭 Drummond 法官作出判决。

本案主要争议在于因果性与延误，就此争议，Drummond 法官参照了JCT合同第25款的规定，他说，建筑师根据此条款行使了他的审判权并确定了"公平合理"的竣工日期。他赞成，共同延误发生时，如果没有主导事件，分担责任是有必要的。Drummond 法官驳回了 City Inn 专家试图确立的证据，这些证据是专家对 Shepherd 无权要求工期延长的追溯性分析。相反，Drummond 法官支持 Shepherd 专家观点，专家说，他试图确立关键路线，但是不可能做到十分精确。Drummond 法官倾向于这种普遍分析法，并发现，用这种方法 Shepherd 有权获得九周的工期延长。City Inn 又将此案提交苏格兰最高民事法庭内庭进行审理。

苏格兰最高民事法庭 Osborne 法官提交了多数意见书，在意见书中，他赞成 Drummond 法官在先前审判中所采纳的方法。然而，法院判决书就延误和费用索赔的评估作出如下5点陈述：

a. 造成工期延长索赔的有关事件必须很有可能导致延误或已导致延误，工程竣工时间很有可能因有关事件而延迟或已经延迟。

b. 决定有关事件是否导致延误，应采用普遍分析法。

c. 对决策人来说，是要决定采用何种证据构成他的结论。他们也许会采用关键路线分析法，但是缺乏这类的分析也并不意味着索赔一定失败。无论采取何种形式，重要的是证据必须充分有效。

d. 如存在主导因素，其他因素应予以忽略。主导因素一定是促使索赔成功的有关事件。

e. 如存在两因素均有效的情况，一个是有关事件，另一个是由承包商造成的因素，并且两者都不能称为主导因素，那对决策者来说，就要采取开放的态度，以公平合理的方式分配延误责任。

此外，法庭还批准了下级法院的决定，根据JCT合同规定，同样的方法应适用于损失和费用索赔。

相反，Carloway 法官持反对意见，虽然他赞同其他法官的总体决定，但却运用不同的分析法。他认为分配延误责任分析法并不是在两个共同延误因素中判定工期延长的正确方法。

2. 什么是共同延误？

共同延误经常面临的问题就是如何应对工期延误，这种延误可能是两个原因中任何一个原因造成的，也可能是两个原因共同造成的。项目越复杂，这种问题越有可能发生。

共同延误是指无论何种延误类型，两个或多个延误同时发生，或者某种程度上重叠发生，以上两种情况都是相对独立的延误，都会影响项目竣工日期。

在分析共同延误时，每一个延误应分别进行评估，以及评估各延误对活动的影响，从而计算出项目竣工日期。多数共同延误的评估结果都取决于进度计划以及工作记录的保存质量。评估共同延误时，不仅经常会遇到几个延误事件平行发生，而且还要应对平行关键线路上的延误，同时加速周期以及/或者缓解周期也要考虑进去。合同条件还需考虑专业分析技术的使用。

3. 有关共同延误的主因法判例

以下有 3 个争端，提出了有关共同延误的主因法，这是大家普遍公认的。它们是：

（1）Balfour Beatty Building Ltd 诉 Chestermount Properties Ltd ［1993］62 BLR1 一案。

（2）Henry Boot Construction (UK) Ltd 诉 Malmaison Hotel (Manchester) Ltd ［1999］70 Con LR 32 一案。

（3）The Royal Brompton Hospital NHS Trust 诉 Hammond ［2000］EWHC (Tech) 39 一案。

Chestermount 案是在商事法庭开庭审理，由 Coleman 法官受理此案。此案源于对 Christopher Willis 先生的仲裁裁决不服而提起上诉。以下为提交法庭的先决问题：

"授予工期延长的权利涉及有责延误期期间所发生的相关事件，应该让建筑师给一个总的工期延长时间（也就是考虑到日历日期的指导性，在日历日期上重新修订竣工日期，工作会在此日期内合理的按预期完成），这个延长时间应该是净延长时间（也就是把现在固定的竣工时间加上建筑师所视为的公平合理的天数，从而计算出修订后的竣工时间）。"

法庭所认定的正确方法是除了考虑由于执行变更指令所造成的延误以外，建筑师还应该从现有竣工日期着手，然后再延伸至他所认为的公平合理的日期。法庭认定这种"净"影响分析法是恰当的。

康乃馨一案还涉及共同延误。判决中，戴森法官考虑到共同延误的两个原因应如何确定，一个是承包商有权享有工期延长权利的相关事件，另一个是承包商无权享有工期延长权利的有关事件。法官指出：

"双方同意，如果存在两个共同延误事件，其中一个属于有关事件，而另一个不属于时，尽管另外一个延误事件也造成了共同影响，但承包商仅有权对有关事件导致的延误要求延期。举一个简单的例子来说，如果承包商不能在现场进行施工，时间达一周之久，造成延误的其中一个原因是极端恶劣气候条件（有关事件），另外一个原因是承包商的劳务短缺（非有关事件），如果承包商无法在这一周内进行施工就可能导致延误了一周的竣工时间，如果建筑师认为这是公平合理的，他应批准一周的工期延长。"

戴森法官继续说：建筑师在决定是否是由有关事件而导致延误了竣工时间时，也不排除考虑其他事件所造成的影响。

沿袭 Henry Boot 一案的审判，Seymour 法官在他的审判中就 Brompton 一案对共同延误给予了更进一步的解释。何谓共同发生的事件，承包商所负责的并且是共同发生在关键线路上的事件发生后的相关事件发生在哪，这就是指纯粹并发性。但是，无论是真实发生还是"纯粹的"共同发生，这些事件必须显现在项目的关键线路上。判决中，名誉法官 Seymour 作出如下陈述：

为了评估一个特定延误事件是否影响了工程的最终竣工时间，而并不是当两个事件同时发生时，仅仅考虑一个特定的操作以及如何去操作，这对于推进整个工程的进度至关重要。

换句话说，有关事件必须要发生在关键线路上，而不只是与关键线路上的事件一同发生的事件。如果事件并未发生在关键线路上，那它就不会影响工程竣工，从而也就无权要求工期延长。

4. 观察与观点

一般而言，出现共同延误，就有相关事件的发生，其中包括雇主责任事件和承包商责任事件，两者必须出现在项目的关键线路上。因此，共同延误就是共同发生的事件，并且真实存在于进度计划的关键线路上。

当面临共同延误时，人们常常会停下来询问是否真的发生共同延误，因为大部分延误是连续发生的事件，判别是否发生了共同延误的测试方法就是寻找项目的关键线路。延误通常是连续发生的，除非有两条或多条关键线路。在某些项目中，同时出现数条关键线路平行的情况并不多见，但即使在这种情况下，也很少会发生真正的共同延误。通常，通过调查可以认定在一个延误发生之后才发生了另一个延误。或者，例如，只有一个延误影响了关键线路，而其他延误耗尽了有关活动的现有时差，因此，非关键线路上的延误没有影响项目的竣工日期。

因此，在提出共同延误这个问题之前，必须确定是否同时发生了两个竞合延误原因，是否延误影响了项目的关键线路或其他线路。

City Inn 案中法官确立了比例分配延误责任分析法。但在进行违约赔偿时，比例分配延误责任分析法并不能作为英国法中的一般原则来指导申请工期延长。Carloway 法官的分析法最符合既定的英国法，Kingarth 法官所赞成的，由 Osborne 法官所提出的比例分析法是否会被英国法采纳还尚待观察。

苏格兰法庭的判决在英国并不具有约束力，苏格兰法庭对 City Inn 的判决受到英国评论家们喜忧参半的热议。至于英国法庭是否会批准此判决，还有待观察。

15.4.6 共同延误对承包商权利的影响

当一个施工项目出现工期延误时，通常会发生的是，当事各方都试图用共同延误的处理原则抗辩对方当事人所提出的延误赔偿。为了只给承包商延长工期而不给予经济补偿，业主经常会列举承包商造成的共同延误的原因。然而，为了主张工期延长的所有损失都源于业主的延误，承包商的索赔报告通常会忽略所谓的共同延误。

如果对共同延误进行清晰的解释，说明这些共同延误处理原则是如何影响承包商获得额外付款的权利，以及对单一的延误分析方法论提供可行的指导方针，这或许会帮助当事双方解决有关共同延误的争议。

一个有意义的共同延误的评估以及此评估如何影响承包商潜在的权利需要一个完全独立和客观的延误分析方法。为此，建议采用基于视窗法的时间影响分析法。

为此目的，需要明确任务和评估步骤，以便能够全面和客观地对共同延误作出评估，从而帮助当事双方解决有关共同延误的争议。有条不紊的遵循这些步骤，使得延误事件的识别，延误责任的评估以及延误影响的判定都在既定时间内完成，同时，采取减轻措施以减少延误，这些原则应在评估过程中得到遵守。值得注意的是，这种方式主要取决于具有充分有效的进度计划更新资料和当期记录。

除非合同另有规定，业主行为导致的共同延误不应影响承包商享有工期延长的权利。

在发生共同延误时，承包商所享有的经济赔偿权利，可能存在以下两种情形：

（1）如果业主的延误对项目竣工所造成的影响要比承包商延误所造成的影响的时间长，则承包商可能有权向业主追偿延误期所造成的损失，延误时间为当事双方延误期时间之差。

(2) 如果业主延误和承包商延误对竣工日期产生共同作用,如果能够区分承包商发生的额外成本和业主遭受的额外损失的情况下,则承包商可能只能获得他所发生的额外成本。

最后,如果业主所遭受的工期延误影响比承包商所遭受的工期延误影响要大时,那么业主可能有权向承包商提出误期损害赔偿费索赔,导致损害赔偿的延误时间应等同于当事双方延误时间之差。

在发生共同延误时,如适用"first comes, first serves"原则时,则共同延误责任只能归责于业主或承包商一方,而不能按照"比例分配法"将延误责任自业主和承包商之间按过错程度按比例分配,苏格兰法院判决的 City Inn 判例不能对苏格兰以外的案件产生影响。

15.5 费用索赔

15.5.1 直接损失或费用

在大多数标准合同格式中,合同条款均规定,如果承包商遭受干扰或延误,承包商有权就"直接损失和费用"要求额外付款。如 FIDIC 合同 1999 版第 4.7 款[放线]规定:

"在实施工程中,如果承包商因这几项基准中的某项错误必然遭受延误和/或招致增加费用,而一个有经验的承包商不能合理发现此类错误并无法避免此延误和/或增加费用,根据第 20.1 款[承包商的索赔]的规定,承包商应通知工程师,有权要求:

(a) 根据第 8.4 款[竣工时间的延长]的规定,如竣工已经或即将受到延误,对任何此类延误给予工期延长;和

(b) 支付计入合同价格的任何此类费用和合理利润。"

在 1999 版合同中,根据第 1.1.4.3 款,将合同条款中的费用(cost)定义为:"是指承包商在现场内外发生的(或将发生的)所有合理开支,包括管理费用及类似支出,但不包括利润。"从这项规定中,可以得出 FIDIC 合同中的费用(cost)是指直接损失或费用。但根据 FIDIC 合同规定,承包商也可以就某些干扰或延误事件索赔费用和利润。有关承包商在何种事件发生时只能索赔费用,或者可以索赔费用和利润,见本书第 15.5.2 节。

在 JCT 合同 1998 版第 26.1 款、第 34.3 款中,使用了"直接损失和费用"措辞。在 JCT 指定分包合同条款格式中,第 4.38.1 款也使用了同样的用语。

在某些标准合同格式中,有时使用"直接的损失和/或损害"(direct loss

and/or damage）或者"直接的损失和/或费用"（direct loss and/or expense），这两种用法没有区别，含义相同。

但是，在承包商索赔直接的损坏和/或费用时，必须分清什么是直接费用，什么是间接费用。在 Wraight Ltd 诉 P. H. & T.（Holdings）Ltd, Queen's Bench Division,（1968）13 BLR 26 案○中，法庭判决 JCT 合同第 26 条的"直接损失和/或损害"的用语必须具有当事人在违约情况下其应该具有的相同的含义。法官在判决中写道：

"什么是它在法律上的一般的、通常的或适当的含义：需要询问的是，是否因特定事件造成了可以提出索赔的特定的损失或损害……如果是由特定事件造成的，那么应继续了解是否发生了避免事件产生直接结果所造成的损失或损害的干扰事件或其他原因。"

在 Saint Line Ltd 诉 Richardsons, Westgarth & Co. Ltd 案○中，原告要求违约的被告赔偿：（a）未能按期交船期限内的利润损失；（b）工资和仓库的费用；（c）支付给专家监造的费用。法庭判决：所有索赔是直接损失，合同并没有排除这项要求。法官解释说：

"什么是'直接损害'？直接损失是违约行为所自然产生的，并且没有其他干扰原因以及其他独立的特殊情况发生……'间接或随之发生的'的措辞并不排除违约的直接和自然的结果所造成的损害责任。"

在英美法中，"直接的损失和/或损害"与"直接的损失和/或费用"与普通法上的"损害"具有相同的含义。"直接的损失和/或费用"也可表述为"直接的损失"和"直接的费用"，但应注意两者的区别，"损失"包括损失和费用，但"费用"并不包括损失在内。

15.5.2 费用和利润

在 FIDIC 合同中，在承包商遭受干扰或延误时，承包商可以根据合同条款的规定对直接损失或费用进行索赔，但是否可以对利润进行索赔，则应根据合同条款的规定进行。在 FIDIC 合同 1987 版和 1999 版中，承包商是否可以索赔利润的条款有所不同。

1. FIDIC 合同 1987 年第 4 版承包商可以索赔利润的条款

FIDIC 合同 1987 年第 4 版承包商可以索赔利润的条款见表 15-4。

○ Michael Furmston. Powell-Smith and Furmston's Building Contract Casebook [M] . 4th. Oxford：Blackwell Pulibshing Ltd, 2006：317-318.

○ Michael Furmston. Powell-Smith and Furmston's Building Contract Casebook [M] . 4th. Oxford：Blackwell Pulibshing Ltd, 2006：318-319.

表 15-4　FIDIC 合同 1987 年第 4 版承包商可索赔利润条款

合同条款序号	合同条款标题	是否包括利润
1.1（g）(i)	费用	否
1.5	通知、同意、批准、证明和决定	视具体情况
2	工程师和工程师代表	是
5.2	合同文件的优先次序	否
6.4	图纸误期和误期的费用	否
12.2	不利的外界障碍或条件	否
13	应遵照合同工作	否
14	计划	否
17.1（c）	放线	否
18	钻孔和勘探开挖	是
20.3 和 20.4	因业主风险造成的损失或损坏、业主的风险	否
26.2	遵守法律	否
27	化石	是
31.2	为其他承包商提供方便	是
36.2，36.4，36.5	样品费用、未规定的检验费用、工程师关于未规定的检验的决定	否
38.2	剥露和开孔	是
40.1	暂时停工	否
40.3	暂时停工持续 84 天以上	是
41	开工和误期	否
42.2	未能给出占有权	是
44	竣工期限的延长	否
49.3	修补缺陷的费用	是
50	承包商进行调查	否
51	工程变更	是
52.1，52.2	变更的估价、工程师确定费率的权利	是
52.3	变更超过 15%	—
53	索赔程序	视具体情况
59.4	对指定分包商的付款	否
60	付款	否
65	特殊风险	是
66	解除履约	见 65.8

(续)

合同条款序号	合同条款标题	是否包括利润
69	业主的违约	见65.8
70.1	费用的增加或减少	否
70.2	后续的法规	否
71	货币和汇率	—

2. FIDIC 合同 1999 版承包商可以索赔利润的条款

FIDIC 合同 1999 版承包商可以索赔利润的条款见表 15-5。

表 15-5　FIDIC 合同 1999 版承包商可索赔利润条款

合同条款序号	合同条款标题	是否包括费用、利润？
1.9	延误的图纸或指示	费用加上合理利润
2.1	现场进入权	费用加上合理利润
4.7	放线	费用加上合理利润
4.12	不可预见的物质条件	费用，不能加上利润
4.24	化石	费用，不能加上利润
7.4	试验	费用加上合理利润
8.5	当局造成的延误	只能延长工期
8.9	暂停的后果	费用，不能加上利润
10.3	对竣工验收的干扰	费用加上合理利润
13	变更和调整	见8.4（a）
13.7	因法律变更的调整	费用，不能加上利润
16.1	承包商暂停工作的权利	费用加上合理利润
17.4	业主风险的后果	费用，不能加上利润
19.4	不可抗力的后果	费用，不能加上利润

因此，根据表 15-4、表 15-5 所示，在某些条款下，承包商可以在费用（或成本）的基础上加上利润，并将其计入业主应付的款项中。但在某些条款下，承包商只能索赔费用（或成本），而不能索赔利润。

15.5.3　现场管理费

现场管理费（site overheads）包括与实施工程没有直接关联的所有现场费用。一般而言，现场管理费包括：

（1）非生产人员的工资，包括代理、现场工程师、验工测量师、秘书、一般领班、流动性领班、设备装配工、仓库保管员、测量员、清洁工、茶水工等。

(2) 办公室安置、租赁等其他费用，包括照明、供暖、卫生、电话费用、文具费用和邮递费用等。

(3) 保安监控和照明。

(4) 仓库、车间、厕所等的安置、租用、拆除、照明、供暖和清洁费用。

(5) 现场便道的施工、维护和拆除费用。

(6) 设备运到现场和离开现场的费用。

(7) 合同的保险和履约保函费用。

(8) 小型工具的提供和维护。

(9) 生活和旅行的成本和补贴。

在上述费用中，有些是与时间有关的费用（time-related），有些是以一次性的总价方式出现的。承包商在计算现场管理费用时可按照实际支出进行计算，设备部分应按照工程师承认的折旧进行分期摊销，并计算出索赔期限内的应发生的实际费用。以总价方式出现的物品，应按项目工期按月或按周进行摊销，从而计算出索赔期限内应发生的实际费用。

15.5.4 总部管理费

承包商的总部管理费用（head office overheads）是现场以外（off-site）发生的费用，按照西方著名学者的解释和有关判例的诠释，目前，世界上公认的总部管理费计算公式主要有哈得逊公式（Hudson Formula）、艾姆顿公式（Emden Formula）和爱其利公式（Eichleay Formula）。

1. 哈得逊公式

$$总部管理费 = 总部管理费利润百分比 \times 合同总额 \times \frac{拖延工期}{合同工期}$$

西方建筑和工程业界和法学界对哈得逊公式的批评甚多，并且认为"合同总额"（contract sum）应为"合同总额减去利润和管理费用"，这样表述更为准确。

哈得逊公式是建立在一定的假设基础之上的，主要是：

(1) 在延误期间，承包商总部仍可从其他地方获得利润和管理费用。

(2) 利润和管理费百分比是一个合理的比例。

(3) 在延误期间，存在同等利润水平或管理费补偿的工作。

在加拿大 Ellis-Don Ltd 诉 The Parking Authority of Toronto (1978) 案中，法官奥利瑞接受了哈得逊公式作为计算承包商总部管理费的公式，在该案中，承包商主张合同总额的 3.87% 作为总部的管理费用和利润。但如果根据合同条款，承包商无权索赔相关直接损失或费用的利润时，如 ICE 小型工程合同条款的规定，则按照哈得逊公式计算就有可能夸大了承包商的总部管理费用。

2. 艾姆顿公式

在《艾姆顿论建筑合同和实务》第 8 版中，作者提出了计算总部管理费的变通公式，如下：

$$\frac{h}{100} \times \frac{c}{cp} \times pd$$

式中　h——承包商的总部管理费和利润总额除以总营业额而得出的总部管理费比例；

　　　c——合同总额；

　　　cp——延误期限（周）；

　　　pd——延误时间。

在艾姆顿公式中，承包商总部管理费的百分比是根据承包商整个机构的管理费得出的，因此，这个数据更为真实。但使用该公式时应给予充分的注意。有的学者认为，在 ICE 合同中，特别是 ICE 小型工程项目合同，由于承包商不能索赔利润，因此，在合同总额中应扣除利润。

艾姆顿公式在 Whittall Builders 诉 Chesterle-Street DC（1987）40 BLR 82 案中得到了认可和应用。但在 Alfred McAlpine 诉 Property and Land（1995）76 BLR 59 案中被法官拒绝，因为在本案中，被告在当时只承担了这一个工程项目。在 Norwest Holest 诉 Co-op Wholesale Society（1997/1998）案中，法官多顿写道：

"艾姆顿公式是可以成立的，并可在确定承包商有权索赔损失和/或费用的下列情况基础上使用这个公式：

（ⅰ）已证明了实际发生了有关损失。

（ⅱ）已证明了有关延误造成了承包商不能从事现有的另外一项工程项目，导致承包商无法获得管理费补偿的机会。

（ⅲ）延误必须与营业额的增加和管理费的补偿没有关联。

（ⅳ）在承包商不能获得营业额以便支付有关费用的情况下，管理费不能是在任何情况下可能发生的管理费用。

（ⅴ）在其他地方赚取利润的因素并没有在市场上发生变化，并存在可替代的市场。

3. 爱其利公式

在承包商计算总部管理费时，在实践中使用最为广泛的是爱其利公式。该公式源于美国法院受理爱其利公司一案。目前，在实践中广泛使用的是两个版本，第一个版本用于延误索赔；第二个版本用于工程范围的索赔。

（1）延误索赔（delay claims）。在承包商因延误索赔而主张总部管理费时，其计算公式分为 3 步，如下：

1）合同延误期间所占总部的管理费份额 = $\frac{合同签认金额}{合同期间内合同总额} \times 合同期间$

公司管理费总额

2） 每日合同管理费 = $\dfrac{\text{合同延误期间所占总部的管理费份额}}{\text{施工天数}}$

3） 可索赔的公司管理费总额 = 日合同管理费 × 延误天数

(2) 在承包商进行工程范围索赔时，可以使用爱其利公式，其计算步骤如下：

1） 合同延误期间所占总部的管理费份额 = $\dfrac{\text{原合同直接成本}}{\text{合同期间工程直接成本总额}}$ × 原合同期间管理费总额

2） 工程直接成本中每一美元成本的公司管理费 = $\dfrac{\text{合理延误期间占总部的管理费份额}}{\text{合同期间工程直接成本总额原合同直接成本}}$

3） 可索赔的公司管理费金额 = 工程直接成本中每一美元成本的公司管理费 × 工程范围的金额

哈得逊公式、艾姆顿公式和爱其利公式各有各的优势，但都存在一定的局限性。承包商在使用这些公式计算总部管理费时应注意：使用公式的目的只是提供一种量化的方法和手段，不同的公式也会带来不同的结果；另外，承包商还承担着举证的责任，需要提供相应的文件，如总部的资产负债表、年营业额、管理费总额等文件以支持总部管理费的索赔。如合同文件中承包商提供了总部管理费的百分比，则承包商可以使用该百分比作为计算依据；但如果合同中不能体现这个数据，则如何确定一个合理的比例（如百分比是2%，还是5%或者10%），是承包商需要认真考虑和准备有关证据的严肃问题。

15.6 分包工程的索赔

15.6.1 FIDIC 分包合同 1994 版索赔规定

FIDIC 分包合同格式 1994 版第 11 条索赔和通知规定如下：

"11.1 在不影响第 4 条适用的情形下，除非分包合同另有规定，则无论何时根据主合同条件，要求承包商向工程师或业主递交任何通知或其他资料或保持同期记录时，分包商应就有关分包工程以书面形式向承包商发出此类通知或其他资料及保持同期记录，以便承包商能遵守该主合同条款。分包商应花费足够的时间完成上述事项以便承包商能按时遵守主合同条款。

始终规定，假如分包商不知道或无须知道承包商要求他递交上述通知或资料或保持同期记录时，则分包商可不必遵守本款的规定。

11.2 在分包工程实施过程中，如分包商遇到了任何不利的外界障碍或外部条件或任何其他情况而由此按主合同可能进行索赔时,则在分包商遵守本款规定的情况下,承包商应采取一切合理步骤从业主(工程师)处获得可能的有关此项合同方面的利益(包括额外付款、延长工期,或二者均有)。分包商应花费足够的时间,向承包商提供所有为使承包商能就此合同方面的利益进行索赔的材料和帮助。当承包商从业主处获得任何此项合同方面的利益时,承包商应将所有情况下公平合理的那一部分转交给分包商。此处还应理解到,即:如果承包商索赔一笔额外付款,则承包商从业主处得到该笔款项应作为承包商就该索赔向分包商承担责任的先决条件。承包商应定期将他为此获得该合同的利益而采取的步骤以及他获得的利益的情况通知分包商。除本款或第7.2款中的规定外,承包商对分包商在其分包工程的施工过程中可能遇到的任何障碍、条件或情况均不负任何责任。分包商应被认为他已经清楚地了解了分包合同价格的正确性和充分性。该价格包括了分包商为履行分包合同规定的义务所提供的一切必要物品及承担一切必要工作。

始终规定,本款中的任何内容都不应阻止分包商就由于承包商的行为或违约所造成的分包工程施工的延误或其他情况而向承包商提出索赔。

11.3 如由于分包商未能遵守第11.1款而阻碍了承包商根据主合同从业主处获得与主合同工程有关的任何金额的补偿,则在不影响承包商为分包商未能遵守第11.1款的行为而采取其他补救措施的情况下,承包商可从分包合同中本应支付给分包商的金额中扣除该笔款项。"

根据上述规定,分包商索赔可分为:

(1)根据主合同的规定,由于分包工程是主合同工程的一部分,在遇到不利的外界条件或障碍时,分包商也可以按照主合同的有关规定索赔工期、费用,或者工期和费用。主包商不能剥夺分包商的这项权利。

(2)主包商对分包商的索赔。如分包商延误或造成主包商发生费用损失或损害,主包商可以根据分包合同的规定向分包商提出索赔。另外,主包商也可根据法律,向分包商索赔有关合同之外的损失和费用。

(3)分包商对主包商的索赔。如主包商的行为或违约造成了分包商的延误或费用,则分包商有权对承包商提出索赔。除合同规定的索赔外,分包商也可根据法律规定,向主包商索赔合同之外的损失和费用。

在第(1)种情况下,分包商应花费足够的时间准备索赔文件和资料及帮助。承包商应帮助分包商向业主索赔工期、费用,或者工期加上费用。在这种情况下,分包商的索赔实际上与主包商的索赔是一样的,都需要遵守主合同的有关索赔规定、时间和程序。在主包商从业主处获得分包合同的利益时,应将这份利益转给分包商。

在第(1)种情况下,分包商能够获得索赔的工期和费用,不取决于主包商，而取决于工程师（在使用 FIDIC 合同 1987 年第 4 版时），或者取决于工程师和争议裁决委员会（在使用 FIDIC 合同 1999 版红皮书时），主包商的义务主要是转交分包商的索赔，帮助分包商争取索赔利益，但主包商不承担一定帮助分包商索赔成功的义务和责任，分包商不能以主包商未尽力为由指责或向主包商提出索赔，要求主包商赔偿其索赔利益。

在第（2）、（3）种情况下，由于业主、工程师与分包商没有合同关系，因此，在发生主包商和分包商之间的相互索赔时，缺少了工程师或者争议裁决委员会介入和作出决定的机制，完全依靠主包商和分包商之间的谈判和协商，在协商不成时诉诸仲裁或法院解决。

15.6.2　2011 年版《施工分包合同条件》中索赔处理机制

与 1994 年版 FIDIC 分包合同格式的规定不同，在 2011 年版 FIDIC《施工分包合同条件》中，FIDIC 分别规定了承包商的索赔、业主的索赔和分包商索赔 3 个条款。另外，为了更好地解决分包合同索赔的问题，在《专用条款编制指南》中将索赔区分为"相关索赔"和"无关索赔"，规定了两种索赔模式下主包商和分包商的权利和义务、处理索赔的程序和时间要求，提出了处理分包合同索赔的替代方案。这种二元制索赔处理机制较好地处理了主包商和分包商索赔工作界面的衔接，便于有效管理分包合同。

1. 通用条款规定的处理分包合同索赔的一般原则

2011 版《施工分包合同条件》第 3.3 款［与分包合同有关的承包商的索赔］、第 3.4 款［与主合同有关的业主索赔］和第 20.2 款［分包商的索赔］规定了分包合同项下主包商索赔和分包商索赔的一般原则及其权利和义务。

根据第 3.3 款的规定，如果承包商认为有权就本分包合同条件或者与分包有关的条款要求付款时，承包商应向分包商发出通知，提供导致索赔的事件或情况说明。在承包商知道导致索赔的事件或情况后，承包商应尽快发出通知，并明确索赔的依据。

在发出通知后，承包商应尽快向分包商提交索赔的详情，包括承包商认为其有权索赔金额的证明。承包商应与分包商协商，努力就索赔金额达成一致。如果双方未能达成一致，承包商应就适当的和适合的金额作出公平的决定，适当考虑分包商的看法以及合理证明索赔的范围及其他一切有关情况。承包商应通知分包商有关决定，并提供原因和支持详情。

可从应付给分包商的款项中扣除上述索赔金额。承包商仅有权根据分包合同的规定，扣除上述款项或针对分包商提出的其他索赔。

根据第 3.4 款的规定，如果承包商从业主或工程师处收到了业主向分包商提出的索赔通知和详情，承包商应立即向分包商提交副本。随后，分包商应向承包商提供与业主索赔有关的一切合理的协助。如果承包商认为他有权将索赔传递给分包商，则应适用第 3.3 款的规定。

根据第 20.2 款的规定，如果分包商认为他有权根据本分包合同条件或与分包合同有关的其他条款要求延长分包合同竣工时间和（或）任何额外付款，主合同第 20.1 款［承包商的索赔］应适用于分包商的索赔。除非：

（1）在分包商知道（或应当知道）导致索赔的事件或情况后，分包商提交索赔通知的期限没有超过 21 天。

（2）在分包商知道（或应当知道）导致索赔的事件或情况后，分包商提交全部索赔细节的期限没有超过 35 天，或者在分包商提议的并经承包商批准的任何其他期限内。

（3）第 14.6 款项下的向分包商支付的"临时付款证书"应替代"付款证书"。

（4）下列内容将替代主合同第 20.1 款倒数第二段的内容：

承包商应与分包商协商，努力就延长分包合同竣工时间和（或）分包商认为有权索赔的任何额外付款达成一致。如果双方未能达成一致，承包商应在收到分包商的全部索赔细节或者承包商要求的任何进一步的详情后的 42 天内，或者在双方当事人同意的任何其他期限内：

（i）在适当考虑分包商递交的索赔、额外付款索赔和（或）工期延长索赔和其他所有情况后，作出公平的决定。

（ii）通知分包商，给出适当的和适用的额外付款和（或）分包合同竣工时间延长（如有）的理由和所依据的条款。

（iii）向分包商支付额外付款，批准分包合同竣工时间延长（如有）。

将 2011 年版《施工分包合同条件》第 3.3 款、第 3.4 款和第 20.2 款列表归纳如下，见表 15-6。

表 15-6　索赔要求

规定	承包商的索赔	业主的索赔	分包商的索赔
是否发出索赔通知	是	是	是
提供索赔的事件和详情	是	是	是
明确索赔依据	是	是	是
通知的时间要求	尽快	立即转交	21 天
是否要求先行协商解决	是	无	是
提交索赔详情的时间要求	尽快	无	35 天
作出决定的时间要求	尽快	无	42 天
将决定通知分包商的要求	是	无	是
承包商能否行使抵消权	是	是	不适用

第15章 分包合同的索赔

2. 《专用条款编制指南》中的"相关索赔"和"无关索赔"

在国际承包工程项目中,从索赔对象的角度划分,分包合同的索赔可分为与主合同有关的索赔和主包商与分包商之间的索赔两种类型。按照这种分类,2011年版FIDIC《施工分包合同条件》将索赔分为"相关索赔"和"无关索赔",并分别对这两种索赔作了详细规定。

2011年版分包合同第二部分专用条款编制指南第20.2款规定:在承包商收到分包商的索赔通知后的7天内,承包商应通知分包商,分包商的索赔是:

(1)根据主合同规定,导致发生的主合同项下的额外费用和(或)工期延长的事件。

(2)根据主合同第20.1款[承包商的索赔]的规定,涉及承包商索赔的事项。

(3)涉及了主合同项下承包商和业主之间争议的索赔[相关索赔]。

除非承包商通知分包商,分包商的索赔属于相关索赔,否则,分包商的索赔应属于第20.3款规定的无关索赔。如果承包商通知分包商,分包商的索赔属于相关索赔,则分包商的索赔应属于相关索赔。

在收到承包商的通知后,除非在7天内分包商提出了书面反对意见,否则,应视为分包商接受了承包商的意见。如果分包商提出了反对意见,承包商应在收到反对意见的7天内书面答复分包商。

如果分包商不满承包商的答复,分包商可以将相关索赔或无关索赔提交预仲裁裁决员作出决定。除非分包合同另有规定,否则,应适用国际商会ICC的预仲裁规则。

根据国际商会预仲裁程序规则,应由主合同投标附录中规定的任命机构和指定官员任命裁决员,裁决员有权对分包商提出的索赔是否属于相关索赔,还是属于无关索赔作出指示。裁决员应在任命后的21天内作出指示:

(i)当事人应分担因预仲裁程序而产生的费用。

(ii)裁决员的指示将是最终的,对双方当事人具有约束力。

无论分包商的索赔是相关索赔还是无关索赔,分包商应保留证明其索赔所必需的同期记录,遵照承包商的指示保留进一步的同期记录,并应允许承包商检查这些记录,将记录的副本递交给承包商。除非分包合同已被放弃、拒绝履行或终止,否则,分包商应按照分包合同的规定继续进行分包合同工程的施工。

3. 处理"无关索赔"的程序和时间要求

2011年版FIDIC《施工分包合同条件》第20.3款[无关索赔]规定了处理无关索赔的程序和时间要求,如下:

如果分包合同索赔是无关索赔:

(1)分包商应在知道发生无关索赔事件或情况后的42天内,或在分包商建议的并经承包商批准的其他期限内向承包商递交索赔细节。

（2）如果导致无关索赔的事件或情况造成了持续影响，则应视为分包商的索赔是临时性的，分包商应按月递交进一步的索赔详情，并在无关索赔事件或情况结束后的 28 天内递交最终索赔报告。

（3）在收到分包商递交的索赔详情后的 42 天内，或在分包商建议的并经承包商批准的其他期限内，承包商应对分包商提出的无关索赔作出答复，作出同意或不批准的决定，并给出理由。

（4）承包商还应与分包商协商分包商提出的额外付款和延期索赔。如果双方未能达成一致，则承包商可作出公正和合理的决定。

（5）如承包商同意分包商提出的无关索赔，则承包商应向分包商支付额外付款或给予工期延长。

4. 处理"相关索赔"的程序和时间要求

2011 年版 FIDIC《施工分包合同条件》第 20.4 款规定了处理相关索赔的程序和时间要求，如下：

如果分包商的索赔属于相关索赔：

（1）承包商应根据主合同第 20.1 款［承包商的索赔］的规定，向工程师递交索赔通知，包括承包商认为是有关索赔的内容，并应及时地保证遵守上述规定，无论分包商是否根据第 20.2 款［分包商的索赔］提出反对意见或提交预仲裁作出指示。

（2）承包商应尽一切合理的努力，从承包商和分包商的利益出发，努力从业主和或工程师处获得主合同规定的分包合同工程可以索赔的额外付款和或工期延长，并应通知分包商有关进展情况。

（3）分包商应遵守承包商的保留与相关索赔事件或情况有关的同期记录的指示。分包商应允许承包商和工程师检查所有的此类记录。

（4）分包商应向承包商递交支持相关索赔的全部支持性文件的细节：

（i）索赔的合同或其他依据。

（ii）索赔的额外付款；和（或）

（iii）工期延长。

以及根据主合同第 20.1 款所提出的任何期中索赔，并应及时地使承包商遵守此类条款。

（5）承包商应根据主合同第 20.1 款［承包商的索赔］的规定，向工程师递交索赔，包括分包商递交的有关的索赔详情和任何期中索赔，并应及时地保证遵守此类规定，无论分包商是否根据第 20.2 款［分包商的索赔］提出了反对意见或提交预仲裁作出指示。

（6）承包商应向分包商提供一切合理的机会，使分包商能够参加与相关索赔有关的工程师进行的协商或举行的任何会议。除非工程师允许分包商参与协商和参加会议，但分包商拒绝或未能出席，否则，在未事先咨询分包商的情况下，承包商不能与工程师就相关索赔达成任何协议。

（7）如果双方同意，根据主合同的规定或者工程师按照主合同的规定作出承包商有权获得额外付款和延期的决定，在从业主处收到合同收益后的 28 天内，承包商应按照相关索赔应获得的份额将此收益转交给分包商。

（8）如果分包商在收到承包商通知后的 28 天内向承包商发出不满通知，承包商应考虑分包商提出的不满通知，并应在 7 天内予以答复。如果承包商未能在 7 天内答复分包商的不满通知，分包商有权视承包商未能作出答复的行为是承包商依旧坚持其所决定的份额是适当的和适用的态度。

15.6.3 分包工程的工期索赔

主包商在主合同项下具有向业主进行工期和费用索赔的权利，在分包合同项下，分包商也享有向主包商进行工期和费用索赔的权利。在分包合同中，主包商不能取消分包商索赔的权利，这对分包商是不公平的。

根据 FIDIC 合同 1987 年第 4 版第 44 条的规定，主包商在合同规定的某些情形下，在满足了合同确定的通知规定后有权就工期进行索赔。与此相对应，FIDIC 分包合同 1994 年版第 7.2 条也规定了分包商在下述情形下有权就工期提出索赔：

（1）在主包商得到业主就主合同项下主包工程竣工延期的情形下。

（2）除第 8.2 款第（a）项外的根据第 8.2 款作出的任何指令。

（3）由于主包商或他应负有责任的对分包合同的违约。

必须指出，分包商在分包合同项下的延期权利不能超过主合同中主包商享有的工期延长的权利和范围。

在上述 3 种情形中，第一种情形是处理和解决在关键线路上的分包工程问题，如主包商有权对延误的工程进行工期索赔，处在关键线路上的分包工程也相应享有该项权利和成果。第二种情形是处理和解决主包商在主合同项下无权进行工期索赔的事项。第三种情形是主包商构成对分包合同违约的情况，分包商当然享有工期索赔的权利。

分包商对主包商提出工期延长索赔，应严格遵守分包合同中关于索赔通知的具体时间规定和程序规定，以便主包商能够根据主合同的有关规定及时通知工程师。

分包商在提出工期索赔的情况下，还应严格遵守主合同有关工期索赔的规定、时间和程序，否则，分包商可能丧失索赔工期的权利和机会。

15.6.4　分包工程的费用索赔

除分包合同中的正常支付和支付其他一般性付款外，如何处理主包商在主合同中可以提出费用索赔情形下分包商的索赔权利，是分包合同和工程管理中的一个难题。主包商可以提出索赔的情形如下：

（1）不可预见的现场自然障碍或条件。

（2）因第 20 条（FIDIC 合同 1987 年第 4 版）项下业主的风险造成的对工程的损害。

（3）业主未能充分移交现场。

（4）工程师延迟批准图纸或指示。

根据 FIDIC 分包合同 1994 年版第 11.2 条的规定，如果主包商在采取了所有合理的步骤之后仍没有得到业主就不可预见的自然障碍或自然条件支付的款项，主包商对分包商在实施分包工程过程中遇到的不可预见的自然障碍或条件不承担任何责任。

在其余的三种情形中，如果业主没有向主包商支付索赔款项，主包商对分包商也不承担相应的索赔付款责任。

在费用索赔中，应掌握如下原则，处理好分包商的索赔：

（1）主包商在主合同中享有的索赔权利，分包商也享有这些权利。

（2）分包商有权对主包商在分包合同中的违约行为进行索赔。反之，主包商也有权对分包商的违约行为进行索赔。

（3）除主包商自身违约行为外，如业主没有对主包商的索赔进行支付，主包商没有责任向分包商支付有关索赔款项。

（4）除主包商自身违反分包合同外，主包商应将分包商的索赔递交工程师和业主审查批准。工程师批准的则分包商索赔是成立的，未批准的则分包商索赔是不成立的，主包商对此不应承担支付责任。

（5）分包商的索赔权利和索赔范围不能超越主合同中规定的主包商的索赔权利和范围。

分包商递交费用索赔的时间限制和程序应严格按照主合同和分包合同的规定，在规定的时间，按照规定的程序进行，否则分包商就失去了索赔的权利。

15.7　索赔权利的确权、量化和证明

15.7.1　索赔权利的确权

索赔权利的确权，即承包商向业主提出的工期延长和额外费用索赔是否被业

主和/或（监理）工程师所接受或承认，承包商索赔权利是否成立，是国际工程项目索赔中承包商与业主和/或（监理）工程师争议的焦点，也是国际工程项目索赔中的难点问题。

在表 15-2 的 12 个实证索赔案例中，业主/（监理）工程师确认承包商索赔权利统计表见表 15-7。

表 15-7　业主/（监理）工程师确认承包商索赔权利统计表

序号	项目名称	承包商索赔数量（个）	业主/（监理）工程师意见			业主/（监理）工程师意见百分比		
			同意	否决	回复①	同意	否决	回复
1	尼泊尔某水电项目	7	0	0	0	0	100%	0
2	尼泊尔某输水隧道工程	30	0	29	1	0	97%	3%
3	孟加拉某给水工程	20	0	20	0	0	100%	0
4	波兰某公路工程	21	0	20	0	0	100%	0
5	格鲁吉亚某公路工程	23	0	20	3	0	87%	13%
6	俄罗斯某铁矿项目	10	1	9	0	10%	90%	0
7	马里某水电站项目	16	10	6	0	63%	37%	0
8	坦桑尼亚某公路项目	3	2	1	0	67%	33%	0
9	乍得某公路项目	7	3	4	0	43%	57%	0
	合计：	137	16	109	4	20%	78%	2%

① 回复是指业主或（监理）工程师指示承包商保存记录或者提交进一步索赔详情。

从表 15-7 可以看出，在国际工程索赔中，承包商提出的工期延长和/或额外费用索赔，业主/（监理）工程师否认的比率约为 3/4，业主/（监理）工程师认可的承包商索赔约占 1/4。在表 15-7 中，在工程项目进入后期时，业主和承包商最终需要解决索赔争议时，业主/（监理）工程师认可的索赔比率较高，如表 15-7 中的第 7、8 和 9 工程项目所示，平均约为 1/2。

业主/（监理）工程师否认承包商索赔的主要原因有：

（1）承包商未能遵守 FIDIC 合同第 20.1 款索赔时效的规定，未能在引起索赔的事件发生后的 28 天内提出索赔，因此，承包商无权索赔，业主因此免责。

（2）业主/（监理）工程师认为索赔理由无法成立，因此否决承包商索赔。

（3）承包商未能提供充分的证据，未能证明承包商有权索赔。

根据 FIDIC 合同第 20 条的规定，（监理）工程师在收到承包商的索赔通知和索赔详情时，（监理）工程师有同意、否决或回复承包商索赔的职责。为了防止有些（监理）工程师对承包商索赔置之不理的情况，2005 版、2006 版和 2010

版 FIDIC 合同第 20 条对 1999 版 FIDIC 合同系列作了修改，增加了如果（监理）工程师没有对承包商的索赔作出回复，则视为（监理）工程师否决了承包商的索赔的规定。对承包商而言，在提出索赔时，应以合同为依据，以法律为基础，据理力争，同时，在适当时机启动争议裁决机制，或者诉诸仲裁或诉讼，才能取得索赔的成功。

15.7.2 工期延长和额外索赔的量化

一项索赔涉及了两个方面，一是索赔权利的成立，二是量化。索赔权利的成立是基础和前提，索赔权利不成立，量化就没有任何意义。另一方面，承包商有时难以精确计算和量化工期延长时间和额外费用，但业主并不能因此否定承包商有权获得补偿的权利，而且精确的定量分析也不是补偿所必备的前提条件。在英国 Hanlon D&G Co. 诉 S. Pac. Co.（1928）案中，法院确定："受损害的一方不能精确计量损失金额的事实不能妨碍他获得损害赔偿的权利。"在美国 Elte, Inc. S. S. Mullen Inc.（9th Cir, 1972）469 F. 2d 1127 案中，法院判决："不能将确定损害金额的困难与承包商获得补偿的权利相混淆。"

工期延长时间和额外费用的量化计算方法繁多，国际上并无统一的计算方法和公式，承包商需根据现场的具体情况量化工期延长的时间和额外费用金额。以工期延长索赔为例，在表 15-2 中述的 12 个实证索赔案例中，仅有 3 例要求承包商证明工期延长发生在关键线路上，在其他索赔案例中，承包商均采用简单相加法，在扣除物理时间的重叠后，计算工期延长的时间。通过对上述实证索赔案例进行分析，主要原因如下：

（1）虽然 FIDIC 合同第 8.6 款规定了工程开工和进度更新要求，但在实证索赔案例中，均没有要求承包商采用关键线路法（CPM）计算工期延长时间。

（2）国际工程项目，特别是土木工程项目受外界环境因素影响大，承包商制订的工程进度计划往往得不到实现。

（3）中国承包商自身履约能力受到限制，进度计划更新和维护不及时，使得工程进度计划失去作用。

（4）业主和（监理）工程师人员不懂或不甚了解项目进度软件，例如 P6 进度计划和微软 Project 进度计划软件。

（5）使用关键线路法计算工期延误是一项费时费力的工作，量化成果表示方法复杂，无法做到简明易懂。

表 15-2 的实证索赔案例表明，在国际工程项目中，现代的依赖计算机软件的计算工期延误的方法与传统的计算方式并存于项目索赔中，这些方法之间并无优劣之分。

15.7.3 索赔的证明

索赔并非一件简单的工作,成功索赔更非易事,而索赔能否成功主要取决于现场记录的准确性和完整性。英国著名学者马克斯·W·亚伯拉罕森在《建筑法和 ICE 合同》一书中指出:"争议的一方当事人,特别是将争议诉诸仲裁时,应汲取下述 3 个教训:第一是记录的重要性,第二是记录的重要性,第三还是记录的重要性。"

中国承包商在国际工程项目管理过程中将国内不关注合同、不注重文件管理的不良习惯带到国外,不注重项目文件管理工作,文件记录缺失,导致在项目索赔过程中无法提供完整的索赔证据,使得承包商丧失和无法主张自己的索赔权利,从而无法维护自身合法权益。在表 15-2 中的 12 个实证索赔案例中,所有的 12 个索赔案例都在一定程度上存在文件缺失,无法证明索赔权利的问题,主要表现如下:

(1) 未能在合同规定的索赔事件发生后的 28 天内发出索赔通知。

(2) 现场记录不完整,无法提供完整的、具有证明力的人工费、机械设备费和材料费的证明文件。

(3) 文档管理混乱,文件丢失,无法提供相应的完整的证据。

(4) 国际工程项目经理部人员更换频繁,未能形成良好的更换交接制度,导致有些文件无法找到。

(5) 证明施工机械设备原值的海关进口单据管理不善,海关单据无法找到或缺失,无法证明施工机械设备原值。

(6) 证明人工费的记录不完整,中方人员工资无法证明。在业主或/(监理)工程师需要个人所得税完税证明,用以证明个人工资收入时,往往中国承包商未在工程所在国交纳个人所得税,或者在中国境内缴纳个人所得税,因此,无法提供完税证明。

(7) 在现场发生索赔事件时,对索赔事件影响的人工、施工机械设备台时和材料损失没有记录或记录不完整,或未及时上报业主/(监理)工程师。

(8) 文件原件保管不善,保存不全或丢失。在发生仲裁和诉讼时,无法找到文件原件作为证据使用。

经常发生的情况是,承包商在编制索赔报告时,往往无法找到,或无法找全支持性的证据和资料,导致丧失索赔权利或不能完整地证明索赔事件。

15.7.4 实证案例分析

在表 15-2 中的 12 个实证索赔案例中,以某铁矿项目为例,在发生中俄边境洪水事件时,承包商提出了以不可抗力为由要求工期延长的索赔,但索赔遭到了业主的否认。业主与承包商的争执焦点在于索赔证据,如下:

（1）证明不可抗力的机构问题。虽然 FIDIC 合同规定了不可抗力的定义并列举了不可抗力事件，但在索赔过程中，业主提出需要中国工商机构出具文件，由有权威的机构证明发生了不可抗力。承包商主张，FIDIC 合同并未规定在发生不可抗力时应该由某个机构出具书面证明的内容。承包商认为，由中国边境海关出具的证明足以证明不可抗力事件的发生事实，且中国工商部门没有职责出具此类证明文件，中国也没有规定哪一个机构可以出具此类证明文件。

（2）承包商是否采取了减轻不可抗力影响的措施。业主认为承包商没有采取合同规定的合理措施，将不可抗力的影响减至最低，并举例证明在某个边境口岸发生洪水时，承包商可以选择其他线路运输货物。而承包商认为已经采取措施减轻不可抗力的影响。

（3）受到不可抗力影响的货物证明。业主要求承包商举证，证明哪些位于关键线路工程的货物运输因不可抗力受到了影响，从而导致关键线路上的工程受到了延误。承包商无法完全举证证明哪些货物因洪水受到了影响，哪些货物位于边境口岸，哪些货物位于运输途中，哪些货物已经制造完毕处于运输状态。在无法完全举证的情况下，承包商的索赔主张受到了质疑并遭到业主否决。

因此，在国际工程项目中，承包商能否提供索赔的支持性文件和资料，即索赔证据成为索赔是否成立，工期延长时间确定和额外费用确定的基础。对中国承包商而言，唯有改变观念，提高项目管理水平，加强合同文件管理，细化现场记录，才能在国际工程项目索赔中获得成功。

15.8　一揽子索赔的记录标准

在国际工程项目中，一揽子索赔（Global Claim）仍然具有顽强的生命力。从 Akenhead J 法官近期审理的 Walter Lilly & Co 诉 Giles Patrick Cyril Mackay，DMW Developments Ltd ［2012］等案件中可以看出，一揽子索赔正东山再起。

从法庭作出的所有判决来看，必须完整地阅读判决书，注意作出判决时所依据的前提条件。记得 Robert Akenhead QC 作为一名法律顾问提供咨询服务时，他总是会对一揽子索赔持怀疑态度，但是，在他成为一名法官后，也许他会改变过去的看法。本案的判决应取决于一些非常特定的因素，但这并不意味着这是一揽子索赔史中的开创性时刻。本案判决清晰、准确，深思熟虑。但正如判决中提到的，法庭已经讨论了一揽子索赔并由上一级法院作出了裁决，因此，任何曲解与先前具有约束力的裁决相矛盾的前提条件的做法均非明智之举。然而，法官对裁决的依据进行了澄清。

事实上，一直以来，一揽子索赔的基本问题就是证据。法官和法庭需要确立原告的损失是被告行为或者疏忽所导致的直接后果的"概率平衡点"。如果当事人能够熟练的保存一些具体的工作记录并加以分析和编辑，那么履行这种举证责任也并非难事。请注意"技术熟练"一词的用法，它并不是指在编辑和使用这些工作记录时需要你有多么精湛的学术水平和非凡的才华。

在索赔报告的汇编中未保留、未安全存储以及未引用明显的数据记录，这三者出现其中任何一项，都可能引发一揽子索赔。根据公开的 Petromec Inc. 诉 Petroleo Barasileiro SA [2007] 案在高等法院定量鉴定专家的作证，证实他们保留了充足证明每一项损失的数据记录。在本案中，法官决定本案中每一项独立的事件应分别取证，否决了由原告所提出的一揽子索赔方式，而后，上诉法庭也同意了这个决定。因此，如果记录是有效的，并且能够证明事情的前因后果以及与其造成的经济损失紧密相连，那么忽略那些工作记录而提出一揽子索赔会是不明智的，且很可能导致索赔失败。

如果根本没有充分的工作记录或者是工作记录遗失，那么，很可能会有两种结果：一种就是法院也许会同情原告一方，也就是说原告所提出的争议是，在他们要施工的环境下不可能保留必要的工作记录。还有一种就是法院也许会同情被告一方，被告方会积极的应诉，他们会申辩原告方没有提供证明被告对原告所谓的损失负有责任的主要证据。

在上述引用的 Wlater Lilly 案中，Akenhead J 采纳了第一种方式，如果你对这个结论还拿不准的话，可以完整地阅读一下判决书。

在此提一些建议，虽然这些建议与以前给出的建议基本相同。为最大的可能获得胜诉机会，应注意以下几点：

（1）妥善保留当期的工作记录并安全存储。
（2）确定工期延误的原因并记录延期的影响。
（3）确定当期造成损害的原因并记录损害所造成的影响。
（4）汇编这些记录并能体现因果关系。
（5）递交的工作记录能体现破坏所带来的后果。

如果非要提出一揽子索赔，你必须使自己成为一名富有同情心的申请人，并且以开放的心态与法庭打交道，也就是法庭称为的"清白之人"。只有这样，你才会有希望获得法官或法庭的同情，他们也会鼎力相助，并且会花时间去评估你所享有的权利。

15.9 索赔案例

在 Sewerlayer Ltd 诉 Wessex District Council 索赔案[⊖]中，承包商 Swerlayer 向业

[⊖] Vincent Powell-Smith, Douglas Stephenson. Civil Engineering Claims [M]. Oxford: BSP Professional Books, 1989: 155-162.

主 Wessex 提出索赔。

1. 合同事实

（1）1987年1月19日，Sewerlayers Ltd（承包商）向 Wessex District Council（业主）投标，承建 Wessex District 区 Buckholme、Westerview 和 Haldy 三个村庄的排水管线、人工窨井、中继站、三个泵房和三条提升主管线的工程。业主默示接受承包商的报价，业主的工程师 Thomas Telford（工程师）签发指示要求承包商在1987年4月1日开工。合同总价为278.6万英镑。投标附录规定的工期为18个月。

（2）施工合同采用 ICE 合同条款第5版，1979年修订并于1986年重新印刷，包括1979年所做的相应的修改内容。

2. 事实陈述

（1）根据工程师的指示，工程于1987年4月1日开工。1987年4月1日，根据合同条款第14条的规定，承包商向工程师递交了工作计划，计划规定 Buckholme 泵房工程将与其他工程一起于1987年6月1日开工，同年10月31日竣工。

根据该项计划，Westerview 和 Haldy 两个泵房开始按计划施工，每个泵房需要20个工作周。工程师没有对计划提出任何意见。

（2）1987年5月20日，通往 Buckholme 泵房的便道开始施工，承包商投入了钢板桩、打桩机、吊车以及辅助设备进行施工，为开挖围堰施工所需的准备工作已经妥当，一切均按计划进行。

（3）1987年5月25日，工程师打电话给承包商代表布拉塞先生，要求承包商推迟施工，原因是设计变更尚未完成，但承包商可以开始另外两个泵房的施工。布拉塞先生回复说设计变更可能导致成本的增加，除非他接到工程师的指示，否则他不能遵守执行。为此，工程师发出书面指示，要求承包商推迟 Buckholme 泵房的施工，在1987年5月26日承包商致工程师的信函中确认了此项指示。

（4）在致工程师的信函中，承包商指出，此项指示可能带来的后果，如下：

①由于泵房的施工使用同种类型的设备，并可以周转三次，承包商已经计划泵房的连续施工方案。在其他两个泵房开始施工之前，由于 Buckholme 泵房需要深挖基础，承包商计划首先开始 Buckholme 泵房的施工，临时围堰所需的钢板桩的长度也适合该泵房的基础深度。根据钻孔资料所显示的地下土层的性质，钻孔条件不是十分理想，钢板桩需要支撑钻孔过程中出现的破坏。通过在最深的基础中使用钢板桩的方法，可能会对钢板桩末端造成损坏，但仍然可以将这些钢板桩用于较浅基础的围堰。因此，由于钢板桩已经运抵现场，如果首先将这些钢板桩用于较浅的基础施工，即使可以避免延误，施工顺序的改变将造成需要购买额外

的钢板桩用于 Buckholme 泵房的施工。

②由于 Buckholme 泵房位于低洼地带并靠近经常在冬季发洪水的河流，因此考虑在 6~10 月间进行施工。任何实质的延迟将可能造成冬期施工，并可能遭遇洪水的风险。

(5) 遵照工程师的指示，在通往 Westerview 泵房的便道施工完毕后，承包商将钢板桩、打桩机和吊车运往该泵房。除了在施工过程中钢板桩出现预料的损坏外，工程进展顺利。1987 年 6 月 20 日开始 Westerview 泵房的施工，1987 年 10 月 31 日完工。

(6) 同时，1987 年 10 月 6 日，工程师声明不打算修改 Buckholme 泵房的设计，该泵房的工程可以随后开始施工。

(7) 在将钢板桩从 Westerview 围堰中提出后，发现 56 根钢板桩中的 30 根损坏，需要切短使用，但已经无法在 Buckholme 泵房围堰工程中使用。承包商立即订购了新的钢板桩，但直到 1987 年 12 月 6 日仍未运抵现场。

(8) 同时，未受损钢板桩的打桩工程已经进行，1987 年 12 月 18 日，Buckholme 泵房的围堰打桩工作完成。圣诞节和新年过后，承包商便开始挖方工程，并于 1988 年 1 月 22 日竣工。在挖方施工时，承包商只是使用部分木板临时固定围堰，但不能保证围堰坍塌的危险。

(9) 1988 年 1 月 24 日，由于连降暴雨，河水上涨，超出围堰顶端高度约 1 米多，洪水冲击了围堰并造成木板支撑滑动。结果，围堰坍塌，并对钢板桩造成了极大了损害。

(10) 在天气好转好，承包商迅速调集重载吊车和拔桩机到达现场，拆除了受损严重的钢板桩。

(11) 同时，1988 年 2 月 26 日新订购的钢板桩运抵现场，但原来的钢板桩损坏严重，无法使用。由于围堰坍塌造成地面变形，吊车不能靠近围堰，在吊车起重半径不够的情况下无法正常拔除受损的钢板桩，因此，重新修建围堰的工作受到延误。直到 1988 年 4 月 14 日，修建新围堰的工程才得以完成。

(12) 在 1988 年 2 月 1 日的信中，承包商根据合同条款第 44 条发出通知，告知工程师由于第 (5) ~第 (13) 项的原因，工程遭受延误，要求工期延长 30 周。

(13) 1988 年 4 月 14 日，工程师未能回复承包商的工期延长的要求，在承包商打电话要求工程师延期时，工程师拒绝了承包商的工期延长的要求，并声明延误是由于围堰的木板支撑的设计不符合要求，承包商应对此负责。

(14) 由于工程师延迟递交混凝土施工详细设计，Buckholme 泵房的施工受到了进一步的延误，承包商在递交给工程师的信函中，表明了应在不迟于 1988 年 4 月 4 日收到图纸。由于承包商已经从混凝土供应商处订购了商品混凝土，并要求在收到全部设计和计划后的 8 周内开始供应，因此，承包商的这项提交图纸的要求是必需的。但事实上，承包商未能在 1988 年 4 月 4 日收到混凝土的详细设计图纸和计划。另外，虽然承包商已经订购了商品混凝土，但直到 1988 年 6 月 7 日供应商才将混凝土交付现场。

（15）根据 1988 年 6 月 8 日承包商修改的施工计划，承包商继续进行施工，但问题接踵而至。由于指定分包商 Fulflow Ltd 提供的水泵延迟交货，泵房的竣工时间又受到了进一步的延误，对此，承包商对指定分包商提出了延误和相应的费用索赔。

（16）1988 年 9 月 30 日，Buckholme 泵房的混凝土工程施工完毕。1988 年 11 月 25 日完成上部的建筑工程，1989 年 1 月 20 日完成水泵安装工程。

（17）在完成水泵安装后，承包商花了 2 周时间进行了修复工程和内装修工程。承包商递交了竣工证书申请并获得批准，自 1989 年 2 月 3 日起生效。

（18）工程师未能遵守合同第 44（3）款的规定，未能对承包商应到期日的完工，即 1988 年 9 月 30 日以及之后的工期延长索赔作出评估，也没有通知承包商有关事宜。

（19）1989 年 2 月 8 日，工程师致函承包商，声明承包商在竣工日期之后的 18 周才完成工程，因此工程师已通知业主，告知业主有权抵扣误期损害赔偿费，金额为每周 5000 英镑，时间为 18 周，共计 90000 英镑，该款项可从应支付给承包商的其他价款中扣除。

（20）承包商的索赔如下：

根据合同第 40（1）款，有关 1987 年 5 月 25 日业主口头指示，并经 1987 年 5 月 26 日承包商函件的书面确认，并考虑到 Buckholme 泵房暂停的进度，在许可的机动时间之后，净工期延长时间为 12 周，以及随之产生的滞后影响以及承包商遵从工程师指示所招致的额外费用；现场费用为 82380 英镑，详见附件 1。

根据合同第 7（3）款，由于延误签发 Buckholme 泵房混凝土施工详图，索赔工期 13 周，以及因此延误而招致的额外费用；现场费用为 27660 英镑，详见附件 2。

根据合同第 47（5）款，返还因延迟完工而从应付给承包商款项中扣除的误期损害赔偿费 90000 英镑。

业主应承担责任的 18 周延误期间的现场外的管理费，总计为 30326 英镑，详见附件 3。

根据合同第 60（6）款，未付承包商款项所滋生的利息为 20116 英镑，详见附件。

第 15 章 分包合同的索赔

合同附件（所有计算均附有支持的文件和其他证据）

附件 1：因工程师暂停令而招致的费用

劳务	费率/人周	人周	金额/英镑
工头人数	280	12	3360
操作手	260	24	6240
劳务人数	240	48	11520
合计劳务费用：			21120

设备	费率/周	周	金额/英镑
吊车 20 吨	900	12	10800
拔桩机 1.5 吨	100	6	600
打桩机	600	8	4800
102mm 直径水泵	60	12	720
设备费用合计：			16920

材料	费率	数量	金额/英镑
钢板桩	450/吨	34 吨	15300
木材	250/m³	12m³	3000
材料费用合计：			18300

现场管理费	费率/周	周	金额/英镑
现场工程师	320	12	3840
工头	280	12	3360
秘书/职员	300	12	3600
茶水工/清洁工	220	12	2400
办公室含服务	160	12	1920
现场车间/仓库	250	12	3000
合同保险	280	12	3360
履约保函	160	12	1920
每周现场管理费：	1970	12	23640

总结	金额/英镑
劳务	21120
设备	16920
材料	18300
现场管理费	26040
现场费用总计:	82380

附件2：因延迟签发图纸造成的费用

劳务	费率/人周	人周	金额/英镑
工头人数	280	6	1680
操作手	260	6	1560
木工	260	12	3120
劳务人数	240	18	4230
劳务费用合计:			10680

设备	费率/周	周	金额/英镑
吊车，5吨	600	6	3600
102mm 柴油水泵	60	6	360
设备费用合计:			3960
现场管理费:		6	13020

总结	金额/英镑
劳务	10680
设备	3960
现场管理费	13020
现场费用总计:	27660

附件3：现场外管理费和利息

第40条项下的索赔总额（附件1）　　　　　　　　　82380 英镑
哈得逊公式：合同总额 2786000 英镑
总部管理费百分比（包括1%利润）=6%
现场管理费总额 = 2780600 × 100/106 = 2623208 英镑
总部管理费索赔金额 = 5% × 2623208 × 18/78 =　　30268 英镑
返还扣除的误期损害赔偿费　　　　　　　　　　　90000 英镑
不含利息的索赔总额：　　　　　　　　　　　　　230308

利息（计算日期截止到 1989 年 6 月 30 日）

索赔项目	到期日	中间利率（%）	金额/英镑
第 40（1）款	1987.11.28	10.5	13606
第 73 条	1988.07.28	9.5	2409
第 47（5）款	1989.02.28	10.0	3000
现场外管理费	1989.02.28	10.0	1011
利息合计：			20026
索赔金额总计：			250334

15.10 索赔陈述和索赔报告编制

承包商如何陈述索赔的依据、事实、记录、工期计算和费用计算，并没有一个固定的书面格式，索赔报告的编写也没有固定格式，但总体而言，承包商的索赔文件可分为：

（1）索赔意向通知书。
（2）索赔详情和支持文件。
（3）期中索赔报告和支持文件。
（4）最终索赔报告和支持文件。

索赔意向通知书是承包商在遭受合同条款规定的索赔事件，如不利的物质条件、不可抗力、干扰、工程师延误签发图纸等时，根据合同向工程师发出的一封索赔意向的函件。这封函件的内容只是通知工程师，承包商遇到了合同规定的延误和造成费用发生的事件，不需要提供索赔的金额和工期时间，也不需要提供详细的计算和支持文件。根据 FIDIC 合同新旧版红皮书的规定，承包商应在知道或应该知道索赔事件发生之日起 28 天内向工程师发出通知，否则丧失索赔权利。

索赔详情和支持文件是在承包商向工程师发出索赔意向通知后，在合同条款要求的时间内向工程师报告索赔的详情，并随附支持文件。这份文件要求承包商需要递交详细的索赔内容，包括但并不限于索赔依据的合同条款、索赔事件发生的事实、承包商所遭受的延误或干扰的时间及计算依据、承包商所遭受的直接的损失或费用以及计算依据等。支持文件包括合同条款、同期记录、工程师的指示、图纸、计划、进度、劳务、设备资料等，只要是承包商认为这些文件、资料或数据可以支持所提出的工期延长和费用索赔即可。

期中索赔报告和支持文件是工程进展到一定进度时，承包商将零星提出的或分散提出的工期延长和费用索赔进行分类归纳总结，提出的一份具有对一个阶段索赔事件进行汇总的索赔报告。这份报告的基本要求是要叙述完整，对索赔事件进行定性和定量分析，提出承包商的明确的工期延长和费用索赔主张，具有系统性和完整性，这也是该份索赔报告与索赔详情的区别所在。

最终索赔报告和支持文件是工程竣工时，承包商将所有施工过程中发生的索赔事件、工期延长和费用索赔进行最终分类总结，按照事件的性质归类所提出的一份最终的完整的索赔报告。最终索赔报告的要求与期中索赔报告相同。

以下是某个工程项目索赔的目录，承包商可参考这份索赔报告的体例编写索赔报告。

封面

1.0 导言（Introduction）

1.1 当事人各方（the Parties）

1.2 工程（the Works）

1.3 投标和合同价格（the Tender and the Contract Sum）

1.4 合同（the Contract）

1.5 计划（the Programme）

2.0 事实总结（Summary of Facts）

2.1 现场占有权：工程的开工和竣工（Possession of Site：Commencement and Completion of the Works）

2.2 延误和工期延长（Dealy and Extension of Time）

2.3 未完工证书（Certificate of Non-completion）

2.4 直接损失和/或费用（Direct Loss and/or Expense）

2.5 支付和最终账单（Payment and Final Account）

2.6 缺陷（Defects）

3.0 索赔的基础（Basis of Claim）

4.0 索赔细节（Details of Claim）

4.1 导言（Introduction）

4.2 异常的气候条件——延误（D1）（Exceptionally Advance Weather Conditions-Dealy（D1））

4.3 第一号建筑师指示——延误（D2）（Architect's Instruction No. 1-Dealy（D2））

4.4 附加工程——延误（D3）（Additional Works-Dealy（D3））

4.5 对直接成本金额的延迟指示——延误（D4）（Late Instruction for Expenditure of PC sum-Dealy（D4））

4.6 总结（Summary）

5.0 损失和费用的评估（Evaluation of Loss and/or Expense）

5.1　直接损失和/或费用索赔（Direct loss and/or expense claim）

5.1.1　延期（Prolongation）

5.1.2　干扰（Disruption）

5.1.3　损失和费用的融资成本（Finance charges on loss and expense）

5.1.4　编制索赔报告的成本（Costs of preparing the claim）

5.2　损失和/或费用和/或损害赔偿费总结（Summary of loss and/or expense and/or damages）

6.0　索赔声明（Statement of claim）

6.1　工期延长（Extension of time）

6.2　损失和费用和/或损害赔偿费（Loss and expense and/or damages）

6.3　保留金（Retention）

6.4　合同价格的调整（Adjustments to the contract sum）

6.5　误期损害赔偿费（Liquidated damages）

6.6　滋生的融资成本（Finance charges accruing）

第16章 分包合同违约、终止和损害赔偿

违约是索赔、争议、纠纷、仲裁和诉讼的发源地。
——詹姆斯·J·艾德里安,《施工索赔》

16.1 概述

16.1.1 合同履行的概念和原则

合同的履行是指合同当事人根据合同规定,完成合同项下的民事权利和义务的行为。各国法律均认为,合同当事人在订立合同之后,都有履行合同的义务。如果履行合同义务,就要承担相应的法律责任。

合同履行的原则一般可以分为全面履行和实际履行。

所谓全面履行是指当事人应按照合同的规定全面承担各自的义务,使合同的内容得以全面实现。

实际履行是指当事人只能按合同规定的标的履行,不能用其他标的代替,也不能以支付违约金或赔偿金来代替。大陆法系的多数国家和中国将实际履行作为一个重要原则,而英美法系国家把实际履行作为一种补充性的、例外的救济手段。

根据英美合同法规定,合同当事人可履行如下抗辩权:

(1) 同时履行抗辩权:指合同当事人在无先后履行顺序时,一方在对方未履行之前,有拒绝履行自己的义务的权利。构成要件如下:

1) 须由同一双务合同互负债务。
2) 须双方互负的债务均已届清偿期。
3) 须对方未履行债务或未提出履行债务。
4) 须对方的对待给付是可能履行的。

(2) 不安抗辩权,指合同中应当先履行义务的一方当事人有证据证明后履行一方有财务状况恶化等情形,可能丧失履行能力的情况时,在后履行一方未履行其债务或者未提供担保前,有拒绝先履行自己债务的权利。不安抗辩权构成要件如下:

1) 双方当事人因同一双务合同而互负债务。

2) 后给付义务人的履行能力明显降低，有不能为对待给付的现实危险。

(3) 先履行抗辩权，指双务合同的双方当事人有先后履行顺序的，在先履行一方未履行债务之前，后履行一方有拒绝其履行请求的权利。先履行抗辩权构成要件是：

1) 须双方当事人互负债务。
2) 两个债务须有先后履行顺序。
3) 先履行一方未履行或其履行不符合债的本旨。

16.1.2 违约和违约救济

违约是指合同当事人不履行或者没有完全履行合同义务的行为。各国法律均规定，如果合同当事人不履行或不完全履行合同义务，应承担相应的法律责任。

在如何构成违约的问题上，大陆法系和英美法系之间存在着重要差异，主要是：

1. 过失责任

大陆法系以过失责任作为民事责任的基本原则，合同债务人只有当存在着可以归责于合同当事人的过失时，才承担违约责任，即当事人不履行或不完全履行合同是出于故意或过失。而英美法系则认为，只要允诺人没有履行合同的义务，即使没有任何过失，也构成违约，应承担违约的后果。

2. 违约的形式

关于违约形式，各国法律均根据违约的不同情况，将违约分为不同形式，并对不同形式的违约规定相应的救济措施。

(1) 英国法。英国法将合同条款分为条件条款（conditions）和担保条款（warranties），其违约形式亦分为违反条件与违反担保两种方式。所谓违反条件（breach of condition），是指违反合同的重要条款，而一方当事人不履行这种义务，另一方可以正确地认为根本没有履行合同，可以解除合同。所谓违反担保（breach of warranty），是指违反合同的次要条款或辅助条款。如果一方当事人违反了次要条款，无过错的一方只能请求损害赔偿，而不能解除合同。英国货物买卖法规定，在买卖合同中应包含卖方保证买方得以安稳地占有货物，不受任何第三人的干扰的默示担保。即使当事人在合同中没有写明，但只要双方当事人没有相反的意思，就应认为合同中包含这项默示担保。如卖方违反了这项默示担保，买方就有权要求赔偿损失。

(2) 美国法。美国法将违约分为重大违约和轻微违约两类。所谓重大违约（material breach of contract），是指债务人没有履行合同或履行合同有缺陷致使债权人不能得到主要利益的违约，在这种情况下，无过错的一方可以解除合同并可要求赔偿损失。所谓轻微违约（minor breach of contract），是指当事人一方在履约中，尽管存在一些违约行为，但另一方已经从中得到这项交易的主要利益的违约，在这种情况下，无过错的一方只能请求损害赔偿，但不能拒绝履行自己的义务。

(3) 德国法。德国民法典将违约分为给付不能和给付延迟。给付不能（supervening impossibility of performance），是指债务人由于种种原因不可能履行合同的义务。给付延迟（delay in performance），是指合同已届履行期，且合同是可能履行的，但债务人没有按期履行合同义务的行为。

(4) 中国法律。我国合同法将违约形式分为5种，即不履行、不完全履行、履行延迟、不能履行和预期违约。

违约的救济方法（Remedies for Breach of Contract），是指合同一方当事人的合法权利被他方侵害时，法律给予受损害方的补偿方法。各国法律在规定救济方法时有很大的不同，但主要有如下几种方式：

(1) 实际履行。大陆法系国家和我国将实际履行作为违约的主要救济方式，而英美法国家没有实际履行的救济方法。

(2) 损害赔偿。英美法认为合同的一切义务都是当事人所作出的允诺，只要当事人没有全部履行合同，即构成违约，并且不需要催告，即承担损害赔偿责任。大陆法系认为只有当债务人有过错并给债权人造成损害时，债权人才能向其请求损害赔偿。我国合同法规定，当事人一方不履行合同义务的或者履行合同义务不符合规定的，应当承担继续履行、采取补救措施或者赔偿损失等违约责任。

(3) 解除合同（resolution of contract）。所谓解除合同是指合同当事人依约或者依法行使解除权，终止合同的权利和义务的行为。英国法规定，凡一方当事人违反合同时，另一方当事人可宣告解除合同。美国法认为只有在重大违约时，合同另一方才能解除合同。德国法规定当事人在行使合同解除权时，只需向对方表达意思通知即可。而法国法则规定需向法院提起，由法院判决。我国规定解除合同的法律规定主要见于合同法第93～98条的相关内容。

(4) 支付违约金。

16.1.3　情势变迁、合同落空和不可抗力

情势变迁（Changes of Circumstances）是大陆法系的概念，合同落空（Frustration of Contract）是英美法系概念，两者指的是在合同成立后，非由于当事人自身的过错，而是由于事后发生的意外情况致使当事人在订立合同时所谋求的商业目的受到挫折，如果仍继续履行，将会产生显失公平的结果，有悖于诚实信用的原则，因此，对于未履行的合同义务，当事人要予以免除或者变更责任。英美法系认为，合同落空的后果使合同归于终止，双方义务得以自动解除。大陆法系认为情势变迁主要是免除债务人不履行义务本来应负的损害赔偿责任，合同并非

当然消灭。

根据英国法，合同落空的事件有：

（1）合同标的毁灭或者已不存在。

（2）提供个人服务的合同或个人人格在合同中十分重要的合同当事人死亡或丧失行为能力。

（3）如履行，合同将是非法的。

（4）合同所依据的事实受挫。

（5）政府干预或延误。

根据英国法，合同落空的原则不适用下列情形：

（1）以不方便、费用增加、利润损失为理由的。

（2）合同中有干预事件（即不可抗力条款）的明示规定。

（3）自我造成的落空。

（4）已被预见的事件。

不可抗力（Force Majeure），是指非由当事人的主观意志决定，也非当事人能力能抗拒的客观事情。不可抗力的范围，合同当事人可以在合同中进行约定。

构成不可抗力须具备如下条件：

（1）是在合同成立后发生的。

（2）不是由于任何一方当事人的过失或疏忽而造成的。

（3）意外事故的发生是任何一方当事人不能预见、无法避免、无法预防的。

不可抗力事故包括自然原因引起的，如地震、海啸、水灾、风灾、旱灾、大雪等，另外一种是社会原因引起的，如战争、罢工、政府封锁、禁运。

FIDIC合同1987年第4版、1999版红皮书、黄皮书和银皮书对不可抗力作了详尽的规定，并对其后果和补救措施作了规定。

不可抗力事故发生后的法律后果，一般均可以使当事人有解除合同或要求延迟履行合同的权利，具体须是视不可抗力的大小和持续时间决定。如不可抗力使合同的履行成为不可能，则可解除合同；如只是暂时阻碍了合同的履行，则只能延迟履行合同。

16.1.4 合同的让与和消灭

合同的让与，合同的主体（即当事人）发生了变更，而合同客体（即标的）没有发生变更的行为。合同的让与主要分债权让与和债务承担两种。各国法律对合同的让与都有明确的规定，且允许合同当事人将现存的合同权利转让给第三方。

债权让与，是指债权人将其债权转让给第三者的行为，第三者基于债权让与取代原债权人，成为新的债权人。在存在债权让与的情形下，德国和美国法律规定，让与合同的当事人就债权让与达成协议时，该让与合同即对债务人发生效力。而中国、法国、英国法律则规定，债权让与合同订立后，以通知债务人时才对债务人发生效力。

债务承担是指由新债务人代替原债务人履行债务的行为。债务承担没有改变债务内容，只是变更了债务人。在债务承担合同中，由于更换了债务人，而不同债务人的履约能力不同，可能对债权人的利益造成重大影响，因此，各国法律均规定债务承担合同必须经过债权人的认可才能发生效力。我国合同法第84条规定，债务人将合同的全部或者一部分转移给第三人的，应当经债权人同意。

合同的消灭是指合同当事人依约或依法解除合同的权利和义务，使合同关系不复存在的行为。在英美法中称为合同消灭（Discharge of Contract），在大陆法中包含在债的消灭中。

英美法中合同消灭的方式主要有如下5种：
（1）合同因单方面依法终止而消灭。
（2）合同因双方当事人的协议而消灭。
（3）合同因依约履行而消灭。
（4）合同因当事人违约而消灭。
（5）合同被依法消灭。

合同终止或消灭时，应当通知对方，合同自通知到达当事人时解除，并且若法律、法规规定解除合同应当办理批准、登记手续的，应当遵守其规定。合同权利与义务的终止不影响合同中结算和清理条款的效力。

16.2 误期损害赔偿费

16.2.1 误期损害赔偿费的性质

根据《牛津法律词典》第6版，误期损害赔偿费（liquidated damages）的定义为："合同当事人事先约定的，在一方违约时应向另一方支付的一笔固定金额的款项。如果约定的金额是对可能发生的违约后果的一项公平的预先估价，则该误期损害赔偿费可以收回，但如果是罚款（penalty），则当事人不能收回。"

误期损害赔偿费与罚款的主要区别如下：

（1）根据英国法，误期损害赔偿费是一项对可能违约的一项公平的估价。而罚款是当事人任意规定的违约金额，目的在于阻止或惩罚对方违约，这种罚款往往定的很高，超出了违约所造成的损失。在Dunlop Pnematic Tyre Co Ltd 诉 New Garge and Motor Co Ltd（1915）案中，法官在判决中写道："罚款的实质是支付一笔费用，作为对违约方的一种恐吓；而误期损害赔偿费的实质是一种真实的、契约化的对损失的预估金额。"

（2）根据英国法，误期损害赔偿费为法律和法院所允许，是当事人的一项合法的权利。而罚款是为法律和法院所不允许的。

（3）根据英国法，误期损害赔偿费是强制性的，而罚款不具有强制性，法律和法院不会支持当事人之间约定的罚款。

至于双方当事人事先约定，违约时应该支付的金额是误期损害赔偿费还是罚款，法院会根据具体案情，作出法院认为适当的解释，而不在于当事人如何措辞。即使双方当事人在合同中将罚款称之为误期损害赔偿费，法院也可以根据具体情况将其定性为罚款，判决这种罚款条款为无效条款。

误期损害赔偿费与一般的损害赔偿（damages）不同，其主要区别如下：

（1）误期损害赔偿费是合同当事人事先约定的，而一般的损害赔偿是当事人违约后估价的。

（2）误期损害赔偿费是一笔固定的金额，而一般的损害赔偿是不确定的费用，须依当事人具体违约情形决定损失金额的大小。

（3）在当事人一方对误期损害赔偿费追索时，无须提供有关遭受损失和费用的证据。而对一般损害赔偿的追索，需要追索一方的当事人提供有关发生了损失和费用的证据。

在建筑和工程业中，误期损害赔偿费可被定义为在竣工被延误的情况下，业主就可能遭受的损失的合理预估金额。如承包商因其自身过失造成了工程的延误，则业主可以从应付给承包商的价款中扣除该笔误期损害赔偿费。

16.2.2 FIDIC 合同中的误期损害赔偿费

FIDIC 合同 1987 年第 4 版第 47.1 款规定了误期损害赔偿费，如下：

"如承包商未能按照第 48 条规定的全部工程竣工期限完成整个工程，或未能在第 43 条规定的相应时间内完成任何区段工程（如有），则承包商应向业主支付投标附录中写明的相应的金额（这笔金额是承包商为这种过失所应支付的唯一款项）作为该项违约的损害赔偿费，而不是作为自相应的竣工期限起至颁发整个工程或相应区段的移交证书之日止之间的每日或不足以一日的罚款，但上述损害赔偿费应限制在投标附录中注明的适当的限额内。在不排斥采用其他赔偿方法的前提下，业主可以从应支付或将支付给承包商的任何款项中扣除此项误期损害赔偿费。此误期损害赔偿费的支付或扣除，不应解除承包商对完成该项工程的义务或合同规定的承包商的任何其他义务或责任。"

FIDIC 合同 1999 版《施工合同条款》第 8.7 款误期损害赔偿费规定：

"如承包商未能遵守第 8.2 款［竣工时间］的规定，承包商应为其违约行为依照第 2.5 款［业主的索赔］的要求，向业主支付误期损害赔偿费。误期损害赔偿费应按投标附录中规定的每天应付的金额，以接收证书注明的日期超过相应竣工时间的天数计算。但根据本款计算的赔偿总额不得超过投标附录中规定的误期损害赔偿费的最高限额（如有）。

除在工程竣工前按照第15.2款［由业主终止］的规定终止的情况外，误期损害赔偿费应是承包商为此项违约应付的唯一的损害赔偿费。损害赔偿费不应解除承包商完成工程的义务，或合同规定的其可能承担的其他责任、义务或职责。"

在FIDIC分包合同1994年版的合同条款中，没有规定误期损害赔偿费条款。但在第二部分《专用条款编制指南》第7.4款中，提供了可供主包商和分包商选择的误期损害赔偿费范例条款，如下：

"如分包商未能按照第7.1款规定的分包工程的竣工期限完工，或未能在第7.1款规定的相应期限内完成其中任何区段（如适用），则分包商应向承包商支付在分包商的报价书附录中注明的相应金额（该金额是分包商为其过失行为应付的唯一款项），作为自分包工程的竣工期限起至分包工程或相应区段（如适用）完成，颁发移交证书之日止的每日或不足一日的损害赔偿费，而不是作为罚款。但上述损害赔偿费不应超过分包商报价书附录中注明的规定限额。在不排斥其他赔偿方法的前提下，承包商可从到期应付给分包商的其他款项中扣除此项损害赔偿费。此项赔偿费的支付或扣除不应解除分包商完成该分包工程的义务，也不应解除分包合同规定的任何其他责任和义务。"

根据上述规定，在FIDIC合同中，误期损害赔偿费应具有如下意义：

（1）承包商未能在合同规定的工期内完成工程，则业主有权扣除投标附录中写明的误期损害赔偿费。如分包商未能在分包合同规定的工期内完成分包工程，则承包商有权扣除分包商报价书附录中写明的误期损害赔偿费。在承包商或分包商提出工期索赔的情况下，工程师批准的工期延长期限应不能包括在未完成合同工程的工期内。

（2）业主可以从应付给承包商的款项中扣除误期损害赔偿费，承包商也可从应付给分包商的款项中扣除误期损害赔偿费。

（3）误期损害赔偿费的支付或扣除不应解除承包商完成工程的义务，也不应解除合同规定的任何其他责任和义务。在分包合同中，承包商扣除误期损害赔偿费也不应解除分包商完成分包工程的义务，也不应解除分包合同规定的分包商的任何其他责任和义务。

业主何时有权扣除承包商的误期损害赔偿费，或者主包商何时有权扣除分包商的误期损害赔偿费，根据合同规定，只有在承包商或分包商没有在合同规定的工期内完成合同工程，且这种未能完成工程是因为承包商或分包商的原因造成的。如果由于业主的原因造成承包商不能在合同工期内完成工程，则业主无权扣除损害赔偿费。

【案例 16-1】 在 Peak Construciton（Liverpool）Ltd 诉 Mckinney Foundations Ltd, Court of Appeal（1970）1 BLR 111 案中，原告为被告建筑一栋公寓楼，但工程遭受了延误，未能按期完成，但其中大部分原因是因为业主未能作出相关决定而造成的。法院判决：

（1）由于整个延误的一部分是因业主违约造成的，因此，应成立一个新的法庭以评估被告违约所造成的具体时间。

（2）就业主而言，根据主合同的规定，业主无权向原告追索任何误期损害赔偿费。业主不能追索他造成延误的那部分误期损害赔偿费。

在有些情况下，如果合同当事人没有规定误期损害赔偿费，则合同一方无权主张追索误期损害赔偿费，而只能寻求追索一般的损害赔偿费，要求违约方赔偿损失。在 Temloc Ltd 诉 Errill Properties Ltd（1987）12 Con LR 109 案中，双方使用的合同是 JCT80 版施工合同，双方在合同附录中的误期损害赔偿费一栏中填写的金额为"零英镑"。由于未能按时完工，第三方向业主提出了索赔。上诉法院判决：由于承包商未能按时完工，业主无权要求任何免责。

投标附录中的误期损害赔偿费可以下述方式列明：

（1）一个具体金额。

（2）一个具体的百分比。

（3）一个具体的计算公式。

对于上述 3 种方式，法院都不否认，或者说承认以上这 3 种方式写明误期损害赔偿费用。

16.2.3　合同规定建筑师签发延误证书时的误期损害赔偿费

在 J. F. Finnegan Ltd 诉 Community Housing Association Ltd, Court of Appeal（1995）47 Con LR 25 案[一]中，1986 年 12 月，原告 Finnegan 与被告（业主）签署了在伦敦 Coram 街建设 18 套公寓的合同，价格为 75 万英镑。根据合同规定，1986 年 12 月 1 日为进入现场的时间，竣工时间为 1988 年 3 月 1 日，误期损害赔偿费为每周或不足一周时为 2500 英镑。

合同第 24 条规定：

"建筑师的证书：

24.1　如果承包商未能在竣工日期完成工程，则建筑师应签发未完工证书。误期损害赔偿费的支付和分配：

[一] Michael Furmston. Powell-Smith and Furmston's Building Contract Casebook [M]. London: Blackwell Publishing Ltd, 2005: 387-388.

24.2.1 根据建筑师按照第24.1款签发的未完工证书，在业主不迟于最终付款证书签发之前提出书面要求时，承包商应向业主支付或允许支付按合同附录规定费率计算的、竣工日期和实际竣工日期之间的期限内的全部或部分误期损害赔偿费。业主可以从本合同项下应付给承包商的应付款项中扣除上述金额（包括在最终付款证书中应付给承包商款项的余额），或者业主可以将上述金额作为承包商的债务进行追索。

24.2.2 根据第25.3.3款的规定，如果建筑师确定了延后的竣工日期，业主应向承包商支付或返还其按照第24.2.1款从承包商处得到的或允许其扣留的，从竣工日期到延后的竣工日期之间的误期损害赔偿费金额。

合同第25.3.3款规定：

25.3.3 在不迟于实际竣工之日起的12周内，建筑师应书面通知承包商：

3.1 在建筑师考虑了相关事件后，如果他认为确定延后的竣工日期是公平合理的，则应确定一个晚于他先前确定时间的竣工日期。

1988年3月9日，建筑师根据第24.1款的规定，签发了原告未能按期完工的证书。原告在合同规定的竣工日期后的19周才完成工程，为此，业主从第17号付款证书中扣除了47500英镑的误期损害赔偿费。

原告对业主提出了诉讼，认为每周2500英镑的误期损害赔偿费属于罚款性质，而且业主无权扣除误期损害赔偿费。法院作出了有利于原告的判决，主张业主没有遵守第24.2.1款的规定，没有向原告发出该款规定的未完工的书面声明。法院还判决附在支票后面的备注不能解释为业主遵守了第24.2.1款的规定，业主扣除47500英镑的行为构成了违约，因此，业主无权扣除该项误期损害赔偿费。

业主提出了上诉，主张：

（1）第24.2.1款规定的未完工证书不是扣除误期损害赔偿费的前提条件。

（2）如果未完工证书构成扣除误期损害赔偿费的前提条件，合同条款仅要求承包商支付或允许支付误期损害赔偿费。如果业主仅要求支付部分误期损害赔偿费，合同仅规定承包商应支付或允许支付那部分误期损害赔偿费。

（3）本案完全符合合同规定的前提条件。

上诉法院的判决：

（1）业主的书面要求构成了履行第24.2.1款的前提条件，没有此项书面要求，业主的扣款行为是非法的。合同条款清楚地表明：业主有权扣除或追索误期损害赔偿费取决于业主指明他要求支付或允许支付全部或部分误期损害赔偿费。没有此项要求，无法履行该款的规定。

（2）根据第24.2.1款的文字内容，必须包括两项书面要求。第一项是业主是否提出了支付或扣除误期损害赔偿费的要求。第二项是这项要求是要求的全部还是部分（应指明哪一部分）误期损害赔偿费。

（3）附在1988年9月28日支票背后的备注不能满足第24.2.1款规定的书面要求，也不能满足有关前提条件。

从本案中可以得出，如果合同约定业主索赔误期损害赔偿费是以建筑师或工程师颁发误期损害赔偿费证书为前提条件时，业主应遵守这项规定。

16.2.4 区段完工时的误期损害赔偿费

在 Bramall & Ogden 诉 Sheffield CC（1983）1 Con LR 30 案中，原告（承包商）与被告（业主）就123栋别墅建造合同项目的误期损害赔偿费和批准的工期延长发生争议。业主使用的合同为1963年版JCT标准合同格式。根据JCT合同第16（e）款规定，误期损害赔偿费为未完成的工程，每栋别墅每周20英镑。合同规定的竣工日期为1976年12月6日，颁发实际竣工证书日期为1978年9月20日。业主和承包商没有签订任何区段完工协议。业主扣除了26150英镑的误期损害赔偿费。

法院认为，合同中没有区段完工方面的规定，业主无权要求或扣除合同附录规定的误期损害赔偿费。

法院判决：由于合同没有规定区段完工的内容，而根据第16（e）款的规定，业主已经占有工程，但由于第16（e）款与附录中规定的误期损害赔偿费不相符，因此，业主无权要求误期损害赔偿费。

在 Stanor Electric 诉 R Mansell（1988）案中，原被告双方签订合同，由原告为被告建造两栋住宅。合同规定了如果原告延迟完成两栋住宅，则应赔偿被告误期损害赔偿费。由于其中一栋住宅延迟完工，被告从应付给原告的工程款中扣除了一部分误期损害赔偿费。法院判决：由于合同没有规定被告有权以扣除部分误期损害赔偿费方式单方面扣除误期损害赔偿费，因此，被告无权扣除误期损害赔偿费。

16.3 分包合同的终止

16.3.1 主包商终止分包合同

在分包合同的一方当事人未能履行其义务、未能完成其义务或妨碍另一方履行义务等事项发生时，当事人的行为即构成分包合同项下的违约。FIDIC 分包合同1994年版第18.1款规定了分包商违约的事项，如下：

（1）分包商破产、停业、解体或失去偿付能力。

（2）分包商已经否认分包合同有效。

（3）分包商无正当理由，未能按第 7.1 款开工或实施分包工程。

（4）在承包商根据本款规定作出要求分包商拆除有缺陷的材料或修补有缺陷的工作的指示后，分包商拒绝执行或忽视此类指示。

（5）分包商无视承包商的事先书面警告，固执地或公然地忽视履行分包合同规定的任何义务。

（6）分包商违反第 2.5 款，将分包工程再行分包或转包。

（7）在工程师根据主合同的规定预先通知承包商后，要求承包商将分包商从主包工程上撤出。

在 FIDIC 分包合同格式规定的违约事项中，除第（5）项外，我们可以轻松理解和验证分包商的违约行为。在第（5）项中，"忽视履行分包合同规定的任何义务"，主要是指：

（1）分包商未能遵守分包合同规定的质量义务。

（2）分包商未能遵守分包合同规定的时间义务。

（3）分包商未能遵守分包合同规定的技术规范。

（4）分包商未能遵守分包合同规定的其他合同义务，并造成重大违约。

FIDIC 分包合同 1994 年版第 18.1 款规定的分包商违约事项，实质上规定的是分包商违反第 18.1 款时，主包商可以终止分包合同的情形。也就是说，除了第 18.1 款规定的分包商的重大违约事项外，主包商不能因为分包商的轻微违约而终止分包合同。

FIDIC 分包合同 2011 版第 15.6 款规定了主包商终止分包合同的情况，即适用主合同（FIDIC 合同 1999 版红皮书、黄皮书和银皮书）第 15.2 款第（a）~（f）项，如下：

"（a）未能根据第 4.2 款 [履约担保] 的规定，或根据第 15.1 款 [通知改正] 的规定发出通知的要求。

（b）放弃工程，或明确表现不继续按照合同履行其义务的意向。

（c）无合理解释，未能：

（i）按照第 8 条 [开工、延误和暂停] 的规定进行工程，或

（ii）在收到按照第 7.5 款 [拒收] 或第 7.6 款 [修补工作] 的规定发出通知后 28 天内，遵守通知要求。

（d）未经必要的许可，将整个工程分包出去，或将合同转让他人。

（e）破产或无力偿债，停业清理，已有对其产生的接管令或管理令，与债权人达成和解，或为其债权人的利益在财产接管人、受托人或管理人的监督下营业，或采取了任何行动或发生任何事件（根据有关适用法律）具有与前述行动或事件相似的效果，或者

（f）（直接或间接）向任何人付给或企图付给任何贿赂、礼品、赏金、回扣

或其他贵重物品，以引诱或报偿他人：

（i）采取或不采取有关合同的任何行动，或

（ii）对合同有关的任何人作出或不作出有利或不利的表示。

或任何承包商人员、代理人或分包商（直接或间接）向任何人付给或企图付给本款（f）项所述的任何此类引诱物或报偿。但对给予承包商人员的合法鼓励和奖偿无权终止合同。"

在发生上述第（a）~（f）项其中的任何一项时，主包商有权终止分包合同。需要说明的是，为了避免诉讼或仲裁中关于终止分包合同通知的法律效力问题，主包商在终止分包合同时，应在终止分包合同通知中列明分包商违反了第（a）~（f）项中的哪一项规定。

16.3.2 分包商终止分包合同

在分包合同中，与其他任何合同相同，不仅分包商可能会违约，而且主包商也可能违约。FIDIC 分包合同 1994 版和 2011 版没有规定分包商终止合同的情形。在 JCT 分包合同 2005 年版《标准建筑分包合同》中，对分包商的违约和主包商的违约分别作了相应规定，第 7.8 款规定了承包商违约的违约事项，如下：

"承包商的违约

7-8（1）如果承包商：

1）没有任何合理的理由，完全地或实质性地暂停主合同工程的实施。

2）没有任何合理的理由，未能实施主合同工程，并导致分包合同工程受到了严重的影响。

3）未能按照分包合同的规定付款。

4）未能遵守《1994 年施工（设计和管理）条例》的有关规定。"

在上述情况发生时，分包商可以终止分包合同。

FIDIC 分包合同 1994 年版没有规定分包商终止分包合同的事项，但这并不意味着分包商不能终止分包合同。在分包合同没有明示规定分包商终止分包合同的事项时，分包商可根据当地合同法等有关法律的规定，终止分包合同。但如果分包商擅自终止合同，则分包商应赔偿承包商的损失，而承包商可以没收分包商的保函，扣押分包商的设备和材料。因此，分包商在决定终止合同时，应慎重行事，考虑所有的可能发生的后果。

16.3.3 分包合同终止时的通知

在 JCT 合同中，合同明示规定了有关分包商违约时的通知程序，2005 年版《标准建筑分包合同》第 7.4 款规定的主包商应予遵循的基本程序如下：

（1）分包商违反了分包合同的规定。

(2) 主包商向分包商发出通知，告知分包商违约事项。

(3) 在收到主包商的违约通知后，如果分包商继续违约，并达到 10 天（扣除公共假日），则承包商可以在第一次向分包商发出违约通知之日起的第 10 天或 10 天内发出通知，根据分包合同的规定终止分包合同。

(4) 如果承包商没有发出上述违约通知（无论何种原因），分包商重复进行其特定的违约行为，则在分包商重复其上述违约行为后的合理时间内，承包商可向分包商发出通知，根据分包合同的规定终止分包合同。

(5) 无论主包商以何种理由终止了分包合同，在终止后的任何时间，当事人都可以根据双方达成的协议恢复分包合同的履行。但在分包商破产的情况下，主包商和分包商应根据破产法的相关规定办理分包合同的终止事宜。

在主包商违约，分包商有权终止合同时，根据 JCT 合同第 7.8 款的规定，分包商也应根据上述程序向主包商发出违约通知。

根据 FIDIC 分包合同 1994 年版第 18.1 款的规定，如果发生了分包商的违约，则"承包商可根据分包合同的规定，在通知分包商后，立即终止对分包商的雇用。"从该款的规定可以看出，与 JCT 分包合同给出 10 天期限不同，FIDIC 分包合同格式没有给予分包商任何缓冲期限，只要主包商发出分包商违约通知，通知分包商终止分包合同，就应立即终止分包合同，分包商应立即从现场撤走。

如果分包合同规定了合同终止时的通知程序时，主包商或分包商应遵守通知程序的要求，任何一方都应十分关注通知的程序。

【案例 16-2】在 Hounslow LBC 诉 Twickenham Garden Development（1971）案中，由于当地发生了大规模的罢工，原告（承包商）不得不停止施工，长达 6 个月之久。在承包商复工后的几个月后，建筑师声称承包商未能正常地和勤勉地施工，除非承包商在 14 天内使工程进度有所改观，否则业主将终止合同。在建筑师发出通知的几周后，业主终止合同。承包商认为业主终止合同的行为构成了拒绝承担义务的违约责任，承包商不能接受业主终止合同的行为，因为业主是通过招标程序选择承包商实施合同工程。

法院判决：业主未能提供其遵守通知规定的事实依据。然而，关于通知形式的有效性问题，法院认为建筑师有必要根据 RIBA 合同条款第 25（1）款的规定向承包商发出违约的通知，以便提醒承包商出现了什么错误。合同条款没有要求建筑师自担风险，在其通知中清楚地说明有关违约的每一个细节。如果承包商要求说明违约的细节，但建筑师拒绝了这项要求，则可以考虑其他措施。

【案例 16-3】在 Architectural Instllation Services 诉 James Gibbons Windows（1989）案中，被告向原告发出信函，通知原告应遵守合同专用条款的有关规

定，在工作日内全天进行施工。在这封信函中，提到了在该信函发出之日的11个月后，被告则会发出终止合同通知，要求原告从现场撤走施工人员。

法院判决：虽然第一份信函中没有提及终止合同的机制以及未能遵守的后果，但第一份通知是一份有效的通知。但是，如果合同规定了终止合同时必须首先发出警告通知，然后再发出终止通知，而且合同要求需要发出这两份通知时，则任何一方当事人都应遵守合同的这项规定。

16.3.4 主包商未能付款时的终止

FIDIC 分包合同 1994 年版没有明示规定分包商终止分包合同的内容，因此，分包商未能获得主包商付款时是否有权终止分包合同，需要参照有关判例和法律规定以及主合同中的有关规定和补救措施。在 FIDIC 合同 1999 年版红皮书中，如果主包商未能及时付款，则承包商可以采取索赔应付款的利息、放慢施工进度或暂停工程的方式进行补救。

在分包商根据分包合同的规定适当地履行义务的情况下，如果主包商未能根据分包合同付款的规定向分包商支付分包合同价款，由于合同或法律规定了替代性的补救措施，如暂停施工等，则主包商的未能支付分包合同价款的行为不能视为是违反了拒绝承担义务的责任。

JCT《标准建筑分包合同》第 7.8.1.3 款规定了主包商未能支付分包合同价款时，分包商有权终止分包合同的内容。如分包商以此为由终止分包合同，则应仔细检查分包合同的所有要求，包括是否给出了主包商支付合同价款的时间，是否递交了有关通知等。在分包商因主包商未能及时付款而行使终止分包合同的权利时，应确定：

（1）分包合同价款是否已是应付款项。如果主包商对应付款项存有异议，则分包合同价款不是应付款项。

（2）主包商没有支付分包合同应付款项，并且在分包商要求后拒绝支付，或者不愿支付分包合同的应付款项。

（3）履行了有关通知等程序要求。

在 D. R. Bradley (Cable Jointing) Limited 诉 Jefco Mechanical Services Limited [1998] OR 1986-D-959 案中，分包商因未能获得付款而停止了施工。法院认为原告存在违约行为，并发现被告已经向原告发出通知，允许原告在收到通知后的 7 天内开始施工。在开工之前，双方开会讨论了付款问题，但被告拒绝支付全部应付款项。法院判决：被告拒绝付款的行为足以证明被告拒绝承担付款义务的违约行为，因此，原告有权终止合同。

在主包商未能支付分包合同价款时，分包商如何安全地行使终止权利，这是分包商在终止分包合同时需要认真仔细考虑的问题。谨慎的做法是，如果合同明示规定了未能付款的补救措施,则分包商应首先采取这些补救措施,如放慢施工进度或暂停施工,对应付款项提出利息索赔,如主包商递交了付款保函,可以提出没收付款保函的请求等,如主包商拒绝付款,可要求终止合同。

16.3.5 分包商不能满足进度要求时的终止

在大多数分包合同格式中,一般都规定了分包商按照一定的进度,或者是"正常地和勤勉地"进行施工的义务(如 JCT 分包合同格式)。FIDIC 分包合同 2011 年版第 7.1 款规定,分包商应迅速且毫不拖延地开始分包工程的施工。

不同的合同,对主包商是否可以在分包商不能正常地和勤勉地实施工程时行使终止的权利有着不同的规定。JCT 分包合同明示规定分包商不能正常地和勤勉地施工,工程进度未能满足竣工要求时,主包商可以终止合同。而 FIDIC 分包合同并没有将工程进度与主包商终止分包合同的权利相联系。

主包商最为头疼的和最为常见的问题是分包商的进度迟缓,不能满足主合同工程的进度要求。由于分包商可以修改进度计划,可以增加资源加快施工,因此,在工程初期或中期,如果分包商的进度迟缓,主包商要想终止合同是一件异常艰难的事情。在分包商进度缓慢,可能导致主包商不能在合同规定的工期内完成工程时,主包商打算终止分包合同时,应注意如下要点:

(1) 存在分包商未能正常地和勤勉的,或者迅速且毫不拖延进行分包合同施工的事实,且这项事实可能造成主合同工程不能按期完成。

(2) 可能造成主合同工程不能按期完成是一项事实,是一项可以证明的事实,而不是主包商的妄断或推测。主包商如何支持这个事实,是能否终止分包合同的焦点问题。主包商应确定,即使分包商提供了充足的资源,加快了施工进度,也无法按照合同规定的工期完成工程。

(3) 分包商提出的最常见的抗辩是他可以修改进度计划,提供充足的资源,加快施工,保证在分包合同工期内完成。这种抗辩常常会使主包商处于争议和诉讼的风险之中,造成主包商犹犹豫豫,不敢承担诉讼的风险。

(4) 最谨慎的做法是在分包商进度迟缓时,主包商要求分包商修改进度计划,按照修改的计划进行施工。如果再次发生延误,如尚未影响到整个工程的竣工,则可以再次修改进度计划进行施工。如又发生延误,且归责于分包商,则可以发出警告通知,要求分包商更正。如无法更改,则应发出终止通知,通知分包商终止合同。

(5) 由于分包工程是主合同工程的一部分,主包商可以寻求工程师或业主的帮助,确定分包商不能按期完成分包工程的事实。

有关"正常地和勤勉地"和"迅速地且毫不拖延地"的含义及其验证标准,参见本书有关章节。

16.3.6 方便时的终止

与 FIDIC 合同 1987 年第 4 版不同，FIDIC 合同 1999 年版红皮书第 15.5 款规定，业主可以在他认为方便的时候终止合同，这项新的规定是：

"15.5 业主终止的权利

业主应有权在他方便的任何时候，向承包商发出终止通知，终止合同。此项终止应在承包商收到该项通知或业主退回履约担保两者中较晚的日期后第 28 天生效。业主不应为了自己实施或安排另外的承包商实施工程，而依据本款终止合同。

在终止后，承包商应根据第 16.3 款［停止工作和承包商设备的撤离］的规定办理，并应根据第 19.6 款［自主选择终止、付款和解除］的规定得到付款。"

根据第 15.5 款的规定，1999 年版红皮书赋予了业主可以任意终止合同的权利，而无论承包商是否存在违约行为，无论是轻微的还是重大的、实质性的违约。在业主任意终止合同时，根据本款的规定：

（1）业主可以在任何时间内终止合同，无论承包商是否违约，但业主应提前 28 天通知承包商。

（2）如果业主根据该款的规定终止合同，则不能由他人继续完成工程。

（3）承包商有权获得第 16.3 款和第 19.6 款规定的付款。

业主可以随意终止合同，这是业主的权利，但这可能与业主的利益相违背，但如果业主确实遇到了资金问题，无法继续支持工程项目的建设，业主可以根据本款的规定终止合同，但这是业主的违约行为，业主需要为此承担违约的后果，赔偿承包商的损失。虽然 FIDIC 合同 1999 版红皮书冠以一个中性的、耐听的"方便时"终止合同的措辞，但不可否认，根据各国合同法，在不存在承包商的重大违约事项时，业主随意终止合同构成了业主的违约。

FIDIC 分包合同 1994 版没有规定主包商可以在方便时终止合同的条款，但根据各国合同法，合同可因一方违约或终止而消灭，但如果另一方当事人没有违约的事实，或违约尚不构成实质性的或重大的违约，一方当事人终止合同则构成了违约，应向无过错的另一方赔偿损失。在分包合同中，如果在分包商没有过错或只存在轻微违约时，如没有按合同规定及时发出通知等，主包商擅自终止合同，则主包商的行为构成违约，应赔偿分包商的损失。

16.3.7 终止分包合同的后果

FIDIC 分包合同 1994 年版第 18.1 款第 2 段规定：

"在发生上述情况时，在不影响承包商任何其他权利或采取补救方法的情况下,承包商可根据分包合同,在通知分包商后,立即终止对分包商的雇用。承包商随后可占有分包商带至现场的所有材料、分包商的设备及其他任何物品,并可由承包商或其他承包商将上述物品用于施工和完成分包工程以及修补其中的任何缺陷。如承包商认为适当,他可将上述全部或部分物品出售,并将所得收入用于补偿分包商应支付给承包商的款项。"

上述规定明确了在分包商违约时,主包商可以采取的如下措施:

(1) 扣留、占有和使用分包商带至现场的设备、材料和其他物品,用于施工和完成分包商工程以及修补缺陷。

(2) 变卖分包商的设备、材料和其他物品,补偿主包商的损失。

除 FIDIC 分包合同规定的上述补救措施外,主包商还可以:

(1) 没收分包商的履约保函。

(2) 如果在支付了分包商的预付款后,尚未从工程款中扣清分包工程预付款,则主包商可没收分包商提供的预付款保函。

(3) 根据法律规定,追索一般性的损害赔偿费。

由此可见,在因分包商违约而造成分包合同终止时,分包商会因此遭受巨大的损失。FIDIC 分包合同中如此规定的理由是为了保护主包商的利益,与 FIDIC 合同 1987 年第 4 版和 1999 年版中保护业主利益的规定是一致的。FIDIC 分包合同 2011 版第 15.6 款 [主包商终止分包合同] 规定:(a) 应付分包工程工程款项,减去 (b) 承包商遭受的任何损失和损害以及承包商因实施、完成和修复其中任何缺陷、延误的损害赔偿费及其他完成分包工程所遭受的所有其他成本。

FIDIC 分包合同 2011 版第 15.4 款 [因分包合同违约导致主合同终止] 规定:(a) 应付分包工程工程款项减去 (b) 业主根据主合同第 15.4 款应从承包商处扣除的款项,并减去 (c) 承包商遭受的任何损失和损害以及其他分包商因主合同终止遭受的损失和损害。

在因主包商违约导致分包合同终止时,分包商并不能享有 FIDIC 分包合同 1994 年版第 18.1 款第 2 段赋予的权利,不能扣留、占有主包商的设备、材料和其他物品,如打算就主包商的设备、材料和其他物品采取保全措施,需要到法院申请财产保全,在得到法院许可后,方能由法院执行财产保全。因此,在主包商违约造成终止分包合同时,分包商只能诉诸仲裁或法院解决,追索一般性的损害赔偿,要求主包商赔偿其经济损失。

FIDIC 分包合同的上述规定适用于主包商终止整个分包合同的情形。在大型工程项目中,特别是在分包商是当地政府指定的或提名的,分包商又承担了一定比例的工程时,主包商终止部分分包合同,接管部分分包工程的情况也时有发生。在主包商部分接管分包工程的情况下,无论是主包商自己实施,还是交由其他分包商实施,都会面临材料的估价问题。在部分接管分包工程的情况下,主包

商与分包商应划清责任、界限和时间,如下:

(1) 在单价合同中,应按分包商完成的并经工程师计量的工程数量,按照合同规定的费率和价格结算,支付给分包商。

(2) 在总价合同中,如无须计量,则主包商应按照分包工程占主合同的比例,按分包商实际完成的工作内容,支付给分包商。

(3) 对于只能用于主包商接管的分包工程,且不能用于其他工程内容的材料,按照分包商购买价格支付,也可按主包商和分包商协议价格,由主包商支付给分包商。

(4) 分包商将其人员、设备、材料以及其他物品,按照主包商和分包商商定的时间撤出现场。

(5) 主包商和分包商应就临时工程的使用、费用达成一致,如主包商继续使用分包商的临时工程,则应支付给分包商相应费用。如无法使用,则分包商应自费拆除。

在部分接管分包工程时,主包商应保留追索其受到的损失的权利,也可行使没收履约保函等措施,保护自己的利益。

16.4 主合同的终止和付款

无论何种原因,如果业主终止了主合同,在分包商全面履行分包合同规定的义务之前,主包商应立即通知分包商,终止对分包商的雇用。在接到此项通知后,分包商应尽快将其人员和设备撤离现场。

根据 FIDIC 分包合同 1994 年版第 17.2 款的规定,如果发生了业主终止主合同,相应导致分包合同终止时,主包商应在扣除已支付给分包商的部分工程款项后,向分包商支付下述费用:

(1) 按分包合同规定的费率和价格(如有),在分包合同终止日期前完成的全部工作的费用,如果没有此类费率或价格,则应支付公平合理的款项。

(2) 由分包商适当地运抵现场并留在现场的所有材料的费用,以及将设备撤离现场的费用。

(3) 分包商人员的遣返费。

(4) 为随后安装到分包工程上且在现场外已经适当地准备或制作的任何物品的费用,但分包商应将此类物品运至现场或承包商合理指定的其他地方。

如果因分包商违反分包合同而导致业主终止主合同,则不应使用上述付款规定。在这种情况下,主包商应根据分包合同有关终止的规定,追索损害赔偿费用,要求分包商赔偿损害。

16.5 分包合同损害赔偿

16.5.1 概述

损害赔偿（damage），是指因分包合同违约遭受损失的一方当事人要求补偿的权利（Right）。必须牢记的是，补偿的目的是为了弥补损失，而不是惩罚违约当事人或对违约方罚款。在此，必须区分损害赔偿与"损失和/或费用（loss and/or expense）"，损失和/或费用是根据分包合同的明示规定享有的权利（Entitlement），并因此限于合同条款明示规定的情形。

损害赔偿的基本原则，早在1848年Robinson诉Harman（1848）1 Exch 850案中就已确立，帕克法官在判决中写道：

"下一个问题是：原告有权索偿的损害赔偿是什么？普通法原则是，在因合同违约导致一方当事人遭受损失时，就金钱所及范围之内，他可以将其遭受的损害赔偿损失放在同等的情况下考虑，即就像合同已被履行一样。"

对于分包商而言，一般都会要求在合同中限定损害赔偿金额，方法如下：

（1）在分包合同中明示规定责任限额，或以具体金额方式体现，或以分包合同价格百分比方式体现。此类限额适用于分包商在分包合同项下的所有违约情形。分包商也可以在分包合同中明示规定违约的种类，例如分包商工期延误责任，一般以误期损害赔偿费（liquidated damage for delay）方式体现。

（2）在分包合同中明示约定不同违约原因、成因或者结果的违约责任限额。在此种情况下，如何表述某种违约或"间接损失"成为难题。

损害赔偿索赔来自几个方面，一方面是业主因工期延误或者因工程质量缺陷遭受损失，另一方面，分包商的损失可能来自施工现场不具备施工条件或者没有得到付款等原因。在业主发出指示后，分包商按照指示施工时，可能会导致承包商向分包商支付额外的成本。

一般而言，损害赔偿应是对已证明的实际损失补偿。对于仲裁庭或法院而言，一般是在对实际发生的损失进行评估的基础上作出判断。

16.5.2 举证责任

关于举证责任，法律的基本原则是"谁主张，谁举证（he who assets must prove）"。在分包商未能按期完工时，承包商仅需要表明分包工程未能在其索赔误期损害赔偿费到期日之前完工，然后，承包商需要证明其遭受了损害。分包商可以承包商的行为妨碍了其实施工程作为抗辩，并主张工期应予延长或者分包合同工期成为自由工期。

在分包合同没有规定工期，分包工程应在合理的时间内完成时，承包商需要表明什么是合理时间并证明其遭受了损失。

如果一方当事人的索赔是额外费用索赔，无论是合同项下的损失和/或费用还是损害赔偿费，提出索赔的一方当事人应证明因另一方当事人违约导致其遭受声索的损失。一旦索赔损失的权利得以确认，则在索赔量化方面不需要严格的证据，仲裁庭可依据已有的证据评估损失金额。

在 Norwest Holst Construction Ltd 诉 Co-operative Wholesale Society Ltd（1990）All ER（D）61 案中，桑顿法官清晰地表明一旦确认一方当事人应向另一方当事人支付其遭受的损失时，评估人员可以概括地量化损失金额。桑德法官在判决中写道：

"在本判决中，仲裁员已经无可指责地查明了发生的损失项目。然后，他可以概括地量化这些损失，被告 CWS 无须证明管理人员准确的工作小时数或者电力消耗小时数。"

16.5.3 双方当事人无责情况

根据合同条款的明示规定或者依照法律推断，如果分包工程进度的延误或者干扰不是任何一方当事人的过错导致的，则当事人可能需要各自承担其遭受的损失。在工程合同中，最常见的是不可抗力事件导致的延误或干扰，当然，需要查证工程合同的具体规定和风险分配，如果不可抗力风险归属于业主，则业主应承担不可抗力风险导致的工期延长或额外费用，例如 FIDIC 如此规定。如果不可抗力的风险不属于任何一方的风险，则当事人应各自承担自己的损失和费用，例如日本工程咨询协会编制的 EPC 合同条件。

如果分包合同适用主合同，则在 FIDIC 合同体系中，不可抗力风险属于业主的风险，因此，在分包商遇到不可抗力风险时，应根据主合同或分包商关于不可抗力的具体规定，发出不可抗力事件的通知，并采取措施减轻不可抗力风险带来的损失，按照不可抗力风险条款的规定处理合同履行事宜。

16.5.4 承包商与业主和解

在承包商向业主承担责任时，承包商与业主的和解将成为承包商损失的证据。如果此时承包商的损失是由于分包商违约导致的，承包商可以直接向分包商索偿他赔付给业主的损失，而不需要进一步的证据。但是，必须强调的是，承包商必须证明他与业主的和解是合理的，符合事实的，而不是基于任何商业上的考量。在承包商想要继续从业主那里获得其他项目的情况下，或者承包商为了继续履行其他项目，则承包商的主张将受到挑战。

在 Babcock Energy Ltd 诉 Lodge Sturtevant Ltd（1994）41 Con LR 45 案中，汉

弗莱法官遇到了这样的问题。在印度某电厂项目中，由于本案被告（分包商）提供的电除尘器无法达到满足规范要求的功用，业主被迫采用烟气调质系统，因此产生额外成本。原告 Babcock 向业主支付了更换除尘系统发生的额外成本。在本案中，汉弗莱法官强调承包商与业主的和解必须是合理的，承包商向业主支付的额外成本应是合理的价款。

在承包商与业主达成和解协议时，承包商也应证明存在分包商违约，而是因分包商违约导致损失，并应证明其向分包商主张的损失。但是，如果和解协议的金额可能会到达分包商责任限额的上限的情况下，在和解协议的损失金额没有分配时，法院或仲裁庭应根据事实情况作出公正的和合理的分配。

在承包商与业主达成和解协议的情况下，如果承包商想要分包商承担其损失，在存在超过一个分包商时，如何进行责任分配将是一项艰巨的工作。承包商需要做的第一步是分析和解金额的组成，然后分析某个分包商的工作范围及其责任，确定合理的比例。

但是，承包商在与业主和解后向分包商传递违约责任和损失的做法是一件非常危险的行为。对主包商而言，在缺乏对合同义务详细分析的情况下，先与业主解决争议，然后再寻求从分包商处获得补偿的策略是一项非常危险的做法。在发生分包商工程质量或者供货质量争议时，违约责任的判断可能是一件相对容易的事情。但在分包工程受到延误的情况下，分包商往往主张其分包工程受到延误，无法按照分包工程竣工日期完成分包工程，从而把争议带入了一个非常复杂的境地。

从最新报道的澳大利亚阿尔斯通诉日本横河公司案例中可以看出一项争议是如何误入歧途，最终走向不归路。

2002 年 3 月，阿尔斯通与业主 FPP 签订了"交钥匙"合同，阿尔斯通同意向业主提供和建造一座二手的发电厂，并满足合同规定的性能指标，合同价格为 1.48 亿澳元。合同规定了分期竣工要求以及巨额误期损害赔偿费。2002 年 9 月，阿尔斯通与日本横河公司签署了分包合同，阿尔斯通在合同中努力将主合同项下的义务传递给分包商。

在项目的实施过程中，业主 FPP 和承包商阿尔斯通相互指责对方造成了延误。阿尔斯通认为业主负责提供的燃煤存在问题。但在 2005 年阿尔斯通同意向业主支付 2000 万澳元的赔偿费，其中包括 1300 万澳元的因工期延误而产生的误期损害赔偿费。

2007 年，阿尔斯通随后起诉分包商日本横河公司，以分包商延误为由要求分包商赔偿阿尔斯通向业主支付的误期损害赔偿费及其他损失。

在漫长的索赔和诉讼过程中，澳大利亚法院驳回了阿尔斯通对分包商的诉求请求。到底发生了什么问题？

在法院审理过程中，法官审查了"交钥匙"合同的性质。法官认为业主FPP与承包商阿尔斯通签署的合同属于交钥匙合同，但分包合同却不属于交钥匙合同。分包合同性质的偏差属于"合同起草灾难"，虽然承包商尽力想将主合同项下的义务转移给分包商。

在起草合同的专用条件时，阿尔斯通试图将主合同项下他所承担的义务转移给分包商。但分包合同中存在"……许多模糊不清、不一致、空白，并且有时存在语法错误"，这些问题极大地影响了诉讼结果。

即使在事件发生后，当事人也无法就分包合同的含义达成一致。

在阿尔斯通与业主解决了争议后，阿尔斯通将矛头对准了分包商日本横河公司。阿尔斯通启动了诉讼团队，包括专家证人，但这在诉讼过程中出现了问题。阿尔斯通团队中的"专家"是为其进行索赔工作的前雇员，而在诉讼过程中，该人为"独立的专家证人"。法官认为该人缺乏必要的客观性。

法官认为在施工过程中，阿尔斯通未能与分包商合作进行分包工程的计划。在诉讼过程中，法官拒绝了阿尔斯通提出的他没有向分包商提供主合同进度计划信息义务的抗辩。

法官还批评了阿尔斯通将延误责任归责于燃煤品质和分包商的主张。正如法官所说的，事实上，阿尔斯通"……除了他自己之外，他试图将所有责任推给他人。"

在本案的法院判决中，其中最吸引人的一个主题是诚实信用原则。分包合同明示规定当事人不承担依据诚实信用原则履约的义务。但是，法官在分包合同纠纷的判决中写到"……合同中的一项默示义务是当事人依据诚实信用原则履行义务……"。由于当事人"……应根据相关的合同和履约要求，以高标准进行合作，且当事人之间应依据诚实信用原则相互依赖。如果缺少了这一项合同规定，正如本案一样，合同当事人之间的关系就会遭到破坏……"

从本案中，应汲取的教训是：

第一，应特别关注起草合同的重要性，应听取有价值的建议。关注合同的完整性和每一个细节，注意不要丢失某些重要内容。

第二，在分包合同中，应非常仔细地考虑和撰写主合同的义务向分包合同转移的义务的规定。

第三，对主包商而言，在缺乏对合同义务详细分析的情况下，先与业主解决争议，然后再寻求从分包商处获得补偿的策略是一项非常危险的做法。

第四，在专家证人是"内部"职员时，必须表明他们实际上是独立的，且没有对索赔进行过咨询。

第五，由于索赔和诉讼十分复杂，因此，需要索赔和诉讼的整体战略，没有捷径可走，不能抱侥幸心理。

第六，在审理工程合同纠纷中，法院所进行的分析是一项非常复杂的工作，且非常耗费时间。

第七，在复杂的工程合同中，法院更倾向于承认和认可诚实信用原则为基础履行合同义务。

从本案可以看出，国际工程合同的争议涉及了项目履约的整个过程，包括采购、施工、合同管理、索赔、专家证人、诉讼等各个环节，在EPC合同中还涉及了承包商的设计义务。合同当事人从签约时的"握手言欢"到最终"撕破脸皮"，反映了国际工程合同的复杂性。

16.5.5 分包工程损害赔偿的量化

与所有损害赔偿量化面临困难一样，分包合同损害赔偿量化也面临同样的情况。在首先分清违约责任归责于主包商还是分包商时，还应区分不同情况，如下：

（1）因分包商负全责的原因导致的分包工程延误。应适用分包合同规定的误期损害赔偿费规定的金额或百分比计算分包商工期延误给主包商造成的损失。如果分包商部分承担责任时，应按照其承担责任的期限计算误期损害赔偿费。

（2）在主包商因分包商违约终止分包合同时，除了（a）分包商应得的分包工程款项及其未能支付的变更工程款项外，应减去：（b）主包商通过一定合法方式，例如通过公开招标方式雇用其他分包商的剩余分包工程的价格（仅限于原分包商剩余的分包工程价格），减去：（c）其他损失和费用。即主包商索偿的损害赔偿费 = (a) - (b) - (c)。

在主包商自己实施原分包商剩余工程时，在主包商证明已经采取了合理的措施减少损失，履行了减少损失的义务的情况下，主包商可以索偿的损害赔偿费见表16-1。

表16-1 主包商自己实施原分包商的分包工程后可以索偿的损害赔偿费

序号	内容	金额
1	分包商已实施的分包合同金额：	
2	主包商自己实施原分包商分包工程成本（直接成本+间接成本）	
	实际发生工程成本 = 1 + 2	
	减去：	
3	原分包合同价格	
4	主包商自己实施时因变更获得的额外付款金额（如有）	
5	价格调整金额（如有价格调整公式）	
	主包商实际损失金额 = (1+2) - (3+4+5)	

需要注意的是：①主包商索赔的损害赔偿费应是主包商发生的实际损失；②主包商的总部管理费应提供证据，例如经审计并公证的财务报表。根据财务报表，按照总部管理费计算公式计算具体金额。在主包商不能提供证据时，总部管理费无法得到仲裁庭或法院的支持。

如主包商发生其他损失，主包商还可以主张其他损害赔偿费。

（3）分包商因主包商的违约终止分包合同。分包商可以索偿主包商尚未支付的已完分包工程价款，如存在变更工程，则可主张根据变更估价原则计量变更工程并获得支付。如分包商认为发生了其他的损害赔偿费，可以要求其他的损害赔偿费。

（4）在业主因方便终止主合同，从而导致分包合同终止时，分包商应按照合同规定索偿损害赔偿费。

（5）在业主因分包商违约从而终止主合同时，应按照主合同的规定或者分包合同的规定，除了分包工程应得款项外，分包商还需赔偿主包商因此遭受的所有的损失以及其他分包商遭受的所有损失。

第17章 分包合同风险的识别、分担和管理

最好的办法是你要学会识别预期项目的所有潜在风险。

——FIDIC,《风险管理手册》

17.1 国际工程合同类型和风险分配

17.1.1 国际工程合同类型

根据不同的标准,传统的国际工程合同可以分为不同的类型。在法律业界和工程建筑业界,不同类型的工程合同在不同的场合具有不同的功用。

(1) 根据工作范围划分,国际工程合同可划分为勘察合同、设计咨询合同、工程施工合同、安装合同等。

(2) 按承包范围划分,国际工程合同可划分为设计—建造合同、交钥匙合同(欧洲称为 EPC 合同)、工程施工合同、分包合同、劳务合同、设计—管理合同等。

(3) 按照支付方式划分,国际工程合同可分为总价合同、单价合同和成本补偿合同。

从承包商的立场出发,国际承包工程业界习惯上将工程承包合同按照总价合同、单价合同或成本补偿合同进行分类,这也是工程业界区分合同类型和方式,进行合同风险判断的最基本方式。总价合同、单价合同和成本补偿合同分类和主要特征见表17-1。

表17-1 总价合同、单价合同和成本补偿合同分类和主要特征

合同类型	详细分类	主要特征
总价合同(Lump Sum Contract) 适用于 —房建工程 —设计 —建造工程 —交钥匙(或 EPC)工程 —设计详尽、工程数量明确、工期较短的土木工程	固定总价合同(Firm Lump Sum Contract)	—适用于工期不超过一年、工程数量明确、设计十分明确的工程 —合同总价固定,不能因通货膨胀因素进行调整 —按照里程碑分阶段或按完成百分比支付

第 17 章 分包合同风险的识别、分担和管理

(续)

合同类型	详细分类	主要特征
总价合同（Lump Sum Contract） 适用于 —房建工程 —设计 —建造工程 —交钥匙（或EPC）工程 —设计详尽、工程数量明确、工期较短的土木工程	调价总价合同（Escalation Lump Sum Contract）	—可用于工期不超过一年，或一年以上的工程项目 —承包工程价格固定，但如因通货膨胀引起工、料成本增加到约定的限度时，可调整合同总价 —按里程碑分阶段或按完成百分比支付
	固定工程量总价合同（Lump Sum on Firm Bill of Quantities Contract）	—承包商投标时按单价合同方式填报工程单价，并合计出总价 —在设计变更或工程数量增加时，以承包商的单价为基础计算价格和调整总价 —按里程碑分阶段或按完成百分比支付
	管理费总价合同（Management Fee Lump Sum Contract）	—业主支付给其雇用的管理公司或专家一笔总的管理费用 —按约定时间或完成百分比支付
单价合同（Unit Price Contract） 适用于 —各种类型的土木工程 —工程内容和设计不明确的工程 —合同中的工程数量与实际完成工程数量差异较大的工程	估计工程量单价合同（Bill of Approximate Quantities Contract）	—标书中列明的工程数量仅是近似值，承包商按标书中的数量填具单价，实际结算按照承包商实际完成工程数量乘以单价结算工程款 —按月凭业主和工程师签认的月账单支付；竣工时以竣工图最终数量结算总价
	纯单价合同（Straight Unit Price Contract）	—适用于设计咨询公司未提供施工详图，不能准确计算工程量的情形 —投标时业主可能没有给出工程数量 —按实际完成工程量结算工程款 —按月凭业主和工程师签认的月账单支付
	单价与总价混合合同（Unit Price and Lump Sum Items Contract）	—以单价合同为基础，但就某些不易计算工程量的分项工程采用总价包干方式 —单价合同工程部分按实际工程量乘以单价计算；总价部分按完成百分比或里程碑或全部完成后一次性计量支付
成本补偿合同（Cost Plus Fee Contract） 适用于 —工程内容尚未完全确定而又急于开工的工程 —工程所需的人工、材料和设备不能确定的工程 —建筑物维修、翻新工程等	成本加固定费用合同（Cost Plus Fixed Fee Contract）	—对直接成本，如人工、材料和机械费用由业主实报实销，给予承包商一笔固定数目的报酬作为管理费和利润
	成本价定比费用合同（Cost Plus fixed Percentage Contract）	—工程直接成本加一定比例的报酬费用，在签订合同时由业主和承包商确定给付承包商报酬的百分比

(续)

合同类型	详细分类	主要特征
成本补偿合同（Cost Plus Fee Contract）适用于 —工程内容尚未完全确定而又急于开工的工程 —工程所需的人工、材料和设备不能确定的工程 —建筑物维修、翻新工程等	成本加奖金合同（Cost Plus Fixed Fee with Bonus Contract）	—工程直接成本加一定数目的奖金。当承包商的成本控制在商定的金额以下时，可得到奖金，当超出预定成本时，则对超支部分罚款
	成本价保证最大酬金合同（Cost Plus Fixed Fee with Guaranteed Maximum Price Contract）	—签订合同时业主和承包商商定一个保证最大酬金额，但最大限度不能超过成本加保证最大酬金
	最大成本加费用合同（Maximum Cost Plus Fee Contract）	—在总价合同基础上加上固定酬金费用。如实际成本超过合同中的工程成本总价，由承包商承担额外费用；如节约了工程成本，节约部分由业主和承包商分享
	工时和材料补偿合同（Time and Material Reimbursement Contract）	—使用综合的工时费率计算支付人员费用，材料费用以实际成本支付

17.1.2 不同合同类型的风险分配

不同类型的工程合同的风险在业主和承包商之间的分配是不同的，表 17-2 以图形方式表明了合同风险在业主和承包商之间分配的关系。

表 17-2 不同合同类型的风险分配表[⊖]

业主								
承包商								
合同类型	总价合同（无调价）	总价合同（可小部分调价）	总价合同（可大部分调价）／最大成本加费用合同	最大成本加费用合同（50/50）	最大成本加费用合同（75/25）	成本加固定费用合同	成本加定比费用合同

⊖ Keith Collier. Construction Contracts [M]. 3rd ed. 北京：清华大学出版社，2004：76.

在表 17-2 中，总价合同和成本补偿合同的风险在业主与承包商之间的分配如下：

（1）不可调价的总价合同。承包商承担了合同绝大部分风险，如通货膨胀、物价上涨、工程量变更、不可预见的气候、地质条件等风险，而业主只承担了很小一部分风险。

（2）可小部分调整价格的总价合同。业主承担了部分工程量和设计变更的风险，承包商承担了大部分的风险，如通货膨胀、不可预见的气候和地质条件等风险。

（3）可大部分调价的总价合同。业主承担了大部分的工程量和设计变更的风险，承包商承担了部分风险。

（4）最大成本加费用合同（50/50）。承包商和业主之间风险的分配比例基本相同。

（5）最大成本加费用合同。风险分配取决于合同性质、最大成本水平、共享成本节约的分成比例等。

（6）成本加固定费用合同。业主承担了成本、成本上升等风险，承包商承担了少部分的风险。

（7）成本加定比费用合同。业主承担了绝大部分的风险，承包商只承担了很小一部分的风险。

总价合同、单价合同和成分补偿合同的风险分配见表 17-3。

表 17-3　总价合同、单价合同和成本补偿合同的风险分配

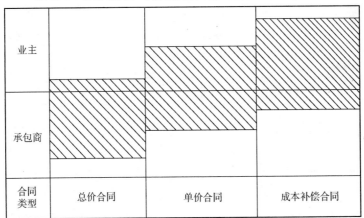

根据国际工程承包业界多年的经验和实践，在表 17-3 中所示的三种主要合同中，采用总价合同时承包商承担了大部分的风险，业主承担了小部分风险，风险偏向承包商；采用单价合同时承包商与业主的风险基本平衡；采用成本补偿合同时业主承担了大部分风险，承包商只承担了小部分的风险，风险偏向业主。

除上述传统工程承包模式,即业主设计—招标—施工模式外,随着中国企业融资能力的增强,自 20 世纪 90 年代中后期起,国际工程项目的模式逐渐出现多元化的趋势,设计—施工合同、EPC 交钥匙合同、项目管理合同模式、BOT、PPP 以及 PFI 模式等不断出现,改变了业界对传统模式风险的认识。表 17-4 和表 17-5 表明了不同项目模式下业主和承包商的风险。

表 17-4　各种项目管理模式下业主方的风险因素一览表

序号	风险因素内容	传统模式	设计建造模式	EPC 交钥匙模式	管理承包模式	
					管理型	风险型
1	资金不到位	√	√	√	√	√
2	未做好开工前准备	√	√	√	√	×
3	专业咨询公司项目前期可研不深入,立项不正确	√	√	√	√	√
4	业主方不能自由控制设计	×	√	√	×	×
5	招标文件(即合同草案)拟定的不好	√	√	√	√	√
6	业主方(含工程师)管理水平不高	√	√	√	√	√
7	设计风险	√	×	×	√	×
8	承包商水平低,不能保证质量和工期	√	√	√	√	×
9	业主方供应材料和设备	√		×		
10	承包商、供货商的索赔	√	√	×	√	×
11	通货膨胀	√	√	√	√	√
12	立法变更	√	√	√	√	√
13	不可抗力(含政治风险)	√	√	√	√	√
14	投标价格可能提高	×	√	√	√	×

表 17-5　各种项目管理模式下承包商的风险因素一览表

序号	风险因素内容	传统模式	设计建造模式	EPC 交钥匙模式	管理承包模式	
					管理型	风险型
1	投标时未认真分析风险	√	√	√	√	√
2	投标时报价过低	√	√	√	√	√
3	承包商管理水平低	√	√	√	√	√
4	业主资金不到位,支付能力差	√	√	√	√	√
5	工程师或业主代表的刁难与拖延	√	√	√	×	×
6	分包商的风险(工期拖延,质量不合格,索赔)	√	√	√	√	√

(续)

序号	风险因素内容	传统模式	设计建造模式	EPC交钥匙模式	管理承包模式	
					管理型	风险型
7	供货商风险（供货拖延，工期拖延，质量不合格，缺配件，索赔）	√	√	√	√	√
8	通货膨胀	×	×	√	×	√
9	带资承包风险	√	√	√	×	×
10	外界风险（地质，水文，气象等）	√	√	√	×	√
11	技术风险（规范中的问题，设计变更等）	×	√	√	×	√
12	设计水平低，变更频繁影响施工	×	√	√	×	√

17.1.3 国际工程合同风险及其分配

1. 国际工程合同风险

在国际工程项目中，业主和承包商共同而又分别承担着工程建造过程中可能出现的各种风险，从承包商的立场出发，这些风险可归集分类为风险清单，见表17-6。

表17-6 国际承包工程项目主要风险

风险类别	风　　险
政治风险	• 项目审批延误 • 项目取消 • 项目推迟实施 • 政府无所作为或负面作为 • 项目预算在政府和议会的审批 • 政府决策迟缓 • 来自工程所在国政府部门的监管 • 政治不可抗力 • 业主终止合同 • 政府不支付费用 • 现有实施状况和有关规定 • 与投资银行关系 • 罢工、示威和游行 • 战争、内战、动乱、恐怖行动 • 国际关系紧张 • 政策多变 • 贪污和腐败

(续)

风 险 类 别	风 险
建造风险	• 征地和补偿 • 设备/材料进口限制 • 成本超支 • 工期 • 质量 • 工程变更 • 恶劣天气 • 不可预见的地质条件 • 规范不明确 • 现场条件差异 • 环保、健康和安全 • 施工不可抗力 • 与其他承包商的关系 • 环境限制 • 材料可获得性 • 分包商拖延、质量问题或违约 • 供应商拖延、质量问题或违约 • 当地风俗习惯
业主风险	• 业主支付信誉和支付能力 • 业主官僚 • 业主决策过程 • 业主提供材料和设备的质量 • 业主提供材料和设备的时效性 • 指定分包商履约能力 • 工程竣工后能否释放履约保函 • 能否按时释放保留金 • 业主清算或破产
财务风险	• 通货膨胀 • 利率 • 外汇兑换率 • 外汇可兑换性 • 外汇管制
技术风险	• 水文和地质条件复杂 • 自然气候不适应 • 技术难度 • 技术规范不熟悉 • 设计错误或不恰当 • 设计批准延误 • 施工方法不当

第17章 分包合同风险的识别、分担和管理

(续)

风 险 类 别	风　　　险
管理风险	• 总部服务、控制不力 • 管理人员缺乏经验和知识，不能胜任 • 报价缺项、漏项 • 投标决策失误 • 前期动员准备不充分 • 投入流动资金不足 • 设备投入不充分 • 项目管理松散，成本和进度控制不严格
联合体风险（如有）	• 合作诚意 • 母公司出现财务问题 • 母公司的干预和介入 • 各方相互不信任 • 合作方管理不善和投入不足 • 职位和工作分配 • 联合体财务分配争议
公共关系风险	• 与业主关系 • 与工程师关系 • 与当地政府和居民关系 • 与代理关系
法律风险	• 法律变更 • 劳工法律变更 • 税率提高 • 社会保险和保障法律变更

在承包商看来，表17-6所列举的风险发生的概率在不同国家、不同类型的项目上是不尽相同的。在一个国际工程项目上所有风险全部发生的概率几乎为零，但不同的项目确实会遇到不同的风险。根据风险发生的概率，从承包商立场出发，这些风险的大小、先后次序如下：

- 建造风险。
- 技术风险。
- 业主风险。
- 公共关系风险。
- 财务风险。
- 管理风险。
- 联合体风险（如有）。

- 法律风险。
- 政治风险。

上述风险发生的概率可用曲线图表示,其中竖轴表示风险程度和发生概率,如图 17-1 所示:

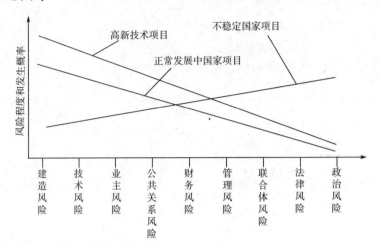

图 17-1 国际工程项目风险程度和概率

图 17-1 所示风险程度和发生概率是以一个正常的发展中国家和较发达的发展中国家为标准,项目所应用的技术或施工技术为成熟技术。如果项目处于一个战乱国家或地区,则政治风险发生的概率要大得多。如果项目技术或施工技术为创新技术,则技术风险相对要大。

因项目所在国不同,项目性质不同,任何一个国际承包工程项目的风险种类及其发生概率均是不相同的,承包商需要在投标或项目前期运作阶段进行风险识别,采取必要的应对措施,规避、减轻或转移项目风险。

2. 国际工程合同风险分配和应对措施

根据可管理风险分配理论,业主和承包商之间的风险分配和建议的应对措施见表 17-7。

表 17-7 可管理风险分配理论下的风险分配示例[一]

风险	推荐分配	管理考虑
不可抗力	共担	列出风险清单,承包商可以进行部分保险,预防一些风险
项目预算准确性	业主	获取高质量的设计文件
设计准确性	业主	进行适宜的设计限制

[一] 邱创. 国际工程合同原理与实务 [M]. 北京:中国建筑工业出版社,2001:268-270。

第17章 分包合同风险的识别、分担和管理

（续）

风险	推荐分配	管理考虑
恶劣天气	共担	通过对恶劣气候条件进行量化定义减少争议
含糊的规范	业主	提供充分的设计文件
危险材料	业主	列出清楚的语言说明：各当事人的责任
投标日期后法律与条例的变动	业主	列出一个清楚的说明：责任
价格变动	业主	提供清楚、公平的条款
程序变动	业主	提供清楚有效的程序
规划的清晰性和完整性	业主	提供清晰的设计文件
业主费用估算的准确性	业主	聘请有经验的估算师
共同过错工程延误	业主	识别干扰点并建立有效管理
承包商资格	业主	建立和加强责任评价
决策、明确和解决问题延误	业主	任命一个胜任的、授权的现场代表
图纸和指示的传送延误	业主	任命一个授权的咨询工程师
提交问题延误	承包商	列出合理通知条款
现场条件差异	业主	使用标准 DSC 条款，提供完全信息
业主官僚	业主	授权员工
业主决策过程	业主	评价过程并采用适宜的流程
业主对建造的通晓	业主	采纳适宜的专家意见
业主提供材料和设备的质量	业主	预先做好沟通
业主按时提供材料和设备	业主	预先做好沟通
环境适应	共担	识别要求和特别责任
环境限制	共担	识别要求
施工设备可获得性	承包商	
施工设备适宜性	承包商	
汇率	共担	在合同中列出恰当的风险共担公式
现存管线和地下设施	业主	土地测量
政府行为	共担	
政府稳定性	共担	
地基描述	业主	使用 GBR 作为基准线
地基下沉	承包商	明确容许量，保险灾难性风险
地下水	业主	使用 GBR 作为基准线
现场遭遇灾难性材料	业主	使用合同条款描述责任和程序
劳动力可获得性	承包商	

（续）

风险	推荐分配	管理考虑
劳动力生产能力	承包商	
劳动力技术水平	承包商	
管理和督导能力	承包商	
管理和督导效率	承包商	
材料可获得性	承包商	
材料质量	承包商	
材料短缺	共担	
建造方法	承包商	
检查的质量	业主	聘请充足的有经验的员工
现场的可用性	业主	在规划阶段评价需要/约束条件
现场拥堵	承包商	
现场排水	承包商	报价时考虑
现场保安	承包商	报价时考虑
分包商可获得性	承包商	发展长期合作伙伴
分包商资格	承包商	制订有效的分包商选用制度
分包商可信任性	承包商	制订有效的分包商选用制度
供应商的胜任性	承包商	制订有效的供应商选用制度
供应商的履行	承包商	制订有效的供应商选用制度
第三方当事人的影响	业主	在规划期间识别潜在的影响
未通过的设计	业主	考虑一个设计评价组
不现实的履约时间表	业主	采用理性的计划进程
不合理的合同条款	业主	评价和修改合同文件
数量变更	业主	使用 VEQ 条款
保证义务	承包商	在报价时应识别所有要求

国际承包工程项目的风险分配依合同类型的不同而有所不同，见表17-8。

表17-8 国际工程项目主要风险、分配和应对措施

| 主要风险 | 业主 | 承包商 | | | 承包商应对措施 |
		总价合同	单价合同	成本补偿合同	
政治风险	√				识别；保险；索赔
法律风险	√				识别；索赔

第17章 分包合同风险的识别、分担和管理

（续）

主要风险	业主	承包商			承包商应对措施
		总价合同	单价合同	成本补偿合同	
—税率提高		√	√		
技术风险					识别；管理；聘请合格专业顾问
—承包商设计		√	√	√	
—业主设计	√				
管理风险		√	√	√	识别；管理
财务风险		√	√	√	识别；控制
公共关系风险		√	√	√	有效管理和规划
联合体风险		√	√	√	选择长期合作伙伴
通货膨胀					投标报价时考虑
—总价合同		√			
—单价合同	√				
—成本补偿合同	√				
设计变更					变更令；索赔
—总价合同		√			
—单价合同	√				
—成本补偿合同	√				
工程数量变化					变更令；索赔
—总价合同		√			
—单价合同	√				
—成本补偿合同	√				
恶劣气候					索赔
—总价合同		√			
—单价合同	√				
—成本补偿合同	√				
不利地质条件					变更；索赔
—总价合同		√			
—单价合同	√				
—成本补偿合同	√				
分包风险					识别、转嫁和管理
—自雇分包商		√	√	√	
—指定分包商	√				

17.2 分包合同风险和分配

17.2.1 分包合同风险来源

英国规范 BS4778（1991）将风险定义为："发生某一特定危害的或然率，或频率，与损失的严重程度的组合。"澳大利亚和新西兰标准 AS/NZS 3931（1995）将风险定义为："某事件发生并将会冲击既定目标的机会率，它是以其后果及可能性来作为量度标准。"虽然风险的定义至今无统一说法，但无论国家标准、工程建筑业界、学者、律师和法官如何描述风险的定义，一个不可否认的事实是，风险存在于一个工程项目的全过程，它不可以被忽视，不可被视而不见，但它可以被识别、避免、减轻、消除、分担、转移和接受。

如前所述，在获得工程项目合同后，主包商将部分工程进行分包的主要动机如下：

第一，增强主包商的履约能力。

第二，专业技术需要，补充主包商在专业和技术上的不足。

第三，向分包商转移、转嫁风险，由分包商分担主包商的分包工程部分的风险。

第四，业主或工程师指定分包。

分包商愿意从主包商手中争取和接受分包工程的动机有：

第一，获得工程业务，维持和增强自身的运营。

第二，赚取利润。

在主包商分包工程、分包商获取工程的动机中，虽然主包商和分包商的规模有大小，专业分工不同，合同地位不同，但主包商和分包商都是承包商，其风险偏好是典型的风险厌恶，特别是合同地位占优的主包商，他进行分包的动机是有"善意"与"恶意"之分的。在主包商分包工程动机中，增强履约能力、补充专业不足是"善意"的，转移和转嫁风险则是"恶意"的，而指定分包是主包商无法控制的，无所谓善恶之分。在主包商和分包商交易中，动机背后的实质是对风险的重新分配。在风险的重新分配过程中，分包商获得了工程业务，争取了赚取利润的机会，同时也分担了分包工程的全部风险，而主包商将分包工程的风险转嫁给了分包商，无论其动机是善意还是恶意。主包商和分包商动机之间的相互关系，见图 17-2。

正如经济学理论认为需要构成了经济学的基石一样，需要也构成了分包商获得分包工程以及分包合同存在的客观基础。与作为个体的人的需要不同，分包商的需要层次如图 17-3 所示。

第17章 分包合同风险的识别、分担和管理

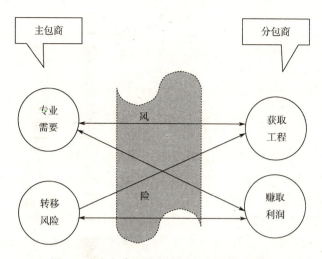

图 17-2 主包商和分包商动机之间相互关系

图 17-3 分包商的需要层次

与个人相同，分包商从主包商那里获取工程的最基本需求是为了维系生计，维持公司赖以存在的工程业务。分包商的第二层次的需要是扩大业务，发展壮大自身实力。第三层次的需要是发展技术，技术是分包商立足市场之本。第四层次的需要是通过分包工程提升分包商自身在社会和工程业界的形象，以期获得业界的认可，获取更多的工程业务。第五层次的需要是赚取利润，它是公司的根本目的，是公司能否生存的基础。

主包商和分包商的分包动机以及分包商的需要是分包合同风险的原动力和源泉。分包合同的风险直接来源于主包商，来源于主合同，是主包商风险的向下一级承包商，即向分包商的传递、转移的结果和事实。分包合同的风险来源如图 17-4 所示。

559

图 17-4　分包合同的风险来源

在业主、主包商和分包商的责任链中，业主与主包商存在合同关系，业主与分包商没有合同关系，因此，分包商的风险并不直接来源于业主，而是来源于与其有合同关系的主包商。

需要特别指出，主包商和分包商之间的风险可以分担、转移，但主合同项下主包商对业主的合同责任和义务并不发生任何转移，也不能由分包商分担，这是由分包合同法律性质和法律关系所决定的。

根据风险管理理论，风险管理中的最初的风险管理模式可分为如下步骤：

第一，风险识别。

第二，风险评估，包括风险出现概率分析和后果分析。

第三，判断风险是否可以接受，如不能接受，则制订风险控制计划。

图 17-5 所示为风险管理模式中的风险识别、评估和判断的步骤。

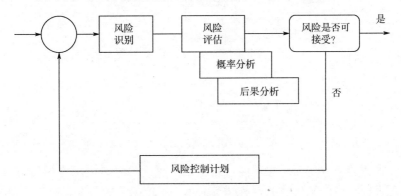

图 17-5　风险管理模式

按照上述步骤，一项国际工程项目或分包工程项目的风险管理模式可根据图 17-5 所示的步骤进行风险识别、分析和采取应对措施。

17.2.2　分包合同中主包商和分包商的风险

分包合同中主包商的风险和分包商的风险取决于双方如何划分和分配两者之间的风险，沿用表 17-6 承包商风险分类方式，在分包合同中，主包商的风险见表 17-9。

第17章 分包合同风险的识别、分担和管理

表 17-9 分包合同中主包商承担风险一览表

风险类型	风险种类	风险
项目核心风险	分包商能力	• 能否按时完工 • 能否保证质量 • 材料供应和质量能否及时和符合要求 • 分包商管理能力
	分包合同	• 工作界面划分是否明确 • 价格是否满足主包商的要求 • 合同条款是否严谨
	建造风险	• 征地和补偿 • 设备/材料进口限制 • 成本超支 • 工期 • 质量 • 工程变更 • 恶劣天气 • 不可预见的地质条件 • 规范不明确 • 现场条件差异 • 环保、健康和安全 • 施工不可抗力 • 与其他承包商的关系 • 环境限制 • 材料可获得性 • 分包商拖延、质量问题或违约 • 供应商拖延、质量问题或违约 • 当地风俗习惯
	技术风险	• 水文和地质条件复杂 • 自然气候不适应 • 技术难度 • 技术规范不熟悉 • 设计错误或不恰当 • 设计批准延误 • 施工方法不当
	财务风险	• 通货膨胀 • 利率 • 外汇兑换率 • 外汇可兑换性 • 外汇管制

561

(续)

风险类型	风险种类	风险
项目核心风险	管理风险	• 总部服务、控制不力 • 管理人员缺乏经验和知识,不能胜任 • 报价缺项、漏项 • 投标决策失误 • 前期动员准备不充分 • 投入流动资金不足 • 设备投入不充分 • 项目管理松散,成本和进度控制不严格
项目环境风险	业主风险	• 业主支付信誉和支付能力 • 业主官僚 • 业主决策过程 • 业主提供材料和设备的质量 • 业主提供材料和设备的时效性 • 指定分包商履约能力 • 工程竣工后能否释放履约保函 • 能否按时释放保留金 • 业主清算或破产
	公共关系风险	• 与业主关系 • 与工程师关系 • 与当地政府和居民关系 • 与代理关系
	法律风险	• 法律变更 • 劳工法律变更 • 税率提高 • 社会保险和保障法律变更
	政治风险	• 项目审批延误 • 项目取消 • 项目推迟实施 • 政府无所作为或负面作为 • 项目预算在政府和议会的审批 • 政府决策迟缓 • 来自工程所在国政府部门的监管 • 政治不可抗力 • 业主终止合同 • 政府不支付费用 • 现有实施状况和有关规定 • 与投资银行关系 • 罢工、示威和游行 • 战争、内战、动乱、恐怖行动 • 国际关系紧张 • 政策多变 • 贪污和腐败

第17章 分包合同风险的识别、分担和管理

在分包合同中,分包商承揽的分包工程是主合同工程的一个有机的组成部分,主包商可能遇到的风险,分包商也会遇到类似的风险,但分包商的风险仅限于分包工程部分,分包商不能承担分包工程以外的任何工程的风险。参照表17-6中风险分类,分包合同中分包商承担的风险见表17-10。

表17-10 分包合同中分包商承担风险一览表

风险类型	风险种类	风险
项目核心风险	主包商风险	• 能否按时得到主包商付款 • 主包商盲目压价,不合理的苛刻要求 • 主包商恶意分包 • 材料供应和质量能否及时和符合要求 • 主包商管理协调不同承包商和分包商的能力
	分包合同	• 工作界面划分是否明确 • 合同价格是否合理,有利可图 • 合同条款是否严谨
	建造风险	• 征地和补偿 • 设备/材料进口限制 • 成本超支 • 工期 • 质量 • 工程变更 • 恶劣天气 • 不可预见的地质条件 • 规范不明确 • 现场条件差异 • 环保、健康和安全 • 施工不可抗力 • 与其他承包商的关系 • 环境限制 • 材料可获得性 • 分包商拖延、质量问题或违约 • 供应商拖延、质量问题或违约 • 当地风俗习惯
	技术风险	• 水文和地质条件复杂 • 自然气候不适应 • 技术难度 • 技术规范不熟悉 • 设计错误或不恰当 • 设计批准延误 • 施工方法不当
	财务风险	• 通货膨胀 • 利率 • 外汇兑换率 • 外汇可兑换性 • 外汇管制

(续)

风险类型	风险种类	风险
项目核心风险	管理风险	• 总部服务、控制不力 • 管理人员缺乏经验和知识，不能胜任 • 报价缺项、漏项 • 投标决策失误 • 前期动员准备不充分 • 投入流动资金不足 • 设备投入不充分 • 项目管理松散，成本和进度控制不严格
项目环境风险	业主风险	• 业主支付信誉和支付能力 • 业主官僚 • 业主决策过程 • 业主提供材料和设备的质量 • 业主提供材料和设备的时效性 • 能否按时释放保留金 • 业主清算或破产
	公共关系风险	• 与业主关系 • 与工程师关系 • 与当地政府和居民关系 • 与代理关系
	法律风险	• 法律变更 • 劳工法律变更 • 税率提高 • 社会保险和保障法律变更
	政治风险	• 项目审批延误 • 项目取消 • 项目推迟实施 • 政府无所作为或负面作为 • 项目预算在政府和议会的审批 • 政府决策迟缓 • 来自工程所在国政府部门的监管 • 政治不可抗力 • 业主终止合同 • 政府不支付费用 • 现有实施状况和有关规定 • 与投资银行关系 • 罢工、示威和游行 • 战争、内战、动乱、恐怖行动 • 国际关系紧张 • 政策多变 • 贪污和腐败

17.2.3 分包合同中主包商和分包商的风险分配

分包合同的风险分配应遵循风险理论中的风险分配原则,即:

第一,由最有控制力的那方承担相应风险。

第二,由管理和控制风险成本最低的那方承担相应风险。

第三,承担的风险与回报相适应。

由于分包工程是主包工程的一部分,分包合同从属于主合同,主包商在工程中的所有风险,分包商在其分包工程中也会遇到,同时,分包工程自身也存在自身的建造风险、技术风险、财务风险和管理风险。从表17-9和17-10可以看出,除了主包商和分包商两个不同主体的相互风险外,分包商承担了分包工程的全部风险。主包商和分包商之间的风险分配见表17-11。

表17-11 分包合同中主包商和分包商风险分配表

风险类型	风险种类	主包商 (分包工程除外)	分包商 (对于分包工程项目)
项目核心风险	主包商风险	×	√
	分包商风险	√	×
	建造风险	√	√
	技术风险	√	√
	财务风险	√	√
	管理风险	√	√
项目环境风险	业主风险	√	√
	公共关系风险	√	√
	法律风险	√	√
	政治风险	√	√

在表17-11业主风险中,根据美国AGC分包合同格式,分包商可以选择与主包商承担业主付款风险格式和不承担业主付款风险格式,如果分包合同中的付款条款规定为附条件支付条款,如 Pay-if-Paid、Pay-When-Paid 等,分包商就承担了分包工程部分业主的支付风险。

对于主包商而言,分包商能力是主包商优先考虑的。对于分包商而言,能否得到和按时得到主包商的支付,是分包商首先要考虑的问题。主包商对分包商不放心,分包商对主包商的担忧是一个矛盾的两个方面,这两个方面构成了双方的相互风险,需要双方各自承担。

在公共关系风险中,受分包合同的法律关系和性质的制约,分包商不能直接与业主和工程师联系,而应通过主包商进行,除非得到主包商的特许。因此,在公共关系风险中分包商不承担与业主关系风险和与工程师关系风险。

在表17-11中，在分包商获取分包工程后，主包商就将分包工程的全部风险转移给了分包商，主包商不再承担分包工程部分的风险。

主包商和分包商之间风险的分配取决于双方合同谈判的结果，分包合同谈判的过程就是对风险的细化、讨价还价、分担和转移的过程。在双方达成协议后，就形成了风险分配的最终结果。

17.3 分包合同风险的识别

17.3.1 风险识别的步骤和方法

风险识别（risk identification），是通过某种方法和技术找出项目的所有风险。根据一般风险理论，风险识别的步骤见图17-6：

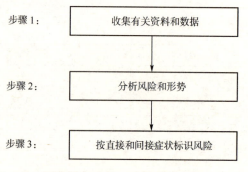

图 17-6 风险识别步骤示意图

风险识别的内容包括识别出风险的来源、类型、影响和后果，风险识别需要回答如下问题：

第一，哪里会出现风险？

第二，风险出现的原因？

第三，以何种方式出现风险？

第四，后果和损害程度如何？

承包商在投标报价时或合同准备期内根据工程项目所在国家、项目地理位置、项目性质和特征整理分析风险的来源，按照一定的风险分类方式将风险分类，归入某一类型，这一步的工作需要投标报价人员对所在国进行详细的调查、了解，也需要对现场、材料供应、进出场道路等施工外部条件进行周详的调查，才能得出可信的依据进行风险的进一步归类和分析。

风险的影响和后果可以根据风险度或风险大小定性分为七个等级，即不严重、轻微严重、有些严重、严重、很严重、非常严重、异常严重，与此相对应，承包商或分包商应采取的应对措施可以分为：可忽略、可规避、可承受、可分担、可转移、应采取应对措施、无法承受等应对措施。如承包商或分包商经过分析，认为即使采取应对措施也无法承受有些风险时，应决定不予投标或退出竞争。

风险识别的方法和技术是多种多样的，归纳如下：分解分析法；集思广益法；问卷调查法；专家调查法；优势、劣势、机会和威胁分析（SWOT）；财务报表法；流程分析法；现场勘察法；情景分析法。

有经验的承包商或分包商可采取几种方法并用的原则，找出项目的风险，并根据风险的大小和严重程度归纳风险层次。这对一个在特定国家、特定项目来说，找出风险和归集风险并不是一件难事，只要它是建立在一个客观的基础之上。图17-7表达了各种风险识别方法客观性分区情况。

图 17-7　风险识别方法

【案例17-1】　分包合同汇率风险识别、分析和验证

某公司在印度尼西亚承建了一座大型跨海斜拉桥项目，作为主包商，根据印度尼西亚政府的有关规定，引桥工程分包给印度尼西亚国有公司组成的联合体，分包合同采用FIDIC分包合同格式1994年第1版。

主合同汇率采用议标前28天印度尼西亚中央银行公布的汇率中间价作为主合同的基本汇率，即1美元兑换8965印度尼西亚盾。由于分包合同的外汇和当地币比例与主合同相差较大，增加了主包商的汇率风险。为此，主包商采用调查方式对1998年12月后的美元与印度尼西亚盾汇率走势进行了分析。印度尼西亚中央银行的汇率数据表明，1998年12月至2004年8月间，印度尼西亚盾经历了波浪形行情，高点位于1美元兑换11500印度尼西亚盾，低点位于1美元兑换8060印度尼西亚盾。由于主合同以90%美元支付，需要兑换当地币支付分包工程款，主包商和分包商均无法预测未来3年印度尼西亚盾的走势，因此存在较大的汇兑损益。

为了减少汇率风险，在编制分包合同中采用了如下3种方式规避和减少汇率风险：

第一，主包商在得到业主付款后将美元兑换为印度尼西亚盾支付分包商，这样主包商将承担汇率风险。

第二，主包商在得到业主付款后，无论汇率如何，按合同汇率支付分包合同款项。

第三，业主支付什么货币，分包商就得到什么货币。

为了规避汇率风险，在2005年中签署分包合同时采用了第3种解决方式，这样可避免汇率风险。但在实际施工过程中，由于印度尼西亚盾汇率一直在高位徘徊，主包商采取了在收到业主支付的美元后，在当地兑换为印度尼西亚盾，然后支付给承包商的做法，取得了一部分汇兑收益。但在2004年9月至2007年11月间，印度尼西亚盾曾两次低于合同汇率，时间约为5个月，也形成了一部分汇兑损失。图17-8所示为2004年9月1日至2007年11月1日期间印度尼西亚盾的走势，根据这个区间走势，应采用第一种解决方式，但此间主包商承担了巨大的汇率风险，因此，为了规避汇率风险，妥善的方式是分包合同应尽可能采取第三种方式避免汇率风险。

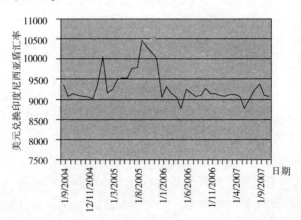

图17-8　2004年9月至2007年11月印度尼西亚盾走势图

2005年中，在签订分包合同时对汇率风险进行了定量分析，见表17-12。

第17章 分包合同风险的识别、分担和管理

表17-12 分包合同汇率风险情景分析

内容	汇率	情景1	情景2	情景3
分包合同中当地币金额（折合美元）	主合同汇率	兑换率1美元兑换8000印度尼西亚盾汇率损失（折合美元）	兑换率1美元兑换9500印度尼西亚盾汇率收益（折合美元）	兑换率1美元兑换10000印度尼西亚盾汇率收益（折合美元）
38069065	8965	−4097785	+2143889	+4147524
汇率损益百分比		−12.06%	+5.63%	+10.89%
风险		高汇率风险	无风险	无风险

2005年10月开工至2007年11月间汇率损益实际情况如下，见表17-13。

表17-13 分包合同实际汇率损益情况

分包合同中当地币金额（折合美元）	2年平均汇率	平均汇率差/印度尼西亚盾	截至2007年11月实际完成当地币部分合同额（美元）	汇率收益金额（折合美元）	汇率收益百分比
38069065	9236	271	12379812	363244	+2.93%

从表17-12和表17-13可以得出，主包商在签署合同之前的风险分析和计算与实际发生的情景存在一定的差异，幸运的是，主包商预想的最坏的结果并没有出现，而出现了对主包商有利的汇率走势，如在2007年11月后至2008年12月底平均汇率维持在9236的水平，则项目结束时主包商的汇兑收益将约为1116722美元，汇兑收益率达2.92%。

17.3.2 风险识别的标示

风险识别的标示可通过风险登记表方式进行识别，典型的风险登记表格见表17-14。

表17-14 风险登记表[一]

项目名称： 版号： 日期：

风险代码	关键词	风险承担者	风险的后果、损失或影响	风险产生的原因	已经采取的风险控制措施	实施者	风险发生可能性	风险影响	风险状况	需采取的行动和建议	实施者	实施日期	风险消失	剩余风险

[一] 中国对外工程承包商会. 国际工程承包实用手册［M］. 北京：中国铁道出版社，2007：561.

由于工程所在国不同、项目性质和特点不同，主包商、分包商可根据特定项目的需要制订风险登记表，作为风险分析和管理的基本依据。

风险识别应建立在投标文件阅读和分析、可行性研究和设计深度评价、现场调查和勘察、工程所在国分析调查、项目性质和特征分析、业主支付历史情况评价和履约能力评价等客观调查的基础上。对于主观认识，应尽可能取得客观依据，只有这样才能使风险识别客观、准确，才能为项目风险管理提供可靠依据。

除风险登记表这种直接的表达方式外，风险识别还可以采用风险矩阵（risk matrix）方式表示，见表17-15。

表 17-15　风险识别矩阵

	几乎不可能	非常不可能发生	不可能发生	可能发生	很可能发生	通常会发生
5—极为严重						
4—很严重					不能容忍	
3—严重			可以容忍			
2—有些严重		可以接受				
1—轻微						

在表17-15中，浅灰色区域的风险是承包商和分包商可以接受的；中灰色区域的风险是可以容忍，但需要采取应对措施；深灰色区域的风险是不能容忍的，需要承包商和分包商立即采取措施回避、转移、减轻这些风险。

17.4　分包合同风险分析

17.4.1　风险的定性分析

风险分析就是将可接受的风险与主要风险分开，并提供风险评价及风险对策所需的资料，其内容包括风险的结果以及发生概率。广义的风险分析包括风险评估（risk assessment）、风险管理（risk management）和风险沟通（risk communication）三个组成部分，可形象描述为：

$$风险分析 = 风险评估 + 风险管理 + 风险沟通$$

风险分析可以从定性和定量两个方面进行分析。定性风险分析适用于项目初期的风险的筛选以及数据资料不充分，无法进行定量分析的情况。根据一般风险

理论,风险可以风险度方式表示风险的大小,其表达式为:

风险度(Risk) = 风险发生可能性(Likelihood)×风险影响大小(Impact)

将上面表达式简化,风险度可表示为:$R = L \times I$。

风险分析的主要步骤如下:

第一,通过风险识别方法找出和归集风险,可使用表17-14风险登记表。

第二,对风险分类,可使用表17-6和表17-9和表17-10的表格进行。

第三,建立风险评价标准,可使用风险分析定性概率分类表。

第四,建立风险事件影响判断标准,可使用风险判断标准表。

第五,对风险进行定性和定量分析,并对剩余风险进行分析,可使用风险分析表。

风险分析流程如图17-9所示。

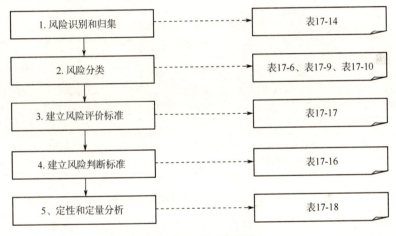

图17-9 风险分析流程

风险的定性分析方法如下:

1. 调查打分法

按照该种风险分析方式,应首先确定风险度的等级数量和相应赋值,如将风险划分为表17-15中的5个等级,或7个等级,并分别赋值10、8、6、4、2、0或者7、6、5、4、3、2、1,然后由专家根据其经验、知识对每个风险因素进行打分,对其权威性给出权重,将各专家对各个风险打分得出每个风险的风险度得分,以数学公式表示如下:

$$r_i = \sum_{j=1}^{m} w_j s_{ij}$$

式中 r_i——风险i的风险度得分;

w_j——j专家的权重;

s_{ij}——j专家对风险i的风险度打分;

m——参与打分的专家数量。

根据上述公式，风险度的得分越高，风险就越大，可据此进行风险排序。如将所有风险加权汇总，可得出整个项目总风险度。

2. 层次分析法（AHP）

在运用层次分析法对风险进行分析时，应首先对风险进行层次分类。按照工程项目中承包商和分包商经常遇到的风险，可将风险划分为政治风险、经济风险、自然风险和法律风险，再将上述风险细化，形成风险递阶层次结构。在风险递阶层次结构中，越高层的风险越宏观，越不容易控制，越低层的风险越具体，越容易控制。

在运用上述方法进行风险的定性分析后，主包商或分包商应建立风险评价标准分类表（表17-16），以及定性概率分类表（表17-17）。

表17-16　风险判断标准表

影响后果	风险分布		
非常严重（1）	高度危险的风险	高度危险的风险	极度危险
严重（2）	中度危险的风险	高度危险的风险	高度危险的风险
轻微（3）	低度风险	中度危险的风险	高度危险的风险
	几乎不可能（C）	可能（B）	几乎确定（A）

表17-17　风险分析定性概率分类表

可能性分类	发生概率的百分比	详细描述
几乎确定（A）	61～100%	在大部分的情况下会发生
可能（B）	30～60%	有些情况发生
几乎不可能（C）	0～29%	只会在特殊情况下发生

17.4.2　风险的定量分析

定量分析风险时使用实际的数据描述影响和概率，其准确性有赖于使用数据的精确度。定量分析的主要方法有：敏感性分析、期望值分析法、蒙特卡罗法（Monte Carol Simulation）。

蒙特卡罗法常用的软件是@Risk，有兴趣的读者可以从互联网购买下载该软件。主包商和分包商也可利用电子表格文件建立自己的风险分析系统。

通过定量分析，可以列出风险分析表，见表17-18。

表 17-18 风险分析

风险事件	风险评价		风险等级 $R = L \times I$	现有控制机制	残余风险		风险等级 $R = L \times I$
	可能性 L	影响 I			可能性 L	影响 I	

17.5 分包合同风险管理

17.5.1 风险管理的架构和程序

在完成了项目风险识别、项目风险分析和评估后，需要采取相应的风险管理实施方案，对风险进行规划、控制和监督。在制订风险管理方案前，应了解风险管理的架构和程序，以便能够做到按步骤和程序进行风险管理。在风险管理中，不妨采用成熟的风险管理架构，图 17-10 所示为加拿大政府的风险管理架构。

图 17-10 表明了风险管理的宏观步骤和程序，对一个具体的项目而言，应采取图 17-11 所示的风险管理架构和程序。

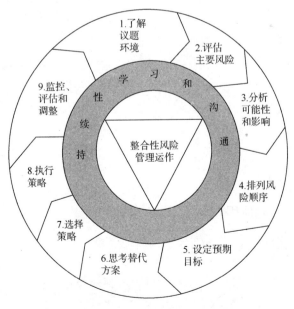

图 17-10 加拿大整合性风险管理架构

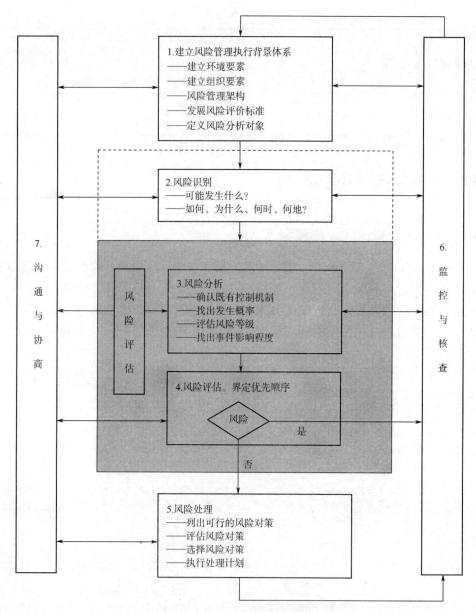

图 17-11　风险管理架构和程序

17.5.2　风险处理

风险处理包括找出风险应对策略和措施，评估应对方法，贮备风险应对计划以及执行风险应对措施。风险处理的程序和步骤见图 17-12。

第 17 章 分包合同风险的识别、分担和管理

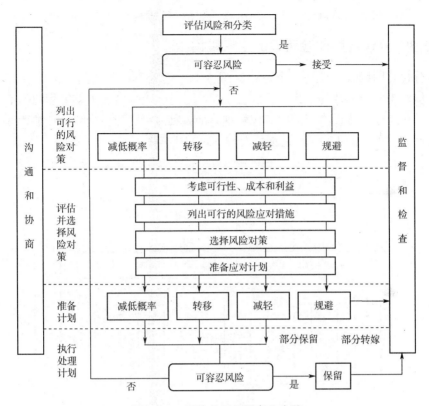

图 17-12 风险处理的程序和步骤

根据风险管理理论，风险的处理和应对措施主要有如下 4 种方式：

（1）回避风险。

采用不介入可能产生风险活动的方式规避风险。在工程项目中，可采用成熟的施工方法和技术，通过沟通明确工程范围或避免不熟悉分包商等方式规避风险。

（2）转移风险。

转移风险是由其他机构或组织承担或分担部分风险，包括合伙经营、共同投资、保险、分包等。将风险转移给他人的做法可以降低风险转让方的风险，但整体上并没有减轻或消除整个项目的风险，同时，转让风险会使风险受让方遭遇新的风险。

（3）减轻风险。

通过采取风险处理步骤和程序，把不利的风险发生的可能性或后果降低到一个可以接受的程度。

（4）接受风险。

接受风险是指自行承担风险带来的后果。主包商通过回避、转移和减轻风险

后，可以将剩余风险自行承担，并采取风险应对措施。

17.5.3 分包合同风险管理的组织机构

分包合同风险管理是一个过程管理，不一定需要设置专门的部门或人员进行，但对于一个具体的工程项目而言，尤其是分包工程占据了总工程的一定比例时，项目经理部应设立专门的分包管理分部，具体负责分包合同的日常管理、风险控制和管理。图 17-13 是某项目经理部组织机构图。

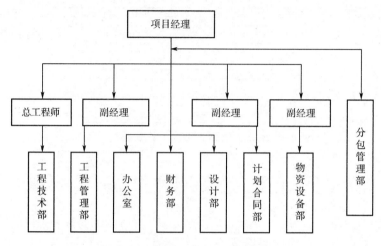

图 17-13　某项目经理部组织机构图

分包合同风险管理是一个系统的全过程管理，除了根据风险管理的程序和步骤进行风险识别、风险分析、风险处理外，还需要对风险管理过程进行监督和检查、沟通和协商，并不断采取修正措施，应对预计之外的风险的发生，提高风险管理水平。

由于国际工程项目所在国不同，工程性质不同，合同类型不同，分包合同的情况千差万别，因此，分包合同的风险识别、分析和管理是不同的。主包商和分包商只能根据一个具体项目的情况制订风险管理体系、组织结构和措施，根据一般风险管理理论进行具体项目的分析和研究，才能完善风险管理体系，从而提高项目管理水平。

17.6　蒙特卡洛模拟在工程项目风险管理中的应用

现代工程项目通常有投资金额大、持续时间长、技术风险高等特征，且在项目执行前期及过程中，具有非常多的不确定性因素，因此项目风险管理在工程管理中发挥着越来越重要的作用。而如何进行准确的风险分析，为后续的风险应对与管理提供准确的数据支持已成为日益关注的话题。工程项目风险控制目标包括进度、费用、质量和 HSE 等,而其中能够在前期进行定量分析的主要为费用及进度相关的指标。本节以蒙特卡罗模拟定量分析方法出发,详细描述蒙特卡罗模拟的流程,最后,给出项目前期的内部收益率、成本费用和工期的具体实现过程。

17.6.1 理论背景

风险管理中包括了对风险的量度、评估和应变策略,以及通过风险识别、风险估计、风险控制、风险监控等一系列活动来防范风险的管理工作。风险模型定量化分析主要是计算基本事件、危险事件发生概率的点估计和区间估计以及不确定性,在概率的意义上区分各种不同因素对风险影响的重要程度。概率统计的发展和应用使得风险管理定量分析成为可能。

作为常用的概率统计方法,蒙特卡罗方法广泛应用在项目管理以及金融计算等领域。在工程项目的可行性研究阶段,可使用这种方法作为项目评价的辅助手段,在执行阶段,也可使用该方法对项目费用及进度进行风险分析及敏感性分析。该方法将符合一定概率分布的大量随机数作为参数带入数学模型,求出所关注变量的概率分布,从而了解不同参数对目标变量的综合影响以及目标变量最终结果的统计特性。

蒙特卡罗方法利用一个随机数发生器,通过抽样取出每一组随机自变量,然后按照因变量与自变量的关系式确定函数的值。反复独立抽样(模拟)多次,便可得到函数的一组抽样数据(因变量的值),当模拟次数足够多时,便可给出与实际情况相近的函数因变量的概率分布与其数字特征。

当应用蒙特卡罗方法进行工程项目风险管理分析时,应首先确定目标变量的数学模型以及模型中各个变量的概率分布。如果确定了这两点,就可以按照给定的概率分布,生成大量的随机数,并将它们代入模型,得到大量目标变量的可能结果,从而研究目标变量的统计学特征。

17.6.2 蒙特卡洛模拟在项目决策中的应用

在项目投资决策阶段,所使用的数据通常都是通过对未来情况进行预测或根据历史经验估算得来的,因此存在项目投资的不确定性,在一定程度上影响管理者的决策。而蒙特卡罗方法可以提供有效的项目风险度量技术手段,并能够定量地分析出项目所承担的风险及其概率分布,可应用于许多复杂的工程项目及决策期间风险分析。本小节采用的蒙特卡罗模拟软件为 Oracle Crystal Ball(中文简称水晶球),基于 Microsoft Excel 即可实现蒙特卡罗模拟。

1. 净现值及内部收益率

蒙特卡罗方法按照变量的分布随机选取数值,模拟项目的投资过程,通过大量的独立的重复计算，得到多个模拟结果，再根据统计原理计算各种统计量，如均值、方差等，从而对项目投资收益与风险有一个比较清晰的估计。判断一个项目是否可行的重要依据是净现值（NPV）及内部收益率（IRR），但是这两个指标都需要知道基年以后的现金流的大小。但由于无法精确的确定现金流量，即可能存在一定误差，因此可用蒙特卡罗模拟，对基年以后的逐年现金流（在一定频率）进行分析，以确定净现值（NPV）及内部收益率（IRR）。

假定一项目初始投资为 100 万人民币，项目生命周期为 5 年，根据当地同类型规模项目历史数据，项目收入成正态分布，约为每年 30 万人民币，现需判断项目投资方案的合理性。据此可引入因子 Z，设 Z 服从标准正态分布，第 1 至 5 年的现金流量均为 $=30+30\times Z$，对此模型进行蒙特卡罗模拟，则 1—5 年的现金流量随着蒙特卡罗的模拟也随之发生变化（表 17-19）。假设模拟 5000 次，耗时 522.14 秒，模拟结果如图 17-14 所示。

表 17-19　净现值模拟表　　　　　　　　　　（单位：万元）

年份	Z	现金流量
0		￥(100.00)
1	0	￥30.00
2	0	￥30.00
3	0	￥30.00
4	0	￥30.00
5	0	￥30.00
NPV@10%		￥13.72
IRR		15.24%

图 17-14　蒙特卡罗模型运行数据摘要

第 17 章 分包合同风险的识别、分担和管理

经过运算可得图 17-15 和图 17-16 所示的内部收益率及净现值频率直方图。并且可得到表 17-20 所示的内部收益率预测值。从中决策者可据此进行风险分析，若基准收益率为 12.81%，则该项目收益率低于基准收益率的概率为 10%。

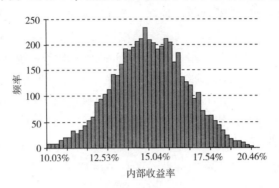

图 17-15 内部收益率频率直方图

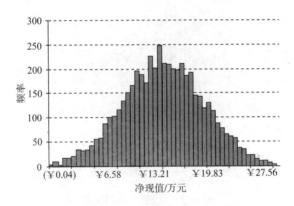

图 17-16 内部净现值频率直方图

表 17-20 内部收益率预测值

概率	预测值	概率	预测值
0%	9.05%	60%	15.74%
10%	12.81%	70%	16.24%
20%	13.65%	80%	16.82%
30%	14.24%	90%	17.68%
40%	14.75%	100%	23.55%
50%	15.23%		

2. 工程成本费用预测

一般而言，在工程投标报价阶段，均需根据企业类似工程施工经验，或者相

应定额进行报价分析。然而在实际施工中，一个单项工程或者工程量清单里的项目的费用往往是不确定的，即存在一定偏差，这种偏差就可能对工程造价带来一定的风险。运用蒙特卡罗模拟，可对工程项目的费用进行分析。

假设某一工程项目成本由项目管理、设计、设备、施工、其他费用及 HSE 6 部分组成，则需要请企业内部、外部专家或根据企业定额对这 6 部分的每一部分进行研讨分析，确定最小值、最大值及最可能值，即满足统计分析中的三角分布，进而应用蒙特卡罗模拟按照三角分布对上述 6 部分进行模拟，模拟 5000 次的结果如图 17-17 所示，由此可以看出，不同项目费用所对应的百分比。按照众专家综合意见，综合考虑各种可能发生的风险，项目成本低于￥71559974.31 的概率为 10%，见表 17-21。

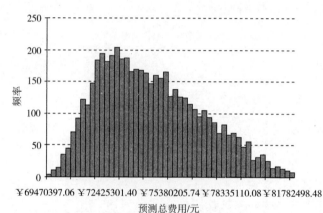

图 17-17　总费用预测频率直方图

表 17-21　项目成本预测表

概率	预测成本	概率	预测成本
0%	￥69347276.04	60%	￥75109390.60
10%	￥71559974.31	70%	￥75962878.13
20%	￥72271884.28	80%	￥76996289.34
30%	￥72925344.13	90%	￥78423166.26
40%	￥73584101.73	100%	￥82661604.02
50%	￥74315745.42		

17.6.3　蒙特卡洛模拟在工期管理中的应用

工程项目中进度计划的制订取决于施工企业的技术水平、资源（人、机、材）分配等因素，而这些因素通常有着非确定性的特点。因此作为风险控制之一的进度风险，同时也影响项目经费与项目质量：当进度风险发生时，项目经费也会随之增加，同时项目质量也会受到影响；而一旦当工程进度失控，导致重大延迟时，可能会导致巨大的损失。因此，在现代风险管理中，一个重要的目标就是对项目管理中的进度不确定性进行评估。

1. PERT 图

在工程项目中，PERT（Project Evaluation and Review Technique）计划评审技术广泛使用于计划编制及相应分析手段上。简单地说，PERT 是利用网络协调整个计划的各道工序，合理安排人力、物力、时间、资金，加速计划的完成。其要求事件和活动在网络中必须按照一组逻辑法，即 PERT 图要求各工序必须按照一定的规则进行排序，以便把重要的关键路线确定出来。同时网络中每项活动可以有 3 个估计时间（最乐观的、最可能的和最悲观的），用这 3 个时间估算值来反映活动的"不确定性"。需要计算关键路线和宽裕时间。

对于非确定性的工程项目，PERT 图则无法给出准确的反映。同时，由于 PERT 图假设项目图中只存在一条关键路径，忽视了项目图中各路径中的交互关系，但在实际的项目中，影响项目完成的可能有多条关键路径，因此 PERT 图存在一定的局限性。但并不妨碍利用 PERT 图结合蒙特卡罗模拟进行工程项目进度风险分析。

2. 工期蒙特卡罗模拟系统实现

在应用基于 PERT 图的蒙特卡罗模拟时，应首先根据实际工序确定 PERT 图，然后对每道工序通过专家讨论的方式，确定该工序工期最小值、最大值及最可能值，进而根据每道工序的特征进行蒙特卡罗模拟，模拟出实际工期及关键线路。本节采用水晶球软件自带数据文件，其中列举了 20 道工序，其中规定了每一道工序的紧前任务以及工序工期的最小值、最大值及最可能值，据此可以画出该项目的 PERT 图。运用水晶球软件模拟 5000 次，可得到如图 17-18 所示的结

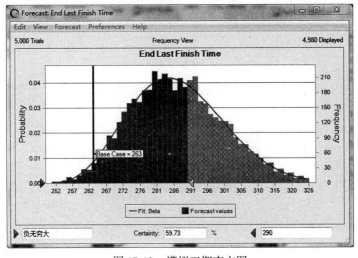

图 17-18　模拟工期直方图

果。其中设预期或者基准工期为 263 天，则根据模拟，在 263 天内完成的概率不足 5%。此时，项目决策者需要得知哪些工序影响项目工期，即需要对工期进行敏感度分析。假设其他工序不变，仅改变其中一个工序的工期，分别比较总工期的差别，则可得到工序 12 影响工期的程度最大，工序 16、20、18、10 次之，分析结果如图 17-19 所示。因此在项目施工过程中，应采取一定措施，对这些项目进行重点分析。

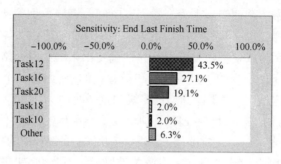

图 17-19　敏感性分析

17.6.4　小结

现代工程项目的实施面临着巨大的风险，近年来工程项目由于风险原因而导致失败的案例比比皆是。为了对项目进度风险进行评估，可以采用风险定量分析等手段。本节给出了蒙特卡罗模拟的详细实现步骤，并列举了实际案例加以分析。由于项目风险要素异常复杂，在风险定量分析中很难对各风险作出非常精确的估算，如果没有足够多及足够准确的经验数据作为支持，误差就会逐级累积放大，风险定量分析的结果就会由于误差太大而失去实际价值。因此，在具体使用中还需要有足够的经验数据的输入。目前国际上较为流行的项目管理软件均已融入风险管理，如 Primavera Risk Analysis、Microsoft Project 水晶球插件、Asta Powerproject、PRA 等软件均可实现对项目风险进行定量分析。

在中国项目开发执行领域，目前还缺乏规范而有效的风险管理技术和措施，主要还是侧重于通过项目中期评估的方式来监控项目进度，粗略评估项目风险。因此，需要在项目管理者中真正地广泛建立起风险管理的观念，建立系统定量的风险管理一体化管理体系，并做好经验数据库的采集与积累。

第 18 章　争议的解决

诉讼不如仲裁，仲裁不如调解，而调解又不如预先防止发生法律纠纷。

——施米托夫，《出口贸易》

18.1　争议定义

18.1.1　FIDIC 合同中争议的定义

FIDIC 合同 1987 年第 4 版《土木工程施工合同条件》（红皮书）第 67.1 款~第 67.4 款规定了争议解决方式、程序以及工程师决定的法律效力。第 67.1 款规定了业主和承包商可将争议提交工程师作出决定：

"如果在业主和承包商之间由于或起因于合同或工程施工而产生任何争议，包括对工程师的任何意见、指示、决定、证书或估价方面的任何争议，无论是在工程施工中还是竣工后，也不论是在否认合同有效或合同在其他情况下终止之前还是之后，此类争议事宜应首先以书面形式提交工程师，并将一份副本提交另一方。……"

FIDIC 合同 1999 版《施工合同条件》第 20 条［索赔、争议和仲裁］规定了争议解决方式和程序。第 20.2 款规定："争议应按第 20.4 款［取得争议裁决委员会的决定］的规定，由争议裁决委员会（DAB）裁决。……"第 20.5 款规定："经 DAB 对之作出的决定（如有）未能成为最终的和有约束力的任何争议，除非已获友好解决，应通过国际仲裁对其作出最终解决。"

目前正在使用的 FIDIC 合同和先前各版 FIDIC 合同均未界定争议（Dispute）的定义，仅规定合同当事人——业主和承包商均可将争议提交第三方，如 1987 年第 4 版中的工程师和 1999 版中的争议裁决委员会并可最终通过国际仲裁解决因合同产生的任何争议。FIDIC 合同没有对"争议"一词给出确切的定义，可能的理由是按照人们的通常理解，"争议"是一个无须定义的术语。然而，在各国工程法和国际工程实践中，何谓"争议"往往成为争议解决中与管辖权密切相关的一道无法逾越的法律难题和工程合同争议的焦点之一。

在 FIDIC 合同 2017 年第 2 版中规定了争议的定义，第 1.1.29 款规定：

"'争议'是指下述任何情况：

(a) 一方当事人向另一方当事人提出索赔（本条件规定的索赔，或者本条件项下工程师作出决定的事项，或者其他事项）。

(b) 另一方当事人（或者根据第 3.7.2 款［承包商的决定］工程师所出的）全部或部分拒绝索赔；和

(c) 第一方当事人没有默认（根据第 3.7.5 款［不满工程师的决定］发出不满通知，或其他事项）。

但是，另一方当事人未能对索赔提出全部或部分反对或回应可构成一项拒绝。在这种情况下，DAB 或者仲裁员将视为其有理由如此行为（视情况而定）。"

不得不说，FIDIC 合同 2017 年第 2 版第 1.1.29 款规定的争议定义明显过窄，仅将争议基本限定在一方当事人提出索赔，另一方当事人全部或部分拒绝的情况，与国际工程项目中争议的广泛性相差甚远，这将限制承包商的权利，也将导致争议裁决委员会（DAB）和仲裁管辖权的问题。

18.1.2　英国判例法中争议的定义

英国 1996 年建筑法本身并没有界定"争议"的定义，由此引发了法律适用的问题。在 Edmund Nuttall Ltd. 诉 R. G. Carter Ltd.［2002］EWHC400（TCC）案中，法院认为只有在进入到既定的程序后才会产生争议。英国法院在 Halki Shippiing Corp. 诉 Sopex Oils Ltd.［1977］All ER (D) 130 案中对"争议"一词进行了界定，判决认为，"争议"一词应当符合通常的理解（common sense approach）。在 Amec Civil Engineering 诉 Secretary of State for Transport［2004］EWHC 2339（TCC）案中，杰克逊法官确定了界定"争议"的 7 个标准，最终得以解决"争议"标准的法律难题。杰克逊法官在本案判决书中的"争议和分歧"一节中的第 29 段写道：

"通过对上述权威观点的评估，法官得出了如下主张：

(1) 在许多仲裁条款和 1996 年建筑法第 108 条中规定的"争议"一词应具有通常理解的含义。它不具有律师们赋予的某些特定的或者特殊的含义。

(2) 尽管"争议"一词含义简单，但多年来，许多诉讼案件都涉及了在特定情况下是否存在争议问题的讨论。关于什么是争议或者什么不是争议，本案并不就此得出任何泾渭分明的法律规则，但是，总结这些判例有助于提供有益的指引。

(3) 仅仅是一方当事人（我称之为"原告"）向另一方当事人（我称之为"被告"）通知索赔的事实本身并不能自动地或立即地产生争议。从语言和法院判决来看，非常明确的是，除非或直至索赔不被认可，才会产生争议。

(4) 索赔不被认可的情形多种多样。例如，被对方明确拒绝，或者当事人对此进行讨论，从而推断出索赔不为对方所接受。被告也可能会搪塞，从而推断出他并不接受索赔。被告还可能保持沉默一段时间,从而得出相同的不接受索赔的推论。

(5)被告保持沉默多长时间才能推断出他对索赔持有异议,将主要依据案件事实和合同结构确定。在索赔要点清晰并明显存在争议时,沉默很短的时间就可以作出此类推断。在将索赔通知给被告的那些具有法律义务进行独立评估索赔,并给予相应回复的代理人时,可能需要更长的时间才能推断出沉默会因此产生争议。

(6)如果原告强行要求被告在最后期限之前对索赔给予回复,那么,最后期限并不具有自动剥夺被告在合理时间给予回复的效力。另一方面,在考虑什么是给予索赔回复的合理时间时,法院可能会参考这个声明的最后期限和强行要求被告给予回复的理由。

(7)如果原告提出的索赔模棱两可,以致被告无法给予明确的回复,为仲裁或管辖权的目的,无论是被告的沉默还是明示地表明不予认可都不能产生争议。"

杰克逊法官在上述 Amec 案中的著名论断确定了"争议"的确切含义,这将有助于解决工程合同争议中的管辖权问题。无论是争议裁决委员会 DAB 机制,还是仲裁或者诉讼,作为争议解决方式,在确定管辖权问题时,应探究 DAB、仲裁或诉讼的管辖权来源和基础,即"争议"作为 DAB、仲裁或诉讼的管辖权基础和源泉。需要在此指出的是,DAB 和仲裁是以合同当事人的合同约定为管辖权基础,诉讼是基于成文法,即民事诉讼法的法律规定获得对案件的管辖权。

在 Fastrack Construction Ltd 诉 Morrison Construction Ltd. [2000] BLR 168 案中,桑顿法官判决如果提出的索赔随后被拒绝,则构成争议。桑顿法官在判决书第 27~29 节中写道:

"一旦索赔、问题或其他事宜的标的引起对方当事人的注意,并且对方当事人有机会考虑、承认、修改或拒绝索赔或明确肯定,则才能产生'争议'。为构成一项争议,提出的索赔须被拒绝。"

杰克逊法官在上述 Amec 案中写道:

"在 Ellerine Bros[一]案和 Halki Shipping[二]案中,出现的问题是根据现有的成文法,一项争议是否能够停止法院诉讼而继续仲裁。在 Ellerine Bros 案中,坦普尔曼法官认为,如果信函写明了要求或请求,而被告没有回复,则构成争议。对产生的争议而言,被告没有必要回信写明'我不同意'。在 Halki 案中,斯维顿·托马斯法官认为一旦提出了金钱索赔,则构成争议,除非或直至被告承认是应付款。埃肯黑德法官认为他应受 Ellerine Bros 和 Halki 这两个判例的约束,鉴于这

[一] Ellerine Bros 诉 Kliinger [1982] 1 WLR 1375
[二] Halki Shipping Corporation 诉 Sopex Oils [1998] 1 WLR 726

两个案件的时间比 Monmouthshire 案更为晚些。由于 ICE 合同第 66 条与通常英语表述意思相同，鉴于 1996 年《住宅许可、建设和重置法》第 108（1）条已在许多案件中得以应用，鉴于他推崇这种逻辑推理，因此，他认为交通大臣在 2002 年 12 月 6 日的信函中递交了索赔，且符合一项公认的索赔的要件。而 2002 年 12 月 10 日 Amec 公司的回复不能构成一项认可。关于 Halki 案，在 Amec 事实上没有认可索赔时，构成一项争议。埃肯黑德法官也得出结论，认为 2002 年 10 月 2 日的信函尽管非常原则，但仍构成一项索赔，且其内容构成争议。"

因此，根据上述判例可以得出，合同一方当事人的主张何时构成争议，在英国 Amec 案中杰克逊法官的著名的 7 点论述中得到了确切的答案，即合同一方当事人的索赔主张本身不构成争议，只有在另一方当事人不认可或否决或以沉默方式表达不予认可时，才构成争议。在形成争议的情况下，争议裁决委员会（Dispute Adjudication Board，DAB）、仲裁庭或法院才拥有案件的管辖权，按照约定的程序规则解决实体合同争议。

18.1.3 争议与分歧

在 FIDIC 各版合同中，争议解决条款仅规定了"争议"一词，均未提及"分歧"（difference）。但在英国土木工程师学会（Institute of Civil Engineers，ICE）各版合同第 66 条均并列提及了"争议和分歧"（dispute and difference），如下：

"如果在业主和承包商之间由于或起因于合同或工程施工而产生任何争议或分歧，包括对工程师的任何意见、指示、决定、证书或估价方面的任何争议……"⊖

"争议"和"分歧"具有同样的含义。在 AMEC Civil Engineering Ltd. 诉 The Secretary of State For Transport [2005] Adj. L. R. 03/17 案中，法官梅指出：

"第 66 条不仅提及'争议'，还提及'分歧'。对我而言，'争议或分歧'比起单独使用'争议'一词更加弱化。这种看法与法官丹克沃茨在 F & G Sykes 诉 Fine Fare [1967] 1 LLR 53 案第 60 节中的对比结果相同，即分歧是指未能达成一致，存在争议。"

在 AMEC Civil Engineering Ltd. 诉 The Secretary of State For Transport [2005] EWCA 291 案法官梅论述道：

"'争议'和'分歧'一词均为英语的普通词汇。它们不是专有名词。在一方提起索赔而另一方当事人没有在合理的时间予以回应时，在大多数情况下，它可能用来决定双方是否存在争议。"

⊖ 第 66.（1）款规定："If any dispute or difference of any kind whatsoever shall arise between the Employer and the Contractor in connection with or arising out of the Contract or carrying out of the Works…"

因此，从法律角度而言，争议和分歧两词并不存在本质的区别，它们具有同样的含义。无论在争议解决机制中使用争议或分歧哪一个用语，均可使争议裁决委员会、仲裁庭或法院具有对案件的管辖权，不会因当事人主张存在"分歧"而不存在"争议"而使争议裁决委员会、仲裁庭或法院无法行使对案件的管辖权。

18.2 争议解决方式的选择

18.2.1 合同当事人选择的权利

按照契约自由的原则，在商务合同中，如买卖合同、货物销售合同、工程建设合同、保险合同、运输合同等商业交易合同中，合同当事人享有选择解决争议的方式的权利，即合同当事人可以选择以友好协商、调解、调停、仲裁或诉诸法院，以诉讼的方式解决合同双方之间发生的争议。

在合同当事人可以选择的解决争议的方式中，友好协商、调解、调停方式属于非诉讼解决方式（alternative dispute solution，ADR），而仲裁和诉讼方式解决争议属于以诉讼方式解决争议的手段。

在通过非诉讼解决方式解决争议时，双方当事人所作出的决定或解决争议的决定、第三人斡旋而作出的决定或和解协议、调解或调停协议书没有法律的约束力，合同当事人可以在达成一致或协议的情况下反悔或推翻有关决定或协议，可将双方的争议提交仲裁和法院解决。而仲裁裁决和法院判决具有强制性，一俟仲裁庭作出裁决，则裁决是最终的，双方当事人必须予以执行。在诉诸法院解决争议时，在一审法院作出判决后，如果双方当事人没有上诉，则法院判决具有强制力。如合同当事人一方或双方不服一审判决而提出上诉时，终审法院的判决也具有强制力，合同当事人必须予以执行。

在当事人只选择非诉讼解决方式的情况下（这种情况很少发生），如合同当事人反悔或推翻达成的和解协议，则双方当事人仍有权选择通过达成仲裁协议的方式，将争议提交仲裁解决。双方当事人也可以将争议诉诸有管辖权的法院，通过法院解决争议。根据仲裁原则和各国实践，在当事人通过有效的仲裁条款或仲裁协议达成将争议提交仲裁后，当事人就丧失了通过法院解决争议的权利，除非某国法律允许当事人不服仲裁裁决，可将仲裁提交法院解决。另一方面，如果当事人同意将争议提交法院解决时，合同双方就不能将争议提交仲裁解决，这是因为仲裁是民间组织的一种民间活动和行为，而法院则是国家权力赋予的一种具有强制力的执法机构。

因此，虽然合同当事人享有选择解决争议方式的自由，但这项自由受到了非诉讼和诉讼方式自身的限制和制约。为充分享有这份自由，合同当事人因遵守友好解决、调解、调停、仲裁和诉讼的规则和程序。

18.2.2 标准合同格式规定的解决争议的方式

在商务合同中，特别是在标准合同格式中，除了规定友好解决争议的非诉讼方式外，一般均规定是通过仲裁还是法院解决争议。在涉及国际性的商务合同中，一般采用仲裁方式解决合同当事人之间发生的争议，这主要是因为仲裁和诉讼有着不同的特点，而仲裁较诉讼有着明显的优越性。正如施米托夫在《出口贸易》一书中所说的："诉讼不如仲裁，仲裁不如调解，而调解又不如预先防止发生法律纠纷，这几乎是不言而喻的[⊖]。"

与诉诸法院解决争议相比，仲裁具有如下特征：

（1）管辖权的非强制性。

由于仲裁机构属民间机构，其仲裁权的取得依靠合同当事人之间的协议，即合同双方当事人同意将争议提交某个仲裁机构，该仲裁机构才能受理争议，其管辖权的取得是通过合同当事人的授予获得的。而诉讼无须当事人之间的协议，只要一方在某个具有管辖权的法院起诉，被告即得应诉。

（2）程序简便灵活。

根据仲裁机构制订的仲裁规则，与诉讼相比，仲裁可以采取灵活的程序进行。而诉讼则需要根据诉讼法的规定严格执行诉讼程序。

（3）专业人士处理争议。

各个仲裁机构聘任的仲裁员一般都是某个领域的知名人士或专家，对某个领域的业务比较熟悉，且发生合同争议的当事人还可以选择仲裁员，因此，处理问题较法院快速及时，费用也较法院低廉。而在将争议诉诸法院后，合同当事人没有选择法官的权利，并且法院审理的费用较高。

（4）仲裁裁决的终局性。

仲裁裁决一般都是终局性的，合同当事人必须执行仲裁裁决，任何一方都不得向法院起诉，也不得向其他机构提出变更裁决的请求。而法院诉讼一般至少有两个或两个以上的审级，如任何一方当事人不服法院的判决，可在法定期限内提起上诉。

（5）使用文件的原始文本。

在仲裁时，仲裁庭一般使用的是合同规定的语言，合同当事人不需要将文件翻译为某种文字，可直接递交原合同语言的文本。而诉讼则不同，如果受理争议的法院使用的不是合同规定使用的语言，则合同当事人需要将所有证据翻译为法院所能接受的语言。

⊖ 施米托夫. 出口贸易 [M]. 北京：对外贸易教育出版社, 1985：522.

(6) 保密性。

仲裁一般是不公开进行的,仲裁裁决也不会对外公布。而法院判决,特别是英美法系国家,法院判决需要在报纸或官方刊物上刊载。

尽管仲裁与诉讼相比有许多优点,但仲裁也不是毫无缺点的。由于仲裁员一般是专业人员,对法律的理解无法与法官相比。德夫林法官在一个案例中发表过如下见解:

"仲裁有很大的好处,但也有不利之处。把事实问题与法律问题分割开来,可能就是其中一个不利之处。……重要的是,打算在法庭上就法律上的论点进行辩论的人,必须了解已经认定的事实,作为他们准备提交法庭进行辩论的法律论点的依据。"

合同当事人应牢记的是,在选择了仲裁时,就选择了放弃使用诉讼解决争议的方式。

18.3　FIDIC 合同项下解决争议的机制

18.3.1　1987 年第 4 版规定的解决争议方式

FIDIC 合同 1987 年第 4 版第 67 条规定了解决争议的方式。FIDIC 在《土木工程施工合同条款应用指南》指出:"尽管本条通常被称为仲裁条款,但它涉及的内容远远超过了仲裁条款。它既提供了双方解决争议的途径,同时也包括了把提交仲裁作为最后解决争议的办法的规定。"

FIDIC 合同 1987 年第 4 版第 67.1 款规定:

"如果业主和承包商之间由于或起因于合同或工程施工而产生任何争议,包括对工程师的任何意见、指示、决定、证书或估价方面的任何争议,无论是在工程施工中还是竣工后,也无论是在否认合同有效或合同在其他情况下终止之前还是之后,此类争议事宜应首先以书面形式提交工程师,并将一份副本提交另一方,并应说明向工程师提交此项文件是根据本款采取的行动。工程师应在收到上述文件后的 84 天之内将其决定通知业主和承包商。该决定应说明是根据本款作出的。

除非合同已被否认或终止,在任何情形下,承包商都应以应有的谨慎继续进行工程的施工,而且承包商和业主应立即执行工程师作出的每一项此类决定,除非并直到该决定按下述规定变为友好协商或仲裁裁决。

如果业主或承包商中的任何一方对工程师的任何决定不满意,或者如果工程师未能在他接到该文件后的第 84 天或在此之前将他所做决定的通知发出,那么,无论业主或是承包商,可以在收到此决定的通知后的第 70 天或在此之前,或在上述 84 天期满之后的第 70 天或在此之前,视情况而定,按下述规定将其把有关争议提交仲裁的意向通知另一方,并将一份副本呈交工程师供其参考。这项通知确定了发出通知一方就争议案下述规定开始仲裁的权利。根据第 67.4 款的规定,如果没有发出此项通知,上述仲裁不能开始。"

FIDIC 合同 1987 年第 4 版第 67.2 款规定:

"根据第 67.1 款规定已经发出将一项争议提交仲裁的通知后,争议双方应首先设法友好解决争议,否则不应对这一争议开始仲裁。如果争议双方没有另外的协议,仲裁可在将此争议提交仲裁的意向通知发出后第 56 天或在此之后开始,而无论是否已做过友好解决的尝试。"

根据 FIDIC 合同 1987 年第 4 版第 67 条的规定,业主和承包商解决争议的方式如下:

(1) 将争议提交工程师,由工程师在收到此争议文件后的 84 天内作出解决争议的决定。

(2) 如对工程师的决定不满,则应向对方发出仲裁意向通知。

(3) 在发出仲裁意向通知后的 56 天内,业主和承包商应尝试通过友好协商解决争议。

(4) 如果双方未能通过友好协商解决争议,则可将争议提交第 67.3 款规定的仲裁机构,按照仲裁规则进行仲裁。

FIDIC 合同将友好解决作为业主和承包商解决问题的一个程序。在双方进行友好协商时,也可邀请工程师给予协助。

18.3.2　1999 年版红皮书规定的解决争议方式

1999 年版红皮书对解决争议的方式和程序作出了重大修改,引入了争议裁决委员会(Dispute Adjudication Board,DAB)的机构和解决争议的机制。在 FIDIC 合同 1987 年第 4 版建立的工程师作出决定、友好协商和仲裁的三步解决争议的机制中加入了 DAB 的裁决机制,为避免业主和承包商将争议提交仲裁增添了一道过滤网。FIDIC 合同 1999 年版红皮书、黄皮书和银皮书中规定的 DAB 机制,得到了咨询工程师、承包商和法律界的好评。

根据 1999 年版红皮书第 20.4 款、第 20.5 款、第 20.6 款和第 20.7 款的规定,如果业主和承包商之间发生争议,应按照下述方式和程序解决争议:

(1) 将双方之间的有关施工的争议,包括对工程师的任何证明、决定、指示、意见或估价的任何争议,以书面形式提交 DAB。

(2) DAB 应在 84 天内,要求业主或承包商提供进一步的信息,举行听证会,作出 DAB 的决定。

(3) 如业主或承包商的任何一方对 DAB 的决定不满,应在收到 DAB 的决定后的 28 天内，向另一方当事人发出不满通知。

（4）业主和承包商可在发出不满通知后的 56 天内或其后通过友好协商方式解决争议。

（5）如业主和承包商未能通过友好协商解决争议，则任何一方均可通过仲裁解决争议。

根据 FIDIC 合同 1999 年版第 20.6 款的规定，仲裁规则采用国际商会仲裁规则进行。但是，业主和承包商也可以在专用条款中修改该项内容，采用其他仲裁机构的仲裁规则进行仲裁。

18.3.3 FIDIC 分包合同规定的争议解决方式

由于分包商与业主和工程师没有合同关系，考虑到分包合同的特殊性，因此，FIDIC 合同 1987 年第 4 版和 1999 年版红皮书中规定的解决争议的机制无法在分包合同中加以运用。如果主包商和分包商之间因分包工程或分包工程的施工发生争议，工程师无法介入其中，争议裁决委员会也无权对主包商和分包商的争议作出决定，也就是说，主合同规定的解决争议的方式和机制无法延伸到分包合同之中。在主包商和分包商发生争议时，只能通过友好协议和仲裁或诉讼解决争议，而不能通过工程师或 DAB 解决他们之间的争议。

FIDIC 分包合同 1994 年版第 19 条规定了解决争议的方式，即：

（1）如果主包商和分包商之间发生争议，可在递交仲裁之前的 56 天通过友好协商解决争议。

（2）如果未能通过友好协商解决争议，则任何一方均可通过仲裁解决争议。

在 FIDIC 分包合同 1994 年版第 19 条中，规定了采用国际商会调解和仲裁规则的内容，对此，主包商和承包商可以在专用条款中进行选择和修改，采用选定仲裁机构制订的仲裁规则。

由于主包商和分包商之间发生争议后，无法借助主合同规定的解决争议的方式，即无法让工程师或 DAB 出面，作出决定解决争议，因此，为避免将有关争议提交仲裁，避免诉诸最后的解决争议的手段，双方的友好协商就变得非常宝贵。毕竟，如同诉诸司法解决争议一样，仲裁也是解决争议的最后的手段，不到万不得已，应尽量避免使用仲裁或法院解决争议。

FIDIC 分包合同 2011 版第 20 条［通知、分包商索赔和争议］中规定了主包商与分包商争议解决的方式，该条规定继承了 1994 版的原则，即首先通过友好协商，然后工程师解决争议，在不满工程师的决定时提交 DAB 解决争议，如果不满 DAB 的决定，最终提交仲裁解决争议。

18.4 替代争议解决方式——争议裁决机制

18.4.1 争议裁决机制的起源和发展

争议委员会（Dispute Board），包括争议裁决委员会（Dispute Adjudication Board，DAB）、争议评审委员会（Dispute Review Board，DRB）、争议评审专家（Dispute Review Expert，DRE）以及国际商会倡导的综合争议委员会（Combined Dispute Board，CDB），是近年来国际承包工程项目中普遍采用的一种替代性争议解决方式。与英国的法定裁决制度不同，在中国企业从事的国际承包工程项目中，业主和承包商之间的争议均通过合同约定（协议约定）的方式予以确定。在分包合同中，主包商和分包商也可以通过分包合同约定争议裁决的解决方式。

国际工程项目的争议解决机制正处于从争议评审委员会向争议裁决委员会机制的转变过程之中。在国际工程项目中，业主和国际金融机构广泛使用的 FIDIC 合同业已采用争议裁决委员会机制解决国际工程争议，在要么服从咨询工程师对争议作出的决定和要么将争议诉诸仲裁或诉讼这个令业主和承包商两难抉择之间设置了一项替代性争议解决方案，增加了一道防火墙，有效地解决了业主和承包商之间因建设工程项目产生的争议，促进了国际工程项目的顺利实施。2010 年 1 月 27 日，中国国际经济贸易仲裁委员会通过了建设工程争议评审规则（试行），并于 2010 年 5 月 1 日起试行。

国际商会（International Chamber of Commerce）在《国际商会争议小组规则》中按照评审意见效力将争议评审分为 3 种：

争议评审委员会（Dispute Review Board，DRB）是由争议评审委员会对争议作出建议，当事人在规定期限内对建议提出书面异议的，则建议对当事人不发生约束力，争议应提交仲裁或诉讼解决作为最终的解决手段。当事人在规定期限内未提出异议的，则建议产生约束力，当事人应当遵守建议。

争议裁决委员会（Dispute Adjudication Board，DAB）是由争议裁决委员会对争议作出决定。决定自当事人收到时产生约束力。当事人不论是否提出异议均应遵守决定。在当事人在规定期限内提出书面异议，并将争议提交仲裁或诉讼，在仲裁庭或法院作出相反的裁决或判决前，该决定对双方当事人始终具有拘束力。

综合争议委员会（Combined Dispute Board，CDB）是 DRB 和 DAB 的综合。通常情况下争议评审委员会对争议作出建议，当事人对建议提出异议，则建议对当事人不发生拘束力；但是，在一方当事人请求对争议作出决定且另一方当事人不表示反对或者虽然另一方当事人反对但综合争议委员会认为必要的，则其对争议作出的决定与 DAB 形式下争议裁决委员会的决定具有相同的约束力。

国际工程项目中普遍采用的争议裁决机制,是在各种争议解决方式的基础上研究了其利弊发展而来的一种快速解决国际工程争议的方式。

第一,诉讼方式已经越来越缺乏吸引力。由于诉讼有时间过长、诉讼费用高昂、法律体系复杂、效率低的特点,更为重要的是,国际工程争议当事人处于不同国家或地区,有的国家或地区的法院对本国或地区的当事人具有保护倾向,致使国际工程合同的当事人,特别是承包商不愿意将争议提交业主所在国或地区的法院审理。

第二,仲裁方式已经不再被认为是一种廉价高效的解决争议手段。传统工程合同争议解决方式主要是仲裁,但由于国际仲裁被过度地司法化以及国际商事仲裁庭审时间越来越长,少则一周,多则两周,争议双方当事人需支付高昂的仲裁费、仲裁员费用和律师费,无法实现当事人的最大利益。

第三,通过和解与调解方式解决国际工程争议,争议当事人很难达成协议。由于国际工程争议涉及双方当事人利益之争,双方当事人利益诉求不同,有时难以弥合,且有的当事人将和解与调解作为拖延战术,致使矛盾激化,甚至妨碍正常施工。

考虑到国际工程争议的复杂性和专业性,为了避免争议最终走向仲裁或诉讼,因此,在工程争议中,争议裁决机制得到了应用。特别是在英国,以1996年建筑法确立了争议裁决机制,成为法定裁决机制。与仲裁或诉讼相比,争议裁决机制具有明显的优点:

(1) 大幅度减少费用支出。

(2) 根据FIDIC合同规定,在84天内作出裁决,根本性减少了仲裁和诉讼争议解决漫长的问题。

(3) 无须律师的参与,双方当事人可以参加听证会。

(4) 无须严格的证据,无须公证或认证。

(5) 裁决员或评审专家均是工程领域的专家或熟手。

但是,必须指出,就像仲裁的好坏取决于仲裁员一样,争议裁决或评审的好坏也取决于裁决员和评审专家。为此,FIDIC合同设定了救济方法,即任何一方当事人对裁决员或评审专家作出的裁决或决定不满时,可以在决定作出之日的28日内发出不满通知,可将争议提交仲裁解决。也有的人主张,争议裁决机制适用于业主和承包商或者主包商与分包商之间小的争议,无法解决当事人之间大的争议或根本性争议。但无论如何,如果这种机制能够为当事人关于工程的争议作出贡献,则这种制度就有存在的基础。任何一种争议解决机制都不是包医百病的万能药,都具有其适用范围和利弊,国际工程争议裁决制度也不例外。

18.4.2　FIDIC 合同争议裁决机制

FIDIC 合同 1999 版合同体系第 20.2 款［争议裁决委员会的任命］、第 20.3 款［对争议裁决委员会未能取得一致］、第 20.4 款［取得争议裁决委员会的决定］、第 20.7 款［未能遵守争议裁决委员会决定］和第 20.8 款［争议裁决委员会期满］规定了争议裁决的完整机制。

FIDIC 合同 2017 年第 2 版第 21 条［争议和仲裁］中的第 21.1 款［DAB 组成］、第 21.2 款［未能任命 DAB 成员］、第 21.4 款［取得 DAB 决定］、第 21.7 款［未能遵守 DAB 决定］、第 21.8 款［未能成立 DAB］规定了争议裁决的完整机制。

FIDIC 分包合同 2011 版第 20.5 款［分包合同 DAB 的任命］、第 20.6 款［取得分包合同 DAB 的决定］、第 20.2 款［分包合同争议］中，规定了处理原则和机制。

FIDIC 合同 1999 版关于争议裁决委员会的规定如下：

"20.2　争议裁决委员会的委任

争议应由争议裁决委员会根据第 20.4 款［获得争议裁决委员会的决定］进行裁决。合同双方应在投标函附录规定的日期内，共同任命一争议裁决委员会。

该争议裁决委员会应由具有恰当资格的成员组成，成员的数目可为一名或三名（"成员"），具体情况按投标函附录中的规定。如果投标函附录中没有注明成员的数目，且合同双方没有其他的协议，则争议裁决委员会应包含三名成员。

如果争议裁决委员会由三名成员组成，则合同每一方应提名一位成员，由对方批准。合同双方应与这两名成员协商，并应商定第三位成员（作为主席）。

但是，如果合同中包含了意向性成员的名单，则成员应从该名单中选出，除非他不能或不愿接受争议裁决委员会的任命。

合同双方与唯一的成员（"裁决员"）或三个成员中的每一个人的协议书（包括各方之间达成的此类修正）应编入附在通用条件后的争议裁决协议书的通用条件中。

关于唯一成员或三个成员中的每一个人（包括争议裁决委员会向其征求建议的任何专家）的报酬的支付条件，应由合同双方在协商上述任命条件时共同商定。每一方应负责支付此类酬金的一半。

在合同双方同意的任何时候，他们可以共同将事宜提交给争议裁决委员会，使其给出意见。没有另一方的同意，任一方不得就任何事宜向争议裁决委员会征求建议。

在合同双方同意的任何时候，他们可以任命一合格人选（或多个合格人选）替代（或备有人选替代）争议裁决委员会的任何一个或多个成员。除非合同双

第 18 章 争议的解决

方另有协议,只要某一成员拒绝履行其职责或由于死亡、伤残、辞职或其委任终止而不能尽其职责,该任命即告生效。

如果发生了上述情况,而没有可替换的人员,委任替换人员的方式与本款中规定的任命或商定被替换人员的方式相同。

任何成员的委任只有在合同双方同意的情况下才能终止,雇主或承包商各自的行动将不能终止此类委任。除非双方另有协议,在第 14.12 款[结清单]提及的结清单即将生效时,争议裁决委员会(包括每一个成员)的任期即告期满。

20.3 未能同意争议裁决委员会的委任

如果下列条件中任一条件适用,即:(a) 合同双方未能在第 20.2 款第一段说明的日期就争议裁决委员会的唯一成员的委任达成一致意见,(b) 合同中任一方未能在此日期,为由三名成员组成的争议裁决委员会提名一名人员(可为另一方接受的),(c) 合同双方未能在此日期,就第三位成员(担任主席)的委任达成一致意见,或者 (d) 合同双方在唯一成员或三名成员中的一名成员拒绝履行其职责,或由于死亡、伤残、辞职或其委任终止而不能尽其职责之日后 42 天内,未能就替代人选的任命达成一致意见。

则专用条件中指定的机构或官方应根据合同一方或双方的要求,并在与合同双方适当协商后,提名该争议裁决委员会成员。该任命应是最终的和具有决定性的。每一方应负责支付该指定的机构或官方的酬金的一半。

20.4 获得争议裁决委员会的决定

如果在合同双方之间产生起因于合同或实施过程或与之相关的任何争议(任何种类),包括对工程师的任何证书的签发、决定、指示、意见或估价的任何争议,任一方可以将此类争议事宜以书面形式提交争议裁决委员会,供其裁定,并将副本送交另一方和工程师。应说明争议的提交是根据本款作出的。

对于由三名成员组成的争议裁决委员会,当争议裁决委员会的主席收到此类提交时即认为争议裁决委员会收到了此类提交。

合同双方应立即向争议裁决委员会提供为对此类争议进行裁决的目的而可能要求的所有此类附加资料、进一步的现场通道和适当的设施。争议裁决委员不应被视为仲裁员。

在争议裁决委员会收到上述争议事宜的提交后 84 天内,或在争议裁决委员会建议并由双方批准的此类其他时间内,争议裁决委员会应作出决定,该决定应是合理的,并应声明该决定是根据本款作出的。该决定对双方都有约束力,合同双方应立即执行争议裁决委员会作出的每项决定,除非此类决定按下文规定在友好解决或仲裁裁决中得以修改。除非合同已被放弃、撤销或终止,否则承包商应继续按照合同实施工程。

如果合同双方中任一方对争议裁决委员会的裁决不满意,则他可在收到该决定的通知后第 28 天内或此前将其不满通知对方。如果争议裁决委员会未能在其收到此类不满通知后 84 天（或其他批准的时间）内作出决定，那么合同双方中的任一方均可在上述期限期满后 28 天之内将其不满通知对方。

在上述任一情况下，表示不满的通知应说明是根据本款发出的，且该通知应指明争议事宜及不满的理由。除非依据本款发出此类通知，否则将不能对争议进行仲裁，但第 20.7 款［未能遵守争议裁决委员会的决定］和第 20.8 款［争议裁决委员会的委任期满］所述的情况除外。任何一方若未按本款发出表示不满的通知，均无权就该争议要求开始仲裁。

如果争议裁决委员会已将其对争议作出的决定通知了合同双方，而双方中的任一方在收到争议裁决委员会的决定的第 28 天或此前未将其不满事宜通知对方，则该决定应被视为最终决定并对合同双方均具有约束力。

20.7　未能遵守争议裁决委员会的决定

如果下述情况发生：(a) 合同双方中的任一方均未在第 20.4 款［获得争议裁决委员会的决定］规定的期限内向争议裁决委员会发出表示不满的通知，(b) 该争议裁决委员会的有关决定（如有时）已成为最终决定并且具有约束力，以及 (c) 合同一方未遵守此类决定，则合同的另一方在不损害其拥有的其他权利的情况下，可将不执行决定的行为提交第 20.6 款［仲裁］中规定的仲裁。并且此时，第 20.4 款［获得争议裁决委员会的决定］和第 20.5 款［友好解决］的各项规定均不适用。

20.8　争议裁决委员会的委任期满

如果合同双方之间产生了起因于或相关于合同或工程的实施过程的某一争议，而此时不存在一个争议裁决委员会（无论是因为争议裁决委员会的任命已到期还是因为其他原因）：(a) 第 20.4 款［获得争议裁决委员会的决定］和第 20.5 款［友好解决］的各项规定均不适用，以及 (b) 该争议应根据第 20.6 款［仲裁］，直接通过仲裁最终解决。"

FIDIC 合同的上述规定包含了争议解决的各个方面，合同当事人，包括业主、承包商、主包商和分包商打算将争议提交 DAB 作出裁决时，应仔细阅读这些规定。

特别需要注意的是，在 FIDIC 合同 2005 版、2006 版和 2010 版施工合同条件中，第 20.4 款第一段中增加了最后一句 "Such reference shall state that it is given under this Sub-Clause.（争议申请书系根据本款作出），"也就是说，承包商在 FIDIC 合同 2005、2006 和 2010 版项下将争议提交 DAB 作出裁决时，承包商应在提交争议时，应在争议裁决申诉书（Dispute Referral）中首先声明本争议裁决申请书是根据第 20.4 款提出。

18.4.3 DAB 成员任命和 DAB 成立

为了保证能够公正地处理国际工程争议，一般而言，国际工程项目的 DAB 成员均由三名成员组成。在某些国际工程项目中，采用独任裁决员（sole member 或 sole adjudicator）制度。

争议裁决委员会应由具有恰当资格的成员组成，成员的数目可为一名或三名（"成员"），具体情况按投标函附录中的规定执行。如果投标函附录中没有注明成员的数目，且合同双方没有其他的协议，则争议裁决委员会应包含三名成员。

如果争议裁决委员会由三名成员组成，则合同每一方应提名一位成员，由对方批准。合同双方当事人应与这两名成员协商，并应商定第三位成员作为主席。

但是，如果合同中包含了意向性成员的名单，则成员应从该名单中选出，除非名单中的成员不能或不愿接受争议裁决委员会的任命。

在独任裁决员的情况下，有些业主会在招标文件中或者合同数据中写明独任裁决员的姓名。此时，承包商只能接受这名独任裁决员，除非在合同谈判中提出异议或反对意见。在响应投标时，承包商没有机会对独任裁决员提出异议或反对意见。

在合同中没有给出独任裁决员的情况下，必须指出，在实践中，随着双方当事人争议的升级，双方当事人，例如承包商与业主，或者主包商与分包商往往很难就独任裁决员的任命达成一致，此时，需要根据 FIDIC 合同 1999 版第 20.3 款的规定，请求指定机构任命一名独任裁决员。幸运的是，FIDIC 合同 1999 版第 20.3 款的规定非常全面，包括了所有不能达成协议的情况：

如果下列条件中任一条件适用，即：（a）合同双方未能在第 20.2 款第一段说明的日期就争议裁决委员会的唯一成员的委任达成一致意见，（b）合同中任一方未能在此日期，为由三名成员组成的争议裁决委员会提名一名人员（可为另一方接受的），（c）合同双方未能在此日期，就第三位成员（担任主席）的委任达成一致意见，或者（d）合同双方在唯一成员或三名成员中的一名成员拒绝履行其职责，或由于死亡、伤残、辞职或其委任终止而不能尽其职责之日后 42 天内，未能就替代人选的任命达成一致意见，

争议一方当事人在上述任一情形发生时，均可向指定机构致函，要求指定机构，例如国际商会 ICC 国际仲裁院（目前 ICC 由替代性争议解决中心负责）指定裁决员。

需要注意的是，在向指定机构致函要求任命裁决员时，请求任命函应写明：

(1) 函件标题应写明要求指定机构任命裁决员。

(2) 背景（Background）。

(3) 关于指定机构的合同规定（Contrat Provisions relating to Request）。

(4) 未能达成一致的事实（Facts concerning Failure to Agree on DAB Member）。

(5) 争议事项（Disputes Involved）。

(6) 要求任命 DAB 成员（Request for Appointment of DAB member）。

(7) 指定机构任命 DAB 成员的费用（Fees arising of request）。

(8) 联系方式（Communication）。

在任命三名 DAB 成员或者独任裁决员后，业主、承包商和 DAB 成员三方之间应签署争议裁决协议书。争议裁决协议书在 FIDIC 合同通用条件后面附有格式，但当事人可以根据工程争议的实际情况进行适当修改，例如在合同竣工后解决争议，此时，如果不需要 DAB 成员赴现场考察，则应删除现场考察的有关规定。自三方签署之日，争议裁决协议书生效，争议当事人可以将争议正式提交 DAB 作出决定。

对于中国承包商而言，由于中国承包商对于 DAB 制度或者国际仲裁制度不了解或所知不深，因此，在这里必须指出，DAB 成员的人选关乎案件的结果，承包商应详细了解 DAB 成员情况，然后作出 DAB 成员的选择决定。由于国际工程 DAB 成员大都是西方国家的律师或工程专家，因此，承包商需要判断其能力、人品和对中国是否存在偏见问题。特别是歧视或偏见，无法从履历中看出，需要承包商从中国承包商已经从事的国际工程 DAB 的案例中了解情况。在使用 FIDIC 合同的情况下，由于 FIDIC 合同源自英国的法律实践和 ICE 合同体系，因此，从英国选择工程专家或律师可能是好的选项。在选择独任裁决员时，应计量避免已在业主的工程上从事了多年 DAB 成员的人选作为自己的选择，可能存在的问题是，业主倾向于他意味着这位成员可能会存在偏向业主的倾向。另外，对于中国承包商而言，在国际工程项目存在三名 DAB 成员时，选择中国籍的 DAB 成员是一项可以考虑的选项。

18.4.4 申请 DAB 裁决通知

虽然 FIDIC 合同条款没有明示规定争议当事人打算将争议提交 DAB 时需要事先的书面通知（Notice of Intention to Refer dispute to DAB）或者裁决通知（Notice of Adjudication），但一般而言，争议当事人需要向 DAB 发出一份通知，并抄送给另一方当事人，将争议打算提交给 DAB 的打算以书面方式递交给 DAB。

裁决通知的目的在于向另一方当事人发出通知，告知对方他打算将争议提交给 DAB 作出决定，并启动与 DAB 裁决有关的所有程序，包括递交争议裁决申请书、对方当事人答辩、准备证据、听证会和 DAB 作出决定。如果争议的任何一方当事人不满 DAB 作出的决定，还有可能会导致一方当事人提起仲裁程序，进入仲裁的最终解决方式。或者，如合同约定诉讼方式，可能意味着争议一方当事人起诉,进入诉讼程序解决争议。

在 KNS 诉 Sindall 案中,法官在判决中写道:

"裁决通知有两个目的,通知另一方当事人存在合同争议,尽管通知中仅作了简明的陈述,另一方面,通知双方当事人任命的裁决员存在争议(并因此,例如,可能要留出时间),或者,通知指定机构任命裁决员。为了避免选择有资格的裁决员时产生利益冲突,并且不影响 JCT 裁决协议书执行,通过指定机构任命裁决员确有必要。"

裁决通知必须十分清楚地说明提交什么争议让 DAB 作出决定,如下:

(1) 争议的性质和争议当事人。
(2) 争议产生的地点和时间。
(3) 补偿要求。
(4) 争议当事人名称、地址。

对于中国承包商而言,需要特别注意的是在仲裁通知和裁决申请书中,应明确补偿要求(redress which is sought, relief sought),避免要求对方采取行动的补偿要求,而应要求金钱补偿(montary relief)。

18.4.5 争议提交 DAB 作出决定

在国际工程项目中,业主或承包商、主包商或分包商将争议提交 DAB 作出决定的前提是双方的不同主张必须构成"争议",而确定争议的标准将根据合同规定判断,或者在合同没有约定的情况下,根据法律,包括判例作出判断。

在 FIDIC 合同中,业主和承包商之间的分歧应构成"争议",例如承包商递交索赔不构成争议,只有业主或工程师拒绝了承包商提出的索赔,才能构成争议。在 2017 年第 2 版 FIDIC 合同中,第 1 条规定了争议的定义,只有承包商递交索赔,工程师拒绝索赔才能构成争议,或者承包商对工程师作出的决定发出不满通知(Notice Of Dissatisfaction, NOD)时,才能构成争议。因此,承包商在使用 FIDIC 合同 2017 年第 2 版时,应特别注意"争议"的定义,它需要业主、工程师和承包商之间的书面文件证明存在争议,否则,如果承包商将所谓的"争议"提交 DAB,可能导致 DAB 没有管辖权。

承包商在递交争议裁决申请书时,应按照一定的格式编制争议裁决申请书,基本要求是应具有逻辑性、具有说服力。

(1) 简介,应说明分包合同基本情况,争议因何而起,DAB 具有管辖权。
(2) 合同争议的细节及其合同依据。
(3) 争议一方当事人提出的任何法律或判例。
(4) 每一项争议的详情,如为索赔,索赔权利的确权、合同依据、量化和证据。

(5) 要求 DAB 作出决定的事项，即请求项。
具体而言，一份争议裁决申请书的主要章节如下：
(1) 封面，表明申请人（Referring Party）和被申请人（Responding Party）。
(2) 当事人。
(3) 概述，阐明争议或者索赔。
(4) 合同，论证申请依据的合同条款或者索赔依据的合同条款。
(5) 提交裁决申请函。
(6) 事实。
(7) 专家证据。
(8) 证人证据。
(9) 救济措施，即申请书请求 DAB 作出决定的具体请求。
(10) 附件。

作为承包商，将争议提交 DAB 作出决定应该不像提交仲裁那样难以决策。在难与业主和/或工程师就某项争议达成解决方案的情况下，可以将争议递交 DAB 作出决定。对于中国承包商而言，应克服害怕得罪业主和商业关系的考虑，采用国际上都可以接受的方法解决争议。

18.4.6　DAB 对争议的管辖权

无论是在仲裁、诉讼还是 DAB 争议解决机制中，法庭、仲裁庭或者 DAB 的管辖权均是争议当事人要首先面对和解决的问题。管辖权是争议当事人必须力争的事项，是兵家力争之地，其对案件的结果可能产生影响。除非 DAB 具有对争议的管辖权，否则 DAB 无权处理国际工程项目中的争议。但是，如果争议一方当事人对 DAB 的管辖权提出异议（challenge），DAB 负有责任考虑管辖权异议并作出是否撤销还是继续的决定，即 DAB 决定是否对争议具有管辖权。

影响 DAB 管辖权的事项很多，可能包括：
(1) 合同性质，是否是建筑工程合同，特别是在英国法定裁决的情况下。
(2) 提交给 DAB 作出决定的争议是否构成争议。
(3) 当事人合同中的约定。
(4) 是否根据 2005、2006 和 2010 版 FIDIC 合同第 20.4 款提出争议申请。
(5) 合同约定 DAB 只能一次解决一项争议，但是否可以对多起争议具有管辖权。
(6) DAB 任命无效。

在作者处理的埃塞俄比亚公路局的公路项目争议中，公路项目使用的是 FIDIC 合同 2005 版合同条件。在争议裁决申请书中第 3 节"争议裁决协议书和争议委员会管辖权"（Agreement to Refer the Dispute for DB and DB's Jurisdiction）

中，提及第20.4款并论述了第20.4款的前提条件。业主认为，承包商没有在提交争议裁决的封首函中提及第20.4款，因此，争议委员会独任裁决员没有管辖权。DB独任裁决员在第1号决定中指出：

"31 DB首先就2015年5月15日承包商递交第1号争议申请书（Dispute Referral No.1）中第3节"争议裁决协议书和争议委员会管辖权"提及的第20.4款［取得争议委员会的决定］作出决定。

32 DB认为，按照第1号争议申请书的题目可以看出，承包商清晰的意思表示就是根据合同和按照法律规定DB拥有提交争议的管辖权。承包商长篇叙述了适用的合同条件以及当事人未能就任命独任裁决员达成一致事宜，促使承包商不得不通过指定机构，即国际商会替代性争议解决中心于2017年1月24日任命独任裁决员。

33 在第1号争议申请书第12段中，承包商重申第20.2款规定，'本争议根据第20.4款提交DB作出决定'。在第16段中写道'通用合同条件第20.4款规定的争议申请的前提条件成就。业主或承包商任何一方可将有关争议提交DB作出决定'。

……

44 如上所述，DB认为本争议申请符合第20.4款的程序要求，DB具有对第1号争议申请书的管辖权。"

如上所述，争议一方当事人对DAB管辖权的异议理由多种多样，DAB应根据具体情况决定其是否具有管辖权。在Tim Buler Construction Limited诉 Merewood Homes Limited［2000］TCC 10/100案中，原告承包商将应付款争议提交DAB，但被告业主提出根据合同的规定，合同不是45条付款期限合同，因此DAB没有管辖权。法官认为应根据合同的具体情况作出判断，在本案中，裁决员具有对提交争议的管辖权。

在Deluxe Art & Theme Limited诉Back Interiors Limited［2016］EWHC 238（TCC）案中，合同约定裁决员一次只能对一项争议作出决定。但争议一方当事人一次将3个争议提交裁决员作出决定。本案中，法院判决裁决员没有对一方当事人一次提交的3个争议申请拥有管辖权。

在RMC building & Civil Engineering Limited诉UK Construction Limited［2016］EWHC 241（TCC）案中，由于裁决员不是由合同约定的指定机构任命的，另一方当事人提出裁决员管辖权异议，法院判决裁决员没有管辖权，其作出的裁决无效。

18.4.7 争议裁决申请书答辩

争议裁决申请书的另一方当事人有权在一方当事人递交了申请后在DAB给

出的时间内提出答辩（answer, rejoinder），这是当事人的权利。当事人可以在答辩状中阐明事实、提出观点，提出主张和证据，当然，当事人也可以提出反请求（counter-claim），要求 DAB 作出决定。

当事人在答辩时，应针对争议裁决申请书中提出的事实进行答辩，这与国际仲裁和诉讼中的要求没有什么差异。当事人需要针对事实、观点、主张进行答辩，并提供相应的证据支持自己主张的事实、观点和主张。

在国际工程争议中，答辩的基本内容如下：
（1）争议双方当事人名称和地址。
（2）主要观点。
（3）每一项争议的事实、主张和证据。
（4）结论。

无论在国际仲裁还是在诉讼中，当事人是否在收到申请书后行使答辩权利，不影响当事人的任何权利，当事人可以递交答辩状，也可以不递交答辩状。在听证会或者庭审过程中，当事人可以当庭提出答辩意见。但是，一般而言，当事人均会递交答辩状，阐明事实、主张、观点和证据。

18.4.8　DAB 听证会

在争议当事人提交争议裁决申请书和答辩状后，DAB 将作出举行听证会的指示，决定在哪个日期、地点举行听证会。DAB 通过程序令的方式向争议当事人发出指示。一般而言，国际工程争议的 DAB 听证会地点在工程所在国或地区的首都举行，也可能在现场举行。或者，争议双方当事人按照合同约定的地点或发生争议时约定的任何其他地点举行听证会。

一般而言，听证会程序的安排如下：
（1）申请人提出开庭陈述（opening submission）。
（2）被申请人提出开庭陈述。
（3）申请人针对每一项争议提出事实、主张和证据；被申请人提出答辩，提出事实、主张和证据。
（4）DAB 可以在庭审过程中询问争议当事人有关事实和查证证据。
（5）争议当事人庭后陈述。
（6）DAB 进行庭后安排并给出作出决定的预计时间。
（7）庭审结束。

在国际工程项目中，由于 DAB 中大多数情况下是第三国的工程专家和律师，因此，DAB 会指示其中一方当事人安排住宿和机场接送。一般而言，在争议的另一方当事人是工程所在国政府部门时，DAB 会指示承包商安排住宿和机场接送。但在机场接送时，为了避免与任何一方当事人单独接触，仅要求司机开车接送。承包商也应避免与 DAB 成员单独接触。

18.4.9　DAB 决定及其效力

FIDIC 合同规定 DAB 作出决定的期限为 84 天，自争议一方当事人提交争议裁决申请书之日起算，因此，DAB 在听证会的最后需要告知争议当事人作出决定的预期时间。

DAB 决定应清晰地表明其作出的决定。例如，在涉及付款时，一方当事人向另一方当事人支付应付款的具体日期，或者，在决定承包商的索赔金额时，应对具体金额作出决定。但在国际工程的 DAB 实践中，往往发生在承包商要求对索赔的具体金额作出决定时，DAB 未能在决定中作出具体金额的决定，而是作出希望承包商与业主协商具体金额的决定。此类决定表明，DAB 未能履行其作出决定的职责。例如，在埃塞俄比亚公路局的公路项目中，在中国承包商提出增值税索赔时，虽然合同规定承包商应在合同中考虑所有的税和费，在工程量表（BOQ）中的总结页没有明示列明 15% 增值税的情况下，独任 DAB 成员仅作出了承包商对增值税没有义务纳入合同价格的义务。但是，在承包商在争议裁决申请书中要求业主返还或支付增值税具体金额的情况下，独任 DAB 成员仅作出了承包商没有义务在合同价格中考虑增值税的义务，并没有在决定中确定业主返还或支付给承包商的具体金额，不得不说，独任 DAB 成员未能尽到尽职义务。

在国际工程实践中，还有的 DAB 在作出决定时，在涉及工期的情况下，对工期延长作出决定，但对于承包商的费用索赔，往往不作出具体金额的决定，而是要求业主和承包商进一步协商。这种裁决显然是避重就轻，DAB 成员未尽职责。不得不说，这种 DAB 决定丧失了 DAB 快速解决争议的功用。这种情况发生时，可能导致承包商或业主不得不通过仲裁方式解决争议。

DAB 决定不存在固定的格式，但在实践中，DAB 决定应至少包括如下内容：

(1) 争议当事人的姓名和地址。

(2) 裁决形式和类型。

(3) DAB 成员的任命基础和条件。

(4) 项目和争议的背景。

(5) 争议范围和需要决定的问题，以及听证会期间新的请求项。

(6) 申请人要求的救济措施。

(7) 裁决员管辖权来源，以及存在异议时，DAB 对管辖权的决定。

(8) 听证会情况。

(9) 相关的合同条款。

(10) 当事人的主张。

(11) 对当事人每一项争议的决定。

(12) DAB 决定。

(13) 决定或裁决总结。

另外，DAB 在作出决定时，应由每个裁决员在决定上签字。DAB 决定中的每个段落应注明顺序号码。参考文件应可以相互参照并提供案卷号码。DAB 决定应分成各个部分表述。

根据 FIDIC 合同的规定，DAB 作出决定并发送给争议当事人后生效，除非争议当事人在收到 DAB 决定之后的 28 天内发出不满通知（Notice of Dissatisfaction）。也就是说，在争议当事人在规定的期限内发出不满通知后，DAB 裁决将不具有法律效力。如果争议当事人没有在规定的期限内发出不满通知，则 DAB 决定具有法律效力，当事人应予遵守和执行。

FIDIC 合同 1999 版第 20.7 款规定，如果下述情况发生：（a）合同双方中的任一方均未在第 20.4 款［获得争议裁决委员会的决定］规定的期限内向争议裁决委员会发出表示不满的通知，（b）该争议裁决委员会的有关决定（如有时）已成为最终决定并且具有约束力，以及（c）合同一方未遵守此类决定，则合同的另一方在不损害其拥有的其他权利的情况下，可将不执行决定的行为提交第 20.6 款［仲裁］中规定的仲裁。并且此时，第 20.4 款［获得争议裁决委员会的决定］和第 20.5 款［友好解决］的各项规定均不适用。

18.4.10 DAB 费用承担

与国际仲裁或诉讼中由败诉方承担全部或部分仲裁或诉讼费用不同，DAB 成员的费用是由争议当事人各自负担 50%，包括：

（1）DAB 成员的费用。

（2）DAB 成员的其他费用，包括公务舱机票费用、旅馆住宿费。

（3）听证会的租用场地费用、记录人员费用（如有）。

（4）电话会议费用或者视频会议费用。

并且，在 DAB 争议解决机制中，争议当事人需要各自承担其准备争议裁决申请书、证据、听证会等各项法律费用，争议一方当事人不能向另一方当事人主张承担他花费的各项法律费用，包括律师费用（如有）、专家证人费用等。但是，如果合同中约定了适用 DAB 时，败诉方当事人应向另一方当事人支付 DAB 的费用及其发生的法律费用的情况下，DAB 可以对争议当事人的费用作出决定。

在 John Cothliff Limited 诉 Allen Build (North West) Limited［1999］LV9 22641 案中，马歇尔法官在判决中写道：

"我决定裁决员有权对费用作出决定，至少，在本案中，一方当事人在申请中明确要求裁决员对裁决费用作出决定。……在申请书第 13 和第 16 段中，当事人提出了要求裁决员对裁决作出决定，另一方当事人也提出此项要求。……因此裁决员对裁决费用作出决定并无不妥。"

在此类案件中，如果争议当事人双方同意裁决员对裁决费用作出决定，就意味着裁决员有权对当事人要求的裁决费用作出裁决。但是，十分不合理的是分包合同中规定无论结果如何，要求一方当事人承担所有 DAB 费用。在这种情况下，可能会出现申请人承担所有 DAB 费用的情况。在分包合同中，申请人通常会是分包商，因此，除非分包商在争议裁决申请书中主张此项条款不合理，正如在 Interfoto 诉 Stileto 案一样，则此类约定或协议应得到支持。

在 Bridgeway Construction Ltd 诉 Tolent Construction Ltd［2000］LVO 99069 案中，麦凯法官认为，尽管此类条款不合理，但是当事人已就此达成协议，法院不能改变协议，因此，相关的裁决员决定有效。

18.5 仲裁

18.5.1 仲裁条款和仲裁协议

仲裁条款或仲裁协议是合同双方当事人在订立合同时同意的，在将来可能发生的争议提交仲裁解决的合同条款。这种仲裁条款是合同条款的一个组成部分，包含在合同之中。

目前，根据大多数国家的法律，只要合同中订有仲裁条款，在发生争议需要提交仲裁时，合同当事人无须另行签订仲裁协议，凭合同中的仲裁条款即可将争议提交仲裁。但在没有仲裁条款的情况下，则要求合同当事人在提出仲裁之前达成仲裁协议，凭仲裁协议才可将争议提交仲裁。

在合同当事人订立了仲裁条款或仲裁协议后，仲裁条款和协议的效力如下：

（1）合同当事人应受仲裁条款和协议的约束，如发生争议，应提交仲裁解决，而不能向法院提起诉讼。

（2）仲裁机构取得对争议案件的管辖权。

（3）取代了法院对争议案件的管辖权。

一项具有效力的仲裁条款或仲裁协议的主要内容应包括：

（1）仲裁地点。

仲裁地点是合同双方当事人争论的焦点。业主、当地主包商都希望将仲裁地点确定在自己的国家，而外国承包商、外国分包商或外国主包商则不希望将仲裁地点确定在业主或当地主包商的国家，而希望选择在第三国进行仲裁。对于分包合同而言，为了避免选择在工程所在国的仲裁机构进行仲裁，一般而言，在第三国仲裁是一项主包商和分包商均可接受的选择。

(2) 仲裁机构。

由于某些国家，特别是英美等发达国家，有全国性的仲裁机构，如英国伦敦仲裁院，也有许多专业性的组织都设有仲裁机构，如伦敦油籽协会、伦敦谷物贸易协会等，可以从事仲裁业务，因此，合同当事人在选择了仲裁地点后，还需要进一步选定仲裁机构。

(3) 仲裁规则。

仲裁规则是仲裁机构制订的如何进行仲裁的程序规则，包括如何提出仲裁申请、如何答辩、指定仲裁员、如何作出仲裁裁决和裁决的效力等内容。一般而言，合同当事人在选择了仲裁机构后，都会选择该仲裁机构自己制订的仲裁规则。当然，合同当事人也可以选择其他机构制订的仲裁规则。

(4) 仲裁的效力。

合同当事人应在仲裁条款或仲裁协议中明确规定仲裁的效力，即仲裁裁决是终局的裁决，对双方当事人都有约束力，任何一方都不得向法院提起上诉。

在标准合同格式中，一般都明确规定了一项完整的仲裁条款的内容。但在分包合同中，在主包商自己起草分包合同时，应注意仲裁条款的有效性和完整性，以便发生争议时可以依据仲裁条款将争议提交仲裁解决。

在标准合同格式中，特别是工程施工合同格式中，如 FIDIC、ICE、JCT、AIA 等合同格式，一般均以争议的解决的条款方式规定解决争议的方式。有关仲裁机构，如联合国国际贸易法委员会建议合同双方当事人以下述方式订立仲裁条款：

"凡本合同引起的或与本合同有关的，或与违反、终止本合同或合同无效有关的所有争议、争执或请求权，应按现行有效的联合国国际贸易法委员会仲裁规则以仲裁方式处理。

注：双方当事人可考虑增订：

(1) 指定仲裁员的机构应为……（机构或人员名称）。

(2) 仲裁员的人数应为……（一人或三人）。

(3) 仲裁地点应在……（城市或国家的名称）。

(4) 仲裁程序所使用的语言应为……。"

在国际工程项目中，一份完整的仲裁协议可参考如下示范条款：

"(a) In the event of any differences or dispute arising from this Agreement or any other matter related thereto which cannot be settled amicably between the Parties within 60 (sixty) days as from the notification of such dispute by a Party to the other Party and/or Parties, such differences or dispute shall be finally referred to ………………………（"………"）and settled in accordance with the existing Rules of Arbitration ("Rules") by a tribunal of three arbitrators appointed in accordance with the Rules.

Each Party shall bear its own costs and expenses of arbitration. The arbitrators shall assess in their award the amount of the costs and expenses of arbitration and the arbitrators'fees. The prevailing Party (s) shall be entitled to all costs, expenses and reasonable attorney fees.

(b) If each of the Parties has partly lost and partly won, the arbitrators shall apportion the costs, expenses and fees between the Parties.

(c) The arbitration shall be held in ············

(d) The arbitration shall be conducted in the English language and the decision of the arbitrators shall be in writing and in English.

(e) The decision of the arbitration shall be final and binding on the Parties and may be enforced by any court of competent jurisdiction at the request of the prevailing Party in accordance with the applicable rules.

或者：

1.1.1 Arbitration

(i) Any Dispute that is not settled amicably by the Parties under Clause 19.2.1 (*Consultation and Amicable Settlement*) (including where the Management Committee does not reach an unanimous decision or is not properly convened in accordance with Clause 19.2.1 (ii)), shall be referred to and finally settled by arbitration in accordance with this Clause 19.2.2.

(ii) The arbitration shall be conducted according to the Arbitration Rules of the LCIA ("Rules") for the time being in force, which rules are deemed to be incorporated by reference in this Clause 19.2.2, in London, or another mutually agreed location. The seat of the arbitration shall be London. In the case of conflict between the Rules and the provisions of this Clause 19.2.2, the provisions hereof shall prevail.

(iii) Unless otherwise agreed between the Parties, three arbitrators shall be appointed. Each Party shall nominate an arbitrator, and the two Party-appointed arbitrators shall jointly nominate the third (who shall be the presiding arbitrator) within 30 days after the confirmation of the second arbitrator, failing which the third arbitrator shall be appointed by the LCIA in accordance with the Rules.

(iv) Any decision rendered by the arbitral tribunal, including the arbitral award, shall be treated in secrecy by the arbitral tribunal and as confidential information by the Parties, pursuant to Clause1.9 (*Confidentiality*).

(v) The arbitrators shall have full power to open up, review and revise any certificate, determination, instruction, opinion or valuation of (or on behalf of) the Parties with respect to a Dispute. Neither Party shall be limited to the previous evidence or arguments on any matter whatsoever relevant to a Dispute in the proceedings before the arbitration.

(vi) The award rendered by the arbitrator (s) shall be final and binding and the Parties agree that neither of them may appeal to any court from any award or decision of the arbitrator (s). Judgments upon awards or orders for enforcement may be entered and shall be enforceable in any court of competent jurisdiction and execution may be had in accordance with the law of execution generally applied in the jurisdiction where enforcement is sought.

(vii) The Parties shall be obliged to continue the performance of their obligations in accordance with the Contract notwithstanding the existence of any Dispute, provided that the Employer shall be entitled to withhold any disputed portion of a payment claim until the Dispute is resolved.

承包商必须注意的是，各个仲裁机构的仲裁规则不同，世界上的大部分仲裁机构的仲裁规则均规定选择了该会的仲裁规则，就视为选择了该机构作为仲裁机构，例如国际商会仲裁院 2012 仲裁规则第 6.2 条就如此规定。中国国际经济贸易仲裁委员会 2015 年仲裁规则第 4.4 条规定"当事人约定按照本规则进行仲裁但未约定仲裁机构的，视为同意将争议提交仲裁委员会仲裁。"但是，在适用联合国国际贸易法仲裁规则时，如果当事人在仲裁条款或仲裁协议中仅约定按照联合国国际贸易法仲裁规则仲裁，但没有约定仲裁机构，则根据该规则，在合同双方当事人没有达成任何进一步协议的情况下，应向位于海牙的国际常设仲裁院要求指定仲裁机构管理仲裁案件。这就意味着，合同当事人在约定使用联合国国际贸易法委员会仲裁规则时，应约定仲裁机构。

仲裁条款或仲裁协议应当采用书面形式。书面形式包括合同书、信件、电报、电传、电子数据交换和电子邮件等可以有形地表现所载内容的形式。在仲裁申请书和仲裁答辩书的交换中，一方当事人声称有仲裁协议而另一方当事人不做否定表示的，视为存在书面仲裁协议。

在国际仲裁中，仲裁条款或仲裁协议的效力是争议当事人争议的焦点之一。在实践中，影响仲裁条款或仲裁协议效力的因素是：

(1) 仲裁条款约定"仲裁和诉讼"或者"仲裁或诉讼"。

(2) 仲裁条款或仲裁协议没有约定仲裁机构。

(3) 仲裁条款或仲裁协议约定了两个或两个以上的仲裁机构。

(4) 仲裁条款或仲裁协议约定的仲裁机构名称错误，但又无法合理推断出仲裁机构。

(5) 仲裁条款或仲裁协议指定了错误的仲裁机构。

(6) 在中国仲裁法下选择了临时仲裁机构。

（7）合同双方当事人都是中国企业时约定境外仲裁机构。

（8）其他影响仲裁条款或仲裁协议效力的事项。

在国际商事仲裁实践中，仲裁条款或仲裁协议效力认定的原则是：

第一，尊重当事人仲裁意愿的原则。由于仲裁是当事人之间约定的协议管辖，构成了仲裁能否进行的基础。仲裁条款受当事人的共同意愿支配，而没有必要依据某一特定国家的仲裁法。

第二，仲裁管辖权优先原则。自1958年《纽约公约》生效以来，支持仲裁的理论逐步在国际上得到确认。《纽约公约》规定"各缔约国承认仲裁协议的效力""对于当事人就诉讼事项订有仲裁协议的，法院受理诉讼时，应依当事一方请求，命当事人提交仲裁。"例如，对当事人既约定仲裁又约定诉讼的仲裁条款的效力问题，各国法院的普遍做法是仲裁管辖权优先的原则。例如中国香港高等法院在William Company诉Chu Kong Agency案中认定，提单中的仲裁条款"在中华人民共和国法院解决或在中华人民共和国仲裁解决"是有效的。而新加坡法院在Da Yun Shan案中，法院虽然认为"该案不是一个一定要通过仲裁解决的"争议，但最终还是通过运用自由裁量权中止了诉讼程序。

中国企业在选择仲裁还是诉讼上，存在两种不同的情况：

第一，中国企业之间在对内贸易、各种经济合同纠纷和在中国建筑市场的争议和纠纷，往往面临两种选择，一是在争议发生之后诉诸诉讼，二是诉诸仲裁。

第二，中国企业对外贸易和对外承包工程项目上，当发生争议时往往倾向于选择仲裁，这主要是对外贸易和对外承包工程的涉外性质决定的。国外当事人也往往倾向于采用国际仲裁方式解决争议，特别是对外承包工程，国外业主往往选择仲裁，或者业主选用的标准格式合同，如FIDIC合同第20条规定了仲裁条款。

目前，影响中国企业选择仲裁方式的主要因素在于仲裁与诉讼的优劣比较。有些企业认为，仲裁一裁终局，在可能出现对己不利的裁决时，无法通过上诉的方式纠正。而法院诉讼可以在一审败诉后，仍然可通过二审程序得以翻盘。影响中国企业选择仲裁的第二个主要因素在于有些企业怀疑仲裁员的素质和公正性，担心出现错裁或误裁，以致企业合法权益无法得到保障。

为此，需要通过多种手段强化仲裁在解决商事纠纷中的作用和地位：

第一，通过立法手段强化仲裁作用和地位，给予当事人法律上的保障。以英国为例，通过立法给予建筑合同的争议裁决机制（Dispute Adjudication）合法地位，使得这种适用于建筑工程的替代性争议解决方式合法化，从立法上推动争议解决机制的创新。

第二，修改仲裁法，使之适应国际上仲裁的趋势、惯例和最佳实践，使中国的仲裁国际化，取消仲裁法中一些限制或妨碍仲裁实施的规定。

第三，加强仲裁机构的建设，树立仲裁机构的权威，加强仲裁宣传，使企业了解仲裁的优点，了解仲裁裁决的公正性和权威性。

第四，加强仲裁员队伍建设，纯洁仲裁员队伍，聘用优秀的仲裁员，使企业在发生争议时，可以从仲裁员名录中找到适合案件的仲裁员，使企业建立信心，使他们能够确信由优秀仲裁员组成的仲裁庭可以从事实、法律、证据等方面作出正确的判断，给予公正的裁决。

第五，加强仲裁裁决的执行力度，通过立法和司法手段，使仲裁裁决得到及时和快速的执行，维护权益受到保护的当事人的合法权益。

第六，加强国际仲裁机构之间的合作，运用《纽约公约》的效力，加强仲裁裁决的国外执行和效果，使国际仲裁裁决得以在域外有效执行。

18.5.2 仲裁机构

一般来说，大多数国家的相关国际组织和机构都设有各种类型的仲裁机构，有的是全国性的，有的是地区性的，有的则是专业性的仲裁机构。目前，按照2017年受案金额统计，按顺序排列在国际上比较有影响力的仲裁机构是：

1. 国际商会国际仲裁院

国际商会国际仲裁院成立于1923年，总部设在巴黎，是处理国际商事争端的国际性民间组织。国际商会国际仲裁院是国际性民间组织，具有很大的独立性，理事会由来自40多个国家和地区的具有国际法专长和解决国际争端经验的成员组成。其成员首先由国际商会各国委员会根据一国1名的原则提名，然后由国际商会大会决定，任期3年。仲裁院成员独立于其国家和地区行事。仲裁院设主席1名，副主席8名。该仲裁院在国际商会总部设有秘书处，秘书处由来自10多个国家的人员组成，设秘书长1名，秘书处的工作由秘书长主持，秘书处分5个小组，每组由3人组成，1名顾问、1名助理，还有1名秘书。顾问一般是律师，并至少应当懂英语与法语。这5个小组负责处理案件管理中的日常事务。除以上5个小组以外，秘书处还设有1名特别顾问、1名档案管理员、1名行政助理和几名秘书。

目前，国际商会国际仲裁院（International Court of Arbitration, International Chamber of Commerce）是世界排名第一的仲裁机构，其受理案件数量和争议标的金额排名第一。FIDIC合同条件中争议解决机构也选择了国际商会国际仲裁院。

2016年，国际商会国际仲裁院共受理966件新仲裁案件，增长率达到前所未有的20%。ICC在全球，尤其是北美洲、中美洲和非洲拓宽仲裁服务的努力已初见成效。

与2015年相比，来自美洲的当事人数量翻了一番，非洲当事人数量增长50%，南亚和东亚增长22%，都超过已往记录。其中，美国当事人数量最多，为554家，占总数量的17.88%；美属维尔京群岛其次，为269家，占8.68%；

来自中美洲国家伯利兹的当事人数量居第3位，为135家，占4.36%；来自中国（含香港）的当事人数量为66家，占总数量的2.13%，位居第12位，在亚洲少于韩国当事人数量（82家），多于印度（60家）和日本（23家）。66家中，来自中国大陆的当事人共计41家，包括申请人15家，被申请人26家。

仲裁庭构成方面，2016年受到任命的仲裁员共计1411人次，其中由当事人提名的仲裁员计794人次，占比最大；由各国家委员会提名的仲裁员占比第二，计232人次。英国国籍的仲裁员人数最多，为200人，占总人数14.17%；美国第二，168人，占总人数11.91%；瑞士第三，145人，占总人数10.28%。中国国籍的仲裁员为9人次，其中边裁8人次，首席仲裁员1人次，独任仲裁员0人次。

仲裁地方面，选择巴黎、伦敦和日内瓦作为仲裁地的频次最高，分别为96、65和54件。选择中国作为仲裁地的案件为8件，均由当事人约定，城市均为中国香港。

案件标的额方面，2016年ICC正在受理的所有案件平均标的额约为1.12亿美元，居全球仲裁机构首位。2017年ICC仲裁规则新增快速裁决程序，旨在提高仲裁程序性价比，推动标的额较小的案件使用ICC仲裁。

2. 美国仲裁协会

美国仲裁协会（American Arbitration Association，AAA，下称协会）是世界上最大的冲突处理和争议解决机构之一。成立于1926年的美国仲裁协会，总部设在纽约市，在美国有34家办公室，还有2家国际中心分别在纽约和都柏林。协会2004年处理159000宗案件，2002年处理230255宗案件。协会是一家非营利的多元化纠纷解决（Alternative Dispute Resolution，ADR）机构。协会管理大量通过调解、仲裁、选举以及其他法院外处理程序处理的一系列范围的争议。作为一家行政机构，协会处理案件从申请到结案的全过程，包括帮助指定调解员和仲裁员、审理、传递文件、安排会议信息等，目的是使案件能公平公正地运作直至结案。此外，协会帮助公司、工会、政府机构、律师事务所和法院设计和发展ADR系统。协会拥有大约8000名调解员和仲裁员的独立专家队伍来审理案件。他们的行为由协会商业争议仲裁员道德规范守则和标准调解员行为规范指导。

3. 中国国际经济贸易仲裁委员会

中国国际经济贸易仲裁委员会（英文简称CIETAC，中文简称"贸仲委"）是世界上主要的常设商事仲裁机构之一。

根据1954年5月6日中央人民政府政务院第215次会议通过的《关于在中国国际贸易促进委员会内设立对外贸易仲裁委员会的决定》，贸仲委于1956年4月由中国国际贸易促进委员会（简称"中国贸促会"）组织设立，当时名称为对外贸易仲裁委员会。中国实行对外开放政策以后，为了适应国际经济贸易关系不断发展的需要，根据国务院发布的《关于将对外贸易仲裁委员会改称为对外经济贸易仲裁委员会的通知》，对外贸易仲裁委员会于1980年改名为对外经济贸易仲裁委员会，又于1988年根据国务院《关于将对外经济贸易仲裁委员会改名为中国国际经济贸易仲裁委员会和修订仲裁规则的批复》，改名为中国国际经济贸易仲裁委员会。2000年，中国国际经济贸易仲裁委员会同时启用中国国际商会仲裁院的名称。

贸仲委以仲裁的方式，独立、公正地解决经济贸易争议。

贸仲委设在北京，并在深圳、上海、天津、重庆、杭州、武汉和福州分别设有华南分会、上海分会、天津国际经济金融仲裁中心（天津分会）、西南分会、浙江分会、湖北分会和福建分会。贸仲委在中国香港特别行政区设立贸仲委中国香港仲裁中心。

贸仲委及其分会/仲裁中心是一个统一的仲裁委员会，适用相同的《仲裁规则》和《仲裁员名册》。贸仲委《章程》规定，分会/仲裁中心是贸仲委的派出机构，根据贸仲委的授权接受并管理仲裁案件。

根据仲裁业务发展的需要，以及就近为当事人提供仲裁咨询和程序便利的需要，贸仲委先后设立了29个地方和行业办事处。为满足当事人的行业仲裁需要，贸仲委在国内首家推出独具特色的行业争议解决服务，为不同行业的当事人提供适合其行业需要的仲裁法律服务，如粮食行业争议、商业行业争议、工程建设争议、金融争议以及羊毛争议解决服务等。此外，贸仲委还为当事人提供域名争议解决服务，积极探索电子商务的网上争议解决。针对快速解决电子商务纠纷及其他经济贸易争议的需要，于2009年5月1日推出《网上仲裁规则》。该规则在"普通程序"之外根据案件争议金额大小分别规定了"简易程序"和"快速程序"，以真正适应在网上快速解决经济纠纷的需要。

五十多年来，贸仲委以其仲裁实践和理论活动为中国《仲裁法》的制订和中国仲裁事业的发展作出了贡献。贸仲委还与世界上主要仲裁机构保持着友好合作关系，以其独立、公正和高效在国内外享有盛誉。

4. 瑞典斯德哥尔摩商会仲裁院

斯德哥尔摩商会仲裁院成立于1917年，是瑞典全国性的仲裁机构，由于瑞典是中立国，因此，许多商事争议均在该仲裁院进行仲裁。

尽管斯德哥尔摩商会仲裁院（SCC）是商会的机构之一，但它具有独立的地位和组织。仲裁院设立3人委员会，委员由商会的执行委员会任命，任期3年。担任委员会主席的委员由富有解决工商业争端经验的法官担任，而其他二人中，一人是执业律师，另一名是商界人士。委员各有一名副职，副职的资格与委员相同，也由商会执行委员会任命，任期3年。委员会的两名委员即构成法定人数，表决未达到半数以上，主席有决定权。裁决是终局性的，不需要提交商会再行审查。该仲裁院目前适用的仲裁规则是 2007 年 1 月 1 日生效的《瑞典斯德哥尔摩商会仲裁院规则》。

目前，瑞典斯德哥尔摩商会仲裁院可以受理世界上任何国家当事人所提交的商事争议。

值得关注的是，SCC 没有仲裁员名单，当事人可自由指定任何国家，任何身份的人作为仲裁员。通常当事双方各自选择一位同胞作为仲裁员，并共同选择第三名仲裁员，组成三人仲裁庭。此举提高了仲裁的速度和效力，也便于在各个国家执行。

随着中国对外开放的不断深入，许多涉外合同当事人选择 SCC 作为解决其争议的仲裁机构。

5. 伦敦国际仲裁院

1892 年 11 月 23 日成立伦敦仲裁会，1903 年 4 月 2 日改名为伦敦仲裁院，由一个伦敦城市和伦敦商会各派 12 名代表组成的联合委员会管理。1975 年伦敦仲裁院与女王特许仲裁员协会合并，并于 1978 年设立了由来自 30 多个国家的具有丰富经验的仲裁员组成的"伦敦国际仲裁员名单"。1981 年改名为伦敦国际仲裁院，这是国际上最早成立的常设仲裁机构，现由伦敦市、伦敦商会和女王特许仲裁员协会三家共同组成的联合管理委员会管理，仲裁院的日常工作由女王特许仲裁员协会负责，女王特许仲裁员协会的会长兼任仲裁院的主席。

该仲裁院在组成仲裁庭方面确定了一项重要的原则，即在涉及不同国籍的双方当事人的商事争议中，独任仲裁员和首席仲裁员必须由 1 名中立国籍的人士担任。伦敦国际仲裁院于 1985 年 1 月 1 日起实行新的《伦敦国际仲裁院规则》，仲裁庭组成后，一般应当按照伦敦国际仲裁院的仲裁规则进行仲裁程序，但同时，该仲裁院也允许当事人约定按《联合国国际贸易委员会仲裁规则》规定的程序仲裁。它是目前英国最主要的国际商事仲裁机构，可以审理提交给它的任何性质的国际争议，尤其擅长国际海事案件的审理。由于其较高的仲裁质量，它在国际社会上享有很高的声望

另外，在国际上享有盛名的仲裁机构还有中国香港国际仲裁中心、新加坡国际仲裁中心、日本商事仲裁协会等。

18.5.3 仲裁规则

除了各个仲裁机构都制订了自己的仲裁规则外，为了统一世界各国的仲裁规则，一些国际机构也制订了仲裁规则，主要有联合国国际贸易法委员会仲裁规则（UNCITRAL Arbitration Rules）和国际商会仲裁院仲裁规则（ICC Arbitration Rules）。FIDIC 合同中推荐使用的是国际商会仲裁院仲裁规则，但业主和承包商也可约定使用其他机构的仲裁规则。

联合国国际贸易法委员会于 1973 年制订了供世界各国使用的仲裁规则,1976 年获联合国正式通过,并推荐给各国采用。根据该仲裁规则的规定,凡合同当事人达成书面协议采用这一规则时,他们之间发生的争议就应按照这一规则进行仲裁。

仲裁员的人数由合同双方当事人事先约定。如双方未约定一名仲裁员,则应指定 3 名仲裁员。如指定一名仲裁员,则仲裁员的国籍应与合同双方当事人的国籍不同。在指定 3 名仲裁员的情况下,合同双方当事人指定两名仲裁员,然后由两名仲裁员指定第 3 名仲裁员,并由其担任首席仲裁员。

仲裁地点由合同双方当事人在仲裁条款或仲裁协议中约定,如未约定,则由仲裁员根据具体情况决定仲裁地点。如合同规定了合同的准据法,则仲裁员应予适用。如合同未能规定准据法,则仲裁员可根据法律冲突原则确定合同的准据法。

在作出裁决前,如合同当事人同意和解,仲裁员可发出停止仲裁的命令,也可以裁决方式记录调解的内容。

仲裁裁决对合同双方当事人具有约束力,裁决应以书面方式做成,并应表明裁决理由。裁决中还应明确裁决费用。仲裁费用通常由败诉一方承担,但仲裁员也可以决定由合同双方当事人分担。

18.5.4 仲裁程序

国际性的仲裁规则和各个仲裁机构制订的仲裁规则都规定了仲裁应该遵守的程序,这些程序基本相似,现以具有代表性的国际商会仲裁院 2012 年仲裁规则为例加以说明。

1. 仲裁申请

发生争议后,一方当事人应根据仲裁条款或仲裁协议,向国际商会仲裁院秘书处递交仲裁申请书。秘书处收到申请之日即为仲裁程序开始的日期。秘书处在收到申请后,应将申请书副本和附件寄送给被诉人。被诉人应在收到文件后的 30 天内提出答辩。

仲裁申请书没有固定格式,但为了具有逻辑性和说服力,一份仲裁申请书应包括:

(1) 封面,表明申请人和被申请人,代理律师名称和地址。
(2) 前言,表明争议性质。
(3) 仲裁条款或仲裁协议,表明仲裁机构具有对案件的管辖权。
(4) 提交争议的主要内容。
(5) 事实。
(6) 相关的合同规定和法律规定。

(7) 申请人主张。

(8) 申请人申请任命仲裁员,如有,给出姓名和联系方式

(9) 请求仲裁庭裁决的救济措施(Relief Sought)。

(10) 附件:证据(Exhibits)。

一般而言,仲裁申请书以说明所有事实和争议为基本要求,但也要避免内容冗长,篇幅过多,这样容易使人无法把握重点。国际商会仲裁院2012年仲裁规则第4.3条规定:

"申请书应包含以下内容:

a) 各方当事人名称全称、基本情况、地址和其他联系信息。

b) 在仲裁中代表申请人的任何人士的名称全称、地址和其他联系信息。

c) 请求仲裁的争议的性质及情况,以及提出请求的依据。

d) 所请求的救济,连同任何已量化的请求的数额,以及对其他任何请求可能得出的金额估值。

e) 列明任何有关协议,特别是仲裁协议。

f) 如果仲裁请求是按照多项仲裁协议提出的,应写明每项仲裁请求所依据的仲裁协议。

g) 对于根据第12条和第13条确定仲裁员人数及仲裁员选择方式的所有相关说明及任何意见或建议,以及根据上述条款提名的仲裁员人选;以及

h) 所有关于仲裁地、适用的法律规则和仲裁语言的相关说明、意见或建议。申请人可以在提交申请书时,一并提交其认为适宜的或可能有助于有效解决争议的其他文件或信息。"

中国国际经济贸易仲裁委员会2015年仲裁规则第12条规定:

"第十二条 申请仲裁

当事人依据本规则申请仲裁时应:

(一)提交由申请人或申请人授权的代理人签名及/或盖章的仲裁申请书。仲裁申请书应写明:

1. 申请人和被申请人的名称和住所,包括邮政编码、电话、传真、电子邮箱或其他电子通信方式。

2. 申请仲裁所依据的仲裁协议。

3. 案情和争议要点。

4. 申请人的仲裁请求。

5. 仲裁请求所依据的事实和理由。

(二)在提交仲裁申请书时,附具申请人请求所依据的证据材料以及其他证明文件。

(三)按照仲裁委员会制订的仲裁费用表的规定预缴仲裁费。"

被申请人有权对仲裁申请提出答辩意见（answer, rejoinder），但是，如果被申请人没有提出答辩意见，不影响被申请人权利和案件的审理。

国际商会仲裁院2012年仲裁规则第5条规定：

答辩书；反请求

1. 被申请人应当在收到秘书处转来的申请书之日起三十日内提交答辩书，其中包括以下内容：

a）被申请人名称全称、基本情况、地址和其他联系信息。

b）在仲裁中代表被申请人的任何人士的名称全称、地址和其他联系信息。

c）对于请求仲裁的争议的性质、情况以及请求依据的意见。

d）对于所请求的救济的答复。

e）基于申请人的建议，对于根据第12条和第13条确定仲裁员人数及仲裁员选择方式的任何意见或建议，以及根据上述条款提名的仲裁员人选；以及

f）关于仲裁地、适用的法律规则和仲裁语言的任何意见或建议。

被申请人可以在提交答辩书时，一并提交其认为适宜的或可能有助于有效解决争议的其他文件或信息。

2. 秘书处可以准予延长被申请人提交答辩书的期限，但被申请人的延期请求必须包括被申请人对于仲裁员人数、仲裁员选择方式及第12条、第13条要求提名的仲裁员人选的意见或建议。如果被申请人没有按上述规定行事，仲裁院将按照本仲裁规则的规定继续进行仲裁程序。

3. 答辩书应当按照第3条第（1）款规定的份数向秘书处提交。

中国国际经济贸易仲裁委员会2015年仲裁规则第15条规定：

"第十五条　答辩

（一）被申请人应自收到仲裁通知后45天内提交答辩书。被申请人确有正当理由请求延长提交答辩期限的，由仲裁庭决定是否延长答辩期限；仲裁庭尚未组成的，由仲裁委员会仲裁院作出决定。

（二）答辩书由被申请人或被申请人授权的代理人签名及/或盖章，并应包括下列内容及附件：

1. 被申请人的名称和住所，包括邮政编码、电话、传真、电子邮箱或其他电子通信方式。

2. 对仲裁申请书的答辩及所依据的事实和理由。

3. 答辩所依据的证据材料以及其他证明文件。

（三）仲裁庭有权决定是否接受逾期提交的答辩书。

（四）被申请人未提交答辩书，不影响仲裁程序的进行。"

被申请人也可以提出反请求，此时，被申请人应递交反请求申请书，并提供证据。需要注意的是，如果仅是对申请人提出请求的回应，例如，申请人主张应

付 100 万元，而被申请人主张仅欠付 80 万元时，被申请人的主张不是反请求，而是对申请人请求的抗辩。在国际工程争议中，在申请人提出索赔 100 万元，而被申请人认为申请人工程延误应支付误期损害赔偿费时，被申请人索赔误期损害赔偿费构成反请求。或者，申请人提出被申请人提出的终止合同通知无效，而被申请人认为终止合同通知有效，此时，被申请人不应提出反请求，要求仲裁庭裁决终止合同通知有效，被申请人对申请人的请求提出抗辩即可。

中国国际经济贸易仲裁委员会 2015 年仲裁规则第 16 条规定：

"第十六条　反请求

（一）被申请人如有反请求，应自收到仲裁通知后 45 天内以书面形式提交。被申请人确有正当理由请求延长提交反请求期限的，由仲裁庭决定是否延长反请求期限；仲裁庭尚未组成的，由仲裁委员会仲裁院作出决定。

（二）被申请人提出反请求时，应在其反请求申请书中写明具体的反请求事项及其所依据的事实和理由，并附具有关的证据材料以及其他证明文件。

（三）被申请人提出反请求，应按照仲裁委员会制订的仲裁费用表在规定的时间内预缴仲裁费。被申请人未按期缴纳反请求仲裁费的，视同未提出反请求申请。

（四）仲裁委员会仲裁院认为被申请人提出反请求的手续已完备的，应向双方当事人发出反请求受理通知。申请人应在收到反请求受理通知后 30 天内针对被申请人的反请求提交答辩。申请人确有正当理由请求延长提交答辩期限的，由仲裁庭决定是否延长答辩期限；仲裁庭尚未组成的，由仲裁委员会仲裁院作出决定。

（五）仲裁庭有权决定是否接受逾期提交的反请求和反请求答辩书。

（六）申请人对被申请人的反请求未提出书面答辩的，不影响仲裁程序的进行。"

2. 组成仲裁庭

如仲裁庭由 3 人组成，则合同双方当事人应各指定一名仲裁员，首席仲裁员由仲裁院指定。如是一人仲裁员，合同当事人可协商提名，并报仲裁院确认。

国际商会仲裁院 2012 年仲裁规则第 13 条规定：

"仲裁员的任命与确认

1. 仲裁院在确认或任命仲裁员时，应考虑各位仲裁员的国籍、住所、与当事人或其他仲裁员国籍国的其他关系，以及该仲裁员是否有时间和能力在本仲裁规则下进行仲裁。秘书长根据第 13 条第（2）款确认仲裁员人选时，本款规定同样适用。

2. 秘书长可以确认当事人提名的或根据他们之间协议提名的人选担任仲裁员、独任仲裁员和首席仲裁员，但该人选提交的声明不得载有对于其中立性或独立性的任何限制，或者，即使提交的声明载有对于其中立性或独立性的限制，但未引起当事人反对。该确认应在下一次仲裁院会议上向仲裁院报告。秘书长认为不应确认某位仲裁员、独任仲裁员或首席仲裁员的，应提交仲裁院办理。

3. 仲裁院任命仲裁员，应以其认为适当的国际商会国家委员会或小组的建议为根据。如果仲裁院不接受该建议，或国家委员会或小组没有在仲裁院规定的期限内提出建议，仲裁院可以再次征询，或向其认为适当的另一国家委员会或小组征询，或可直接任命其认为适当的任何人士。

4. 在下列情况下，仲裁院也可以直接任命其认为适当的任何人士担任仲裁员：

a) 一方或多方当事人为一个国家或声称是一个国家机构；或
b) 仲裁院认为适于从没有国家委员会或小组的国家或地区任命仲裁员；或
c) 院长向仲裁院证明存在院长认为有必要且适合直接任命的情况。

5. 独任仲裁员或首席仲裁员的国籍应与各当事人的国籍不同。但是，在适当的情况下，若任何当事人均未在仲裁院规定的期限内提出异议，独任仲裁员或首席仲裁员也可以从任何当事人的国籍国选定。"

中国国际经济贸易仲裁委员会2015年仲裁规则第26条、第27条规定：

"第二十六条 仲裁员的选定或指定

（一）仲裁委员会制订统一适用于仲裁委员会及其分会/仲裁中心的仲裁员名册；当事人从仲裁委员会指定的仲裁员名册中选定仲裁员。

（二）当事人约定在仲裁委员会仲裁员名册之外选定仲裁员的，当事人选定的或根据当事人约定指定的人士经仲裁委员会主任确认后可以担任仲裁员。

第二十七条 三人仲裁庭的组成

（一）申请人和被申请人应各自在收到仲裁通知后15天内选定或委托仲裁委员会主任指定一名仲裁员。当事人未在上述期限内选定或委托仲裁委员会主任指定的，由仲裁委员会主任指定。

（二）第三名仲裁员由双方当事人在被申请人收到仲裁通知后15天内共同选定或共同委托仲裁委员会主任指定。第三名仲裁员为仲裁庭的首席仲裁员。

（三）双方当事人可以各自推荐一至五名候选人作为首席仲裁员人选，并按照上述第（二）款规定的期限提交推荐名单。双方当事人的推荐名单中有一名人选相同的，该人选为双方当事人共同选定的首席仲裁员；有一名以上人选相同的，由仲裁委员会主任根据案件的具体情况在相同人选中确定一名首席仲裁员，该名首席仲裁员仍为双方共同选定的首席仲裁员；推荐名单中没有相同人选时，由仲裁委员会主任指定首席仲裁员。

（四）双方当事人未能按照上述规定共同选定首席仲裁员的，由仲裁委员会主任指定首席仲裁员。"

在仲裁案件争议金额低于某一额度时，根据仲裁规则，可以采用独任仲裁员审理仲裁案件。国际商会仲裁院 2017 年仲裁规则设定争议金额低于 200 万美元的仲裁案件，采用独任仲裁员审理仲裁案件。中国国际经济贸易仲裁委员会 2015 年仲裁规则规定低于 500 万人民币的争议，采用独任仲裁员审理仲裁案件，适用简易程序。但是，合同约定争议采用独任仲裁员时，无论争议金额大小，均应采用独任仲裁员审理仲裁案件。

在仲裁案件中，争议双方当事人可以对仲裁员，包括首席仲裁员提出回避要求，回避要求应按照仲裁规则列明的事项提出。国际商会仲裁院 2012 仲裁规则第 14 条规定：

"仲裁员回避

1. 无论是指称仲裁员缺乏中立性或独立性还是出于其他原因，凡提请仲裁员回避均应向秘书处提交书面陈述，说明回避请求所依据的事实和情况。

2. 要求仲裁员回避的申请，提出申请的当事人应当在收到任命或确认该仲裁员的通知之后三十日内提交；或者，如果当事人收到任命或确认该仲裁员通知后才得知申请回避所依据的事实和情况，则应当在得知该事实和情况之日起三十日内提交。

3. 仲裁院应对是否接受回避请求，以及必要情况下，在秘书处给予有关仲裁员、对方当事人和仲裁庭其他成员在适当期限内提出书面评论的机会后，同时对回避请求的实质问题作出决定。前述评论应当告知各当事人和仲裁员。"

中国国际经济贸易仲裁委员会 2015 年仲裁规则第 32 条规定了仲裁员回避事项：

"第三十二条　仲裁员的回避

（一）当事人收到仲裁员的声明书及/或书面披露后，如果以披露的事实或情况为理由要求该仲裁员回避，则应于收到仲裁员的书面披露后 10 天内书面提出。逾期没有申请回避的，不得以仲裁员曾经披露的事项为由申请该仲裁员回避。

（二）当事人对被选定或被指定的仲裁员的公正性和独立性产生具有正当理由的怀疑时，可以书面提出要求该仲裁员回避的请求，但应说明提出回避请求所依据的具体事实和理由，并举证。

（三）对仲裁员的回避请求应在收到组庭通知后 15 天内以书面形式提出；在此之后得知要求回避事由的，可以在得知回避事由后 15 天内提出，但应不晚于最后一次开庭终结。

（四）当事人的回避请求应当立即转交另一方当事人、被请求回避的仲裁员及仲裁庭其他成员。

（五）如果一方当事人请求仲裁员回避，另一方当事人同意回避请求，或被请求回避的仲裁员主动提出不再担任该仲裁案件的仲裁员，则该仲裁员不再担任仲裁员审理本案。上述情形并不表示当事人提出回避的理由成立。

（六）除上述第（五）款规定的情形外，仲裁员是否回避，由仲裁委员会主任作出终局决定并可以不说明理由。

（七）在仲裁委员会主任就仲裁员是否回避作出决定前，被请求回避的仲裁员应继续履行职责。"

因此，争议双方当事人应根据仲裁规则的有关规定，在规定的时间内提出回避要求。一般而言，在存在利益冲突的情况下，仲裁员应予回避。

3. 审理范围书

仲裁庭在审理开始时，应起草"审理范围书"（Term of Reference，TOR）文件，并制订审理日程表。需要注意的是，在实践中，仲裁庭编制的审理范围书应得到仲裁院的审核和批准。一般而言，仲裁院不允许在实体庭审过程中将程序问题带入，需要在庭审之前解决仲裁程序问题。在确认合同当事人已经交纳预付仲裁费后，仲裁庭开始审理案件。

国际商会仲裁院2012年仲裁规则规定：

"审理范围书

1. 收到秘书处转来的案卷后，仲裁庭即应根据书面材料或会同当事人，并按照当事人最近提交的文件，拟定一份文件界定其审理范围。该文件应包括下列内容：

a）各方当事人及在仲裁中代表当事人的任何人士的名称全称、基本情况、地址和其他联系信息。

b）在仲裁过程中的通知或通信可送达的地址。

c）当事人各自的请求和所请求的救济摘要，连同任何已量化的请求的数额，以及对任何其他请求可能得出的金额估值。

d）待决事项清单，但仲裁庭认为不适宜的除外。

e）每一位仲裁员的姓名全名、地址和其他联系信息。

f）仲裁地；以及

g）可适用的程序规则的详细说明；当事人授权仲裁庭充当友好调解人或以公平合理原则作出裁决的，应予注明。

2. 审理范围书应当经当事人和仲裁庭签署。仲裁庭应当在收到案卷之日起两个月内向仲裁院提交经当事人和仲裁员签署的审理范围书。仲裁院可依仲裁庭说明理由的请求延长该期限，或在其认为必要时自行决定延长该期限。

3. 若任何当事人拒绝参与拟定或签署审理范围书，该审理范围书应提交仲裁院批准。审理范围书按23条第（2）款签署或经仲裁院批准后，仲裁应继续进行。"

一般而言，审理范围书（TOR）应包括：

（1）当事人及其代理（The Parties and Their Representatives）。

（2）仲裁庭（The Arbitral Tribunal）。

（3）程序事项（Procedural Matters）。

（4）通知和联络（Notification and Communication）。

（5）当事人索赔和救济总结（Summary of the Parties Claims and Relief Sought）。

（6）争议焦点清单（List of Issues to be Determined）。

（7）IBA证据规则（IBA Rules on the Taking Evidence）。

（8）保密（Confidentiality）。

（9）责任和保证除外事项（Exclusion of lability and Indemnity）。

例如，在作者作为仲裁代理的国际商会仲裁院仲裁案件中，仲裁庭的审理范围书（TOR）列举了争议焦点，如下：

（1）分包商是否为指定分包商。

（2）工期是否是本合同要件。

（3）申请人是否有权要求工期延长或者工期延长是否应视为申请人的法定除外责任。

（4）在没有业主批准的情况下，被申请人是否给予了申请人工期延长。

（5）双方当事人是否构成合同的根本性违约。

（6）根据分包合同，终止分包合同通知是否有效。

（7）在没有合法授权时分包合同是否已被终止。

（8）终止分包合同是否违反了分包合同。

（9）申请人是否有权要求损害赔偿和其他附随救济。

在国际商会仲裁院仲裁案件中，审理范围书是仲裁庭在庭审之前必须完成的一项工作，且需要由争议双方当事人签字。

在中国国际经济贸易仲裁委员会仲裁程序中，仲裁规则没有规定仲裁庭需要出具审理范围书，在国内仲裁案件中，不需要仲裁庭准备审理事项文件，但在国际仲裁案件中，仲裁庭均应被要求出具审理事项，以便指导仲裁庭审理仲裁案件。

4. 仲裁庭审

在确定了庭审（hearing）日期之后，仲裁庭可以开始庭审。

国际商会仲裁院2012年仲裁规则第26条规定：

"开庭

1. 案件决定开庭审理的，仲裁庭应当以适当方式通知当事人在其确定的时间和地点出席开庭。

2. 任何当事人经正式传唤无正当理由而未出庭的，仲裁庭有权继续开庭审理。

3. 开庭审理由仲裁庭全面负责，所有当事人均有权参加开庭。非经仲裁庭和当事人同意，与仲裁程序无关的人员不得出席。

4. 当事人可以亲自出庭，也可通过其正式授权的代表参加开庭。此外，当事人可聘请顾问予以协助。"

中国国际经济贸易仲裁委员会2015年仲裁规则第3节规定了仲裁庭审的有关规定，如下：

"第三十五条 审理方式

（一）除非当事人另有约定，仲裁庭可以按照其认为适当的方式审理案件。在任何情形下，仲裁庭均应公平和公正地行事，给予双方当事人陈述与辩论的合理机会。

（二）仲裁庭应开庭审理案件，但双方当事人约定并经仲裁庭同意或仲裁庭认为不必开庭审理并征得双方当事人同意的，可以只依据书面文件进行审理。

（三）除非当事人另有约定，仲裁庭可以根据案件的具体情况采用询问式或辩论式的庭审方式审理案件。

（四）仲裁庭可以在其认为适当的地点以其认为适当的方式进行合议。

（五）除非当事人另有约定，仲裁庭认为必要时可以就所审理的案件发布程序令、发出问题单、制作审理范围书、举行庭前会议等。经仲裁庭其他成员授权，首席仲裁员可以单独就仲裁案件的程序安排作出决定。

第三十六条 开庭地

（一）当事人约定了开庭地点的，仲裁案件的开庭审理应当在约定的地点进行，但出现本规则第八十二条第（三）款规定的情形的除外。

（二）除非当事人另有约定，由仲裁委员会仲裁院或其分会/仲裁中心仲裁院管理的案件应分别在北京或分会/仲裁中心所在地开庭审理；如仲裁庭认为必要，经仲裁委员会仲裁院院长同意，也可以在其他地点开庭审理。

第三十七条 开庭通知

（一）开庭审理的案件，仲裁庭确定第一次开庭日期后，应不晚于开庭前20天将开庭日期通知双方当事人。当事人有正当理由的，可以请求延期开庭，但应于收到开庭通知后5天内提出书面延期申请；是否延期，由仲裁庭决定。

（二）当事人有正当理由未能按上述第（一）款规定提出延期开庭申请的，是否接受其延期申请，由仲裁庭决定。

（三）再次开庭审理的日期及延期后开庭审理日期的通知及其延期申请，不受上述第（一）款期限的限制。

第三十八条 保密

（一）仲裁庭审理案件不公开进行。双方当事人要求公开审理的，由仲裁庭决定是否公开审理。

（二）不公开审理的案件，双方当事人及其仲裁代理人、仲裁员、证人、翻译、仲裁庭咨询的专家和指定的鉴定人，以及其他有关人员，均不得对外界透露案件实体和程序的有关情况。

第三十九条 当事人缺席

（一）申请人无正当理由开庭时不到庭的，或在开庭审理时未经仲裁庭许可中途退庭的，可以视为撤回仲裁申请；被申请人提出反请求的，不影响仲裁庭就反请求进行审理，并作出裁决。

（二）被申请人无正当理由开庭时不到庭的，或在开庭审理时未经仲裁庭许可中途退庭的，仲裁庭可以进行缺席审理并作出裁决；被申请人提出反请求的，可以视为撤回反请求。

第四十条 庭审笔录

（一）开庭审理时，仲裁庭可以制作庭审笔录及/或影音记录。仲裁庭认为必要时，可以制作庭审要点，并要求当事人及/或其代理人、证人及/或其他有关人员在庭审笔录或庭审要点上签字或盖章。

（二）庭审笔录、庭审要点和影音记录供仲裁庭查用。

（三）应一方当事人申请，仲裁委员会仲裁院视案件具体情况可以决定聘请速录人员速录庭审笔录，当事人应当预交由此产生的费用。

第四十一条 举证

（一）当事人应对其申请、答辩和反请求所依据的事实提供证据加以证明，对其主张、辩论及抗辩要点提供依据。

（二）仲裁庭可以规定当事人提交证据的期限。当事人应在规定的期限内提交证据。逾期提交的，仲裁庭可以不予接受。当事人在举证期限内提交证据材料确有困难的，可以在期限届满前申请延长举证期限。是否延长，由仲裁庭决定。

（三）当事人未能在规定的期限内提交证据，或虽提交证据但不足以证明其主张的，负有举证责任的当事人承担因此产生的后果。

第四十二条 质证

（一）开庭审理的案件，证据应在开庭时出示，当事人可以质证。

（二）对于书面审理的案件的证据材料，或对于开庭后提交的证据材料且当事人同意书面质证的，可以进行书面质证。书面质证时，当事人应在仲裁庭规定的期限内提交书面质证意见。

第四十三条 仲裁庭调查取证

（一）仲裁庭认为必要时，可以调查事实，收集证据。

（二）仲裁庭调查事实、收集证据时，可以通知当事人到场。经通知，一方或双方当事人不到场的，不影响仲裁庭调查事实和收集证据。

（三）仲裁庭调查收集的证据，应转交当事人，给予当事人提出意见的机会。

第四十四条　专家报告及鉴定报告

（一）仲裁庭可以就案件中的专门问题向专家咨询或指定鉴定人进行鉴定。专家和鉴定人可以是中国或外国的机构或自然人。

（二）仲裁庭有权要求当事人、当事人也有义务向专家或鉴定人提供或出示任何有关资料、文件或财产、实物，以供专家或鉴定人审阅、检验或鉴定。

（三）专家报告和鉴定报告的副本应转交当事人，给予当事人提出意见的机会。一方当事人要求专家或鉴定人参加开庭的，经仲裁庭同意，专家或鉴定人应参加开庭，并在仲裁庭认为必要时就所作出的报告进行解释。

第四十五条　程序中止

（一）双方当事人共同或分别请求中止仲裁程序，或出现其他需要中止仲裁程序的情形的，仲裁程序可以中止。

（二）中止程序的原因消失或中止程序期满后，仲裁程序恢复进行。

（三）仲裁程序的中止及恢复，由仲裁庭决定；仲裁庭尚未组成的，由仲裁委员会仲裁院院长决定。

第四十六条　撤回申请和撤销案件

（一）当事人可以撤回全部仲裁请求或全部仲裁反请求。申请人撤回全部仲裁请求的，不影响仲裁庭就被申请人的仲裁反请求进行审理和裁决。被申请人撤回全部仲裁反请求的，不影响仲裁庭就申请人的仲裁请求进行审理和裁决。

（二）因当事人自身原因致使仲裁程序不能进行的，可以视为其撤回仲裁请求。

（三）仲裁请求和反请求全部撤回的，案件可以撤销。在仲裁庭组成前撤销案件的，由仲裁委员会仲裁院院长作出撤案决定；仲裁庭组成后撤销案件的，由仲裁庭作出撤案决定。

（四）上述第（三）款及本规则第六条第（七）款所述撤案决定应加盖'中国国际经济贸易仲裁委员会'印章。

第四十七条　仲裁与调解相结合

（一）双方当事人有调解愿望的，或一方当事人有调解愿望并经仲裁庭征得另一方当事人同意的，仲裁庭可以在仲裁程序中对案件进行调解。双方当事人也可以自行和解。

（二）仲裁庭在征得双方当事人同意后可以按照其认为适当的方式进行调解。

（三）调解过程中，任何一方当事人提出终止调解或仲裁庭认为已无调解成功的可能时，仲裁庭应终止调解。

（四）双方当事人经仲裁庭调解达成和解或自行和解的，应签订和解协议。

（五）当事人经调解达成或自行达成和解协议的，可以撤回仲裁请求或反请求，也可以请求仲裁庭根据当事人和解协议的内容作出裁决书或制作调解书。

（六）当事人请求制作调解书的，调解书应当写明仲裁请求和当事人书面和解协议的内容，由仲裁员署名，并加盖'中国国际经济贸易仲裁委员会'印章，送达双方当事人。

（七）调解不成功的，仲裁庭应当继续进行仲裁程序并作出裁决。

（八）当事人有调解愿望但不愿在仲裁庭主持下进行调解的，经双方当事人同意，仲裁委员会可以协助当事人以适当的方式和程序进行调解。

（九）如果调解不成功，任何一方当事人均不得在其后的仲裁程序、司法程序和其他任何程序中援引对方当事人或仲裁庭在调解过程中曾发表的意见、提出的观点、作出的陈述、表示认同或否定的建议或主张作为其请求、答辩或反请求的依据。

（十）当事人在仲裁程序开始之前自行达成或经调解达成和解协议的，可以依据由仲裁委员会仲裁的仲裁协议及其和解协议，请求仲裁委员会组成仲裁庭，按照和解协议的内容作出仲裁裁决。除非当事人另有约定，仲裁委员会主任指定一名独任仲裁员成立仲裁庭，由仲裁庭按照其认为适当的程序进行审理并作出裁决。具体程序和期限，不受本规则其他条款关于程序和期限的限制。"

在中国企业之间在中国的仲裁机构仲裁时，在仲裁案采用普通程序审理时，通常的审理程序如下：

（1）庭前评议。由三名仲裁员在开庭前一个小时进行评议，争取就案件审理思路和注意事项达成一致。

（2）开庭的程序审查。包括审核出庭人员签到表、核实当事人及其参加庭审人员的基本情况、核实当事人名称与营业执照、处理当事人主体变更情况、审核是否有特别授权、要求旁听人员出示身份证，征求对方是否同意旁听，交代旁听纪律，注意是否有缺席审理的情况，如有按照仲裁规则进行处理。

（3）介绍仲裁庭组成人员，询问对组成仲裁庭程序是否有异议，对仲裁庭组成人员是否申请回避。

（4）询问当事人对仲裁协议效力和仲裁庭管辖权的意见。

（5）核实材料递交情况。

（6）询问当事人对已经进行的仲裁程序是否有异议。

（7）询问当事人对自己权利和义务是否清楚，并告知庭审纪律。

通常的庭审顺序如下：

（1）当事人陈述和被申请人陈述反请求，双方答辩。仲裁庭需要注意请求、事实和理由的一致性。仲裁庭需要注意答辩书是否存在反请求事项。

（2）举证和质证阶段，对证据真实性、关联性和合法性发表意见。

（3）庭审调查阶段，对本案的争议焦点进行调查，要求申请人和被申请人提出支持其主张的事实和证据，并确认无争议的事实。

（4）庭审辩论阶段，本案将就争议焦点问题进行辩论。

（5）调解阶段，询问申请人和被申请人调解意向，明确本案的调解条件。

（6）对后续程序的安排，询问是否有补充证据，要求在庭审 7 日内提交书面代理词。

（7）最后陈述，要求申请人和被申请人发表明确意见。

（8）宣布开庭结束。

仲裁员在庭审和评议时应本着"辨别事实，识别证据证明力，确定验证标准"发表意见，而不应以是否为一方当事人聘任的仲裁员，或者对一方当事人是否有利为标准发表意见。这是因为：

第一，虽然仲裁员多是当事人聘请的仲裁员，但仲裁员不是任何一方当事人聘请的代理人，仲裁员是根据当事人选定的仲裁规则聘任的解决当事人争议的公正的第三方，应本着公平和公正原则处理当事人之间产生的争议或分歧。

第二，在庭审和评议过程中，仲裁员不应表现出倾向任何一方的看法或意见，另一方当事人可能会因此提出异议。

第三，仲裁规则和仲裁员守则要求仲裁员不应在庭审和评议中表现出倾向一方当事人的意见。

仲裁员在庭审和评议过程中应遵守仲裁规则和仲裁员守则，客观、公正，以事实为依据，明辨证据证明力，作出公正的判断和裁决。

国际商会仲裁院的庭审与国内企业之间的国内仲裁存在较大区别。一般而言，国际商会仲裁院的庭审分为 3 个阶段进行：

（1）开庭陈述（opening submission）。根据程序安排，每方可以使用两个小时进行陈述，或者根据案情，减少或增加争议双方当事人的开庭陈述时间。

（2）事实证人的交叉盘问（cross-examination）。首先由申请人的证人出庭作证，由被申请人的代理律师进行盘问，核实事实。然后由被申请人的证人出庭作证，由申请人代理律师进行盘问。在国际商会仲裁院仲裁案件中，证人交叉盘问是庭审的主要环节，在双方各有三个证人出庭时，交叉盘问时间可能达到 3.5 天或 4 天左右。

必须指出，对于中国承包商而言或者中国企业而言，在国际仲裁案件中，应事先对中国企业的证人进行作证培训，包括衣着、行为举止、如何回答问题、在使用中文翻译时如何与翻译配合等。中国企业的证人出现的问题是不知道如何回答问题，或者长篇大论，大讲道理，或者缺乏耐心，不屑回答问题等，这些都应该予以纠正，这些行为必须在庭审中予以改正。国际仲裁证人作证的黄金原则是：一是讲事实，二是回答问题简短和简明。牢记这两项准则，就可以在国际仲裁庭审中从容面对。

（3）专家证人作证。在国际工程争议中，专家证人主要作证的内容是工期延长的计算和判断，还有工程量和估价的鉴定。在国际仲裁中，申请人需要聘请一位专家证人，被申请人也需要自己聘请一位专家证人，或者更多的专家证人。专家证人之间需要沟通，在庭审之前递交双方达成协议的清单，称为 Scott Schedule（斯考特清单）。在斯考特清单中，双方聘请的专家证人应就清单中的每项争议达成协议。如果专家证人之间不能达成一致，则应在专家证人出庭作证时说明为什么不能达成一致，然后由仲裁庭作出判断。

在中国国内的仲裁中，双方当事人如对工程造价存在争议要求鉴定时，应向仲裁庭提出书面申请，由仲裁庭决定是否进行工程造价鉴定，聘请有资质的工程造价鉴定公司作出鉴定报告，作为证据供仲裁庭使用。双方当事人可以在开庭时或庭后对鉴定报告提出意见。对于工期延误的鉴定，目前中国没有此类资质的鉴定公司从事工期延误鉴定工作，因此，需要争议当事人自己聘请咨询公司进行工期延误鉴定，然后，咨询公司作为专家证人出庭作证，说明工期延误鉴定的有关事宜和结论，供仲裁庭采信。

5. 作出仲裁裁决

根据国际商会仲裁院 2012 年仲裁规则，在合同当事人签署"审理事项"文件后的 6 个月内，仲裁庭应作出仲裁裁决。秘书处应向合同双方当事人宣告裁决文本。

国际商会仲裁院 2012 年仲裁规则第 31 条规定：

"作出裁决

1. 仲裁庭由数名仲裁员组成的，应根据多数意见作出裁决。如果不能形成多数意见，裁决将由首席仲裁员独自作出。

2. 裁决应说明其所依据的理由。

3. 裁决应视为在仲裁地并于裁决书中载明的日期作出。"

中国国际经济贸易仲裁委员会 2015 年仲裁规则第 49 条规定：

"第四十九条　裁决的作出

（一）仲裁庭应当根据事实和合同约定，依照法律规定，参考国际惯例，公平合理、独立公正地作出裁决。

（二）当事人对于案件实体适用法有约定的，从其约定。当事人没有约定或其约定与法律强制性规定相抵触的，由仲裁庭决定案件实体的法律适用。

（三）仲裁庭在裁决书中应写明仲裁请求、争议事实、裁决理由、裁决结果、仲裁费用的承担、裁决的日期和地点。当事人协议不写明争议事实和裁决理由的，以及按照双方当事人和解协议的内容作出裁决书的，可以不写明争议事实和裁决理由。仲裁庭有权在裁决书中确定当事人履行裁决的具体期限及逾期履行所应承担的责任。

（四）裁决书应加盖"中国国际经济贸易仲裁委员会"印章。

（五）由三名仲裁员组成的仲裁庭审理的案件，裁决依全体仲裁员或多数仲裁员的意见作出。少数仲裁员的书面意见应附卷，并可以附在裁决书后，该书面意见不构成裁决书的组成部分。

（六）仲裁庭不能形成多数意见的，裁决依首席仲裁员的意见作出。其他仲裁员的书面意见应附卷，并可以附在裁决书后，该书面意见不构成裁决书的组成部分。

（七）除非裁决依首席仲裁员意见或独任仲裁员意见作出并由其署名，裁决书应由多数仲裁员署名。持有不同意见的仲裁员可以在裁决书上署名，也可以不署名。

（八）作出裁决书的日期，即为裁决发生法律效力的日期。

（九）裁决是终局的，对双方当事人均有约束力。任何一方当事人均不得向法院起诉，也不得向其他任何机构提出变更仲裁裁决的请求。"

需要指出，在仲裁庭作出裁决时，裁决不能超出仲裁请求要求作出裁决的范围，即不能超裁，否则，裁决无效，并有可能被当事人要求撤销。

18.5.5 仲裁裁决的执行

与法院判决的执行不同，由于仲裁机构属于民间组织，如果败诉一方拒不执行裁决，仲裁机构就无能为力，只能由胜诉一方向有关法院提出申请，要求法院强制执行。为了解决各国在承认和执行外国仲裁裁决上存在的分歧，国际上作出了积极的努力，在联合国的主持下，1958年在纽约缔结了《关于承认和执行外国仲裁裁决的公约》，简称纽约公约。目前，已有130多个国家加入了纽约公约，使得承认和执行外国仲裁裁决有了国际公约的支持，扫清了外国仲裁裁决执行的障碍。

纽约公约的主要规定如下：

(1) 公约规定，缔约国应该相互承认和执行对方国家作出的仲裁裁决。

(2) 公约规定，申请承认和执行裁决的一方当事人应提供经过适当证明的裁决的正本或副本。

(3) 公约详细规定了拒绝承认和执行外国仲裁裁决的条件。

(4) 公约允许各缔约国在参加该公约时可以发表声明，提出若干保留条件。

目前，在承认和执行外国仲裁裁决时，各国均根据该公约承认和执行有关的外国仲裁裁决。在国际承包工程项目中，业主、承包商和分包商可以选择仲裁方式解决争议，而不必纠结于仲裁裁决的执行问题。

18.6　FIDIC 合同条件仲裁条款争议

FIDIC 合同 1999 版红皮书、黄皮书和银皮书第 20.6 款［仲裁］规定：
"除非双方另有协议：
（a）争端应根据国际商会仲裁规则最终解决。
（b）争端应由按照上述规则任命的 3 位仲裁员负责解决，以及
（c）仲裁应以第 1.4 款［法律和语言］规定的交流语言进行。"
在上述规定中，除了仲裁地点需要在专用合同条件中另外规定外，当事人，即业主和承包商不会对该条款产生歧义。本条款规定了国际商会仲裁规则，按 2012 年仲裁规则第 6.2 款的规定，由国际商会国际仲裁院作为仲裁机构管理仲裁案件，仲裁语言为合同规定的语言，仲裁庭组成为 3 名仲裁员。因此，争议双方当事人不会因 FIDIC 合同条件 1999 版第 20.6 款发生争议。

在 FIDIC 合同 2005、2006 版中，第 20.6 款［仲裁］规定：
"除非双方另有协议：
（a）在合同与外国承包商签订时，应根据合同数据中指定的国际仲裁机构管理和进行，或者，按照 UNCITRAL 仲裁程序，在选择的适当的机构进行国际仲裁程序。
（b）仲裁地点应为指定仲裁机构总部所在地。
（c）仲裁应按照第 1.4 款［法律和语言］规定的交流语言进行。
（d）在合同与本地承包商签订时，应根据业主所在国法律进行仲裁程序。"
在 FIDIC 合同 2005、2006 版中，甚至 2010 版第 20.6 款第（d）项的规定，均说明合同与本地承包商签订时按照业主所在国法律进行仲裁程序。这在主合同中应该不会产生歧义。

但是，FIDIC 分包合同 2011 版第 20.7 款［仲裁］规定："经分包合同 DAB 决定未能成为最终和有约束力的任何分包合同争议，除非友好协商，应根据国际商会仲裁规则最终解决，主合同第 20.6 款［仲裁］应适用。"

在中国承包商与孟加拉国分包商的国际仲裁争议中，孟加拉国分包商提出由于分包合同第 20.7 款规定应适用主合同的规定，根据主合同第 20.6 款第（d）项的规定，孟加拉国分包商为当地分包商，因此，应根据孟加拉国仲裁法进行仲裁程序，并依此提出国际商会仲裁管辖权的异议，并在孟加拉国当地法院提起启动仲裁程序的多起诉讼。

在孟加拉国高等法院 2016 年 6 月 14 日判决中，法院驳回了孟加拉国分包商的诉讼请求，认为在适用主合同第 20.6 款时，分包合同明确约定了国际商会管

辖，根据第 20.6 款中的条款顺序，可以推断出国际商会具有仲裁管辖权。在分包合同明确约定国际商会管辖时，第 20.6 款第（d）项不能予以适用。法官在判决中写道：

"据此，法院认为仲裁程序应适用国际商会仲裁规则，但是实体法律应根据分包合同的规定适用孟加拉国法律。法院无法接受申请人主张的第 20.6 款第（a）、（b）项全部无效的主张。实际上，根据会议纪要第 15 条达成的协议和分包合同通用条款第 20.7 款的规定，国际商会仲裁规则应予适用，并应按照国际商会仲裁规则第 1.1 条和第 1.2 条的规定成立仲裁庭解决争议。

鉴此，法院认为起诉书第 12 节提出的任命仲裁员的主张不能成立。法院还认为，此项主张与孟加拉国仲裁法第 7Ka 条的规定相悖。

为此，驳回原告诉讼请求。"

18.7 国际工程争议的避免和有效管理

18.7.1 招标文件合同评审

施米托夫在《出口贸易》一书中指出："诉讼不如仲裁，仲裁不如调解，而调解又不如预先防止发生法律纠纷。"在国际工程项目中，承包商进行招标文件的评审分析，把握项目的特点和风险，是避免争议发生的前期工作之一。

马来西亚 SBK 地铁项目是马来西亚吉隆坡市为发展城市轨道交通而建设的重点项目。中国承包商在通过资格预审后，购买了招标文件。根据业主发布的招标文件，《投标须知》中对投标人的权利和义务作了具体规定。承包商聘请专家团队对招标文件做了评审，认为《投标须知》是业主编制的一份供投标人阅读的投标规则，为此，对其中 9 项条款提出评审意见：

（1）现场的独占性。
（2）业主不对招标文件中信息的准确性、充分性和解释负责。
（3）投标须知不构成合同文件。
（4）投标人结构的变化应在投标截止日期前 42 天提出。
（5）非当地投标人须在 CIDB 临时登记。
（6）投标人对工程数量的准确性负责，业主接受额外工程数量索赔。
（7）免税规定。
（8）建议方案的投标。
（9）新的进度计划。

对于上述条款中的问题，专家团队提出了上述规定对项目实施的影响，并提出了应对措施。

针对招标文件中提供的合同通用条款，专家团队对 54 项内容进行了评估，分析了其对项目实施的影响，提出了应对措施，主要如下：

(1) 项目管理公司 PDP 在项目中的地位。
(2) 项目管理公司与业主的合同和法律关系。
(3) 业主在合同中的义务和作用。
(4) 分包担保的作用。
(5) PDP 为满足规范要求而变更设计，该变更不构成合同的变更。
(6) 当代科学技术标准的定义和界定。
(7) 承包商索赔权利的限制。
(8) 承包商索赔的索赔时效规定。
(9) 变更的定义及其影响。
(10) 赶工。
(11) DAB 解决机制。
(12) 仲裁。

在全面分析合同条件的基础上，专家团队认为这是一份十分严苛的合同条款，承包商应在报价中考虑这些风险，为此专家团队提出了风险应对措施。

承包商应汲取的经验是：

(1) 在面对业主起草的一份严苛的合同条款时，承包商应认真、仔细分析合同条款的意义，对承包商的影响并提出风险应对措施。
(2) 本项目的合同条款是一份异常苛刻的合同条款，承包商应在投标报价中反映这种严苛条款对合同价格的影响。
(3) 本项目合同条款对承包商异常不利，承包商承担了绝大部分的风险，业主和项目管理公司对绝大部分风险免责。
(4) 在存在项目管理公司时，合同中应清晰界定项目管理公司的地位、作用和职权。
(5) 在存在项目管理公司时，合同中应清晰规定项目管理公司的权利和义务，在履行业主职能，包括付款职能时，合同不能规定业主和项目管理公司之间的责任免除事宜。
(6) 承包商在投标这样一个合同条款严苛的项目时，应评估履约过程中可能出现的风险和问题，提前作出预案。

18.7.2 投标策略

波兰燃煤发电厂脱硫项目是波兰政府为按照欧盟要求降低排放而实施的燃煤电厂脱硫项目之一。中国某企业在经过资格预审后，参加该项目的国际公开招标。

项目采用国际公开竞标的方式进行，参加投标的均为来自德国、法国和日本的国际一流燃煤脱硫企业。业主招标文件采用波兰语。国际工程专家对项目招标文件进行了评估，结论是由于节点工期要求严格，且每一个节点工期延误罚款很高，合同风险较大。在承包商责任最高限额规定条款中，30%的最高责任限额也超过了一般国际工程合同10%的基本上限规定，使得承包商处于高风险的区域。同时，项目技术要求高，对承包商技术准备和技术方案的严谨性和独创性提出了更高的要求。

鉴于项目履约风险高的特征，国际工程专家向投标企业提出建议，要求严格按照业主的技术要求准备技术文件和技术方案，扎实做好询价工作，同时，必须考虑波兰的工程承包市场特点，做好风险准备金的考虑，在投标阶段消化风险，转化风险。

投标企业委托某咨询公司承担了当地设备、材料、分包商等工程项目的询价工作。为此，咨询公司利用在波兰市场的人脉，向客户提供了翔实的设备、材料和分包商工程的每一项基础价格，为企业投标创造了有利的条件。在最后定标阶段，国际工程专家和企业一起分析了投标价格，确定了最终投标价格。开标结果显示，中资企业获得了第一标。

波兰市场工程承包行业惯例与其他市场存在显著区别。在波兰语环境下，波兰注册工程师才有资格签认所有工程文件的法律使得中国企业不得不雇佣当地注册工程师，组成中国和波兰工程师和管理人员团队一起进行工程项目的实施。同时，严格的文件审查程序和准备文件工作，使得外国承包商不得不使用当地管理团队进行项目管理。

波兰市场是中东欧最大的基础设施建筑市场，欧洲各大承包商均在波兰市场进行施工，市场竞争激烈，竞争白热化。中国企业进入波兰市场，需要与欧洲各大承包商面对面进行竞争。

中国承包商应汲取的教训是：

（1）波兰市场由欧洲各大承包商占据，中国企业进入波兰市场，需要采取正确的策略，适时和把握适当项目进入波兰市场。

（2）波兰市场各大欧洲承包商竞争激烈，竞争白热化。

（3）中国企业进入波兰市场，必须了解市场情况，把握工程实施的传统做法和实践，避免走弯路。

（4）中国企业进入波兰市场，必须了解当地市场设备、材料和分包商的价格详情。中国企业必须抛弃以价格低廉的方式进行波兰市场，否则，将面临亏损或巨额亏损。

（5）中国企业与当地管理团队和注册工程师合作，组成管理团队，共同实施项目。

（6）中国企业必须提高自身管理水平，提高管理人员和工程技术人员素质，向欧洲一流承包商看齐。

18.7.3 合同文本选择与合同谈判

安哥拉某输变电工程项目是安哥拉国家的重点工程，输变电线路覆盖了安哥拉广袤的国土。主要工程包括6个变电站，13段输变电线路及其配套工程。

安哥拉某输变电工程项目是一个EPC工程项目，由中国承包商负责设计、采购和施工。在合同谈判过程中，对于合同文本的选用，国际工程专家与承包商一起，经过认真比对各种合同格式和文本，特别是1999版FIDIC设计—施工合同格式和EPC/交钥匙合同格式，最终选用了EPC/交钥匙合同格式，即"银皮书"作为工程项目的合同。

对于银皮书中的若干缺陷和风险分配，例如第4.12款中的不可预见的物质条件，承包商在与业主的合同谈判过程中，针对业主没有进行前期相关地质条件的地质勘探的现状，提出了修改第4.12款，引入FIDIC合同红皮书第4.12款的规定的建议，业主表示接受，并在《合同专用条件》中予以补充和修改。这个条款的修改，使承包商规避了银皮书中第4.12款由承包商承担不可预见的物质条件的风险，为履约过程中出现此类风险，承包商索赔的权利的确定奠定了合同基础和前提。

对于银皮书的其他缺陷和风险分配，国际工程专家与承包商一起，利用有利的谈判机会，在《合同专用条件》中做了修改，改变了项目风险的分配，保障了承包商的利益和权利。

在国际工程EPC项目中，特别是在中国承包商进行融资的情况下，中国承包商往往承担了编制《业主要求》的任务。在中国承包商编制完毕《业主要求》后，业主和承包商进入谈判程序，双方最终确定《业主要求》中的技术标准和规范以及技术数据，该《业主要求》成为合同文件的一个组成部分，构成具有法律约束力的合同文件。

在承包商负责编制《业主要求》时，特别是在EPC总承包项目中，承包商应利用这个机会，制订自己能够做到的技术标准、数据和参数，避免业主要求中出现不利于自己的，或者承包商无法做到的技术参数，否则，承包商将作茧自缚。

在本项目中，国际工程专家与承包商和设计院合作，仔细评估各项技术标准和技术参数，力争在谈判中争取有利于自己的技术标准，做到控制成本、管控机电设备的原产地，满足业主要求的和预期的使用功能。

全过程的合同管理咨询服务是国际上流行的合同管理方式，特别是在公司投资的工程项目中得到广泛应用。业主利用富有经验的、并具有法律背景的咨询公司，有时是富有工程经验的律师事务所进行全过程的合同管理，进行合同风险管理，维护业主或承包商的利益。

在本项目中，根据承包商的要求，国际工程专家从合同的谈判、签署、开工条件、排雷、支付证书的编制、项目管理手册的编制、合同管理、变更、索赔进行了全过程的合同管理咨询服务。

从每一封业主来函和承包商回复着手，国际工程专家利用其丰富的国际工程项目管理、国际工程合同、国际工程法律的知识和经验，维护承包商的合法权益。

中国承包商应汲取的经验是：

（1）总承包合同是国际EPC工程的核心，而国际工程的合同管理又是国际工程项目管理的核心，把握好这两个核心，才能控制项目风险，使项目处于良好的履约状态，同时，保证承包商的利益和权利。

（2）在国际工程EPC项目中，在承包商有权选择合同文本或者谈判合同时，应利用这个机会为承包商争取最大的利益和履约条件，预见各种可能存在的风险，在合同谈判中消化，在合同条款中转化，保证合理的风险分配，不做没有把握的事情。

（3）在国际工程EPC项目中，在承包商有权编制《业主要求》时，应利用这个机会为承包商争议自己能够做到的技术参数、选用合适的技术标准和规范，不做自己做不到或没有把握的事情，不能作茧自缚。

（4）利用国际咨询服务机构进行全过程的合同管理，是国际趋势之一。承包商利用社会资源，弥补自身合同管理方面的不足和弱项，是一项双赢的选择。

18.7.4 积极索赔维护权益

索赔的作用首先不在于它能够给承包商带来什么经济收入，而是在于索赔能够有效地平衡业主的索赔，对抗业主提出的工期延误的误期违约金，成为谈判的筹码，为承包商在困难时候的谈判提供条件。

马里某水电站项目是中国企业以交钥匙合同方式承包建设的项目。该项目位于马里境内，由马里、毛里塔尼亚、几内亚和塞内加尔4国组成的塞内加尔流域组织（OMVS）投资建设。工程为引水式发电站，最大引用流量为500立方米/秒，灯泡贯流式机组，装机容量3×21兆瓦，合同工期38个月。

工程于2009年11月24日正式开工建设，2012年4月24日提前完成电站厂房主体施工，2013年4月17日成功实现首台机组并网发电，2013年12月17日，OMVS成员国政府首脑出席竣工典礼。

在项目履约过程中，发生了承包商无法预见的索赔事件，承包商根据一般行政条款和特殊行政条款的规定提出了工期延长和额外费用索赔。索赔事件如下：

(1) 厂房和前池地质缺陷。
(2) 政变。
(3) 特大暴雨索赔。
(4) 厂房轴线偏移。
(5) 下游尾水围堰垮塌索赔。

在项目履约过程中,由于地质缺陷等原因,工程变更导致的变更估价和索赔事件如下:

(1) 厂房和前池地质缺陷。
(2) 尾水平台保护。
(3) 引水渠岩石裂隙。
(4) 引水渠进水口地板排水孔。
(5) 引水渠渠顶地质缺陷。
(6) 厂房轴线偏移。
(7) 厂房进水口检修阀门和门库。
(8) 渠首平台防护。
(9) 弃渣运距增加。
(10) 电网稳定性研究。

对于上述引起索赔的索赔事件,承包商提出了第一次工期延长索赔和额外费用索赔,索赔工期延长328天和因此发生的额外费用。承包商为此编制了工程索赔报告。

对于变更事项,承包商提出了要求进行变更估价的报告,对上述变更予以重新估价。承包商为此编制了工程变更报告。

针对2013年发生的马里战争、疑似恐怖主义事件、业主要求的变更、承包商为业主运营电站等事件,承包商提出了第二次工期延长和额外费用索赔报告。

承包商认为并主张,由于2013年发生的马里战争是不可抗力事件,导致承包商发生了额外的费用,包括转移设备、材料和人员费用,营地加强安保措施费用等,因此,根据合同的规定,应给予承包商工期延长和费用补偿。

对于承包商为业主运营电站的额外义务,承包商认为并主张,承包商抽调主要人员为业主运营电站,导致承包商人员的不足,阻碍了承包商安装和调试工程的进展,为此,要求业主给予工期延长和费用补偿。

对于承包商根据合同提出的索赔,咨询工程师法国公司和业主进行了评估,给予承包商230天的工期延长,并免除任何工期延误罚款的责任,同时给予承包商1150万美元的额外费用索赔额。承包商的索赔获得了圆满的成功。

中国承包商应汲取的经验是:

(1) 本项目为交钥匙合同。在交钥匙合同中,如何确定工程范围是业主、咨询工程师和承包商之间争议的焦点。

（2）对于不可预见的地质条件，业主、咨询工程师和承包商各执一词，立场对立。如何确定地质条件的不可预见性，如何识别地质条件的差异，成为本项目索赔的难点之一。

（3）对于在发生政变、战争等不可抗力事件时如何举证，如何证明不可抗力事件，如何判断不可抗力事件对项目进度的影响，成为本项目索赔的关键。

（4）如何提供证据，证明承包商因索赔事件发生的额外费用，成为证据的关键。

（5）如何确定变更与索赔的界限，确定价值工程及其估价，成为本项目中索赔的难点之一。

承包商的成功索赔证明，依据合同维护自身权益，才能赢得业主和咨询工程师的尊敬。法律不保护躺在权利上睡觉的人。

18.7.5 充分利用 DRE 和 DAB 机制解决争议

承包商在施工过程中应管理风险，及时解决小的问题，避免小问题累积为大问题和大的风险，而 DRE 和 DAB 争议解决机制为减少和避免争议提供了有效的解决机制。

尼泊尔某水电工程项目是尼泊尔为发展水电工程而兴建的第三期工程。在项目实施过程中，承包商遭受了下述不可预见的人为障碍或物质条件困难：

（1）当地居民干扰施工。

（2）业主不能按时提供进场导致工期延误和额外费用。

（3）业主延迟提供图纸，导致厂房施工停滞。

（4）业主不能提供 2 号支洞进场道路和现场占有权。

（5）业主对变更工程不予计量和付款。

（6）业主对 4 号 IPC 不予付款。

（7）电压过低导致无法进行隧道通风，导致施工进展缓慢。

承包商为此提出了大量的索赔，包括 967 天工期延长和约 1000 万美元额外费用索赔。监理工程师对此不予理睬。在业主的催促下，在对承包商进行了索赔评估，仅给予 67 天工期延长和约 2 万美元的额外费用补偿。

本项目使用 FIDIC 合同 1987 年第 4 版合同格式，采用争议审议委员会（dispute review board, DRB）解决争议。承包商在监理工程师作出不公平决定后，将争议提交 DRB 进行裁决。

在听证过程中，承包商提出了自己的主张和证据，业主提出了反驳意见。DRB 在听取了各方的陈述后，根据双方提交的证据，作出了有利于承包商的决定，即给予承包商867天工期延长，给予180万美元的额外费用补偿。

中国承包商应汲取的经验和教训是：

（1）承包商应坚持自己的主张。在监理工程师不能公平行使职权的情况下，应采用争议裁决机制，争取自己的权利。

（2）承包商的工期延长和额外费用索赔应有理有据，特别是在证据和证明力方面下足功夫，论证索赔权利的成立和额外费用的实际损失。

（3）无论是DB、DAB还是DRB，均是合同约定的争议解决方式。承包商应充分利用这一机制，维护自己的合法权益。

乍得某公路项目是乍得政府为改善首都恩贾梅纳与喀麦隆边境交通基础设施建设的道路工程。

根据国际工程专家为中国承包商所做的工期延长索赔报告和额外费用索赔报告，依据2013年9月与业主谈判工期延长索赔的结果，在业主方提出将双方争议提交争议裁决的提议下，中国承包商接受业主的提议，将争议提交争议裁决专家解决。

按照一般行政条款第6条和特殊行政条款第6条的规定，争议裁决将由一名来自法国的专家进行争议裁决，即由独任裁决员进行争议裁决。

争议裁决内容包括：

（1）承包商的工期延长索赔要求。在承包商提出391天工期延长，而业主仅给予164天工期延长（实际为10个月工期延长）时，承包商认为业主给予的工期延长未能反映承包商所遭受的困难，承包商坚持391天工期延长要求，即要求业主将工期延长至2014年7月26日。

（2）额外费用索赔要求。承包商提出了668万美元额外费用要求，业主认为此项争议应由争议裁决专家进行裁决。

2014年6月18日，争议裁决专家进行了现场考察，国际工程专家赴现场与承包商代表一同视察了现场。针对争议裁决专家提出的问题，国际工程专家给出了详细的解释和说明，并针对工期延长要求和额外费用索赔提出了看法。

中国承包商应汲取的经验是：

（1）争议裁决机制是快速和高效解决国际工程争议的一项最为有力的方式。实践证明，争议裁决机制是承包商维护自身权益的方式之一。

（2）争议裁决机制是有效制止业主或监理工程师不公平的一种方式。只要承包商提出的争议是有依据的，是有证据的争议，往往能够获得争议裁决的支持。

（3）争议裁决是有效平衡业主不作为、蛮横无理的一种方式。对承包商而言，利用争议裁决专家支持自身的主张，是对业主行为的一种制约。

18.7.6 终止合同争议解决

管理复杂的国际工程项目争议是一件非常困难的事情。承包商经常会面临两难的境地，要么委曲求全，与业主达成有损其利益的"和解"，要么选择终止合同，但还会面临主动终止和被动终止的两难抉择。在承包商面对这些难题时，需要承包商正视与业主和工程师之间的纠纷，依靠合同和法律的武器，在国际工程专家的正确判断和协助下，制订合理的解决方案，及时化解和解决存在的问题，维护自身的合法权益。在国际工程项目中，无论是哪个当事人终止合同，都是形成一项大的国际工程争议，因此，有效管理和解决终止合同争议是国际工程争议的重大课题之一。

孟加拉国住宅项目是某央企与孟加拉国当地公司合作在首都达卡兴建的住宅项目。项目采用承包商垫资，并由承包商与业主共同分享售房利润的合作方式。第一期工程内容为 1500 套住宅项目，合同工期 4.5 年。

在项目合同签订后，业主未能如期开出合同约定的承包商垫付资金的银行保函，而是单方面提出承包商进场履行合同。同时，业主未能履行合同规定的其他相关的义务，致使承包商无法如约履行合同。

承包商进入现场后，通过对合同价格核定后认为，合同约定的价格将无法保证承包商履约，承包商提出终止合同。

在承包商提出终止合同要求后，业主提出终止合同的补偿要求，并以承包商未履行合同为由，要求予以补偿。

国际工程专家作为本项目的咨询顾问，在详细分析合同条款的基础上，认真分析了双方在合同中的义务约定，提出承包商可以先履行抗辩权为由，对业主提出的补偿要求予以反驳。国际工程专家认为，在业主未能履行合同约定的银行保函的情况下，承包商无法垫付资金启动项目，即业主开具承包商垫付资金的银行保函是承包商履行合约的前提条件。

国际工程专家与业主律师对此进行了交锋，经过几轮交锋，业主最终放弃了补偿要求。

中国承包商应汲取的教训是：

（1）在中国企业与国外企业签订以垫资方式、BT 等融资方式时，应清晰界定承包商垫付资金的前提条件，明确担保条件。

（2）在以垫资方式承包工程时，应明确开工前提条件。

（3）在终止合同时，应明确双方的责任和违约事实。

（4）在发生终止合同时，承包商应采取正确的策略和方法，制订正确的策略，不容承包商出现错误，或者判断失误。

（5）在发生终止合同等重大纠纷时，承包商应聘请咨询专家或富有这方面经验的律师处理终止合同事宜。

在下述案例中，承包商及其聘请的专家在详细分析业主和（监理）工程师违约行为的基础上，综合运用合同和（当地）法律救济等手段，以终止合同为手段，以保函止付为基础，最终迫使业主与承包商谈判，以业主支付应付款、承包商索赔款、变更工程款项以及工程延期内的承包商管理费共计500多万美元，工程延期30个月而告终。

2008年4月，某中资企业（以下称"承包商"）与某国电力公司（以下称"业主"）通过公开招标方式签订了工程合同，合同金额1500万美元，合同工期44个月，从2008年4月27日至2011年12月7日止，工程包括4.6公里引水隧道、4个施工支洞、半地下厂房一座等土建工程。合同使用1987年第4版FIDIC合同，合同为单价合同，设计由业主承担，（监理）工程师为当地咨询公司联合体。

根据业主与承包商签订的合同，承包商按照合同约定的时间进场，并做了较为充分的工、料、机等资源的准备工作。

然而，承包商从进场伊始，当地居民就以业主未能给予征地补偿为由，阻挠、拦截和围困承包商的施工人员和机械设备，造成一定程度的工程延误和设备、人员的闲置。承包商根据FIDIC合同的规定，按期提交了因当地居民干扰造成的机械设备和人员的闲置费用和工期延长索赔。

业主履约问题接踵而来。根据合同规定，业主承担向承包商提供施工便道和现场占有权的义务，但由于业主无法聘用当地承包商进行便道施工，转而要求中资企业进行便道施工。更为严重的是，由于业主不能及时办理砍伐证等手续，造成提供现场占有权延误，最多延误时间为1005天或1066天，且上述延误是处于关键线路上的工作。

业主长时间不能提供现场占有权、无法提供厂房施工图纸、地质条件的变化，当地百姓的干扰，导致承包商履约维艰。在合同工期即将到期的情况下，承包商仅完成项目33%，此时，合同工期仅剩47天，而业主和监理工程师又未给予任何的工期延长。

FIDID合同，无论是1987年第4版、1996年修订版、1999年版FIDIC合同、2005、2006、2010版多边发展银行MDB版FIDIC合同，均在第16条规定了承包商有权终止合同的情形及补救措施。最为关键的，也是承包商遇到较多的情形是业主延迟支付应付工程款。但FIDIC合同没有规定具体金额，即达到多少金额时，承包商有权终止合同。美国法院判例表明，在业主未能按期支付3期工程款的情况下，承包商有权终止合同。在使用FIDIC合同时，业主欠付很少金额的应付工程款，但欠付时间达到668天时，或者业主欠付的时间也很短时，承包商是否有权终止合同？

国际工程项目履约过程纷繁复杂，施工过程中业主和承包商违约相互交叉，验证业主和承包商违约行为，特别是交叉违约对于工程项目的量化影响方面，目前尚缺乏有效的方法予以界定。但国际工程合同及其适用的法律提供了判断和验证谁在违约的标准。

在本项目中，业主的违约行为包括：

- 延迟支付工程款。
- 延迟提供厂房施工图纸。
- 延迟提供施工便道。
- 延迟提供现场占有权，平均达 2 年，在位于关键线路上的 2 号支洞，延迟提供现场占有权 1005 天。
- 业主的不作为。
- 监理工程师的侵权行为，包括对工程变更不予估价、对承包商的索赔不予回复、压低签认工程款金额等。
- 业主提供的地质资料存在不实陈述。
- 业主的违约行为，严重影响了承包商的履约。

在工程所在国政治混乱，项目问题无人问津，业主没有任何解决项目问题意愿的情况下，根据业主违约的事实和当地的法律规定，承包商启动了合同规定的终止合同程序。

按照工程合同规定，承包商在终止合同时，须首先发出预终止合同通知，如业主在 14 天内不能整改，则承包商可发出终止合同通知终止合同的履行。承包商启动了终止合同的程序。

从本案中，我们应汲取的经验是：

(1) 承包商应积极维护自身在合同上的合法权益，不应一味地以考虑与业主关系为由，被动应战。

(2) 在发生工程变更时，应积极催促监理工程师按照合同规定进行估价。在监理工程师不认可承包商的报价时，工程师应按照合同的规定，给出暂定费率，向承包商支付工程变更款。

(3) 积极有效地使用合同规定的争议解决机制，如 DAB（争议裁决委员会）、DB（争议委员会）、DRB（争议评审委员会），快速解决合同争议和分歧。但承包商应牢记，争议裁决委员会成员水平的高低，决定了 DAB 制度的生命力。

(4) 无论是对业主还是对承包商而言，终止合同是一件非常严肃的事情。各方当事人应慎重处理，考虑终止合同的后果及其应对措施。

(5) 在终止合同纠纷中，履约保函的止付成为承包商的关键。虽然中国法律规定了诉讼保全制度，但如果仅为违约，而非欺诈，承包商无法在法院成功进行保函止付。

(6) 以终止合同为手段解决合同存在问题，是一项异常困难的决定。对于咨询专家和律师而言，不能进行误判，否则，会给承包商带来极大的损害。

从本案的成功解决可以看出，承包商应运用合同和适用法律，积极主张合法权益、维护自身的权益，才能保护承包商的利益。

在下述案例中，中国承包商联合体在工程实施两年半后，考虑到孟加拉国当地分包商未能在规定的分包合同工期内完成分包工程，仅完成分包工程的26%，且分包商拒绝给出完成分包工程的具体竣工日期后，终止与分包商的分包合同。国际工程法律专家作为中国承包商联合体的代表，于2014年4月与分包商谈判，履行分包合同的权利，终止与分包商签订的分包合同。

在终止分包合同的情况下，根据分包合同的规定，中国承包商联合体要求分包商退出现场，并追索分包商的法律责任，要求分包商赔偿损失。

在中国承包商联合体提出终止分包合同后，分包商采取了在孟加拉国达卡地方法院和高等法院分别提出程序诉讼的方式，对中国承包商联合体提出的终止合同提出异议。

国际工程法律代表中国承包商联合体，与聘请的当地律师一起，对分包商提出的程序诉讼，而非实体争议或纠纷诉讼作出了回应。中国承包商联合体认为，根据一事不多诉的原则，当地分包商在地方法院和高等法院同时提起诉讼违反了孟加拉国诉讼法的规则。经地方法院的听证会，地方法院撤销了当地分包商在地方法院的诉讼请求。在高等法院，经与当地律师的据理力争，高等法院作出决定，否决了当地分包商提出的诉讼请求。

在终止分包合同后，由于分包商仅完成了分包工程的26%，导致中国承包商联合体支付给分包商的预付款无法全额扣回，为此，中国承包商联合体向分包合同担保银行发出预付款保函索赔函，要求当地银行支付分包商应付给中国承包商联合体的预付款。

在分包商提起的程序诉讼中，分包商就预付款保函申请法院令，要求当地银行不予支付。承包商与当地律师一起，经过多次法庭听证，要求法院撤销法院的决定。孟加拉国高等法院最终同意撤销法院决定，从而为中国承包商联合体从当地银行追索分包商应付的预付款消除了法律障碍。

中国承包商应汲取的经验和教训是：

(1) 在分包商履约出现违约时，承包商应及时处理分包商履约缓慢的问题，避免久拖不决。

(2) 承包商应行使分包合同赋予的罚款和终止分包合同的权利，避免侥幸心理，履行承包商的责任。

(3) 在终止分包合同时，应把握时机，为终止合同做好充分的准备工作。

(4) 承包商应不怕分包商提起的任何诉讼，即使分包商对终止合同是否有效提出挑战。同时，作为承包商，应掌握终止分包合同的充分证据，即使仲裁或诉讼，也无法推翻承包商终止分包合同的效力。

（5）在分包商提出程序性的诉讼，而非实体诉讼时，承包商应积极应对，利用法律武器维护自身权益。

（6）应采取一切措施和手段，要求分包商退出现场，以便承包商继续完成施工任务。

参 考 文 献

[1] 崔军. 如何计算工期索赔 [J]. 国际经济合作, 1992 (4): 38.
[2] 崔军. 论对外工程承包中的保函 [D]. 北京: 北京大学法律学系, 1991.
[3] 崔军. 海外 BOT/PPP 案例分析: 特许权经营、BOT 和 PPP 国际先驱论坛论文集 [C]. 北京: 清华大学出版社, 2005.
[4] 崔军. BOT/PPP 项目风险、识别和分担 [C]. 北京: 全国工程项目融资高级研讨班, 2005.
[5] 曹祖平. 新编国际商法 [M]. 2 版. 北京: 中国人民大学出版社, 2004.
[6] 国际咨询工程师联合会（FIDIC）. 大型土木工程项目保险 [M]. 中国工程咨询协会, 编译. 北京: 中国计划出版社, 2001.
[7] 国际咨询工程师联合会（FIDIC）. 风险管理手册 [M]. 中国工程咨询协会, 编译. 北京: 中国计划出版社, 2001.
[8] 国际咨询工程师联合会（FIDIC）. 客户/咨询工程师（单位）协议书（白皮书）指南 [M]. 中国工程咨询协会, 编译. 2 版. 北京: 机械工业出版社, 2004.
[9] 国际咨询工程师联合会（FIDIC）. 土木工程施工合同条件应用指南 [M]. 北京: 航空工业出版社, 1991.
[10] 国际咨询工程师联合会（FIDIC）. 土木工程施工分包合同条件 [M]. 刘英, 译. 北京: 中国建筑工业出版社, 1996.
[11] 国际咨询工程师联合会（FIDIC）. 施工合同条件 [M]. 中国工程咨询协会, 编译. 北京: 机械工业出版社, 2002.
[12] 柯洪, 吴启明, 王华. 香港工程建设管理 [M]. 天津: 天津大学出版社, 2005.
[13] 罗格·诺尔斯. 合同争端及解决 100 例 [M]. 冯志祥, 路晓村, 译. 北京: 中国建筑工业出版社, 2003.
[14] 吕文学. 国际工程合同管理 [M]. 北京: 化学工业出版社, 2005.
[15] 邱闯. 国际工程合同原理与实务 [M]. 北京: 中国建筑工业出版社, 2002.
[16] 任荣明, 侯兴政. 国际商法 [M]. 北京: 清华大学出版社. 2004.
[17] 沈达明, 冯大同. 国际经济贸易中使用的银行担保 [M]. 北京: 法律出版社, 1987.
[18] 施米托夫. 出口贸易——国际贸易的法律与实务 [M]. 对外经济贸易大学对外贸易系, 译. 北京: 对外贸易教育出版社, 1985.
[19] 汤礼智. 国际工程承包实务 [M]. 北京: 中国对外经济贸易出版社, 1990.
[20] 田威. FIDIC 合同条件实用技巧 [M]. 北京: 中国建筑工业出版社, 2002.
[21] 望月礼二郎. 英美法 [M]. 郭建, 王仲涛, 译. 北京: 商务印书馆, 2005.
[22] 王兆俊. 国际建筑工程项目索赔案例详解 [M]. 北京: 海洋出版社, 2006.

[23] 夏志宏. 国际承包工程风险和规避 [M]. 北京: 中国建筑工业出版社, 2003.
[24] 杨建基. 国际工程项目管理 [M]. 北京: 中国水利水电出版社, 1999.
[25] 杨桢. 英美契约法论 [M]. 4版. 北京: 北京大学出版社, 2007.
[26] 中国对外承包工程商会主编. 国际工程承包实用手册 [M]. 北京: 中国铁道出版社, 2007.
[27] Adam Constable, Calum Lamont. Construction Claims [M]. Coventry: RIBA Books, 2007.
[28] Brian W. Totterdill. FIDIC users' guide- A Practical Guide to the 1999 Red and Yellow books [M]. London: Thomas Telford Publishing, 2006.
[29] David Chappell, Vincent Powell-Smith, John Sims. Building Contract Claims [M]. Oxford: Blackwell Publishing, 2006.
[30] Dennis F. Turner. Building Contract Disputes [M]. London: Longman Scientific & Technical, 1990.
[31] Elizabeth A. Martin. A Dictionary of Law [M]. 4th ed. Oxford: Oxford University Press, 1997.
[32] Federation Internationale Des Ingenieurs-Conseils. Guide to the Use of FIDIC Conditions of Contract for Works of Civil Engineering Construction [M]. 4th ed. Switzerland, 1989.
[33] Institution of Civil Engineers. ICE Conditions of Contract [M]. 7th ed. London: Thomas Telford Limited, 2003.
[34] John Adriaanse. Construction Contract Law [M]. 2nd ed. New York: Palarave Macmilan, 2007.
[35] John McGuinness. The Law and Management of Building Subcontracts [M]. 2nd ed. Oxford: Blackwell Publishing, 2007.
[36] John Murdoch. Construction Contracts Law and Management [M]. 4th ed. London, Taylor & Francis, 2008.
[37] John Uff. Construction Law [M]. 9th ed. London: Sweet & Maxwell Limited, 2005.
[38] Keith Collier. Construction Contract [M]. 3rd ed. 北京: 清华大学出版社, 2004.
[39] Marnah Suff. Essential Contract Law [M]. 2nd ed. 武汉: 武汉大学出版社, 2004.
[40] Max W. Abrahamson. Engineering Law and the I. C. E. Contracts [M]. 4th ed. London: Applied Science Publishers, 1983.
[41] Mcneill Stokes. Construction Law in Contractors' Language [M]. New York: Mcgraw-Hill Book Company, 1977.
[42] Nicholas J. Carnell. Causation and Delay in Construction Disputes [M]. 2nd ed. Oxford: Blackwell Publishing, 2005.
[43] Reg Thomas. Construction Contract Claims [M]. 2nd ed. New York: Palgrave, 2001.
[44] Roger Knowles. 150 Contractual Problems and Their Solutions [M]. 2nd ed. Oxford: Blackwell Publishing, 2005.
[45] Stephanie Owen. Law for the Construction Industry [M]. 2nd ed. Harlow: Pearson Education Limited, 1997.
[46] Stuart H. Bartholomew. Construction Contracting Business and Legal Principles [M]. 北京: 中国建筑工业出版社, 2005.
[47] Vincent Powell-Smith Douglas Stephenson. , Civil Engineering Claims [M]. Oxford: BSP Professional Books, 1989.